Scott steht in der Tradition des klassischen realistischen englischen Romans des 18. Jahrhunderts, vor allem in der Henry Fieldings, führt jedoch über sie hinaus, indem er die Geschichte als eigenständige Dimension einbezieht und so die Literatur um ein neues Genre bereichert: den historischen Roman. Sein immenser Erfolg beruht nicht zuletzt auf der Fähigkeit, die Gegenwart als Ergebnis historischer Veränderungen und Geschichte als Prozeß zu begreifen, das Wesen und die Widersprüche einer Epoche zu erkennen und stets das Ende alter und den Beginn neuer gesellschaftlicher Entwicklungen gleichzeitig sichtbar zu machen: Seit der Unionsakte von 1707 mit England zu einem Staat vereint, trauern die Schotten ihrer verlorenen Unabhängigkeit nach. In London, wo die Erinnerung an den Aufstand von 1715 noch wach ist, wird durch den Vorfall von Edinburgh das alte Mißtrauen bestärkt. Scott weiß, daß die Zerschlagung der Clansordnung im schottischen Hochland die Voraussetzung für ökonomische Erneuerungen ist, doch er sieht auch, welche menschlichen Werte dabei vernichtet werden. In Jeanie Deans, seiner überzeugendsten Frauengestalt, die mit allen Vorzügen des schottischen Volkscharakters – Wahrheitsliebe, Frömmigkeit, Stolz auf die Heimat – ausgestattet ist, stimmt er in dieser Umbruchssituation ein Hoheslied auf das alte Schottland an.

«Da ist freilich alles groß. Stoff, Gehalt, Charakter, Behandlung und dann der unerwartete Fleiß in den Vorstudien sowie in der Ausführung die große Wahrheit des Details.»

JOHANN WOLFGANG VON GOETHE

H0398662

Rowohlt Jahrhundert

Herausgegeben von Bernd Jentzsch
Band 19

Walter Scott

Das Herz von Midlothian

Roman

Aus dem Englischen
übersetzt von
Walter Wilhelm

Rowohlt

Titel der englischen Originalausgabe:
The Heart of Midlothian
Anmerkungen des Verfassers und des Verlages
am Schluss des Bandes

Veröffentlicht im Rowohlt Taschenbuch Verlag GmbH,
Reinbek bei Hamburg, November 1987
Für die deutsche Übersetzung
Copyright © 1955 by Rütten & Loening, Berlin
Umschlaggestaltung Peter Wippermann
(Gemälde des Autors von Raeburne, gestochen von
Walter / Ullstein Bilderdienst)
Satz Garamond (Linotron 202)
Gesamtherstellung Clausen & Bosse, Leck
Printed in Germany
2480-ISBN 3 499 40019 7

Die Aussagende gesteht einen strafbaren Liebeshandel mit einem Individuum, dessen Namen sie zu verschweigen wünscht. Befragt, aus welchem Grund sie daraus ein Geheimnis machen wolle, erklärt sie, daß sie kein Recht habe, das Verhalten jener Person mehr zu tadeln als ihr eigenes, und daß sie bereit sei, ihre eigenen Verfehlungen zu bekennen, aber nichts zu sagen, was den Abwesenden belasten könne.

Einführung

Der Verfasser hat im Vorwort zu seiner *Chronik von Canongate*, 1827, dargelegt, daß er durch einen ungenannten Briefschreiber Kenntnis von dem Vorfall erhielt, auf welchem die folgende Erzählung beruht. Heute darf er erklären, daß ihm die Geschichte von einer kürzlich verstorbenen geistreichen und liebenswürdigen Dame mitgeteilt wurde, die wegen ihrer Gabe, Menschen treffend und witzig zu beurteilen, noch immer im Gedächtnis ihrer Freunde fortlebt. Ihr Mädchenname war Helen Lawson; sie stammte aus Girthhead und war die Gattin des Grafschaftsrichters von Dumfries, Thomas Goldie aus Craigmuie. Ihre Mitteilung lautete folgendermaßen:

«Ich hatte als Sommeraufenthalt ein Häuschen in der Nähe der alten Abtei Lincluden gemietet. Es war früher von einer Dame bewohnt worden, die Gefallen daran fand, Landhäuser auszuschmücken, die ihr zu einfach oder zu ärmlich erschienen; das meinige wies daher viele Zeichen von Geschmack und sogar Spuren von Eleganz auf, wie sie bei dieser Art von Behausungen sonst in Schottland nicht üblich sind, wo ein ‹cottage› buchstäblich das ist, was sein Name besagt, nämlich eine Kate.

Von meiner Haustür aus war die alte, vorher erwähnte Abtei zu einem Teil sichtbar; einige der höchsten Schwibbogen waren über oder zwischen den Bäumen zu sehen, die einen Weg säumten, der zu der Ruine hinabführte; und der seltsame phantastische Wuchs fast all dieser alten Eschen paßte wundervoll zu dem Gebäude, das sie zugleich beschatteten und schmückten.

Die Abtei selbst schien auf ungefähr gleicher Höhe mit dem Landhaus zu liegen; wenn man jedoch an das Ende des Weges gelangte, entdeckte man, daß sie sich auf einem hohen steilen Abhang befand, an dessen Fuß die klaren Wasser des Cluden rannen, dort, wo sie eilen, sich mit dem reißenden Nith zu vereinigen, ‹des fernes Brausen steigt und fällt›.

Da meine Küche und mein Wohnzimmer nicht sehr weit auseinanderlagen, hörte ich eines Tages, wie jemand der Köchin einige Hühnchen anbot, und ging hinüber, um sie zu kaufen. Die Person, die sie feilhielt, war eine kleine, etwas untersetzte Frau, die siebzig bis achtzig Jahre alt sein mochte; sie war fast ganz in ein Tartan-Plaid gehüllt und trug auf dem Kopf eine schwarze Seidenhaube, deren Bänder unter dem Kinn zusammengebunden waren, ein Kleidungsstück, das in Schottland bei den älteren Frauen jenes Standes noch heute vielfach in Gebrauch ist. Ihre Augen waren dunkel und auffallend lebhaft und klug. Ich knüpfte eine Unterhaltung mit ihr an, fragte, wie sie sich durchschlüge und so weiter.

Sie sagte, daß sie im Winter Strümpfe anstricke, das heißt die Strümpfe der Bauern mit Füßlingen versehe, was sich zum eigentlichen Strümpfestricken ungefähr ebenso verhält wie Flickschustern zum Schuhmachen und was natürlich beides weniger einträglich und weniger geachtet ist; auch lehre sie einige Kinder das Lesen, und im Sommer ziehe sie ein paar Hühner auf.

Ich sagte ihr, ich traute mir zu, ihr vom Gesicht abzulesen, daß sie niemals verheiratet gewesen sei. Sie lachte herzlich darüber und meinte: ‹Ich muß doch das närrischste Gesicht der Welt haben, daß Ihr mir das ansehen könnt. Nun sagt mir doch nur, Madam, wie Ihr darauf kommt?› Ich sagte, das liege an ihrer heiteren, unbekümmerten Miene. Sie erwiderte: ‹Madam, habt Ihr nicht viel mehr Grund als ich, heiter zu sein, mit einem guten Mann und braven Kinderchen und allem in Hülle und Fülle? Ich für mein Teil bin die Ärmste der Armen und bringe es kaum fertig, mich auf diese armselige Weise, wie ich Euch erzählt habe, am Leben zu erhalten.› Nachdem wir uns noch eine Zeitlang unterhalten hatten, wobei ich mehr und mehr Gefallen an dem verständigen Geplauder der alten Frau und der naïveté ihrer Bemerkungen fand, erhob sie sich, um wegzugehen. Ich fragte sie nach ihrem Namen. Ihre Miene verdüsterte sich plötzlich, und sie sagte ernst, wobei sie errötete: ‹Mein Name ist Helen Walker. Euer Gemahl kennt mich recht gut.›

Am Abend erzählte ich meinem Mann, wie gut ich mich unterhalten hatte, und erkundigte mich, was an der Geschichte der armen Frau ungewöhnlich sei. Er sagte, es gebe vielleicht nur wenige so außerordentliche Menschen wie Helen Walker. Sie war eine Waise und hatte für eine Schwester zu sorgen, die beträchtlich jünger war als sie selbst. Wer beschreibt daher ihre Gefühle, als sie erfuhr, daß diese ihre einzige Schwester, die sie erhalten und erzogen hatte und der sie durch so viele Bande verbunden war, sich vor dem Gericht des Landes wegen Kindsmordes zu verantworten hatte und sie selbst als Hauptzeugin gegen sie vorgeladen wurde. Der Verteidiger der Angeklagten erklärte Helen, wenn sie aussagen könne, daß ihre Schwester irgendwelche Vorbereitungen zur Entbindung getroffen hätte, wie geringfügig diese auch gewesen sein möchten, oder ihr irgendeine Andeutung über ihre Schwangerschaft gemacht hätte, so würde eine solche Aussage das Leben ihrer Schwester retten, da sie die Hauptzeugin gegen sie wäre. Helen antwortete: ‹Es ist mir unmöglich, eine Unwahrheit zu beschwören; und was auch die Folge davon sein mag, ich will meinen Eid in Übereinstimmung mit meinem Gewissen ablegen.›

Die Gerichtsverhandlung fand statt, und die Schwester wurde für schuldig befunden und zum Tod verurteilt; aber in Schottland müssen sechs Wochen zwischen der Urteilsverkündung und der Hinrichtung verstreichen, und Helen Walker nutzte sie. Am gleichen Tag noch, an dem ihre

Schwester verurteilt worden war, ließ sie sich ein Gnadengesuch aufsetzen, worin die besonderen Umstände des Falles dargelegt waren, und noch in der gleichen Nacht machte sie sich zu Fuß nach London auf.

Ohne Einführung oder Empfehlung, nur mit ihrem einfachen, vielleicht schlecht abgefaßten Gesuch versehen, das von irgendeinem untergeordneten Gerichtsschreiber aufgesetzt worden war, kam sie in ihrem Tartan-Plaid und ihrer ländlichen Kleidung zu dem vormaligen Herzog von Argyle, der ihr unverzüglich die Begnadigung verschaffte, um die sie nachsuchte; und Helen kehrte damit zu Fuß zurück, gerade noch rechtzeitig genug, um ihre Schwester zu retten.

Ich nahm so großen Anteil an dieser Erzählung, daß ich sogleich beschloß, meine Bekanntschaft mit Helen Walker fortzusetzen. Aber da ich genötigt war, die Gegend schon am nächsten Tag zu verlassen, mußte ich es bis zu meiner Rückkehr im Frühling aufschieben, wo der erste Gang, den ich unternahm, Helen Walkers Häuschen galt.

Sie war kurze Zeit zuvor gestorben. Ich bedauerte dies sehr und bemühte mich, einige Auskunft über sie von einer alten Frau zu erhalten, die den anderen Teil ihrer Hütte bewohnte. Ich erkundigte mich, ob Helen jemals über ihre frühere Geschichte gesprochen habe, ihre Wanderung nach London und so weiter. ‹Nein›, sagte die Alte, ‹Helen war eine verschmitzte Person, und wenn einer der Nachbarn sie danach fragte, redete sie schnell von was anderm.› Kurz, jede Antwort, die ich erhielt, diente nur dazu, mein Bedauern zu vergrößern und meine gute Meinung von Helen Walker zu erhöhen, die so viel Klugheit mit so viel heldenhafter Tugend zu vereinigen verstand.»

Dieser Bericht war ohne Datum oder Unterschrift in folgendem Brief an den Verfasser eingeschlossen:

«Mein Herr! Was ich soeben berichtet habe, geschah vor etwa 26 Jahren. Helen Walker liegt auf dem Friedhof von Irongray, ungefähr sechs Meilen von Dumfries entfernt, begraben. Ich hatte einmal die Absicht, zur Erinnerung an eine so außerordentliche Person ein kleines Denkmal errichten zu lassen, aber ich ziehe es jetzt vor, es Ihnen zu überlassen, ihr Andenken auf eine dauerhaftere Weise wachzuhalten.»

Der Leser möge nun beurteilen, inwieweit es dem Verfasser gelungen oder mißlungen ist, den anziehenden und unterhaltenden Bericht von den festen Grundsätzen und der unerschütterlichen Liebe Helen Walkers, des Urbildes der erdichteten Jeanie Deans, weiter auszuführen. Mrs. Goldie war leider gestorben, ehe sich der Verfasser namentlich zu diesen Bänden bekannte, so war er nicht mehr in der Lage, ihr für ihre höchst wertvolle Mitteilung zu danken. Aber ihre Tochter, Miss Goldie, versah ihn freundlicherweise mit der folgenden zusätzlichen Nachricht:

«Mrs. Goldie hat sich bemüht, weitere Auskünfte über Helen Walker einzuziehen, besonders über ihre Wanderung nach London; aber sie fand dies nahezu unmöglich, da Helen bei der natürlichen Würde ihres Wesens und einem hohen Sinn für die Achtbarkeit der Familie die Schande ihrer Schwester mit ihren eigenen Bemühungen so unauflöslich verknüpft empfand, daß keiner ihrer Nachbarn sie über diese Sache befragen durfte. Eine alte, noch lebende Frau, eine entfernte Verwandte Helens, sagt, sie habe einmal bei der Ernte mit ihr zusammengearbeitet, es jedoch nie gewagt, sie über den Prozeß ihrer Schwester oder ihre Reise nach London zu befragen; ‹Helen›, fügte sie hinzu, ‹war eine stolze Person und drückte sich sehr vornehm aus›. Dieselbe alte Frau sagt, daß Helen von ihrer Schwester, die in Whitehaven lebte, jedes Jahr einen Laib Käse erhielt und daß sie immer einen reichlichen Teil davon an sie selbst oder die Familie ihres Vaters schickte. Dieser Umstand, obgleich an sich geringfügig, zeugt deutlich von der zwischen beiden Schwestern bestehenden Zuneigung und beweist, daß die Schuldige völlig davon überzeugt war, daß ihre Schwester einzig und allein aus einem hohen Gefühl für Sittlichkeit und nicht etwa aus Lieblosigkeit gehandelt habe, was ein anderer kleiner, doch bezeichnender Zug weiter dartun mag. Ein Verwandter Mrs. Goldies kehrte einmal, als er sich im Norden Englands auf einer Reise befand, in einem kleinen Wirtshaus ein. Die Magd führte ihn in die Stube, schloß sorgfältig die Tür und sagte: ‹Sir, ich bin Nelly Walkers Schwester.› So zeigte sie durch ihr Verhalten, daß sie annahm, ihre Schwester sei durch ihre hochherzige Handlungsweise besser bekannt als sie selbst durch eine ganz andere Art von Berühmtheit.

Mrs. Goldie lag sehr daran, daß Helen Walker ein Grabstein mit Inschrift auf dem Friedhof in Irongray errichtet würde; und wenn Sir Walter Scott sich bereitfinden will, diese zu verfassen, könnte leicht eine kleine Sammlung in der unmittelbaren Nachbarschaft veranstaltet und so Mrs. Goldies Wunsch erfüllt werden.»

Es ist kaum nötig, hinzuzufügen, daß der Bitte Miss Goldies gern willfahrt werden wird, und zwar ohne daß die Öffentlichkeit deswegen bemüht zu werden braucht. Es bedarf auch weiter keines Anlasses, zu wiederholen, wie sehr sich der Verfasser der unbekannten Schreiberin verpflichtet fühlt, die ihm den Stoff zu solch einem ergreifenden Gemälde der Tugend lieferte, deren sittliche Würde vielleicht um so reiner erstrahlt, als sie weder durch hohe Geburt noch besondere Geistesgaben, noch Schönheit unterstützt wurde. Wenn das Bild bei der Ausführung gelitten hat, so liegt dies daran, daß der Verfasser nicht über die Kraft verfügt, in seiner ausführlichen Erzählung dasselbe einfache und treffende Bildnis der Heldin zu entwerfen wie Mrs. Goldie in ihrem Brief.

Abbotsford, den 1. April 1830

Nachschrift

Obgleich es unmöglich sein dürfte, Mrs. Goldies anschaulicher und höchst anziehender Schilderung Helen Walkers, des Urbildes der erdichteten Jeanie Deans, viel hinzuzufügen, mag es dem Herausgeber gestattet sein, zwei oder drei Anekdoten anzuführen, die jene ungewöhnliche Person betreffen und die er einem Buch entlehnt hat, das *Skizzen nach der Natur* betitelt und von John M'Diarmid verfaßt ist, einem Herrn, der in der Stadt Dumfries ein sehr wackeres Provinzblatt leitet.

Helen war die Tochter eines kleinen Pächters in einem Ort namens Dalwhairn im Kirchspiel Irongray, wo sie nach dem Tod ihres Vaters mit der schlichten Kindesliebe einer schottischen Bäuerin fortfuhr, ihre Mutter durch unermüdliche Arbeit und unter mancherlei Entbehrungen zu erhalten; was in Schottland freilich so gewöhnlich ist, daß noch jetzt – ich bin stolz darauf, es sagen zu können – wenige meiner Landsmänninnen sich dieser Pflicht entziehen würden.

Helen Walker wurde von ihresgleichen für pensy, das heißt stolz oder hochmütig, gehalten; aber die für diese Beschuldigung beigebrachten Beweise scheinen nur darzutun, daß sie den Menschen ihrer Umgebung an Stärke des Charakters überlegen war. So bemerkte man, daß sie, wenn es gewitterte, mit ihrer Arbeit und ihrer Bibel vor die Hütte hinausging, wobei sie behauptete, der Allmächtige könne jemanden ebensowohl in der Stube wie auf dem Feld heimsuchen.

Mr. M'Diarmid erwähnt das Unglück ihrer Schwester

etwas umständlicher und nimmt an, daß es sich vor dem Jahre 1736 ereignet habe. Helen Walker, die jedes Ansinnen ablehnte, das Leben ihrer nächsten Blutsverwandten auf Kosten der Wahrheit zu retten, lieh sich eine hinreichende Geldsumme für ihre Reise, wanderte barfuß den ganzen Weg nach London und erschien so vor dem Herzog John von Argyle. Sie soll gesagt haben, sie sei durch die Hilfe des Allmächtigen in den Stand gesetzt worden, den Herzog im einzig entscheidenden Augenblick zu treffen; wäre dieser versäumt worden, so hätte dies unvermeidlich dazu geführt, daß ihrer Schwester Leben verwirkt war.

Isabella oder Tibby Walker wurde, nachdem sie vor dem Geschick, das ihr drohte, gerettet worden war, von dem Mann geheiratet, der sie ins Unglück gebracht hatte (er hieß Waugh), und lebte noch viele Jahrzehnte glücklich und in unwandelbarer Dankbarkeit für die außerordentliche Zuneigung, der sie ihre Rettung verdankte.

Helen Walker starb gegen Ende des Jahres 1791; ihre sterblichen Reste sind auf dem Gottesacker ihrer heimischen Gemeinde Irongray beigesetzt, einem romantischen Friedhof an den Ufern des Cairn. Daß ein Mensch, den solch unverzagte Liebe zur Tugend auszeichnete, in Armut, wenn nicht Not lebte und starb, möge uns zeigen, wie nichtig im Hinblick auf das Jenseits die hauptsächlichsten Ziele unseres Strebens auf Erden sind.

Dem besten aller Gönner,
dem wohlmeinenden
und nachsichtigen Leser,
wünscht Jedediah Cleishbotham
Gesundheit, Glück und
Zufriedenheit.

Geneigter Leser!

Wenn Undankbarkeit der Inbegriff aller Laster ist, so stünde ein solch garstiger Fehl dem am wenigsten an, der sein Leben der Erziehung der Jugend zur Tugend und ihrem Unterricht in den humanistischen Wissenschaften gewidmet hat. Darum bin ich gewillt, mich in diesem Prolegomenon meiner Dankesschuld gegen Dich zu entledigen – der Gunst halber, womit Du die *Erzählungen meines Wirtes* aufgenommen hast. Wahrlich, wenn Du über die schnurrigen und witzigen Schilderungen darin gelacht oder Dich an den sonderbaren und unterhaltsamen Launen des Geschickes, wovon sie berichten, ergötzet hast, so habe auch ich nicht minder geschmunzelt, wenn ich das Dachgeschoß betrachtete, das sich jetzt auf den Grundmauern meines kleinen Wohnhauses in Gandercleugh erhebt, nachdem Meister Barrow diese zuvörderst geprüft und für tauglich befunden hatte, eine solche Aufstockung zu tragen. Auch hat es mich nicht wenig gefreut, mir einen neuen Oberrock (zimmetbraun und mit metallenen Knöpfen) zulegen zu können, wozu ich bereits passende Beinkleider besaß. Der Gewinn ist also, was Dich und mich betrifft, auf beiden Seiten, doch ist der mir zuteil gewordene wohl der gediegenste (in Anbetracht dessen, daß ein neues Haus und ein neuer Rock besser sind als eine neue Erzählung und ein altes Lied), weswegen es sich auch geziemt, daß ich meiner Dankbarkeit lauter und stärker Ausdruck verleihe. Und wie sollte sie denn ausgedrückt werden? Gewißlich nicht nur mit Worten, sondern auch durch Taten und Werke. Allein zu diesem Zweck – nicht etwa in der Absicht, das «Carlinescroft», jenes an meinen Garten angrenzende, sieben Morgen, drei Ruten und vier Fuß große Fleckchen oder Zipfelchen Landes zu erwerben – geschieht es, daß ich denen, welche etwas von den früheren Büchern halten, diese vier weiteren Bände der «Erzählungen meines Wirtes» vorlege. Gleichwohl, wenn Peter Prayfort gesonnen ist, besagtes Stück Land zu verkaufen, so steht es natürlich in seinem Belieben, und vielleicht wird er auch einen Käufer dafür finden, es sei denn, geneigter Leser, die ergötzlichen Schilderungen Peter Pattiesons, die Dir hier im besonderen und der Öffentlichkeit im allgemeinen übergeben werden, wären in Deiner Schätzung gesunken, was ich jedoch keineswegs befürchte. Nein, ich habe zu Deiner fortdauernden Gunst so viel Vertrauen, daß, sollten Dich Deine Geschäfte zufällig in das Städtchen Gandercleugh führen – einen Ort, wohin die meisten Menschen irgendwann einmal in ihrem Leben kommen –, ich Deine Augen durch den Anblick jener kostbaren Handschriften, die Dir so viel Genuß bereitet haben, sowie Deine Nase mit einer Prise aus meiner Schnupftabaksdose und Deinen Gaumen mit einem Schluck meines selbstgebrauten Branntweins erfreuen werde, den die Gelehrten Gandercleughs des Schulmeisters Labetrank nennen.

Alsdann, o hochgeschätzter, lieber Leser, kannst Du Dich durch eigenen Augenschein von alldem überzeugen und die Kinder der Torheit Lügen strafen, die versucht haben, Deinen Freund und ergebenen Diener mit ich weiß nicht was für einem Verfasser leerer Fabeleien zu identifizieren, der die Welt mit seinen Einfällen belästigt hat, aber vor der Verantwortung dafür zurückgeschreckt ist. Fürwahr, das kann man wohl ein ungläubiges Geschlecht heißen; denn was kann ein Mann mehr tun, um sein Eigentum an einem gedruckten Buch zu bekräftigen, als seinen Namen auf das Titelblatt setzen samt Stand oder Charakter, wie man von Amts wegen sagt, und Wohnort? Wirklich, ich möchte solchen Zweiflern zu bedenken geben, wie sie selbst es wohl aufnehmen würden, wenn man ihre Werke anderen zuschriebe, ihren Namen und Beruf für Erdichtungen erklärte und ihre leibliche Existenz in Frage stellte, obwohl es vielleicht für andere als sie selbst von geringem Belang sein mag, nicht nur ob sie leben oder tot sind, sondern sogar ob sie überhaupt jemals gelebt haben oder nicht. Doch sind meine Anfeinder in ihren lieblosen Kritteleien noch weiter gegangen.

Diese Nörgler haben nämlich nicht nur meine Identität bezweifelt, obgleich sie vollkommen erwiesen ist, sondern sie haben auch meine Glaubwürdigkeit und die Wahrheit meiner historischen Erzählungen bestritten! Wahrlich, als Antwort darauf kann ich nur sagen, daß ich beim Benutzen meiner Quellen vorsichtig gewesen bin. Es ist freilich wahr, daß ich, wenn ich nur auf eine Seite gehört hätte, meiner Erzählung eine günstigere Aufnahme bei denen hätte verschaffen können, die es lieben, nur die halbe Wahrheit zu hören. Es gereicht vielleicht unserem wackeren schottischen Volk nicht eben zur Schande, daß wir geneigt sind, lebhaften, ja parteiischen Anteil an den Gesinnungen und Taten unserer Vorfahren zu nehmen. Derjenige, den seine Feinde als einen meineidigen Prälatisten hinstellen, möchte, daß seine Ahnen in der Ausübung ihrer Macht und ihrer Vorrechte als gemäßigt und billig gelten sollen, wo doch der unvoreingenommene Forscher in den Annalen jener Zeit sie in Wirklichkeit gewalttätig, blutdürstig und tyrannisch nennen muß. Hinwiederum wünschen die Vertreter der unterdrückten Nonkonformisten, daß ihre Vorfahren, die Cameronianer, nicht einfach als ehrliche, begeisterte, um ihrer Überzeugung willen verfolgte Schwärmer, sondern auch als wohlerzogene Menschen und tapfere Helden dargestellt werden sollen. Wahrlich, der Geschichtsschreiber darf solchem Verlangen nicht willfahren. Er muß vielmehr die Königstreuen als stolz und hoffärtig, grausam, gewissenlos und rachsüchtig schildern; die unterdrückte Partei zwar als ehrenwerte Leute, die an ihrer Überzeugung auch unter den Verfolgungen treulich festhielten, ihre eigene Gemütsart indessen als grimmig, mürrisch und roh, ihre Ansichten als absonderlich und verschroben und die ganze Art ihres Betragens als diejenige von Menschen, denen man besser hätte Nieswurz verabreichen sollen, anstatt sie wegen Hochverrats mit der Todesstrafe zu bedrohen. Aber wenn die Gesinnungen auf beiden Seiten dergestalt und solchermaßen widersinnig waren, so gab es hüben wie drüben – daran ist nicht zu zweifeln – tugendhafte und verdienstvolle Männer, und eine jede Partei darf sich ihrer Märtyrer rühmen. Ich, Jedediah Cleishbotham, bin gefragt worden, was mich dazu berechtigte, mich zum unparteiischen Richter über die Verschiedenheit ihrer Überzeugungen aufzuwerfen, da ich doch (wie bemerkt wurde) notwendigerweise von der einen oder anderen der streitenden Parteien abstammen und daher nach dem vernünftigen Brauch Schottlands ihren Glaubenslehren oder Meinungen auf Gedeih und Verderb anhängen und gleichsam durch Blutsbande oder, um ohne Metapher zu sprechen, ex jure sanguinis gehalten sein müsse, ihnen vor allen anderen den Vorzug zu geben.

Aber wenn ich auch keineswegs leugnen will, daß jener Grundsatz vernünftig ist, wonach alle heute Lebenden ihre politischen und religiösen Ansichten nach denen ihrer Urgroßväter zu richten haben, und wenn es auch unabwendbar erscheint, daß meine Gegner mich, wie sie glauben, zwischen den Hörnern dieses Dilemmas an der Wand einklemmen können, so hoffe ich mich doch noch aus der Klemme zu ziehen und beanspruche das Vorrecht, unparteiisch über beide Parteien zu schreiben und zu sprechen. Denn – o ihr Mächte der Logik! – als die Prälatisten und Presbyterianer der alten Zeit sich in diesem unglücklichen Land in die Haare gerieten, war mein Ahne (Ehre seinem Andenken!) einer der Leute, so man Quäker nennt, und mußte von beiden Seiten viel Drangsal erdulden – bis zur Einkerkerung seiner Person und Einziehung seines Vermögens.*

Indem ich Dich, geneigter Leser, um Verzeihung für diese wenigen Worte über mich und das Meinige bitte, verbleibe ich, wie schon oben bemerkt, Dein Dir treuer und ergebener Freund

Gandercleugh, den 1. April 1818 J. C.

* s. Anm. 1 «Die Verbindung des Autors zum Quäkertum».

1. Kapitel
Als Einleitung

Romantisches Ashbourn, deine Hügelkronen
rollt hin die Derbypost mit sechs Personen.

Frere

Die Zeiten haben sich in nichts so sehr geändert (wir folgen nach unserer Gewohnheit den Aufzeichnungen Peter Pattiesons) wie darin, daß Personen und Briefe aus einer Gegend Schottlands in die andere schneller befördert werden. Nach Aussage vieler noch lebender glaubwürdiger Zeugen ist es nicht länger als zwanzig oder dreißig Jahre her, daß ein elender kleiner Karren, der mit Müh und Not dreißig Meilen per diem zurücklegte, unsere Post von der Hauptstadt Schottlands in das Hinterland brachte. Dabei war es um diese Einrichtung in Schottland nicht viel schlechter bestellt als achtzig Jahre früher in unserem reicheren Schwesterland. Fielding in seinem *Tom Jones* und Farquhar in einem kleinen Schwank *Die Postkutsche* haben sich über die Langsamkeit dieser öffentlichen Verkehrsmittel lustig gemacht. Dem letzten Gewährsmann zufolge konnte der Postkutscher nur durch ein reichliches Trinkgeld zu dem Versprechen bewogen werden, eine halbe Stunde vor der üblichen Zeit im *Ochsen* anzukommen.

Indessen ist diese alte, langsame und sichere Art des Reisens jetzt in beiden Ländern gleicherweise unbekannt. Eine Postkutsche jagt die andere und ein Eilwagen den anderen –

selbst in den entlegensten Gebieten Britanniens. Allein in unserem Städtchen rasseln täglich drei Postkutschen und vier Kutschen mit bewaffneten Männern in scharlachroten Röcken durch die Straßen und wetteifern an Glanz und Lärm mit der Erfindung des berühmten Tyrannen:

> Demens, qui nimbos et non imitabile fulmen,
> aere et cornipedum pulsu simularat equorum.

Aber – um die Ähnlichkeit vollkommen zu machen und den Übermut der verwegenen Wagenlenker zu strafen – zuweilen geschieht es, daß die Fahrt dieser ungestümen Nacheiferer des Salmoneus ein ebenso gewaltsames und unerwünschtes Ende nimmt wie die ihres Vorbildes. Bei solchen Gelegenheiten haben dann die Außen- und Innenpassagiere, um mich der im Fuhrwesen üblichen Ausdrücke zu bedienen, allen Grund, zu beklagen, daß die alten Eilwagen mit ihrer gemächlichen und sicheren Fortbewegung außer Gebrauch gekommen sind, jene Eilwagen, die, verglichen mit Mr. Palmers Fuhrwerken, ihren Namen so wenig verdienen. Das alte Gefährt sackte gewöhnlich ganz sacht ab, wie ein lecker Kahn durch das allmählich eindringende Wasser langsam versinkt, während das neue mit der Geschwindigkeit eines in der Brandung scheiternden Schiffes zerschellt oder, besser gesagt, mit der Gewalt einer am Ende ihrer Bahn berstenden Bombe zertrümmert wird. Der verstorbene geistvolle Mr. Pennant, ein geschworener Feind dieser schnellen Beförderungsmittel, hat, wie ich gehört habe, eine lange Liste solcher Unfälle zusammengestellt, die im Verein mit der Gaunerei der Gastwirte, deren Rechnungen zu bemängeln die Reisenden keine Zeit hatten, der Frechheit des Kutschers und der unumschränkten Willkürherrschaft jenes Tyrannen, den man Kondukteur nennt, ein wahres Schreckensbild boten, dem Mord, Diebstahl, Betrug und Unterschleif eine noch schwärzere Färbung verliehen. Aber alles, was geeignet erscheint, die natürliche Ungeduld des Menschen zu beschwichtigen, wird ungeachtet aller Gefahr und trotz aller Warnungen ins Werk gesetzt, und zum Verdruß des cambrischen Altertumsfreundes donnern die Postkutschen nicht nur um Penman-Maur und Cader-Edris herum, sondern auch

Skiddaw horcht in bangem Harrn
dem fernen Rattern fremder Karrn.

Und vielleicht wird der Ben-Nevis bald vom Hörnerklang eines Postillions statt eines Kriegshäuptlings widerhallen.

Es war ein schöner Sommertag, und unsere Schulkinder hatten auf die Fürbitte eines gutherzigen Besuchers* hin einen halben Tag freibekommen. Ich erwartete mit der Post die neue Nummer einer unterhaltsamen Zeitschrift und ging der Postkutsche auf der Landstraße entgegen – mit der Ungeduld eines Mannes, der auf dem Land wohnt und nach Kunde vom Markt der Neuigkeiten lechzt, wie Cowper es schildert:

«... die Redeschlacht,
die Anrufung des Volks, die scharfe Antwort,
die Logik und die Weisheit und den Witz,
das laute Lachen – alles möcht ich wissen;
ich brenne, die gefangnen Kämpen frei
und wieder neu im Wortgefecht zu sehn.»

Mit solchen Empfindungen sah ich der Ankunft der neuen Postkutsche entgegen, die erst seit kurzem diese Strecke befährt und unter dem Namen «Somerset» bekannt ist; sie hat für mich, die Wahrheit zu sagen, auch dann etwas Anziehendes, wenn sie keine solch wichtigen Nachrichten mitbringt. Das ferne lärmende Geräusch der Räder ließ sich

* Des Hochwohlgeborenen Gilbert Goslinn von Gandercleuch – denn ich liebe Genauigkeit in wichtigen Dingen. (J. C.)

gerade vernehmen, als ich auf dem Gipfel einer kleinen Anhöhe, Goslin-brae genannt, anlangte, von wo man eine weite Aussicht in das Tal des Gander hat. Die Landstraße, die zum Ufer des Flusses hinab und über eine Brücke führt, etwa eine Viertelmeile von der Stelle entfernt, wo ich stand, zieht sich zum Teil durch Anpflanzungen und Schonungen, zum Teil durch freies Weideland hin. Es ist vielleicht eine kindische Unterhaltung – aber ich habe mein Leben unter Kindern verbracht, und warum sollten meine Freuden nicht den ihren gleichen? –, so kindisch es also auch sein mag, so muß ich doch gestehen, daß ich immer mit großem Vergnügen das Nahen der Kutsche beobachtet habe, wo der Ausblick auf den Weg es erlaubt. Der heitere Glanz des Wagens, der in der Ferne so klein, wie ein Spielzeug, aussieht, dazu seine schnelle Bewegung, sein abwechselndes Auftauchen und Verschwinden und das allmählich zunehmende Geräusch, das sein Näherkommen verkündet – all das hat etwas Anziehendes für den müßigen und sorglosen Zuschauer, der nichts Wichtigeres zu besorgen hat. Ich mag mich lächerlich machen wie manch ehrenwerter Bürger, der am Fenster seines Hauses auf die Durchfahrt der Postkutsche wartet, aber es ist dennoch eine sehr natürliche Quelle des Vergnügens, und viele von denen, die in das Gelächter darüber einstimmen, ergötzen sich daran vielleicht insgeheim selber.

Aber für diesmal hatte das Schicksal beschlossen, daß mir der Hauptspaß nicht beschieden sein sollte, die Kutsche rasselnd an mir vorüberfahren zu sehen, während ich im Gras saß, und die heiser krächzende Stimme des Kondukteurs zu hören, wie er mir das erwartete Paket zuwarf, ohne daß der Wagen auch nur einen Augenblick in seiner Fahrt anhielt. Ich hatte gesehen, wie das Gefährt mit ungewöhnlicher Eile den Abhang, der zur Brücke führt, hinabraste, nur selten aufblitzend in den Staubwolken, die es aufgewirbelt hatte und auf der Straße wie einen Schweif hinter sich zurückließ, der einem sommerlichen Nebelstreifen glich. Aber es erschien auf der diesseitigen Anhöhe nicht innerhalb des gewöhnlichen Zeitraums von drei Minuten, was die Durchschnittszeit war, die es brauchte, um über die Brücke und den Hügel hinauf zu fahren, wie ich aus häufiger Beobachtung wußte. Als die doppelte Frist verstrichen war, wurde ich unruhig und schritt hastig zur Brücke hinunter. Sobald sie in Sicht kam, wurde mir die Ursache des Ausbleibens nur allzu klar: die «Somerset» hatte allen Ernstes einen Purzelbaum gemacht und sich so vollkommen überschlagen, daß sie buchstäblich am Boden lag, mit dem Dach nach unten und den vier Rädern in der Luft. Den «Anstrengungen des Postillions und des Kondukteurs», welch beider späterhin in den Zeitungen dankbar gedacht wurde, war es gelungen, die Pferde durch Abschneiden der Stränge zu befreien, und nun waren sie bemüht, die Insassen des Wagens auf die schnellste Weise daraus hervorzuziehen, indem sie die Angeln von einer der Türen losbrachen, die sie anders nicht öffnen konnten. So wurden durch eine Art Kaiserschnitt zwei untröstliche Fräulein aus dem Schoß des ledernen Behältnisses ans Licht gebracht. Da sie sogleich begannen, ihre Kleider zu ordnen, die, wie man wohl vermuten darf, ein wenig derangiert waren, so schloß ich daraus, daß sie weiter keinen Schaden genommen hatten, und wagte nicht, ihnen meine Dienste bei ihrer Toilette aufzudrängen, wofür ich, wie ich vernehme, später von den schönen Dulderinnen bitter getadelt worden bin. Die Außenpassagiere, die ein Stoß wie bei der Sprengung einer Mine von ihrem erhöhten Sitz geschleudert haben mußte, kamen nichtsdestoweniger mit dem üblichen Maß von Beulen und Schrammen davon, außer dreien, die in den Gander geworfen worden waren und verzweifelt mit der Flut kämpften wie die Schiffbrüchigen vom Wrack des Aeneas – rari apparent nantes in gurgite vasto.

Ich wendete meine geringen Bemühungen dort an, wo sie am nötigsten schienen, und mit Hilfe einiger Mitreisender, die unverletzt davongekommen waren, gelang es mir leicht, zwei der unglücklichen Passagiere aus dem Fluß herauszufischen, gewandte und kräftige junge Burschen, die ohne ihre unsinnig langen Überröcke und ebensolch langen und weiten neumodischen Wellington-Hosen kaum irgendwelches Beistandes bedurft hätten. Der dritte war älter und kränklich und wäre ohne unsere Anstrengungen, ihn zu retten, vielleicht ertrunken.

Als die beiden Herren in den großen Überröcken aus dem Fluß herausgelangt waren und ihre Ohren wie riesige Wasserhunde geschüttelt hatten, kam es zwischen ihnen und dem Postillion und Kondukteur zu einem heftigen Wortwechsel über die Ursache des Unfalls. Im Verlauf der Auseinandersetzung bemerkte ich, daß meine beiden neuen Bekannten zu den Rechtsgelehrten gehörten und daß sie mit ihrer juristischen Schläue wahrscheinlich über die Wagenführer, ungeachtet ihres groben Amtstons, den Sieg davontragen würden. Der Streit endete damit, daß der Kondukteur den Passagieren versicherte, sie könnten in einer behäbigen Kutsche, die in weniger als einer halben Stunde an der Stelle des Unfalls vorüberkommen würde, Plätze erhalten, vorausgesetzt, daß sie nicht voll wäre. Das Geschick erwies sich den Reisenden hold; denn als das erwartete Gefährt anlangte, waren nur zwei Plätze in dem für sechs Personen vorgesehenen Wagen besetzt. Die beiden Damen, die man aus dem umgestürzten Fahrzeug zutage gefördert hatte, wurden bereitwillig aufgenommen; doch verwahrten sich die ursprünglichen Insassen mit großer Entschiedenheit gegen die Aufnahme der beiden Advokaten, da deren durchnäßte Kleider gar zu sehr vollgesogenen Schwämmen glichen, so daß aller Grund zu der Annahme bestand, sie würden einen beträchtlichen Teil des aufgespeicherten Wassers zur Unbequemlichkeit ihrer Mitreisenden wieder von sich geben. Andererseits weigerten sich die Advokaten, einen Decksitz einzunehmen; sie machten geltend, daß sie sich nur eine Station lang zum Vergnügen dorthin gesetzt hätten, auf Grund ihres Fahrscheins jedoch in aller Form zum freien Aus- und Wiedereintritt in das Wageninnere berechtigt wären. Nach einigem Hinundherreden, worin etwas von der Verordnung betreffend nautae, caupones, stabularii vorkam, fuhr die Kutsche weiter und überließ es den gelehrten Herren, auf Schadenersatz zu klagen.

Sie wandten sich sogleich mit der Bitte an mich, sie in das nächste Dorf und beste Wirtshaus zu führen, und nach der Beschreibung, die ich ihnen vom *Wallace-Head* machte, erklärten sie, sie wollten viel lieber dort bleiben als unter den Bedingungen jenes unverschämten Schurken von Kondukteur weiterreisen. Alles, was sie jetzt brauchten, war ein Bursche, um ihnen ihr Gepäck zu tragen. Diesen verschafften sie sich alsbald aus einer nahe gelegenen Hütte, und sie schickten sich schon an fortzugehen, als sie bemerkten, daß sich noch ein anderer Passagier in der nämlichen verlassenen Lage befand wie sie selber. Das war der ältere, kränklich aussehende Mann, der zugleich mit den beiden jungen Rechtsgelehrten in den Fluß geschleudert worden war. Wie es schien, war er zu bescheiden gewesen, um seine Sache dem Postillion gegenüber zu vertreten, als er sah, daß die vornehmeren Reisenden ihr Recht nicht erhielten, und die verzagte Miene, mit der er zurückblieb, ließ deutlich erkennen, daß es ihm an jenen Mitteln der Empfehlung mangelte, die der notwendige Paß zu der Gastfreundschaft eines Wirtshauses sind.

Ich wagte es, die Aufmerksamkeit der beiden jungen Stutzer, denn das schienen sie zu sein, auf die traurige Lage ihres Reisegefährten zu lenken. Sie nahmen den Hinweis mit bereitwilliger Gutmütigkeit auf.

«Ei, das ist wahr, Mr. Dunover», sagte einer der jungen Leute, «Ihr dürft hier nicht auf dem pavé bleiben; Ihr müßt mitkommen und mit uns zu Mittag speisen. Halkit und ich müssen uns ja auf jeden Fall eine Mietkutsche nehmen, um weiterzukommen, und wir werden Euch absetzen, wo es Euch am besten paßt.»

Der Arme – denn als solchen kennzeichnete ihn seine

Kleidung ebenso wie seine Schüchternheit – machte eine Art dankbaren Bücklings, wodurch ein Schotte sagen will: «Zuviel Ehre für meinesgleichen», und folgte demütig seinen munteren Beschützern. Alle drei boten, wie sie so dahinmarschierten und die staubige Straße mit dem Naß ihrer vollgesogenen Kleider besprengten, den seltsamen und etwas lächerlichen Anblick von Personen, die an allzuviel Feuchtigkeit litten, während die Sommersonne im Zenit stand und alles ringsumher vor Hitze und Trockenheit fast verschmachtete. Den jungen Herren selber entging das Lächerliche dieses Gegensatzes nicht; und sie waren noch nicht weit auf ihrer Wanderschaft gekommen, so hatten sie auch schon etliche leidlich gute Scherze darüber gemacht.

«Wir können uns nicht wie Cowley beklagen», sagte der eine von ihnen, «daß Gideons Vlies trocken bleibt, während alles umher naß ist – dies hier ist die Umkehrung des Wunders.»

«Das gute Städtchen sollte uns einen dankbaren Empfang bereiten. Wir bringen das im Überfluß, was ihm, scheint's, am meisten mangelt», meinte Halkit.

«Und spenden es seinen Bewohnern mit unvergleichlicher Großmut», erwiderte sein Begleiter, «wir versehen zum Nutzen ihrer staubigen Straßen den Dienst von drei Sprengwagen.»

«Obendrein», sagte Halkit, «treten wir in voller Amtsstärke vor sie hin: Anwalt und Sachwalter...»

«... und Klient», ergänzte der junge Advokat und sah sich um. Dann setzte er mit leiserer Stimme hinzu: «Der sieht aus, als wäre er zu lange in solch gefährlicher Gesellschaft gewesen.»

Es war in der Tat nur allzu wahr: der demütige Gefolgsmann der munteren jungen Herren hatte das schäbige Aussehen eines ausgeplünderten Prozessierenden, und ich konnte nicht umhin, über die witzige Bemerkung zu lächeln, bemüht mich jedoch, meine Heiterkeit vor dem Gegenstand derselben zu verbergen.

Als wir im *Wallace* ankamen, bestand der ältere der Edinburgher Herren, von dem ich gehört hatte, daß er ein Anwalt war, darauf, ich solle dableiben und an ihrem Mittagsmahl teilnehmen. Ihre Fragen und Bestellungen setzten alsbald den Wirt und sein ganzes Haus in Bewegung, um das Beste an Speise und Trank, was Kammer und Keller bargen, herbeizuschaffen und so schmackhaft wie möglich zuzubereiten. Unsere Gastgeber schienen in dieser Wissenschaft wunderbar erfahren zu sein. Ansonst waren es muntere junge Leute in der Blüte der Jugend und voller Lebenslust; sie zeigten das Gebaren, das in den höheren Kreisen der Edinburgher Rechtsgelehrten üblich ist – es ähnelt etwas dem der jungen Templer in den Tagen Steeles und Addisons. Ausgelassenheit mischte sich mit gesundem Menschenverstand, Geschmack und Kenntnissen, wie aus ihrer Unterhaltung hervorging. Augenscheinlich war es ihr Bestreben, zugleich Männer von Welt und Liebhaber der schönen Künste zu sein. Ein vornehmer Herr, zu der völligen Muße oder nutzlosen Beschäftigung erzogen, die, wie ich wohl weiß, unerläßlich sind, wenn man diese Rolle vollkommen spielen will, hätte im Gebaren des Anwalts höchstwahrscheinlich einen Anflug von Pedanterie entdeckt, der ihm trotz seiner Bemühungen von seinem Beruf her anhaftete, und eine gewisse lärmende Geschäftigkeit an seinem Gefährten; auch würde er zweifellos eine mehr als modische Mischung von Witz und Wissen in beider Redeweise entdeckt haben. Mir jedoch, der ich keinen Anspruch darauf erhob, so kritisch zu sein, erschien das Wesen meiner Gefährten als eine sehr glückliche Mischung von Wohlerzogenheit und umfänglichem Wissen, mit einem Hang zu munterem Geplauder, Scherz und Wortspielen, woran ein ernster Mann sich um so mehr ergötzt, je weniger ihm selbst dergleichen zu Gebote steht.

Der blasse, hagere Mann, der durch ihre Gutmütigkeit in ihre Gesellschaft geraten war, schien sich weder am richtigen Platz noch in rechter Stimmung zu fühlen; er saß auf der

Kante seines Stuhls, etwa zwei Schritte vom Tisch entfernt, wodurch er es sich beträchtlich erschwerte, die Speisen zum Mund zu führen; es schien, als habe er sich dies zur Buße dafür auferlegt, daß er sie in Gesellschaft vornehmer Leute einnahm. Kurze Zeit nach dem Essen, nachdem er sich durch keine Bitte hatte bewegen lassen, von dem Wein zu nehmen, der freigebig herumgereicht wurde, erkundigte er sich nach der Stunde, zu welcher die Kutsche bestellt sei, sagte, er wolle sich bereit halten, und entfernte sich bescheiden aus dem Zimmer.

«Jack», sagte der Anwalt zu seinem Gefährten, «ich erinnere mich an das Gesicht dieses armen Kerls. Du hast wahrer gesprochen, als du selbst gewußt hast. Er ist wirklich einer meiner Klienten – der Ärmste.»

«Der Ärmste!» wiederholte Halkit. «Du willst vermutlich sagen, er ist dein einziger Klient.»

«Das ist nicht meine Schuld, Jack», erwiderte der andere, dessen Name Hardie war, wie ich im Laufe der Unterhaltung erfuhr. «Du wolltest mir ja alle deine Fälle übertragen – und wenn du keine hast, so weiß dieser gelehrte Herr hier, daß aus nichts nichts werden kann.»

«Es scheint doch, daß du etwas zu nichts gemacht hast – im Fall jenes ehrlichen Mannes. Er sieht aus, als wolle er geradewegs das *Herz von Midlothian* mit seiner Gegenwart beehren.»

«Du irrst – man hat ihn soeben daraus entlassen. Aber unser Freund hier wünscht eine Erklärung. Sagt, Mr. Pattieson, wart Ihr schon einmal in Edinburgh?»

Ich bejahte.

«Dann müßt Ihr – gelegentlich wenigstens, wenn auch wahrscheinlich nicht so regelmäßig, wie mich meine Pflicht dazu verdammt – durch eine enge, verwinkelte Gasse gekommen sein, die von der Nordwestecke des Parliament Square ausgeht und an einem altertümlichen, hohen Gebäude mit Türmchen und eisernen Gittern vorbeiführt.

Im Sprichwort heißt's, das ist kein Spott:
Je näher der Kirche – je ferner von Gott.»

Mr. Halkit fiel seinem gelehrten Freund ins Wort, um auch sein Scherflein zu dem Rätsel beizutragen: «Es hat an der Tür das Zeichen des Roten Mannes...»

«... und ist alles in allem», unterbrach jetzt seinerseits der Anwalt seinen Freund, «ein Ort, wo das Unglück fast immer mit Schuld verquickt ist, wo alle, die darin sind, wünschen herauszukommen...»

«... und keiner, der das Glück hat, draußen zu sein, sich hineinwünscht», setzte sein Kollege hinzu.

«Ich verstehe Euch, meine Herren», erwiderte ich, «Ihr meint das Gefängnis.»

«Das Gefängnis», stimmte der junge Advokat bei, «Ihr habt es getroffen – es ist das höchst ehrwürdige Tolbooth selber; und, erlaubt mir, dies zu sagen, Ihr müßt uns sehr verbunden sein, daß wir es mit soviel Mäßigung und Kürze beschrieben haben; denn wir hätten den Gegenstand auch noch weiter ausschmücken können – wie und womit, das hättet Ihr ganz unserem Belieben überlassen müssen, seit die Senatoren unserer Stadt beschlossen haben, das ehrwürdige Gebäude solle nicht mehr fortbestehen, so daß es unsere Beschreibung weder bekräftigen noch widerlegen kann.»

«Das Gefängnis von Edinburgh wird also das Herz von Midlothian genannt?» fragte ich.

«Als solches ist es bekannt und berühmt, versichere ich Euch.»

«Da dünkt mich», sagte ich mit der bescheidenen Zurückhaltung eines Mannes, der sich in Gegenwart vornehmerer Leute ein Wortspiel erlaubt, «daß die Grafschaft unserer Hauptstadt ein trauriges Herz besitzt.»

«Der Ausdruck paßt wie mein Handschuh, Mr. Pattieson», erwiderte Hardie, «ja, es ist ein hartes Herz, ein steinernes Herz. Fahre fort, Jack.»

«Ein verruchtes Herz und ein elendes Herz», antwortete Halkit, indem er sein Bestes tat.

«Und doch könnte man es in mancher Hinsicht ein starkes und festes Herz nennen», versetzte der Advokat. «Ihr seht, ich kann Euch beide übertrumpfen.»

«Ich habe alle meine Herzen ausgespielt», sagte der jüngere Herr.

«Dann müssen wir etwas anderes ausspielen», antwortete sein Kollege. «Aber was das alte und verurteilte Gefängnis angeht, so ist es schade, daß ihm nicht dieselbe Ehre angetan werden kann wie vordem manchem seiner Insassen. Warum sollte das Tolbooth nicht auch seine Letzte Rede, seine Beichte und seine Worte vor dem Sterben haben? Das alte Gemäuer wäre sich der Ehre ebenso bewußt wie manch armer Teufel, der wie eine Troddel an seinem westlichen Ende gebaumelt hat, während die fliegenden Buchhändler bereits unter dem Galgen ein Geständnis ausboten, wovon der Unglückliche sich nie etwas hätte träumen lassen.»

«Ich fürchte», sagte ich, «wenn ich so frei sein darf, meine Meinung zu äußern, es würde ein Bericht von nichts anderem als Schuld und Kummer werden.»

«Nicht so ganz, mein Freund», entgegnete Hardie, «ein Gefängnis ist eine Welt für sich und hat Geschäfte, Schmerzen und Freuden, die seinem Kreis eigentümlich sind. Seine Insassen haben zuweilen ein kurzes Leben, aber das haben Soldaten im Feld auch; sie sind arm im Vergleich mit der Außenwelt, doch gibt es auch unter ihnen Grade der Armut und des Wohlstands – und so sind einige sogar verhältnismäßig reich. Sie können nicht draußen herumspazieren, aber das kann weder die Garnison einer belagerten Festung noch die Mannschaft eines Schiffs auf hoher See, und sie befinden sich in keiner ganz so verzweifelten Lage wie zuweilen diese, denn sie können so viel Lebensmittel haben, wie sie bezahlen können, und brauchen nicht einmal zu arbeiten, ob sie nun zu essen haben oder nicht.»

«Aber was für verschiedene Vorfälle», sagte ich (nicht

ohne im geheimen an mein gegenwärtiges Geschäft zu denken), «könnte möglicherweise ein solches Werk wie das, wovon Ihr zu reden beliebt, überliefern?»

«Unendliche», erwiderte der junge Advokat. «Alles, was sich an Schuld, Verbrechen, Lastern, Betrug, unerhörtem Mißgeschick und unvorhergesehenem Glückswechsel im bewegten Menschenleben nur auffinden läßt, sollte meine Letzte Rede des Tolbooth durch Beispiele erläutern, die hinreichend wären, selbst den alles verschlingenden Hunger des Publikums nach dem Wunderbaren und Schrecklichen zu stillen. Der Erfinder erdichteter Geschichten muß sich den Kopf zerbrechen, um Mittel zu finden, seine Erzählung unterhaltsam zu machen, und bei alldem verfällt er doch schwerlich auf Charaktere oder Begebenheiten, die nicht immer wieder geschildert worden sind, bis sie dem Leser so vertraut wurden, daß die Enthüllung, das enlèvement, die tödliche Wunde, woran der Held doch niemals stirbt, das verzehrende Fieber, von dem die Heldin bestimmt genesen wird, ganz alltägliche Dinge werden. Es geht mir wie meinem ehrlichen Freund Crabbe – ich habe den unglücklichen Hang, zu hoffen, wo nichts mehr zu hoffen ist, und mich auf die Korkweste zu verlassen, welche die Romanhelden sicher durch alle Wogen der Trübsal trägt.» Dann deklamierte er die folgende Stelle, mit eher zuviel als zuwenig Pathos:

«Groß war die Furcht einst – doch jetzt ist sie's nicht,
wenn eine keusche Maid ein Bösewicht
betört und wegschleppt mit solch wilder Hast,
daß sie auf schaudervolle Tat gefaßt –
ich bin es nicht! Mag Graben auch und Wall
das holde Kind umgeben überall,
und hinter Schloß und Riegeln sie aus Stahl
bewachen Wächter grausam sonder Zahl,
und – da sie jedes roten Hellers bar –
taub ihrem Flehn sein Mann wie Mägdeschar,

der Flucht durchs Fenster hindern tiefer Fall,
ihr Schrei verklingen ohne Widerhall –
doch zweifle ich an ihrer Rettung nicht
und daß die Strafe trifft den Bösewicht.»

«Wenn man den Ausgang weiß», schloß er, «ist es mit der Spannung vorbei, und daher kommt es, daß jetzt niemand mehr Romane liest.»

«Hört ihn, ihr Götter!» entgegnete sein Kollege. «Ich versichere Euch, Mr. Pattieson, wenn Ihr diesen gelehrten Herrn besucht, werdet Ihr höchstwahrscheinlich den neusten und meistberedeten Roman auf seinem Tisch finden – freilich sorgfältig verborgen unter Stairs *Institutionen* oder einem aufgeschlagenen Band von Morrisons *Entscheidungen.*»

«Leugne ich es denn?» entgegnete der hoffnungsvolle Rechtsgelehrte. «Und warum sollte ich es auch, da es wohlbekannt ist, daß diese Delilas viel weisere und bessere Leute verführen? Findet man sie nicht versteckt unter den Aktenstößen unseres ausgezeichnetsten Anwalts, und lugen sie nicht selbst unter dem Polster eines richterlichen Lehnsessels hervor? Ältere Leute als wir – vor den Schranken, innerhalb der Schranken und selbst auf der Richterbank – lesen Romane, und wenn es nicht gelogen ist, so haben einige von ihnen sogar selbst welche verfaßt. Ich sage nur, daß ich aus Gewohnheit und Langeweile, nicht aus wirklichem Interesse lese; daß ich wie der alte Pistol, während er seinen Lauch verschlang, lese und fluche, bis ich ans Ende der Erzählung komme. Aber wie anders verhält es sich mit den wahren Berichten der menschlichen Verirrungen – mit den Gerichtsakten oder -protokollen, wo man immer wieder auf neue Seiten des menschlichen Herzens stößt und von Schicksalslaunen liest, die alles weit übertreffen, was das Gehirn des kühnsten Romanschreibers je auszudenken versucht hat.»

«Und Ihr meint», fragte ich, «die Geschichte des Kerkers

von Edinburgh könnte zu solchen Erzählungen angemessenen Stoff liefern?»

«In ungewöhnlich reichem Maße, werter Herr», sagte Hardie. «Doch füllt inzwischen Euer Glas. – War er nicht viele Jahre lang der Ort, wo das schottische Parlament tagte? War er nicht James' Zufluchtsort, als der von einem aufrührerischen Priester verhetzte Pöbel mit dem Geschrei auf ihn eindrang: ‹Hie Schwert des Herrn und Gideons – her mit dem gottlosen Haman›? Wie viele Herzen haben seitdem innerhalb dieser Mauern gebebt, wenn das Geläut der benachbarten Glocke ihnen verkündete, wie schnell der Sand ihres Lebens verrinne; wie viele Missetäter sind wohl bei dem Klang in die Knie gesunken; wie viele hielt unbeugsamer Stolz und Trotz aufrecht; wie viele die Tröstungen der Religion? Gab es nicht Leute darunter, die, wenn sie auf die Antriebe ihrer Verbrechen zurückblickten, kaum fähig waren zu begreifen, wie solche Anfechtungen sie verleiten konnten, vom Pfad der Tugend abzuweichen? Und gab es nicht vielleicht auch andere unter ihnen, Unschuldige, die zwischen der Empörung über den ungerechten Urteilsspruch, den man über sie gefällt hatte, dem Bewußtsein, daß sie ihn nicht verdienten, und dem quälenden Bemühen, einen Weg zu entdecken, wie sie sich doch noch rechtfertigen könnten, hin- und hergerissen wurden? Glaubt Ihr, derart tiefe, mächtige und lebhafte Empfindungen könnten geschildert und gelesen werden, ohne eine entsprechend tiefe, mächtige und lebhafte Teilnahme zu erwecken? – Oh, wartet nur, bis ich die ‹Causes Célèbres› Kaledoniens herausgebe, und Ihr werdet auf lange Zeit hinaus kein Bedürfnis mehr nach einem Roman oder Trauerspiel verspüren. Die Wirklichkeit wird über die glänzendsten Erfindungen der feurigsten Einbildungskraft triumphieren. Magna est veritas, et praevalebit.»

«Ich habe mir sagen lassen», erwiderte ich, ermutigt durch die Leutseligkeit meines gesprächigen Gastgebers, «daß die schottischen Kriminalprozesse weniger interessant sein sollen als die anderer Länder. Die allgemeine Sittenstrenge unseres Volkes, seine nüchternen und vernünftigen Gewohnheiten...»

«... sichern es gegen das Überhandnehmen von berufsmäßigen Dieben und Räubern», sagte der Advokat, «aber nicht gegen wilde und wunderliche Ausbrüche der Laune und Leidenschaft, die Verbrechen ungewöhnlicher Art hervorbringen – gerade solche, deren Schilderung wir mit schaudernder Neugier lauschen. England ist schon viel länger ein zivilisiertes Land, seine Bewohner unterstehen sehr strengen Gesetzen, die ohne Gunst noch Scheu gehandhabt werden, eine vollständige Arbeitsteilung hat unter der Bevölkerung stattgefunden, und selbst die Diebe und Räuber bilden innerhalb der Gesellschaft eine bestimmte Klasse. Sie sind unter sich nach dem Gegenstand ihrer Räubereien und der Art und Weise, wie sie diese ausführen, eingeteilt und handeln nach regelmäßigen Gewohnheiten und Grundsätzen, die man in Bow Street, Hatton Garden oder Old Bailey vorherbestimmen und -berechnen kann. Unser Schwesterreich gleicht einem gutgebauten Acker – der Landmann erwartet, daß trotz all seiner Sorgfalt mit dem Getreide auch eine gewisse Menge Unkraut aufgehen wird, und kann Namen und Beschaffenheit davon vorhersagen. Aber Schottland gleicht seinen eigenen Hochlandschluchten, und der Moralist, der die Akten unserer Kriminalgerichtsbarkeit liest, wird ebensoviel absonderliche und seltsame Fälle in der Geschichte des Geistes finden wie der Botaniker seltene Gewächse in den Tälern und Schluchten dieses Landes.»

«Und das ist alles, was du bei dreimaligem Durchlesen der Kommentare zum Schottischen Kriminalrecht profitiert hast?» fragte sein Gefährte. «Der gelehrte Verfasser hat es sich schwerlich träumen lassen, daß die Tatsachen, die er mit so viel Gelehrsamkeit und Scharfsinn zur Erläuterung juristischer Lehrsätze zusammengetragen hat, in anderer Fassung eine Art Anhang zu den halbzerfledderten Bänden der Leihbibliotheken bilden könnten.»

«Ich wette um einen Schoppen Rotwein», sagte der ältere Rechtsgelehrte, «daß er diesen Vergleich nicht übelnehmen würde. Aber, wie wir vor der Schranke sagen: ‹Ich bitte, mich nicht zu unterbrechen!› – Ich habe noch viel mehr über meine Sammlung schottischer ‹Causes Célèbres› zu sagen. Erinnert Euch bitte, welchen Antrieb und Spielraum zum Aushecken und Durchführen vieler außerordentlicher und verwegener Verbrechen die langen bürgerlichen Zwistigkeiten Schottlands gaben; die Erblichkeit der Richterstellen, wodurch bis zum Jahre 1748 die Untersuchung von Verbrechen unwissenden, parteiischen oder eigennützigen Richtern überlassen blieb; die Gewohnheit der Genty, sich auf ihren einsamen und entlegenen Landsitzen zu verschanzen und dort ihre Rachegelüste zu nähren, um so ihr Blut am Stocken zu hindern; nicht zu gedenken jener liebenswürdigen Nationaleigenschaft – perfervidum ingenium Scotorum genannt –, die unsere Rechtsgelehrten als Grund für einige unserer strengen Verordnungen hinstellen. Wenn ich dazu komme, solch geheimnisvolle, tiefe und gefährliche Gegenstände zu behandeln, wie sie aus diesen Verhältnissen entstanden sind, so soll das Blut jedes Lesers gerinnen und ihn am ganzen Leib eine Gänsehaut überlaufen. – Aber still! Hier kommt unser Wirt, vermutlich, um uns zu sagen, daß die Kutsche bereit ist.»

Es war nicht an dem – er brachte im Gegenteil die Nachricht, daß an diesem Abend keine Kutsche zu haben sei, denn Sir Peter Plyem sei am Morgen mit den zwei Paar Pferden des Wirts nach dem alten königlichen Burgflecken Bubbleburgh gefahren, um dort seine Interessen wahrzunehmen. Doch da Bubbleburgh nur einer von den fünf Wahlflecken ist, die gemeinsam einen Abgeordneten ins Parlament entsenden, hatte Sir Peters Gegner klüglich seine Abreise abgewartet, um in dem ebenfalls königlichen Burgflecken Bitem Stimmenfang zu treiben, obwohl dieser Wahlflecken, wie alle Welt weiß, gerade am Ende von Sir Peters Allee liegt und von ihm und seinen Vorfahren seit undenklichen Zeiten am Gängelband geführt wird. Sir Peter war jetzt in der Lage eines ehrgeizigen Monarchen, der einen kühnen Einfall in das Gebiet seines Feindes unternommen hat und plötzlich durch einen Überfall auf sein eigenes Erbland zurückgerufen wird. Er war demnach genötigt, aus dem halb gewonnenen Wahlflecken Bubbleburgh zurückzukehren, um nach dem halb verlorenen Wahlflecken Bitem zu sehen, und die zwei Paar Pferde, die ihn am Morgen nach Bubbleburgh gebracht hatten, wurden jetzt zwangsweise zurückgehalten, um ihn, seinen Anwalt, seinen Bedienten, seinen Spaßmacher und seinen Säufer über Land nach Bitem zu bringen. Der Grund dieser Beschlagnahme, der für mich von ebenso geringem Belang war, wie er es für den Leser sein mag, war meinen beiden Gefährten indessen wichtig genug, um sie mit der Verzögerung ihrer Reise auszusöhnen. Gleich Adlern witterten sie die Schlacht von weitem, ließen sich eine große Flasche Rotwein kommen, bestellten Betten im *Wallace* und gingen mit vollen Segeln auf die Bubbleburgher und Bitemer Händel ein, mit all den «Gesuchen und Klagen», zu denen es wahrscheinlich kommen würde.

Inmitten einer eifrigen, lebhaften und für mich sehr unverständlichen Auseinandersetzung über Bürgermeister, Schöppen, Stadträte, Wahlkreise, Lehngerichte, Stadtschreiber, residierende und nichtresidierende Abgeordnete und so weiter besann sich der Advokat plötzlich und sagte: «Der arme Dunover, wir dürfen ihn nicht vergessen!» Sogleich wurde der Wirt abgeschickt, den pauvre honteux aufzusuchen und ihn höflichst für den übrigen Teil des Abends einzuladen. Ich konnte nicht umhin, die jungen Herren zu fragen, ob sie etwas von der Geschichte dieses armen Mannes wüßten, und der Anwalt suchte eifrig in seiner Tasche nach den Aufzeichnungen oder Unterlagen, deren er sich vor Gericht bei der Darlegung des Falles bedient hatte.

«Er ist ein Anwärter unseres remedium miserabile gewesen», sagte Hardie, «gewöhnlich cessio bonorum genannt.

Wie es Geistliche gibt, welche die Ewigkeit der Höllenstrafen bezweifeln, so scheinen auch die schottischen Rechtsgelehrten geglaubt zu haben, das Verbrechen der Armut sei mit etwas kürzerer Buße als lebenslänglicher Gefangenschaft zu sühnen. Sie müssen wissen, daß ein Schuldgefangener nach Ablauf eines Monats berechtigt ist, den Antrag auf Haftentlassung zu stellen – unter ausführlicher Darlegung seiner Verhältnisse vor unserem Obersten Gerichtshof, mit Angabe seiner Vermögenswerte, der Art seiner Verschuldung sowie nach Abtretung seiner gesamten Habe an seine Gläubiger.»

«Ich habe von solch einer menschlichen Anordnung gehört», entgegnete ich.

«Ja», sagte Halkit, «und das Schöne dabei ist, wie jener Ausländer sagte, daß man die cessio erlangen kann, wenn die bonorums alle vertan sind. – Aber was wühlst du denn in deinen Taschen, um dein einziges Aktenstück unter alten Komödienzetteln, Aufforderungen zur Fakultätssitzung, Statuten der Philosophischen Gesellschaft, Vorlesungsverzeichnissen und so weiter zu suchen, wo doch die Tasche eines jungen Anwalts allen möglichen Krimskrams enthält, nur keine Akten oder Banknoten? Kannst du eine Zessionssache nicht ohne deine Notizen darlegen? Es geschieht ja jeden Sonnabend. Die Anträge folgen einander so regelmäßig wie die Schläge einer Uhr, und eine Formel der Willfahrung paßt auf alle.»

«Das stimmt aber nicht mit dem überein, was dieser Herr von der Verschiedenheit der Fälle sagte, über die Eure Richter zu beraten haben», warf ich ein.

«Es ist wahr», erwiderte Halkit, «aber Hardie sprach von Kriminalfällen, und dies ist eine bloße Zivilsache. Ich könnte selbst ohne die inspirierende Amtsrobe und die dreischwänzige Perücke auf eine cessio antragen. Hören Sie zu! – Mein Klient hatte das Handwerk eines Webers erlernt – erwarb sich etwas Geld – pachtete ein Landgut (denn Landwirtschaft zu treiben sowie ein Gig zu fahren versteht man von Natur) – es kommen schlimme Zeiten – er läßt sich bewegen, für einen Freund eine Bürgschaft zu übernehmen, wofür er keine Sicherheit erhält – der Gutsherr kündigt ihm – die Gläubiger gehen auf einen Vergleich ein – Antragsteller macht ein Wirtshaus auf – falliert zum zweitenmal – wird wegen einer Schuld von 10 Pfund, 7 Shilling und 6 Pence eingekerkert – seine Schulden belaufen sich auf soundsoviel – seine Verluste auf soundsoviel – seine Vermögenswerte auf soundsoviel – bleibt ein Saldo von soundsoviel zu seinen Gunsten. Es erhebt sich kein Widerspruch – Euer Ehren wollen gütigst in die Abnahme des Eides willigen.»

Hardie stellte jetzt sein erfolgloses Suchen ein, das vielleicht mehr dem Schein diente, und erzählte uns die Geschichte vom Mißgeschick des armen Dunover in einem Ton, worin sich eine gewisse Rührung, deren er sich jedoch als seinem Amt nicht angemessen zu schämen schien und die ihm mehr Ehre machte, mit Versuchen mischte, witzig zu sein. Es war eine jener Geschichten, deren Held als Beweis für die Behauptung dienen kann, daß es geborene Pechvögel gibt. Ein ordentlicher, fleißiger und unbescholtener, aber armer und schüchterner Mann hatte vergebens all die üblichen Mittel und Wege versucht, wodurch andere sich ein Vermögen machen, doch war es ihm nicht gelungen, mehr zu erwerben als gerade zu seinem Unterhalt hinreichte. Während einer kurzen Glückszeit – freilich mehr erhofften als wirklichen Wohlstands – hatte er sich zu seinen übrigen Sorgen auch noch die um eine Frau und Kinder aufgebürdet. Aber sein Himmel bewölkte sich bald. Alles mißlang ihm und trieb ihn näher an den morastigen Sumpf der Verzweiflung, der auf den zahlungsunfähigen Schuldner lauert. Nachdem er nur die verlängerte Qual empfunden hatte, daß sich seinem Griff ein Zweig um den andern, nach dem er haschte, entzog, versank er endlich wirklich in dem schlammigen Schlund, aus dem ihm erst die juristischen Bemühungen Hardies wieder heraushalfen.

«Und jetzt, da du diesen armen Teufel aus dem Schiffbruch gerettet hast, wirst du ihn vermutlich halb nackt am Strand liegen und für sich selber sorgen lassen?» fragte Halkit. «Hör mal!» Und er flüsterte ihm etwas ins Ohr, wovon das meinige nur die eindringlich beschwörenden Worte «Einfluß bei Mylord» erreichten.

«Es ist pessimi exempli», sagte Hardie lachend, «wenn man für einen ruinierten Klienten sorgt; aber ich dachte schon selbst an das, was du sagst, vorausgesetzt, daß es sich tun läßt. – Aber still! Hier kommt er.»

Die Geschichte vom Unglück des armen Mannes hatte ihm, wie ich mit Vergnügen bemerkte, die Achtung und Teilnahme der jungen Männer verschafft, sie behandelten ihn mit großer Höflichkeit und zogen ihn nach und nach in die Unterhaltung, die sich zu meiner großen Befriedigung wieder den «Causes Célèbres» Schottlands zuwandte. Ermutigt durch die Freundlichkeit, womit er behandelt wurde, begann Mr. Dunover sein Scherflein zur Ergötzlichkeit des Abends beizutragen. Gefängnisse haben wie andere Orte ihre alten Überlieferungen, die nur den Bewohnern bekannt sind und von einer Generation der traurigen Zelleninhaber an die nächste weitergegeben werden. Einige der Geschichten, die Dunover erzählte, waren sehr interessant und dienten dazu, die Berichte von merkwürdigen Prozessen zu erläutern, über die Hardie reichlich verfügte und worin sein Gefährte ebenfalls wohlbewandert war. Bei dieser Art von Unterhaltung verstrich der Abend bis zur frühen Stunde, wo Mr. Dunover sich zur Ruhe zu begeben beschloß; und auch ich entfernte mich, um mir Aufzeichnungen über das zu machen, was ich gehört hatte, und eine neue Erzählung denjenigen hinzuzufügen, die zu sammeln und im einzelnen auszuschmücken mein Hauptvergnügen war. Die beiden jungen Männer bestellten sich ein Roastbeef und Madeira-Negus, ließen sich ein Spiel Karten geben und fingen an, Pikett zu spielen.

Am nächsten Morgen verließen die Reisenden Gandercleugh. Später erfuhr ich aus den Zeitungen, daß beide seither in dem großen politischen Prozeß von Bubbleburgh und Bitem beschäftigt sind, einem summarischen Prozeß, der mit besonderer Eile entschieden werden soll, aber dennoch, wie man glaubt, die Amtszeit des Parlaments, auf das der Streit sich bezieht, überdauern wird. Mr. Halkit ist, wie ich aus den Zeitungen erfuhr, als Agent oder Sachwalter tätig, und Mr. Hardie vertritt Sir Peter Plyem vor Gericht, und zwar mit großer Geschicklichkeit und solchem Erfolg, daß er, wie ich höre, seitdem viel weniger Komödienzettel und mehr Aktennotizen in seiner Tasche hat. Und die beiden jungen Herren verdienen ihr Glück, denn Mr. Dunover, der mich einige Wochen später besuchte, teilte mir unter Tränen mit, daß er durch ihre Vermittlung ein kleines Amt erhalten habe, das ihn und seine Familie anständig ernähre, und daß er diese Morgenröte seines Glücks nach einer ununterbrochenen Folge von Mißgeschick nur dem glücklichen Zufall verdanke, in Gesellschaft eines Advokaten und Notars vom Hochsitz einer Postkutsche in den Gander geschleudert worden zu sein. Der Leser wird sich diesem Unfall vielleicht nicht ebenso zu Dank verpflichtet fühlen, da er ihm die folgende Erzählung beschert, die auf der Unterhaltung jenes Abends beruht.

2. Kapitel

Wer je in Paris war, den Grève-Platz kennt,
wo dem Tapfersten selbst winkt ein ruhmloses End';
wo Gesetz und Recht – o schlimmes Geschick –
des Helden Qual kürzen mit Galgen und Strick.

Der Tod zerbricht die Ketten der Schmach.
der Henker vollstreckt, was der Richter sprach;
des Halsbands Ritter, des Schandpfahls Zier –
ihre Pein, ihre Hoffnung endet allhier.

Prior

In früheren Zeiten hatte England sein Tyburn, zu dem die der Gerechtigkeit geweihten Opfer in feierlicher Prozession den Weg geführt wurden, der jetzt Oxford Road heißt. In Edinburgh diente eine breite, offene Straße, oder vielmehr ein länglicher, von hohen Häusern umgebener Platz, der sogenannte Grassmarket, demselben traurigen Zweck. Er war dafür nicht übel gewählt, denn er besaß eine beträchtliche Größe und konnte daher eine ziemliche Anzahl Zuschauer fassen, wie sie sich gewöhnlich zu solchem traurigen Schauspiel zusammenfinden. Andererseits waren selbst damals wenige der Häuser, die den Platz umgaben, von vornehmen Leuten bewohnt, so daß diejenigen, die sich am ehesten von derartigen Auftritten unangenehm berührt oder abgestoßen fühlen konnten, dadurch in ihrer Ruhe nicht gestört wurden. Die Häuser am Grassmarket sind im allgemeinen unansehnlich, doch fehlt es dem Platz selbst nicht an einer gewissen erhabenen Größe, da sich an seiner südlichen Seite der gewaltige Felsen erhebt, auf dem das Schloß steht, und ihn die moosbewachsenen Mauern dieser alten Feste mit ihren Wachttürmen und Zinnen überragen.

Noch bis vor rund dreißig Jahren war es Brauch, diese

Esplanade als Schauplatz für öffentliche Hinrichtungen zu benutzen. Der verhängnisvolle Tag wurde dem Publikum durch die Aufrichtung eines mächtigen schwarzen Galgens am östlichen Ende des Grassmarket angekündigt. Er war von einem Gerüst umgeben, und eine doppelte Leiter führte zu ihm empor – zum Hinaufsteigen für den unglücklichen Verbrecher auf der einen und für den Henker auf der anderen Seite. Da das Gerüst immer vor Anbruch des Tages aufgeschlagen wurde, schien es, als sei der Galgen wie das Werk eines bösen Geistes über Nacht aus der Erde gewachsen; und ich entsinne mich noch sehr wohl des Schauders, womit die Schuljungen, zu denen auch ich gehörte, diese unheilverkündenden Vorrichtungen zu betrachten pflegten. In der Nacht nach der Hinrichtung verschwand der Galgen wieder und wurde während der Dunkelheit in aller Stille an den Ort gebracht, wo er gewöhnlich aufbewahrt wurde, nämlich in eines der Gewölbe unter dem Gerichts- oder Parlamentsgebäude. Diese Art der Hinrichtung ist jetzt mit einer ähnlichen gegenüber Newgate vertauscht worden – ob zum wirklichen Segen, ist ungewiß. Die Seelenqualen des Delinquenten werden freilich abgekürzt. Er schleicht nicht mehr im Armensünderhemd zwischen den begleitenden Geistlichen durch einen beträchtlichen Teil der Stadt wie eine wandelnde Leiche, während er noch dieser Welt angehört; aber es ist zum wenigsten zweifelhaft, ob nicht durch die Abkürzung der traurigen Feierlichkeit die abschreckende Wirkung auf die Zuschauer teilweise verringert wird, die doch der nützliche Zweck all solcher Strafen ist und deren letzter in der Verhinderung von Verbrechen besteht – welcher Zweck allein, mit Ausnahme einiger besonderer Fälle, Todesstrafen überhaupt rechtfertigen kann.

Am 7. September 1736 gewahrte man auf dem erwähnten Platz diese unheilverkündenden Anzeichen einer Hinrichtung, und schon zu früher Morgenstunde sammelten sich Menschen an, die das Gerüst und den Galgen mit finsterer und rachsüchtiger Genugtuung anstarrten, wie sie das Volk selten zu erkennen gibt, da seine Gutmütigkeit in den meisten Fällen das Verbrechen des Verurteilten vergißt und nur bei seinem Elend verweilt. Aber das Verbrechen, dessen der erwartete Missetäter sich schuldig gemacht hatte, war derart, daß es allerdings sehr wohl den Groll der Menge erwecken und reizen konnte. Die Geschichte ist wohlbekannt, doch ist es nötig, die Hauptumstände zum besseren Verständnis des Folgenden zu wiederholen; die Erzählung wird vielleicht lang werden, aber, wie ich hoffe, nicht uninteressant sein, selbst für die, welche den Ausgang im allgemeinen schon kennen. Jedenfalls ist einige Ausführlichkeit erforderlich, um die folgenden Ereignisse unserer Erzählung verständlich zu machen.

Der Schleichhandel – obwohl er die Grundlage der gesetzlichen Ordnung schädigt, da er die Staatseinkünfte schmälert, dem ehrbaren Kaufmann Abbruch tut und die Gemüter der Leute verdirbt, die sich damit abgeben – wird gewöhnlich weder von der niederen noch der höheren Klasse des Volkes als ein sehr schlimmes Vergehen angesehen. Im Gegenteil, in jenen Grafschaften, wo er blüht, sind die gewandtesten, kühnsten und klügsten Leute der Landbevölkerung durchweg in unerlaubte Unternehmungen verwickelt, sehr oft mit Billigung der Gentry und der Pächter. Während der Regierung Georges I. und Georges II. war die Schmuggelei in Schottland allgemein üblich; denn das Volk, das nicht an Zölle gewöhnt war und sie als einen ungerechten Eingriff in seine alten Freiheiten betrachtete, trug kein Bedenken, sie zu hinterziehen, wo immer es möglich war.

Die Grafschaft Fife, die im Norden und Süden von zwei Buchten und im Osten vom Meer begrenzt wird und eine Menge kleiner Häfen besitzt, war lange Zeit durch ihren schwunghaften Schleichhandel berüchtigt, und da dort viele Seeleute wohnten, die in ihrer Jugend Freibeuter und Seeräuber gewesen waren, fehlte es nicht an einer hinreichenden Anzahl verwegener Leute, die ihn betrieben. Unter ihnen war ein Kerl namens Andrew Wilson, eigentlich Bäcker im Dorf Pathhead, bei den Zollbeamten besonders verrufen. Er besaß große körperliche Kraft, Mut und Verschlagenheit, war vollkommen mit der Küste vertraut und fähig, die verwegensten Unternehmungen durchzuführen. Bei verschiedenen Gelegenheiten war es ihm gelungen, den Fahndungen und Nachstellungen der königlichen Beamten zu entgehen; aber er wurde so sehr der Gegenstand ihres Argwohns und ihrer Wachsamkeit, daß er endlich mehrmals erwischt und vollständig zugrunde gerichtet wurde. Der Mann verzweifelte. Er betrachtete sich als ausgeraubt und ausgeplündert und setzte sich in den Kopf, daß er ein Recht habe, Vergeltung zu üben, wenn er Gelegenheit dazu finden könne. Wo das Herz zum Bösen bereit ist, fehlt die Gelegenheit dazu selten lange. Dieser Wilson erfuhr, daß der Zolleinnehmer von Kirkcaldy auf seiner gewöhnlichen Amtsreise nach Pittenweem gekommen sei und eine beträchtliche Summe öffentlicher Gelder in seiner Verwahrung habe. Da der Betrag noch lange nicht so groß war wie der Wert der ihm abgenommenen Güter, empfand Wilson keine Gewissensbisse bei dem Entschluß, sich auf Kosten des Einnehmers und der Zollkasse für seine Verluste zu entschädigen. Er verband sich mit einem gewissen Robertson und zwei anderen jungen Nichtsnutzen, die dasselbe verbotene Gewerbe getrieben hatten und sich überreden ließen, das Unternehmen ebenso als gerechtfertigt zu betrachten wie er selber. Sie beobachteten eine Zeitlang das Tun und Treiben des Einnehmers und brachen dann mit Gewalt in das Haus ein, wo er wohnte. Wilson betrat mit zweien seiner Kumpane das Zimmer des Zolleinnehmers, während Robertson, der vierte, mit einem blanken Hirschfänger in der Hand vor der Tür Wache hielt. Als der Zolleinnehmer sein Leben in Gefahr sah, sprang er aus dem Fenster seines Schlafzimmers und entfloh im Hemd, so daß sich die Räuber sehr leicht in den Besitz von etwa 200 Pfund öffentlicher Gelder setzen konnten. Dieser Raub wurde auf sehr verwegene Art und Weise begangen, denn zur selben Zeit kamen mehrere Leute durch die Straße. Aber Robertson sagte ihnen, der Lärm, den sie hörten, rühre von einem Streit oder einer Schlägerei zwischen dem Einnehmer und den Hausbewohnern her, worauf sich die würdigen Bürger Pittenweems keineswegs berufen fühlten, sich zugunsten des verhaßten Beamten ins Mittel zu legen; sie begnügten sich daher mit dieser oberflächlichen Auskunft – wie der Levit im Gleichnis – und gingen auf der anderen Seite der Straße weiter. Endlich wurde Alarm geschlagen, Militär aufgeboten, die Räuber wurden verfolgt, die Beute wiedererlangt, Wilson und Robertson verhaftet, verhört und, hauptsächlich auf die Aussage eines Mitschuldigen hin, zum Tode verurteilt.

Viele waren der Ansicht, daß sich die Gerechtigkeit mit Rücksicht auf die irrige Auffassung jener Leute über die Natur der begangenen Tat mit einer geringeren Sühne als der zweier Leben hätte begnügen können. Andererseits wurde wegen der Dreistigkeit des Verbrechens ein strenges Beispiel für nötig erachtet, und dies war auch die Ansicht der Regierung. Als bekannt wurde, das Todesurteil würde vollstreckt werden, wurden den Missetätern heimlich von einem in Freiheit befindlichen Freund Feilen und andere zur Flucht nötige Werkzeuge zugesteckt. Damit durchfeilten sie eine Stange vor einem der Kerkerfenster und hätten entfliehen können, wäre nicht der Eigensinn Wilsons gewesen, der ebenso querköpfig wie verwegen war. Sein Kamerad Robertson, ein junger, schlanker Mann, schlug vor, er wolle zuerst durch die Öffnung, die sie gemacht hatten, schlüpfen und sie, wenn nötig, von außen erweitern, damit auch Wilson hindurchkriechen könne. Wilson indessen bestand darauf, zuerst den Versuch zu machen, und da er ein starker, vierschrötiger Mann war, fand er es nicht nur unmöglich, sich durch die Stangen zu zwängen, sondern klemmte sich auch bei seinen Bemühungen so fest, daß er nicht imstande war, sich wieder herauszuziehen. Unter diesen Umständen wurde eine Entdeckung unvermeidlich, und der Gefangenenwärter traf ausreichende Vorkehrungen, eine Wiederholung desselben Versuchs zu verhindern. Robertson sagte kein Wort zu seinem Gefährten über die Folgen seines Eigensinns, doch aus Wilsons späterer Handlungsweise wurde es klar, wie sehr ihn der Gedanke beunruhigte, daß sein Gefährte, auf den er einen beträchtlichen Einfluß ausgeübt hatte, sich ohne ihn nicht in das verbrecherische Unternehmen eingelassen hätte, das so verhängnisvoll geendet hatte, und daß er ihm jetzt zum zweitenmal zum Verderben geworden war, da ohne seinen Eigensinn Robertson hätte entfliehen können. Menschen wie Wilson behalten zuweilen, selbst wenn sie ausgekochte Verbrecher sind, die Fähigkeit zu großmütigen Gedanken und Entschlüssen. All sein Sinnen war jetzt darauf gerichtet, Robertsons Leben ohne die geringste Rücksicht auf sein eigenes zu retten. Der Entschluß, den er faßte, und die Art und Weise, wie er ihn ausführte, waren ungewöhnlich und verblüffend.

An das Tolbooth oder Stadtgefängnis von Edinburgh stößt eine der drei zur Kathedrale von St. Giles gehörigen Unterkirchen, die von ihrer Nachbarschaft her die Tolbooth-Kirche genannt wird. Es herrschte der Brauch, daß zum Tod verurteilte Verbrecher am Sonntag vor ihrer Hinrichtung unter hinreichender Bewachung in diese Kirche geführt wurden, um dem öffentlichen Gottesdienst beizuwohnen. Man war der Ansicht, die Herzen dieser Unglücklichen, so verhärtet sie auch vorher gegen Gefühle der Andacht gewesen sein mochten, müßten ihnen zugänglich werden, wenn sie zum letztenmal ihre Gedanken und Stimmen gemeinsam mit ihren Mitmenschen an ihren Schöpfer richteten. Und für die übrige Gemeinde, glaubte man, könne es nur rührend und eindrucksvoll sein, ihre Andacht mit der jener Unglücklichen zu vereinen, die – vom irdischen Gericht verurteilt, bald dort zu erscheinen, wo die ganze Welt gerichtet wird – als Wesen betrachtet werden könnten, die schaudernd am Rand der Ewigkeit stehen. So erbaulich indessen dieser Brauch auch gewesen sein mag, hat er doch infolge des Vorfalls aufgehört, den wir hier erzählen wollen.

Der Geistliche, dessen Amt es war, in der Tolbooth-Kirche zu predigen, hatte eben seine rührende Rede beendet, die größtenteils an die unglücklichen Männer Wilson und Robertson gerichtet war, welche sich, jeder zwischen zwei Stadtsoldaten, in einem abgesonderten Kirchenstuhl befanden, der für Leute in ihrer traurigen Lage vorgesehen war. Der Geistliche hatte sie daran erinnert, daß die nächste Versammlung, der sie beiwohnen müßten, die der Gerechten oder Ungerechten sein würde; daß die Psalmen, die sie jetzt hörten, in dem kurzen Zeitraum von zwei Tagen in ewige Lobgesänge oder ewige Wehklagen verwandelt würden und daß diese schreckliche Alternative davon abhinge, in welcher geistigen Verfassung sie sich vor dem furchtbaren Augenblick ihres Abscheidens aus dieser Welt befinden würden; daß sie nicht wegen der Plötzlichkeit der Abberufung verzagen, sondern es vielmehr als Trost in ihrem Elend empfinden sollten, daß alle, die jetzt zusammen mit ihnen ihre Stimme erhöben oder das Knie beugten, unter derselben Drohung des unvermeidlichen Todes stünden, sie jedoch allein den Vorteil hätten, den genauen Augenblick zu wissen, wann ihnen derselbe beschieden wäre. «Daher, meine unglücklichen Brüder», ermahnte sie der gute Mann mit vor Rührung zitternder Stimme, «nützet die noch verbleibende Zeit und bedenket, daß ihr euch mit Hilfe Dessen, vor welchem Raum und Zeit wie nichts sind, selbst noch während des kurzen Aufschubs, den euch die Gesetze eures Landes verstatten, eurer Erlösung versichern könnt.»

Man bemerkte, daß Robertson bei diesen Worten weinte; Wilson jedoch schien ihren Sinn nicht ganz erfaßt zu haben oder in Gedanken lebhaft mit einem anderen Gegenstand beschäftigt zu sein – was bei einem Menschen in seiner Lage so natürlich war, daß es weder Verwunderung noch Verdacht erregte.

Der Segen wurde wie üblich gesprochen und die Gemeinde entlassen. Manche zögerten noch, um ihre Neugier durch einen genaueren Blick auf die beiden Verbrecher zu befriedigen, die jetzt, ebenso wie ihre Wächter, aufstanden, um fortzugehen, sobald die Menge es ihnen erlauben würde. Ein allgemeines Gemurmel des Mitleids erhob sich unter den Zuschauern – vielleicht wegen der mildernden Umstände des Falles –, als plötzlich Wilson, der, wie bereits erwähnt, ein sehr starker Mann war, zwei der Soldaten, einen mit jeder Hand, ergriff und zu gleicher Zeit seinem Kameraden zurief: «Lauf, Geordie, lauf!», wobei er sich auf einen dritten warf und ihn mit den Zähnen am Kragen seiner Uniform festhielt. Robertson stand eine Sekunde wie vom Donner gerührt und war nicht imstande, die Gelegenheit zur Flucht zu nutzen; doch da der Ruf «Lauf, lauf!» von vielen Umstehenden wiederholt wurde, deren Gefühle, so überrascht, sie zu einer sehr natürlichen Anteilnahme an seinem Schicksal verleiteten, riß er sich aus dem Griff des noch übrigen Soldaten los, sprang aus dem Kirchenstuhl, mischte sich unter die fortgehende Gemeinde, aus der keiner Lust verspürte, einen armen Kerl festzuhalten, der die letzte Gelegenheit nutzte, sein Leben zu retten, erreichte die Kirchentür und entkam so der Verfolgung.

Die Großmut und Unerschrockenheit, die Wilson bei dieser Gelegenheit gezeigt hatte, erhöhten das Gefühl des Mitleids mit seinem Schicksal. Die Allgemeinheit nimmt leicht Partei für Uneigennützigkeit und Menschlichkeit, sofern nur ihr selbst kein Abbruch dadurch geschieht, und so bewunderte man Wilsons Handlungsweise und freute sich über Robertsons Flucht. Dieses allgemeine Gefühl war so stark, daß ein unbestimmtes Gerücht aufkam, auch Wilson werde auf dem Richtplatz entweder vom Pöbel oder von einigen seiner alten Gefährten oder durch eine zweite außerordentliche und unerwartete Anwendung seiner eigenen Kraft und seines Mutes befreit werden. Die Obrigkeit hielt es deswegen für ihre Pflicht, der Möglichkeit einer Störung vorzubeugen. Sie ließ zum Schutz der Urteilsvollstreckung den größten Teil ihrer Stadtwache unter dem Befehl des Hauptmanns Porteous ausrücken – eines Mannes, dessen Name durch die traurigen Ereignisse des Tages und die folgenden Begebenheiten nur zu bekannt wurde. Es dürfte nötig sein, ein Wort über diesen Mann und die von ihm befehligte Wache zu sagen. Aber der Gegenstand ist wichtig genug, um ihm ein neues Kapitel zu widmen.

3. Kapitel

O großer Gott des Branntweins, du,
dem trunken diese Stadt fiel zu –
erhöre unsre Kumpanei:
Nimm uns in Hut
und schütz uns vor der Höllenbrut,
der Polizei!

Fergusons «Tolle Tage»

Hauptmann John Porteous, ein Mann, dessen Name in Edinburghs Überlieferungen wie in den Akten des Kriminalgerichts als denkwürdig festgehalten ist, war der Sohn eines Edinburgher Bürgers, der ihn zu seinem eigenen Handwerk, dem eines Schneiders, erziehen wollte. Doch der junge Mann hatte einen wilden und unbändigen Hang zur Ausschweifung, der ihn endlich dahin brachte, in dem Korps zu dienen, das lange im Dienst der Holländischen Staaten stand und das Schottisch-Holländische hieß. Hier lernte er militärische Zucht; und als er später nach einem unsteten Wanderleben in seine Vaterstadt zurückkehrte, nahm die Obrigkeit von Edinburgh in dem unruhigen Jahr 1715 seine Dienste in Anspruch, um die Stadtwache einzuexerzieren, bei welcher er bald darauf die Stelle eines Hauptmanns erhielt. Er verdankte diese Beförderung einzig und allein seiner militärischen Tüchtigkeit – seiner Aufgewecktheit und Entschlossenheit als Polizeioffizier; denn er soll ein Mensch von liederlichen Sitten, ein entarteter Sohn und roher Ehemann gewesen sein. Auf seinem Posten war er indessen zu gebrauchen und bei Aufrührern und Unruhstiftern wegen seines grimmigen und barschen Wesens gefürchtet.

Das Korps, das er befehligte, besteht oder, besser gesagt, bestand aus einer Mannschaft von ungefähr 120 Soldaten, die in drei Kompanien eingeteilt, ordentlich bewaffnet, uniformiert und einexerziert waren. Größtenteils dienten in dem Korps Veteranen, denen man erlaubt hatte, ihr Handwerk zu treiben, wenn sie nicht Dienst taten. Ihre Aufgabe war, für die öffentliche Ordnung zu sorgen, Ausschreitungen und Straßenraub zu verhindern, kurz, als Polizei zu fungieren und bei allen öffentlichen Veranstaltungen zugegen zu sein, wo man Aufläufe oder Unruhen erwarten konnte.* Der arme Ferguson, den seine Ausschweifungen bisweilen in unliebsame Auseinandersetzungen mit diesen militärischen Hütern der öffentlichen Ordnung verwickelten und der sie so oft erwähnt, daß er ihr poet laureate genannt werden darf, ermahnt – zweifellos durch eigene Erfahrung gewitzigt – seine Leser folgendermaßen:

Kehrt, Freunde, ihr vom Feste froh,
meidet die Schwarze Garde;
solch rohes Volk darf anderswo
nicht tragen die Kokarde.

In der Tat, die Soldaten der Stadtwache, die, wie gesagt, im allgemeinen ausgediente, aber für den städtischen Dienst noch taugliche Veteranen und zudem größtenteils Hochländer waren, besaßen weder ihrer Herkunft noch ihrer Erziehung und früheren Lebensweise nach Geduld genug, die Rüpeleien des Pöbels, den aufreizenden Mutwillen schulschwänzender Buben oder allerlei müßiger

* Der Oberbürgermeister war außeramtlich Befehlshaber und Oberst des Korps, das zu Zeiten, wo es not tat, auf 300 Mann gebracht werden konnte. Auf der High Street zwischen den Luckenbooths und dem Netherbow durfte keine andere Trommel als die ihre gerührt werden.

Taugenichtse, mit denen ihr Amt sie in Berührung brachte, zu ertragen. Im Gegenteil – die Gemüter der armen alten Burschen waren durch die Beschimpfungen erbittert, mit denen der Mob sie bei vielen Gelegenheiten bedachte, und hätten häufig der Besänftigung durch die Strophe des Dichters bedurft, den wir soeben zitiert haben:

> Soldaten, an euch selber denkt,
> an Schottland (das uns Kuchen schenkt),
> bevor ihr seine Kinder kränkt:
> mit frevlem Mut,
> Lochaber-Axt und Schießgewehr
> vergießt ihr Blut!

Bei allen Gelegenheiten, wenn ein Feiertag einige Ausgelassenheit oder Unfug gestattete, war ein Scharmützel mit diesen Veteranen eine beliebte Erholung für den Edinburgher Pöbel. Beim Erscheinen dieser Seiten werden vielleicht derartige Auftritte manchen Lesern noch in frischer Erinnerung sein. Aber das ehrwürdige Korps, mit dem diese Streitigkeiten stattfanden, kann jetzt als gänzlich ausgestorben gelten. Die Art und Weise, wie vor kurzem die Anzahl dieser Stadtsoldaten allmählich verringert wurde, erinnert an die Verminderung der hundert Ritter König Lears. Jedes neue Edikt der Stadtobrigkeit minderte, gleich denen von Goneril und Regan, diese ehrwürdige Schar mit der ähnlichen Frage: «Was brauchen wir fünfundzwanzig, zehn, ja fünf?» Und jetzt ist es beinahe dahin gekommen zu fragen: «Was brauchen wir auch einen nur?» Hin und wieder sieht man freilich noch das Gespenst eines alten grauköpfigen und graubärtigen, vom Alter gebeugten Hochländers mit verwitterten Gesichtszügen, angetan mit einem altmodischen, mit weißem Zwirnband statt Silberlitze bordierten Dreimaster sowie Rock, Weste und einer Kniehose von schmutzigroter Farbe, der in seiner runzligen Hand eine altertümliche Waffe trägt, eine sogenannte Lochaber-Axt, das ist ein langer Spieß mit einer Axt an der Spitze und einem Haken* an deren Rückseite. Solch ein Gespenst aus früheren Zeiten soll, wie man mir gesagt hat, noch am Denkmal Charles' II. auf dem Parliament Square umgehen, als ob das Standbild eines Stuarts die letzte Zuflucht für das Andenken an unsere alten Sitten wäre; auch glaubt man, daß einige andere um die Tür des Wachhauses schleichen, das ihnen in den Luckenbooths angewiesen worden war, als ihr altes Heim in der High Street abgerissen wurde.** Aber das Schicksal von Manuskripten, die Freunden und Testamentsvollstreckern hinterlassen werden, ist so unsicher, daß die Erzählung, die diese schwachen Erinnerungen an die alte Stadtwache von Edinburgh enthält – die mit ihrem bärbeißigen und tapferen Korporal John Dhu (dem grimmigst dreinschauenden Burschen, den ich jemals sah) in meinen Knabenjahren abwechselnd das Gespött und der Schrecken der Brut schulschwänzender Gymnasiasten war –, daß die Erzählung vielleicht erst dann erscheinen wird, wenn die Erinnerung an diese Einrichtung gänzlich entschwunden ist und sie dann als eine Erläuterung zu Kays Karikaturen dient, der die Gesichtszüge einiger ihrer Helden im Bild festgehalten hat. In der vorangegangenen Generation, als es infolge der Umtriebe und Verschwörungen der Jakobiten beständig Unruhen gab, bemühte sich die Obrigkeit von Edinburgh noch, dieses Korps – obgleich es immer

* Dieser Haken sollte den Träger der Lochaber-Axt in den Stand setzen, ein Tor zu erklettern, indem er sie an der Oberkante der Tür einhakte und sich am Stab seiner Waffe hinaufschwang.

** Dieses alte Korps ist jetzt gänzlich aufgelöst worden. Sein letzter Aufmarsch zum Dienst am Allerheiligenfest hatte etwas Rührendes. Die Trommeln und Pfeifen waren gewohnt, an besseren Tagen bei solch freudiger Gelegenheit das lustige Lied «Auf zur Kirmes!» erschallen zu lassen, aber bei dieser letzten Gelegenheit schlichen die betrübten Veteranen zu den Klängen des Trauermarschs «Nun geht es zum Grab» dahin.

aus solchen Leuten bestand, wie wir bemerkt haben – in einem schlagkräftigeren Zustand zu erhalten, als später für notwendig erachtet wurde, wo sein gefährlichster Dienst darin bestand, sich mit dem Pöbel an des Königs Geburtstag herumzuzanken. Damals war es eher ein Gegenstand des Hasses und weniger des Spottes, wozu es erst später wurde.

Dem Hauptmann John Porteous scheint die Ehre seiner Befehlshaberschaft und seiner Schar sehr am Herzen gelegen zu haben. Gegen Wilson war er wegen des vermeintlichen Schimpfs, den dieser seinen Soldaten bei dem Bemühen um die Rettung seines Kumpans angetan hatte, äußerst erbittert und ließ sich sehr heftig darüber aus. Nicht weniger aufgebracht war er über das Gerücht, daß man die Absicht habe, auch Wilson selbst vom Galgen zu befreien: er stieß allerlei Drohungen und Flüche aus, deren man sich später zu seinem Schaden erinnerte. In der Tat, wenn sich Porteous auch einerseits wegen seines entschlossenen und festen Auftretens sehr wohl zum Anführer einer Wache eignete, die ausersehen war, einen Tumult zu unterdrücken, so schien er andererseits doch wegen seiner aufbrausenden und rohen Gemütsart zu einer so heiklen Aufgabe wenig geschickt, da er aus Mangel an Grundsätzen ständig zu Gewalttätigkeiten und Schlägereien neigte und den Pöbel, der es selten daran fehlen ließ, ihm und seinen Soldaten sein Mißfallen zu bezeigen, als seinen erklärten Feind betrachtete, an dem bei der ersten besten Gelegenheit sich zu rächen natürlich und entschuldbar erschien. Da er indessen der tatkräftigste und zuverlässigste unter den Hauptleuten der Stadtwache war, vertrauten ihm die Stadtväter das Kommando über die Soldaten an, die dazu bestimmt waren, während Wilsons Hinrichtung die Ruhe aufrechtzuerhalten. Er bekam Befehl, den Galgen und das Schafott mit etwa 80 Mann zu bewachen – der gesamten verfügbaren Macht, die man zu diesem Dienst erübrigen konnte.

Aber die Obrigkeit traf noch weitere Vorsichtsmaßregeln, die Porteous' Stolz tief verletzten. Sie forderte einen

Teil eines regulären Infanterieregiments an, das zwar nicht der Hinrichtung selbst beiwohnen, aber währenddessen auf der Hauptstraße der Stadt aufgestellt bleiben sollte, um die Menge, wenn sie zu Aufruhr geneigt sein sollte, durch eine Machtentfaltung einzuschüchtern, der Widerstand leisten zu wollen Wahnsinn schien. In Anbetracht des gesunkenen Zustands dieses alten Milizkorps mag es unseren Ohren lächerlich klingen, daß sein Offizier so eifersüchtig über dessen Ehre gewacht haben sollte. Aber es war so. Hauptmann Porteous sah es als eine Beleidigung an, daß die walisischen Füsiliere in die Stadt einzogen und sich auf der Straße aufstellten, wo bisher ohne ausdrückliche Anordnung oder Erlaubnis der Obrigkeit keine anderen Trommeln als seine eigenen erschallen durften. Da er seinen Ärger den Stadtvätern, seinen Vorgesetzten, nicht zeigen konnte, wuchsen sein Unwille und sein Wunsch, sich an dem unglücklichen Delinquenten Wilson und allen, die ihn begünstigten, zu rächen. Diese inneren Gemütsbewegungen der Eifersucht und Wut verursachten eine solche Veränderung in der Miene und dem Benehmen des Mannes, daß sie allen auffiel, die ihn an jenem verhängnisvollen Morgen sahen, an dem Wilson hingerichtet werden sollte. Porteous war sonst keine unangenehme Erscheinung. Er war von mittlerer Größe, stämmig, doch wohlgebaut, hatte ein militärisches Aussehen und ein ziemlich gefälliges und sogar hübsches Gesicht. Sein Teint war braun, seine Züge waren etwas von Blatternnarben entstellt, seine Augen eher sanft als finster und stechend. Aber bei der gegenwärtigen Gelegenheit schien es denen, die ihn sahen, als wäre er von einem bösen Geist besessen. Sein Gang war unsicher, seine Stimme hohl und heiser, sein Gesicht bleich, sein Blick starr und wild, seine Rede abgehackt und verworren und sein ganzes Aussehen so zerfahren, daß viele meinten, er sei fey, ein schottischer Ausdruck, der besagt, daß jemand sich in einem Zustand befindet, wo er durch eine unwiderstehliche Notwendigkeit seinem unheilvollen Geschick entgegengetrieben wird.

Eine seiner Handlungen war wirklich teuflisch, wenn das allgemeine Vorurteil, das man gegen sein Andenken hegt, nicht übertrieben hat. Als Wilson, der unglückliche Verbrecher, ihm vom Gefangenenwärter übergeben wurde, damit er zum Richtplatz geführt werde, befahl Porteous, nicht zufrieden mit den üblichen Vorkehrungen gegen einen Fluchtversuch, ihm Handschellen anzulegen. Dies hätte sich nach dem Charakter und der Körperkraft des Missetäters sowie wegen der allgemein gehegten Befürchtung eines gewaltsamen Befreiungsversuchs rechtfertigen lassen. Als sich aber die Handschellen, die herbeigebracht wurden, für die Handgelenke eines so starkknochigen Mannes wie Wilson als zu klein erwiesen, drückte Porteous sie mit seinen eigenen Händen und unter großer Kraftanstrengung so fest zusammen, daß sie geschlossen werden konnten, was dem unglücklichen Delinquenten große Qual verursachte. Wilson verwahrte sich gegen diese barbarische Behandlung und erklärte, daß der Schmerz seine Gedanken von dem ablenke, worüber nachzusinnen ihm in seiner unglücklichen Lage zieme.

«Das macht nichts», versetzte Hauptmann Porteous, «Euer Schmerz wird gleich zu Ende sein.»

«Ihr seid sehr grausam», antwortete das Opfer. «Ihr wißt nicht, wie bald Ihr selber in die Lage kommen könnt, die Gunst zu erflehen, die Ihr jetzt einem Mitmenschen verweigert. Möge Gott Euch vergeben!»

Diese Worte, deren man noch lange nachher gedachte, waren die einzigen, die zwischen Porteous und seinem Gefangenen gewechselt wurden; doch als sie weitergesagt und den Leuten bekannt wurden, erhöhten sie ihr Mitleid mit Wilson noch mehr und erregten in ebensolchem Maße Unwillen über Porteous, gegen den das gemeine Volk, da er sehr streng und sogar gewalttätig in der Ausübung seines unbeliebten Amtes war, einige wirkliche und viele eingebildete Ursachen zur Klage hatte.

Als die schmerzliche Prozession beendet und Wilson mit

seiner Begleitung am Schafott auf dem Grassmarket angekommen war, bemerkte man keinerlei Anzeichen eines Befreiungsversuchs, gegen den man all diese Vorsichtsmaßregeln getroffen hatte. Die Menge sah der Hinrichtung mit größerer Teilnahme zu als sonst, und auf manchen Gesichtern konnte man wohl einen finsteren und unwilligen Ausdruck sehen, gleich dem, womit die alten Cameronianer der Hinrichtung ihrer Glaubensbrüder zugesehen haben mochten, die den Covenant bei der gleichen Gelegenheit und auf demselben Platz verherrlichten. Aber es wurde keine Gewalttat versucht. Wilson selbst schien geneigt, die Spanne, die Zeit und Ewigkeit scheidet, schnell zu durchmessen. Die bei solchen Gelegenheiten schickliche und übliche Andacht war kaum beendet, so unterwarf er sich auch schon seinem Schicksal, und der Urteilsspruch wurde vollstreckt.

Er hatte lange genug am Galgen gehangen, um des Lebens gänzlich beraubt zu sein, als plötzlich, wie durch einen jähen Antrieb, ein Tumult in der Menge entstand. Viele Steine wurden nach Porteous und seinen Soldaten geworfen, einiges Unheil wurde angerichtet, und nun drängte sich der Pöbel mit Geschrei, Geheul, Gejohle und Zurufen vorwärts. Ein junger Bursche, der eine Schiffermütze tief ins Gesicht gezogen hatte, sprang auf das Schafott und schnitt den Strick durch, woran der Verbrecher hing. Andere eilten herbei, um die Leiche fortzutragen, entweder um ihr ein anständiges Begräbnis zu verschaffen oder vielleicht Wiederbelebungsversuche anzustellen. Hauptmann Porteous wurde durch diese dem Anschein nach gegen seine Autorität gerichtete Widersetzlichkeit in eine so unsinnige Wut versetzt, daß er vergaß, was seine Pflicht war: nämlich nach vollstrecktem Urteil mit seinen Leuten so schnell wie möglich abzurücken und sich auf keine Feindseligkeiten gegen die mißleitete Menge einzulassen. Er sprang von dem Schafott herunter, riß einem Soldaten das Gewehr aus der Hand, befahl seinen Leuten, Feuer zu geben, und ging, wie mehrere Augenzeugen einstimmig unter Eid aussagten, mit seinem Beispiel voran, indem er das Gewehr abfeuerte und einen Mann auf der Stelle erschoß. Mehrere Soldaten gehorchten seinem Befehl oder folgten seinem Beispiel; sechs oder sieben Personen wurden getötet und viele andere verletzt und verwundet.

Nach dieser Gewalttat zog der Hauptmann mit seinen Leuten nach der Wache in der High Street ab. Der Pöbel war durch das Geschehene weniger eingeschüchtert als vielmehr erbittert. Er verfolgte die Soldaten mit Verwünschungen, die von einem Steinhagel begleitet waren. So bedrängt, machten die letzten Soldaten kehrt und feuerten erneut – mit derselben verhängnisvollen Wirkung. Es ist nicht genau bekannt, ob Porteous auch diese zweite Gewalttat befohlen hatte, doch ihm und nur ihm allein legte man das ganze an jenem Unglückstag angerichtete Unheil zur Last. Er kam am Wachhaus an, entließ seine Soldaten und begab sich zur Stadtobrigkeit, um über die unseligen Ereignisse des Tages Bericht zu erstatten.

Anscheinend hatte Hauptmann Porteous inzwischen schon selbst an der Richtigkeit seiner Handlungsweise zu zweifeln begonnen, und der Empfang, der ihm von den Stadtvätern zuteil wurde, war derart, daß er um so eifriger versuchte, sich reinzuwaschen. Er leugnete, daß er Feuerbefehl gegeben habe; er leugnete, daß er mit eigener Hand gefeuert habe; er wies sogar das Gewehr vor, das er als Offizier trug, damit man nachsehe – es war noch geladen. Von den drei Patronen, die man ihn an jenem Morgen in seine Patronentasche hatte stecken sehen, waren noch zwei darin; ein weißes Taschentuch, das man in die Gewehrmündung steckte, wurde ungeschwärzt oder unbeschmutzt wieder herausgezogen. Aber gegen diese Argumente, auf welche die Verteidigung sich stützte, wurde vorgebracht, daß Porteous nicht sein eigenes Gewehr, sondern das eines Soldaten benutzt habe. Unter den vielen Personen, die durch die unglückliche Schießerei getötet und verwundet worden waren, befanden sich auch mehrere Leute aus höherem Stand, die dem traurigen Schauspiel aus den Fenstern oder einiger Entfernung zugeschaut hatten und denen gerade die Menschlichkeit jener Soldaten, die über die Köpfe der das Schafott umgebenden Menge hinweggeschossen hatten, zum Verhängnis geworden war. Allgemein und laut sprach die Stimme des öffentlichen Unwillens, und ehe noch die Gemüter der Menschen Zeit hatten, sich abzukühlen, wurde gegen Hauptmann Porteous ein Strafverfahren eingeleitet. Nach langen und eingehenden Verhören hatte der Gerichtshof die schwierige Pflicht, die Aussagen vieler Zeugen, und darunter sehr angesehener Persönlichkeiten, gegeneinander abzuwägen. Die einen versicherten aufs bestimmteste, der Gefangene habe seinen Soldaten befohlen zu feuern und selbst sein Gewehr abgefeuert; manche schworen sogar, sie hätten das Feuer und den Rauch erblickt und den Mann fallen sehen, auf den es gerichtet gewesen sei. Andere, die so nahe gestanden hatten, daß sie alles, was geschah, hätten sehen müssen, bekundeten hingegen, sie hätten weder gehört, daß Porteous den Befehl zum Feuern gegeben habe, noch hätten sie ihn selbst feuern sehen; der erste Schuß sei vielmehr von einem Soldaten abgegeben worden, der dicht neben ihm gestanden habe. Die Verteidigung berief sich weiterhin auf den Tumult, über den die Zeugen je nach ihren Gefühlen, ihrer Ab- oder Zuneigung und dem, was sie zu beobachten Gelegenheit gehabt hatten, verschieden aussagten; einige beschrieben als einen schrecklichen Aufruhr, was andere als eine unbedeutende Unruhe hinstellten, so wie sie immer bei dergleichen Anlässen einzutreten pflegt, wo der Vollstrecker des Gesetzes und die Männer, die beauftragt sind, ihn in seinem Amt zu schützen, einigem Unwillen ausgesetzt sind. Der Spruch der Geschworenen zeigt zur Genüge, wessen Zeugnis man am meisten Glauben schenkte. Er lautete, daß John Porteous ein Gewehr auf das bei der Hinrichtung versammelte Volk abgefeuert habe; daß er seinen Soldaten Befehl gegeben habe zu feuern, wodurch viele Personen getötet oder verwundet worden seien; gleichzeitig wurde jedoch zugegeben, daß der Gefangene und seine Wache von Steinen, welche die Menge nach ihnen geworfen habe, getroffen und verletzt worden seien. Auf diesen Wahrspruch hin fällten die Richter über Hauptmann John Porteous das Todesurteil und bestimmten in aller Form, er solle am Mittwoch, dem 8. September 1736, auf dem üblichen Richtplatz am Galgen gehängt werden, seine gesamte bewegliche Habe aber solle dem Staat verfallen – gemäß dem schottischen Gesetz in Fällen vorsätzlichen Mordes.

4. KAPITEL

«Die Stunde ist da – doch nicht der Mann.»*

Kelpie

AN DEM TAG, ALS DAS TODESURTEIL AN DEM UNglücklichen Porteous vollstreckt werden sollte, war der Richtplatz in seiner ganzen Ausdehnung bis zum Ersticken voller Menschen. Nicht ein Fenster in all den hohen Häusern ringsum oder in der steilen und krummen Straße, Bow genannt, durch die der traurige Zug von der High Street herabkommen sollte, das nicht dicht mit Zuschauern besetzt war. Die ungewöhnliche Höhe und das altertümliche Aussehen dieser Häuser, von denen einige früher das Eigentum der Tempel- und Johanniterritter gewesen waren und noch jetzt das eiserne Kreuz dieser Orden an ihren Fassaden und auf ihren Giebeln tragen, erhöhten noch die Wirkung einer an sich schon so ergreifenden Szene. Der ganze Grass-

* Es ist überliefert worden, daß der mißvergnügte Wassergeist diese Worte gesprochen habe, als ein kleiner Wasserlauf durch starke Regenschauer zu einem Sturzbach angeschwollen war. Im gleichen Augenblick sei ein von seinem Schicksal oder, wie der Schotte sagt, fey getriebener Mann in vollem Lauf dahergekommen und habe sich angeschickt, das Wasser zu durchschreiten. Ohne sich durch die Warnungen der Umstehenden abhalten zu lassen, sei er in den Strom gewatet und ertrunken.

market glich einem großen dunklen See oder Meer von Menschenköpfen, in dessen Mitte sich hoch, schwarz und unheimlich der Galgenbaum erhob, von dem der Todesstrick herabhing. Die Anteilnahme, die ein Gegenstand erweckt, richtet sich nach dem Gebrauch, wozu er bestimmt ist, oder den Gedanken, die wir mit ihm verbinden, und der aufgerichtete Balken mit der noch leeren Schlinge – an sich sehr einfache Dinge – wurden bei einer solchen Gelegenheit Gegenstände des Grauens und einer feierlichen Teilnahme.

In der Ansammlung so vieler Menschen fiel kaum ein lautes Wort; man flüsterte nur. Die vermeintliche Gewißheit, daß ihre Rache befriedigt werden würde, hatte den Rachedurst selbst einigermaßen gestillt; sogar der Pöbel zeigte ein tieferes Gefühl als gewöhnlich, unterdrückte alles laute Frohlocken und erwartete das Schauspiel der Vergeltung im Vorgefühl des Triumphs schweigend und zurückhaltend, obwohl finster und unversöhnlich. Es schien, als ob die Tiefe seines Hasses gegen den unglücklichen Missetäter es verschmähte, sich durch irgend etwas kundzugeben, was dem lärmenden Ausbruch seiner gewöhnlichen Empfindungen glich. Hätte sich ein Fremder lediglich auf das Zeugnis seiner Ohren verlassen, so hätte er annehmen können, eine so große Menschenmenge sei durch ein Anliegen hergeführt worden, das sie mit tiefstem Kummer erfülle und selbst jene Unruhe nicht aufkommen lasse, die bei allen gewöhnlichen Gelegenheiten von einer solchen Versammlung ausgeht. Aber wer die Gesichter betrachtete, wurde sogleich eines anderen belehrt. Die zusammengepreßten Lippen, die zusammengezogenen Brauen, die finsteren und funkelnden Augen fast aller, die man sah, deuteten auf Menschen, die gekommen waren, ihren Sieg und ihre Rache auszukosten. Der Anblick des Verurteilten hätte die Gesinnung der Menge wahrscheinlich etwas zu seinen Gunsten geändert, und vielleicht hätte sie im Augenblick seines Todes dem Mann verziehen, den sie so grimmig haßte. Es war indessen bestimmt, daß die Wandelbarkeit ihrer Gefühle auf keine solche Probe gestellt werden sollte.

Der Zeitpunkt, wo der Zug mit dem Delinquenten hätte erscheinen müssen, war bereits um viele Minuten überschritten, doch die Zuschauer bemerkten keinerlei Zeichen seines Kommens. «Sollte man es wagen, die öffentliche Gerechtigkeit zu hintergehen?» war die Frage, welche die Leute mit Besorgnis aneinander richteten. Die erste Antwort fiel allseits entschieden und bestimmt aus: «Man wird es nicht wagen!» Aber als man die Sache weiter besprach, wurden andere Meinungen laut und allerlei Gründe dafür beigebracht. Porteous war bei der Stadtobrigkeit beliebt gewesen, die als eine zahlreiche und sich fortwährend verändernde Körperschaft zu ihrer Unterstützung tatkräftige Leute als Beamte braucht, wie sie in ihr selbst nicht jederzeit zu finden sind. Es wurde daran erinnert, daß in der «Auskunft» über Porteous (dem Schriftstück nämlich, in welchem sein Fall dem Gerichtshof dargelegt wurde) sein Anwalt ihn als eine Person hingestellt hatte, auf welche sich die Obrigkeit in allen Ereignissen von ungewöhnlicher Schwierigkeit hauptsächlich verlassen habe. Als Argument wurde außerdem angeführt, daß sein Verhalten bei dem unglücklichen Vorfall während Wilsons Hinrichtung einem übertriebenen Amtseifer zugeschrieben werden könne, ein Beweggrund, für welchen diejenigen, auf deren Autorität hin er gehandelt hatte, vermutlich viel Verständnis haben würden. Und wie sich die Stadtväter durch solche Überlegungen bewogen fühlen konnten, Porteous' Fall zu seinen Gunsten darzustellen, so mochte es höheren Orts nicht an Männern fehlen, die solch günstigen Berichten ein geneigtes Ohr liehen.

Der Pöbel von Edinburgh ist, wenn er gereizt wurde, zu allen Zeiten einer der wildesten Europas gewesen, und er hatte sich in den letzten Jahren wiederholt und bisweilen nicht ohne zeitweiligen Erfolg gegen die Regierung aufgelehnt. Er war sich daher bewußt, daß er bei den augenblicklichen Machthabern nicht gerade in Gunst stand und daß, wenn Hauptmann Porteous' Gewalttat nicht geradezu als guter Dienst angesehen wurde, gewiß zu bedenken war, daß sie mit der Todesstrafe zu ahnden es für künftige Offiziere sowohl gefährlich als auch schwierig machen würde, in ähnlichen Fällen Unruhen wirksam zu unterdrücken. Auch ist allen Mitgliedern der Regierung natürlicherweise an der Aufrechterhaltung der Autorität gelegen; und so mochte womöglich das, was den Angehörigen der Opfer als ein leichtfertig angerichtetes Blutbad erschien, im Kabinett von St. James anders angesehen werden: man konnte dort annehmen, daß alles in allem Hauptmann Porteous in der Ausübung eines Amtes gehandelt habe, welches ihm von der gesetzlichen bürgerlichen Obrigkeit übertragen worden war; daß ihn der Pöbel angegriffen und mehrere seiner Leute verletzt hatte, so daß, als er schließlich Gewalt gegen Gewalt setzte, sein Verhalten billigerweise keinem anderen Beweggrund zugeschrieben werden konnte als in Ausübung seiner Pflicht begangener Notwehr.

All diese durchaus nicht von der Hand zu weisenden Erwägungen ließen die Zuschauer die Möglichkeit einer Begnadigung fürchten; und zu den verschiedenen Gründen, welche die Regierenden für Porteous günstig gestimmt haben könnten, fügte der niedere Teil des Pöbels noch einen, der ihm besonders einleuchtete. Es wurde nämlich – um den Haß gegen Porteous zu schüren – behauptet, der Hauptmann habe zwar mit äußerster Strenge die geringfügigsten Ausschreitungen der Armen geahndet, die Zügellosigkeit der jungen Edelleute jedoch nicht nur geflissentlich übersehen, sondern ihnen mit seiner amtlichen Autorität bei der Ausführung loser Streiche sogar noch Vorschub geleistet, anstatt dagegen einzuschreiten, wie es seine Pflicht gewesen wäre. Diese vielleicht stark übertriebene Anschuldigung machte tiefen Eindruck auf den Pöbel; und als mehrere Standespersonen gemeinsam eine Bittschrift verfaßten, die

Porteous der Gnade der Krone empfahl, wurde allgemein angenommen, er danke diese Gunst nicht ihrer Überzeugung von der Härte des Urteils, sondern der Furcht, einen gefügigen Spießgesellen bei ihren Ausschweifungen zu verlieren. Es ist kaum notwendig, zu sagen, wie sehr dieser Verdacht sowohl den Haß des Volkes gegen den verworfenen Missetäter als auch die Furcht verstärkte, er könne der über ihn verhängten Strafe doch noch entrinnen.

Während diese Argumente aufgestellt und erörtert, bestritten und verteidigt wurden, ging das bisherige erwartungsvolle Schweigen der Menschen in ein dumpfes Gemurmel über, ähnlich dem aufgeregten Brausen der See, ehe der Sturm zu heulen beginnt. Gleichsam in Übereinstimmung mit dem unruhigen Zustand ihrer Gemüter wogte die gedrängte Menge ohne sichtbaren Anstoß hin und her, wie ein Gewässer, das von jener Bewegung aufgewühlt wird, welche die Seeleute die Grunddünung nennen. Endlich wurde eine Nachricht verkündet, die der Menge mitzuteilen die Stadtväter bisher gezögert hatten, und verbreitete sich mit Blitzesschnelle unter den Zuschauern. Ein Schreiben der Staatskanzlei, vom Herzog von Newcastle unterzeichnet, war eingelaufen, worin auf Geheiß der Königin Caroline (der Regentin des Königreichs während der Abwesenheit Georges II. auf dem Kontinent) angeordnet wurde, daß die Vollstreckung des Todesurteils gegen John Porteous – ehemals Hauptmann der Stadtwache von Edinburgh, gegenwärtig Gefangener im Stadtgefängnis daselbst – von dem zu seiner Hinrichtung bestimmten Tag an auf sechs Wochen auszusetzen sei.

Die versammelten Zuschauer aus fast allen Schichten der Bevölkerung, deren Gemüter, wie wir geschildert haben, in höchstem Grad erregt waren, stießen einen grollenden Laut aus, oder vielmehr ein Gebrüll des Unwillens und enttäuschter Rachgier, ähnlich dem des Tigers, dem sein Mahl, das er gerade verschlingen wollte, von seinem Wärter entrissen wird. Dieser grimmige Ausruf schien einen unmittelbaren

Ausbruch der Volkswut zu verkünden, und wirklich hatte die Obrigkeit einen solchen erwartet und die nötigen Maßregeln getroffen, ihn zu unterdrücken. Aber das Geschrei wurde weder wiederholt noch brach irgendein plötzlicher Tumult aus, wie es den Anschein gehabt hatte. Es war, als schäme sich das Volk, seiner Enttäuschung durch einen bloßen Laut Luft gemacht zu haben, und so ging der Schrei zwar nicht in das Schweigen, das der Ankunft dieser bestürzenden Nachricht vorhergegangen war, aber in ein gedämpftes Murren einzelner Gruppen über und verschmolz zu einem dumpfen und heiseren Gemurmel, das durch die Versammlung wogte.

Auch jetzt noch, obgleich keine Hinrichtung mehr zu erwarten war, blieb die Menge versammelt, gleichsam gerade aus Trotz verharrend, und starrte die nun unnütz gewordenen Vorbereitungen zur Hinrichtung an; dabei steigerte man seinen Groll, indem man an mancherlei Ansprüche erinnerte, die Wilson auf die königliche Gnade gehabt hätte, sowohl wegen der irrigen Beweggründe, die ihn zu seiner Tat verleitet hatten, wie wegen seines großmütigen Verhaltens gegen seinen Mitschuldigen. «Dieser Mann», hieß es, «so tapfer, entschlossen und edelmütig er war, wurde ohne Erbarmen hingerichtet, weil er einen Beutel voll Gold gestohlen hatte, das er in gewissem Sinne als ein wiedererworbenes Eigentum betrachten konnte; wogegen der verworfene Trabant, der einen bei derartigen Gelegenheiten unvermeidlichen, geringfügigen Tumult dazu benutzte, das Blut von zwanzig seiner Mitbürger zu vergießen, für würdig befunden wird, um ihm das königliche Vorrecht der Gnade angedeihen zu lassen. – Darf man das dulden? – Hätten unsere Väter das geduldet? – Sind wir nicht gleich ihnen Schotten und Bürger von Edinburgh?»

Die Gerichtsdiener begannen nun das Schafott und die anderen Vorrichtungen zur Hinrichtung wegzuräumen, in der Hoffnung, die Menge würde sich dann schneller zerstreuen. Diese Maßnahme hatte auch die gewünschte Wirkung, denn kaum hatte man den Galgenbaum aus dem großen, steinernen Fußgestell gehoben, in dem er befestigt war, und ihn langsam auf den Karren gesenkt, der ihn zu dem Ort, wo er gewöhnlich aufbewahrt wurde, zurückbringen sollte, als das Volk, nachdem es seinen Gefühlen durch ein zweites Geschrei der Wut und Verwünschung Luft gemacht hatte, sich allmählich zu zerstreuen und zu seinen gewöhnlichen Aufenthaltsorten und Beschäftigungen zurückzukehren begann.

Auch die Fenster leerten sich nach und nach, und hier und da bildeten sich Gruppen der ehrbareren Bürger, die, wie es schien, warten wollten, bis sich das Gesindel in den Straßen verlaufen hätte, ehe sie heimgingen. Im Gegensatz zu dem, was sonst meist der Fall ist, hatten diese Leute im allgemeinen dieselben Empfindungen wie das niedere Volk und betrachteten die Angelegenheit als eine gemeinsame Sache aller Bevölkerungsschichten. In der Tat waren, wie wir bereits bemerkt haben, keineswegs nur Zuschauer der untersten Klasse oder solche, die an dem Aufruhr bei Wilsons Hinrichtung wahrscheinlich am meisten beteiligt gewesen waren, von den verhängnisvollen Schüssen der Soldaten Porteous' getroffen worden. Es waren auch mehrere Personen getötet worden, die dem Schauspiel aus den Fenstern zugesehen hatten, also gar nicht zu den Aufrührern gehören konnten, sondern vielmehr angesehene und geachtete Leute waren. Die Bürger waren daher über das Schicksal, das einige ihrer eigenen Klasse betroffen hatte, sehr aufgebracht und – stolz und eifersüchtig auf ihre Rechte bedacht, wie es die Bürger von Edinburgh zu allen Zeiten gewesen sind – äußerst entrüstet über den unerwarteten Aufschub der Hinrichtung des Hauptmanns Porteous.

Man bemerkte sofort und erinnerte sich später noch genauer daran, daß, als die Menge sich zu zerstreuen begann, einige Leute von einer Stelle und einer Menschengruppe zur anderen gingen, bei keiner lange verweilten, aber einige Augenblicke lang mit denen flüsterten, die am heftigsten über die Handlungsweise der Regierung schimpften. Diese geschäftigen Zwischenträger hatten das Aussehen von Landleuten, und man nahm allgemein an, es seien alte Freunde und Komplicen Wilsons, die gegen Porteous natürlich höchst erbittert waren.

Wenn es indessen die Absicht dieser Menschen war, die Menge zu einer plötzlichen Gewalttat aufzuwiegeln, so schien es für den Augenblick erfolglos zu sein. Sowohl der Pöbel als auch der würdigere Teil der Versammlung zerstreute sich und ging friedlich nach Hause; und nur wer die verdrossenen Gesichter und gerunzelten Stirnen der Leute sah oder etwas von den Gesprächen auffing, die sie miteinander führten, konnte den Zustand ihrer Gemüter richtig einschätzen. Wir wollen dem Leser dazu Gelegenheit geben, indem wir uns zu einer der zahlreichen Gruppen gesellen, die mühsam den steilen Abhang des West Bow hinaufstiegen, um zu ihren Wohnungen am Lawnmarket zurückzukehren.

«Es ist seltsam, fürwahr, Mrs. Howden», sagte der alte Peter Plumdamas zu seiner Nachbarin, der Altwarenhändlerin oder Trödlerin, indem er ihr seinen Arm bot, um ihr den beschwerlichen Aufstieg zu erleichtern, «es ist seltsam, sehen zu müssen, wie sich das vornehme Volk von London gegen Gesetz und Evangelium vergeht und solch einen ruchlosen Kerl wie den Porteous auf eine friedliche Stadt losläßt!»

«Und uns noch obendrein einen so mühseligen Weg machen zu lassen», antwortete Mrs. Howden stöhnend, «und so ein schönes Fenster wie ich hatte, gerade einen Steinwurf vom Galgen – ich hätte jedes Wort vom Priester hören können –, und zwei Groschen mußte ich für meinen Platz zahlen, und alles für nichts und wieder nichts!»

«Mir scheint», sagte Mr. Plumdamas, «das alte schottische Gesetz hätte keine Gnade walten lassen – damals, als das Königreich noch ein richtiges Königreich war.»

«Ich verstehe mich nicht auf Gesetze», antwortete Mrs.

Howden, «doch so viel weiß ich, als wir selbst noch einen König und einen Kanzler und unsere eigenen Parlamentsherren hatten, konnten wir nach ihnen mit Steinen werfen, wenn sie nicht gut taten. Aber welches Menschenkind kann schon mit seinen Nägeln nach London reichen!»

«Die Pest über London und alles, was von dort gekommen ist!» sagte Miss Grizel Damahoy, eine alte Näherin. «Sie haben uns unser Parlament genommen und unser Gewerbe unterdrückt. Unser Adelsvolk will ja kaum zugeben, daß eine schottische Nadel Handkrausen an ein Hemd setzen kann oder Spitzen an einen Busenstreif.»

«Ihr habt recht, Miss Damahoy, und ich kenne welche, die sich Rosinen gleich scheffelweise von London kommen lassen», entgegnete Plumdamas, «und da muß noch so ein Haufen nichtsnutziger englischer Zollaufseher und Schnüffler herkommen, um uns zu plagen und zu quälen, daß ein ehrlicher Mann wahrhaftig kein Ankerfäßchen Branntwein mehr von Leith bis zum Lawnmarket schaffen kann, ohne daß er fürchten muß, sie werden ihn um das liebe bißchen Gut bringen, das er gekauft und bezahlt hat. – Nun, ich will just nicht dem Andrew Wilson das Wort reden, daß er sich an fremdem Geld vergriffen hat, wenn er aber nicht mehr nahm, als ihm gehörte, so ist das ein himmelweiter Unterschied zwischen dem, was er und was dieser Kerl verbrochen hat.»

«Weil Ihr gerade vom Gesetz sprecht», meinte Mrs. Howden, «hier kommt Mr. Saddletree, der weiß damit ebensogut Bescheid wie einer vom Gericht.»

Der Genannte, ein ernster älterer Mann in gutbürgerlicher dunkler Kleidung und mit einer stattlichen Perücke, kam heran, während sie sprach, und bot Miss Grizel Damahoy höflich seinen Arm.

Es muß hier erwähnt werden, daß Mr. Bartoline Saddletree einen sehr angesehenen, gutgehenden Laden für Pferdegeschirre, Sättel und so weiter und so weiter am Eingang der Bess Wynd besaß, der «Goldener Hengst» genannt wurde. Seine Geistesgaben lagen jedoch – wie wenigstens er und die meisten seiner Bekannten meinten – mehr auf dem wichtigeren Gebiet der Rechtskunde; er versäumte denn auch nicht, den Verhandlungen im benachbarten Gericht fleißig beizuwohnen – und zwar, um die Wahrheit zu sagen, öfter, als sich mit seinem eigenen Vorteil vertragen hätte, wenn nicht seine Frau äußerst regsam und unermüdlich tätig gewesen wäre und sich trefflich darauf verstanden hätte, während seiner Abwesenheit die Kunden zufriedenzustellen und die Gesellen auszuschelten. Diese gute Frau hatte sich daran gewöhnt, ihren Mann seinen eigenen Weg gehen und seinen Schatz juristischer Kenntnisse ungestört vermehren zu lassen; dafür aber bestand sie in den häuslichen und geschäftlichen Angelegenheiten, die er ihr überließ, auf ihrem eigenen Willen. Da nun Bartoline Saddletree in beträchtlichem Maße die Gabe des Wortes besaß und in seiner Geschwätzigkeit, die er irrigerweise für Beredsamkeit hielt, die Menschen, mit denen er verkehrte, freigebiger mit Ratschlägen bedachte, als es ihnen jederzeit annehmbar und erträglich war, ging ein Sprüchlein um – und Spötter pflegten damit bisweilen seinen Redefluß zu unterbrechen –, er habe einen goldenen Hengst an seiner Tür und eine graue Stute in seinem Laden. Dieser Stich veranlaßte Mr. Saddletree stets, seiner Frau gegenüber einen hochmütigen und überlegenen Ton anzuschlagen, was sie indessen nicht sonderlich zu kümmern schien, solange er nicht versuchte, eine wirkliche Autorität auszuüben, was sie dann sofort mit offener Rebellion beantwortete. Aber zu derart Äußerstem ließ es Bartoline nur selten kommen; denn gleich dem milden König James liebte er es mehr, von seiner Autorität zu reden als sie wirklich auszuüben – eine Sinnesart, die viel zu seinem Glück beitrug, denn sie vermehrte sein Vermögen, ohne daß er sich selbst anzustrengen oder seine Lieblingsbeschäftigung zu unterbrechen brauchte.

Wir haben dem Leser diese Erklärung gegeben, während Saddletree seinen Zuhörern mit großer Genauigkeit die

Rechtslage im Falle Porteous auseinandersetzte, wobei er zu dem Schluß gelangte, daß, wenn Porteous fünf Minuten früher gefeuert hätte, noch bevor Wilson abgeschnitten war, er versans in licito, das heißt in einer gesetzmäßigen Handlung begriffen gewesen wäre und nur strafbar propter excessum oder wegen Mangels an Besonnenheit, was die Strafe zur poena ordinaria gemildert haben würde.

«Besonnenheit», wiederholte Mrs. Howden, an der, wie man sich denken kann, die Feinheit dieses Unterschieds gänzlich verschwendet war, «wann hatte John Porteous wohl jemals Anstand, Besonnenheit oder gute Lebensart? Ich weiß noch, wie sein Vater...»

«Aber Mrs. Howden», sagte Saddletree.

«Und ich», sagte Miss Damahoy, «erinnere mich, wie seine Mutter...»

«Miss Damahoy», bat der unterbrochene Redner.

«Und ich», sagte Plumdamas, «denke daran, wie seine Frau...»

«Mr. Plumdamas! Mrs. Howden! Miss Damahoy!» flehte der Redner von neuem. «Bedenkt die Distinktion, wie Anwalt Crossmyloof sagt. ‹Ich›, sagt er, ‹mache hier die Distinktion.› – Also, die Hinrichtung war vorbei, die Leiche des Verbrechers abgeschnitten und Porteous nicht länger mehr im Dienst. Die Handlung, die er schützen und überwachen sollte, war endgültig vorüber und er selbst nichts weiter als cuivis ex populo.»

«Quivis, quivis, mit Eurer Erlaubnis, Mr. Saddletree», sagte (mit nachdrücklicher Betonung der ersten Silbe) Mr. Butler, der Hilfslehrer einer Dorfschule in der Nähe Edinburghs, der in dem Augenblick hinter ihnen auftauchte, wo das falsche Latein ausgesprochen wurde.

«Warum unterbrecht Ihr mich, Mr. Butler? Trotzdem bin ich erfreut, Euch zu sehen. – Ich halte mich an Anwalt Crossmyloof, und der sagte cuivis.»

«Wenn Anwalt Crossmyloof den Dativ statt des Nominativs gebraucht hätte, so hätte ich es ihm mit dem Lederriemen auf die Handfläche geschrieben, Mr. Saddletree; es sitzt kein Bube auf der Eselsbank, der nicht wegen eines solchen Verstoßes gegen die Grammatik die Rute bekäme.»

«Ich spreche Latein wie ein Rechtsgelehrter, Mr. Butler, und nicht wie ein Schulmeister», entgegnete Saddletree.

«Nicht einmal wie ein Schuljunge», meinte Butler.

«Es macht nichts», sagte Bartoline, «was ich sagen wollte ist, daß dem Porteous die poena extra ordinem oder die Todesstrafe, das heißt auf gut schottisch der Galgen zuerkannt worden ist, bloß, weil er nicht schoß, als er noch im Dienst war, sondern damit wartete, bis die Leiche abgenommen, die Hinrichtung, die er überwachen sollte, vollzogen und er selbst seiner amtlichen Obliegenheit entledigt war.»

«Aber glaubt Ihr wirklich, Mr. Saddletree», fragte Plumdamas, «John Porteous' Sache stünde besser, wenn er geschossen hätte, ehe noch Steine nach ihm geworfen wurden?»

«Allerdings, Nachbar Plumdamas», erwiderte Bartoline zuversichtlich. «Er war damals im Besitz der Gewalt und des Rechts: die Hinrichtung hatte erst begonnen oder war wenigstens noch nicht bewirkt oder endgültig beendet; aber nachdem man Wilson abgeschnitten hatte, war sie vorbei – er war völlig entautorisiert und hatte weiter nichts zu tun, als mit seiner Wache abzurücken – hier den West Bow hinauf –, so schnell, als ob ein Haftbefehl hinter ihm drein wäre. So will es das Gesetz, wie ich es Lord Vincovincentem selbst habe darlegen hören.»

«Vincovincentem? Ist das ein Gerichtsherr oder ein Standesherr?» fragte Mrs. Howden.*

«Ein Gerichtsherr, ein Richter. – Ich gebe mich wenig mit Standesherren ab; sie ärgern mich nur mit einer Menge unnützer Fragen wegen ihrer Halfter und Sättel und Schwanzriemen und Pferdegeschirre – was sie kosten und wann sie

* Die Gerichtsherren führten ebenfalls den Titel Lord, der sonst nur Edelleuten zukommt.

fertig sind. Das schnattert wie die Gänse. Meine Frau mag sie bedienen!»

«Oh, sie hätte dem höchsten Herrn im Land zur Frau dienen können, als sie noch jung war; denn sowenig Ihr auch von ihr haltet, Mr. Saddletree», sagte Mrs. Howden, unwillig über die wegwerfende Art und Weise, wie hier von ihrer Nachbarin gesprochen wurde, «als sie und ich noch zwei ausgelassene Mädchen waren, ließen wir's uns nicht träumen, daß wir einmal solche Männer erwischen würden, wie mein alter Davie Howden einer war oder Ihr es seid, Mr. Saddletree.»

Während Saddletree, der nicht sehr schlagfertig war, sich noch den Kopf über eine Antwort auf diese Abfuhr zerbrach, rückte ihm Miss Damahoy zu Leibe.

«Und was die Standesherren angeht», sagte Miss Damahoy, «so solltet Ihr an die Umzüge des Parlaments denken, Mr. Saddletree, in der guten alten Zeit vor der Union. Die Einkünfte manch hübschen Gütchens von einem ganzen Jahr gingen für die Ausrüstung eines Pferdes, Geschirr und Zaumzeug, drauf; ganz abgesehen von den gestickten Gewändern und Fußmänteln, die nur so von Goldbrokat strotzten – ich habe viel damit zu tun gehabt.»

«Ja, und dann die lustigen Bankette mit Eingemachtem und Zuckerwerk und getrocknetem und frischem Obst aller Sorten», sagte Plumdamas. «Schottland damals – das war noch Schottland!»

«Ich will Euch was sagen, Nachbarn», meinte Mrs. Howden, «ich werde niemals mehr glauben, daß Schottland noch Schottland ist, wenn unsere braven Schotten den Schimpf einstecken, den die Herren uns heute angetan haben. Nicht nur das vergossene Blut schreit zum Himmel, sondern auch das Blut, das hätte vergossen werden können. Da war mein Tochterkind, die kleine Eppie Daidle – meine Enkelin, Ihr kennt sie ja, Miss Grizel –, die hatte ein bißchen die Schule geschwänzt, wie Kinder das gern tun, Ihr wißt ja, Mr. Butler...»

«Wofür sie aber auch», fiel Mr. Butler ein, «von denen, die es gut mit ihnen meinen, tüchtig die Rute bekommen sollten.»

«Und sie war ganz dicht an den Galgenfuß gekrochen, um das Hängen anzusehen, aus lieber Neugier, wie Kinder nun mal sind, ja – und hätte sie da nicht ebensogut erschossen werden können wie die anderen? Und was hätten wir da anfangen sollen? Ich möchte wissen, wie es der Königin Karline (sie heißt ja wohl Karline) gefallen hätte, wenn eine von ihren eigenen Rangen in so eine Gefahr gekommen wäre?»

«Das Gerücht sagt», antwortete Butler, «Ihre Majestät würde sich einen solchen Umstand nicht sehr zu Herzen genommen haben.»

«Aber das weiß ich», sagte Mrs. Howden, «wenn ich ein Mann wäre – der John Porteous sollte es mir büßen, ganz gleich, was daraus werden wollte, und wenn sich alle Karls und Karlinen in England dagegen verschworen hätten!»

«Und wenn ich die Kerkertür mit meinen Nägeln zerkratzen müßte», sagte Miss Grizel, «aber kriegen würde ich ihn.»

«Ihr mögt sehr recht haben, meine Damen», gab Butler zu, «aber ich möchte Euch doch raten, nicht so laut darüber zu reden.»

«Nicht darüber reden!» riefen beide Damen zugleich. «Von einem Ende der Stadt bis zum andern wird man von nichts anderem reden, bis dies entweder geendet oder gewendet ist!»

Die Frauen begaben sich jetzt in ihre Behausungen. Plumdamas schloß sich den beiden anderen Männern an, um mit ihnen ein meridian (ein Glas Branntwein) zu trinken, als sie zu der wohlbekannten kleinen Schenke am Lawnmarket kamen, wo sie gewöhnlich einzukehren pflegten. Mr. Plumdamas verfügte sich sodann zu seinem Laden, und Mr. Butler, der gerade eines alten Zaumriemens bedurfte – zu welchem Zweck, hätten die kleinen Faulpelze, die an jenem unruhigen Tag die Schule geschwänzt hatten, vorhersagen können –, ging mit Mr. Saddletree den Lawnmarket entlang, wobei jeder, sobald er nur zu Wort kommen konnte, eifrig sprach, der eine von den Gesetzen Schottlands, der andere von der Satzlehre, und keiner ein Wort von dem hörte, was sein Begleiter vorbrachte.

5. Kapitel

Wie gut er kannte auch Gesetz und Recht,
zu Hause galt er weniger als ein Knecht.

Davie Lindsay

Jock Driver, der Kärrner, ist dagewesen, um nach seinem neuen Zaumzeug zu fragen», sagte Mrs. Saddletree zu ihrem Mann, als er die Schwelle überschritt, keineswegs in der Absicht, ihn in seinen eigenen Angelegenheiten zu Rate zu ziehen, sondern nur, um ihm beiläufig zu Gemüte zu führen, was sie alles in seiner Abwesenheit getan habe.

«Gut», erwiderte Bartoline, ohne ein Wort weiter hinzuzusetzen.

«Und der Laird von Girdingburst hat seinen Läufer hergeschickt und ist auch selber dagewesen – ein artiger junger Herr –, um sich zu erkundigen, wann die gestickte Satteldecke für seinen Rotfuchs fertig wird; er braucht sie zum Wettrennen in Kelso.»

«Gut, gut», erwiderte Bartoline ebenso lakonisch wie vorher.

«Und Seine Lordschaft, der Earl of Blazonbury, Lord Flash and Flame, ist rasend vor Zorn, daß die Geschirre für seine sechs flandrischen Stuten samt den dazugehörigen Helmbüschen, Wappenkronen, Schabracken und Silberbeschlägen noch nicht abgeliefert worden sind, wie du versprochen hattest.»

«Gut, gut, gut, Frau», sagte Saddletree, «wenn er rasend wird, kommt er unter Kuratel – es ist alles sehr gut.»

«Gut – wie du meinst, Saddletree», antwortete seine Ehehälfte, etwas ärgerlich über die Gleichgültigkeit, womit er ihren Bericht aufnahm, «manch anderer würde es für einen Schimpf halten, wenn so viel Kunden nachfragten und keiner könnte ihnen Auskunft geben als ein Frauenzimmer; denn sobald du den Rücken gekehrt hattest, waren auch alle Burschen fort, um den Porteous hängen zu sehen – was man sich ja denken konnte –, und da du nicht zu Hause warst...»

«Still, Frau», sagte Bartoline in herrischem Ton, «laß mich in Ruhe mit deinem Unsinn; ich hatte unterdessen anderswo nötig zu tun. Non omnia, wie Mr. Crossmyloof sagte, als ihn zwei Gerichtsdiener zugleich riefen, non omnia possumus – pessimus – possimis – ich weiß, unser Juristenlatein beleidigt Mr. Butlers Ohren; es will aber besagen: Keiner, und wäre es auch der Herr Gerichtspräsident selbst, kann zwei Dinge auf einmal tun.»

«Sehr richtig, Mann», antwortete seine geplagte Ehehälfte mit einem anzüglichen Lächeln, «und darum schickt es sich wohl, daß sich deine Frau um die Zäume und Sättel der jungen Herren kümmern muß und du derweil gehst und zuguckst, wie man einem Menschen, der dir niemals was zuleide getan hat, ein Halfter verpaßt.»

«Weib», sagte Saddletree, dem der Branntwein etwas zu Kopf gestiegen war, mit gebieterischer Stimme, «laß ab – ich meine, höre auf, dich in Angelegenheiten zu mischen, die du nicht verstehst. Glaubst du, ich bin dazu da, hier zu sitzen und eine Ahle durch Kernleder zu bohren, wenn solche Leute wie Duncan Forbes und dieser neugebackene Ritter Arniston, die nicht begabter sind als ich, wie wenigstens die Leute behaupten, Oberrichter und Kronanwälte werden. Und warum auch nicht? Ja, würde die Gunst noch ebenso gleichmäßig verteilt wie in den Tagen des mächtigen Wallace...»

«Ich weiß nicht, ob es uns unter dem mächtigen Wallace besser gegangen wäre», sagte Mrs. Saddletree, «höchstens daß es damals Lederkanonen gab, wie ich von alten Leuten gehört habe, und dann ist's noch die Frage, ob er sie, wenn schon gekauft, so auch bezahlt hätte. Und was deine Gaben anbelangt, Bartley, so müssen die Leute mehr davon wissen als ich, wenn sie so was behaupten können.»

«Ich sage dir, Weib», erwiderte Saddletree in höchstem Unwillen, «daß du davon nichts verstehst. In Sir William Wallace' Tagen war kein Mensch zu solch einem knechtischen Handwerk verdammt wie dem eines Sattlers, denn man bezog alles Lederzeug, das man brauchte, fix und fertig aus Holland.»

«Schön», sagte Butler, der wie viele seines Berufs ein wenig Humorist und Spötter war, «wenn das zutrifft, Mr. Saddletree, so haben wir uns meines Bedünkens verbessert; wir machen jetzt unsere Geschirre selber und beziehen bloß noch unsere Rechtsgelehrten aus Holland.»

«Sehr wahr, Mr. Butler», antwortete Bartoline mit einem Seufzer, «wenn ich das Glück – oder vielmehr, wenn mein Vater die Einsicht gehabt hätte, mich nach Leyden und Utrecht zu schicken, um die Substitutionen und Pandexten zu studieren...»

«Ihr meint die Institutionen – Justinians Institutionen, Mr. Saddletree!» unterbrach ihn Butler.

«Institutionen und Substitutionen sind gleichbedeutende Worte, Mr. Butler, und werden als solche in Verträgen unterschiedslos gebraucht, wie Ihr aus Balfours *Praktischer Rechtskunde* oder Dallas von St. Martin's *Rechtsordnung* ersehen könnt. Ich verstehe mich – Gott sei Dank! – auf diese Dinge ein bißchen; aber ich gebe zu, daß ich in Holland hätte studieren sollen.»

«Tröstet Euch», erwiderte Butler, «Ihr wäret auch nicht weitergekommen als jetzt, Mr. Saddletree; denn unsere schottischen Advokaten sind ein aristokratischer Menschenschlag. Ihr Dünkel ist von echt korinthischem Erz und non cuivis contigit adire Corinthum – haha, Mr. Saddletree.»

«Haha, Mr. Butler», stimmte Bartoline zu, an dem übrigens, wie man leicht denken kann, der Scherz, bis auf den Schall der Worte, verloren war. «Aber Ihr sagtet vorhin, es hieße quivis, und eben hörte ich mit eigenen Ohren, daß Ihr cuivis sagtet, so deutlich, wie ich nur je ein Wort vom Anwaltssitz gehört habe.»

«Geduldet Euch, Mr. Saddletree, und ich werde Euch den Unterschied mit drei Worten erklären», sagte Butler, der auf seinem Fachgebiet ebenso pedantisch, nur weit besser unterrichtet und urteilsfähiger war als Bartoline mit seiner eingebildeten Gesetzeskenntnis. «Geduldet Euch nur einen Augenblick! Ihr werdet einräumen, daß der Nominativus derjenige Fall ist, durch welchen eine Person oder Sache benannt oder bezeichnet wird und welcher der erste Fall genannt werden kann; denn von ihm werden alle anderen abgeleitet, durch Flexion der Endung in den klassischen Sprachen und durch Präpositionen in unserem modernen babylonischen Kauderwelsch. Ich hoffe, das werdet Ihr zugeben, Mr. Saddletree?»

«Ich weiß nicht, ob ich es zugeben werde oder nicht. Ad avisandum, Ihr versteht, soll niemand übereilt Zugeständnisse machen, weder in bezug auf das Recht noch in bezug auf die Tatsache», sagte Saddletree und sah so aus, oder bemühte sich wenigstens, so auszusehen, als verstünde er, wovon die Rede sei.

«Und der Dativus...» fuhr Butler fort.

«Ich weiß sehr wohl, was ein tutor dative ist», unterbrach ihn Saddletree.

«Der Dativus», fing der Grammatiker wieder an, «ist der Fall, in welchem etwas als einer Person oder Sache gegeben oder zugehörig bezeichnet wird. – Ihr könnt das nicht leugnen, nicht wahr?»

«Aber auch nicht zugeben», sagte Saddletree.

«Zum Henker, was versteht Ihr denn unter Nominativ

und Dativ?» entgegnete Butler unwirsch und vor Ärger seine sonstige Gewähltheit des Ausdrucks und Sorgfalt der Sprechweise vergessend.

«Das werde ich Euch ein andermal sagen, Mr. Butler», erwiderte Saddletree mit überlegener Miene, «ich werde eines Tages zu Euch kommen und jeden Artikel Eurer Auseinandersetzung beantworten, und dann sollt Ihr Euch entweder dazu bekennen oder ihn widerlegen, wie es Euch paßt.»

«Ach was, Saddletree», sagte seine Frau, «wir brauchen hier weder Auseinandersetzungen noch Bekenntnisse. Laßt diejenigen, die dafür bezahlt werden, sich damit abgeben. Uns steht das ebenso übel an wie ein Reitsattel einem Zugochsen.»

«Hehe!» lachte Butler. «Optat ephippia bos piger, es gibt nichts Neues unter der Sonne. Aber es war gleichwohl ein treffender Vergleich von Mrs. Saddletree.»

«Du solltest lieber versuchen, Saddletree», fuhr seine Ehehälfte fort, «da du doch behauptest, so viel von Rechtssachen zu verstehen, ob du nicht was für die arme Effie Deans tun könntest, die da drüben frierend, hungrig und trostlos im Stadtgefängnis sitzt. – Das arme Ding war Dienstmädchen bei uns, Mr. Butler, und ein so unschuldiges Mädchen, nach meinem Bedünken, und so brauchbar im Laden. Wenn Saddletree ausging – und Ihr wißt, er ist selten zu Haus, wenn auf dem Gericht was los ist –, so half mir die arme Effie die Ballen gegerbtes Leder herauf- und herunterwälzen und die Waren auslegen und die Kunden bedienen. Ja, ja, und sie wußte jeden richtig zu nehmen und war überall beliebt, denn sie war immer höflich, und ein hübscheres Mädchen gab es in ganz Edinburgh nicht. Und wenn Leute ärgerlich wurden und schimpften, konnte sie besser als ich mit ihnen fertig werden, denn ich bin nicht mehr so jung, wie ich mal war, Mr. Butler, und ein bißchen kurz angebunden obendrein. Denn wenn viele Leute zugleich auf einen einreden und man hat nur eine Zunge, um ihnen zu antworten, da muß man hastig reden, oder man wird nie mit seinem Kram fertig. – Ich vermisse Effie täglich.»

«De die in diem», setzte Saddletree hinzu.

«Mich dünkt», sagte Butler nach einigem Zögern, «ich habe das Mädchen im Laden gesehen – ein bescheidenes blondes Mädchen?»

«Ja, ja, das war die arme Effie», sagte ihre Herrin. «Ob sie von ihrem guten Geist verlassen war oder mit der sündigen Tat nichts zu tun hat, mag Gott im Himmel wissen; doch wenn sie schuldig ist, so ist sie dazu verführt worden, und ich möchte einen Eid auf die Bibel leisten, daß sie derzeit nicht bei Sinnen gewesen ist.»

Butler war mittlerweile sehr unruhig geworden; er ging hastig im Laden auf und ab und zeigte die größte Aufregung, die eine sonst so gesetzte Person nur an den Tag legen konnte.

«War dieses Mädchen nicht die Tochter von David Deans», fragte er, «der den Hof bei St. Leonard's gepachtet hat? Und hat sie nicht eine Schwester?»

«Gewiß hat sie die – die arme Jeanie Deans, zehn Jahre älter als sie selbst; erst eben war sie hier und weinte bitterlich wegen ihrer Schwester. Aber was konnte ich ihr schon sagen, als daß sie wiederkommen solle, um mit Saddletree zu reden, wenn er zu Hause sei? Nicht, daß ich glaube, Saddletree könne ihr oder sonst irgendwem einen vernünftigen Rat geben, sondern ich wollte dem armen Ding nur das Herz vorläufig ein bißchen leichter machen, denn der Kummer kommt immer noch früh genug.»

«Da irrst du, Frau», sagte Saddletree von oben herab. «Ich hätte ihr eine zufriedenstellende Auskunft geben können; ich hätte ihr beweisen können, daß ihre Schwester sich gegen Gesetz von 1690, Absatz eins – ‹Zur besseren Verhütung des Kindsmordes› – vergangen habe, weil sie ihre Schwangerschaft verhehlt und keine Anzeige von dem Kind gemacht hat, das sie geboren hatte.»

«Ich hoffe, ich vertraue auf den barmherzigen Gott»,

sagte Butler, «daß sie sich von der Beschuldigung reinigen kann.»

«Auch ich, Mr. Butler, auch ich», versetzte Mrs. Saddletree. «Wahrhaftig, ich hätte meine Hand für sie ins Feuer gelegt wie für meine eigene Tochter. Aber, du lieber Gott, ich bin den ganzen Sommer anfällig gewesen und zwölf Wochen lang kaum aus meiner Stube gekommen. Und was Saddletree betrifft, der könnte in einem Entbindungsheim sein und käme doch nicht dahinter, wozu all die Frauen dorthin kämen. Auf diese Weise sah ich Effie wenig oder gar nicht, sonst hätte ich schon die Wahrheit über ihren Zustand aus ihr herausgebracht, das kann ich Euch versichern. Aber wir denken alle, ihre Schwester wird etwas aussagen können, was sie rechtfertigt.»

«Der ganze Gerichtshof», sagte Saddletree, «hat von nichts anderem gesprochen, bis diese Geschichte mit Porteous dazwischenkam. – Es ist ein herrlicher Fall mutmaßlichen Mordes, und seit dem Fall der Hebamme Luckie Smith, die im Jahre 1679 hingerichtet wurde, hat es bei Gericht keinen ähnlichen gegeben.»

«Aber was ist denn mit Euch, Mr. Butler?» fragte die gute Frau. «Ihr seht ja so weiß aus wie ein Bettlaken; wollt Ihr nicht einen Schluck zur Stärkung nehmen?»

«Ich danke sehr», sagte Butler, sich zum Reden zwingend. «Ich bin gestern von Dumfries zu Fuß hergekommen, und heute haben wir einen sehr warmen Tag.»

«Setzt Euch doch», sagte Mrs. Saddletree, wobei sie ihn mit freundlicher Gewalt auf einen Stuhl nötigte, «und ruht Euch aus. Ihr werdet Euch ja auf diese Weise noch umbringen. – Und können wir Euch denn Glück wünschen? Bekommt Ihr die Schule, Mr. Butler?»

«Ja – nein – ich weiß nicht», antwortete der junge Mann verwirrt.

Aber Mrs. Saddletree ließ nicht locker, teils aus wirklicher Teilnahme, teils aus Neugierde.

«Ihr wißt nicht, ob Ihr die Schule von Dumfries bekommt oder nicht – und dabei habt Ihr Euch doch den ganzen Sommer damit abschinden und unterrichten müssen?»

«Nein, Mrs. Saddletree, ich bekomme sie nicht», erwiderte Butler etwas gefaßter. «Der Laird von Black-at-the-Bane hat einen natürlichen Sohn, den er zum geistlichen Stand bestimmt hatte; da nun der Kirchenrat nicht bewogen werden konnte, ihm die Predigterlaubnis zu erteilen, so...»

«Ei, ei, Ihr braucht nicht mehr zu sagen; wenn da ein vornehmer Herr einen armen Gevatter oder einen Bankert hat, dem die Stelle ansteht, so weiß man schon. – Und nun seid Ihr also nach Libberton zurückgekommen, um auf toter Leute Schuhe zu warten? – Ach, du lieber Gott, so klapprig auch Mr. Whackbairn ist, kann er doch ebenso lange leben wie Ihr, sein Gehilfe und Nachfolger.»

«Höchstwahrscheinlich», antwortete Butler mit einem Seufzer, «ich weiß nicht, ob ich es anders wünschen sollte.»

«Das ist aber doch ohne Zweifel sehr ärgerlich für Euch», fuhr die gute Frau fort, «so abhängig zu sein, wo Ihr doch von Rechts wegen Anspruch auf viel was Besseres hättet. Ich wundere mich, wie Ihr all das Kreuz ertragen könnt.»

«Quos diligit castigat», antwortete Butler. «Selbst der Heide Seneca sah ein Heil in der Betrübnis. Die Heiden hatten ihre Philosophie und die Juden ihre Offenbarung, Mrs. Saddletree, und sie ertrugen zu ihrer Zeit ihr Mißgeschick mit Ergebung. Den Christen wurde ein besserer Trost zuteil als beiden, und doch...»

Er schwieg und seufzte.

«Ich weiß, was Ihr meint», sagte Mrs. Saddletree, indem sie auf ihren Mann blickte, «und doch verlieren wir zuweilen die Geduld – trotz Bibel und Gebetbuch. Aber Ihr dürft jetzt nicht weggehn, Ihr seht gar zu elend aus, Ihr müßt dableiben und einen Löffel Suppe mit uns essen.»

Mr. Saddletree legte Balfours *Rechtskunde* (sein Lieblingsbuch – möge er noch recht viel daraus lernen) beiseite, um sich der gastlichen Einladung seiner Frau anzuschließen. Doch der Lehrer lehnte alle Bitten ab und entfernte sich sogleich.

«Dahinter steckt was», sagte Mrs. Saddletree und sah ihm nach, als er die Straße hinaufging. «Ich wundere mich, warum Mr. Butler so bekümmert über Effies Unglück ist. Soviel ich gesehen oder gehört habe, kannten sie sich nicht näher; sie waren freilich Nachbarn, als David Deans noch auf Laird von Dumbiedikes' Land saß. Mr. Butler kennt vielleicht ihren Vater oder sonst jemand von ihrer Verwandtschaft. – Aber steh doch auf, Mann, du sitzt ja gerade auf dem Kummet, das ausgebessert werden soll – und da kommt unser Lehrjunge, der kleine Willie. – Du kleiner Strolch, du, was hast du dich draußen herumzutreiben, um zu sehen, wie man Leute hängt? Warte nur, wenn du an die Reihe kommst! Ich will's nicht verschwören, wenn du dich nicht besserst. – Aber was ziehst du denn für ein Gesicht und flennst, als ob ein Wort gleich den Kopf koste? – Geh hinein und führ dich ein andermal besser auf und laß dir von Peggy einen Teller Suppe geben, denn du wirst hungrig sein wie ein Wolf, das weiß ich schon. – Ein vaterloser Bub, Saddletree, und mutterlos dazu, was zuweilen noch trauriger ist; man muß für ihn sorgen, so gut man kann, das ist Christenpflicht.»

«Sehr wahr, meine Liebe», erwiderte Saddletree, «wir sind ihm während seiner Minderjährigkeit in loco parentis. Ich hatte schon den Gedanken, den Gerichtshof um eine Vollmacht als Vertreter loco tutoris zu bitten, da kein Vormund ernannt ist und der Waisenpfleger es ablehnt, sich um ihn zu kümmern; ich fürchte nur, die Kosten des Verfahrens würden nicht in rem versam sein, denn ich weiß nicht, ob Willie irgendwelche Habseligkeiten besitzt, deren Verwaltung zu übernehmen sei.»

Er schloß diesen Satz, indem er sich selbstbewußt räusperte, wie einer, der das Gesetz auf unwiderlegliche Weise erklärt hat.

«Habseligkeiten!» rief Mrs. Saddletree. «Was für Habseligkeiten soll denn das arme Wurm haben? – Er war in Lumpen, als seine Mutter starb, und der blaue Kittel, den Effie ihm aus einem alten Mantel von mir machte, war das erste ordentliche Kleid, das der Bengel auf den Leib bekam. Die arme Effie! Kannst du mir mit all deinem Gesetzkram denn nicht endlich sagen, Mann, ob ihr Leben wirklich in Gefahr ist, wenn sie ihr nicht beweisen können, daß überhaupt ein Kind da war?»

«Ei nun», sagte Mr. Saddletree, höchlich erfreut, daß die Aufmerksamkeit seiner Frau sich doch endlich einmal einem Rechtsstreit zuwandte. «Ei nun, es gibt zwei Arten von murdrum oder murdragium oder was ihr populariter et vulgariter Mord nennt. Oder eigentlich gibt es viele Arten, denn da haben wir einen murthrum per vigilias et insidias und einen murthrum unter Mißbrauch des Vertrauens.»

«Das ist gewiß so eine Art Mord», versetzte seine Ehehälfte, «wie die Gentry uns Kaufleute mordet und uns zuweilen dahin bringt, daß wir unsere Bude schließen müssen. Aber das hat doch nichts mit Effies Unglück zu tun.»

«Der Fall der Effie oder Euphemia Deans», nahm Saddletree wieder das Wort, «ist einer von den Fällen des mutmaßlichen Mordes, das heißt, ein Mord, den die Gerichte folgern oder konstruieren, indem sie ihn von gewissen indicia oder Verdachtsgründen ableiten.»

«Also», fuhr die gute Frau fort, «wenn die arme Effie nicht irgend jemand was von ihrem Zustand gesagt hat, wird sie aufgeknüpft – auch wenn das Kind tot geboren oder noch bis zu diesem Augenblick am Leben ist?»

«Allerdings», sprach Saddletree, «denn es ist ein Gesetz von unserem königlichen Herrn und seiner Gemahlin erlassen worden, um das abscheuliche Verbrechen des geheimen Kindgebärens zu verhüten. Auf diese Art Mord sind die Gerichte gleichsam wie versessen, weil er ihre eigene Schöpfung ist.»

«Dann, wenn das Gericht selbst Morde ausheckt», sagte Mrs. Saddletree, «sollte auch das Gericht dafür gehängt werden; oder wenn sie an seiner Stelle einen Rechtsanwalt dafür hängen ließen, wäre auch niemand böse darüber.»

Der Ruf zu ihrem einfachen Mittagsmahl unterbrach den weiteren Fortgang der Unterredung – vielleicht hätte sie sonst eine Wendung genommen, die der Rechtswissenschaft und den Rechtsgelehrten weit weniger günstig gewesen wäre als Mr. Bartoline Saddletree, der glühende Bewunderer beider, anfangs vorausgesehen hatte.

6. Kapitel

Doch dann stand auf ganz Edinburgh,
es standen auf dreitausend Mann.

Johnnie Armstrangs «Gute Nacht»

Als Butler den Laden «Zum Goldenen Hengst» verließ, wollte er einen rechtskundigen Freund aufsuchen, um von ihm Genaueres über die unglückliche Lage des im letzten Kapitel erwähnten jungen Mädchens zu erfahren, an dessen Schicksal ihn – wie der Leser wahrscheinlich bereits erraten hat – tiefere Gründe als solche der bloßen Menschlichkeit so innigen Anteil nehmen ließen. Er fand den Gesuchten nicht zu Hause; ebenso vergeblich waren mehrere andere Besuche bei Leuten, von denen er hoffte, daß sie sich für das Schicksal der Gefangenen interessieren könnten. Aber im Augenblick beschäftigte der Fall Porteous alle Gemüter so stark, daß jedermann genug damit zu tun hatte, die Maßnahmen der Regierung anzugreifen oder zu verteidigen – und die Hitze des Streits hatte einen so allgemeinen Durst erregt, daß sich die meisten der jungen Rechtsgelehrten samt ihren Schreibern (zu welchem Stand die von Butler gesuchten Freunde gehörten) nach einer beliebten Schenke begeben hatten, um die Sache dort weiter zu besprechen, wobei so viel Dünnbier vertilgt wurde, daß man nach der Berechnung eines erfahrenen Mathematikers ein Linienschiff erster Klasse damit hätte flottmachen können.

Butler wanderte bis zum Anbruch der Dämmerung umher; denn er gedachte die Dunkelheit zu benutzen, um möglichst unbemerkt das unglückliche junge Mädchen aufzusuchen; er hatte nämlich seine guten Gründe, die neugierigen Blicke Mrs. Saddletrees zu vermeiden, deren Laden sich in nicht allzu großer Entfernung vom Gefängnis befand, obzwar an der gegenüberliegenden, südlichen Seite der Straße und ein wenig weiter hinauf. Er ging deshalb auch durch die enge und teilweise überdachte Gasse, die von der Nordwestecke des Parliament Square zum Gefängnis führt.

Er stand jetzt vor dem gotischen Eingang des altertümlichen Gefängnisses, das sich, wie bekannt, mit seiner altersgrauen Fassade gerade in der Mitte der High Street erhebt und sozusagen den Treffpunkt einer Ansammlung von Gebäuden bildet, die Luckenbooth genannt werden. Aus irgendeinem unbegreiflichen Grund haben unsere Vorfahren sie mitten in die Hauptstraße der Stadt eingeklemmt und als Durchgang im Norden nur eine enge Gasse und im Süden, wo der Eingang des Gefängnisses liegt, einen engen und krummen Gang gelassen, der sich zwischen den hohen und dunklen Mauern des Gefängnisses und den angrenzenden Häusern auf der einen Seite und den Strebepfeilern und Vorsprüngen der alten Kathedrale auf der anderen Seite hindurchwindet. Um diesen düsteren Durchgang (der unter dem Namen «Krambuden» wohlbekannt ist) um etwas freundlicheres Aussehen zu geben, hat man eine Anzahl kleiner Buden oder Läden – nach Art von Marktzelten – zwischen den gotischen Vorsprüngen und Pfeilern aufgeschlagen, so daß es scheint, als ob die Händler an dem Gebäude unter Ausnutzung aller sich nur darbietenden Ecken und Winkel ihre Nester gebaut hätten wie die Schwalbe in Macbeths Schloß. In unseren Zeiten sind diese Buden mehr zu Spielzeugläden entartet, und die kleinen Spaziergänger sind es nun, die sich von der reichen Auslage von Steckenpferden, Puppen und Nürnberger Tand, der in so geschickter, bunter Anordnung umherlegt, verführen lassen, dort zu verweilen, wobei sie freilich halb durch die scheelen Blicke eines verhutzelten Männchens oder bebrillten alten Weibes verscheucht werden, die über diese lockenden Schätze gebieten und sie bewachen. Zu der Zeit jedoch, von der hier die Rede ist, konnte man in diesem engen Durchgang Handschuh- und Hutmacher, Strumpfwirker, Putz- und Schnittwarenhändler finden sowie all solche, die mit dem handeln, wenn man jetzt Gemischt- oder Kurzwaren nennt.

Aber kehren wir nach dieser Abschweifung zu unserer Erzählung zurück. Butler fand den Gefängnisschließer, einen hochgewachsenen, hageren Greis mit langem Silberhaar, im Begriff, die Außentür des Gefängnisses zu schließen. Er redete den Mann an und begehrte Zutritt zu der unter Anklage des Kindsmordes stehenden Gefangenen Effie Deans. Der Schließer sah ihn bedächtig an, griff aus Achtung vor Butlers schwarzem Kleid und geistlichem Aussehen höflich an den Hut und erwiderte, es sei unmöglich, jetzt noch jemanden einzulassen.

«Ihr schließt heute früher als gewöhnlich; wohl wegen der Sache mit Hauptmann Porteous?» fragte Butler.

Der Schließer nickt mit gewichtiger Amtsmiene zweimal bedeutsam mit dem Kopf, zog einen schweren, beinahe zwei Fuß langen Schlüssel aus dem Schloß und schob eine starke Eisenplatte, die durch eine stählerne Feder und einen Sperrhaken gesichert war, über das Schlüsselloch. Butler blieb unwillkürlich noch einen Augenblick stehen, während die Tür zugeschlossen und verriegelt wurde; dann sah er auf seine Uhr und ging rasch die Straße hinauf, wobei er in Gedanken folgende Verse vor sich hin murmelte:

«Porta adversa, ingens, solidoque adamante columnae;
vis ut nulla virûm, non ipsi exscindere ferro
coelicolae valeant. Stat ferrea turris ad auras...»

Nachdem er noch eine halbe Stunde mit einem zweiten vergeblichen Versuch, seinen rechtskundigen Freund und

Ratgeber aufzufinden, verbracht hatte, glaubte er es endlich an der Zeit, die Stadt zu verlassen und nach seinem Wohnort, einem kleinen Dorf ungefähr zweieinhalb Meilen südlich von Edinburgh, zurückzukehren. Die Hauptstadt war zu jener Zeit von einer hohen Festungsmauer mit Zinnen und hin und wieder vorspringenden Ecken umgeben; man gelangte durch Tore hinein, schottisch ports genannt, die jeden Abend regelmäßig geschlossen wurden. Gegen ein kleines Trinkgeld konnte man zwar jederzeit von den Wächtern den Aus- oder Eingang durch ein Pförtchen erlangen, das zu diesem Zweck in dem großen Tor angebracht war, aber auch diese geringe Ausgabe mußte ein so armer Mann wie Butler möglichst zu vermeiden trachten; und da er fürchtete, die Stunde des Torschlusses könne nahe sein, eilte er, den nächsten Ausgang zu erreichen, obgleich sich sein Heimweg dadurch etwas verlängerte. Bristo Port war dasjenige Tor, durch welches man geradewegs auf die Straße nach Libberton kam, aber West Port, das am Ende des Grassmarket liegt, war dem Ort, wo er sich eben befand, am nächsten; zu ihm richtete er darum seine Schritte. Er erreichte das Tor noch früh genug, um durch den Mauerring zu gelangen, und betrat die Portsburgh genannte Vorstadt, die hauptsächlich von Handwerkern und Leuten aus den unteren Volksschichten bewohnt wird. Hier stieß er auf ein unerwartetes Hindernis.

Er hatte nämlich das Tor noch nicht lange hinter sich gelassen, als er Trommelschlag vernahm und zu seinem großen Erstaunen einen Haufen Menschen erblickte, der so ansehnlich war, daß er die ganze Breite der Straße einnahm und rückwärts noch eine beträchtliche Masse bildete; dieser Haufe bewegte sich mit großer Eile dem Tor zu, durch das Butler gekommen war. An seiner Spitze ging ein Trommler, der Alarm schlug.

Während Butler noch darüber nachdachte, wie er einer Menge aus dem Weg gehen könnte, die, wie man wohl vermuten durfte, nichts Gutes im Schilde führte, hatte sie ihn schon umringt und hielt ihn an.

«Seid Ihr Geistlicher?» fragte ihn einer.

Butler erwiderte, daß er «ordiniert, aber noch nicht bestallt» sei.

«Es ist Mr. Butler aus Libberton», sagte eine Stimme aus dem Hintergrund, «er kann den Dienst so gut versehen wie jeder andere.»

«Ihr müßt mitkommen, mein Herr», sagte der erste Sprecher in höflichem, doch entschiedenem Ton.

«Aber weshalb, meine Herren?» fragte Butler. «Ich wohne in einiger Entfernung von der Stadt, die Wege sind unsicher bei Nacht – Ihr bringt mich in ernstliche Verlegenheit, wenn Ihr mich aufhaltet.»

«Man wird Euch sicher nach Hause geleiten – niemand soll Euch ein Haar krümmen –, aber Ihr müßt und sollt mitkommen.»

«Und warum und wozu, meine Herren?» fragte Butler. «Ich hoffe, Ihr werdet so höflich sein und es mir erklären!»

«Ihr werdet es zur rechten Zeit erfahren. Kommt mit, denn kommen müßt Ihr, entweder in Güte oder mit Gewalt. Auch rate ich Euch, weder rechts noch links zu sehen und auf keines Menschen Gesicht zu achten, sondern alles, was um Euch her vorgeht, als einen Traum zu betrachten.»

Ich wollte, es wäre ein Traum, aus dem ich erwachen könnte, sagte Butler zu sich selbst; doch da er kein Mittel fand, sich der Gewalt zu widersetzen, womit man ihm drohte, sah er sich genötigt, kehrtzumachen und an der Spitze der Aufrührer zu marschieren, wobei ihn zwei Männer teils führten, teils festhielten. Während dieser Unterhandlung hatten die Aufrührer das West Port gestürmt, die Torhüter oder Wächter, wie sie eigentlich genannt wurden, überwältigt und sich der Schlüssel bemächtigt. Sie verwahrten die Türflügel mit Schloß und Riegel und befahlen der Person, deren Pflicht dies gewöhnlich war, das Pförtchen zu sichern, da sie sich auf dessen Schloß nicht verstanden. Der Mann, erschrocken über einen so völlig unerwarteten Überfall, war nicht imstande, sein gewohntes Amt zu verrichten, und gab die Sache nach mehreren Versuchen auf. Die Aufrührer, die sich, wie es schien, auf jeden Zufall vorbereitet hatten, riefen nach Fackeln, bei deren Licht sie das Pförtchen mit langen Nägeln vernagelten, die sie wahrscheinlich zu solchem Zweck mitgebracht hatten.

Während dies vor sich ging, konnte es Butler, selbst wenn er gewollt hätte, nicht vermeiden, einige Beobachtungen über die Personen zu machen, die anscheinend die Anführer dieses seltsamen Haufens waren. Das Fackellicht, das ihre Gestalten beleuchtete, während er selber im Schatten blieb, gab ihm Gelegenheit, es unbemerkt zu tun. Mehrere von denen, die sich am geschäftigsten zeigten, trugen Seemannsjacken, -hosen und -kappen, andere weite, lose Mäntel und heruntergekrempelte Hüte, und einige, die man nach ihrer Kleidung hätte für Weiber halten können, verrieten durch ihre rauhen, tiefen Stimmen, ihre ungewöhnliche Größe, ihr männliches Betragen und ihren männlichen Gang, daß sie keine waren. Sie handelten wie nach einem genau verabredeten Plan. Sie hatten Beinamen, woran sie sich erkannten, und Zeichen, wodurch sie sich verständigten. Butler bemerkte, daß sie häufig den Namen «Wildfire» gebrauchten, worauf eine rüstige Amazone zu hören schien.

Die Aufrührer ließen eine kleine Abteilung zur Bewachung des West Port zurück und befahlen den Wächtern, in ihrer Wachstube zu bleiben, wenn ihnen ihr Leben lieb sei, und in dieser Nacht keinen Versuch zu machen, sich des Tores wieder zu bemächtigen. Dann zogen sie eilig die Straße hinunter, welche Cowgate heißt, und von allen Seiten strömte auf den Klang ihrer Trommel der Pöbel der Stadt herbei und gesellte sich zu ihnen. Als die Menge am Cowgate Port ankam, nahm sie es ebenso leicht ein wie das vorige, verrammelte es ebenfalls und ließ eine kleine Schar dort zurück, um es zu bewachen. Es war, wie man später hervorhob, ein auffallender Beweis der klugen Vorsicht, womit ihre unerhörte Verwegenheit verbunden war, daß die

Mannschaften, die zur Bewachung jener Tore zurückgelassen wurden, nicht beständig auf ihrem Posten blieben, sondern hin und her streiften, den Toren stets nahe genug, um darauf zu achten, daß keine Versuche unternommen wurden, sie zu öffnen, doch nie so lange an einer Stelle verweilend, daß man ihre Gestalten genauer betrachten konnte. Die Meuterer, zuerst nur etwa hundert Mann stark, waren inzwischen auf etliche tausend angewachsen und wurden mit jedem Augenblick mehr. Sie teilten sich, um schneller die verschiedenen engen Gäßchen, die vom Cowgate zur High Street führten, hinansteigen zu können, und unter beständigem Trommelwirbel und unter Zurufen, alle wackeren Schotten sollten sich ihnen anschließen, füllten sie nun die Hauptstraße der Stadt.

Das Netherbow Port könnte man das Temple Bar von Edinburgh nennen, da es am Ende der High Street die eigentliche Stadt Edinburgh von dem Vorort Canongate trennt, wie das Temple Bar London von Westminster. Es war für die Aufrührer äußerst wichtig, sich dieses Durchgangs zu bemächtigen, weil in der Vorstadt Canongate zu jener Zeit ein Regiment Infanterie unter dem Befehl von Oberst Moyle einquartiert war, das durch dieses Tor in die Stadt hätte einrücken und das Vorhaben der Aufrührer völlig vereiteln können. Die Anführer eilten darum nach dem Netherbow Port, dessen sie sich in derselben Weise und mit ebensowenig Mühe versicherten wie der anderen Tore; sie ließen wiederum eine Abteilung als Wache zurück, deren Stärke im Verhältnisse zur Wichtigkeit des Postens stand.

Das nächste Ziel der kühnen Aufrührer war es, die Stadtwache zu entwaffnen und sich dadurch zugleich selbst Waffen zu beschaffen, denn bisher führten sie kaum irgendwelche anderen Waffen bei sich als Stöcke und Knüppel. Das Wachhaus war ein langes, niedriges, häßliches Gebäude (es wurde im Jahre 1787 abgerissen), das in einer regen Einbildungskraft die Vorstellung einer langen schwarzen Schnecke erwecken konnte, die mitten in der High Street heraufkroch und ihre schöne Zeile verunstaltete. Der furchtbare Aufruhr kam so unerwartet, daß nicht mehr als die gewöhnlichen Stadtsoldaten auf Wache waren; sogar diese besaßen weder Pulver noch Blei, und da sie sehr wohl merkten, woher und wohin der Wind blies, waren sie kaum begierig, sich durch eine tapfere Gegenwehr dem Zorn eines so zahlreichen und zu allem entschlossenen Pöbels auszusetzen, der sie bei der gegenwärtigen Gelegenheit mehr als sonst bedrohte.

Eine Schildwache zwar (damit doch wenigstens ein Stadtsoldat an diesem ereignisreichen Abend seine Pflicht erfüllte) fällte das Gewehr und rief den vordersten Aufrührern zu, stehenzubleiben. Die junge Amazone aber, die, wie Butler bemerkt hatte, besonders eifrig war, sprang auf den Soldaten los, ergriff seine Muskete, entwand sie ihm nach kurzem Kampf und warf ihn selber zu Boden. Ein oder zwei Soldaten, die ihrer Schildwache zu Hilfe kommen wollten, wurden in derselben Weise ergriffen und entwaffnet; der Haufen bemächtigte sich darauf ohne Schwierigkeiten des Wachhauses, entwaffnete auch die übrigen Soldaten und jagte sie hinaus. Es wurde beobachtet, daß den Stadtsoldaten keine Mißhandlung oder selbst Beschimpfung widerfuhr, obwohl sie die Werkzeuge des Blutvergießens waren, das man durch einen Aufruhr rächen wollte. Es schien, als ob die Rache des Volkes es verschmähte, sich an einem geringeren als dem Hauptschuldigen, den man als Anstifter und Urheber der erlittenen Unbill ansah, zu vergreifen.

Als sich die Aufrührer des Wachhauses bemächtigt hatten, zerstörten sie als erstes die Trommeln, mit denen, wie sie annahmen, die Besatzung der Burg hätte alarmiert werden können; aus demselben Grund ließen sie nun ihre eigene Trommel schweigen, die von einem jungen Burschen geschlagen wurde, dem Sohn des Trommlers von Portsburgh, den man zu diesem Dienst gezwungen hatte. Als nächstes wurden unter die kühnsten Aufrührer die Gewehre, Bajonette, Partisanen, Hellebarden und Streit- oder Lochaber-

Äxte verteilt. Bis zu diesem Zeitpunkt hatten die Anführer Stillschweigen über den letzten Zweck ihres Aufstands bewahrt, den alle kannten, aber keiner aussprach. Jetzt indessen, da sie alle Vorbereitungen beendet hatten, erhoben sie ein gewaltiges Geschrei: «Porteous! Porteous! Zum Gefängnis! Zum Gefängnis!»

Obgleich ihr Ziel nun greifbar nahe schien, gingen sie dennoch mit derselben Vorsicht vor, wie sie es bisher getan hatten, als der Erfolg noch zweifelhaft war. Eine starke Abteilung der Aufrührer stellte sich vor den Luckenbooths auf, mit dem Gesicht nach der Straße, und sperrte den Zugang vom Osten her; das Westende des Durchgangs, der durch die Luckenbooths gebildet wurde, sicherte man in derselben Weise, so daß das Gefängnis gänzlich umringt war und diejenigen, welche die Aufgabe übernommen hatten, es zu erstürmen, keine Störung zu befürchten brauchten.

Die Stadtobrigkeit war mittlerweile alarmiert worden und hatte sich in einer Schenke versammelt; man gedachte irgendwelche Macht aufzubieten, um den Aufruhr zu unterdrücken. Die Ältesten der Zünfte wurden deswegen angegangen, erklärten jedoch, es bestände wenig Aussicht, daß ihre Autorität von den Handwerkern geachtet werde, wo es sich darum handle, einen so verhaßten Mann zu retten. Mr. Lindsay, ein Mitglied des Stadtrates, übernahm freiwillig die gefährliche Aufgabe, Oberst Moyle, dem Befehlshaber des Regiments, das in der Vorstadt Canongate lag, eine mündliche Botschaft des Bürgermeisters zu überbringen und ihn aufzufordern, das Netherbow Port zu erstürmen und in die Stadt einzudringen, um den Tumult niederzuschlagen. Aber Mr. Lindsay lehnte es ab, sich mit einem schriftlichen Befehl zu belasten, der ihn vielleicht das Leben kosten könne, wenn ihn der wütende Pöbel bei ihm finden würde; so kam es, daß sich Oberst Moyle weigerte, auf das mündliche Ansuchen des Bürgermeisters hin ein solches Wagnis auf sich zu nehmen, da er keine schriftliche

Aufforderung von den Stadtoberhäuptern in Händen hatte und ihm das Schicksal von Porteous, den das Gericht so streng bestraft hatte, als warnendes Beispiel für das eigenmächtige Vorgehen von Militärs vor Augen stand.

Auch zur Burg schickte man auf verschiedenen Wegen mehr als einen Boten ab, um den diensthabenden Offizier zu ersuchen, mit seinen Truppen herabzukommen, einige Kanonenschüsse abzufeuern oder sogar eine Sprengkugel unter die Menge zu werfen, um die Straße zu säubern. Aber die von den Aufrührern in den Straßen verteilten Wachen paßten so gut auf, daß es keinem Boten des Magistrats gelang, das Tor der Burg zu erreichen. Sie wurden jedoch ungekränkt und unverletzt zurückgeschickt und nicht mehr bedroht, als nötig war, um sie von einem neuen Versuch, ihren Auftrag auszurichten, abzuschrecken.

Dieselbe Wachsamkeit wurde angewandt, um jeden Angehörigen der höheren und in diesem Fall am meisten verdächtigen Stände der Gesellschaft zu hindern, sich auf der Straße aufzuhalten und die Handlungen der Aufrührer zu beobachten oder sich ihre Personen zu merken. Jeder gutgekleidete Mensch wurde von kleinen Trupps von zwei oder drei Mann angehalten und teils überredet, teils gezwungen, dahin zurückzukehren, von wo er gekommen war. Manche Spielpartie wurde an diesem denkwürdigen Abend gestört; denn die Sänften vornehmer Damen selbst von höchstem Rang wurden unterwegs angehalten und zurückgeschickt – trotz der betreßten Lakaien und flammenden Fackeln. Dies geschah allgemein mit einer Achtung und Rücksicht auf die Gefühle der erschrockenen Frauen, wie man sie kaum von den Wachtposten eines so aufgebrachten Pöbels hätte erwarten sollen. Diejenigen, welche die Sänfte anhielten, entschuldigten sich gewöhnlich damit, daß es in den Straßen zu unruhig und deshalb zur Sicherheit der Dame durchaus nötig sei, daß die Sänfte umkehre. Sie erboten sich sogar, die Sänften, die sie angehalten hatten, zu geleiten, vielleicht aus Furcht, einige von denen, die sich dem Aufruhr mehr zufällig angeschlossen hatten, könnten durch freche und zügellose Handlungen, wie sie bei ähnlichen Gelegenheiten üblich sind, ihren wohl ersonnenen und überlegten Racheplan entweihen.

Es leben noch Personen, die sich erinnern, aus dem Mund derart aufgehaltener und zurückgeschickter Damen gehört zu haben, daß sie von den jungen Leuten, die sie angehalten hatten, zu ihren Wohnungen geleitet wurden und daß man ihnen sogar beim Aussteigen aus der Sänfte mit einer höflichen Aufmerksamkeit behilflich war, die so gar nicht zu ihrer Kleidung paßte, welche der armer Handwerker glich.* Es schien, daß die Verschwörer, gleich denen, welche in früheren Tagen den Kardinal Beaton ermordeten, der Ansicht waren, das Werk, das sie vorhatten, sei ein Gericht des Himmels und müsse, obgleich von den gesetzlichen Machthabern nicht anerkannt, ordentlich und würdig vollzogen werden.

Während die Vorposten auf solche Weise den ihnen aufgetragenen Wachdienst versahen und sich weder durch Furcht noch durch Neugier verleiten ließen, ihre Pflicht zu vernachlässigen, und während die Hauptwachen nach Osten und Westen die Aufrührer gegen eine Überrumpelung sicherten, hämmerte eine auserlesene Schar gegen die Gefängnistür und begehrte augenblicklichen Einlaß. Niemand antwortete, denn der Schließer der äußeren Pforte hatte sich wohlweislich gleich zu Beginn des Aufruhrs mit den Schlüsseln davongemacht und war nirgends zu finden. Die Aufrührer gingen nun auf die Tür mit Schmiedehämmern, Brechstangen und Pflugscharen los, die sie zu diesem

* Eine nahe Verwandte des Verfassers pflegte zu erzählen, wie sie von den Aufrührern angehalten und in der beschriebenen Weise heimgeleitet wurde. Als sie ihr Haus erreicht hatte, half ihr einer ihrer Begleiter, seinem Aussehen nach ein baxter, das heißt ein Bäckergeselle, aus der Sänfte und verabschiedete sich mit einer Verbeugung, die nach Ansicht der Dame eine Lebensart bewies, die er schwerlich am Ofen gelernt haben konnte.

Zweck mitgebracht hatten; sie stießen, schlugen und hieben eine Zeitlang mit geringem Erfolg dagegen, denn die Tür war nicht nur aus doppelten Eichenbohlen, sondern auch in der Länge und Breite mit Eisenbändern und breitköpfigen Nägeln beschlagen und so eingehängt und gesichert, daß keine Gewaltanwendung ihr etwas anhaben konnte, es sei denn mit viel Aufwand von Zeit. Die Aufrührer schienen indessen entschlossen, sich den Zugang zu erzwingen. Eine Rotte nach der anderen löste sich bei der Arbeit ab, denn natürlich konnten immer nur wenige zugleich tätig sein; aber Rotte nach Rotte zog sich zurück, erschöpft von der heftigen Anstrengung, ohne in der Bezwingung der Gefängnistür große Fortschritte gemacht zu haben. Butler war bis nahe an diesen Hauptschauplatz der Handlung mitgeführt worden, in der Tat so nahe, daß ihn das unaufhörliche Schmettern der schweren Vorschlaghämmer gegen die Eisenbänder der Tür fast betäubte. Er begann schon zu hoffen, der Pöbel werde, da sein Vorhaben sich verzögerte, daran verzweifeln und es aufgeben oder es könne inzwischen irgendwelche Hilfe erscheinen und die Menge zerstreuen. Es gab einen Augenblick, wo dies wahrscheinlich schien.

Die Ratsherren hatten ihre Gerichtsdiener und einige Bürger um sich geschart, die willens waren, ihr Leben für das öffentliche Wohl aufs Spiel zu setzen; nun machten sie einen Ausfall aus der Schenke, wo sie ihre Sitzung abgehalten hatten, und näherten sich dem Ort der Gefahr. Ihnen voraus gingen ihre Diener mit Pech- und Wachsfackeln sowie ein Herold, um nötigenfalls die Aufruhrakte zu verlesen. Mit Leichtigkeit trieben sie die Streifen und Vorposten der Aufrührer vor sich her; als sie sich aber der Wachkette näherten, die das Volk oder, wie wir lieber sagen wollen, die Verschwörer quer über die Straße vor den Luckenbooths aufgestellt hatten, wurden sie mit einem ununterbrochenen Hagel von Steinen empfangen und bei ihrer weiteren Annäherung mit Piken, Bajonetten und Streitäxten, deren der

Pöbel sich bemächtigt hatte, bedroht. Einer der Ratsdiener, ein starker, verwegener Bursche, drang dennoch vorwärts, packte einen der Aufrührer und entriß ihm die Flinte; doch da ihm niemand zu Hilfe kam, warf man ihn augenblicklich zu Boden und entwaffnete ihn wieder. Er mußte froh sein, daß man ihm vergönnte, sich aufzuraffen und wegzulaufen, ohne daß ihm weiterer Unglimpf widerfuhr, was ein neues bemerkenswertes Zeugnis für die Art und Weise war, wie diese Menschen eine gewisse Mäßigung gegen alle anderen mit der unbeugsamsten Hartnäckigkeit gegen den Gegenstand ihres Hasses verbanden. Nach vergeblichen Versuchen, sich Gehör und Gehorsam zu verschaffen, und ohne Mittel, ihre Autorität durchzusetzen, waren die Ratsherren genötigt, den Aufrührern das Feld zu überlassen und sich eiligst vor dem Hagel von Wurfgeschossen, der ihnen um die Ohren pfiff, zurückzuziehen.

Der passive Widerstand der Kerkertür versprach das Vorhaben der Menge besser zu vereiteln, als es das aktive Eingreifen des Rates vermocht hatte. Die schweren Schmiedehämmer schmetterten immer noch ununterbrochen dagegen, und ihr Lärm, der von den hohen Gebäuden rings um den Platz widerhallte, war laut genug, um die Besatzung der Burg zu alarmieren. Es ging unter den Aufrührern die Rede, die Truppen würden herabkommen und sie auseinandertreiben, wenn sie ihr Vorhaben nicht ohne weiteren Zeitverlust ausführten, oder die Besatzung könnte zu demselben Zweck, ohne die Festung zu verlassen, ein paar Sprengkugeln auf die Straße werfen.

Durch solche Befürchtungen angetrieben, lösten sich die Aufrührer mit verdoppeltem Eifer bei ihren Angriffen gegen die Kerkertür ab; doch diese war derart stark, daß sie immer noch all ihren Bemühungen trotzte. Endlich hörte man jemand aus dem Haufen rufen: «Versucht's mit Feuer!» Wie aus einem Mund riefen die Aufrührer nun laut nach Brennstoffen, und da ihnen all ihre Wünsche augenblicklich erfüllt wurden, waren sie bald im Besitz einiger leerer Teerfässer. Ein großer roter Scheiterhaufen loderte jetzt leuchtend an der Kerkertür empor, sandte eine hohe Säule von Flammen und Rauch zu den alten Türmen und stark vergitterten Fenstern und beleuchtete die zornigen und wilden Gebärden der Aufrührer, die den Platz umgaben, sowie die schreckensbleichen Gesichter derer, die aus den Fenstern der benachbarten Häuser dem Verlauf dieses aufregenden Schauspiels zuschauten. Die Aufrührer unterhielten das Feuer mit allem, was sie zu diesem Zweck finden konnten. Die Flammen knisterten und prasselten, während man immer neue Haufen brennbarer Stoffe hineinwarf; und bald verkündete ein furchtbares Geschrei, die Tür habe Feuer gefangen und werde binnen kurzem zerstört sein. Jetzt ließ man die Glut ausgehen; doch noch ehe sie gänzlich erloschen war, drangen die vordersten der Aufrührer, einer nach dem anderen, ungeduldig über die noch schwelenden Überreste in das Tor hinein. Dichter Funkenregen sprühte hoch in die Luft, als sie Mann nach Mann über die glühende Asche sprangen und diese bei ihrem Eindringen aufstörten. Es war Butler und allen anderen, die zugegen waren, nun nicht mehr zweifelhaft, daß die Aufrührer augenblicklich im Besitz ihres Opfers sein würden und ganz nach Belieben ihr Mütchen an ihm kühlen könnten.*

* s. Anm. II «Das Tolbooth von Edinburgh».

7. Kapitel

> Die Bosheit, die ihr uns lehrt, die wollen wir ausüben, und es muß schlimm hergehen, wenn wir's unseren Meistern nicht zuvortun.
>
> *Der Kaufmann von Venedig*

Der unglückliche Gegenstand dieses denkwürdigen Aufruhrs war am selben Tag von der Angst vor einer öffentlichen Hinrichtung befreit worden, und seine Freude darüber war um so größer, als er wohl Grund gehabt hatte, sich zu fragen, ob die Regierung die Gefahr der Unpopularität auf sich nehmen und sich zu seinen Gunsten ins Mittel legen würde, nachdem er durch den Spruch des Gerichts wegen eines so verruchten Verbrechens rechtskräftig verurteilt worden war. Aus der Qual des Zweifels gerissen, war er fröhlichen Herzens und glaubte – mit den erhabenen Worten der Heiligen Schrift bei einer ähnlichen Gelegenheit –, daß der bittere Kelch an ihm vorübergegangen wäre. Einige seiner Freunde indessen, die auf die Haltung und das Benehmen der Menge geachtet hatten, als man ihr den Aufschub der Hinrichtung bekanntgab, waren anderer Meinung. Sie schlossen aus dem finsteren Ernst und dem ungewöhnlichen Schweigen, womit der Pöbel seine Enttäuschung hinnahm, daß er über dem Plan einer plötzlichen und schrecklichen Rache brüte, und rieten Porteous, er solle keine Zeit verlieren und die dazu befugte Behörde bitten, ihn unter hinreichender Bewachung nach der Burg bringen zu lassen, damit er in Sicherheit dort verweilen könne, bis endgültig über sein Schicksal entschieden wäre. Porteous jedoch, durch sein Amt gewöhnt, den Pöbel der Stadt im Zaum zu halten, hielt ihn eines so kühnen Versuchs nicht für fähig, ein starkes und wohlverwahrtes Gefängnis zu stürmen; er verschmähte es, dem Rat zu folgen – was ihn wahrscheinlich gerettet hätte – und verbrachte den Nachmittag des ereignisreichen Tages damit, einigen Freunden, die ihn im Gefängnis besuchten, einen Schmaus zu geben, wobei der Gefängnishauptmann, mit dem er auf Grund ihres amtlichen Verkehrs auf vertrautem Fuß stand, mehreren von ihnen sogar gestattete, auch zur Abendmahlzeit bei ihm zu bleiben, obgleich dies den Gefängnisvorschriften zuwiderlief.

Gerade in dieser Stunde des ungetrübten Frohsinns, als der Unselige «voll Speis'» und trunken von Wein in unzeitiger und übel gegründeter Zuversicht – ach! «in seiner Sünden Maienblüte» – schwelgte, mischte sich das erste entfernte Geschrei der Aufrührer mit den Liedern der Lust und des Übermuts. Das eilige Gebot des Gefängniswärters, die Gäste sollten sich schleunigst entfernen, und seine noch hastigere Meldung, ein furchtbarer und entschlossener Volkshaufe habe sich der Stadttore und des Wachhauses bemächtigt, war die erste Erklärung jener Schreckenstöne.

Porteous hätte auch jetzt noch dem Zorn des Volkes, vor dem ihn die Gewalt der Obrigkeit nicht schützen konnte, entrinnen können, wenn er besonnen genug gewesen wäre, in irgendeine Verkleidung zu schlüpfen und das Gefängnis mit seinen Gästen zu verlassen. Der Gefängniswärter hätte diese Flucht wahrscheinlich geduldet oder sie sogar in der Eile dieses unvorhergesehenen Aufbruchs gar nicht bemerkt. Aber es mangelte Porteous ebenso wie seinen Freunden an Geistesgegenwart, einen solchen Fluchtplan ins Auge zu fassen und ins Werk zu setzen. Diese flohen hastig von einem Ort hinweg, wo ihre eigene Sicherheit gefährdet erschien, und jener blieb in einem Zustand stumpfsinniger

Betäubung in seiner Zelle zurück, um dort das Ende des Unternehmens abzuwarten. Als das Getöse der Werkzeuge aufhörte, womit die Aufrührer zuerst versucht hatten, die Tür zu sprengen, fühlte er einen Augenblick Erleichterung. Die Hoffnung, womit er sich schmeichelte, die Truppen – entweder von der Burg oder aus der Vorstadt – seien in die Stadt einmarschiert und hätten die Aufrührer eingeschüchtert und verjagt, wurde indessen bald zunichte: der gewaltige grelle Feuerschein, der durch das vergitterte Fenster jeden Winkel des Zimmers erleuchtete, zeigte deutlich, daß der Pöbel fest auf seinem schrecklichen Vorhaben beharrte und ein ebenso furchtbares wie wirksames Mittel anwandte, um sich den Eingang zu erzwingen.

Der plötzliche Feuerschein ließ den erschrockenen und betäubten Gegenstand des Volkshasses aber auch die Möglichkeit eines Entkommens oder Versteckens gewahren. Zum Kamin zu eilen, auf die Gefahr des Erstickens hin darin emporzuklettern, war der einzige Ausweg, der ihm noch übrigblieb; aber seine Kletterei wurde schnell von einem jener eisernen Gitter gehemmt, die aus Sicherheitsgründen gewöhnlich in den Schornsteinen der zu Gefängnissen bestimmten Gebäude angebracht werden. Doch verhalfen diese Stangen, die sein weiteres Emporklimmen verhinderten, ihm wenigstens dazu, in der schon erreichten Höhe zu verbleiben, und er hielt sich an ihnen mit dem zähen Griff eines Menschen fest, der sich an seine letzte Lebenshoffnung klammert.

Der düsterrote Schein, der das Zimmer erfüllt hatte, wurde matter und erlosch endlich völlig; verworrenes Geschrei war innerhalb der Mauern und auf der engen, gewundenen Treppe zu hören, die sich in einem der Türme befand und den Zutritt zu den oberen Stockwerken ermöglichte. Dem Hussa der Meuterer antwortete ein ebenso lautes und wildes – das Geheul nämlich der gefangenen Missetäter, die erwarteten, in der allgemeinen Verwirrung befreit zu werden, und den Mob als ihren Retter begrüßten. Einige von ihnen zeigten Porteous' Zelle seinen Feinden. Das Hindernis des Schlosses und der Riegel waren bald beseitigt, und von seinem Versteck aus hörte der unglückliche Mann seine Feinde jeden Winkel des Gemachs nach ihm durchsuchen und Flüche und Verwünschungen ausstoßen, die wir hier nicht wiedergeben wollen, um den Leser nicht abzustoßen, die aber bewiesen, wenn daran noch ein Zweifel möglich gewesen wäre, mit welch fester Entschlossenheit man seinen Untergang suchte.

Ein Ort wie der, wo Porteous sich versteckt hatte, war dem Verdacht und der Nachforschung zu sehr ausgesetzt, um den Unglücklichen lange vor der Entdeckung schützen zu können. Er wurde so gewaltsam aus seinem Schlupfwinkel hervorgezerrt, als wolle man ihn auf der Stelle umbringen. Schon war mehr als eine Waffe gegen ihn gerichtet, als einer der Aufrührer, derselbe, der durch seine weibliche Verkleidung Butler besonders aufgefallen war, mit gebieterischem Ton dazwischentrat.

«Seid ihr toll?» rief er. «Oder wollt ihr einen Akt der Gerechtigkeit ausüben, als wäre er ein verruchtes Verbrechen? Dieses Opfer verliert die Hälfte seines Wertes, wenn wir es nicht auf dem Altar selbst darbringen. Er soll sterben, wo ein Mörder sterben muß – am Galgen. Er soll sterben, wo er das Blut so vieler Unschuldiger vergossen hat.»

Lautes Beifallsgeschrei folgte dem Vorschlag, und der Ruf: «Zum Galgen mit dem Mörder! Zum Grassmarket mit ihm!» erscholl von allen Seiten.

«Keiner vergreife sich an ihm!» fuhr der Sprecher fort. «Laßt ihn seinen Frieden mit Gott machen, wenn er kann; wir wollen nicht seine Seele zugleich mit seinem Leib verderben.»

«Was für Zeit ließ er besseren Leuten, ihre Rechnung abzuschließen?» antworteten mehrere Stimmen. «Messen wir ihn mit demselben Maß, womit er sie gemessen hat.»

Doch die Meinung des Sprechers entsprach der Stimmung derer, an die er sich wandte, besser, einer Stimmung, die eher beharrlich als ungestüm, eher unbeugsam als wild war und die der rohen Rachetat einen Schein von Gerechtigkeit und Mäßigung zu geben wünschte.

Für einen Augenblick verließ der Mann den Gefangenen, den er einer besonderen Wache übergab mit der Weisung, ihm zu erlauben, sein Geld und Eigentum wem er wolle zu hinterlassen. Eine Person, die Schulden halber im Gefängnis saß, empfing dieses letzte Vermächtnis aus der zitternden Hand des Opfers, dem zugleich erlaubt wurde, einige andere kurze Verfügungen vor seinem bevorstehenden Ende zu treffen. Die Missetäter und alle anderen, die das Gefängnis zu verlassen wünschten, hatten nun die volle Freiheit dazu; nicht, daß ihre Befreiung geradezu in der Absicht der Aufrührer gelegen hätte, aber sie ergab sich als fast unvermeidliche Folge aus der Zertrümmerung der Kerkertür. Mit wilden Jubelrufen gesellten sie sich zu der Menge vor dem Gefängnis oder verschwanden in den engen Gassen, um die Höhlen des Lasters und Schlupfwinkel des Verbrechens aufzusuchen, wo sie gewohnt waren, sich zu verkriechen und vor der Gerechtigkeit zu verbergen.

Zwei Personen – ein Mann von etwa fünfzig Jahren und ein Mädchen von ungefähr achtzehn – waren die einzigen, die in den verhängnisvollen Mauern zurückblieben; einige Schuldgefangene noch ausgenommen, die sich vielleicht von einem Fluchtversuch keinen Vorteil versprachen. Die erwähnten Personen blieben in dem innersten Raum des Gefängnisses, das nun von allen anderen Insassen verlassen war. Einer ihrer vorigen Unglücksgefährten rief dem Mann im Ton eines Bekannten zu, er solle flüchten: «Lauf, Ratcliffe, lauf – der Weg ist frei!»

«Kann wohl sein, Willie», antwortete Ratcliffe gelassen, «aber ich hab's mir in den Kopf gesetzt, das Gewerbe aufzugeben und ein ehrlicher Mensch zu werden.»

«So bleib und laß dich hängen, alter Dummkopf!» sagte der andere und eilte die Stiege hinunter.

Die Person in Frauenkleidern, die wir als einen der tätigsten Aufrührer kennengelernt haben, war gleichzeitig zu dem jungen Mädchen getreten und flüsterte ihm etwas ins Ohr. «Flieh, Effie, flieh!» raunte er – zu mehr hatte er keine Zeit. Erstaunt und überrascht sah sie ihn an – mit einem Blick, in dem sich Furcht, Liebe und stiller Vorwurf mischten. «Flieh, Effie, flieh!» wiederholte er. «Ich beschwöre dich bei allem, was dir lieb und teuer ist!» Wieder starrte sie ihn an, war aber nicht imstande zu antworten. Ein lautes Geschrei ließ sich jetzt vernehmen, und der Name Madge Wildfire erscholl zu wiederholten Malen aus der Tiefe des Treppenhauses.

«Ich komme, ich komme», gab die Person, die auf diesen Namen hörte, zur Antwort, sagte noch einmal hastig «Um Gottes willen – um deinetwillen – um meinetwillen – flieh, sonst nehmen sie dir das Leben!» und verließ die Zelle.

Die Gefangene starrte ihm einen Augenblick nach; dann murmelte sie: «Lieber das Leben verlieren, wenn der gute Ruf verloren ist», stützte den Kopf in die Hand und blieb unbeweglich sitzen wie eine Bildsäule, ohne auf die Geräusche und die Unruhe um sie herum zu achten.

Der Aufruhr hatte sich inzwischen aus dem Gefängnisinnern nach draußen verzogen. Der Pöbel hatte sein Opfer herausgebracht und war nun im Begriff, es nach dem üblichen Richtplatz zu führen, den man zur Stätte seines Todes bestimmt hatte. Der Anführer, den man Madge Wildfire nannte, war durch das ungeduldige Geschrei seiner Mitverschworenen gerufen worden, um bei dem Zug gegenwärtig zu sein.

«Ich gebe Euch 500 Pfund», sagte der unglückliche Porteous leise und ergriff Wildfires Hand, «500 Pfund, wenn Ihr mein Leben rettet.»

Der andere antwortete ebenso leise und den Druck seiner Hand ebenso krampfhaft erwidernd: «Fünf Zentner geprägten Goldes sollten Euch nicht retten. – Denkt an Wilson!»

Ein minutenlanges tiefes Schweigen folgte, dann fügte

Wildfire etwas ruhiger hinzu: «Macht Euren Frieden mit dem Himmel. – Wo ist der Geistliche?»

Mit Angst und Schrecken hatte Butler einige Schritte vom Gefängnistor entfernt gewartet, oder vielmehr warten müssen, bis die Suche nach Porteous beendet war; er wurde jetzt herbeigeführt, und man gebot ihm, dem Gefangenen zur Seite zu gehen und ihn auf den unverzüglichen Tod vorzubereiten. Seine Antwort war eine flehentliche Bitte, die Aufrührer möchten bedenken, was sie täten.

«Ihr seid weder Geschworene noch Richter», sagte er. «Ihr habt weder nach den Geboten Gottes noch denen der Menschen das Recht, einem Mitmenschen das Leben zu nehmen, sosehr er auch den Tod verdient haben mag. Wenn es sogar dem gesetzmäßigen Richter als ein Mord zugerechnet wird, einen Verbrecher an einem anderen Ort, zu einer anderen Zeit und in anderer Weise hinrichten zu lassen als der Urteilsspruch vorschreibt, wie soll man das nennen, wozu Ihr keine Befugnis habt als Euren eigenen Willen? Im Namen Dessen, der die Gnade selbst ist, laßt diesem Unglücklichen Gnade widerfahren! Taucht Eure Hände nicht in sein Blut und macht Euch nicht desselben Verbrechens schuldig, das Ihr zu rächen trachtet!»

«Kürzt Eure Predigt ab – Ihr seid hier nicht auf Eurer Kanzel», antwortete einer der Aufrührer.

«Wenn Ihr nicht bald mit Eurem Geschwätz aufhört», sagte ein anderer, «hängen wir Euch neben ihn.»

«Still! Ruhe!» mahnte Wildfire. «Laßt den guten Mann in Frieden – er tut nach seinem Gewissen und gefällt mir um so besser.»

Er wandte sich hierauf an Butler. «Wir haben Euch nun geduldig angehört, Herr, möchten Euch aber geradeheraus erklären, daß Ihr ebensogut die Quadersteine und Eisenstangen des Gefängnisses überzeugen wie uns überreden könntet, unseren Vorsatz zu ändern. Blut fordert Blut. Wir haben es einander mit den furchtbarsten Eiden zugeschworen, Porteous sollte des Todes sterben, den er so reichlich verdient hat; spart deshalb Eure Worte und bereitet ihn auf sein Ende vor, so gut es die Kürze der Zeit gestattet.»

Man hatte dem unglücklichen Porteous erlaubt, Schlafrock und Pantoffeln anzuziehen, da er Rock und Schuhe abgeworfen hatte, um sich die Flucht in den Schornstein zu erleichtern. In diesem Gewand wurde er jetzt auf die kreuzweis verschränkten Hände zweier Aufrührer gehoben, eine Sitzgelegenheit, die man in Schottland «Des Königs Kissen» nennt. Butler mußte dicht neben ihm gehen und wurde nochmals ermahnt, sein Amt zu verrichten – ein Amt, das für einen Geistlichen, der diesen Namen verdient, das allerschmerzlichste ist und es durch die besonderen und schrecklichen Umstände in diesem Fall noch mehr wurde. Porteous bat zuerst noch einige Male flehentlich um Gnade, aber als er sah, daß man nicht darauf achtete, verhalfen ihm seine militärische Erziehung und seine natürliche Standhaftigkeit dazu, sich zu fassen.

«Seid Ihr vorbereitet zu diesem schrecklichen Ende?» fragte Butler mit bebender Stimme. «O wendet Euch zu Ihm, in dessen Augen es weder Raum noch Zeit gibt und vor dem wenige Minuten wie eine Lebenszeit sind und eine Lebenszeit wie eine Minute.»

«Ich glaube, ich weiß, was Ihr sagen wollt», erwiderte Porteous finster. «Ich bin als Soldat erzogen worden; wenn diese mich vor der Zeit umbringen, mögen mein Blut und meine Sünden über sie kommen.»

«Wer war es», fragte Wildfire mit harter Stimme, «der an eben dieser Stelle zu Wilson sagte, als er wegen der unleidlichen Qual seiner Fesseln nicht beten konnte, seine Schmerzen würden gleich vorüber sein? – Ich rate Euch, bedenkt Eure eigenen Sünden; und wenn Ihr auf die Ermahnungen des guten Mannes nicht hören wollt, so tadelt diejenigen nicht, die immer noch barmherziger gegen Euch sind, als Ihr es gegen andere wart.»

Gemessenen, langsamen Schrittes setzte sich der Zug nunmehr in Bewegung. Eine Anzahl brennender Pech- und

Wachsfackeln beleuchtete ihn; es schien, daß man durchaus kein Geheimnis aus dem machen wollte, was man vorhatte, sondern vielmehr wünschte, daß es bemerkt würde. Die Hauptanführer hielten sich dicht neben dem Gefangenen, dessen bleiche, doch gefaßte Züge deutlich im Fackellicht zu erkennen waren, da seine Gestalt hoch aus dem ihn umgebenden Gedränge hervorragte. Die Männer, die Flinten, Schwerter und Streitäxte trugen, marschierten zu beiden Seiten und bildeten so eine regelrechte Schutzwache des Zuges. Wo er vorbeikam, waren die Fenster der Häuser mit den Bewohnern besetzt, die durch diese ungewöhnliche Störung aus dem Schlummer geschreckt worden waren. Einige der Zuschauer murmelten Äußerungen des Beifalls, doch im allgemeinen waren sie von einem so seltsamen und erschreckenden Schauspiel dermaßen betroffen, daß sie mit einer Art stummer Bestürzung darauf herabblickten. Niemand jedoch wagte – weder durch Tat noch durch Wort – die geringste Unterbrechung.

Die Aufrührer ihrerseits handelten weiter mit derselben kaltblütigen Besonnenheit und Umsicht, die bisher alle ihre Schritte ausgezeichnet hatte. Als der Gegenstand ihrer Rache einen seiner Pantoffel verlor, hielten sie an, suchten nach ihm und streiften ihn mit großer Kaltblütigkeit wieder an seinen Fuß.* Als sie den Bow herunterkamen und sich dem verhängnisvollen Ort näherten, wo sie ihren Vorsatz vollenden wollten, erinnerten sie sich, daß sie dazu eines Stricks bedurften. Demzufolge wurde die Bude eines Seilhändlers erbrochen und ein Tau ausgewählt, das zu einem Strang taugte; der Händler aber fand am nächsten Morgen eine Guinee als Vergütung auf seinem Ladentisch – so sorg-

* Dieser kleine, aber für die äußerste Gelassenheit des merkwürdigen Volkshaufens bezeichnende Vorfall wird von einer Dame bezeugt, die, gleich anderen aus ihrem Schlummer geschreckt, ans Fenster getreten war. Er wurde dem Verfasser von der Tochter der Dame erzählt.

sam waren die Frevler darauf bedacht, zu zeigen, daß sie nicht die geringste Gesetzesübertretung oder das mindeste Unrecht im Sinne hätten, soweit es nicht Porteous selbst betraf.

Den Gegenstand ihrer Rache so in feierlichem Geleit mit sich führend oder vielmehr tragend, erreichten sie endlich die übliche Richtstätte, den Schauplatz seines Verbrechens und das vorbestimmte Ziel seiner Leiden. Mehrere der Aufrührer – wenn man sie nicht lieber Verschwörer nennen will – bemühten sich, den Stein zu entfernen, der die Sockelgrube verschloß, in welche man sonst den Fuß des Galgens versenkte, wenn man ihn zu seinem schrecklichen Zweck errichtete; andere suchten nach Gegenständen und Werkzeugen, einen Notgalgen zu zimmern, da der Ort, wo der Galgen selbst aufbewahrt wurde, zu sehr gesichert war, wie sich herausstellte, als daß man ihn ohne großen Zeitverlust hätte aufbrechen können. Diesen Aufschub benutzte Butler zu einem nochmaligen Versuch, die Menge von ihrem schrecklichen Vorsatz abzubringen.

«Im Namen Gottes», rief er, «denkt daran, es ist eures Schöpfers Ebenbild, das ihr in der Person dieses unglücklichen Mannes umbringen wollt! Auch er, so elend er ist und so verrucht er sein mag, auch er hat Anteil an der Verheißung der Schrift, und ihr könnt ihn nicht in Unbußfertigkeit dahinfahren lassen, ohne seinen Namen aus dem Buch des Lebens zu tilgen. Wollet nicht Leib und Seele verderben; gebt ihm Zeit, sich zu bereiten!»

«Was für Zeit hatten die», erwiderte eine ernste Stimme, «die er an dieser Stelle gemordet hat? Göttliches und menschliches Gebot fordern seinen Tod.»

«Aber wer, meine Freunde», drang Butler in sie, edelmütig jede Rücksicht auf seine eigene Sicherheit verschmähend, «wer hat euch zu seinen Richtern bestellt?»

«Wir sind seine Richter nicht», erwiderte der nämliche Sprecher, «er ist schon durch richterliche Autorität verurteilt und verdammt. Wir sind die, welche der Himmel und unser gerechter Zorn dazu berufen hat, das Urteil zu vollstrecken, da eine verderbte Regierung einen Mörder schützen möchte.»

«Ich bin keiner», sagte der unglückliche Porteous, «wessen ihr mich beschuldigt, geschah in gesetzlicher Ausübung meines Amtes und in Notwehr.»

«Fort mit ihm – fort mit ihm!» war der allgemeine Schrei. «Warum vertrödelt ihr die Zeit damit, einen Galgen zu zimmern? Der Färberpfahl da ist gut genug für den Mörder.»

Eilig und unbarmherzig schleppte man den Unglücklichen zum Tod. Butler, durch das Gedränge von ihm getrennt, entging dem Anblick seines letzten Sträubens. Unbeachtet von denen, die ihn bisher wie einen Gefangenen bewacht hatten, entfloh er dem Ort des Entsetzens, ohne sich viel darum zu kümmern, wohin seine Schritte ihn trugen. Ein lautes Geschrei verkündete die grimme Freude, womit die Anstifter dieser Tat ihre Vollendung betrachteten. Am Eingang zu der niedrigen Straße, der Cowgate, warf Butler einen scheuen Blick zurück und sah bei dem düster roten Licht der Fackeln eine Gestalt hoch über den Köpfen der Menge schwanken und zappeln. Er konnte sogar Leute bemerken, die mit ihren Spießen und Streitäxten darauf einschlugen. Der Anblick war derart, daß er sein Entsetzen verdoppelte und seine Flucht beflügelte.

Die Straße, die der Flüchtling hinunterlief, führte zu einem der östlichen Stadttore. Butler hielt nicht eher inne, als bis er es erreicht hatte, fand es aber noch geschlossen. In unaussprechlicher Aufregung auf und ab gehend, wartete er fast eine Stunde. Endlich wagte er es, zu rufen und die Aufmerksamkeit der eingeschüchterten Torhüter zu erregen, die nun wieder ungehindert ihres Amtes walten konnten. Er verlangte, aus der Stadt gelassen zu werden. Sie zögerten. Er nannte ihnen seinen Namen und Stand.

«Er ist Prediger», sagte einer, «ich habe ihn in Haddo'shole predigen hören.»

«Eine schöne Predigt mag er heute nacht gehalten haben», sagte ein anderer, «aber was ich nicht weiß, macht mich nicht heiß.»

Die Wächter öffneten das Pförtchen im Haupttor und ließen Butler hinaus, der mit Furcht und Entsetzen den Mauern Edinburghs enteilte. Sein erster Vorsatz war, sogleich den Heimweg einzuschlagen, aber andere Ängste und Sorgen – sie betrafen die Neuigkeiten, die er an diesem merkwürdigen Tag erfahren hatte – bewogen ihn, bis zum Anbruch der Dämmerung in der Umgegend Edinburghs zu verweilen. Mancherlei Menschen gingen an ihm vorüber, während er die noch übrigen Stunden der Dunkelheit hier verbrachte, und ihr leises Getuschel, die ungewöhnliche Zeit, zu der sie unterwegs waren, und ihre hastigen Schritte ließen ihn vermuten, daß sie an jenem letzten verhängnisvollen Vorfall beteiligt gewesen waren.

Das plötzliche und völlige Auseinandergehen der Aufrührer, als sie ihre Rache genommen hatten, ist sicherlich nicht der am wenigsten bemerkenswerte Zug an dieser ganzen sonderbaren Begebenheit. Welche Antriebe auch immer anfangs eine Menge dazu bringen mögen, sich zu erheben – das Gelingen ihrer Absicht führt gewöhnlich zu weiteren Ausschweifungen. Aber im gegenwärtigen Fall war dies nicht so. Die Aufrührer schienen durch die Rache, die sie mit solch entschlossener und umsichtiger Tatkraft genommen hatten, vollkommen befriedigt zu sein.

Als sie sich überzeugt hatten, daß ihr Opfer nicht mehr lebe, warfen sie die Waffen fort, die sie sich nur angeeignet hatten, um ihr Vorhaben durchführen zu können, und zerstreuten sich in alle Windrichtungen. Am Morgen war nicht das geringste mehr von dem ganzen nächtlichen Ereignis zu bemerken, ausgenommen Porteous' Leichnam, der noch dort hing, wo man ihn aufgehängt hatte, und alle möglichen Waffen, welche die Aufrührer aus dem

Wachhaus entwendet hatten und die nun verstreut in den Straßen lagen, so wie sie sie weggeworfen hatten, als sie ihrer nicht mehr bedurften, nachdem sie ihr Vorhaben vollendet hatten.

Die Obrigkeit der Stadt behauptete nun wieder ihr Ansehen – nicht ohne Sorge wegen ihrer bei dem Ereignis zutage getretenen Schwäche. Ihr erstes Anliegen und das Zeichen ihrer wiederkehrenden Energie war, Truppen in die Stadt zu ziehen und eine strenge Untersuchung der Vorgänge in der verwichenen Nacht einzuleiten. Allein der Aufruhr war so gut und sicher, so still und heimlich vorbereitet und ins Werk gesetzt worden, daß man wenig oder nichts erfuhr, was Aufschluß über die Anstifter oder Rädelsführer des verwegenen Unternehmens geben konnte.

Ein Eilbote wurde mit der Nachricht nach London geschickt, wo sie große Bestürzung und Entrüstung im Regentschaftsrat hervorrief, besonders bei der Königin Caroline, die ihr eigenes Ansehen durch das Gelingen dieser merkwürdigen Verschwörung für mißachtet hielt. Eine Zeitlang sprach man von nichts anderem als von den Vergeltungsmaßregeln, die ergriffen werden müßten – nicht nur gegen die Hauptschuldigen an diesem traurigen Ereignis, sobald man sie entdecken würde, sondern auch gegen die Stadtväter, die es zugelassen, und die Stadt, wo es sich zugetragen hatte. Bei dieser Gelegenheit war es – so berichtet die volkstümliche Überlieferung –, wo Ihre Majestät in allerhöchstem Unwillen zu dem berühmten Herzog John von Argyle sagte, lieber wolle sie Schottland zu einer Wildbahn machen als einen solchen Schimpf dulden.

«Alsdann, Madam», antwortete der hochgesinnte Edelmann mit einer tiefen Verneigung, «muß ich Urlaub von Eurer Majestät nehmen und in mein Vaterland zurückkehren, um meine Hunde bereitzuhalten.»

Diese Antwort war keine leere Drohung; und da der

schottische Hoch- und Landadel in seiner Mehrzahl von demselben nationalen Geist beseelt war, sah sich die Königin genötigt, ihren Groll zu zähmen und mildere Maßnahmen zu ergreifen. Auf einige davon werden wir vielleicht noch später Gelegenheit haben zurückzukommen.*

* s. Anm. III «Denkschrift betreffend die Ermordung des Hauptmanns Porteous».

8. Kapitel

Auf Polstern will ich nimmer ruhn,
mein Bett sei König Arthurs Stein,
Sankt Antons Quelle all mein Trank,
seit mich Feinsliebchen ließ allein.

Altes Lied

Sollte ich einen Ort wählen, von dem der Auf- und Untergang der Sonne am günstigsten zu sehen wäre, so würde es der wilde Pfad sein, der sich um den Halbkreis jener hoher Felsen windet, die Salisbury-Felsen genannt werden, und den Rand des steilen Abhangs bezeichnet, der zur Schlucht im Südosten Edinburghs abfällt. Die Aussicht – um sie in großen Umrissen anzudeuten – läßt zunächst eine eng und dicht zusammengebaute, hoch aufgetürmte Stadt sehen, deren langgestreckte Gestalt – wenigstens für eine romantische Phantasie – der eines Drachens ähnelt; weiterhin gewahrt man einen prächtigen Meeresarm mit Inseln, Klippen und fernen Bergküsten, noch weiter einen schönen, fruchtbaren Landstrich, worin Hügel mit Tälern und Felsen wechseln, alles begrenzt von der malerischen Kette des Pentland-Gebirges. Aber wo der Pfad sanft um den Fuß der Klippen biegt, ändert sich die Aussicht auf Schritt und Tritt und zeigt all diese anmutigen oder erhabenen Gegenstände in solch mannigfaltiger Abwechslung oder Zusammenstellung, daß sie dem Auge wie der Einbildungskraft die höchste Befriedigung gewährt. Wenn ein so schönes und reizendes, in seiner Vielfalt so verwirrendes und doch so entzückendes Landschaftsbild dann noch morgens oder abends im Glanz aller möglichen Farben und im Spiel von hellstem Licht und tiefstem Schatten erstrahlt, das auch der nüchternsten Landschaft Leben verleiht, so ist die Wirkung geradezu bezaubernd. Diesen Pfad pflegte ich gern bei meinen Morgen- und Abendspaziergängen aufzusuchen, wenn ich mit einem Lieblingsdichter oder einem neuen Werk beschäftigt war. Er ist, wie man mir berichtet hat, jetzt völlig ungangbar geworden, ein Umstand, der, wenn er wahr ist, dem Geschmack der guten Stadt oder ihrer Leitung kein sehr günstiges Zeugnis ausstellt.*

Von diesem verlockenden Pfad aus – für mich der Schauplatz köstlichen Sinnens, als ich noch jung war und das Leben verheißungsvoll vor mir lag, so daß ich der Versuchung nicht widerstehen konnte, ihn kurz zu beschreiben –, von diesem romantischen Pfad aus sah Butler am Tag nach der Ermordung von Porteous die Sonne aufgehen. Es wäre ihm leicht möglich gewesen, einen viel kürzeren Weg zu dem Haus zu finden, zu dem er seine Schritte lenken wollte, und tatsächlich war der, den er wählte, ein großer Umweg. Aber er tat es aus einem doppelten Grund: Einmal, um den Aufruhr seiner Gefühle zu beschwichtigen, und dann, um die Zeit hinzubringen, bis zu der Stunde, wo er die Hausbewohner schicklicherweise besuchen konnte, ohne sie zu überraschen oder zu stören. Er dehnte daher seinen Gang bis zum Fuß der Felsen aus und schlenderte in der Umgebung umher, um zu warten, bis der Morgen weiter vorgerückt sein würde. Während er so bald mit verschränkten Armen dasteht und das langsame Auftauchen der Sonne über dem Horizont beobachtet, bald auf einem der vielen Trümmerstücke sitzt, die der Sturm von den Felsen über ihm losgerissen hat, und abwechselnd an das schreckliche

* Ein schöner und fester Fußweg ist innerhalb weniger Jahre rund um diese romantischen Felsen entstanden, und der Verfasser meint mit Vergnügen, daß diese Textstelle dazu den Anlaß gegeben hat.

Ereignis, wovon er Zeuge gewesen war, und an die ihn noch näher angehenden und zutiefst bekümmernden Neuigkeiten denkt, die er bei den Saddletrees erfahren hat, wollen wir dem Leser erklären, wer Butler war und wie sein Schicksal mit dem von Effie Deans, dem unglücklichen Dienstmädchen der tüchtigen Mrs. Saddletree, zusammenhing.

Reuben Butler war von englischer Abkunft, wiewohl in Schottland geboren. Sein Großvater war ein Reitersmann in Monks Heer gewesen, einer aus der abgesessenen Abteilung Dragoner, die den Verlorenen Haufen bei der Erstürmung von Dundee im Jahre 1651 gebildet hatte. Stephen Butler, wegen seiner Fähigkeit im Lesen und Auslegen der Heiligen Schrift Bibel-Butler und Schrift-Stephen genannt, war ein überzeugter Independent und nahm die Verheißung, daß den Heiligen die Erde gehören solle, in vollster Bedeutung. Da ihm jedoch bei der Aufteilung dieses gemeinsamen Eigentums bisher hauptsächlich Püffe und Knüffe zugefallen waren, so ließ er sich die Gelegenheit, welche ihm die Erstürmung und Plünderung eines reichen Handelsplatzes bot, nicht entgehen, um sich einen so großen Anteil an den besseren Gütern dieser Welt zu sichern, wie nur immer in seinen Kräften stand. Auch scheint es, daß ihm dies leidlich gelang, denn seine äußeren Verhältnisse hatten sich nach diesem Ereignis merklich gebessert.

Die Truppe, zu der er gehörte, war im Städtchen Dalkeith einquartiert, da sie die Leibwache Monks bildete, der in seiner Eigenschaft als General des Commonwealth im benachbarten Schloß residierte. Als der General am Vorabend der Restauration von Schottland aus seinen Marsch antrat, der so wichtige Folgen haben sollte, formierte er seine Truppe neu, im besonderen die Abteilung um seine Person, damit sie ganz aus ihm ergebenen Anhängern bestünde. Bei dieser Gelegenheit wurde auch Schrift-Stephen gewogen und zu leicht befunden. Offenbar fühlte er keinen Ruf zu einem Unternehmen, das die Herrschaft der militärischen Heiligen gefährdete, und konnte es nicht mit seinem Gewissen vereinbaren, sich Leuten anzuschließen, die letzthin für Charles Stuart eintraten, den Sohn des «letzten Mannes», wie man Charles I. familiär und respektlos sowohl in gewöhnlichen Gesprächen als auch in förmlicher gehaltenen Ansprachen und Predigten nannte. Da die Zeit es nicht erlaubte, solche Andersdenkenden zu formell aus dem Heer auszustoßen, wurde Stephen Butler nur gütlich bedeutet, seine Ausrüstung und sein Pferd einem von Middletons alten Reitern zu übergeben, der ein schmiegsames Gewissen von militärischem Schlag besaß, das sich hauptsächlich nach dem des Obersten und des Zahlmeisters richtete. Da dieses Ansinnen von einer gewissen Summe sofort zahlbaren rückständigen Soldes begleitet war, besaß Stephen weltliche Klugheit genug, um auf den Vorschlag einzugehen. Er sah also mit großem Gleichmut sein altes Korps nach Coldstream abgehen und sich auf den Weg nach dem Süden begeben, um die wankende Regierung von England auf eine neue Grundlage zu stellen.

Die Zona des Ex-Reiters, um einen Ausdruck Horazens zu gebrauchen, war gewichtig genug, daß er damit eine Hütte und einige Felder erstehen konnte, die noch jetzt unter dem Namen von Beersheba bekannt sind, ungefähr eine schottische Meile von Dalkeith entfernt; hier richtete sich Stephen mit einer jungen Gesponsin ein, die er sich aus besagtem Städtchen erkoren hatte und deren Hang zu einem behaglichen Auskommen diesseits des Grabes sie mit der ernsten Gemütsart, den rauhen Sitten und den verwitterten Gesichtszügen des martialischen Schwärmers aussöhnte. Stephen überlebte die Herrschaft der «üblen Tage und üblen Zungen», die sein Gesinnungsgenosse Milton so beweglich beklagt, nicht lange. Bei seinem Tod blieb seine Gefährtin als junge Witwe mit einem drei Jahre alten Kind männlichen Geschlechts zurück, das in der Gesetztheit seines Betragens, mit seiner altklugen und sogar grämlichen Miene und durch die Art, sich in Bibelsprüchen auszudrücken, hinreichend die Ehrbarkeit der Witwe von Beersheba bezeugt hätte, falls etwa jemand daran gedacht hätte, des Kindes Abkunft von Bibel-Butler zu bezweifeln.

Butlers Grundsätze hatten sich indessen nicht in der Familie vererbt und auch nicht unter seinen Nachbarn verbreitet. Die Luft Schottlands war dem Wachstum des Independentismus zuwider, sosehr sie auch das Gedeihen des Fanatismus anderer Arten begünstigte. Aber nichtsdestoweniger waren sie unvergessen: Ein benachbarter Laird, der sich etwas auf die Loyalität seiner Grundsätze zugute tat «in den schlimmsten Zeiten» (obgleich ich nie gehört habe, daß sie ihn größerem Ungemach aussetzten als einer Tracht Prügel oder einem Nachtlager auf der Hauptwache, wenn sein «Kavaliertum» und der Wein in seinem Oberstübchen rumorten), dieser Herr also hatte es passend gefunden, alle möglichen Anklagen gegen den abgeschiedenen Stephen wieder aufzuwärmen. In dieser Aufzählung spielten seine religiösen Grundsätze keine kleine Rolle; sie mußten in der Tat jemandem übertrieben groß erscheinen, dessen eigene so klein und schwach ausgebildet waren, daß man so gut wie nichts von ihnen bemerkte. Also wurde die arme Witwe Butler wegen Nonkonformität so lange mit ansehnlichen Geldbußen und allen anderen Bedrückungen jener Zeit bedacht, bis Beersheba ihr glücklich entrissen und Eigentum des Lairds geworden war. Als der Laird, der diesem armen alleinstehenden Weib bisher so schamlos zugesetzt hatte, seinen Zweck endlich erreicht sah, zeigte er einige Mäßigung oder Reue oder wie immer der Leser es nennen will: er erlaubte der Witwe, die Hütte ihres Mannes weiter zu bewohnen und ein Stück des angrenzenden Landes zu erträglichem Pachtzins zu bewirtschaften. Ihr Sohn Benjamin wuchs inzwischen heran, und von jenem Antrieb bewogen, der Männer zur Ehe verführt, selbst wenn das Ende davon nur die Fortsetzung ihres Elends sein kann, heiratete er und brachte ein Weib und, als es soweit war, einen Sohn, Reuben, dazu, die Armut Beershebas zu teilen.

Der Laird von Dumbiedikes* war bisher in seinen Forderungen maßvoll gewesen, vielleicht weil er sich schämte, die dürftigen Unterhaltsmittel, die der Witwe Butler blieben, zu sehr zu schröpfen. Als aber ein kräftiger junger Mann die Bewirtschaftung des bewußten kleinen Grundstücks übernahm, dachte Dumbiedikes, ein so breites Paar Schultern könnte auch eine zusätzliche Bürde tragen. Er richtete sich nämlich in der Behandlung seiner Hintersassen, deren es zum Glück nur wenige gab, nach dem Grundsatz der Fuhrleute, die ihre Karren in der benachbarten Kohlengrube beluden und, wie er bemerkt hatte, niemals ermangelten, ein paar Zentner mehr aufzuladen, sobald sie auf irgendwelche Weise ein neues Pferd erhandelt hatten, das etwas stärker schien als das, welches am Tag zuvor zusammengebrochen war. Aber wie vernünftig auch der Laird von Dumbiedikes diesen Brauch finden mochte, so hätte er doch einsehen sollen, daß man ihn übertreiben kann und dies dann notwendig zum Verlust sowohl des Pferdes als auch des Karrens und der Ladung führt. Ebenso geschah es, als von Benjamin Butler zusätzliche Leistungen verlangt wurden. Als ein Mann, der wenig dachte und wenig sprach, aber mit Beersheba so verwurzelt war wie eine Pflanze mit dem Boden, in den das Schicksal sie zufällig gesetzt hat, beschwerte er sich weder bei dem Laird noch bemühte er sich, von ihm loszukommen; er plagte sich vielmehr Tag und Nacht ab, die Forderungen seines Fronherrn zu erfüllen, verfiel darüber in ein hitziges Fieber und starb. Seine Frau überlebte ihn nicht lange, und als ob es das Los dieser Familie sein sollte, daß ihre Kinder immer Waisen würden, befand sich unser Reu-

* Der Name Dumbiedikes (dumb – stumm), der als angemessen für den schweigsamen Charakter des erdichteten Eigentümers gewählt wurde, ist wirklich der Name eines Hauses, das an den King's Park grenzt und so genannt wird, weil der verstorbene Mr. Braidwood, ein Taubstummenlehrer, mit seinen Schülern dort wohnte. Die Lage des wirklichen Hauses ist indessen eine andere als die, welche dem erfundenen unserer Erzählung zugeschrieben wurde.

ben Butler um das Jahr 1704/05 herum in derselben Lage wie seinerzeit sein Vater und auch in derselben Obhut, der seiner Großmutter nämlich, der Witwe von Monks altem Reiter.

Die gleiche Aussicht auf Elend bedrohte einen anderen Pächter dieses hartherzigen Grundherrn. Das war ein unbeugsamer zäher Presbyterianer namens Deans. Obgleich seiner politischen und religiösen Grundsätze halber dem Laird höchst verhaßt, verstand er es, seinen Grund und Boden dadurch in seinem Besitz zu erhalten, daß er Hof- und Flurzins, Hand- und Spanndienste, Darr-, Mahl-, Back- und Schlachtpfennig, Brücken-, Wege-, Wehr- und Schleusengeld und all die anderen verschiedenen Abgaben und Frondienste, die jetzt auch durch Geld abgelöst worden sind und unter dem vielsagenden Wort «Steuer» zusammengefaßt werden, regelmäßig entrichtete und leistete. Aber die Jahre 1700 und 1701, deren man sich in Schottland noch lange als solcher der Hungersnot und allgemeinen Teuerung erinnerte, bezwangen das tapfere Herz des Ackerbau treibenden Whigs. Vorladungen vor den Grundsteuerbeamten, Verfügungen des Lehngerichts, Pfändungen und Versteigerungen äußerer und innerer Habe schwirrten ihm so dicht um die Ohren, wie nur je die Kugeln der Tories um die der Covenanter bei Pentland, Bothwell Bridge oder Airsmoss pfiffen. Wie sehr er auch kämpfte – und er kämpfte wacker –, «Douce Davie Deans» wurde auf der ganzen Linie geschlagen und war auf Gnade und Ungnade seinem habgierigen Grundherrn ausgeliefert – gerade zur selben Zeit, als Benjamin Butler starb. Das Geschick beider Familien schien besiegelt; aber diejenigen, die sich schon darauf gespitzt hatten, sie am Bettelstab ins Elend wandern zu sehen, wurden durch ein unerwartetes Ereignis enttäuscht.

An eben dem Tag, wo sie das Haus räumen sollten – als alle ihre Nachbarn sich schon darauf vorbereitet hatten, sie zu bedauern, und keiner, ihnen beizustehen –, erging an den Geistlichen des Kirchspiels sowie an einen Arzt in Edinburgh die eilige Aufforderung, sich zum Laird von Dumbiedikes zu begeben. Beide waren darüber sehr erstaunt, denn seine Verachtung beider Fakultäten war immer sein Lieblingsthema bei jeder Extraflasche Wein, das heißt mindestens einmal am Tag, gewesen. Der Arzt der Seele und des Leibes trafen fast zu gleicher Zeit im Hof des alten kleinen Gutshauses ein, und als sie sich einen Augenblick lang einigermaßen verwundert angestarrt hatten, sprachen sie beide in einem Atemzug ihre Überzeugung aus, Dumbiedikes müsse in der Tat sehr krank sein, da er sie beide zugleich zu sich beschieden habe. Ehe der Diener sie zu seinen Gemächern führen konnte, wurde die Gesellschaft noch durch einen Mann des Gesetzes vermehrt, Nichil Novit, seines Zeichens Prokurator am Grafschaftsgericht, denn damals gab es noch keine Solicitors. Der Letztgenannte wurde zuerst in das Zimmer des Lairds gerufen, wohin auch der Seelsorger und der Leibsorger nach einer kleinen Weile eingeladen wurden.

Der Laird von Dumbiedikes war bereits in das beste Schlafzimmer getragen worden, welches nur bei Hochzeiten und Todesfällen benutzt und von dem letzterwähnten Gebrauch her die Totenkammer genannt wurde. Außer dem Kranken selber und Mr. Novit befanden sich in diesem Zimmer noch der Sohn und Erbe des Sterbenden, ein hochaufgeschossener, linkischer, einfältig dreinschauender Junge von vierzehn oder fünfzehn Jahren, und die Haushälterin, eine üppige Person zwischen vierzig und fünfzig, die seit dem Tod der Hausfrau bei Dumbiedikes die Wirtschaft führte. An diese Umstehenden wandte sich nun Dumbiedikes, in dessen Kopf, der nie einer der hellsten gewesen war, geistliche und weltliche Angelegenheiten, die Sorge für seine Gesundheit und seine Geschäfte auf wunderliche Weise durcheinandergingen, mit etwa folgenden Worten:

«Das sind schlimme Zeiten für mich, meine Herren und Nachbarn, fast so schlimme wie Anno neunundachtzig, wo die Studenten mir so arg zusetzten, weil sie mich für einen Papisten hielten.* Aber da waren sie auf dem Holzweg – ich war kein bißchen Papist, Pfarrer. – Jock, laß es dir zur Warnung dienen, es gibt eine Schuld, die wir alle zahlen müssen, und da steht Nichil Novit, der kann dir sagen, daß ich all mein Lebtag nie gern Schulden gezahlt habe. – Vergeßt ja nicht, Mr. Novit, den fälligen Jahreszins von den Pächtern einzutreiben – wenn ich anderen meine Schulden zahle, müssen sie, sollte ich meinen, auch mir die ihren zahlen – Gleiches für Gleiches. – Jock, wenn du sonst nichts zu tun hast, so pflanze einen Baum; er wächst, während du schläfst.** Mein Vater gab mir die Lehre, es sind nun 40 Jahre her; ich hatte nur niemals Zeit, sie zu befolgen. – Und, Jock, trink morgens keinen Branntwein, es schadet dem Magen; nimm lieber einen Schluck Aqua mirabilis – Jenny hier braut es vorzüglich. – Doktor, mein Atem geht mir aus wie 'nem schwindsüchtigen Dudelsackpfeifer, wenn er 24 Stunden hintereinander bei einer Armeleutehochzeit aufgespielt hat. – Jenny, stopf mir das Kissen unter den Kopf – ach, es hilft doch alles nichts! – He, Pfarrer, könnt Ihr nicht geschwind irgendein kurzes Gebet herplappern – es würde mir vielleicht guttun und die Grillen ein bißchen vertreiben. Los, Mann!»

«Ich kann kein Gebet so einfach herplappern», antwortete der ehrliche Geistliche. «Wenn Eure Seele erlöst werden

* Unmittelbar vor der Revolution waren die Studenten der Universität Edinburgh erbitterte Antikatholiken. Man hatte sie stark im Verdacht, das Haus Priestfield in Brand gesteckt zu haben, das dem Oberbürgermeister gehörte; auch waren sie erwiesenermaßen an den Unruhen in den Jahren 1688/89 schuld.

** Dem Verfasser ist die Versicherung sehr schmeichelhaft gewesen, daß diese naive Anempfehlung der Baumzucht (die ein Hochland-Laird auf seinem Sterbebett wirklich mit eben diesen Worten seinem Sohn gab) einem schottischen Grafen so wichtig erschien, daß sie ihn dazu veranlaßte, einen großen Teil seines Landes mit Bäumen zu bepflanzen.

soll wie die Beute aus dem Netz des Vogelstellers, Laird, so müßt Ihr mir zuvor Euer Inneres aufschließen.»

«Und kennt Ihr das nicht ohnehin?» fragte der Kranke. «Wozu habe ich denn so viel Geld für Pfarre und Vikariat rausgeschmissen – seit Anno neunundachtzig –, wenn ich nicht mal ein bißchen Gebetsklimbim dafür haben kann, das einzige Mal in meinem Leben, wo ich überhaupt was danach frage? – Macht, daß Ihr rauskommt, Ihr Ketzer, wenn Ihr weiter nichts könnt. Der alte Vikar Kiltstoup hätte mir derweil das halbe Gebetbuch hergeleiert. – Raus, sage ich! – Doktor, zeigt Ihr mal, ob Ihr Eure Sache besser versteht.»

Der Arzt hatte sich inzwischen bei der Haushälterin nach der Art und den Umständen der Krankheit erkundigt und versicherte ihm, seine Kunst könne ihm das Leben nicht länger fristen.

«Nun, so schert Euch beide zum Teufel!» schrie der ungebärdige Kranke in hellem Zorn. «Kommt da um nichts und wieder nichts her, bloß um mir zu sagen, daß Ihr mir nicht aus der Patsche helfen könnt! – Raus mit ihnen, Jenny! Raus aus dem Haus! Und, Jock, mein Fluch und Cromwells Fluch folge dir nach, wenn du einem von beiden Honorar oder Sporteln zahlst – nicht soviel wie das Schwarze unterm Nagel!»

Der Arzt und der Pfarrer machten, daß sie aus dem Zimmer kamen, während Dumbiedikes in ein unflätiges, wüstes Fluchen ausbrach, was keineswegs selten vorkam und ihm den Spitznamen «Verdammichdikes» eingetragen hatte.

«Bring mir die Branntweinflasche, Jenny, du Aas!» schrie er mit einer Stimme, die zwischen Wut und Schmerz schwankte. «Ich kann sterben, wie ich gelebt hab, ohne mich um einen von ihnen zu kümmern. – Bloß eins», setzte er mit gedämpfter Stimme hinzu, «bloß eins liegt mir schwer auf der Seele, und ein ganzer Anker Branntwein kann's nicht runterspülen: die Deans in Woodend! – Ich habe sie damals in der Teuerung pfänden lassen, und nun sollen sie raus – sie werden umkommen – und Beersheba und die alte Reitersfrau und ihr Enkelkind – sie werden umkommen, sie werden umkommen! – Jock, sieh mal raus, was es für eine Nacht ist?»

«Es schneit mächtig, Vater», antwortete Jock, nachdem er das Fenster geöffnet und mit großer Gemütsruhe hinausgesehen hatte.

«Sie werden umkommen in dem Schneegestöber», sagte der sterbende Sünder, «sie werden bei der Kälte erfrieren! Aber mir wird man die Hölle heiß machen, wenn's wahr ist, was man davon schwatzt.»

Die letzten Worte sprach er mit stockendem Atem, in einem Ton, der selbst den Sachwalter erschauern ließ. Er versuchte – zum erstenmal wahrscheinlich in seinem Leben – geistlichen Rat zu erteilen und empfahl als Opiat für das geängstigte Gewissen des Lairds die Wiedergutmachung des Schadens, den er jenen unglücklichen Familien zugefügt hatte, was das bürgerliche Recht, wie er beiläufig bemerkte, restitutio in integrum nenne. Aber der Geiz kämpfte mit der Reue um die Herrschaft in einer Brust, in der er sie so lange besessen hatte, und blieb im ganzen siegreich – wie ein alter Tyrann sich oft als zu mächtig für seine aufständischen Rebellen erweist.

«Das kann ich nicht», antwortete er in verzweifeltem Ton. «Es würde mich töten, wenn ich's täte – wie könnt Ihr von mir verlangen, ich solle Geld zurückgeben, Ihr wißt doch, wie sehr ich es brauche! Oder Beersheba aufgeben, wo ich es so schön in der Tasche habe? Die Natur hat Dumbiedikes und Beersheba zu eines Herrn Besitz bestimmt. Zum Donnerwetter, ja! Nichil, es würde mich töten, es wieder herzugeben.»

«Aber Ihr müßt ja doch sterben, Laird», sagte Mr. Novit, «und vielleicht werdet Ihr dann ruhiger sterben – versucht es. Ich werde die Verfügung sogleich aufsetzen.»

«Sprecht mir nicht mehr davon, Mann», erwiderte Dumbiedikes, «sonst werfe ich Euch den Krug an den Kopf. – Aber, Jock, Junge, du siehst, wie der Erdenkram mich auf meinem Sterbebett quält – sei nicht hart gegen die armen Leute, die Deans und Butlers, sei nicht hart gegen sie, Jock. – Häng dein Herz nicht zu sehr an weltliche Dinge, Jock! Aber halte Hab und Gut zusammen – und vor allem, gib ja Beersheba nicht her! Mach den Leuten eine mäßige Pacht und laß ihnen ihr bißchen Essen und Trinken; vielleicht kann es deinem Vater was helfen, dort, wo er dann ist, Junge.»

Nach diesen widersprechenden Ermahnungen fühlte der Laird sein Gemüt so weit erleichtert, daß er drei Paßgläser Branntwein hintereinander austrank, und bei dem Versuch, zu singen «Der Satan schlag den Pfaffen tot», tat er – wie Jenny sich ausdrückte – «seinen letzten Schnaufer».

Sein Tod bewirkte einen günstigen Umschwung in den Verhältnissen der unglücklichen Familien. John Dumbie, nun rechtmäßiger Laird von Dumbiedikes, schien zwar auch noch geizig und selbstsüchtig genug zu sein, aber ihm fehlte die unersättliche Habgier und der tätige Sinn seines Vaters, und zufällig stimmte sein Vormund mit ihm in der Meinung überein, man müsse den letzten Wunsch seines verstorbenen Vaters achten. Die Pächter wurden demnach nicht in das Schneegestöber hinausgejagt, sondern durften weiterhin ihre Buttermilch und ihren Erbsenbrei löffeln, wenn auch unter dem vollen Druck des alten biblischen Fluchs.

Das Anwesen der Deans, Woodend, lag nicht weit von Beersheba. Früher hatten die Familien kaum miteinander verkehrt. Deans war ein eingefleischter Schotte und hegte als solcher alle erdenklichen Vorurteile gegen die Leute aus dem Süden und die Nachkommen der Leute aus dem Süden. Überdies war er, wie schon bemerkt, ein rechtgläubiger Presbyterianer, der streng und unerschütterlich den nach seiner Ansicht einzig möglichen «Heilsweg», wie er sich auszudrücken pflegte, zwischen den Gebrechen und Fehlern zur Rechten und den Irrtümern und Übertreibungen zur Linken wandle; er hegte darum einen tiefen Abscheu, um nicht zu sagen Haß, gegen die Independenten und solche, von denen er annahm, sie gehörten zu ihnen.

Aber trotz dieser nationalen Vorurteile und der Verschiedenheit ihrer religiösen Überzeugungen mußte es bei der Lage, in der sich Deans und die Witwe Butler befanden, schließlich ganz von selbst zu einer Annäherung beider Familien kommen. Eine gemeinsame Gefahr hatte ihnen gedroht, und gemeinsam waren sie daraus errettet worden. Sie bedurften des gegenseitigen Beistandes – wie Menschen, die einen Gebirgsstrom durchwaten wollen, sich eng aneinanderhalten müssen, damit die Strömung den einzelnen nicht fortreiße.

Auch schwanden bei näherer Bekanntschaft einige von Deans' Bedenken. Er fand, die alte Mrs. Butler stehe zwar nicht fest im rechten Glauben und lasse es an der wahren Zeugenschaft wider die Verderbnis der Zeiten mangeln, nehme jedoch durchaus nicht für die Independenten Partei; auch war sie keine Engländerin. Man konnte daher hoffen, daß, obgleich sie die Witwe eines rappelköpfigen Korporals der Cromwellschen Dragoner war, ihr Enkel doch weder antinational noch abtrünnig werden würde – zwei Eigenschaften, vor welchen der Gottesmann Deans ein ebensolches Grauen hegte wie vor Papisten und Malignanten. Überdies, denn auch Douce Davie Deans hatte seine schwache Seite, bemerkte er, daß Witwe Butler mit großer Achtung und Ehrfurcht zu ihm aufsah, den Ratschlägen, die er ihr zur Bewirtschaftung ihres kleinen Anwesens gab, mit Aufmerksamkeit lauschte und in Anbetracht dieser wertvollen Winke auch geduldig des Presbyterianers gelegentliche Seitenhiebe auf die Glaubensmeinungen ihres verstorbenen Mannes hinnahm, denen sie ohnehin, wie wir gesehen haben, keineswegs warm anhing. Deans schloß seine Belehrungen gewöhnlich mit Redensarten wie: «Ich weiß wohl, daß man es in England nicht so macht, Nachbarin Butler» oder «Anderswo ist es vielleicht anders» oder: «Die, welche abweichende Ansichten über das großartige Reformationswerk unseres Covenants hegen, Kirchenregiment und Kirchenzucht zerstören und den stolzen Bau unseres Zions niederreißen möchten, würden vielleicht raten, Hafer auf dieses Feld zu säen, aber ich sage Erbsen, Erbsen!» Und da es Deans trotz seiner anmaßenden Art gut meinte und seine Ratschläge vernünftig waren, wurden sie mit Dankbarkeit aufgenommen und mit Ehrfurcht befolgt.

Der Verkehr der beiden Familien zu Beersheba und Woodend führte schon sehr früh zu einer engen und innigen Freundschaft zwischen Reuben Butler, mit dem der Leser schon einigermaßen bekannt ist, und Jeanie Deans, dem einzigen Kind Douce Davie Deans' von seiner ersten Frau, «jener seltenen Christin», wie er zu sagen pflegte, «deren Name ein Wohllaut war all denen, die sie als eifrige Bekennerin der Lehren des Christian Menzies in Hochmagirdle kannten». Wie es zu dieser Annäherung kam und was daraus wurde, wollen wir im folgenden Kapitel erzählen.

9. Kapitel

> Reuben und Rachel, so zärtlich wie Tauben,
> ließen durch Liebe sich Tugend nicht rauben,
> folgten nicht Amors wilden Befehlen,
> bis sie in Ehren sich könnten vermählen;
> denn da sie arm waren, dünkt' sie's nicht recht,
> ärmer zu werden durch Liebe, die schlecht.
>
> *Crabbes «Kirchenbuch»*

In dem Kampf der Witwe Butler und des Witwers Deans gegen die Armut und im Ringen mit dem harten und unfruchtbaren Boden, der ihnen als «Los und Lehen» von Dumbiedikes' Land zugefallen war, schien Deans allmählich zu siegen und seine Verbündete zu unterliegen. Deans war ein Mann und noch in seinen besten Jahren – Mrs. Butler eine Frau und im vorgerückten Alter. Dieser Umstand hätte nun allerdings im Laufe der Zeit dadurch ausgeglichen werden können, daß Reuben heranwuchs und seiner Großmutter bei ihren Arbeiten helfen konnte, während Jeanie Deans als Mädchen eher ihres Vaters Last vermehren mußte. Aber Douce Davie Deans war nicht auf den Kopf gefallen: von dem Augenblick an, wo Jeanie laufen konnte, erzog und unterwies er seinen kleinen Liebling, wie er sie nannte, so, daß sie täglich die eine oder andere Arbeit verrichten mußte, wie sie der Fähigkeit ihres Alters angemessen war; dieser Umstand sowie ihres Vaters tägliche Ermahnungen und Belehrungen gaben ihr schon als Kind etwas Gesetztes, Ernstes, Festes und Besonnenes. Eine unverwüstliche Gesundheit und eine Gemütsart, die frei war von aller nervösen Überreizung oder jeder anderen Unregelmäßigkeit, die so oft die edleren Organe des Körpers schädigt und Geist und Seele ungünstig beeinflußt, trugen viel dazu bei, die Standhaftigkeit, Stärke und Entschiedenheit ihres Wesens zu festigen.

Dahingegen war Reuben von schwächlichem Körperbau und, obgleich nicht eigentlich furchtsamen Gemüts, doch ängstlich, zaghaft und empfindlich. Er hatte etwas von der Anlage der Mutter geerbt, die schon früh an der Auszehrung gestorben war. Er war ein blasser, dünner, schwacher, kränklicher Junge und hinkte ein wenig infolge eines Unfalls in früher Jugend. Außerdem war er das Hätschelkind seiner Großmutter, und ihre allzu liebevolle Besorgnis nährte in ihm den Hang, sich selbst zu wichtig zu nehmen und zugleich seinen eigenen Kräften zu mißtrauen – eine der schlimmsten Folgen solcher Verzärtelung.

Aber dennoch waren beide Kinder unzertrennlich, nicht nur aus Gewohnheit, sondern mehr noch aus Neigung. Sie hüteten zusammen die Handvoll Schafe und zwei oder drei Kühe, die ihre Eltern auf die Gemeindewiese von Dumbiedikes schickten, mehr um Futter zu suchen als wirklich welches zu finden. Da saßen denn manchmal die beiden Kleinen eng aneinandergeschmiegt unter einem blühenden Ginsterbusch, und ihre kleinen Gesichter lugten aus demselben Umschlagtuch hervor, das sie über ihre beiden Köpfe gezogen hatten, um sich vor einem Schauer der regenschwangeren Wolke zu schützen, deren Schatten die Landschaft verfinsterte. Oder sie gingen zusammen zur Schule, und wenn unterwegs kleine Bäche zu durchwaten oder gefahrvolle Abenteuer mit Hunden, Ochsen oder dergleichen zu bestehen waren, ging die Gefährtin dem Knaben mit mutigem Beispiel voran, was sonst das männliche Geschlecht als sein Vorrecht dem schwächeren gegenüber betrachtet. Wenn sie hingegen auf den Bänken der Schulstube saßen und ihre Aufgaben lernten, konnte Reuben, der Jeanie an Schärfe des Geistes ebenso überlegen war wie sie ihm an Beherztheit und körperlicher Widerstandsfähigkeit, seiner kleinen Freundin reichlich die Gefälligkeiten und Fürsorge vergelten, die sie in anderen Fällen ihm erwiesen hatte. Er war unstreitig der beste Schüler der Gemeindeschule, und seine Gemütsart und sein Betragen waren so sanft, daß ihn das kleine, lärmende Völkchen, das darin hauste, eher bewunderte als beneidete, obgleich er der erklärte Liebling des Lehrers war. Besonders hegten einige Mädchen – denn in Schottland werden sie mit den Knaben zusammen unterrichtet – das Verlangen, sich freundlich und hilfreich gegen den schwächlichen Jungen zu bezeigen, der soviel klüger war als seine Gefährten. Das ganze Wesen Reuben Butlers war von der Art, daß es ihnen sowohl Mitleid wie Bewunderung einflößte – die beiden Empfindungen vielleicht, durch welche das weibliche Geschlecht, wenigstens der bessere Teil davon, am leichtesten angezogen und gefesselt wird.

Allein Reuben, von Natur zurückhaltend und schüchtern, machte sich nichts aus ihren Gunstbezeigungen; er schloß sich vielmehr nur noch enger an Jeanie Deans an, während die warmen Lobsprüche seines Lehrers ihm die heitersten Aussichten in die Zukunft eröffneten und seinen Ehrgeiz weckten. Inzwischen machten seine Fortschritte in den Wissenschaften – und in Anbetracht der ihm zur Verfügung stehenden geringen Hilfsmittel waren sie ungewöhnlich groß – ihn weniger geschickt, seine Obliegenheiten in Haus und Hof seiner Großmutter zu erfüllen. Während er den pons asinorum zum Euklid studierte, ließ er alles Vieh von der Gemeindewiese auf ein großes Erbsenfeld hinüberlaufen, das dem Laird gehörte, und nur durch die eifrigen Bemühungen Jeanies und ihres kleinen Hundes Staubfuß konnte großer Schaden und nachfolgende Strafe verhütet werden. Ähnliche Fehlhandlungen bezeichneten seinen Fortschritt im Studium der Klassiker. Er las Vergils *Georgica*, bis er nicht mehr Roggen von Weizen unterscheiden konnte, und hätte beinahe die Äcker von Beersheba verwüstet, als er versuchte, sie nach der Vorschrift Columellas und des Censors Cato zu bebauen.

Diese Mißgriffe machten seiner Großmutter großen Kummer und stimmten sehr die gute Meinung herab, die ihr Nachbar, Davie Deans, einige Zeit lang von Reuben gehabt hatte.

«Ich sehe nicht, daß Ihr etwas anderes mit dem einfältigen Burschen machen könnt, Nachbarin Butler», sagte er zu der alten Frau, «als daß Ihr ihn zum geistlichen Stand erziehen laßt. Tüchtige Prediger sind ohnehin mehr denn je nötig in diesen kalten Zeiten der Selbstsucht, wo der Menschen Herzen so verhärtet sind wie Mühlsteine, daß sie für nichts anderes mehr Sinn haben. Glaubt mir, Euer armer Junge wird niemals zu einer vernünftigen Arbeit zu gebrauchen sein – höchstens als Sendling des Herrn. Ich will es übernehmen, ihm die Predigterlaubnis zu verschaffen, wenn er soweit ist; ich hoffe, er wird sich als ein würdiges Glied der Kirche erweisen und nicht wie ein Schwein im Unflat ketzerischer Irrtümer und Übertreibungen herumwälzen, sondern mit den Schwingen einer Taube aus dem angeborenen Schmutz seiner Umgebung emporsteigen.» Die arme Witwe schluckte den groben Ausfall gegen die Grundsätze ihres Mannes, womit dieses Versprechen begleitet war, herunter; sie beeilte sich, Reuben von der höheren Schule zu nehmen und ermutigte ihn, sich ganz der Theologie und der Mathematik zu widmen – den einzigen geistes- und naturwissenschaftlichen Fächern, die zu jener Zeit im Schwange waren.

Jeanie Deans mußte nun von dem Gefährten ihrer Arbeit, ihrer Lehr- und Mußestunden Abschied nehmen; und mit einem mehr als kindlichen Gefühl sahen beide Kinder der Trennung entgegen. Aber sie waren jung und zuversichtlich, und so trennten sie sich in der Hoffnung, einander zu einer glücklicheren Stunde wieder zu begegnen.

Während sich Reuben Butler auf der Universität von St. Andrews die für einen Geistlichen erforderlichen Kenntnisse erwarb und seinen Leib durch die Entbehrungen kasteite, die nötig sind, damit der Geist seine Nahrung finde, war seine Großmutter täglich weniger imstande, mit ihrem kleinen Anwesen fertig zu werden, und mußte es endlich ganz dem neuen Laird von Dumbiedikes überlassen. Dieser hohe Herr war kein völliger Halsabschneider und betrog sie bei dem Handel nicht mehr als billig. Er gestattete ihr sogar, das Haus, in dem sie mit ihrem Gatten gelebt hatte, weiter zu bewohnen, solange es «bewohnbar» bliebe; weigerte sich aber, auch nur einen Pfennig für Instandsetzungsarbeiten auszugeben, denn er besaß zwar eine gewisse Gutmütigkeit, doch war sie mehr duldender als tätiger Art.

Davie Deans gelang es unterdessen durch Geschicklichkeit, Klugheit und andere, teilweise zufällige Umstände ein wenig in der Welt vorwärtszukommen und zu einiger Wohlhabenheit sowie in den Ruf noch größerer zu gelangen; dabei zeigte er einen wachsenden Hang, seinen Besitz zu erhalten und zu vermehren, wofür er, wenn er ernstlich darüber nachdachte, geneigt war, sich selbst zu tadeln. Wegen seiner Kenntnisse in der Landwirtschaft, wie man sie damals betrieb, wurde er eine Art Günstling des Lairds, der weder an Gesellschaften noch der Jagd, noch an sonstigen Vergnügungen Gefallen fand und die Gewohnheit angenommen hatte, seinen täglichen Spaziergang mit einem Besuch im Häuschen von Woodend zu beschließen.

Da Dumbiedikes schwerfällig in seinem Denken und unbeholfen in seinen Worten war, pflegte er mit einem alten Tressenhut seines Vaters auf dem Kopf und einer leeren Tabakspfeife im Mund eine halbe Stunde lang herumzusitzen oder herumzustehen, wobei er mit den Augen Jeanie Deans oder dem «Mädel», wie er sie nannte, folgte, wie sie geschäftig ihre tägliche häusliche Arbeit verrichtete; während ihr Vater, nachdem er sich ausführlich über Vieh, Pflüge und Eggen verbreitet hatte, oft die Gelegenheit wahrnahm, mit vollen Segeln auf das Meer kirchlicher Streitfragen hinauszusteuern, welchen Erörterungen der Edelmann scheinbar mit großer Geduld zuhörte, ohne jedoch irgend etwas darauf zu erwidern, vielleicht sogar, wie die meisten meinten, ohne auch nur ein einziges Wort von dem zu verstehen, was der Redner vorbrachte. Deans leugnete dies zwar hartnäckig als eine schmähliche Beleidigung sowohl seiner eigenen Fähigkeiten, verborgene Wahrheiten zu ergründen und zu erklären (worauf er ein wenig eitel war), als auch der Fassungskraft des Lairds, der nicht imstande sein sollte, sie zu verstehen. Er sagte, Dumbiedikes sei keiner von den adligen Laffen mit gestickten Röcken und dem Degen an der Seite, die lieber hoch zu Roß nach der Hölle reiten als barfuß gen Himmel gehen wollten. Er sei nicht wie sein Vater – halte es nicht mit schlechter Gesellschaft, fluche und trinke nicht, besuche weder Opern noch Schauspiele, noch Bälle, sei auch kein Sabbatschänder und erpresse weder Eide noch Schuldverschreibungen, sondern lasse den Leuten ihre christliche Freiheit. Er hänge zwar ein bißchen zu sehr an irdischem Hab und Gut, allein es sei doch ein leiser Hauch des Geistes über ihm und so weiter und so weiter. All das sagte und glaubte der ehrliche Davie in vollem Ernst.

Es ist nicht anzunehmen, daß ein so verständiger und scharfblickender Mann und Vater nicht bemerkt haben sollte, wie die Augen des Lairds beständig auf Jeanie gerichtet waren. Dieser Umstand indessen machte einen viel größeren Eindruck auf ein anderes Mitglied der Familie, seine zweite Lebensgefährtin nämlich, mit der Deans zehn Jahre nach dem Tod seiner ersten das eheliche Band geknüpft hatte. Einige Leute meinten, Douce Davie habe diesen Schritt übereilt getan, denn im allgemeinen war er kein Freund der Ehe und betrachtete diesen Stand vielmehr als ein notwendiges Übel – eine Angelegenheit, die nach dem Gesetz erlaubt und bei dem unvollkommenen Zustand unserer Natur zu dulden sei, aber die geistigen Fittiche stutze, mit denen wir uns aufschwingen sollten, die Seele in ihren Kerker von Staub banne und mit der Sorge für das leibliche Wohl von Weib und Kindern belaste. Doch seine Grundsätze hatten ihn in der Praxis nicht daran gehindert, sich, wie wir gesehen haben, selbst zweimal in diese gefährlichen, umschnürenden Bande zu verstricken.

Rebecca, sein Weib, hegte keineswegs den nämlichen Abscheu vor dem Ehestand, und da sie gern ein wenig zwischen ihren Nächsten kuppelte, ermangelte sie nicht, Andeutungen über eine Heirat zwischen Dumbiedikes und ihrer Stieftochter Jeanie fallenzulassen. Wenn das Gespräch hierauf kam, pflegte Vater Deans regelmäßig die Stirn zu runzeln und «Pah» zu machen; schließlich nahm er seine Mütze und ging hinaus, um einen gewissen Schimmer der Genugtuung zu verbergen, der bei solcher Gelegenheit unwillkürlich über seine strengen Züge huschte.

Der jüngere Teil meiner Leser wird vielleicht fragen, ob Jeanie Deans denn diese stille Huldigung des Lairds von Dumbiedikes verdiente. Hierauf sieht sich der Geschichtsschreiber mit schuldiger Rücksicht auf die Wahrheit genötigt zu antworten, daß ihre körperlichen Vorzüge keine besonderen waren. Sie war klein und für ihre Größe etwas zu stämmig gebaut, hatte graue Augen, hellblondes Haar, ein gutmütiges, rundes, von der Sonne gebräuntes Gesicht, und ihr einziger Reiz bestand in einem Abglanz unaussprechlicher Heiterkeit und Ruhe, den ein gutes Gewissen, wohlwollende Gefühle, ein zufriedener Sinn und die regelmäßige Erfüllung all ihrer Pflichten über ihre Züge verbreiteten. Es gab also, wie hieraus zu entnehmen ist, nichts Abstoßendes, weder in der Gestalt noch in dem Verhalten unserer ländlichen Heldin; dennoch – war es nun einfältige Schüchternheit oder Mangel an Entschlußkraft und unvollkommene Kenntnis seines eigenen Herzens –, der Laird von Dumbiedikes kam mit seinem alten Tressenhut und der leeren Tabakspfeife Tag um Tag, Woche um Woche, Jahr um Jahr, um den beseligenden Anblick Jeanie Deans' zu genießen, ohne daß er Anstalten machte, die Erwartungen der Stiefmutter zu erfüllen.

Die gute Frau wurde um so ungeduldiger darüber, als sie

nach einigen Ehejahren Douce Davie selbst mit einer anderen Tochter beschenkte, die Euphemia, kurz Effie, genannt wurde. Damals war es denn auch, daß Rebecca anfing, über die Langsamkeit, womit des Lairds Werbung fortschritt, ungeduldig zu werden, da sie sehr richtig schloß, daß Jeanie als Lady Dumbiedikes keiner großen Mitgift bedürfe und demnach der Hauptteil des väterlichen Vermögens dem Kind aus zweiter Ehe zufallen würde. Andere Stiefmütter haben weniger löbliche Mittel versucht, um der Erbfolge ihrer eigenen Kinder den Weg zu ebnen; aber Rebecca, um ihr Gerechtigkeit widerfahren zu lassen, suchte der kleinen Effie Vorteil allein durch die – wie man es gemeinhin nennt – Standeserhöhung ihrer älteren Schwester zu fördern. Sie bediente sich deshalb, soweit die Grenzen ihrer einfachen Kunst und Erfahrung reichten, jeder weiblichen List, um den Laird zu einer Erklärung zu bewegen, mußte aber zu ihrem Verdruß bemerken, daß ihre Bemühungen, gleich denen eines ungeschickten Anglers, nur die Forelle verscheuchten, die sie zu fangen gedachte. Einmal insbesondere, als sie dem Laird scherzend sagte, er müsse dem Haus Dumbiedikes nun wohl bald eine Gebieterin geben, ward er dermaßen bestürzt, daß weder Tressenhut noch Tabakspfeife, noch der geistvolle Eigentümer dieser Gegenstände selbst sich vierzehn Tage lang in Woodend blicken ließen. Rebecca war daher genötigt, den Laird seinem eigenen Schneckengang zu überlassen, durch die Erfahrung von dem weisen Ausspruch des Totengräbers überzeugt, daß ein träger Esel nicht schneller gehe, ob man ihn auch prügle.

Reuben setzte unterdessen seine Studien an der Universität fort, und dadurch, daß er jüngere Schüler in dem unterrichtete, was er selbst soeben gelernt hatte, verschaffte er sich die Mittel zum Unterhalt an der Stätte der Gelehrsamkeit und befestigte sich zugleich in den bereits erworbenen Kenntnissen. Auf diese unter den ärmeren Studenten der Theologie an den schottischen Universitäten übliche Weise gelang es ihm nicht nur, seine eigenen einfachen Bedürfnisse zu befriedigen, sondern auch seine einzige ihm verbliebene Anverwandte mit größeren Summen zu unterstützen – eine heilige Pflicht, die der Schotte selten vernachlässigt. Seine Fortschritte im Allgemeinwissen wie in den Studien, die seinen eigentlichen Beruf betrafen, waren beträchtlich, wurden aber wenig beachtet, da sein bescheidenes, zurückhaltendes Wesen ihn in keiner Hinsicht befähigte, sein Wissen ins rechte Licht zu setzen. Wäre es Butler gegeben gewesen zu klagen, so hätte er wie andere von kränkenden Zurücksetzungen, Mißgeschick und Ungerechtigkeit erzählen können. Auch hierüber schwieg er meistens – vielleicht ebenfalls aus Bescheidenheit, vielleicht aus Stolz, vielleicht auch aus einer Mischung beider.

Er erhielt seine Zulassung als Prediger des Evangeliums mit einigen Lobsprüchen vom Kirchenrat, der sie ihm erteilte; aber dies verhalf ihm noch zu keiner Anstellung, und so war er genötigt, seinen Aufenthalt einige Monate lang in der Hütte von Beersheba zu nehmen, ohne anderes Einkommen, als was ihm einige gelegentliche Lehrstunden in einer oder der anderen Familie der Nachbarschaft eintrugen. Nachdem er seine bejahrte Großmutter begrüßt hatte, galt sein erster Besuch Woodend, wo ihn Jeanie mit von stetem Gedenken zeugender warmer Herzlichkeit, Rebecca mit gutmütiger Gastfreundschaft und der alte Deans auf eine ihm ganz eigentümliche Art und Weise empfingen.

So hoch nämlich auch Douce Davie die Geistlichkeit achtete, so stand doch nicht jeder dieses Zeichens bei ihm in Ansehen. Auch war er vielleicht etwas eifersüchtig darauf, daß sein junger Bekannter zur Würde eines Lehrers und Predigers erhoben war – genug, er verwickelte ihn sogleich in einen dogmatischen Streit, um zu entdecken, ob er auch nicht in die Schlingen, Irrtümer und Verfehlungen der Zeit verfallen sei. Butler nun war nicht nur ein Mann von strengen presbyterianischen Grundsätzen, sondern wollte es auch vermeiden, seinem alten Freund durch das

Bestreiten geringfügiger Punkte wehe zu tun; er mochte daher gehofft haben, gleich reinem Gold aus dem Schmelztiegel von Davies Verhör hervorzugehen. Aber Deans war ein strenger Richter, und so fiel das Ergebnis insgesamt nicht so günstig aus wie zu erwarten und zu erhoffen war. Die alte Judith Butler, die an diesem Abend nach Woodend hinübergehumpelt war, um sich an dem Glückwunsch ihres Nachbarn zu Reubens Rückkehr und seiner ungemeinen Gelehrsamkeit, auf die sie nicht wenig stolz war, zu erfreuen, war etwas gekränkt, daß ihr alter Freund Deans nicht mit der Wärme, die sie erwartet hatte, darauf einging. Anfangs zwar schwieg er, ohne unzufrieden zu erscheinen, und erst als Judith immer wieder versuchte, die Rede auf diesen Gegenstand zu lenken, kam es zu folgendem Zwiegespräch.

«Ei, Nachbar Deans, ich dachte, Ihr tätet Euch freuen, Reuben, den guten Jungen, wieder bei uns zu sehen.»

«Ich freue mich auch, Mrs. Butler», antwortete der Nachbar kurz.

«Seit er seinen Großvater und seinen Vater verloren hat – gepriesen sei Er, der gibt und nimmt! –, hat er keinen Freund in der Welt, der so väterlich an ihm gehandelt hätte wie Ihr, Nachbar Deans.»

«Gott ist der einzige Vater der Vaterlosen», sagte Deans, indem er an seine Mütze griff und nach oben blickte. «Gebt dem Ehre, dem Ehre gebührt, liebe Frau, und nicht einem unwürdigen Werkzeug.»

«Ja, ja, das ist so Eure Art zu reden, und Ihr versteht die Sache sicher am besten; aber ich weiß noch recht gut, Davie, wie Ihr einen Scheffel Mehl nach Beersheba schicktet, als sie Euch selbst zu Woodend kaum einen Malter gelassen hatten; ja, ja, und ich weiß auch noch...»

«Laßt das, gute Frau», unterbrach sie Davie, «was Ihr da schwatzt, taugt zu nichts, als unseren inneren Adam aufzublähen und uns mit unseren eitlen Taten zu brüsten. Ich stand neben dem erleuchteten Alexander Peden und hörte, wie er sagte, selbst der Tod und das Zeugnis unserer seligen Märtyrer seien nur Tropfen Bluts und Spritzer von Tinte gegenüber dem, was unsere Pflicht wäre; was sollte ich nun erst von dem halten, was unsereiner vollbringen kann?»

«Nun, Nachbar Deans, das versteht Ihr am besten; aber ich meine, Ihr freut Euch doch sicher auch, meinen Enkel wiederzusehen. Er hat ein bißchen mehr Farbe, das tut meinen alten Augen wohl, und hinkt auch nicht mehr so, wenn er nicht allzuviel Meilen hintereinander zu laufen hat, und trägt genauso einen hübschen schwarzen Rock wie der Pfarrer und...»

«Ich freue mich herzlich, daß er gesund und munter ist», sagte Mr. Deans mit einer Gewichtigkeit, die bezwecken sollte, das Gespräch hierüber kurz abzuschneiden; aber eine Frau, die sich einmal auf etwas versteift hat, ist nicht so leicht davon abzubringen.

«... und», fuhr Mrs. Butler fort, «er kann nun auch auf die Kanzel steigen. Nachbar Deans, denkt bloß – mein eigener Enkel –, und alle müssen stillsitzen und ihm zuhören, als ob er der Papst von Rom wäre.»

«Was? Wer? – Weib!» fuhr Deans in höchstem Grimm auf, sobald diese verletzenden Worte an sein Ohr geklungen waren.

«Je, bewahr uns!» sagte die arme Frau. «Ich hatte vergessen, was für einen Groll Ihr gegen den Papst habt – und auch mein armer guter Mann, Stephen Butler. Manchen Nachmittag saß er da und eiferte wider den Papst und die Kindertaufe und dergleichen.»

«Weib!» wiederholte Deans. «Entweder sprecht von dem, was Ihr versteht, oder schweigt! Ich sage, der Independentismus ist eine stinkende Ketzerei und die Wiedertaufe ein abscheulicher, verdammenswerter Greuel, der mit dem Feuer der geistlichen und dem Schwert der bürgerlichen Gewalt ausgerottet werden sollte.»

«Wohl, wohl, Nachbar, ich sage ja gar nicht, daß Ihr unrecht habt», antwortete Judith unterwürfig. «Ich weiß ja,

Ihr habt recht mit dem Säen und Mähen und Scheren und Decken – und warum solltet Ihr es nicht auch mit dem Kirchenwerk haben. – Aber mein Enkel, Reuben Butler…»

«Reuben Butler, beste Frau», sagte Deans ernst und nachdrücklich, «ist ein Bursche, dem ich wohlwill, als wäre er mein eigener Sohn – aber ich zweifle, ob er äußerlich und innerlich den rechten Weg wandelt. Ich fürchte sehr, seine Gaben sind Fallstricke für seine Tugend. Er steckt voller Gelehrsamkeit und weltlicher Weisheit und denkt mehr an das Gefäß für die Speise als an die Heilsamkeit der Speise selbst – er möchte das Hochzeitsgewand der Seele mit Tand und Flitter aufputzen, als sei es ihm nicht gut genug. Dabei ist er noch stolz auf seine Begabung und sein Wissen, weil es ihm erlaubt, seine Gedanken in solch ein eitles Prunkgewand zu kleiden. Aber», fügte er hinzu, als er sah, daß die alte Frau bei seiner Rede verdrießlich wurde, «Trübsal mag ihm vielleicht ein Stachel sein – und fährt der Wind aus ihm wie aus der Kuh, wenn sie nassen Klee gefressen hat, so mag der Junge guttun und ein helles Kirchenlicht werden. Ich hoffe, Ihr und er erlebt es bald.»

Witwe Butler mußte sich zurückziehen, ohne mehr aus ihrem Nachbarn herausbringen zu können, dessen Rede sie, obwohl sie nichts davon begriff, hinsichtlich ihres Enkel mit unbestimmten Besorgnissen erfüllte und die Freude, mit der sie ihn bei seiner Rückkehr empfangen hatte, sehr herabstimmte. Es darf nun, um Mr. Deans' Urteil Gerechtigkeit widerfahren zu lassen, nicht verschwiegen werden, daß Butler in ihrer Unterhaltung etwas mehr Gelehrsamkeit entwickelt hatte, als es bei dieser Gelegenheit nötig oder dem alten Mann annehmbar war, der, gewöhnt, sich selbst als einen unfehlbaren Richter in theologischen Streitfragen zu betrachten, sich nun etwas gedemütigt und gekränkt fühlte, als wissenschaftliche Autoritäten gegen ihn ins Feld geführt wurden. In der Tat war Butler nicht ganz frei vom Geist der Pedanterie, der ihm auf natürliche Weise von seiner beschränkten Erziehung her anhaftete, und trug bei vielen Gelegenheiten gern sein Wissen zur Schau, wo eine solche Eitelkeit nicht am Platz war.

Jeanie Deans indessen nahm keinen Anstoß an seiner ungemeinen Gelehrsamkeit – im Gegenteil, sie bewunderte sie, vielleicht aus demselben Grund, warum ihr Geschlecht, wie man ihm wenigstens nachsagt, mutige Männer bewundert, weil nämlich diese Eigenschaft ihm selbst abgeht. Der Verkehr der beiden Familien führte die jungen Leute ständig zusammen, ihr altes, trauliches Verhältnis wurde erneuert, obwohl auf einem ihrem Alter angemesseneren Fuße, und endlich wurde es zwischen ihnen ausgemacht, daß ihre Verbindung nicht länger aufgeschoben werden sollte, als bis Butler ein sicheres, wenn auch bescheidenes Einkommen hätte. Aber damit hatte es gute Weile. Plan auf Plan wurde geschmiedet, und Plan um Plan scheiterte. Das gutmütige Gesicht Jeanies verlor den frischen Schmelz der Jugend; auf Reubens Stirn grub männlicher Ernst die ersten Falten ein – und noch immer zeigte sich keine Aussicht auf eine Versorgung. Zum Glück für die Liebenden gehörten ihre Gefühle füreinander nicht zu den feurigen und leidenschaftlichen, und ihr beiderseitiges Pflichtbewußtsein ließ sie die Verzögerung ihrer Vereinigung mit ruhiger Standhaftigkeit ertragen.

Inzwischen brachte die Zeit in ihrem Verlauf wie gewöhnlich allerlei Veränderungen mit sich. Die Witwe Stephen Butlers, die so lange die Stütze der Familie von Beersheba gewesen war, wurde zu ihren Vätern versammelt, und auch Rebecca, die fürsorgliche Gattin unseres Freundes Davie Deans, wurde von ihren mütterlichen Heiratsplänen und hauswirtschaftlichen Sorgen abberufen.

Am Morgen nach ihrem Tod kam Reuben Butler, um seinem alten Freund und Wohltäter sein Scherflein Trost zu spenden. Bei dieser Gelegenheit wurde er Zeuge eines sonderbaren Kampfs zwischen der Gewalt des natürlichen Gefühls und dem religiösen Stoizismus, den der Leidtragende glaubte in jeder irdischen Prüfung – sei es zum Wohl oder Wehe – behaupten zu müssen.

Bei seiner Ankunft wies ihn Jeanie mit Augen, die von Tränen überflossen, nach dem kleinen Obstgarten hin, «wo», wie sie mit gebrochener Stimme flüsterte, «mein armer Vater sich seit dem Unglück aufhält». Einigermaßen beunruhigt durch diese Mitteilung betrat Butler den Garten und schritt langsam auf seinen alten Freund zu, der in einer kleinen, roh gezimmerten Laube saß und in tiefsten Schmerz versunken schien. Er sah bei der Annäherung Butlers mit finsterem Ausdruck auf, als sei er unwillig über die Störung; aber während der junge Mann noch schwankte, ob er vorwärts gehen oder sich zurückziehen sollte, stand er auf und trat ihm mit Selbstbeherrschung und Würde entgegen.

«Junger Mann», sprach der Leidtragende, «nehmt es Euch nicht zu Herzen, wenn die Gerechten umkommen und die Barmherzigen hinweggenommen werden, denn man darf wohl sagen, sie entgehen künftigen Übeln. Wehe mir, vergösse ich eine Träne um meines geliebten Weibes willen, wo ich Ströme weinen sollte über das Leid unserer todkranken Kirche, geschlagen wie sie ist mit solchen, die nach Weltlichem trachten und trägen Herzens sind.»

«Es ist mir tröstlich», erwiderte Butler, «daß Ihr Euren eigenen Schmerz über Eurer Sorge um das allgemeine Wohl vergessen könnt.»

«Vergessen, Reuben?» sagte der arme Deans, indem er sich die Augen wischte. «Sie wird nie vergessen werden, solange ich in dieser Zeitlichkeit wandle. Aber Er, der die Wunde schlägt, kann auch den Balsam spenden. Ich sage dir, es hat in dieser Nacht Stunden gegeben, wo all mein Sinnen so verzückt gewesen ist, daß ich nichts mehr von meinem schweren Verlust wußte. Es ist mir geschehen wie dem würdigen John Semple, Carspharn-John genannt,* bei einer ähnlichen Heimsuchung – ich bin diese Nacht an den Ufern des Ulai gewesen, hie und da einen Apfel pflückend.»

* s. Anm. IV «Carspharn-John».

Ungeachtet seiner angenommenen Festigkeit, die er für die Pflicht eines wahren Christen hielt, hatte Deans ein zu weiches Herz, um nicht tief unter diesem schweren Verlust zu leiden. Woodend wurde ihm völlig verhaßt, und da er durch die Bewirtschaftung seines kleinen Gütchens sowohl genügend Geld als auch Erfahrung erworben hatte, beschloß er, beides zu gebrauchen, um eine Milchwirtschaft anzulegen und zu betreiben, eine «Meierei», wie man es nennt. Für seine neue Ansiedlung wählte er einen Ort namens Saint Leonard's Crags, der zwischen Edinburgh und dem Arthurs Sitz genannten Berg liegt und mit einer ausgedehnten Schafweide verbunden ist, die noch jetzt der Königspark heißt, da sie früher als königliches Wildgehege gedient hat. Hier pachtete er ein einsames kleines Häuschen, damals etwa eine halbe Meile von der Stadt entfernt, während diese ganze Gegend jetzt von den Gebäuden eingenommen wird, welche die südöstliche Vorstadt bilden. Eine angrenzende große Wiese, die Deans von dem Aufseher des Wildparks pachtete, setzte ihn in den Stand, seine Milchkühe zu füttern, und die immerwährende Geschäftigkeit und der unermüdliche Fleiß seiner ältesten Tochter Jeanie sorgten dafür, daß sie reichen Ertrag gaben.

Sie hatte nun weniger Gelegenheit, Reuben zu sehen, der nach mehreren Enttäuschungen genötigt gewesen war, eine untergeordnete Stelle als Hilfslehrer an einer höheren Gemeindeschule in drei oder vier Meilen Entfernung von der Stadt anzunehmen. Hier tat er sich hervor und wurde mit verschiedenen angesehenen Bürgern bekannt, die ihre Kinder aus Gesundheitsrücksichten oder anderen Gründen in diesem Dorf erziehen ließen. Seine Aussichten wurden so allmählich lichter, und bei jedem Besuch, den er in Saint Leonard's abstattete, nahm er die Gelegenheit wahr, Jeanie in diesem Sinne einige Andeutungen zuzuflüstern. Diese Besuche waren wegen der Anforderungen, welche die Schule an Butlers Zeit stellte, notwendigerweise selten. Auch wagte er nicht, so häufig zu kommen, wie diese Abhaltungen selbst es erlaubt hätten. Deans empfing ihn zwar stets höflich und sogar freundlich, aber Reuben, wie es in solchen Fällen gewöhnlich geschieht, bildete sich ein, daß jener ihm seine Absicht an den Augen abläse, und fürchtete, eine vorzeitige Erklärung würde auf eine entschiedene Ablehnung stoßen. Alles in allem erachtete er es deshalb für klug, in Saint Leonard's geradeso häufig vorzusprechen, wie alte Bekanntschaft und Nachbarschaft ihn berechtigen mochten, und nicht öfter. Eine andere Person stellte sich dafür um so regelmäßiger ein.

Als Davie Deans dem Laird von Dumbiedikes seinen Entschluß mitteilte, Haus und Land in Woodend zu verlassen und «damit zu kündigen», starrte ihn der Laird an und sagte gar nichts. Er machte zur gewohnten Stunde weiter seine gewöhnlichen Besuche, ohne die Sache mit einem Wort zu erwähnen; erst am Tag vor dem Abzug, als man anfing, das Hausgerät wegzuschaffen und den großen landesüblichen Speiseschrank aus seinem Winkel vorrückte, bis er der Gesellschaft den Rücken zukehrte wie ein ungezogenes Kind, wenn es das Zimmer verlassen will, machte er große Augen und stammelte schließlich: «Ei, ei, Leute!» Allein selbst als der Tag der Abreise vorüber war, stellte sich der Laird von Dumbiedikes zur gewohnten Stunde – es war die, wo Davie Deans «den Pflug abzuschirren» pflegte – vor der verschlossenen Tür der Hütte in Woodend ein und schien sehr erstaunt, daß niemand auf sein Klopfen öffnete, als wäre es nicht genau das gewesen, was er zu erwarten hatte. Er soll bei dieser Gelegenheit ausgerufen haben: «Ach du lieber Gott!», was von denen, die ihn kannten, als ein Zeichen höchst ungewöhnlicher Erregung betrachtet wurde. Von diesem Augenblick an war Dumbiedikes völlig verändert. Der bisherige regelmäßige Ablauf seiner Tage war so gänzlich gestört wie der Gang der Taschenuhr eines Knaben, wenn er die Hauptfeder zerbrochen hat. Gleich dem Zeiger solcher Uhr wirbelte Dumbiedikes auf dem Zifferblatt – will sagen: innerhalb der Grenzen seines ganzen kleinen Gebietes – mit ungewöhnlicher Schnelligkeit umher. Es gab keine Hütte, die er nicht betrat, kaum ein Mädchen, das er nicht anstarrte. Aber obgleich es bessere Pachthäuser auf dem Land gab als Woodend und gewiß viele hübschere Mädchen als Jeanie Deans, wollte sich die Lücke in des Lairds Zeit doch nicht so angenehm ausfüllen lassen wie sonst. Auf keinem Sessel saß er so bequem wie auf der Truhe in Woodend, und kein Gesicht starrte er so gern an wie das von Jeanie. Nachdem er nun in seinem kleinen Kreis um und um gewirbelt und dann eine Woche lang zu Hause geblieben war, schien es ihm aufgegangen zu sein, daß er sich nicht notwendig auf einer Achse um einen Punkt herumzudrehen brauche wie der Uhrzeiger, sondern die Fähigkeit besitze, seinen Mittelpunkt zu verändern und seinen Kreis zu erweitern, wenn er es für passend hielt. Dieses Vorrecht der Ortsveränderung zu verwirklichen, kaufte er von einem Viehtreiber aus dem Hochland ein Pony, in dessen Gesellschaft und mit dessen Hilfe er bis nach Saint Leonard's trabte oder vielmehr stolperte.

Obgleich Jeanie Deans das Anstarren durch den Laird so gewohnt war, daß sie manchmal seine Gegenwart kaum noch bemerkte, fürchtete sie doch zuweilen, daß er sein Sprachwerkzeug dazu benutzen könnte, um der Anbetung, die er ihr durch seine Augen zollte, auch einmal wörtlichen Ausdruck zu verleihen. Sollte das geschehen, dann – dachte sie – sei es mit der Aussicht auf eine Verbindung mit Butler vorbei. Denn ihr Vater, wie starrköpfig und unabhängig er auch in bürgerlichen und religiösen Angelegenheiten sein mochte, war nicht ohne die Hochachtung vor dem Grundherrn, die in der schottischen Pächterschaft jener Zeit so tief eingewurzelt war. Dazu kam noch, daß Deans, wenn Butler ihm auch nicht geradezu mißfiel, doch oft genug über dessen Fundus «fleischlicher Gelehrsamkeit» spottete, was vielleicht auf Eifersucht zurückzuführen war, doch gewiß keine Vorliebe für die Person bezeugte, gegen die der Spott sich richtete. Und schließlich mußte die Verbindung mit

Dumbiedikes einen unwiderstehlichen Reiz für jemand haben, der immer selbst zu beklagen pflegte, daß er sich fähig fühle, «einen gehörigen Arm voll von der Welt zu nehmen». So waren alles in allem die täglichen Besuche des Lairds Jeanie wegen der etwa daraus zu befürchtenden Folgen lästig, und es gereichte ihr bei dem Wegzug von dem Ort, wo sie geboren und aufgewachsen war, sehr zum Trost, daß sie nun zum letztenmal etwas von Dumbiedikes, seinem Tressenhut und seiner Tabakspfeife gesehen hätte. Das arme Mädchen dachte ebensowenig daran, er könne sich ein Herz fassen und ihr nach Saint Leonard's nachkommen, wie sie erwartete, einer ihrer Apfelbäume oder Kohlköpfe, die sie im Gemüsegarten von Woodend zurückgelassen hatte, würde plötzlich und von selbst eine solche Reise unternehmen. Es war ihr daher keine angenehme Überraschung, als am sechsten Tag nach ihrem Umzug nach Saint Leonard's Dumbiedikes mit Tressenhut, Tabakspfeife und allem übrigen anrückte und sich mit ebendemselben Gruß «Wie geht's, Jeanie? Wo ist der Vater?» im Häuschen von Saint Leonard's beinahe in ebenderselben Stellung hinpflanzte, die er so lange und regelmäßig in Woodend eingenommen hatte. Er saß aber kaum, als er mit einer ungewöhnlichen Redseligkeit hinzufügte: «Jeanie – ich sage dir, Jeanie, Mädchen...» Hier streckte er die Hand mit gespreizten Fingern nach ihr aus, wie um sie zu packen, aber auf so ungeschickte, linkische Art und Weise, daß, als Jeanie vor seinem Griff zurückwich, die geöffnete Pranke gleich der Greifenklaue eines Wappenschilds in der Luft schweben blieb. «Jeanie», fuhr der verliebte Schäfer im höchsten Feuer fort, «Jeanie, ich sage dir... es ist prächtiges Wetter draußen, und die Wege sind auch nicht so schlimm, wenn man Gamaschen anhat.»

«Der Teufel ist in den trödligen Trottel gefahren», murmelte Jeanie zwischen den Zähnen. «Wer hätte gedacht, daß er so weit hergetrottet kommt?» Und sie bekannte später, daß sie absichtlich ein wenig von diesem ungnädigen Gefühl in ihren Ton und ihr Betragen gelegt habe, denn da der Vater abwesend war und der «Trottel», wie sie den Gutsherrn unehrerbietig nannte, «so keck und unternehmungslustig dreinschaute, so habe sie nicht gewußt, was er sich etwa noch herausnehmen werde».

Ihr Stirnrunzeln indessen bewirkte eine vollkommene Ernüchterung des Lairds. Er sank von diesem Tag an in seine altgewohnte Schweigsamkeit zurück und besuchte des Meiers Häuschen drei- oder viermal in der Woche, wenn es das Wetter erlaubte, mit anscheinend keinem anderen Zweck als dem, Jeanie anzustarren, während sich Douce Davie mit gewohnter Beredsamkeit über die religiösen Zwistigkeiten der Zeit verbreitete.

10. Kapitel

Ihr Aussehn und ihr Wesen war entzückend,
heiter, doch sittsam, fromm und doch berückend.
Ihr Auge voller Glanz und Glück der Jugend
sprach doch nichts als Unschuld nur und Tugend.

Crabbe

Die Besuche des Lairds wurden nun wieder zu alltäglichen Angelegenheiten, von denen weder etwas zu erwarten noch zu befürchten war. Könnte ein Liebhaber eine Schöne so gewinnen, wie man sagt, daß die Schlange den Vogel bezaubert, indem er sie beständig mit seinen großen, blöden grünen Augen anstarrt, die jetzt gelegentlich noch durch eine Brille unterstützt wurden, so hätte Dumbiedikes zweifellos das Kunststück fertiggebracht. Aber die Zauberei scheint unter die artes perditae zu gehören – ich habe jedenfalls nicht vernommen, daß dieser beharrlichste aller Anstarrer durch seine Blicke irgendeine andere Wirkung hervorgebracht hätte als ein gelegentliches Gähnen.

Inzwischen erreichte der Gegenstand seiner stummen Verehrung allmählich die Grenze der Jugend und näherte sich jenem Alter, das bei den Frauen das mittlere genannt wird, von dem man unhöflicherweise annimmt, daß es bei dem schwächeren Geschlecht um einige Jahre früher beginnt als bei den Männern. Vielleicht hätte der Laird darum seine Blicke lieber auf einen Gegenstand richten sollen, der weit größere Reize besaß als Jeanie selbst in ihrer

Blütezeit und von dem nun alle schwärmten, die das Häuschen bei Saint Leonard's Crags besuchten.

Effie Deans war unter der liebevollen, zärtlichen Pflege ihrer Schwester zu einem schönen, blühenden Mädchen herangewachsen. Ihr griechischgeformtes Haupt umwallte eine Fülle brauner Locken, die durch ein blauseidenes Netz zusammengehalten wurden und ein Gesicht beschatteten, das in seiner Gesundheit, Lieblichkeit und heiteren Zufriedenheit das Bild einer lachenden Hebe bot. Ihr ländlich kurzes und knappes braunes Kleid hob noch den ebenmäßigen Wuchs ihrer Gestalt hervor, die vielleicht im Laufe der Zeit etwas voller werden würde (was man überhaupt den schottischen Schönheiten vorwirft), die aber in ihrem gegenwärtigen Alter schlank und schmal war, mit jenem anmutigen und leichten Schwung der Linie, der zugleich Gesundheit und ein schönes Verhältnis der Gliedmaßen und des Körpers anzeigt.

Diese aufblühenden Reize in ihrer ganzen jugendlichen Fülle vermochten indessen nicht, den standhaften Sinn des Lairds von Dumbiedikes zu erschüttern noch seine starren Blicke von Jeanie abzuziehen. Allein kein anderes Auge sonst konnte dieses lebende Bild von Gesundheit und Schönheit betrachten, ohne mit Wohlgefallen darauf zu verweilen. Der Reisende, schon im Begriff, in die Stadt, das Ziel seiner Reise, einzureiten, hielt sein müdes Pferd an und starrte gebannt auf die elfengleiche Gestalt, wenn sie mit ihrem Milcheimer auf dem Kopf an ihm vorbeitrippelte, in solch aufrechter Haltung und so leicht und frei unter ihrer Bürde dahinschreitend, daß diese eher ein Schmuck als eine Last erschien. Wenn sich die Burschen der benachbarten Vorstadt abends trafen, um den Stein zu stoßen, den Hammer zu werfen, Kegel zu schieben und andere Spiele oder körperliche Übungen zu treiben, lauerten sie darauf, daß Effie Deans vorbeikäme, und stritten miteinander, wer das Glück haben würde, von ihr bemerkt zu werden. Sogar die strenggläubigen Presbyterianer von der Denkart und Richtung ihres Vaters, die jede Augen- oder Sinnenlust zumindest für eine teuflische Versuchung, wo nicht für ein Verbrechen hielten, wurden beim Anblick einen so erlesenen Wesens einen Augenblick lang von Entzücken übermannt und konnten sich eines Stoßseufzers nicht erwehren, womit sie zugleich über ihre eigene Schwachheit grollten wie darüber trauerten, daß ein so schönes Geschöpf an der allgemeinen Unvollkommenheit der menschlichen Natur und der Erbsünde teilhaben sollte. Allgemein wurde Effie nur «die Lilie von St. Leonard's» genannt, ein Name, den sie ebensosehr wegen der vollkommenen Reinheit ihres Denkens, ihrer Rede und ihres Betragens verdiente wie wegen des ungewöhnlichen Liebreizes ihrer Gestalt und ihres Gesichts.

Indessen lag etwas in Effies Gemütsart, was nicht allein Douce Davie Deans, dessen Ansichten über jugendliche Lustbarkeiten, wie leicht zu erraten, äußerst streng waren, sondern selbst ihrer nachsichtigeren Schwester Anlaß zu mancherlei Bedenken und selbst ernster Besorgnis gab. Die Kinder der Schotten niedrigen Standes werden gewöhnlich schon frühzeitig durch allzu große Nachsicht ihrer Eltern verzogen – wie, warum und bis zu welchem Grad hat die hübsche und lehrreiche Erzählung der liebenswürdigen, vortrefflichen Verfasserin von *Glenburnie** mir und allen künftigen Schriftstellern zu schildern erspart. Effie war durch diese falsch angebrachte, unbedachtsame Güte zwiefach verwöhnt worden. Selbst die strengen Grundsätze ihres Vaters konnten die kindlichen Spiele der frühesten Jugend nicht verdammen, und dem guten Alten blieb seine jüngere Tochter, das Kind seiner späten Jahre, selbst dann noch ein Kind, als sie schon zur Jungfrau herangewachsen war, er nannte sie noch immer «Kindchen» und «kleine Effie» und erlaubte ihr, nach Herzenslust herumzuschweifen, außer am Sabbat oder zur Zeit der häuslichen Andacht. Ihre Schwester konnte bei all ihrer sorglichen Liebe doch nicht

* Mrs. Elizabeth Hamilton.

denselben Einfluß wie eine Mutter auf sie haben, und ihre bisherige Macht über sie schwand in demselben Maße, wie Effie heranwuchs und sich berechtigt glaubte, nach eigenem freiem Ermessen zu handeln. Bei aller Gutartigkeit und Unschuld, wie wir sie beschrieben haben, besaß die Lilie von St. Leonard's doch einen ziemlichen Eigensinn und Trotz und eine Heftigkeit und Reizbarkeit, die vielleicht angeboren, doch zweifellos mehr noch anerzogen und die Frucht der unbeschränkten Freiheit waren, die man ihr als Kind gelassen hatte. Eine häusliche Abendszene wird ihre Gemütsart am besten veranschaulichen.

Der fleißige Vater war draußen in seinem wohlbeschickten Kuhstall damit beschäftigt, die geduldigen und nützlichen Tiere zu füttern, von deren Ertrag sein Unterhalt abhing. Der Sommerabend fing schon an, sich zu neigen, und Jeanie Deans begann, sich über das Ausbleiben ihrer Schwester ernstlich zu beunruhigen und zu fürchten, sie werde noch nicht zu Hause sein, wenn der Vater von der Arbeit hereinkomme, um, wie es seine Gewohnheit war, die Abendandacht mit seinen Kindern zu halten, wo ihm dann, wie Jeanie wußte, Effies Abwesenheit den größten Verdruß bereiten würde. Diese Besorgnis lag ihr um so schwerer auf dem Herzen, weil Effie schon an den Abenden vorher immer um dieselbe Zeit verschwunden war und ihre Abwesenheit, zuerst so kurz, daß man sie kaum bemerkte, sich nach und nach bis zu einer halben und ganzen Stunde ausgedehnt und heute selbst diese Grenze beträchtlich überschritten hatte. So stand Jeanie jetzt vor der Tür, die Hand über den Augen, um sie vor den Strahlen der sinkenden Sonne zu schützen, und blickte abwechselnd die verschiedenen zu ihrer Wohnung führenden Wege hinunter, ob sie nicht irgendwo die schlanke Gestalt ihrer Schwester erspähen könnte. Am Ende des einen Pfades war ein Zaun mit einem Zauntritt, der die Königliche Domäne oder den Königspark, wie sie genannt wird, von der öffentlichen Landstraße trennte; hierhin richtete sie häufig ihren Blick. Plötzlich sah sie dort zwei Gestalten auftauchen, so, als hätten sie sich bis dahin dicht am Zaun gehalten, um nicht bemerkt zu werden. Die eine Gestalt, ein Mann, kehrte eilig um; die andere, ein Weib, überstieg den Tritt und kaum auf Jeanie zu. Es war Effie. Sie ging auf ihre Schwester mit jener übertriebenen Munterkeit zu, die Frauen ihres und zuweilen auch höheren Standes gelegentlich annehmen, um ihre Überraschung oder Verwirrung zu verbergen, und trällerte vor sich hin:

«Am Hügel saß der Elfenfürst –
der Ginster grünt, der Ginster blüht.
O holde Maid, auf der Heide wirst
du nie mehr singen dein munteres Lied.»

«Pst, Effie!» sagte ihre Schwester. «Vater wird gleich aus dem Stall kommen.» – Die Angeredete hielt in ihrem Lied inne. – «Wo bist du so spät am Abend gewesen?»

«Es ist noch nicht spät, Schwester», antwortete Effie.

«Alle Turmuhren in der Stadt haben schon acht geschlagen, und die Sonne ist bereits hinter den Corstorphine-Hügeln untergegangen. – Wo warst du denn nur so lange?»

«Nirgends», antwortete Effie.

«Und wer ist da eben am Zauntritt von dir weggegangen?»

«Niemand», versetzte Effie wieder.

«Nirgends? Niemand? – Ich wünschte, du triebest dich so spät abends wirklich nirgends mit niemandem herum, Effie!»

«Was fragst du mich denn so aus?» gab Effie zurück. «Frag mich nichts, und ich brauche nicht zu lügen. Ich frag dich auch nicht, warum der Laird von Dumbiedikes Tag für Tag hierherkommt, um wie ein wilder Kater zu glotzen – nur daß seine Augen grüner sind und nicht so funkeln –, bis man das Gähnen kriegt.»

«Du weißt sehr gut, daß er kommt, um unseren Vater zu besuchen», antwortete Jeanie auf diese naseweise Bemerkung.

«Und Schulmeister Butler – kommt der auch, um den Vater zu besuchen, der seine lateinischen Brocken so liebt?» fragte Effie, froh, den drohenden Angriff auf sich selbst dadurch abzuwenden, daß sie den Krieg in das Gebiet des Feindes hinüberspielte; und mit jugendlichem Mutwillen verfolgte sie ihren Sieg über ihre ältere verständigere Schwester. Sie sah sie mit schlauem, etwas spöttischem Blick an, während sie mit leiser, aber nachdrücklicher Stimme eine Strophe aus einem alten schottischen Lied sang:

«Auf dem Kirchhof traf
mich mittags der Graf.
Der arme Schelm, er tat mir kein Leid;
in der Dämmerung
kam sein Schreiber jung...»

Hier hielt die Sängerin inne, blickte ihrer Schwester ins Gesicht, und da sie Tränen in ihren Augen bemerkte, schlang sie plötzlich die Arme um ihren Hals und küßte ihr die Tropfen weg. Jeanie, obgleich verletzt und unwillig, konnte doch den Liebkosungen dieses einfachen Naturkindes nicht widerstehen, das im Guten wie im Bösen mehr aus einem unwillkürlichen Trieb als aus Überlegung zu handeln schien. Als sie jedoch zum Zeichen völliger Versöhnung den schwesterlichen Kuß zurückgab, konnte sie den sanften Vorwurf nicht unterdrücken: «Wenn du schon solch dumme Lieder lernst, Effie, solltest du besser wissen, wo du sie singen darfst und wo nicht.»

«Ich möchte schon, Jeanie», gab das Mädchen zurück, immer noch ihre Schwester umschlingend, «und ich wünschte, ich hätte nie welche gelernt – und ich wünschte, wir wären nie hierhergekommen –, und ich wünschte, ich hätte mir lieber die Zunge abgebissen, als dich damit geärgert.»

«Laß nur, Effie», erwiderte die liebevolle Schwester, «ich kann nicht sehr böse werden über etwas, was du mir sagst. Aber kränke den Vater nicht!»

«Ach nein – nein», erwiderte Effie, «und wenn es auch morgen abend dort soviel Tänze gäbe, wie muntere Tänzer sich winternachts am nördlichen Himmel drehen, so will ich doch keinen Schritt danach tun.»

«Tänze?» wiederholte Jeanie voll Erstaunen. «O Effie, wie könntest du zu einem Tanz gehen?»

Höchstwahrscheinlich hätte die Lilie von St. Leonard's in ihrer augenblicklichen mitteilsamen Stimmung ihrer Schwester rückhaltlos Vertrauen geschenkt und mir die Mühe erspart, eine traurige Geschichte erzählen zu müssen, aber in dem Augenblick, wo das Wort «Tanz» ausgesprochen wurde, erreichte es das Ohr des alten David Deans, der gerade um die Ecke des Hauses bog und auf seine Töchter traf, ehe sie noch seiner Gegenwart gewahr wurden. Das Wort «Prälat» oder selbst das Wort «Papst» hätte schwerlich eine schrecklichere Wirkung auf Davies Ohr hervorbringen können; denn von allen Belustigungen verdammte er am meisten das Tanzen, das er einen vorsätzlich herbeigeführten Anfall von regelrechtem Wahnsinn nannte, da es jeden ernsten Gedanken ersticke und zu allen Arten von Ausschweifungen und Zügellosigkeiten verleite; er hielt darum die Abhaltung und selbst Duldung von Versammlungen oder Zusammenkünften sowohl in den höheren wie niederen Schichten zu diesem absurden und phantastischen Zweck ebenso wie die Veranstaltung von dramatischen Vorstellungen für einen der schlagendsten Beweise der Sittenverderbnis und Ursachen des himmlischen Zorns. Das Aussprechen des Wortes «Tanz» durch seine eigenen Töchter und auf seiner eigenen Schwelle schlug dem Faß den Boden aus.

«Tanz!» brach er los. «Tanz! Tanz, sagt ihr? Ich verbiete euch nichtsnutzigen Frauenzimmern, auf meiner Schwelle solch ein Wort auszusprechen! Es ist ein liederlicher, unheiliger Zeitvertreib! Die in Abgötterei verfallenen Israeliten übten ihn, als sie um das Goldene Kalb zu Bethel tanzten, und das unselige Mädchen, das Johannes dem Täufer den

Kopf abtanzte – über welches Kapitel ich euch heute abend zu eurer weiteren Belehrung aus der Schrift vorlesen will, denn ihr scheint's nötig zu haben –, aber sie hat seither bestimmt Grund genug gehabt, den Tag zu beklagen, wo sie sich dazu hergegeben hat, zu solch einem Zweck ein Bein zu schwingen. Es wäre besser für sie gewesen, sie wäre als Krüppel geboren und hätte sich von Tür zu Tür schleppen müssen wie die alte Bessie Bowie, um sich ein paar Pfennige zu erbetteln, als die Tochter eines Königs zu sein, die springend und hüpfend zur Hölle tanzte. Ich habe mich immer gewundert, wie ein Mensch, der jemals zum Gebet das Knie beugte, es fertigkriegen konnte, nach dem Gequiek eines Pfeifers oder Gewinsel eines Fiedlers die Beine zu werfen. Und ich danke Gott – wie der ehrwürdige Peter Walker, der Hausierer von Bristo Port*, sagt –, daß es mein Schicksal in meinen jungen Tagen war, in beständiger Angst und Furcht um Kopf und Kragen leben zu müssen, daß die Drohung und Mahnung würgender Stricke, pfeifender Kugeln und schneidender Schwerter und die Marter von Daumenschrauben und spanischen Stiefeln, Kälte und Hunger, Nässe und Müdigkeit meines Herzens Leichtsinn und meiner Füße Übermut zügelten. Darum, höre ich noch ein einziges Mal, ihr verworfenen Geschöpfe, das Wort ‹Tanzen› von euch, oder denkt ihr nur daran, daß es allewege so etwas gibt, wie zum Gekratze eines Fiedlers und Gedudel eines Pfeifers rumzutänzeln und rumzuscharwenzeln – so wahr meines Vaters Seele im Himmel ist! –, ich erkenne euch nicht mehr für die Meinigen und verstoße euch! – Geht hinein jetzt, geht hinein, ihr dummen Dinger», fügte er in milderem Ton hinzu, denn die Tränen beider Töchter, insonderheit Effies, flossen unaufhaltsam, «geht hinein, Kinder, und wir wollen Gott bitten, uns vor aller Art weltlicher Torheit zu bewahren, denn sie führt zur Sünde und fördert das Reich der Finsternis, das da streitet mit dem Reich des Lichts.»

* s. Anm. V «Peter Walker».

David Deans' Ermahnung war gut gemeint, kam jedoch zur unrechten Zeit. Sie erregte einen Zwiespalt der Gefühle in Effies Brust und hielt sie davon ab, sich ihrer Schwester anzuvertrauen, wie sie beabsichtigt hatte.

Sie würde mich für nicht besser halten als den Schmutz unter ihren Füßen – sagte Effie zu sich –, wenn ich ihr gestände, daß ich viermal im grünen Grund und einmal bei Maggie Macqueen mit *ihm* getanzt habe, und sie könnte mir damit drohen, sie würde es dem Vater sagen, und dann würde ich ganz und gar von ihrer Gunst und Gnade abhängen. Aber hingehen werde ich nicht wieder – nein, ich werde ganz gewiß nicht wieder hingehen. Ich werde ein Blatt von meiner Bibel einknicken – das ist so gut, als hätte ich einen Eid geschworen, daß ich nicht mehr hingehen will.*

Und sie hielt ihr Gelübde eine ganze Woche lang, während welcher sie überaus mürrisch und verdrießlich war, Unarten, die man sonst nicht an ihr bemerkt hatte, außer in einem Augenblick des Widerspruchs.

Das Geheimnisvolle in all diesem beunruhigte die kluge und wohlmeinende Jeanie sehr; um so mehr, als sie es für unfreundlich gegen ihre Schwester hielt, einen vielleicht nur in ihrer Einbildung bestehenden unbegründeten Verdacht ihrem Vater mitzuteilen. Auch sah sie bei all ihrer Achtung vor dem guten Alten sehr wohl, daß er ebenso aufbrausend wie rechthaberisch war, und bisweilen dachte sie sogar, daß er seine Abneigung gegen jugendliche Vergnügungen weiter treibe, als es Frömmigkeit und Vernunft verlangten. Jeanie war verständig genug, einzusehen, daß eine plötzliche strenge Einschränkung der bisher unbegrenzten Freiheit ihrer Schwester eher Böses als Gutes bewirken würde und daß Effie mit dem Eigensinn und Trotz der Jugend das, was an ihres Vaters Geboten übertrieben war, als Entschuldigung

* Der Brauch, ein Blatt in der Bibel einzukniffen, um ein Gelöbnis zu bekräftigen, gilt noch jetzt vielfach als eine Art Schwur.

nehmen könnte, sich ganz und gar darüber hinwegzusetzen. In den höheren Ständen ist auch das mutwilligste Fräulein noch immer den Gesetzen des Anstands und der Aufsicht der Mütter oder Erzieherinnen unterworfen, aber das Landmädchen, das sich die Augenblicke seiner Lust während der Arbeitspausen stehlen muß, steht nicht unter solcher Hut und Zucht, und seine Vergnügungen werden um so gewagter. All dies überdachte Jeanie mit großer Besorgnis – da trat ein Umstand ein, der geeignet schien, ihre Befürchtungen zu zerstreuen.

Mrs. Saddletree, mit der wir unsere Leser schon bekannt gemacht haben, war eine weitläufige Verwandte von Douce Davie Deans, und da sie eine Person von ordentlichem Lebenswandel und gutem Ruf war und überdies ein hübsches Vermögen besaß, hielt man eine Art von Verkehr zwischen beiden Familien aufrecht. Etwa anderthalb Jahre nun, ehe unsere Geschichte beginnt, bedurfte diese fleißige Frau in ihrem Geschäft eine Art besseren Dienst- oder vielmehr Ladenmädchens. Saddletree, sagte sie, sei selten im Laden, sobald er seine Nase ins Gericht stecken könne, und es sei für eine Frau eine dumme Sache, allein zwischen Ballen gegerbten Leders zu stehen und Sättel und Zäume zu verkaufen; sie hätte darum ihr Augenmerk auf ihre entfernte Base Effie Deans gerichtet – das wäre gerade das richtige Mädchen, das ihr bei solchen Gelegenheiten zur Hand gehen könnte.

An diesem Vorschlag war vieles, was dem alten David gefiel: Effie sollte Lohn, Kost und Logis haben; sie war gut untergebracht; sie würde unter der Aufsicht Mrs. Saddletrees sein, die einen aufrechten Wandel führte und dicht bei der Tolbooth-Kirche wohnte, wo man noch die erbaulichen Predigten eines der wenigen Geistlichen der Schottischen Kirche hören konnte, die ihre Knie – nach Davids Ausdruck – nicht vor Baal gebeugt oder teilhatten an den allgemeinen Gebrechen der Nation: Union, Toleranz, Patronage und einen Haufen prälatistischer, erastianischer Eide, die der Kirche seit der Revolution auferlegt worden waren – besonders unter der Regierung «der Verstorbenen» (wie er Königin Anne nannte), der letzten aus dem unglücklichen Haus Stuart. In seinem Glaubenseifer dachte der gute Alte nur an die Reinheit der religiösen Lehre, die seine Tochter hören sollte, nicht an die Schlingen anderer Art, denen ein so schönes, junges und mutwilliges Geschöpf mitten in einer so dichtbevölkerten und verderbten Stadt ausgesetzt sein könnte. Tatsächlich war sein Abscheu gegen alle Verirrungen, die in solchem Fall am meisten zu fürchten sind, viel zu groß, als daß er nur im geringsten hätte vermuten und dagegen vorsorgen können, daß Effie sich jemals einer solchen Sünde schuldig machen würde – sowenig wie eines Mordes. Er bedauerte nur, daß sie unter demselben Dach mit einem so weltklugen Mann wie Bartoline Saddletree leben müsse. Denn David hatte keine Ahnung, daß dieser nur ein Dummkopf war, sondern glaubte, er besäße wirklich all die Gesetzeskenntnisse, worauf er Anspruch erhob, und mochte ihn deswegen nur um so weniger leiden. Gerade die Rechtsgelehrten nämlich, besonders diejenigen, die in der Generalversammlung der Kirche als regierende Älteste saßen, hatten den Abschwöreid, die Patronage und andere Maßnahmen gefördert, die nach David Deans' Ansicht ein Angriff auf die Zierden des Heiligtums und die Freiheiten der Kirche waren. Über die Gefahren, die von den Grundsätzen eines solchen gesetzeskundigen Buchstabenmenschen wie Saddletree drohten, gab David seiner Tochter viele Lehren; so viele, daß er die Gefahren leichtsinnigen Lebenswandels, schlechten Umgangs und paarweisen Tanzens nur flüchtig erwähnen konnte – Gefahren, denen Effie im Hinblick auf ihr Alter den meisten Menschen wohl mehr ausgesetzt schien als der, in kniffligen Glaubensfragen zu irren.

Jeanie trennte sich von ihrer Schwester mit einem Gefühl, in dem Bedauern, Furcht und Hoffnung sich mischten. Sie baute nicht so fest auf Effies Besonnenheit wie ihr Vater, denn sie hatte sie näher beobachtet, besaß mehr Verständnis für ihre Empfindungen und konnte die Versuchungen, denen sie ausgesetzt war, besser beurteilen. Andererseits war Mrs. Saddletree eine angesehene, kluge und scharfsichtige Person, die wohl imstande war, Effie die volle Autorität einer Gebieterin bei aller Güte doch mit Strenge fühlen zu lassen. Auch würden mit Effies Übersiedlung zu den Saddletrees wahrscheinlich einige fragwürdige Bekanntschaften ein Ende finden, die – wie Jeanie argwöhnte – ihre Schwester in der benachbarten Vorstadt gemacht hatte. Alles in allem sah Jeanie ihre Abreise von St. Leonard's darum nicht ungern, und erst im Augenblick der Trennung selbst – der ersten in ihrem Leben – fühlte sie den schwesterlichen Kummer in seiner ganzen Stärke. Während sie sich wieder und wieder auf die Wangen küßten und einander die Hände drückten, nahm Jeanie den Augenblick der innigen Zuneigung wahr, ihrer Schwester die Notwendigkeit äußerster Vorsicht in ihrem Verhalten bei ihrem Aufenthalt in Edinburgh einzuschärfen. Effie hörte sie still an, ohne ihre langen dunklen Wimpern zu heben, von denen die Tropfen so dicht wie aus einem Springquell herniederfielen. Am Schluß schluchzte sie nochmals laut auf, küßte ihre Schwester, versprach, sich all der guten Ratschläge, die sie ihr gegeben hatte, zu erinnern, und sie schieden.

Während der ersten Wochen erfüllte, ja übertraf Effie alle Erwartungen ihrer Verwandten. Aber dieser anfängliche Diensteifer erschlaffte bald. Um noch einmal den Dichter anzuführen, der ebenso schön wie treffend die Sitten des Lebens schildert:

> Es war etwas – was, konnte keiner sagen –,
> so steigen Wölkchen auf an Sommertagen;
> Gemunkel ging und Klatsch von Mund zu Mund,
> man wußte nicht, ob mit, ob ohne Grund.

In dieser Zeit war Mrs. Saddletree zuweilen darüber ungehalten, daß Effie zu lange ausblieb, wenn sie mit geschäftlichen Aufträgen ausgeschickt wurde, und noch obendrein

ein gekränktes Gesicht machte, wenn sie bei solchen Gelegenheiten einen Verweis erhielt. Allein, die gute Frau meinte, jenes sei nicht weiter verwunderlich bei einem Mädchen, dem alles in Edinburgh fremd und neu wäre, und dies sei nur der Trotz eines verzogenen Kindes, das zum erstenmal dem Zwang häuslicher Zucht unterworfen wird. Gehorsam und Pünktlichkeit könnten nicht auf einmal gelernt werden – Holyrood sei nicht an einem Tag erbaut –, Gewohnheit würde das ihre tun.

Es schien, als sollte die umsichtige alte Dame recht behalten. Ehe einige Monate verstrichen waren, war Effie von ihren Dienstgeschäften unzertrennlich. Aber sie verrichtete sie nicht mehr mit der Heiterkeit und Flinkheit, die vordem jeden Kunden angezogen hatten. Ihre Herrin bemerkte zuweilen, daß ihre Augen voll Tränen standen, doch Effie suchte diese Zeichen geheimen Kummers eiligst zu verbergen, sobald sie sich beobachtet fühlte. Die Zeit ging hin, Effies Wange wurde bleich und ihr Schritt schwer. Die Ursache dieser Veränderungen wäre dem mütterlichen Auge von Mrs. Saddletree gewiß nicht entgangen, aber sie war gerade in den letzten Monaten von Effies Dienst durch eine Krankheit an ihr Bett gefesselt. In dieser Zeit grenzte der Zustand der unglücklichen Effie an Verzweiflung. Mit äußerster Anstrengung suchte das arme Mädchen häufige Anfälle von Ohnmacht und Schwindel zu bekämpfen – zumeist vergeblich –, und sie beging so gewaltige und unverzeihliche Mißgriffe im Laden, daß Bartoline Saddletree, der während der Krankheit seiner Frau genötigt war, sich des Geschäfts mehr anzunehmen, als sich mit seinem Studium der wichtigeren Rechtsangelegenheiten vertrug, alle Geduld mit dem Mädchen verlor und ohne viel Rücksicht auf das Geschlecht in seinem Rechtslatein erklärte, sie sei von Rechts wegen als fatuus, furiosus und naturaliter idiota zu betrachten. Auch die anderen Dienstboten und Nachbarn bemerkten mit schadenfroher Neugier oder entwürdigendem Mitleid die veränderte Gestalt, die nachlässige Kleidung und die verhärmten Wangen des einst so schönen und noch immer anziehenden Mädchens. Aber keinem wollte sie ihr Vertrauen schenken, allen Sticheleien begegnete sie mit bissigem Spott und ernsten Ermahnungen mit hartnäckigem Leugnen oder einer Tränenflut.

Als endlich Mrs. Saddletrees Genesung ihr zu gestatten schien, sich wieder in gewohnter Weise um ihren Haushalt zu kümmern, erbat sich Effie Deans – als ob sie sich scheue, ihrer Gebieterin unter die Augen zu treten – von Mr. Saddletree einige Wochen Urlaub. Als Grund schützte sie Krankheit und den Wunsch nach Ruhe und Luftveränderung vor. Obwohl Mr. Saddletree scharfäugig wie ein Luchs war (oder es wenigstens zu sein glaubte), wenn es sich um Haarspaltereien in Rechtsfragen handelte, war er, wo es galt, Schlüsse aus den Begebenheiten des gewöhnlichen Lebens zu ziehen, ebenso schwerfällig wie ein deutscher Mathematikprofessor. Ohne den geringsten Argwohn zu hegen und ohne weitere Fragen zu stellen, ließ er Effie ziehen.

Wie sich später herausstellte, lag zwischen Effies Entfernung vom Haus ihrer Herrschaft und ihrer Ankunft in St. Leonard's ein Zeitraum von einer Woche. Als sie vor ihre Schwester trat, erschien sie dieser eher wie ein Gespenst als ein lebender Mensch – so wenig glich sie dem schönen, munteren Mädchen, das ihres Vaters Haus erstmals vor kaum siebzehn Monaten verlassen hatte. Die langwierige Krankheit ihrer Dienstherrin hatte ihr in den letzten Monaten zum Vorwand gedient, sich ganz in die dunklen Räume des Ladens am Lawnmarket zu verkriechen, und Jeanie war während des gleichen Zeitraums so sehr mit den Angelegenheiten der väterlichen Wirtschaft beschäftigt gewesen, daß sie nur selten Muße zu einem Gang in die Stadt und einem flüchtigen Besuch bei ihrer Schwester gefunden hatte. Die Mädchen hatten sich daher mehrere Monate lang kaum gesehen; und nicht ein einziges der bösen Gerüchte war den Bewohnern der abgelegenen Hütte von St. Leonard's zu

Ohren gekommen. Daher erschrak Jeanie beim Anblick ihrer Schwester fast zu Tode; sie überhäufte sie mit Fragen, auf welche das unglückliche junge Mädchen zuerst nur ausweichende und unzusammenhängende Antworten gab und zuletzt in einen Weinkrampf verfiel. Des Fehltritts ihrer Schwester nur zu gewiß, hatte Jeanie nun die schreckliche Wahl, ob sie ihn dem Vater entdecken oder alles daransetzen sollte, ihn vor ihm zu verhehlen. Auf alle Fragen nach dem Namen oder Stand ihres Verführers und dem Schicksal des Wesens, dem sie das Leben geschenkt hatte, blieb Effie stumm wie ein Grab, dem sie selbst nicht mehr fern schien – wirklich brachte die geringste Anspielung sie fast zum Wahnsinn. In ihrer Angst und Verzweiflung wollte sich Jeanie schon zu Mrs. Saddletree begeben, um sich bei ihr Rat zu holen und sich zugleich einiges Licht über die unglückliche Angelegenheit zu verschaffen, als ein neuer Schicksalsschlag sie dieser Mühe enthob und das Maß des Unglücks vollmachte.

David Deans war durch den Gesundheitszustand, in dem seine Tochter in das väterliche Haus zurückgekehrt war, sehr beunruhigt worden, aber Jeanie hatte genauere und nähere Nachforschungen zu verhindern gewußt. Es traf daher den armen Alten wie ein Donnerschlag, als sich in der Mittagsstunde, gerade als der Laird von Dumbiedikes wie gewöhnlich zu Besuch gekommen war, noch andere, höchst unerwartete schreckliche Gäste im Haus von St. Leonard's einstellten. Es waren Gerichtsdiener mit dem Auftrag, Euphemia oder Effie Deans wegen Verdachts des Kindsmordes zu verhaften. Die betäubende Gewalt eines so völlig unerwarteten Schlages war zuviel für den alten Mann, der in seiner Jugend den Drohungen militärischer und bürgerlicher Tyrannei trotz ihrer Schwerter und Flinten, Galgen und Foltern widerstanden hatte. Ohnmächtig schlug er der Länge nach zu Boden, während jene Männer, froh, daß sie nicht abzuwarten brauchten, bis er wieder zu sich kam, den Gegenstand ihrer Suche mit rauhem Mitgefühl von seinem

Lager hoben und in eine mitgebrachte Kutsche setzten. Es war Jeanie kaum gelungen, durch eiligst angewandte Mittel ihren Vater wieder zum Bewußtsein zu bringen, als das Geräusch der dahinrollenden Räder sie an ihre unglückliche Schwester erinnerte. Laut schreiend wollte sie in ihrer Verzweiflung dem Wagen nachrennen – so vergeblich auch der Versuch, ihn einzuholen, sein mochte; einige Nachbarinnen indessen, die das ungewöhnliche Ereignis eines vor dem abgelegenen Haus vorfahrenden Kutschwagens herbeigelockt hatte, hielten sie fest und führten sie fast mit Gewalt wieder in das väterliche Haus zurück. Die Anteilnahme und tiefe Betrübnis dieser armen Leute, bei denen die kleine Familie von St. Leonard's in hoher Achtung stand, erfüllten das Haus mit Wehklagen. Selbst Dumbiedikes wurde aus seiner gewohnten Apathie aufgerüttelt und stieß, nach seiner Börse tastend, hervor: «Jeanie, Mädchen! Jeanie, Mädchen, weine nicht! So etwas ist freilich schlimm, aber vielleicht hilft Geld?», und damit zog er die Börse aus der Tasche.

Der alte Mann hatte sich inzwischen erhoben; er schaute um sich, als vermisse er etwas, dann schien er sich allmählich zu erinnern und seines Elends bewußt zu werden. «Wo», rief er mit einer Stimme, daß die Wände dröhnten, «wo ist die niederträchtige Metze, die den Namen eines ehrlichen Mannes geschändet hat? Wo ist sie, die nicht zu uns gehört, aber zu uns gekommen ist, befleckt mit ihrer Sünde, wie Satan zu den Kindern Gottes? Wo ist sie, Jeanie? Bring sie vor mich, daß ich sie töte mit einem Blick und Wort!»

Alle drängten sich um den Alten und versuchten ihn zu trösten – jeder nach seiner Art: der Laird mit seiner Börse, Jeanie mit gebrannten Federn und stärkendem Getränk und die Weiber mit ihren Ermahnungen: «O Nachbar! O Mr. Deans, es ist gewiß eine traurige Prüfung – aber denkt an den Hort der Zeiten, Nachbar, denkt an des Herrn Verheißung!»

«Ich denke daran, Nachbarn! Gott sei gedankt, daß ich daran denken kann, selbst jetzt, wo alles, was ich gehegt und gepflegt, in Schutt und Scherben liegt. Aber der Vater einer Verworfenen zu sein – einer Ruchlosen – einer blutigen Zippora – einer Mörderin! Oh, wie werden die Bösen frohlocken in den Brutstätten ihrer Bosheit! Die Latitudinarianer, die Prälatisten und die Mörder mit ihren blutigen Würgerhänden! Wie werden sie die Mäuler aufreißen und sagen, daß wir nicht besser sind als sie! – Wahrlich, wahrlich, ich sage euch, Nachbarn, ich bin betrübt bis in den Tod – mich dauert der armen Verlorenen, des Kindes meines späten Alters –, doch mehr noch um des Anstoßes und Ärgernisses willen, die es allen gerechten und frommen Seelen sein wird!»

«Davie, wird denn Geld nichts helfen?» suchte ihn der Laird zu beruhigen, ihm noch immer seine mit Guineen gefüllte grüne Börse hinhaltend.

«Ich sage Euch, Dumbiedikes», erwiderte Deans, «meine ganze irdische Habe hätte ich hingegeben, um sie vor diesem Fallstrick des Bösen zu bewahren, mit nichts als meiner Mütze und meinem Stab wäre ich hinausgepilgert, um ein Vergeltsgott, ein Almosen zu erflehen, und hätte mich dabei noch für einen glücklichen Mann gehalten. Aber könnte auch nur ein Taler, ein Heller oder der zehnte Teil eines Hellers sie und ihre offenbare Schuld und offenbare Schmach vor öffentlicher Strafe bewahren, David Deans würde diesen Handel nimmer eingehen! Nein, nein; Aug' um Auge, Zahn um Zahn, Leben um Leben, Blut um Blut – so lautet das Gesetz der Menschen und das Gesetz Gottes. – Laßt mich, Freunde, laßt mich! Allein und auf meinen Knien muß ich ringen, um mit dieser schweren Heimsuchung fertig zu werden.»

Jeanie, die sich inzwischen einigermaßen gefaßt hatte, stimmte dieser Bitte bei. Der nächste Tag fand Vater und Tochter zwar auch noch in tiefstem Schmerz, doch ließ der fromme Stolz des Vaters ihn die Last des Unglücks mit finsterer Ergebung tragen, und die Tochter unterdrückte sorglich ihre eigenen Empfindungen, um nicht die seinigen wieder zu erwecken. So stand es mit der bedauernswerten Familie bis zu dem Morgen nach Porteous' Tod, welchen Zeitpunkt wir jetzt wieder erreicht haben.

11. Kapitel

> Sind alle Heimlichkeiten, die wir teilten,
> der Schwestertreu Gelübde, jene Stunden,
> wo wir den raschen Tritt der Zeit verwünscht,
> weil sie uns schied: oh, alles nun vergessen?
>
> *Sommernachtstraum*

Wir haben lange gebraucht, Butler zu der Tür der Hütte von St. Leonard's zu geleiten; doch die Zeit, die uns die vorhergehende Erzählung gekostet hat, erreicht noch lange nicht jene an Dauer, die er wirklich an dem Morgen, der auf Porteous' Hinrichtung durch die Aufrührer folgte, auf den Salisbury-Felsen verbrachte. Zu diesem Zaudern hatte Butler seine eigenen Gründe. Aufgeregt zunächst durch die traurigen Nachrichten von Effie Deans' Schicksal und dann durch das schreckliche Schauspiel, dem er beigewohnt hatte, wünschte er vorerst seine Gedanken zu sammeln. Auch mußte er im Hinblick auf das Verhältnis, in dem er zu Jeanie und ihrem Vater stand, einige Förmlichkeit beobachten – zum wenigsten durch die Wahl einer schicklichen Besuchszeit. Acht Uhr morgens war damals die übliche Frühstücksstunde, und diese beschloß er abzuwarten, ehe er sich in der Hütte zeigte.

Niemals waren ihm die Stunden so langsam vergangen. Es litt ihn nicht an ein und demselben Fleck; er stand auf und wanderte in der Umgebung umher, um die Zeit hinzubringen. Er hörte die große Glocke von St. Giles eine Stunde nach der anderen in schwellenden Tönen verkünden und die der anderen Kirchtürme es alsbald der Reihe nach bestätigen. Auf diese Weise hatte er es sieben schlagen hören; und er dachte, er könne es nun wohl wagen, sich allmählich St. Leonard's zu nähern, wovon er noch etwa eine Meile entfernt war. Er stieg also von seinem luftigen Standort in den Grund des Tals hinab, das die Salisbury-Felsen von den kleinen Felsen trennt, die den Namen von Saint Leonard tragen. Es ist, wie manche meiner Leser vielleicht wissen, ein tiefes, wildes Wiesental, übersät mit großen Felsbrocken und Trümmern, die von den nach Osten hin steil ansteigenden Abhängen und Klippen herabgestürzt sind.

Dieses abgelegene Tal war ebenso wie andere uneingehegte Stellen des königlichen Wildparks zu jener Zeit oft der Ort, wo Edelleute ihre Ehrenhändel mit dem Degen auszutragen pflegten. Duelle waren damals in Schottland an der Tagesordnung, denn der Adel war in Parteien gespalten, überdies hochfahrend, müßig, unbändig und dem Trunk ergeben, so daß es weder an Herausforderungen und Beleidigungen mangelte noch an der Neigung, solche zu rächen; und der Degen, der zum Anzug jedes Edelmanns gehörte, war die einzige Waffe, die zum Austrag solcher Streitigkeiten benutzt wurde. Als nun Butler in einiger Entfernung vom Fußpfad einen jungen Mann zwischen den verstreuten Felsstücken umherschleichen sah, der augenscheinlich nicht gesehen werden wollte, mußte er natürlich annehmen, daß er diesen einsamen Fleck zu solch schlimmem Vorhaben aufgesucht habe. Er hielt es ungeachtet seiner eigenen trüben Gemütsstimmung für seine Pflicht als Geistlicher, nicht an dieser Person vorüberzugehen, ohne mit ihr zu sprechen.

Es gibt Augenblicke, dachte er, wo eine einfache Ermahnung ein großes Unheil abwenden kann, wo ein zu rechter Zeit gesprochenes Wort mehr zu seiner Verhütung vermag als die Beredsamkeit eines Cicero zu seiner Wiedergutmachung. Auch meinen eigenen Kummer, und sei er noch so groß, werde ich leichter tragen, wenn ich mich durch ihn nicht an der Erfüllung meiner Pflicht hindern lasse.

Mit solchen Gedanken und Gefühlen verließ er den gewöhnlichen Pfad und ging auf den Mann zu, den er bemerkt hatte. Dieser, in der Absicht, wie es schien, ihm auszuweichen, schlug zuerst den Weg nach den Bergen ein, als er aber sah, daß Butler Miene machte, ihm auch dorthin zu folgen, rückte er unwirsch den Hut zurecht, kehrte um und kam ihm entgegen, als wolle er jeder Frage Trotz bieten.

Als sie sich so langsamen Schrittes einander näherten, hatte Butler Gelegenheit, den Fremden genauer zu betrachten. Er schien etwa 25 Jahre alt zu sein. Aus seiner Kleidung konnte man nicht mit Sicherheit auf seinen Stand schließen, denn sie war von der Art, wie sie junge, vornehme Leute zuweilen bei einem morgendlichen Gang tragen und die daher von Leuten aus niedrigerem Stand – jungen Schreibern und Kaufleuten – nachgeahmt wurde, weil ihre Wohlfeilheit sie erschwinglich machte, während sie sich zugleich der Tracht junger Stutzer mehr näherte als irgendeine andere, welche die Sitte der Zeit ihnen zu tragen erlaubte. Aber wenn sein Aussehen und sein Gebaren nicht trogen, schien der Unbekannte eher unter als über seinem Stand gekleidet zu sein; denn seine Haltung war stolz und hochmütig, sein Gang leicht und ungezwungen und sein Benehmen keck und herausfordernd. Er war von etwas mehr als mittlerer Größe und ebenmäßigem, etwas gedrungenem, doch nicht plumpem Gliederbau. Seine Gesichtszüge waren ungewöhnlich hübsch, und alles an ihm wäre anziehend und einnehmend gewesen ohne den schwer zu beschreibenden Ausdruck, den gewohnheitsmäßige Ausschweifung der Miene verleiht, und eine gewisse Frechheit in Blick und Betragen, die freilich oft nur eine angenommene Maske ist, hinter der sich Furcht und Verlegenheit verbergen.

Butler und der Unbekannte trafen jetzt zusammen, musterten einander, und als dieser, leicht an seinen Hut fassend, an ihm vorübergehen wollte, bemerkte Butler, während er den Gruß zurückgab: «Ein schöner Morgen, mein Herr – Ihr seid früh in den Bergen.»

«Ich habe hier zu tun», sagte der junge Mann in einem Ton, der jede weitere Frage verhindern sollte.

«Ich zweifle nicht daran, mein Herr», sagte Butler. «Ich hoffe – verzeiht – es ist nichts Unrechtes, was Ihr vorhabt?»

«Herr», sagte der andere sehr befremdet, «Unverschämtheit verzeihe ich nie. Ich begreife nicht, welches Recht Ihr habt, Euch um etwas zu bekümmern, was Euch nichts angeht.»

«Es ist mein Amt», sagte Butler. «Ich habe den Auftrag und die Vollmacht, Missetäter zur Rechenschaft zu ziehen.»

«Euer Amt?» sagte der junge Mann, indem er einen Schritt zurücktrat und seine Hand hastig an den Degen legte. «Euer Amt, mich zur Rechenschaft zu ziehen? Habt Ihr auch bedacht, als Ihr den Auftrag übernahmt, was Euer Leben wert ist?»

«Ihr habt mich mißverstanden, Herr», sagte Butler ernst, «mein Amt und mein Auftrag stammen nicht von dieser Welt. Ich bin ein Prediger des Evangeliums und habe die Macht, im Namen meines Herrn Friede auf Erden und den Menschen ein Wohlgefallen zu predigen, wie es im Evangelium verkündet worden.»

«Ein Geistlicher!» sagte der Fremde geringschätzig, fast verächtlich. «Ich weiß, die Herren Eures Zeichens maßen sich in Schottland ein seltsames Recht an, sich in die privaten Angelegenheiten anderer Leute einzumischen. Aber ich bin im Ausland gewesen und nicht willens, mich von Pfaffen gängeln zu lassen.»

«Mein Herr, wenn es wahr ist, daß sich jemand meines Zeichens oder, es schicklicher zu sagen, meines Berufs in die privaten Angelegenheiten anderer Leute einmischt – entweder um eine müßige Neugier zu befriedigen oder auch aus noch schlechteren Beweggründen –, so könnt Ihr im Ausland nichts Besseres gelernt haben, als solches Treiben zu verdammen. Aber der Herr hat mich geheißen, zur Zeit oder Unzeit Sein Werk zu tun, und da ich mir einer reinen Absicht bewußt bin, will ich mir lieber Euer Mißfallen zuziehen, weil ich spreche, als mir Vorwürfe machen zu müssen, wenn ich schwiege.»

«In des Teufels Namen!» rief der junge Mann ungeduldig. «So sagt denn, was Ihr zu sagen habt; obgleich ich wirklich nicht begreife, für wen Ihr mich eigentlich haltet und was Ihr von mir wollt, da Euch meine Person gänzlich fremd ist und Ihr von meinen Handlungen und Beweggründen ebensowenig wissen könnt.»

«Ihr seid im Begriff», sagte Butler, «eines der weisesten Gesetze Eures Vaterlandes zu übertreten – schlimmer: ein Gebot, das Gott uns selbst eingepflanzt, sozusagen auf die Tafel unseres Herzens eingegraben hat, wie der Widerhall beweist, den es in unserem ganzen Wesen findet.»

«Und wie heißt dieses Gesetz oder Gebot?» fragte der Fremde mit dumpfer und unsicherer Stimme.

«Du sollst nicht töten», sagte Butler in eindringlichem und feierlichem Ton.

Der junge Mann fuhr sichtlich zusammen und erbleichte. Butler sah, daß seine Worte Eindruck gemacht hatten und wollte diese günstige Stimmung nutzen.

«Bedenkt, junger Mann», sagte er und legte seine Hand gütig auf des Fremden Schulter, «vor welche schreckliche Wahl Ihr Euch selber stellt – entweder zu töten oder getötet zu werden. Bedenkt, was es heißt, ungerufen vor das Antlitz der beleidigten Gottheit zu treten, das Herz gärend von schlimmen Leidenschaften, die Hand noch heiß von dem Stahl, den Ihr mit all Eurer Kunst und bösen Absicht gegen die Brust eines Mitgeschöpfs geschwungen habt. Oder denkt Euch, Ihr wäret der kaum weniger unselige Überlebende, mit der Schuld Kains, des ersten Mörders, in Eurem Herzen, mit dem Kainszeichen auf Eurer Stirn – jenem Zeichen, das alle, die es erblickten, mit stummem Entsetzen erfüllte und durch welches sich der Mörder all denen kundtut, die ihn sehen. Denkt...»

Der Fremde entzog sich nach und nach der Hand seines Mahners, und den Hut tiefer in die Stirn drückend, unterbrach er ihn: «Eure Gesinnung, mein Herr, ist gewiß vortrefflich, aber Ihr verschwendet Euren Rat. Ich bin nicht in feindseliger Absicht gegen irgend jemanden hierhergekommen. Schlecht genug mag ich sein – ihr Priester sagt ja, daß alle Menschen es sind –, aber ich bin hier, um ein Leben zu retten, nicht eines zu vernichten. Wenn Ihr lieber eine gute Tat tun wollt als über etwas reden, wovon Ihr selber nichts wißt, so will ich Euch die Gelegenheit dazu geben. Seht Ihr jenen Felsblock zur Rechten, über dem der Schornstein eines alleinstehenden Hauses emporragt? Geht dorthin und fragt nach einer gewissen Jeanie Deans, der Tochter des dortigen Pächters; sagt ihr, der Bewußte habe hier von Tagesanbruch an bis zu dieser Stunde auf sie gewartet und könne nun nicht länger verweilen. Sagt ihr, sie *müsse* mich heute nacht, wenn der Mond hinter dem St. Anthony's Hill aufgeht, auf dem Jägermoor treffen, wenn sie mich nicht rasend machen will.»

«Was und wer seid Ihr», erwiderte Butler, außerordentlich und höchst unangenehm überrascht, «daß Ihr mir eine solche Botschaft auftragt?»

«Ich bin der Teufel!» antwortete der junge Mann hastig.

Unwillkürlich wich Butler einen Schritt zurück und empfahl sich innerlich dem Schutz des Himmels; denn obgleich ein verständiger und beherzter Mensch, war er doch weder verständiger noch beherzter als andere seiner Zeit- und Standesgenossen, denen nicht an böse Geister oder Gespenster zu glauben als ein untrüglicher Beweis der Gottlosigkeit galt.

«Ja», fuhr der Unbekannte fort, ohne Butlers Erregung zu bemerken, «nennt mich Apollyon, Abaddon oder welchen Namen Ihr mir sonst geben wollt – als Geistlicher seid Ihr ja sicher mit den oberen und unteren Kreisen der Geisterschar vertraut –, Ihr werdet keinen finden, der seinem Träger so verhaßt ist wie mir der meinige.»

Er sagte dies mit der Bitterkeit der Selbstverachtung und einer wahrhaft teuflischen Grimasse. Butler, der zwar einen starken Geist, doch schwache Nerven besaß, fürchtete sich; denn die höchste Qual der Seele hat etwas Erhabenes, das alle Menschen erschreckt und zurückschaudern läßt, besonders solche von gütiger und mitleidiger Veranlagung. Der Fremde hatte sich, als er so sprach, von Butler abgewandt, wie um fortzugehen, kehrte aber sogleich wieder um und sagte, während er entschlossen auf ihn zukam, in heftigem und bestimmtem Ton: «Ich habe Euch gesagt, wer und was ich bin – wer und was seid Ihr? Wie ist Euer Name?»

«Butler», erwiderte der Gefragte, zu überrascht durch diese plötzliche Frage und das gebieterische, entschiedene Wesen dessen, der sie stellte, um mit der Antwort zu zögern, «Reuben Butler, ein Verkünder des Evangeliums.»

Bei dieser Antwort zog der Fremde wieder den Hut in die Stirn, den er bei seiner jähen Aufwallung vorhin zurückgeschoben hatte.

«Butler», wiederholte er, «der Gehilfe des Schulmeisters von Libberton?»

«Derselbe», antwortete Butler ruhig.

Der Fremde bedeckte sein Gesicht mit der Hand, als besinne er sich, und wandte sich dann ab; als er aber einige Schritte weit gegangen war und sah, daß Butler ihm mit den Augen folgte, stand er still und rief ihm in strengem, aber unterdrücktem Ton zu, gerade, als ob er genau berechnet hätte, daß seine Worte keinen Schritt weiter gehört werden sollten als an der Stelle, wo Butler stand: «Geht und richtet meine Botschaft aus! Seht mir nicht nach! Ich werde weder durch diese Felsschlünde versinken noch in einer Feuerflamme von hinnen fahren – und doch wird das Auge, das meine Schritte zu erspähen sucht, verdammt und verflucht sein. Geht und seht Euch nicht um. Sagt Jeanie Deans, ich erwarte sie, sobald der Mond aufgeht, bei Nicol Muschats Grabmal unterhalb der St. Anthony-Kapelle.»

Hierauf wandte er sich um und schlug den Weg nach den Bergen ein, mit einem Schritt, der von ebensolcher Entschiedenheit zeugte wie seine herrischen Worte.

In der Furcht, ein neues, ihm noch unbekanntes Unglück werde das Maß seiner Leiden füllen, und in Verzweiflung bei dem Gedanken, irgendein lebender Mensch dürfe dem Gegenstand seiner ersten und einzigen Neigung, ihr, die er als seine Verlobte betrachtete, in so befehlenden Ausdrücken eine solche außergewöhnliche Botschaft senden, ging Butler eilenden Schrittes dem Häuschen zu, um sich zu vergewissern, inwiefern jener freche und wilde Kavalier wirklich berechtigt wäre, von Jeanie Deans etwas zu fordern, was kein vernünftiges und noch weniger ein sittsames Mädchen gewähren würde.

Butler war von Natur weder eifersüchtig noch abergläubisch, doch lagen auch in ihm die Keime zu solchen Empfindungen und Regungen als ein Erbteil der Menschheit. Der Gedanke, daß ein solcher Wüstling, wie der Fremde es seinem ganzen Aussehen und Benehmen nach sein mußte, seine heimliche Verlobte und zukünftige Braut an einen so unpassenden Ort und zu einer solch unziemlichen Stunde berufen durfte, konnte ihn wahnsinnig machen. Doch der Fremde hatte nicht in jenem schmeichelnden Flüsterton gesprochen, womit der Verführer ein Stelldichein erbittet; seine Stimme war ungestüm, heftig und gebieterisch gewesen – nicht die Stimme der Liebe, sondern der Drohung und Einschüchterung.

Erklärlicher schiene schon die abergläubische Scheu Butlers, wenn er solchen Regungen sonst zugänglicher gewesen wäre. War dies wirklich der brüllende Löwe, von dem geschrieben stand, «er gehet umher und suchet, welchen er verschlinge»? Das war eine Frage, die Butlers Gemüt bedrückte – sowenig die heute Lebenden dies begreifen mögen. Das glühende Auge, das wilde Betragen, der nur mühsam gebändigte barsche Ton der Stimme, die Gesichtszüge, deren Schönheit bald Stolz verfinsterte, bald Argwohn verzog, bald Zorn entflammte, die dunklen Augen, die er bisweilen mit seinem Hut beschattete, als wolle er sie der Beobachtung entziehen, während er selbst das Gebaren und die Miene anderer belauerte, diese Augen, die bald von Schwermut umflort waren, bald Hohn und Verachtung sprühten, bald vor Wut funkelten – verrieten sie nur die Leidenschaften eines Sterblichen oder die Regungen des bösen Feindes, der vergeblich seine feindseligen Absichten unter der angenommenen Maske männlicher Schönheit zu verbergen sucht? Alles – Haltung, Miene und Sprache – paßte zu dem gefallenen Erzengel; und sowenig es uns gelungen sein mag, es zu schildern, diese Begegnung hatte Butler, der durch die Schrecknisse der vorangegangenen Nacht ohnehin erregt war, mehr erschüttert, als es sein Verstand billigen konnte oder sein Stolz zugeben wollte. Sogar der Ort, wo er diesen sonderbaren Unbekannten getroffen hatte, war gewissermaßen entweiht und entheiligt, weil hier schon so viele Menschen sowohl im Duell wie durch Selbstmord eines gewaltsamen Todes gestorben waren; auch die Stätte, die der Fremde zu jenem späten nächtlichen Stelldichein bestimmt hatte, war verrufen – eines grausigen Mordes halber, den der Elende, nach dem der Ort genannt war, an seinem eigenen Weib begangen hatte.* An solchen Plätzen hatten nach dem Glauben jener Zeiten, als die Gesetze gegen Zauberei noch in voller Kraft und sogar erst unlängst angewandt worden waren, böse Geister die Macht, sich menschlichen Augen sichtbar zu machen und auf die Gefühle und Sinne der Menschheit einzuwirken. Abergläubische, auf solche Umstände gegründete Vorstellungen spukten auch in Butlers Geist, der in seiner gegenwärtigen Gemütsverfassung am wenigsten darauf vorbereitet war, vernünftige Überlegungen anzustellen und etwas zu leugnen, was alle Menschen seiner Zeit, seines Landes und Standes glaubten; doch verwarf sein gesunder Menschenverstand diese leeren Vorstellungen als unvereinbar mit den allgemeinen Gesetzen, von welchen das Weltall beherrscht wird – Gesetzen, die, wie Butler selbst zutiefst überzeugt war, keine Ausnahme

* s. Anm. VI «Muschats Grabmal».

gestatten, es sei denn, ihre Möglichkeit würde durch den klaren Augenschein unwiderleglich bewiesen. Der Gedanke an einen irdischen Liebhaber indessen, einen jungen Mann, der gleichviel aus welcher Ursache das Recht hatte, ohne Umschweife so rücksichtslos über den Gegenstand seiner langjährigen und offenbar aufrichtig erwiderten Liebe zu verfügen, war eine ihm kaum weniger entsetzliche Vorstellung als jene, die der Aberglaube heraufbeschwor.

Mit erschöpften Gliedern, geängstigter Seele und voll schmerzlicher Zweifel und Erinnerungen schleppte sich Butler den Weg vom Tal zu St. Leonard's Crags hinauf und stand nun vor der Tür von Deans' Häuschen – mit Gefühlen, die an Bitterkeit den Betrachtungen und Befürchtungen seiner Bewohner nichts nachgaben.

12. Kapitel

Sie streckte aus die Lilienhand,
zu tun, was recht ihr schien:
«Nimm, Willie, deinen Schwur zurück
und zieh in Frieden hin.»

Alte Ballade

Herein», antwortete die sanfte, wohllautende Stimme, die Butler am liebsten hörte, als er an die Tür des Häuschens klopfte. Er hob den Riegel und trat in das Haus der Trauer. Jeanie gewann es nicht über sich, mehr als einen flüchtigen Blick auf ihren Liebsten zu werfen, den sie jetzt unter Umständen wiedersah, die ebenso quälend für ihr Gefühl waren wie demütigend für ihren ehrlichen Stolz. Es ist wohlbekannt, daß viel von dem, was sowohl gut wie schlecht am schottischen Nationalcharakter ist, der Innigkeit ihrer Familienbeziehungen entspringt. «Aus anständiger Familie zu stammen», das heißt von Leuten herkommen, die einen guten, untadeligen Ruf haben, ist ein Vorzug, der von den einfachen Schotten ebenso hoch gewertet wird wie das vornehme Gegenstück dazu – «aus gutem Haus zu sein» – von ihrem Landadel. Die Ehrbarkeit und Rechtschaffenheit des Mitglieds einer bäuerlichen Familie wird immer von ihr und anderen nicht nur als eine Angelegenheit ehrlichen Stolzes, sondern auch als eine Bürgschaft für das Wohlverhalten aller betrachtet. Eine Schmach hingegen, wie sie jetzt eine der Töchter Deans' betroffen hatte, bereitete all ihren Angehörigen Schande, und Jeanie fühlte sich zugleich in ihren eigenen Augen und in denen ihres Geliebten erniedrigt. Vergebens suchte sie dies Gefühl zu unterdrücken, das sie als zu geringfügig und selbstsüchtig empfand, um es mit ihrem Kummer über das Unglück ihrer Schwester zu vermengen. Die Natur siegte, und mit den Tränen, die sie über das traurige und schreckliche Los ihrer Schwester vergoß, mischten sich bittere Tropfen der Trauer über ihre eigene Entwürdigung.

Als Butler eintrat, saß der alte Mann am Feuer. Er hielt seine zerlesene Taschenbibel in der Hand, die treue Gefährtin in allen Gefahren bei den Wanderungen seiner Jugend, ihm auf dem Schafott von einem jener Märtyrer vermacht, die im Jahre 1686 ihren Schwärmerglauben mit ihrem Blut besiegelt hatten. Die Sonne sandte ihre Strahlen durch ein kleines Fenster hinter des Alten Rücken und beleuchtete «trübe durch den Rauch scheinend», um den Ausdruck eines Sängers jener Zeit und jenes Landes zu brauchen, die grauen Haare des alten Mannes und die heiligen Blätter, in denen er las. Seine Gesichtszüge, weit entfernt, schön zu sein, und eher hart und rauh, hatten außer dem gewöhnlichen ernsten und weltverachtenden Ausdruck bei all ihrer finsteren Strenge einen Ausdruck von stoischer Würde. Er rühmte sich in nicht geringem Grade der Eigenschaften, welche Southey den alten Skandinaviern zuschreibt, die er «hart im Schlagen und standhaft im Leiden» nennt. Das Ganze bildete ein Gemälde, dessen Lichter nur ein Rembrandt hätte wiedergeben können, dessen Umrisse aber die Kraft und Stärke eines Michelangelo erfordert hätten.

Deans hob die Augen, als Butler eintrat, doch senkte er sie sogleich wieder, als sei ihm sein Anblick ebenso überraschend wie peinlich. Er hatte sich über diesen weltklugen Schüler, wie er Butler in seinem Hochmut nannte, so erhaben gedünkt, daß von allen anderen Menschen gerade ihm in seiner Demütigung gegenüberzustehen ihm als der Gipfel seines Unglücks erscheinen mußte wie dem sterbenden

Häuptling in der alten Ballade sein «Graf Percy sieht meinen Fall».

Deans erhob die Bibel mit der linken Hand, um so teilweise sein Gesicht zu verdecken, und streckte die rechte, so weit er konnte, nach hinten Butler hin, wobei er sich zu gleicher Zeit von ihm abwandte, als wolle er verhindern, daß jener in seinen Zügen seine Bewegung läse. Butler ergriff die ausgestreckte Hand, die Stütze seiner verwaisten Kindheit, benetzte sie mit seinen Tränen und bemühte sich vergebens, mehr zu sagen als die Worte: «Gott tröste Euch – Gott tröste Euch!»

«Das wird er – das tut er, mein Freund», sagte Deans, sich ermannend, als er die Bewegung seines Gastes bemerkte. «Er tut es schon jetzt und wird es zu seiner Zeit noch mehr tun. Ich bin zu stolz gewesen auf das, was ich um der guten Sache willen erduldet habe, Reuben, und nun werde ich mit dem geprüft, was meinen Hochmut und Ruhm in Schmach und Schande verwandelt. Wieviel besser hatte ich mich gedünkt als jene, die sanft ruhten, üppig speisten und sich satt tranken, als ich mit dem edlen Donald Cameron und dem würdigen Mr. Blackadder, den sie den Rätselhaften nannten, in Sümpfen und Mooren zusammen war, und wie stolz war ich, als ich – ein Schauspiel für Menschen und Engel – um des Nationalen Covenants willen am Pranger in Canongate stand, noch ehe ich fünfzehn Jahre alt war! Zu denken, Reuben, daß ich in meinen jungen Jahren, als ich noch ein halbflügger Bursche war, so hoch geehrt und gepriesen ward, daß ich damals jährlich, monatlich, täglich, stündlich, minütlich wider die Verderbnis der Zeit stritt und mit erhobener Hand und lauter Stimme schonungslos wider die schlimmen Schlingen eiferte, die das letzte Weib aus jenem unseligen Geschlecht der Stuarts unserem Volk und unserer Kirche gelegt hatte – die Greuel des Patronats, der Toleranz und der Union; daß ich Zeugnis ablegte wider die ungesetzlichen Beschränkungen der Macht der Kirchenältesten durch meine Schrift ‹Schrei einer Eule in der Wüste›, die im Bow-head gedruckt und von allen fliegenden Händlern in Stadt und Land verkauft wurde – und jetzt...»

Hier schwieg er. Man kann sich wohl denken, daß Butler, obwohl er nicht alle Ansichten des guten Alten über das Kirchenregiment teilte, zuviel Zartgefühl und Mitleid mit ihm hatte, um ihn zu unterbrechen, als er mit bewußtem Stolz aufzählte, was für Leiden und wie standhaft er sie erduldet habe. Im Gegenteil, als jener in bitterem Gedenken der Gegenwart schwieg, suchte Butler sein Scherflein Trost beizutragen.

«Ihr seid, mein alter und verehrter Freund, als ein getreuer und geprüfter Nachfolger unseres Herrn und Heilands wohlbekannt, einer, der, wie es der heilige Hieronymus nennt, per infamiam et bonam famam grassari ad immortalitatem, was in freier Übersetzung etwa lautet ‹der unbekümmert um seinen guten oder schlechten Ruf zum himmlischen Leben wandelt›. Ihr seid einer von denen gewesen, an welche die schwachen und zagenden Seelen während der mitternächtlichen Einsamkeit sich wenden: ‹Wächter, welche Stunde der Nacht ist es? Wächter, welche Stunde der Nacht ist es?› – Und wahrlich, Gott, der diese schwere Heimsuchung über Euch verhängt hat, wird wissen, warum er es tat und zu welchem Zweck.»

«Ich nehme es so», sagte der arme Deans, den Druck von Butlers Hand erwidernd, «und wenn ich auch nicht gelehrt genug bin, um die Bibel in irgendeiner anderen Sprache zu lesen als in meinem heimischen Schottisch –» selbst in seiner Betrübnis war ihm Butlers lateinisches Zitat nicht entgangen –, «so habe ich nichtsdestoweniger daraus gelernt, mich auch in diese Wendung meines Schicksals mit Ergebenheit zu schicken. Aber ach! Reuben Butler, ich bin von früh an ein Ältester der Kirche gewesen, und man hielt mich bei all meiner Unwürdigkeit für einen ihrer Eckpfeiler und einen glänzenden Schaft. Was werden die leichtfertigen Weltkinder von dem Führer denken, der seine eigene Familie nicht vor dem Straucheln bewahren kann? Wie werden sie darüber jauchzen und frohlocken, daß die Kinder der Bekenner ebenso den Weg der Sünde wandeln wie die Nachkommen Belials! Aber ich will mein Kreuz tragen und mich damit trösten, daß alles, was Gutes an mir oder den Meinigen sein mochte, nur dem Licht glich, das auf nachtdunkler Halde von den Leuchtkäfern ausgeht – es scheint dem Auge hell, weil alles ringsumher finster ist; aber wenn die Sonne über den Bergen aufgeht, ist es nur armes, kriechendes Gewürm. Ebenso verhält es sich mit allem Gesetzeswerk und der menschlichen Rechtschaffenheit – es sind Lumpen, in die wir uns hüllen, um unsere Blöße zu bedecken.»

Während er noch sprach, öffnete sich die Tür von neuem, und Mr. Bartoline Saddletree trat ein. Er trug einen Stock mit goldenem Knopf in der Hand, seinen Dreispitz weit hinten auf dem Kopf und ein seidenes Taschentuch darunter, um ihn in dieser kühlenden Lage zu halten. Sein ganzes Gebaren war das eines wohlhabenden Bürgers, der hoffen kann, eines Tages noch Stadtverordneter zu werden, wenn nicht sogar selbst auf dem Kurulischen Stuhl zu sitzen.

La Rochefoucauld, der den Schleier von so manchen Krebsschäden des menschlichen Herzens gezogen hat, sagt, wir fänden in den Unglücksfällen unserer besten Freunde etwas, was uns nicht ganz mißfalle. Mr. Saddletree wäre sicherlich sehr ärgerlich geworden, hätte ihm jemand gesagt, daß er sich über das Unglück der armen Effie Deans und das Unheil freue, das ihre Familie betroffen habe; und doch ist sehr die Frage, ob nicht die Genugtuung, den Wichtigen zu spielen und den Rechtsfall nach allen Seiten hin zu untersuchen, darzulegen und zu erläutern, ihm nicht zum mindesten vollen Trost für den Kummer gewährte, den ihm sein Mitgefühl mit der Verwandten seiner Frau verursachte. Er hatte jetzt endlich einen wirklichen Rechtshandel beim Wickel, während er sonst seinen Rat aufdrängen mußte, wo man ihn weder erbeten hatte noch brauchen konnte; und er war über diesen Glücksfall so froh wie ein Junge, der seine erste Taschenuhr bekommt, die wirklich geht, wenn sie aufgezogen ist, und richtige Zeiger und ein richtiges Zifferblatt hat. Außer von diesem Rechtsthema mit seinem Drum und Dran war Bartolines Kopf noch voll von der Geschichte mit Porteous, seinem gewaltsamen Tod und all den möglichen Folgen für die Stadt und das Land. Es war das, was der Franzose l'embarras des richesses nennt, Verwirrung, die aus zuviel innerem Reichtum entsteht. Erfüllt von solchem Gefühl doppelter Wichtigkeit und mit der ganzen Überlegenheit dessen, der mehr weiß als die Gesellschaft, in die er kommt, und sich darum berechtigt glaubt, sein Wissen ohne Gnade und Barmherzigkeit auf sie abzuladen, betrat er das Zimmer. «Guten Morgen, Mr. Deans! Guten Morgen, Mr. Butler – ich wußte gar nicht, daß Ihr mit Mr. Deans bekannt seid.»

Butler gab eine einsilbige Antwort; es läßt sich leicht erraten, warum er seine Bekanntschaft mit der Familie, die in seinen Augen etwas von einem zarten Geheimnis hatte, nicht zum Gegenstand häufiger Gespräche mit gleichgültigen Personen wie Saddletree hatte machen wollen.

Der würdige Bürger ließ sich jetzt im vollen Bewußtsein seiner Wichtigkeit auf einen Stuhl nieder, wischte sich die Stirn, schöpfte Atem und erprobte die erneuerte Kraft seiner Lungen in einem tiefen und bedeutungsvollen, einem Räuspern ähnlichen Seufzer: «Schreckliche Zeiten das, Nachbar Deans, schreckliche Zeiten!»

«Sündige, schändliche, gottlose Zeiten!» antwortete Deans mit leiser, unterdrückter Stimme.

«Ich für mein Teil», fuhr Saddletree fort, geschwollen vor Wichtigkeit, «komme mir mit all meinem Witz zuweilen so unwissend vor, als wäre ich inter rusticos. Ich weiß wirklich nicht, was ich zuerst und zuletzt bedenken soll – das Unglück meiner Freunde oder das meines armen Vaterlandes. Da stehe ich heute morgen auf und bin mir vollkommen klar darüber, was in der Sache mit der armen Effie zu tun ist und habe das ganze Gesetz schon fix und fertig im Kopf – da gehen die Leute hin und hängen den Jock Porteous an einen Färberpfahl, daß mir der ganze Kram wieder entfällt.»

Sosehr auch Deans von seiner eigenen häuslichen Trübsal in Anspruch genommen war, bezeigte er doch einige Teilnahme an dieser Neuigkeit. Saddletree ließ sich sogleich in eine weitläufige Schilderung des Aufruhrs und seiner Folgen ein. Diesen günstigen Augenblick suchte Butler zu einem Gespräch unter vier Augen mit Jeanie Deans zu benutzen. Sie gab ihm die Gelegenheit dazu, indem sie das Zimmer verließ, wie wenn sie in ihrer Morgenarbeit fortfahren wolle. Butler folgte ihr nach einer kleinen Weile. Deans war durch seinen geschwätzigen Besucher so mit Beschlag belegt, daß nicht zu befürchten war, er könne die Abwesenheit der beiden jungen Leute bemerken.

Der Schauplatz ihrer Unterredung war ein Nebengelaß, wo Jeanie die Erzeugnisse ihrer Meierei aufzubewahren pflegte. Hier hielt sie sich tagsüber zumeist auf, und hierhin folgte ihr Butler. Als es ihm gelungen war, sich aus dem Zimmer zu stehlen, fand er sie nicht in gewohnter Geschäftigkeit, und während sie ihre Hände sonst selbst beim Sprechen nicht ruhen ließ, sondern immer etwas für den Haushalt zu tun fand, saß sie jetzt augenscheinlich niedergedrückt von der Schwere ihrer eigenen Gedanken schweigend, mutlos und dem Weinen nahe in einem Winkel. Im Augenblick jedoch, wo Butler eintrat, trocknete sie ihre Augen und begann mit der Einfachheit und Offenheit ihres Wesens sogleich zu sprechen.

«Es ist mir lieb, daß Ihr gekommen seid, Mr. Butler», sagte sie, «denn – denn – denn ich möchte dir sagen, daß alles zwischen uns zu Ende sein muß! Es ist das beste für uns beide.»

«Zu Ende!» sagte Butler überrascht. «Und warum sollte es zu Ende sein? Dies ist freilich eine schwere Schickung, aber weder du noch ich sind schuld daran. Es ist eine von Gott auferlegte Prüfung, die getragen werden muß. Aber sie kann das Gelöbnis der Treue nicht aufheben, Jeanie, wenn diejenigen, die sich ihr Wort gegeben haben, es auch halten wollen.»

«Ach, Reuben», sagte das junge Mädchen, ihn liebevoll ansehend, «ich weiß wohl, daß du mehr an mich als an dich selber denkst, und so darf auch ich nur mehr an dein Wohl als an mein eigenes denken. Du bist ein Mann von fleckenlosem Namen, zum Dienst des Herrn bestimmt, und die Leute sagen, daß du einst eine hohe Stellung in der Kirche einnehmen wirst, wenn du jetzt auch noch arm und unbekannt bist. Armut ist ein falscher Freund, Reuben, das weißt du selbst am besten; aber ein schlechter Ruf ist ein noch viel schlimmerer, und das ist eine Wahrheit, die du um meinetwillen niemals am eigenen Leibe erfahren sollst.»

«Was meinst du damit?» fragte Butler eifrig und ungeduldig. «Was hat die Schuld deiner Schwester, selbst wenn sie schuldig wäre – was sich noch, wie ich zuversichtlich hoffe, anders erweisen wird –, was hat dies mit dir und mir und unserem Verlöbnis zu tun?»

«Wie kannst du mich noch fragen, Reuben? Glaubst du, die Menschen könnten jemals einen solchen Makel vergessen? Wird er uns nicht zeitlebens anhaften – und nicht nur uns, sondern auch unseren Kindern und Kindeskindern? Die Tochter eines redlichen Mannes zu sein hätte etwas für mich und die Meinen heißen können, aber die Schwester einer – o mein Gott!» Mit diesem Ausruf verließ sie ihre Festigkeit, und sie brach in einen heftigen Tränenstrom aus.

Der Liebende tat alles, was er konnte, um sie zu beruhigen, und es gelang ihm schließlich; aber als sie sich wieder gefaßt hatte, erklärte sie so bestimmt wie zuvor: «Nein, Reuben, ich will keinem Mann Schande ins Haus bringen; mein eigenes Elend kann ich tragen und muß ich tragen, aber keinesfalls will ich es jemand anderen aufbürden. Ich will die Last allein auf mich nehmen – ich fühle mich stark genug dazu.»

Argwöhnisch und launisch zu sein ist das Vorrecht der Liebenden. Jeanies Bereitwilligkeit, das Verlöbnis aus Besorgnis um sein geistliches Amt und seinen Seelenfrieden aufzulösen, schien dem armen Butler nur ein Vorwand, der in einem verdächtigen Zusammenhang mit dem Auftrag des

Unbekannten stand, dem er diesen Morgen begegnet war. Er fragte sie mit zitternder Stimme, ob kein anderer Grund als das gegenwärtige Unglück ihrer Schwester sie veranlasse, in solcher Weise zu sprechen.

«Was sollte es denn sonst sein?» erwiderte sie unbefangen. «Sind wir nicht schon seit zehn langen Jahren miteinander versprochen?»

«Zehn Jahre!» sagte Butler. «Eine lange Zeit – lange genug vielleicht für eine Frau, eines Mannes überdrüssig zu werden.»

«Überdrüssig eines alten Kleides», antwortete Jeanie, «und lange genug, sich ein neues zu wünschen, wenn sie etwas auf sich hält; aber nicht, eines Freundes überdrüssig zu werden. – Das Auge kann sich nach Wechsel sehnen, doch nie das Herz.»

«Nie!» sagte Reuben. «Das ist ein kühnes Versprechen.»

«Nicht so kühn als wahr», erwiderte Jeanie mit derselben ruhigen Unbefangenheit, die ihre gewöhnliche Art in Freude und Schmerz war, ob es sich um einfache häusliche Angelegenheiten handelte oder solche, die sie zutiefst angingen und erregten.

Butler schwieg und sah sie fest an.

«Ich habe eine Botschaft an dich, Jeanie.»

«So? Von wem? Was kann mir jemand zu sagen haben?»

«Sie kommt von einem Fremden», sagte Butler, indem er sich bemühte, mit einer Gleichgültigkeit zu sprechen, die der Ton seiner Stimme Lügen strafte. «Von einem jungen Mann, den ich heute morgen im Park traf.»

«Mein Gott!» rief Jeanie lebhaft. «Und was sagte er?»

«Daß er nicht mehr länger auf dich hätte warten können – und daß du ihn heute nacht allein bei Muschats Grabmal treffen sollst, sobald der Mond aufgeht.»

«Sage ihm», erwiderte Jeanie hastig, «ich würde bestimmt kommen!»

«Darf ich fragen», sagte Butler, dessen Verdacht bei dieser schnellen Antwort wuchs, «wer dieser Mann ist, dem du ein

Stelldichein an einem so ungewöhnlichen Ort und zu solch ungewöhnlicher Stunde so bereitwillig zugestehst?»

«Man muß in dieser Welt oft etwas tun, was man wider Willen tut», gab Jeanie zur Antwort.

«Allerdings», sagte ihr Geliebter, «aber was zwingt dich dazu? Wer ist dieser Mensch? Was ich von ihm sah, sprach nicht sehr zu seinem Vorteil. – Wer oder was ist er?»

«Das weiß ich nicht», erwiderte Jeanie ruhig.

«Du weißt es nicht?» sagte Butler, ungeduldig in dem Gemach auf und ab gehend. «Du beabsichtigst, einen jungen Mann, den du nicht kennst, zu solcher Zeit und an einem so abgelegenen Ort zu treffen – du sagst, du mußt es –, und doch sagst du, du kennst den Menschen nicht, der einen solchen Einfluß auf dich hat! – Jeanie, was soll ich davon denken?»

«Nur, daß ich die Wahrheit spreche, Reuben, als ob ich beim Jüngsten Gericht antworten müßte. – Ich kenne diesen Mann nicht, ich wüßte nicht, daß ich ihn jemals gesehen hätte, und doch muß ich ihm die verlangte Zusammenkunft zugestehen – es hängt Leben und Tod davon ab.»

«Willst du es nicht deinem Vater sagen oder ihn mitnehmen?» fragte Butler.

«Ich kann nicht», sagte Jeanie, «ich habe dazu keine Erlaubnis.»

«Willst du *mir* erlauben, dich zu begleiten? Ich würde bis zum Anbruch der Nacht im Park warten und dich treffen, wenn du kommst.»

«Es ist unmöglich», sagte Jeanie, «kein Mensch darf unsere Unterredung hören.»

«Hast du auch wohl bedacht, was du tun willst? – Den Ort, die Zeit – das verdächtige Wesen des Unbekannten? Selbst wenn er in diesem Haus zu einer solchen Stunde eine Zusammenkunft mit dir verlangt hätte, wo dein Vater im Nebenzimmer und in Rufweite gewesen wäre, hättest du sie ihm verweigern sollen.»

«Ich muß mein Wort halten, Reuben. Mein Leben und

meine Sicherheit sind in Gottes Hand, aber ich darf mich nicht scheuen, sie bei dem, was ich vorhabe, aufs Spiel zu setzen.»

«Dann, Jeanie», sagte Butler tief verletzt, «müssen wir freilich Schluß machen und einander Lebewohl sagen. Wenn zwischen einem Mann und seiner Verlobten in einem so wichtigen Punkt kein Vertrauen herrscht, so ist das ein Beweis dafür, daß sie nicht mehr die Zuneigung zu ihm hat, die zu ihrer Verbindung unerläßlich ist.»

Jeanie blickte ihn an und seufzte. «Ich glaubte», sagte sie, «ich hätte es über mich gewonnen, diese Trennung zu ertragen, doch – doch dachte ich nicht, daß wir uns in Unfrieden trennen würden. Aber ich bin eine Frau, und du bist ein Mann – es mag anders mit dir sein –, wenn es dein Gemüt erleichtert, so schlimm von mir zu denken, so will ich dich auch nicht bitten, deine Meinung von mir zu ändern.»

«Du bist», sagte Butler, «was du immer gewesen bist – aus angeborenem Gefühl klüger, besser und weniger selbstsüchtig als ich mit aller Hilfe, welche Philosophie einem Christen gewährt, werden kann. Aber warum, warum willst du auf einem so verzweifelten Unternehmen beharren? Warum willst du nicht, daß ich dich begleite, dich beschütze oder wenigstens berate?»

«Eben, weil ich es nicht kann und nicht darf», antwortete Jeanie. «Aber still, was ist das? Meinem Vater wird doch nichts zugestoßen sein?»

In der Tat wurden die Stimmen im Nebenzimmer auf einmal übermäßig laut. Die Ursache dieses Lärms müssen wir zunächst erklären, ehe wir fortfahren.

Als Jeanie und Butler sich entfernten, ging Saddletree auf die Angelegenheit ein, welche die Familie hauptsächlich betraf. Am Anfang ihrer Unterhaltung war der alte Deans, der es für gewöhnlich nicht gern sah, wenn man ihm Ratschläge gab, so bedrückt durch seinen Kummer – die Gefahr, in der seine Tochter schwebte, und die Schande, die sie über ihn gebracht hatte –, daß er Saddletrees gelehrten, weitschweifigen Ausführungen über die Art des ihr zur Last gelegten Verbrechens und die Schritte, die zu ihrer Rettung unternommen werden müßten, zuhörte, ohne etwas darauf zu erwidern oder vielleicht etwas davon zu vernehmen. Seine einzige Antwort, wenn Saddletree einmal eine Atempause machte, war nur: «Ich glaube schon, daß Ihr es gut meint. Eure Frau ist ja weitläufig mit uns verwandt.»

Durch diese Anzeichen scheinbarer Zustimmung ermutigt, kam Saddletree, der als Rechtsliebhaber für alle bestehenden Autoritäen eine unbegrenzte Ehrerbietung hegte, auf den anderen ihn beschäftigenden Rechtsfall zurück, den Mord an Porteous nämlich, und übte heftige Kritik an den Beteiligten.

«Das sind kitzlige Zeiten – kitzlige Zeiten, Mr. Deans, wenn das Volk die Gewalt über Leben und Tod aus den Händen der gesetzlichen Obrigkeit in seine eigenen groben Hände nimmt. Ich bin der Ansicht, und ich glaube, auch Mr. Crossmyloof und der Staatsrat sind derselben Meinung, dieser Aufstand in Waffen, um einem begnadigten Mann das Leben zu nehmen, ist wenig besser als barer Hochverrat.»

«Wenn ich nicht an andere Dinge zu denken hätte, die mir schwerer aufliegen, Mr. Saddletree», antwortete Deans, «würde ich so frei sein, das zu bestreiten.»

«Wie könnt Ihr bestreiten, was klares Recht ist, Mann?» erwiderte Saddletree etwas von oben herab. «Jeder Bursche, der irgendeinmal einen Packen Gerichtsakten trug, kann Euch sagen, daß Meuterei die allerschlimmste und übelste Art von Hochverrat ist – ich meine die offene Auflehnung der Untertanen des Königs gegen seine Obergewalt (ganz besonders bei Trommelschlag und Waffen, welche Begleitumstände ich mit eigenen Augen und Ohren bezeugen kann) und viel schlimmer als Majestätsbeleidigung oder die Verheimlichung eines verräterischen Vorhabens. Darüber gibt es nichts zu streiten, Nachbar.»

«Doch, doch», gab Douce Davie Deans zurück. «Ich sage Euch, darüber läßt sich streiten – ich liebe Euer kaltes, formales Recht nicht, Nachbar Saddletree. Ich halte sehr wenig von Parlamenten und Gerichtshöfen, seit die Hoffnungen aller ehrlichen Leute nach der Revolution zuschanden wurden.»

«Aber was wollt Ihr denn noch mehr, Mr. Deans?» fragte Saddletree ungeduldig. «Habt Ihr nicht sowohl Freiheit der Gesinnung wie der Religionsübung erlangt, und ist sie nicht Euch und Euren Nachkommen für alle Zeiten gesetzlich verbrieft?»

«Mr. Saddletree», gab Deans zurück. «Ich weiß, daß Ihr nach der Art der Weltkinder klug seid und daß Ihr es mit den geriebensten Advokaten unseres Landes aufnehmen könnt und Euch auf die Pfiffe und Kniffe dieser Perücken- und Robenträger versteht. Wehe aber über die düstere und traurige Färbung, die sie diesem unglücklichen Königreich gegeben haben, als sie die schwarzen Hände des Abfalls den roten Händen unserer geschworenen Mörder reichten, als die, so die Türme unseres Zions gezählt und die Bollwerke der Reformation gehalten hatten, ihre Hoffnungen in Schlingen verwandelt sahen und ihre Freude verkehrt in Weinen.»

«Ich verstehe das nicht, Nachbar», antwortete Saddletree. «Ich bin ein aufrichtiger Presbyterianer der Kirche von Schottland und stehe zu ihr und der Generalversammlung und dem Obersten Gericht mit den fünfzehn Zivil- und fünf Kriminalrichtern.»

«Pfui, Mr. Saddletree!» schrie David, der über der Gelegenheit, gegen die politische und kirchliche Vergewaltigung des Landes zu eifern, einen Augenblick lang sein eigenes häusliches Unglück vergaß. «Pfui über Eure Generalversammlung und erst recht über Euer Oberstes Gericht! Was ist denn die Generalversammlung anderes als ein klägliches Häuflein lauer Geistlicher und Schulmeister, die trocken und warm saßen, als die verfolgten Gläubigen und Bekenner sich in den Bergen, Mooren und Sümpfen mit Hunger und Kälte herumschlagen mußten, in steter Gefahr des Todes durch Feuer und Schwert, und die nun aus ihren Höhlen hervorkriechen wie Schmeißfliegen, wenn die Sonne scheint, und die Kanzeln und Stellen beßrer Leute einnehmen – derer, die Zeugnis ablegten und kämpften und litten und Grab und Gefängnis und Verbannung nicht gescheut haben? Eine schöne Generalversammlung ist das! Und nun gar Euer Oberstes Gericht...»

«Ihr mögt meinetwegen über die Generalversammlung sagen, was Ihr wollt», unterbrach ihn Saddletree, «darüber mögen die entscheiden, die es verstehen. Aber was die Herren vom Gericht angeht – abgesehen davon, daß sie meine nächsten Nachbarn und Bekannten sind –, so möchte ich Euch zu Eurer Belehrung kund und zu wissen tun, daß wer das Maul aufreißt, um üble Nachreden gegen sie zu führen, wie man es nennt, sich eines Verbrechens schuldig macht, eines Verbrechens sui generis. Sui generis, Mr. Deans! Wißt Ihr, was das bedeutet?»

«Ich verstehe wenig von der Sprache des Antichrist», erwiderte Deans, «und kümmere mich noch weniger darum, wie irdische Gerichte die Reden ehrlicher Leute nennen. Und was die üble Nachrede betrifft, so machen sich alle, die ihre Klagen verlieren, und neun Zehntel von denen, die sie gewinnen, dieses Vergehens schuldig. Und darum möchte ich Euch kund und zu wissen tun, was ich von Euren glattzüngigen Advokaten halte, die ihr Wissen für Geld verschachern, und Euren weltklugen Richtern, die drei Tage lang einem Streit über das Abschälen einer Zwiebel zuhören können, aber keine halbe Stunde der Botschaft des Evangeliums – all diesen Formelkrämern und Buchstabenmenschen, die mit ihren Finten und Tüfteleien und juristischen Fach- und Schlagworten zuletzt am Verderben unseres Landes schuldig sind, dem Patronatswesen, der Toleranz, den erastianischen Eiden und der Union. Dieser leib- und seelenmörderische Gerichtshof...»

Die Gewohnheit, sein ganzes Leben lang für das, was er die verratene und verfolgte Sache der wahren Religion nannte, Zeugnis abzulegen, hatte den ehrlichen David so weit fortgerissen; aber bei der Erwähnung des Gerichtshofes fiel ihm plötzlich wieder die Erinnerung an die verhängnisvolle Lage seiner Tochter schwer auf die Seele – er hielt mitten in seinem rauschenden Redefluß inne, schlug die Hände vor das Gesicht und schwieg.

Saddletree war einigermaßen bewegt, doch nicht so sehr, als daß er es hätte über sich gewinnen können, die günstige Gelegenheit, die ihm Davids plötzliches Verstummen bot, nicht seinerseits zu einem Vorteil auszunutzen.

«Es ist freilich traurig, Nachbar», sagte er, «mit Gerichtshöfen zu tun zu haben – es sei denn als Zuhörer, um sein Wissen und Können zu erweitern; aber um auf diese unglückliche Geschichte mit Effie zurückzukommen – die Anklageschrift habt Ihr doch wohl gelesen?» Er zog ein Bündel Papiere aus der Tasche und begann sie durchzusehen. «Dies ist sie nicht, dies ist die Klageschrift von Mungo Marsport, ebenda, gegen Hauptmann Lackland, weil dieser Mungos Ländereien in Marsport betreten hat; und zwar mit Falken, Hunden, Netzen, Armbrüsten, Flinten und anderen Waffen und Werkzeugen, so mehr oder weniger zur Vernichtung von Wild geeignet sind – sei es Damwild, Rotwild oder Schwarzwild, Wasser- oder Rebhühner, Dachse, Reiher und dergleichen; wozu vorerwähnter Beklagter nach dem Gesetz des Jahres 1621 nicht befugt sei, insofern er nämlich kein Joch Landes besitze. Die Einreden des Beklagten hingegen besagen, daß bis heute non constat, was ein Joch Landes sei, welche Ungewißheit allein hinreiche, die Folgerungen der Klageschrift zu entkräften. Die Antwort auf diesen Einwand nun – Mr. Crossmyloof hat sie gezeichnet, aber Mr. Younglad hat sie verfaßt – führt aus, daß es in hoc statu nichts bedeutet, was oder wieviel ein Joch Landes sein mag, in Anbetracht dessen nämlich, daß der Beklagte überhaupt kein Land besitze, weder viel noch wenig. ‹Sintemalen aber als wahr unterstellt werden kann›», hier las Saddletree aus dem Schriftstück vor, «‹daß ein Joch Landes weniger ist als der zwanzigste Teil einer Gänseweide –› ich glaube, Mr. Crossmyloof hat das geschrieben, ich kenne seinen Stil – ‹einer Gänseweide, so bleibt unerfindlich, was der Beklagte überhaupt mit seinem Einwand bezweckt, da er keinen Fußbreit Landes in Schottland besitzt. Der Anwalt Lacklands erwidert, daß nihil interest de possessione; der Kläger müsse beweisen, daß sein Fall unter das Gesetz fiele –› merkt wohl auf, Nachbar – ‹und formaliter et specialiter ebenso wie generaliter die Eigenschaft dessen dartun, was der Beklagte Lackland *nicht* besitze; der Kläger möge demnach sagen, was ein Joch Landes sei, und der Beklagte würde dann sagen, ob er eines habe oder nicht. Jedenfalls müsse der Kläger wissen, was er mit seiner Klage meine und was das Gesetz, das er anziehe, besage. Titius verklagt Maevius auf Rückgabe eines *schwarzen* Pferdes, das er Maevius geliehen hat – sicherlich wird er sein Recht bekommen; aber wenn Titius Maevius wegen eines scharlachroten oder karmesinroten Pferdes verklagt, muß er zweifellos beweisen, daß es ein solches Tier in rerum natura gibt. Kein Mensch kann gehalten sein, auf Unsinniges zu erwidern, das will heißen, auf eine Beschuldigung, bei der man sich nichts denken oder vorstellen kann –› da hat er unrecht: je unverständlicher die Plädoyers sind, desto besser – ‹und da kein genauer Nachweis darüber erbracht werden kann, was das Gesetz unter jenem Maß Landes versteht, so ist zu fragen, ob nach diesem Gesetz jemand eine Strafe verwirken kann, der mit Falken oder Spürhunden oder einer himmelblauen Hose, ohne sie zu besitzen …› – Aber ich langweile Euch, Mr. Deans, wir wollen lieber zu Eurer eigenen Angelegenheit übergehen – obwohl dieser Fall Marsport gegen Lackland ungewöhnliches Aufsehen bei allen Rechtskundigen erregt hat. Also, hier ist die Anklageschrift gegen die arme Effie: ‹Sintemal uns geziemend und bescheidentlich vorgestellt worden –› und so weiter, das sind bloß die

Eingangsfloskeln – «und sintemalen nach den Gesetzen dieses und jedes anderen gut regierten Reiches der Mord eines Menschen, insonderheit jedoch eines kleinen Kindes, ein schweres und höchst strafbares Verbrechen ist, und sintemalen es ohnbeschadet vorbesagter Allgemeingültigkeit durch ein besonderes Gesetz in der zweiten Sitzung des Ersten Parlaments unserer Hohen und Erhabenen Herrscher William und Mary verfügt worden, daß ein Frauenzimmer, so ihre Schwangerschaft verhehlet hat und nicht beweisen kann, daß sie bei der Geburt irgendwelche Hilfe in Anspruch genommen, daß ein solches Frauenzimmer im Fall, das Kind wäre tot oder unauffindlich, des Mordes daran schuldig erkannt und verurteilt werden soll; und so die besagten Fakta der Schwangerschaft und Verhehlung als wahr befunden oder bekannt werden, so soll dieses Frauenzimmer die Strafe dafür nach dem Gesetze erleiden. Da nun ohngeachtet dessen Ihr, Effie oder Euphemia Deans . . .»»

«Hört auf!» sagte Deans und hob den Kopf. «Ich wollte lieber, Ihr stießet mir ein Schwert ins Herz, als daß Ihr noch ein Wort weiter lest.»

«Nun, nun, Nachbar», sagte Saddletree, «ich dachte, es würde Euch trösten, wenn Ihr alles wüßtet. Aber die Frage ist, was tun?»

«Nichts», antwortete Deans fest, «wir müssen abwarten, was der Herr für gut befindet, über uns zu verhängen. Ach, wenn sich doch dies graue Haupt vor dieser schrecklichen Heimsuchung meines Hauses und Namens hätte zur Ruhe betten dürfen. Aber Sein Wille geschehe. Das wenigstens darf ich noch sagen, wenn auch nicht mehr.»

«Aber, Nachbar», sagte Saddletree, «Ihr werdet doch Anwälte für das arme Mädchen nehmen – und das ist eine Sache, die wohlüberlegt sein will.»

«Wenn es einen gäbe», antwortete Deans, «der rechtschaffen wäre. Aber ich kenne sie wohl – es sind alles verschlagene, selbstsüchtige Erastianer und Arminianer – alle miteinander.»

«Papperlapapp, Nachbar, Ihr müßt nicht alles glauben, was die Leute schwatzen», erwiderte Saddletree, «der Teufel selbst ist nicht so schlimm wie sein Ruf. Ich kenne mehr als einen Anwalt, von dem man sagen kann, daß er ebenso rechtschaffen ist wie andere Leute; das heißt, wie seinesgleichen nur sein kann.»

«Allerdings – so rechtschaffen, wie es ein Anwalt nur sein kann», erwiderte David Deans, «und so gelehrt und weltklug – das heißt, ebenso geschickt, die Augen der Leute mit glänzenden Spiegelfechtereien zu verblenden, mit eitlem Floskelkram und weltlichem Witz, Finten, Spitzfindigkeiten und lateinischen Redensarten von heidnischen Kaisern und papistischen Kirchenvätern. In dem ganzen Geschwafel, das Ihr mir da vorgelesen habt, können sie nicht einmal die Unglücklichen, die sie in ihren Klauen haben, mit ihren christlichen Taufnamen nennen, sondern müssen sie neu taufen nach dem verruchten Titus, der den Heiligen Tempel verbrannt hat, und anderen solchen Heiden.»

«Titius», unterbrach ihn Saddletree, «nicht Titus. Mr. Crossmyloof kümmert sich ebensowenig um Titus oder das Lateinische wie Ihr. – Aber sie muß einen Anwalt haben, das ist unerläßlich. Nun, ich könnte mit Mr. Crossmyloof sprechen – das ist ein waschechter Presbyterianer und ein Ältester obendrein.»

«Ein Erz-Erastianer ist er», erwiderte Deans, «einer jener gefälligen und nachgiebigen weltklugen Leute, die ein allgemeines Bekenntnis zu unserer Sache in den Tagen der Unterdrückung hintertrieben.»

«Was sagt Ihr zu dem Laird von Cuffabout?» fragte Saddletree. «Der zieht bei solchen Sachen gewaltig vom Leder.»

«Der?» antwortete Deans. «Der falsche Schurke war im Jahre 1715 drauf und dran, sich zu den wilden Hochländern zu schlagen, wenn es ihnen gelungen wäre, über den Firth zu kommen.»

«Und Arniston – das ist ein kluger Bursche!» sagte Bartoline siegesgewiß.

«Ja, so klug, daß er von jener Abtrünnigen im Norden, der Herzogin von Gordon, sogar Medaillen der Päpste für seine Bücherei mitbrachte.»

«Gut, gut, aber irgend jemanden müßt Ihr doch haben. – Was denkt Ihr von Kittlepunt?»

«Ist Arminianer.»

«Woodsetter?»

«Ist, glaube ich, Cocceianer.»

«Dem alten Whilliewhaw?»

«Ist alles, was Ihr wollt.»

«Dem jungen Naemmo?»

«Ist gar nichts.»

«Ihr seid schwer zu befriedigen, Nachbar», sagte Saddletree. «Ich habe Euch die Auswahl gelassen – Ihr müßt nun selbst entscheiden. Aber denkt daran, daß viele Anwälte mehr Sicherheit bieten. Wie wäre es, wenn Ihr es mit dem jungen Mackenzie versuchtet? Er hat all die ‹Praktiken› seines Onkels auf der Zunge.»

«Wen nennt Ihr mir da», schrie der störrische Presbyterianer in hellem Zorn, «einen Mann, dem das Blut der Heiligen an den Händen klebt? Ist nicht sein Onkel als der ‹Blutige Mackenzie› zur Hölle gefahren? Wird man ihn nicht so nennen, so lange eine schottische Zunge sprechen kann? Wenn das Leben meines teuren, schwergeprüften Kindes und Jeanies und mein eigenes und das der ganzen Menschheit davon abhinge, daß ich einen solchen Satansdiener bitten müßte, nur ein Wort meinet- oder ihretwegen zu sprechen, so sollten lieber allesamt zugrunde gehen, bevor ich es täte – ich, Davie Deans!»

Der erregte Ton, in welchem er diese letzten Worte sprach, war es, der die Unterredung zwischen Butler und Jeanie beendete und sie beide ins Wohnzimmer zurückführte. Hier fanden sie den armen Alten mit rotem Kopf und geballten Fäusten, kaum seiner Sinne mächtig vor Kummer und Wut über Saddletrees Vorschläge. Die Tränen in seinen Augen und das Zittern seiner Stimme verrieten jedoch, daß er vergeblich bemüht war, seinen Jammer zu vergessen. Butler, der die Folgen einer solchen Erschütterung für einen so hinfälligen, bejahrten Mann fürchtete, wagte es, ihn zur Geduld zu ermahnen.

«Ich *bin* geduldig», gab der Alte bitter zurück, «geduldiger als irgendeiner, der diese ruchlosen Zeiten erlebt, und brauche mich als Graukopf weder von Sektierern noch Söhnen oder Enkeln von Sektierern belehren zu lassen, wie ich mein Kreuz tragen soll.»

«Aber Mr. Deans», fuhr Butler fort, die gegen den Glauben seines Großvaters geschleuderten Beleidigungen überhörend, «wir müssen menschliche Mittel gebrauchen. Wenn Ihr einen Arzt rufen laßt, so werdet Ihr ihn, denk ich, auch nicht nach seiner religiösen Überzeugung fragen.»

«Nicht?» antwortete David. «*Doch* würde ich es tun! Und wenn er mich nicht überzeugen könnte, daß er ebenso wie ich über die rechten und linken Abweichungen vom wahren Glauben dächte, so sollte kein Tropfen seiner Medizin über meine Lippen kommen.»

Es ist eine gefährliche Sache, ein Gleichnis zu gebrauchen. Butler hatte es getan, und es war ihm mißglückt; aber wie ein tapferer Soldat, wenn seine Muskete versagt, wich er nicht und wehrte sich mit dem Bajonett. «Das ist eine zu strenge Auslegung Eurer Pflicht, Sir. Die Sonne scheint und der Regen fällt auf Gerechte und Ungerechte – sie leben nebeneinander auf der Erde, und es ist unvermeidlich, daß sie miteinander in Berührung kommen; vielleicht soll der Böse eine Gelegenheit haben, durch den Guten bekehrt zu werden, und vielleicht soll der Gerechte unter anderen Prüfungen auch der des gelegentlichen Umgangs mit dem Ruchlosen unterworfen werden.»

«Du bist ein törichter Bursche, Reuben», antwortete Deans, «mit deinen kümmerlichen Beweisgründen. Kann man Pech anfassen, ohne sich zu besudeln? Denke an die wackeren und würdigen Helden des Covenants, die von keinem Geistlichen – und mochte er noch so gut reden können – nur eine Silbe hören wollten, wenn er nicht gegen die Ungeheuerlichkeiten der Zeit sein Zeugnis abgelegt hatte! Kein Anwalt soll jemals für mich und die Meinigen sprechen, der nicht zur Gemeinde der versprengten, doch teuren überlebenden Glaubenszeugen gehört, die sich in den Klüften der Felsen verbargen.»

Damit stand der alte Mann auf, als sei er der Gegenwart seiner Gäste und ihrer Vorstellungen gleich müde, sagte ihnen mit einer Handbewegung und leichtem Kopfneigen Lebewohl und zog sich in sein Schlafzimmer zurück.

«Das nenne ich das Leben seiner Tochter wegwerfen», sagte Saddletree zu Butler, «so töricht zu schwatzen. Wo will er einen cameronianischen Anwalt hernehmen? Hat man je gehört, daß ein Advokat für diesen oder jenen Glauben gelitten hätte? Das Leben des Mädchens ist geradezu weggeworfen.»

Gegen Ende des Streits war Dumbiedikes vor der Tür angekommen. Er war abgestiegen, hatte den Zügel seines Ponys an den Haken gehängt, an den er ihn immer hängte, und sich auf dem Sitz niedergelassen, auf dem er immer saß. Seine Augen wanderten mit ungewöhnlicher Lebhaftigkeit von einem Sprecher zum anderen, bis er den traurigen Sinn des Ganzen aus Saddletrees letzten Worten erfaßt hatte. Er erhob sich von seinem Sitz, schritt langsam durch das Zimmer auf Saddletree zu und flüsterte ihm mit ängstlicher, unsicherer Stimme ins Ohr: «Ist – ist denn mit Geld nichts zu machen, Mr. Saddletree?»

«Hm!» sagte Saddletree mit ernstem Gesicht. «Freilich ist mit Geld bei Gericht was zu machen – wenn überhaupt was zu machen ist; aber wo soll das Geld herkommen? Mr. Deans will ja nichts unternehmen, und wenn meine Frau auch weitläufig mit den Deans verwandt ist und es sehr gut mit ihnen meint und auch wohl helfen möchte, so kann sie doch nicht ganz allein – singuli in solidum – für alle Kosten aufkommen. Wenn jeder Freund des Hauses was dazu beitrüge, jeder nach seinen Kräften, so ließe sich wohl einiges machen. Ich möchte nicht gern, daß die Sache schiefginge, weil sie nicht gehörig vertreten wird; es wäre schade, was auch der alte Starrkopf dagegen vorbringt.»

«Ich – ich – will ja», sagte Dumbiedikes mit Überwindung, «ich will ja für zwanzig Pfund Sterling gutsagen.» Hier schwieg er in starrem Erstaunen über seine ungemeine Großmut und ungewöhnliche Entschlossenheit.

«Gott der Allmächtige segne Euch, Laird!» sagte Jeanie in lebhaftem Gefühl der Dankbarkeit.

«Ihr könnt auch auf dreißig Pfund rechnen – statt zwanzig», sagte Dumbiedikes, indem er schüchtern von ihr weg und auf Saddletree blickte.

«Damit läßt sich schon was machen», sagte Saddletree, sich die Hände reibend, «und ich werde meine ganze Geschicklichkeit und Schlauheit aufbieten, daß es recht weit reicht. Ich werde die Sache schon deichseln. Ich weiß, wie man die Burschen mit einem Trinkgeld abspeist, daß sie noch froh darüber sind – man muß ihnen nur weismachen, man hätte noch ein paar fette Fälle im Hintergrund, dann arbeiten sie wohlfeil, um Kundschaft zu kriegen. Laßt mich nur machen. Ich will die Advokaten schon anführen. Es ist keine Sünde, soviel wie möglich für unser Geld aus ihnen rauszuschlagen; ihre Worte sind ja doch bloß lauer Wind und kosten sie nichts, wohingegen ich, mit meinem elenden Gewerbe als Sattler, ungeheure Summen nur für gegerbte Häute und Leder ausgeben muß.»

«Kann ich nichts tun?» fragte Butler. «Leider besteht meine ganze Habe nur aus dem schwarzen Rock, den ich trage; aber ich bin jung, ich verdanke der Familie viel. Kann ich nichts tun?»

«Ihr könnt mithelfen, Zeugen aufzutreiben», sagte Saddletree. «Wenn wir nur einen einzigen fänden, der aussagen könnte, sie habe ihm einen Wink von ihrem Zustand gegeben, so käme sie mit einem blauen Auge davon. Mr. Crossmyloof hat es mir so erklärt. Das Gericht, sagt er, brauche keinen positiven Beweis des Verbrechens zu liefern – war's ein positiver oder negativer, ich weiß es nicht mehr – gleichviel, irgendeiner war es, dessen bin ich sicher, und es ist ja egal, welcher. Es sei vielmehr an der Angeklagten, sagt er, die Anklage zu entkräften und ihre Unschuld zu beweisen. Anders geht es nicht.»

«Aber die Tatsache, mein Herr», wandte Butler ein, «die Tatsache, daß dieses arme Mädchen wirklich ein Kind geboren hat – die muß das Gericht doch erst beweisen?»

Saddletree schwieg einen Augenblick, und das Gesicht Dumbiedikes, das sich wie auf einen Angelpunkt von einem Sprecher zum anderen drehte, klärte sich auf.

«Ja-a», sagte Saddletree nach einigem Zögern, «freilich müßte das Gericht dies erst beweisen – es wäre Sache des Staatsanwalts, das in aller Form zu tun. Aber ich glaube, das ist nicht mehr nötig, denn Effie hat ihre Schuld gestanden.»

«Gestanden – den Mord?» rief Jeanie mit einem Aufschrei, der sie alle zusammenfahren ließ.

«Nein, das nicht», erwiderte Saddletree. «Aber sie hat gestanden, daß sie ein Kind geboren hat.»

«Und was ist aus dem Kind geworden?» fragte Jeanie. «Ich konnte aus ihr nichts weiter herausbringen als Tränen und Seufzer.»

«Sie sagt, die Frau, in deren Haus es geboren wurde und die ihr in jener Zeit beistand, habe es ihr weggenommen.»

«Und wer war diese Frau?» fragte Butler. «Durch sie könnte man ja die Wahrheit ans Licht bringen. Wer war sie? Ich will sogleich zu ihr eilen.»

«Ich wollte», sagte Dumbiedikes, «ich wäre auch so jung und behende wie Ihr und könnte so gut reden.»

«Wer ist sie?» wiederholte Butler ungeduldig. «Wer kann diese Frau sein?»

«Ja, wer weiß das außer Effie selbst?» sagte Saddletree. «Sie hat sich beim Verhör geweigert, diese Frage zu beantworten.»

«So will ich augenblicklich selbst zu ihr gehen», sagte

Butler. «Leb wohl, Jeanie!» Dann setzte er hinzu, sich ihr nähernd: «Unternimm keinen übereilten Schritt, bis du von mir hörst. Leb wohl!» Und er eilte hinaus.

«Ich möchte auch gern gehen», sagte der Grundherr eifersüchtig und neidisch mit bekümmerter Stimme, «aber mein Gaul geht um alles in der Welt keinen anderen Weg als bloß von meinem bis zu diesem Haus und wieder zurück.»

«Ihr könnt mehr für die Leute tun», sagte Saddletree, als sie zusammen das Haus verließen, «wenn Ihr mir die dreißig Pfund schickt.»

«Dreißig Pfund?» sagte Dumbiedikes zögernd, der nun aus dem Bereich jener Augen war, die ihn zu solcher Großmut entflammt hatten. «Ich sprach nur von zwanzig.»

«Ja», sagte Saddletree, «aber das war nur eine vorläufige Abrede und unter Vorbehalt einer späteren Erhöhung – in Eurer endgültigen Zusicherung sagtet Ihr dreißig.»

«Wirklich? Ich erinnere mich nicht mehr», antwortete Dumbiedikes. «Aber was ich gesagt habe, will ich auch halten.»

Er bestieg seinen Gaul nicht ohne Schwierigkeit und setzte dann hinzu: «Glänzten die Augen der armen Jeanie mit den Tränen darin nicht wie Karfunkelsteine, Mr. Saddletree?»

«Ich verstehe mich nicht sonderlich auf Weiberaugen, Laird», erwiderte der unempfindliche Bartoline, «und mache mir auch nicht sehr viel daraus. Ich wollte, ich hätte ebensowenig mit ihren Zungen zu schaffen; obgleich nicht leicht eine Frau besser in Zucht gehalten wird als meine», setzte er schnell hinzu, da er sich erinnerte, daß er sein Ansehen als Hausherr aufrechterhalten müsse. «Ich gestatte weder Auflehnung noch sonst ein Majestätsverbrechen gegen meine allerhöchste Gewalt.»

Der Laird hielt diese Bemerkung für nicht so wichtig, daß sie eine Antwort erfordert hätte, und so trennten sich die beiden nach einem stummen Gruß und zogen jeder friedlich seines Weges.

13. Kapitel

> Dem Kerl stehe ich fürs Ersaufen, wenn das Schiff auch so dünn wie eine Nußschale wäre.
>
> *Der Sturm*

Butler spürte trotz der Art, wie er die Nacht zugebracht hatte, weder Hunger noch Müdigkeit. In seinem Eifer, der Schwester Jeanie Deans' zu helfen, vergaß er beides.

Auf seinem Weg schritt er zuerst so schnell aus, als liefe er. Da hörte er plötzlich hinter sich mit halberstickter, asthmatischer Stimme seinen Namen rufen und zugleich den schweren Trott eines Hochlandponys. Er sah sich um und erblickte den Laird von Dumbiedikes, der mit aller ihm möglichen Eile hinter ihm dreinkam; denn zum Glück für des Edelmanns Absicht, mit Butler zu sprechen, war sein Heimweg etwa eine Viertelmeile lang der gleiche wie der nächste Weg zur Stadt. Butler blieb auf den Zuruf hin stehen, innerlich den keuchenden Reiter, der ihn aufhielt, verwünschend.

«Ach, ach, ach!» stöhnte Dumbiedikes, als er seinen stolpernden Gaul neben unserem Freund Butler zum Stehen brachte. «Ach, ach, ach! Ist das ein hartmäuliges, störrisches Biest!»

Wirklich hatte er den Gegenstand seines Nachsetzens gerade an der Stelle eingeholt, wo es ihm gänzlich unmöglich geworden wäre, die Verfolgung fortzusetzen, denn hier trennte sich Butlers Weg von dem, der nach dem Gute Dumbiedikes führte, und der Reiter hätte weder durch Güte noch Gewalt seinen echt keltisch hartnäckigen Bucephalus Rory Bean (das war des Ponys Name) nur einen Schritt von dem Pfad abgebracht, der ihn zu seinem Stall führte.

Auch als der Laird wieder zu Atem gekommen war und sich von dem seinem Gaul wie ihm selbst gleich ungewohnten scharfen Ritt erholt hatte, schien ihm die Größe dessen, was er vorhatte, gleichsam noch die Sprache zu verschlagen, denn er hielt nahezu drei Minuten neben Butler, ohne eine Silbe hervorbringen zu können, bis er endlich nach wiederholten Anläufen nichts weiter hervorstieß als: «Ach, ach, ach! Ich sage, Mr. – Mr. Butler, 's ist ein prächtiges Erntewetter.»

«Ja, ein sehr schönes Wetter», sagte Butler. «Ich wünsche Euch einen guten Morgen, Sir.»

«Wartet – wartet noch etwas», versetzte Dumbiedikes. «Ich wollte eigentlich ganz was anderes sagen.»

«So sagt mir schnell, was Ihr befehlt», erwiderte Butler. «Verzeiht, aber ich habe Eile, und Tempus nemini – Ihr kennt das Sprichwort.»

Dumbiedikes kannte das Sprichwort zwar nicht, und bemühte sich auch nicht, sich den Anschein zu geben, als verstände er es, wie andere an seiner Stelle es vielleicht getan hätten. Er sammelte alle seine Geisteskräfte zu einem Hauptschlag und konnte sich nicht in Plänkeleien verzetteln.

«Ich meine, Mr. Butler», sagte er, «wißt Ihr, ob Mr. Saddletree ein großer Rechtsgelehrter ist?»

«Ich habe keine andere Bürgschaft dafür als seine eigene», antwortete Butler trocken, «doch wird er seine Gaben zweifellos selbst am besten kennen.»

«Hm!» erwiderte der wortkarge Dumbiedikes in einem Ton, der zu sagen schien: Ich verstehe Euch, Mr. Butler. –

«Dann», fuhr er fort, «will ich lieber meinen eigenen Sachwalter, Nichil Novit, des alten Nichils Sohn und beinahe so gewitzt wie sein Vater, mit Effies Verteidigung beauftragen.»

Und nachdem er auf diese Weise mehr Einsicht an den Tag gelegt hatte, als Butler ihm zutraute, griff er höflich an seinen goldbetreßten Dreimaster und gab Rory Bean durch einen Stoß in die Weichen zu verstehen, daß er seinen Heimweg fortsetzen solle, welchem Wink der Vierbeiner mit jener Bereitwilligkeit folgte, womit Tiere wie Menschen Weisungen nachkommen, die so ganz ihren eigenen Neigungen entsprechen.

Auch Butler setzte seinen Weg fort, nicht ohne eine kurze Aufwallung von Eifersucht zu empfinden, die des ehrlichen Lairds Anhänglichkeit an die Familie Deans schon mehrmals in ihm erweckt hatte. Aber er war zu edelmütig, um irgendein Gefühl, das mit Selbstsucht verbunden war, weiter zu hegen.

Er ist reich an dem, was mir fehlt, sagte sich Butler, warum sollte ich mich gekränkt fühlen, daß er Großmut genug besitzt, etwas von seinem Überfluß ihrem Wohl zu widmen, wozu ich nur den ohnmächtigen Wunsch haben kann? In Gottes Namen, tue jeder von uns, was er vermag. Wenn sie nur glücklich wird, sie nur bewahrt bleibt vor dem Kummer und der Schmach, die ihr drohen. Gelänge es mir nur, dieses gefährliche Wagnis heute abend zu verhüten, dann will ich allen anderen Gedanken Lebewohl sagen, sollte auch mein Herz darüber brechen!

Er verdoppelte seine Schritte und stand bald vor dem Tor des Gefängnisses, oder vielmehr vor dem Eingang, wo früher die Tür gewesen war. Sein Zusammentreffen mit dem geheimnisvollen Unbekannten, die Botschaft an Jeanie, die schmerzliche Aussprache mit ihr über die Auflösung ihrer Verlobung und die nicht weniger aufregende Unterredung mit dem alten Deans hatten ihn so ausschließlich beschäftigt, daß selbst die Erinnerung an das tragische Ereignis, dem er in der letzten Nacht beigewohnt hatte, verblaßt war. Er achtete daher kaum auf die Gruppen von Menschen, die flüsternd hier und dort auf den Straßen standen und verstummten, wenn Fremde sich näherten, oder die Polizeibeamten, die, von kleinen Abteilungen Militärs unterstützt, durch die Stadt streiften, die dreifachen Schildwachen vor dem Wachhaus oder schließlich das ängstliche, scheue Aussehen vieler Leute aus den unteren Ständen, die an dem Aufruhr entweder teilgenommen hatten oder doch verdächtig waren und nun, eines strengen Verhörs gegenwärtig, mit bedrückten und unterwürfigen Mienen umherschlichen wie Menschen, die ihre Kräfte in einer nächtlichen Ausschweifung erschöpft haben und am nächsten Tag ermattet, unentschlossen und verstört sind.

Von all diesen Anzeichen der Beunruhigung und Furcht bemerkte Butler, der in Gedanken mit anderen, ihm näherliegenden Sorgen beschäftigt war, nichts, bis er vor dem Eingang des Gefängnisses stand und es anstatt von Schlössern und Riegeln von einer doppelten Reihe von Grenadieren gesichert sah. Ihr «Halt, halt!», das geschwärzte Aussehen des türlosen Eingangs, die Wendeltreppe und die Zellen des Gefängnisses, die jetzt offen vor aller Blick lagen, erinnerten ihn erst wieder an die Vorgänge der verhängnisvollen Nacht. Auf sein Begehren, mit Effie Deans sprechen zu dürfen, erschien derselbe hagere, silberhaarige Schließer, den er am vergangenen Abend gesehen hatte.

«Mich dünkt», erwiderte er auf Butlers Bitte um Einlaß mit echt schottischem Umschweif, «Ihr seid derselbe junge Mann, der gestern hier war, um sie zu besuchen.»

Butler gestand, daß er derselbe sei.

«Und mir ist», fuhr der Schließer fort, «als hättet Ihr Euch bei mir erkundigt, wann wir schlössen und ob wir früher schlössen wegen des Porteous?»

«Sehr möglich, daß ich etwas dergleichen sagte», erwiderte Butler, «doch jetzt handelt es sich darum, ob ich Effie Deans sehen kann.»

«Ich weiß nicht – geht nur erst hinein, die Treppe rauf und dann gleich die Zelle links.»

Der Alte folgte ihm auf den Fersen, die Schlüssel in der Hand, worunter sich auch der große befand, womit er früher das Außentor seines Herrschaftsbereichs auf- und zugeschlossen hatte, obwohl er gegenwärtig nur eine nutzlose Last war. Kaum hatte Butler die ihm bezeichnete Zelle betreten, als der Wärter mit geübter Hand sogleich den rechten Schlüssel faßte und sie von außen abschloß. Zuerst glaubte Butler, dies geschähe nur aus dienstlicher Gewohnheit und übertriebener Vorsicht. Als er aber den rauhen Befehl hörte: «Wache heraus!» und unmittelbar darauf vernahm, wie sich eine waffenklirrende Schildwache vor der Tür der Zelle postierte, rief er dem Schließer von innen zu: «Guter Freund, ich habe wichtige Dinge mit Effie Deans zu bereden; ich bitte, laßt mich sobald wie möglich zu ihr.» – Er erhielt keine Antwort. – «Wenn es gegen Eure Vorschriften verstößt, daß ich die Gefangene spreche», wiederholte Butler mit lauter Stimme, «so sagt es mir bitte und laßt mich meinen Geschäften nachgehen. – Fugit irrevocabile tempus», murmelte er vor sich hin.

«Wenn Ihr Geschäfte habt, hättet Ihr sie abmachen sollen, ehe Ihr hierherkamt», erwiderte der Schließer von außen. «Hier rein – das könnt Ihr Euch merken – kommt man leichter als hier raus. Es ist wenig Aussicht da, daß noch mal so eine Porteous-Rotte uns Scherereien macht. Das Gesetz wird nun sein Recht behaupten, Nachbar, das werdet Ihr zu Eurem Schaden erfahren.»

«Was meint Ihr damit, mein Herr?» entgegnete Butler. «Ihr müßt mich für jemand anders halten. Mein Name ist Reuben Butler; ich bin Geistlicher.»

«Ich weiß es sehr wohl», sagte der Schließer.

«Nun denn, wenn Ihr mich kennt, so darf ich wohl um so mehr verlangen, von Euch zu erfahren, welche Vollmacht Ihr habt, mich hier zurückzuhalten; das ist, soviel ich weiß, das Recht jedes britischen Untertanen.»

«Welche Vollmacht?» sagte der Wärter. «Zwei Gerichtsdiener sind unterwegs nach Libberton, mit der Vollmacht, Euch zu verhaften. Wärt Ihr zu Haus geblieben, wie sich das für ehrliche Leute gehört, so hättet Ihr die Vollmacht schwarz auf weiß lesen können. Aber wenn Ihr von selbst kommt, um Euch einsperren zu lassen, wer kann Euch da helfen, mein Lieber?»

«Also kann ich Effie Deans nicht sprechen», fragte Butler, «und Ihr wollt mich nicht wieder herauslassen?»

«Ganz gewiß nicht, Nachbar», antwortete der Alte mürrisch, «um die Angelegenheiten von Effie Deans braucht Ihr Euch nicht zu bekümmern, Ihr werdet genug mit Euren eigenen zu tun haben, und was das Hinauslassen betrifft, so hat darüber die Obrigkeit zu befinden. – Und nun gehabt Euch fürs erste wohl. Ich muß hinunter und nach Meister Sawyers sehen – er setzt ein paar Türen ein, die Eure friedfertigen Kameraden gestern nacht eingeschlagen haben, Mr. Butler.»

All dies war außerordentlich kränkend und ebenso beunruhigend. Eingekerkert zu sein, wenn auch auf Grund eines falschen Verdachts, hat etwas Bedrohliches und Unangenehmes selbst für Menschen, die mutiger veranlagt sind, als Butler es war; denn er besaß zwar viel von jener Entschlossenheit, die aus einem starken Pflichtgefühl erwächst und dem edlen Willen, danach zu handeln, doch bei seiner lebhaften Einbildungskraft und seiner körperlichen Schwäche war er weit davon entfernt, daß ihm jene Gleichmütigkeit und Unerschrockenheit in heiklen Lagen eigen gewesen wäre, deren Menschen von kräftigerer Gesundheit, stärkeren Nerven und geringerer Sensibilität sich rühmen können. Irgendeine Gefahr, die er nicht kannte und gegen die er sich nicht wehren konnte, schwebte ihm unbestimmt vor. Er versuchte, die Ereignisse der vergangenen Nacht zu überdenken, in der Hoffnung, etwas ausfindig zu machen, was seine Anwesenheit unter dem Pöbelhaufen erklären oder rechtfertigen könnte, da ihm sogleich einfiel, daß man ihn deswegen eingesperrt habe. Aber mit einiger Bestürzung entsann er sich, daß bei all seinen wiederholten Bemühungen, die Aufrührer zu beschwichtigen und sie zu bewegen, ihn zu entlassen, kein unbeteiligter Zeuge zugegen gewesen war. Der Gedanke an die Bedrängnis der Familie Deans, das gefährliche Stelldichein, zu dem Jeanie gehen wollte, und das er nun nicht mehr zu verhindern hoffen konnte, erhöhten noch seine Unruhe. Doch so ungeduldig er war, eine Aufklärung über den Grund seiner Gefangenschaft zu erhalten und wenn möglich seine Freiheit wiederzuerlangen, befiel ihn doch ein Zittern – was kein gutes Vorzeichen zu sein schien –, als er nach etwa einstündigem Aufenthalt in dieser einsamen Zelle aufgefordert wurde, zum Verhör vor den Richtern zu erscheinen. Eine starke Abteilung Soldaten geleitete und bewachte ihn – ein Aufwand an Vorsicht, der, so unzeitig und unnötig er war, gewöhnlich nach einem Ereignis stattfindet, das er, wäre er rechtzeitig erfolgt, verhindert hätte.

Butler wurde in die Stadtkämmerei geführt, wie der Ort genannt wird, wo die Stadtverordneten ihre Sitzungen abhalten, und der damals nicht weit vom Gefängnis entfernt lag. Mehrere Senatoren der Stadt waren anwesend und verhörten gerade einen Mann, der am unteren Ende des langen grünüberzogenen Tischs stand, um den sich die Stadtväter gewöhnlich versammelten.

«Ist das der Geistliche?» fragte einer der Räte, als der Ratsdiener Butler hereinführte.

Der Mann bejahte es.

«Er soll sich einen Augenblick setzen, wir werden gleich mit der Sache dieses Mannes fertig sein.»

«Soll Mr. Butler solange abtreten?» fragte der Wachhabende.

«Nicht nötig – er kann hierbleiben.»

Butler setzte sich demzufolge auf eine Bank in einer Ecke des Zimmers, während sich einer seiner Wächter neben ihn stellte.

Es war ein großes Zimmer, in dem Halbdunkel herrschte. Doch zufällig – oder war es Absicht des Baumeisters, der aus Erfahrung wußte, daß solch eine Anordnung gelegentlich zum Vorteil gereichen könnte – war ein Fenster so angebracht, daß volles Licht auf das untere Ende des Tischs fiel, wo die Gefangenen gewöhnlich während des Verhörs stehen mußten, während das obere Ende, wo die verhörenden Richter saßen, im Schatten lag. Butler richtete seinen Blick sogleich auf den Gefangenen, der gerade verhört wurde, in der Meinung, er werde vielleicht einen der Verschwörer der vergangenen Nacht in ihm erkennen. Aber obgleich die Gesichtszüge des Mannes sehr ausdrucksvoll und einprägsam waren, konnte sich Butler nicht erinnern, ihn je zuvor gesehen zu haben.

Der Mann war schon in vorgerücktem Alter und von dunklem Teint. Das Haar trug er glatt gekämmt und kurz geschnitten; es war pechschwarz, von Natur leicht gekräuselt und schon mit Grau gesprenkelt. Das Gesicht des Mannes hatte eher einen spitzbübischen als verbrecherischen Ausdruck – es verriet mehr Hang zu Arglist, Schläue und Verschlagenheit, als daß es die Spuren unbändiger wilder Leidenschaften zeigte. Die stechenden schwarzen Augen, die scharfen Züge, das ständige spöttische Lächeln und eine gewisse Dreistigkeit, ja Frechheit, gaben ihm ganz und gar das Aussehen eines Schelmen, wie der Volksmund solche Gauner nennt, die zugleich etwas von einem Schalk haben. Auf einem Markt oder Jahrmarkt hätte man nicht einen Augenblick daran gezweifelt, daß er ein Pferdehändler sei, vertraut mit allen Pfiffen und Kniffen seines Gewerbes; doch wäre man ihm auf der Heide begegnet, so hätte man schwerlich eine Gewalttat von ihm befürchtet. Auch seine Kleidung war die eines Pferdehändlers: eine enggeknöpfte Joppe oder «Flaus», wie man damals sagte, mit großen Metallknöpfen, grobe blaue Stiefel- oder Strumpfhosen, so genannt, weil sie zugleich die Stelle von Hosen und Strümpfen vertreten, und ein Schlapphut. Nichts fehlte ihm, um den

Anzug des Gewerbes, dem er anzugehören schien, zu vervollständigen, als eine mit Blei ausgegossene Peitsche unter dem Arm und der Sporn an einem Hacken.

«Euer Name ist James Ratcliffe?» fragte der Richter.

«Ja – allemal, wenn's Euer Gnaden so beliebt.»

«Das heißt, Ihr könntet mir auch einen anderen nennen, wenn mir der nicht gefiele?»

«Zwanzig für einen, mit Euer Gnaden Erlaubnis», erwiderte der Gefragte.

«Aber James Ratcliffe ist Euer gegenwärtiger Name? – Was ist Euer Gewerbe?»

«Ein eigentliches Gewerbe – was man so nennt – habe ich just nicht.»

«Aber», wiederholte der Richter, «wovon lebt Ihr – womit beschäftigt Ihr Euch?»

«Je nun – Euer Gnaden, mit Eurer Erlaubnis, wissen das so gut wie ich», erwiderte der Verhörte.

«Tut nichts, ich möchte, daß Ihr es mir ausführlicher beschreibt», sagte der Richter.

«Ausführlich? Hier... und vor Euer Gnaden? Fern sei das von Jemmie Ratcliffe», antwortete der Gefangene.

«Ach was, keine Ziererei! Ich verlange eine Antwort!»

«Gut, Herr», erwiderte der Befragte. «So will ich frei von der Leber weg reden, um Euer Gnaden nicht zu verschnupfen. – Also, ich soll sagen, womit ich mich beschäftige? Das wird mich hart ankommen, so gradezu, an einem Ort wie diesem. Aber – wie heißt doch das siebente Gebot?»

«Du sollst nicht stehlen», antwortete der Richter.

«Seid Ihr dessen sicher?» erwiderte der Angeklagte. «Wahrhaftig, dann verträgt sich mein Gewerbe schlecht mit dem Gebot – ich glaubte nämlich, es lautete: ‹Du sollst stehlen!› Und das macht einen gewaltigen Unterschied, obgleich nur ein winziges Wörtchen ausgelassen ist.»

«Um die Sache kurz zu machen, Ratcliffe, Ihr seid ein berüchtigter Dieb gewesen», sagte der Richter.

«Ich glaube, das Hoch- und das Tiefland wissen ein Liedchen davon zu singen, Herr, und England und Holland auch», erwiderte Ratcliffe mit größter Gemütsruhe und Unverfrorenheit.

«Und was glaubt Ihr, wird das Ende vom Lied sein?» fragte der Richter.

«Gestern hätte ich's Euch aufs Haar sagen können – aber heute weiß ich's nicht mehr so genau», antwortete der Gefangene.

«Und was hättet Ihr gestern gesagt, wie Ihr enden würdet, wenn man Euch gestern danach gefragt hätte?»

«Am Galgen», erwiderte Ratcliffe mit derselben Gelassenheit.

«Ihr seid ein dreister Schurke, Freundchen», sagte der Richter. «Wieso hofft Ihr, Eure Sache stände für Euch heute besser?»

«Je nun – Euer Gnaden», antwortete Ratcliffe. «Es ist ja ein himmelweiter Unterschied, ob einer, der zum Tod verurteilt ist, im Gefängnis festgehalten wird oder ob er freiwillig darin verbleibt, obwohl es ihm ein leichtes gewesen wäre, sich davonzumachen. Was hätte mich denn gehindert, ganz gemächlich meiner Wege zu gehen, gestern, als sie mit dem Jock Porteous abzogen? Glauben Euer Gnaden wirklich, ich bin dageblieben, um mich hängen zu lassen?»

«Ich weiß nicht, was Ihr Euch dabei gedacht habt», sagte der Richter, «aber ich weiß, was das Gericht mit Euch vorhat – nämlich, Euch am nächsten Mittwoch über acht Tage aufzuknüpfen.»

«Nee, nee, Euer Gnaden», sagte Ratcliffe zuversichtlich, «Euer Gnaden mögen verzeihen, aber das glaube ich nicht eher, als bis ich's erlebe. Ich kenne die Gerichte nun manch liebes Jahr und habe manch Tänzchen mit ihnen gehabt, früh und spät, aber die ollen Tölen sind nicht so schlimm, wie sie aussehen – sie bellen mehr als sie beißen.»

«Und wenn Ihr glaubt, daß Euch nicht der Galgen erwartet, zu dem Ihr verurteilt seid, meines Wissens bereits zum viertenmal», sagte der Richter, «so sagt mir doch gefälligst, was Ihr denn nun eigentlich erwartet, da Ihr nicht mit den übrigen Galgenvögeln davonflogt, was, wie ich einräumen will, von Euch am wenigsten zu erwarten war?»

«Ich hätte keinen Augenblick daran gedacht, in dem alten, öden Kasten zu bleiben», antwortete Ratcliffe, «wenn ich nicht eine gewisse Anhänglichkeit an den Ort hätte, und ich erwarte, daß man mir einen kleinen Posten darin gibt.»

«Einen Posten!» rief der Richter. «Einen Pfosten, meint Ihr wohl? Die Staupsäule?»

«Nein, nein, Sir, an die Staupsäule habe ich dabei nicht gedacht. Nachdem ich viermal zum Galgen verurteilt worden bin, scheint mir, bin ich über das Stäupen längst hinaus.»

«Was, um Himmels willen, erwartet Ihr denn sonst?»

«Nun, den Posten eines Unterschließers; denn ich höre, der ist vakant», sagte der Gefangene. «Ich will nicht um den Posten des Lockman* anhalten – noch dazu über seinen Kopf weg –, der würde nicht so gut für mich wie für andere Leute passen, denn ich konnte nie ein Tier töten, viel weniger einen Menschen um die Ecke bringen.»

«Das spricht zu Euren Gunsten», sagte der Richter, den der verschmitzte Ratcliffe durch seine scheinbaren Umschweife genau dahin gebracht hatte, wo er ihn haben wollte. «Aber», fuhr der Richter fort, «wie könnt Ihr glauben, man würde Euch ein Amt im Gefängnis übertragen, wenn Ihr selbst aus fast allen Gefängnissen Schottlands ausgebrochen seid?»

«Mit Euer Gnaden Erlaubnis», sagte Ratcliffe, «wenn ich's so gut verstand rauszukommen, so werde ich's auch besser als ein anderer verstehen, andere drin zu halten. Die müßten ihr Geschäft gut verstehen, die mich halten könnten, wenn ich raus will, oder die heraus könnten, wenn ich sie drin behalten will.»

Es schien, als leuchtete dies dem Richter ein; er sagte aber

* s. Anm. VII «Henker oder Lockman».

nichts weiter darüber, sondern befahl, Ratcliffe abzuführen.

Als dieser ebenso dreiste wie verschlagene Gauner außer Hörweite war, fragte der Richter den Schreiber, was er zu der Zuversicht des Kerls meine.

«Ich habe nicht darüber zu befinden, Sir», erwiderte der Schreiber, «aber wenn James Ratcliffe sich wirklich bessern will, so gibt es keinen Menschen innerhalb dieser Mauern, der unserer Stadt in allem, was Diebstahl und Einsperren betrifft, so von Nutzen sein kann. Ich will mit Mr. Sharpitlaw darüber sprechen.»

Nach Ratcliffes Abgang mußte Butler den Platz am unteren Ende des Tischs einnehmen. Der Richter führte das Verhör höflich, doch in einer Weise, die Butler zeigte, daß er unter starkem Verdacht stand. Mit aller Aufrichtigkeit, wie sie seinem Beruf und Wesen entsprach, gab Butler seine unfreiwillige Anwesenheit beim Mord an Porteous zu und ging dann auf Verlangen des Richters umständlicher auf das unglückliche Ereignis selbst ein. Seine Angaben wurden mit allen Einzelheiten, wie wir sie geschildert haben, vom Schreiber wörtlich zu Papier gebracht.

Als er seine Aussage beendet hatte, begann das Kreuzverhör, das auch für den Schuldlosesten immer etwas Peinigendes hat. Denn ein Ereignis, besonders wenn es sich um aufregende und schreckliche Begebenheiten handelt, kann kaum so einfach und deutlich berichtet werden, daß nicht dies oder jenes zweideutig und verdächtig erschiene, wenn man einem Kreuzfeuer von scharfen Fragen ausgesetzt ist.

Der Richter begann mit der Bemerkung, daß Butler gesagt habe, es sei seine Absicht gewesen, nach Libberton zurückzukehren, er sei jedoch von dem Pöbel am West Port angehalten worden.

«Verlaßt Ihr die Stadt immer durch das West Port, wenn Ihr nach Libberton geht?» fragte der Beamte etwas spöttisch.

«Oh, nein», antwortete Butler mit der Hast eines Menschen, der bemüht ist, die Genauigkeit seiner Angabe zu rechtfertigen, «aber ich war zufällig diesem Tor näher als den anderen, und die Stunde des Torschlusses kam heran.»

«Das war ein unglücklicher Zufall», sagte der Richter trocken. «Weiter – Ihr sagt, Ihr seid durch die Drohung und Nötigung der gesetzlosen Menge gezwungen worden, sie zu begleiten und Auftritten beizuwohnen, die allen fühlenden Menschen widerwärtig und besonders mit dem Amt oder Beruf eines Geistlichen unvereinbar sind. Versuchtet Ihr nicht, Euch zu sträuben oder zu entfliehen?»

Butler erwiderte, sie seien zu viele gewesen, als daß er sich hätte widersetzen, und zu wachsam, als daß er hätte fliehen können.

«Das war ein unglücklicher Zufall», wiederholte der Richter in demselben trockenen Ton und mit derselben ungläubigen Miene. Er fuhr fort, mit großer Höflichkeit, aber einer Hartnäckigkeit, die von seinem unverminderten Verdacht zeugte, weitere Fragen zu stellen – über das Verhalten des Pöbels, das Betragen und die Kleidung der Rädelsführer; und wenn er glaubte, Butlers Vorsicht, falls er ihn täuschte, eingeschläfert zu haben, kam der Richter plötzlich geschickt auf Einzelheiten der früheren Aussage Butlers zurück und verlangte eine neue, eingehende Schilderung der Umstände, bis hinein in die geringfügigste und genaueste Kleinigkeit der traurigen Begebenheit. Aber es gelang ihm nicht, Butler, so verdächtig er ihm schien, zu verwirren oder in Widersprüche zu verwickeln. Endlich kam die Rede auch auf Madge Wildfire, bei welchem Namen der Richter und der Schreiber sich vielsagend ansahen. Der Richter erkundigte sich so eingehend nach den Gesichtszügen und der Kleidung dieser Person, als hinge das Heil der Stadt davon ab. Aber Butler konnte fast nichts über die Gesichtszüge der Person aussagen, da sie augenscheinlich wie die eines Indianers auf dem Kriegspfad mit roter Schminke und Ruß entstellt und außerdem durch eine Weiberhaube oder -kappe, die das Haar des vermeintlichen Frauenzimmers verhüllte, beschattet gewesen waren. Er erklärte, er glaube nicht, daß er diese Madge Wildfire in einer anderen Tracht wiedererkennen würde, höchstens an ihrer Stimme.

Der Richter fragte ihn danach wieder, durch welches Tor er die Stadt verlassen habe.

«Durch das Cowgate Port», erwiderte Butler.

«War das der nächste Weg nach Libberton?»

«Nein», antwortete Butler verlegen, «aber es war der nächste Weg, um dem Pöbel zu entkommen.»

Der Schreiber und der Richter wechselten erneut Blicke.

«Ist es vom Grassmarket nach Libberton durch das Cowgate Port näher als durch Bristo Port?»

«Nein», erwiderte Butler, «aber ich wollte einen Bekannten besuchen.»

«So?» sagte der Richter. «Ihr hattet wohl große Eile, ihm den Vorfall mitzuteilen, dessen Zeuge Ihr gewesen wart?»

«Nein, durchaus nicht», erwiderte Butler, «ich habe mit niemandem darüber gesprochen, die ganze Zeit über, wo ich in St. Leonard's Crags war.»

«Welchen Weg nahmt Ihr nach St. Leonard's Crags?»

«An den Salisbury-Felsen vorbei», war die Antwort.

«So? Ihr scheint ein großer Freund von Umwegen zu sein», sagte der Richter wieder. «Wen saht Ihr, nachdem Ihr die Stadt verlassen hattet?»

Butler mußte ihm nach und nach all die verschiedenen Leute beschreiben, die ihm am Morgen, wie bereits erwähnt, begegnet waren – ihre Anzahl, ihr Aussehen und ihr Benehmen; zuletzt konnte er nicht umhin, auch seines Zusammentreffens mit dem geheimnisvollen Fremden im Königspark zu gedenken. Hierüber hätte Butler gern Stillschweigen bewahrt. Aber kaum hatte der Richter eine Andeutung dieses Vorfalls vernommen, als er darauf drang, die genauesten Einzelheiten zu erfahren.

«Seht Ihr, Mr. Butler», sagte er, «Ihr seid ein junger Mann, und zwar von ausgezeichnetem Ruf – so viel will ich zu Euren Gunsten bezeugen. Aber es ist uns auch bekannt, daß sich schon manche Eures Standes, obwohl sonst untadelige Menschen, durch einen unangebrachten wilden Eifer dazu verleiten ließen, gesetzwidrige Handlungen zu begehen oder zu begünstigen, die geeignet waren, den Frieden des Landes zu stören. – Ich will offen mit Euch reden. Diese Geschichte, warum Ihr zu Eurem Heimweg zweimal verschiedene Straßen wähltet, die beide Umwege waren, gefällt mir ganz und gar nicht. Und, um aufrichtig zu sein, niemand, den wir über diese unselige Sache vernommen haben, konnte in Eurem Auftreten etwas davon bemerken, als hättet Ihr unter Zwang gehandelt. Mehr noch: die Wächter am Cowgate Port haben in Eurem Betragen etwas wie Schuldbewußtsein bemerkt und erklärten, daß Ihr der erste wart, der ihnen befahl, das Tor zu öffnen – in einem so gebieterischen Ton, als ob Ihr noch die Aufrührer und ihre Wachen befehligtet, die sie während der ganzen Nacht in Gewahrsam gehalten hatten.»

«Gott vergebe ihnen!» sagte Butler. «Ich verlangte nur freien Auslaß für mich selbst; sie müssen mich sehr mißverstanden haben oder stellen die Sache wissentlich falsch dar.»

«Schön, Mr. Butler», schloß der Richter, «ich bin geneigt, das Beste anzunehmen und zu hoffen, wie ich denn überhaupt das Beste wünsche; aber Ihr müßt aufrichtig gegen mich sein, wenn Ihr wünscht, daß ich Euch Glauben schenken soll und Ihr Euch keine Ungelegenheiten machen wollt. Ihr gebt zu, ein anderes Individuum auf Eurem Weg durch den Königspark nach St. Leonard's Crags gesehen und gesprochen zu haben. – Ich muß jedes Wort wissen, das zwischen Euch und ihm gewechselt wurde.»

Auf diese Weise gedrängt, hielt Butler, der keinen anderen Grund hatte zu verhehlen, was bei diesem Zusammentreffen vorgefallen war, außer daß Jeanie Deans darein verwickelt war, es für das beste, das Ganze wahrheitsgemäß von Anfang bis Ende zu erzählen.

«Glaubt Ihr», fragte der Richter nach kurzem Schweigen, «daß das junge Mädchen einer so geheimnisvollen Einladung Folge leisten wird?»

«Ich fürchte ja», erwiderte Butler.

«Warum sagt Ihr, daß Ihr es fürchtet?» fragte der Richter.

«Weil ich um ihre Sicherheit besorgt bin – bei einer Zusammenkunft zu solcher Zeit und an solchem Ort und mit einem Menschen, der etwas von dem Aussehen eines Verzweifelten hatte und dessen Botschaft so geheimnisvoll lautete.»

«Für ihre Sicherheit soll gesorgt werden», erwiderte der Richter. «Mr. Butler, es tut mir leid, daß ich Euch nicht sogleich aus der Haft entlassen kann, aber ich hoffe, Ihr werdet nicht lange mehr der Freiheit beraubt sein. – Man bringe Mr. Butler zurück und versehe ihn mit allen Bequemlichkeiten.»

Er wurde ins Gefängnis zurückgeführt; doch hinsichtlich der Kost, die man ihm reichte, wie des Raums, wo man ihn unterbrachte, wurde der Befehl des Richters strengstens befolgt.

14. Kapitel

Öd war der Pfad und schwarz die Nacht,
kein Stern am Himmel hing,
als Janet in dem Umhang grün
zum Mal am Kreuzweg ging.

Alte Ballade

Wir überlassen Butler all den traurigen Gedanken, die seine neue Lage mit sich brachte, worunter der Kummer vorherrschend war, daß ihm durch seine Gefangenschaft jede Möglichkeit genommen sei, der Familie in St. Leonard's in ihrer größten Bedrängnis beizustehen, und kehren zu Jeanie Deans zurück, die ihren Liebsten hatte scheiden sehen, ohne daß sie ihm eine weitere Erklärung hätte geben können, und nun den ganzen tödlichen Schmerz empfand, womit das weibliche Herz Abschied von all jenen verwickelten Gefühlen nimmt, die Coleridge so schön beschrieben hat:

Hoffnung und Furcht, die Hoffnung zeugt,
in wunderlichem Drang,
und zarte Wünsche, halb verhehlt,
und doch gehegt so lang.

Es ist nicht das stärkste Herz (und Jeanie trug unter ihrem ländlichen Mieder eines, das Catos Tochter keine Schande gemacht hätte), welches leicht Abschied von diesen sanften und vielfältig verschlungenen Empfindungen nehmen kann.

Ein paar Minuten lang weinte sie bitterlich und überließ sich widerstandslos ihrem Schmerz. Alsbald aber hatte sie sich wieder gefaßt und schalt sich wegen der Selbstsüchtigkeit, womit sie sich ihrem eigenen Kummer hingab, während ihrem Vater und ihrer Schwester solch großes und nicht wiedergutzumachendes Unglück widerfahren war. Sie zog den Brief aus der Tasche, den man ihr am Morgen durch ein offenes Fenster ins Zimmer geworfen hatte und dessen Inhalt ebenso sonderbar war wie seine Sprache heftig und leidenschaftlich. Wenn sie einen Menschen vor furchtbarster Schuld und all ihren schrecklichen Folgen bewahren wolle, wenn sie das Leben und die Ehre ihrer Schwester den blutigen Klauen eines ungerechten Gesetzes zu entreißen wünsche, wenn sie ihr zeitliches und ewiges Heil nicht verscherzen wolle – so lautete die wilde Beschwörung –, so würde sie gebeten, dem Schreiber eine geheime und sichere Zusammenkunft zu gewähren. Sie allein könne ihn und er allein sie retten. Er sei in solcher Lage – hieß es weiter in dem Brief –, daß jeder Versuch, einen Zeugen zu ihrer Unterredung mitzubringen, oder selbst das Schreiben, womit sie erbeten würde, ihrem Vater oder sonst irgend jemandem zu zeigen, die Zusammenkunft unvermeidlich vereiteln und das Verderben ihrer Schwester besiegeln würde. Der Brief schloß mit wilden und wirren Beteuerungen, daß sie nichts für sich selbst zu fürchten habe, wenn sie der Aufforderung nachkomme.

Die Botschaft, die Butler ihr von dem Unbekannten im Park überbracht hatte, stimmte genau mit dem Inhalt des Briefs überein und setzte für die Zusammenkunft nur eine spätere Stunde und einen anderen Ort fest. Offenbar war der Schreiber des Briefs gezwungen gewesen, Butler soweit ins Vertrauen zu ziehen, damit Jeanie von dieser Veränderung verständigt wurde. Auf die halben Andeutungen und Verdächtigungen Butlers hin war Jeanie mehr als einmal drauf und dran gewesen, den Zettel vorzuzeigen, um sich vor ihrem Liebhaber zu rechtfertigen. Aber es liegt etwas

Demütigendes in solcher Rechtfertigung, wozu der Stolz der Unschuld sich nicht zu allen Zeiten herablassen kann; außerdem schreckten sie die Drohungen, die in dem Brief enthalten waren, falls sie das Geheimnis verrate. Dennoch hätte sie sich bei längerem Zusammensein wahrscheinlich entschlossen, Butler alles zu entdecken und sich von ihm raten zu lassen, wie sie sich verhalten solle; da sich ihr nun keine Gelegenheit mehr dazu bot, nachdem ihre Unterredung so plötzlich unterbrochen worden war, hatte sie das Gefühl, als ob sie einem Freund unrecht getan hätte, dessen Zuneigung ihr volles und uneingeschränktes Vertrauen verdiente und dessen Rat ihr wahrscheinlich höchst nützlich gewesen wäre.

Sich in dieser Angelegenheit an ihren Vater zu wenden, hielt sie für höchst unklug. Die Art des alten David, in ungewöhnlichen Lagen zu denken und zu handeln, hing ganz von nur ihm eigenen Grundsätzen und unberechenbaren Empfindungen ab, so daß selbst diejenigen, die ihn am besten kannten, nie voraussehen konnten, wie er eine Sache aufnehmen und in welchem Licht sie ihm erscheinen würde. Eine Freundin zu bitten, sie an den Ort der Zusammenkunft zu begleiten, wäre vielleicht der angemessenste Ausweg gewesen; aber die Drohung des Schreibers, daß der Verrat seines Geheimnisses ihre Zusammenkunft (wovon ihrer Schwester Leben abhängen sollte) überhaupt verhindern würde, hätte sie abgeschreckt, eine Freundin ins Vertrauen zu ziehen, selbst wenn sie eine gewußt hätte, von der sie mit Sicherheit hätte annehmen können, sie würde das Geheimnis bewahren. Aber sie kannte keine. Abgesehen vom Austausch kleiner Gefälligkeiten, die man sich gegenseitig erwies, hatte Jeanie kaum Umgang mit ihren Nachbarinnen. Sie wußte wenig von ihnen, und was sie wußte, machte sie nicht sehr geneigt, sich irgendeiner davon anzuvertrauen. Es waren meist gutmütige redselige Gevatterinnen, wie man sie in ihrem Stand oft findet; und die Unterhaltung mit ihnen hatte immer wenig Reiz für das junge Mädchen gehabt, dem von Natur aus und infolge seiner einsamen Lebensweise eine Tiefe des Gemüts und Stärke des Charakters eigneten, durch die es seinen leichtfertigeren Geschlechtsgenossinnen sowohl höheren wie niederen Standes weit überlegen war.

Auf sich gestellt und bar jedes irdischen Beistandes nahm Jeanie ihre Zuflucht zu einem Freund und Ratgeber, dessen Ohr dem Schrei der ärmsten und bedrängtesten der Seinen stets offen ist. Sie kniete nieder und betete inbrünstig, Gott möge ihr in dieser peinlichen und schwierigen Lage den rechten Weg zeigen. Es war der Glaube der Zeit und der Sekte, der sie angehörte, daß man in großer Bedrängnis durch ein solches Gebet eine unmittelbare Antwort hervorrufen – gleichsam durch einen Akt göttlicher Eingebung erhört, «erleuchtet» werden könne, wie man es nannte. Ohne auf diesen heiklen theologischen Punkt näher einzugehen, können wir eines sagen: Es ist klar, daß ein Mensch, der im Gebet mit Aufrichtigkeit und Inbrunst seine Nöte und Zweifel offen darlegt, schon dadurch sein Gemüt von den Schlacken irdischer Begierden und Leidenschaften reinigen und es in einen Zustand versetzen muß, wo die gefaßten Entschlüsse eher aus einem Gefühl der Pflicht als aus einem niedrigeren Beweggrund hervorzugehen scheinen. Jeanie erhob sich von ihrer Andacht mit gestärktem Herzen, bereit, jeder Gefahr zu trotzen und jede Trübsal zu ertragen.

Ich will diesen unglücklichen Mann sprechen – sagte sie zu sich selbst –, denn unglücklich muß er wohl sein, wenn er, wie ich nicht zweifle, die Ursache des Unglücks der armen Effie ist. Ich will ihn sprechen, mag kommen, was will! Ich will mir nie den Vorwurf machen müssen, daß ich aus Furcht vor dem, was mir gesagt oder angetan werden könnte, etwas unterlassen habe, was vielleicht ihre Rettung sein könnte.

Mit einem viel beruhigteren Gemüt ging sie, nachdem sie diesen Entschluß gefaßt hatte, um nach ihrem Vater zu sehen. Der alte Mann, den Grundsätzen seiner Jugend treu, ließ sich, wenigstens dem äußeren Anschein nach, durch keinen Gedanken an sein häusliches Unglück in der stoischen Ruhe seiner Haltung und seines Betragens stören. Er schalt sogar seine Tochter, daß sie in der Aufregung des Morgens einige kleinere häusliche Pflichten versäumt habe, die in ihren Bereich fielen.

«Wie? Was soll das heißen, Jeanie?» fragte der Alte. «Die vierjährige Braune ist noch nicht gemolken und auch die Milchsatten sind noch nicht aufgestellt. Wenn du in den Tagen der Anfechtung deine irdischen Pflichten vernachlässigst, wie kann ich dann glauben, daß du dich um größere und höhere Dinge sorgst – wie dein Seelenheil? Gott weiß es, daß unsere Eimer und unsere Töpfe und unser Trunk Milch und unser Bissen Brot uns mehr am Herzen liegen als das Brot des Lebens!»

Es war Jeanie nicht unlieb, daß ihres Vaters Gedanken so über den Umkreis seines unmittelbaren Unglücks hinausschweiften; sie gehorchte ihm und machte sich daran, ihre häuslichen Obliegenheiten zu verrichten, während der alte David seine gewohnten Arbeiten eine nach der anderen vornahm, wobei lediglich eine gewisse innere Unrast und ein gelegentliches krampfhaftes Zucken der Augenlider oder ein unwillkürlich ausgestoßener schwerer Seufzer verrieten, welch bitteres Leid ihn bedrückte.

Die Mittagsstunde kam heran, und Vater und Tochter setzten sich zu ihrem bescheidenen Mahl nieder. Seinem Tischgebet fügte der alte Mann die Bitte hinzu, das Brot, das in Betrübnis des Herzens gegessen werde, und das bittere Wasser von Mara möchten ebenso nahrhaft sein wie das aus einem vollen Glas und einer wohlgefüllten Vorratskammer; und nachdem er sein Gebet beendet und die Mütze, die er während der Andacht abgenommen, wieder aufgesetzt hatte, ermahnte er seine Tochter, weniger durch sein eigenes Beispiel als mit Worten, zu essen.

«Er, an dem Gott sein Wohlgefallen hatte», sagte er, «wusch und salbte sich und aß Brot, um damit auszudrücken, daß er sich in die über ihn verhängte Prüfung schicke – und es geziemt sich für einen Christen oder eine Christin nicht, sein Herz an so sterbliche Geschöpfe wie Weib und Kinder zu hängen –» hier versagte ihm beinahe die Stimme – «um darüber die erste Pflicht zu vergessen – Ergebung in den göttlichen Willen.»

Gleichsam um seine Lehre zu bekräftigen, nahm er etwas Speise auf seinen Teller; aber die Natur erwies sich stärker als selbst sein noch so mächtiges Bestreben, sie zu unterdrücken. Beschämt über seine Schwachheit, stand er auf und ging hinaus, mit einer Eile, die nichts von der Bedächtigkeit seiner sonstigen Bewegungen hatte. Aber schon nach kaum fünf Minuten hatte er seine gewöhnliche Gefaßtheit und Haltung wiedererlangt und kehrte zurück, wobei er sein plötzliches Verschwinden dadurch zu beschönigen suchte, daß er etwas murmelte wie, er habe geglaubt, das Füllen im Stall habe sich losgerissen.

Dennoch wagte er es nicht, wieder auf den Gegenstand seiner früheren Rede zurückzukommen; und seine Tochter war froh, daß er ein weiteres Gespräch über dieses aufregende Thema vermied. Die Stunden gingen hin, wie sie immer hingehen, mögen sie nun von Freude beflügelt oder von Trübsal belastet sein. Die Sonne sank hinter der dunklen Anhöhe des Schloßbergs und der westlichen Hügelwand, und der Anbruch der Nacht rief David Deans und seine Tochter zur häuslichen Abendandacht. Mit bitterem Schmerz dachte Jeanie daran, wie oft sie, wenn die Stunde des Gebets nahte, die länger werdenden Schatten betrachtete und von der Schwelle des Hauses nach der Heimkehr ihrer Schwester ausgespäht hatte. Ach, dieser gedankenlose, unbekümmerte Müßiggang – zu welchem Unheil hatte er nicht zuletzt geführt! Und war sie selber ganz und gar schuldlos, sie, die um Effies Hang zu leichtfertiger, lockerer Gesellschaft gewußt und nicht das Ansehen ihres Vaters zu Hilfe gerufen hatte, um sie davon zurückzuhalten? – Aber ich handelte nach bestem Wissen und Gewissen – sagte sie sich –, und wer hätte wohl erwarten können, daß aus einem Gran weltlichen Sauerteigs bei einer sonst so guten, edlen und reinen Veranlagung ein so großes Übel erwachsen würde?

Als sie sich zur Andacht niedersetzten, der «Übung», wie man es nennt, stand zufällig ein Stuhl dort, wo Effie sonst zu sitzen pflegte. David Deans sah die Augen seiner Tochter in Tränen schwimmen, als ihre Blicke auf diesen Gegenstand fielen; er stieß ihn ungeduldig beiseite, als ob er jeden Gedanken an irdische Dinge im Augenblick der Anrufung Gottes zu verbannen wünschte. Der Abschnitt aus der Bibel wurde gelesen, der Psalm gesungen, das Gebet gesprochen; auffällig dabei war, daß der Alte, als er diese Pflichten verrichtete, alle Ausdrücke und Stellen vermied – deren die Schrift so manche darbietet –, die als eine Anspielung auf sein eigenes häusliches Mißgeschick hätten gedeutet werden können. Es war vielleicht seine Absicht, sowohl die Gefühle seiner Tochter zu schonen wie zugleich, wenigstens dem äußeren Anschein nach, jene geduldige Ausdauer und Standhaftigkeit gegenüber allem irdischen Übel zu behaupten, die nach seiner Meinung zum Wesen eines Menschen gehören, der letzthin die Dinge dieser Welt als das erachtet, was sie sind – nämlich Nichtigkeiten. Als er die Andacht beendet hatte, trat er auf seine Tochter zu und wünschte ihr gute Nacht, wobei er noch einen Augenblick lang ihre Hände hielt, sie dann sanft an sich zog, auf die Stirn küßte und ausrief: «Der Gott Israels segne und behüte dich, mein teures Kind!»

Es gehörte weder zur Natur noch zu den Gewohnheiten David Deans', sich als zärtlicher Vater zu zeigen, noch hatte er oft jene Fülle des Herzens, die sich in Liebkosungen oder zärtlichen Worten ergießt, empfunden oder bewiesen, nicht einmal gegen seine Liebsten. Im Gegenteil, er pflegte dergleichen an mehreren seiner Nachbarn als Schwachheit zu tadeln, besonders an der armen Witwe Butler. Aber gerade darum, weil solche Äußerungen eines liebevollen Herzens bei diesem sich selbstverleugnenden, zurückhaltenden Mann so selten waren, machten die gelegentlichen Zeichen seiner Zuneigung und Liebe als Zeugnisse eines übermächtigen Gefühls einen um so tieferen und nachhaltigeren Eindruck auf seine Kinder.

Tief bewegt gab er und empfing seine Tochter daher den väterlichen Kuß und Segen.

«Ach, mein teurer Vater», rief Jeanie aus, als sich die Tür hinter dem verehrungswürdigen Alten geschlossen hatte, «möge der erflehte und verheißene Segen vervielfältigt auf dir ruhen – auf dir, der du in dieser Welt wandelst, als ob du nicht von dieser Welt wärst, und alles, was sie geben oder nehmen kann, nur den Mücken gleich achtest, die der Morgenstrahl erweckt und der Abendwind verweht!»

Sie bereitete sich nun auf ihren nächtlichen Gang vor. Ihr Vater schlief in einem anderen Teil des Gebäudes, und da er von seinen Gewohnheiten nicht abging, verließ er nur selten oder nie sein Zimmer, wenn er sich abends dorthin zurückgezogen hatte. Es war daher für sie nicht schwer, das Haus unbemerkt zu verlassen, sobald die Stunde der Verabredung herannahte. Aber obgleich sie keinen Grund hatte, ihres Vaters Dazwischenkunft zu fürchten, gab es bei dem Schritt, den zu unternehmen sie im Begriff war, noch genug Gefahren und Schwierigkeiten, die sie mit Schrecken erfüllten. Sie hatte ihr Leben in der gleichförmigen, ruhigen Abgeschlossenheit ihres eintönigen, friedlichen Haushalts hingebracht. Sogar die Stunde, die manche Mädchen sowohl ihres eigenen wie höheren Standes heutzutage als die passendste erachten, um zu einem Abendvergnügen zu eilen, hatte für sie etwas Ernstes und Schauerliches; und ihr Entschluß erschien ihr in dem Augenblick, wo sie ihn ausführen sollte, als ein abenteuerliches und bedenkliches Wagnis. Ihre Hände zitterten, als sie um ihr blondes Haar das Band schlang, das damals die einzige Kopfbedeckung oder der einzige Kopfputz der jungen unverheirateten Mädchen war, und sich die rotkarierte

Decke, das Plaid, umhing, das die schottischen Frauen etwa nach Art des schwarzen Seidenschleiers trugen, der noch heute einen Teil des weiblichen Anzugs in den Niederlanden bildet. Ein Gefühl der Furcht und der Scham beschlich sie, als sie den Riegel ihres väterlichen Hauses hob, um es zu einem so gewagten Gang und zu einer so späten Stunde zu verlassen – unbegleitet und ohne Wissen ihres natürlichen Beschützers.

Als sie sich draußen auf freiem Feld fand, drängten sich ihr neue Gegenstände der Besorgnis auf. Die fahlen Felsenmassen und zerstreuten Felsblöcke auf dem Wiesengrund, an denen sie vorüber mußte, um zu dem Ort der Verabredung zu gelangen, schimmerten in der klaren Herbstnacht und erinnerten sie an manche Gewalttat, die der Sage nach hier geschehen sein sollte. In früheren Zeiten waren die Felsen die Schlupfwinkel von Räubern und Mördern gewesen. Das Gedenken an ihre Verbrechen ist in den verschiedenen Edikten bewahrt, die der Rat der Stadt und sogar das Parlament Schottlands erlassen hatten, um ihre Banden zu zerstreuen und den Untertanen so nahe der Stadt Sicherheit zu verschaffen. Der Namen dieser Verbrecher und ihrer Untaten erinnerte man sich immer noch in den zerstreuten Hütten und in der benachbarten Vorstadt. In späteren Zeiten machte, wie wir schon bemerkt haben, die Abgelegenheit und Zerklüftetheit der Schlucht sie zu einem geeigneten Schauplatz für Zweikämpfe der hitzigen Jugend jener Zeit. Einige dieser Kämpfe – alle blutig und einer von ihnen mit tödlichem Ausgang – hatten sich zugetragen, seit sich Deans in St. Leonard's niedergelassen hatte. Schreckensvolle, blutige Bilder schwebten daher seiner Tochter vor, als sie den einsamen, kaum erkennbaren schmalen Pfad dahineilte, wo jeder Schritt sie weiter von menschlicher Hilfe entfernte und tiefer in die geheimnisvolle Abgeschiedenheit dieser verrufenen Bezirke hineinführte.

Als der Mond sich anschickte, die Gegend mit einem ungewissen, flüchtigen und feierlichen Licht zu erhellen, nahm Jeanies Besorgnis eine andere Wendung, die zu bezeichnend für ihren Stand und das Land ist, als daß sie unerwähnt bleiben sollte. Aber sie genauer darzulegen und zu erklären erfordert ein neues Kapitel.

15. Kapitel

Der Geist, den ich gesehen, kann ein Teufel sein;
der Teufel hat Gewalt,
sich zu verkleiden in verlockende Gestalt.

Hamlet

An Hexerei und Geisterwesen glaubte man, wie wir schon Gelegenheit hatten zu bemerken, zu jener Zeit fast in allen Ständen, besonders jedoch in den Kreisen der strengen Presbyterianer, deren Regierung, als ihre Partei am Ruder des Staates war, sich durch den Eifer ausgezeichnet und besudelt hatte, womit sie diese eingebildeten Verbrechen ausforschte und verfolgte. Auch St. Leonard's Crags und das angrenzende Gehege waren ein derart gefürchtetes und übelbeleumdetes Gebiet. Nicht nur sollten Hexen hier ihre Versammlungen abhalten, sondern selbst noch in späterer Zeit hatte der im Pandaemonium des Richard Bovet erwähnte Schwärmer oder Betrüger* in den Abgeschiedenheiten dieser romantischen Klippen seinen Weg zu den verborgenen Schlupfwinkeln gefunden, wo die Feen im Innern der Erde ihre Feste feiern.

Mit all diesen Sagen war Jeanie Deans zu wohlbekannt, als daß sie sich dem starken Eindruck hätte entziehen können, den sie auf das Einbildungsvermögen zu machen pflegen. In der Tat, solche Geistergeschichten waren ihr von

* s. Anm. VIII «Der Elfenknabe von Leith».

Kindheit an vertraut – sie waren die einzige Abwechslung, die ihres Vaters Unterhaltung gewährte, da sie sich sonst nur um religiöse Streitfragen drehte oder die düstere Geschichte der Kämpfe, Zeugnisse, Fluchten, Gefangennahmen, Foltern und Hinrichtungen jener Blutzeugen des Covenants, mit denen bekannt gewesen zu sein Deans' höchster Stolz war. Die so unbarmherzig bis in die Schlupfwinkel der Felsen, Höhlen und Sümpfe verfolgten Schwärmer glaubten oft handgreiflichen Angriffen des Feindes der Menschheit ausgesetzt zu sein und sich ihrer erwehren zu müssen, wie in den Städten und auf dem Lande solcher der tyrannischen Regierung und ihrer Soldateska. Derartige Ängste waren es, die einen ihrer begnadeten Seher, den sein Gefährte in einer Spukhöhle bei Sorn in Galloway allein gelassen hatte, bei dessen Rückkehr ausrufen ließen: «Es ist hart, in dieser Welt zu leben – eingefleischte Teufel auf der Erde und Teufel unter der Erde! Satan ist hier gewesen, seit du fort warst; aber ich habe mit ihm gerungen und ihn vertrieben – er wird uns in dieser Nacht nicht mehr behelligen!» David Deans glaubte an diese und viele andere solcher Kämpfe mit Geistern und die mit Hilfe der Ansaris oder Hilfstruppen der verbannten Propheten über sie erfochtenen Siege. Dieses Ereignis hatte sich vor Davids Zeit zugetragen. Aber er selbst pflegte mit größtem Schauder, doch nicht ohne ein Gefühl stolzer Überlegenheit über seine Hörer zu erzählen, wie er selbst zugegen gewesen sei, als die Andacht einer großen, zu Crochmade unter freiem Himmel abgehaltenen Versammlung durch die Erscheinung eines hageren schwarzen Mannes unterbrochen worden war, der beim Durchschreiten einer Furt auf dem Weg zur Versammlung den Grund unter den Füßen verlor und augenscheinlich von der Gewalt des Stromes fortgerissen wurde. Alle wären sogleich bemüht gewesen, ihm zu helfen, aber mit so geringem Erfolg, daß zehn oder zwölf kräftige Männer, die den Strick hielten, den sie ihm zu seiner Hilfe zugeworfen hatten, selbst in Gefahr gerieten, in den Strom gerissen zu werden und ihr eigenes Leben einzubüßen, statt das des gefährdeten Mannes zu retten. «Aber der berühmte John Semple von Carspharn», pflegte David Deans frohlockend zu sagen, «sah die Schlinge in dem Strick. ‹Laßt den Strick fahren›, rief er uns zu, denn ich, damals noch ein Junge, hielt selbst ein Ende des Stricks, ‹es ist der Böse! Er wird nicht ersaufen, sondern brennen. Er will unser frommes Werk stören und eure Seelen verwirren, um euch von dem abzulenken, was ihr gehört und gefühlt habt.› – So ließen wir den Strick los», sagte David, «und der Mann ging unter, schreiend und brüllend wie der Stier von Basan, wie es in der Heiligen Schrift heißt.» *

Aufgewachsen im Anhören solcher und ähnlicher Geschichten war es kein Wunder, daß Jeanie eine unbestimmte Angst empfand – nicht nur vor Gespenstern, die ihr auf ihrem Weg begegnen könnten, sondern mehr noch vor der Natur, der Art und dem Vorhaben dessen, der sie zu dieser Zusammenkunft an solch schaurigen Ort und zu solch schauriger Stunde bestellt hatte, und zwar in einem Augenblick, wo die Anfechtung notwendig am stärksten war, da Kummer und Verzweiflung ihr Gemüt erfüllten, in welchem Zustand, wie es heißt, Leidende gegen die Versuchungen des Bösen besonders wehrlos sind. Wenn solch ein Gedanke selbst dem wohlunterrichteten Butler gekommen war, so mußte er auf sie einen noch viel tieferen Eindruck machen. Aber obwohl sie fest an die Möglichkeit eines so schrecklichen Zusammentreffens mit dem Leibhaftigen glaubte, beharrte Jeanie mit einem Mut, den wir gar nicht nach Gebühr würdigen können, weil uns solche Anschauungen und Empfindungen in unserem aufgeklärten Zeitalter fremd geworden sind, in ihrem Entschluß, ungeachtet aller Gefahren, in die sie sich selbst dadurch begab und die ihrer Einbildung so schrecklich erschienen, kein Mittel unver-

* S. Anm. IX «Verkehr der Covenanter mit der unsichtbaren Welt».

sucht zu lassen, um ihre Schwester zu retten. So wie Christiana in der *Pilgerreise* mit ängstlichem, doch entschlossenem Schritt durch das schreckliche Tal des Todesschattens wandelte, eilte sie weiter über Geröll und Steine, «bald in Helle, bald im Dunkel», je nachdem, ob ihr Pfad im Mondlicht oder Schatten lag, und bemühte sich, ihrer Furcht dadurch Herr zu werden, daß sie manchmal ihre Gedanken auf die unglückliche Lage ihrer Schwester richtete und daß es ihre Pflicht sei, ihr zu helfen, wenn es in ihrer Macht stünde; noch häufiger dadurch, daß sie sich in stummem Gebet dem Schutz dessen empfahl, vor dem die Nacht ist wie der Mittag.

Endlich erreichte sie den ihr bezeichneten Ort der geheimnisvollen Zusammenkunft.

Es war ein tiefes Tal jenseits der Salisbury-Felsen, hinter dem der nordwestliche Ausläufer des Berges aufragt, den man Arthurs Sitz nannte. An seinem Abhang sind noch die Ruinen einer alten Kapelle oder Klause zu sehen, die dem heiligen Antonius, dem Einsiedler, geweiht gewesen war. Einen besseren Ort für solch ein Gebäude hätte man kaum wählen können, denn die Kapelle lag zwischen den schroffen, pfadlosen Klippen wie in einer Einöde trotz der unmittelbaren Nähe einer reichen, bevölkerten und lärmenden Hauptstadt; und das Gesumme der Stadt mochte sich mit dem Gesang der Klausner mischen, die so wenig des weltlichen Getriebes achteten, als ob es das Geräusch des fernen Meeres gewesen wäre. Ganz unten an dem steilen Abhang, auf dem diese Ruinen noch immer zu sehen sind, lag der Platz, man zeigt ihn vielleicht noch heute, wo Nicol Muschat, jener Elende, der schon einmal auf diesen Seiten erwähnt worden ist, eine lange Reihe von Grausamkeiten gegen sein unglückliches Weib damit abgeschlossen hatte, daß er es auf ungewöhnlich bestialische Art und Weise ermordete.*Der Abscheu vor diesem Verbrechen hatte sich

* s. Anm. VI «Muschats Grabmal».

auf den Platz, wo es verübt worden war, übertragen; er wurde von einem kleinen Steinmal bezeichnet, einem Haufen zusammengeschichteter Steine, die zufällig Vorübergehende als Zeugnis der Verwünschung dahin geworfen hatten – wie es scheint, nach dem Grundsatz des alten britischen Fluchs: «Möge ein Steinhaufen deine Grabstätte sein!»

Als sich unsere Heldin diesem unheiligen, verrufenen Ort nahte, hielt sie an und sah zum Mond auf, der nun hoch am nordwestlichen Himmel stand und ein deutlicheres Licht verbreitete als während ihres Weges hierher. Als sie den Planeten einen Augenblick lang angesehen hatte, wandte sie ihr Haupt langsam und zaghaft dem Steinhaufen zu, von dem sie bis dahin die Blicke abgekehrt hatte. Sie war zuerst enttäuscht. Nichts war zu sehen außer dem kleinen Steinmal, das grau im Mondlicht dalag. Allerlei verworrene Gedanken gingen ihr durch den Kopf. Hatte der Briefschreiber sie irregeführt und sein Wort gebrochen? War er beim Einhalten der Verabredung zu saumselig oder verhinderte ein unerwarteter Zufall sein versprochenes Erscheinen? Oder hatte – wie ihre geheimsten Ängste es ihr zuraunten – ein böser Geist sie bloß mit trügerischen Hoffnungen verlocken und in unnötige Mühe und Ängste stürzen wollen, wie das nach allem, was sie davon gehört hatte, die Art der schweifenden Dämonen sein sollte? Oder wollte er sie mit der Gegenwart seiner furchtbaren Erscheinung plötzlich erschrecken, wenn sie dicht an den Ort des Stelldicheins gekommen war? Diese ängstlichen Überlegungen hinderten sie indessen nicht, sich dem Steinhaufen mit langsamen, doch entschlossenen Schritten zu nähern.

Als sie nur noch etwa drei Meter davon entfernt war, erhob sich plötzlich eine Gestalt hinter dem Grabmal, und Jeanie konnte sich kaum eines lauten Schreis enthalten, da sich ihre schrecklichste Vermutung zu verwirklichen schien. Sie zwang sich jedoch zum Schweigen und erwartete mit angehaltenem Atem, daß der Fremde die Unterredung eröffnen sollte, was er auch tat, indem er sie mit hohler und vor Erregung zitternder Stimme fragte: «Seid Ihr die Schwester jener Unglücklichen?»

«Ich bin's – ich bin die Schwester von Effie Deans!» rief Jeanie aus. «Und wenn Ihr je hofft, daß Gott Euch in Eurer Not hören soll, sagt mir, wenn Ihr es sagen könnt, was geschehen muß, um sie zu retten!»

«Ich glaube nicht, daß Gott mich in meiner Not hören wird», war die seltsame Antwort. «Ich erwarte, ich verdiene es nicht.» Diese verzweifelten Worte äußerte er in einem ruhigeren Ton als dem, in welchem er zuerst gesprochen hatte, wahrscheinlich, weil die Anrede ihn am meisten Überwindung gekostet hatte. Jeanie blieb stumm vor Schrecken – eine solche Sprache war ihr bisher so fremd, daß sie ihr eher wie die eines Teufels als eines menschlichen Wesens klang. Ohne anscheinend auf ihr Erstaunen zu achten, fuhr der Unbekannte fort: «Ihr seht einen Elenden vor Euch, der zu zeitlicher und ewiger Qual verdammt ist.»

«Um Gottes willen, der uns hört und sieht», sagte Jeanie, «sprecht nicht so verzweifelt! Das Evangelium ist auch dem größten Sünder, dem elendsten der Elenden verkündet.»

«Dann gilt seine Botschaft wohl auch mir», erwiderte der Unbekannte, «wenn Ihr es sündhaft nennt, die Mutter, die mich geboren hat, den Freund, der mir vertraute, die Frau, die mich liebte, das unschuldige Kind, das mir geboren wurde, ins Verderben gestürzt zu haben. Ist all dies getan zu haben Sünde und es zu überleben Elend, dann bin ich freilich höchst sündhaft und höchst elend.»

«So seid Ihr es, der meine arme Schwester ins Unglück gebracht hat?» fragte Jeanie, und in ihrer Stimme schwang ein Ton von Unwillen.

«Flucht mir deshalb, wenn Ihr wollt», sagte der Unbekannte, «ich habe es sehr wohl von Euch verdient.»

«Es geziemt mir mehr», sagte Jeanie, «Gott zu bitten, daß er Euch vergebe.»

«Tut, wie Ihr wollt und was Ihr wollt», erwiderte er mit

Heftigkeit, «versprecht mir nur, meinen Weisungen zu gehorchen und Eurer Schwester Leben zu retten.»

«Erst muß ich wissen», sagte Jeanie, «was das für Weisungen sind.»

«Nein! Erst müßt Ihr schwören – feierlich schwören, daß Ihr ihnen gehorchen wollt!»

«Es ist unnötig zu schwören, daß ich alles tun werde, was einer Christin erlaubt ist, um das Leben meiner Schwester zu retten.»

«Keinen Vorbehalt!» donnerte der Unbekannte. «Erlaubt oder unerlaubt, Christin oder Heidin, Ihr sollt schwören zu tun, was ich Euch heiße, oder – Ihr wißt nicht, wessen Zorn Ihr reizt!»

«Ich will es mir überlegen», sagte Jeanie, erschreckt über die furchtbare Heftigkeit seines Wesens und zweifelnd, ob sie mit einem Rasenden oder einem abtrünnigen Geist in Menschengestalt spreche, «ich will es mir überlegen, was Ihr mir sagt, und Euch morgen Bescheid geben.»

«Morgen!» rief der Mann mit Hohngelächter. «Und wo werde ich morgen sein? Oder wo werdet Ihr noch heute nacht sein, wenn Ihr nicht schwört, meinem Rat zu folgen? Schon eine Freveltat wurde hier verübt – und eine zweite soll sich ihr anreihen, wenn Ihr mir nicht mit Leib und Seele zu Willen seid!»

Mit diesen Worten erhob er eine Pistole gegen das unglückliche junge Mädchen. Sie floh nicht, noch sank sie in Ohnmacht; sie fiel auf die Knie und bat um ihr Leben.

«Ist das alles, was Ihr zu sagen habt?» fragte der ungerührte Bösewicht.

«Befleckt Eure Hand nicht mit dem Blut eines wehrlosen Geschöpfs, das Euch vertraut hat», rief Jeanie, noch immer kniend.

«Ist das alles, was Ihr zu Eurer Rettung vorbringen könnt? Habt Ihr nichts zu versprechen? Wollt Ihr Eure Schwester verderben und mich zwingen, noch mehr Blut zu vergießen?»

«Ich kann nichts versprechen», sagte Jeanie, «was für eine Christin ungesetzlich ist.»

Er spannte den Hahn der Waffe und richtete sie auf sie.

«Möge Gott Euch vergeben!» sagte sie, indem sie ihre Augen fest mit den Händen bedeckte.

«Verdammt!» murmelte der Mann; dann wandte er sich ab, setzte den Hahn in Ruhe und steckte die Waffe wieder ein.

«Ich bin ein Schuft», sagte er, «verstrickt in Schuld und Schmach, doch nicht schlecht genug, Euch ein Leid anzutun. Ich wollte Euch nur durch Schrecken zwingen. – Sie hört mich nicht! Sie lebt nicht mehr! Großer Gott! Was für ein Schurke bin ich geworden!»

Während er noch sprach, erwachte sie aus einer Betäubung, in der sie die Bitterkeit des Todes gekostet hatte; doch in wenigen Augenblicken hatte sie sich vermöge der ihr eigenen Seelenstärke so weit erholt, um zu begreifen, daß er ihr kein Leid zufügen wollte.

«Nein!» wiederholte er. «Ich will dem Mord an Eurer Schwester und ihrem Kind nicht noch den an einem ihrer Angehörigen hinzufügen. – Ich bin toll, rasend vor Wut, bar jeder Furcht und allen Mitleids, von einem bösen Geist besessen und verlassen von allem Guten – und doch würde ich Euch kein Leid zufügen, böte man mir auch die Welt dafür zum Lohn! Aber, bei allem, was Euch teuer ist, schwört, meinen Rat zu befolgen. Nehmt diese Waffe, schießt mir eine Kugel durch den Kopf und rächt mit eigener Hand Eurer Schwester Unbill – nur bedient Euch des Mittels, des einzigen Mittels, wodurch ihr Leben zu retten ist!»

«Ach! Ist sie unschuldig oder schuldig?»

«Sie hat keine Schuld – keine als die, einem Bösewicht vertraut zu haben! Und dennoch, gäbe es nicht noch schlechtere Menschen, als ich bin – ja, schlechtere als ich, obgleich ich schlecht genug bin –, so wäre es nicht soweit gekommen.»

«Und meiner Schwester Kind – lebt es?» fragte Jeanie.

«Nein, es wurde gemordet, grausam gemordet – das neugeborene Kind», sagte er mit leiser, doch harter und fester Stimme, «aber», fügte er hastig hinzu, «ohne ihr Wissen und Wollen.»

«Und warum kann der Schuldige nicht vor Gericht gestellt und die Unschuldige befreit werden?»

«Martert mich nicht mit vergeblichen Fragen», erwiderte er finster. «Die Tat wurde von Menschen verübt, die vor aller Entdeckung sicher und weit genug von aller Verfolgung sind. Niemand als Ihr kann Effie retten.»

«Weh mir! Wie vermag ich es?» fragte Jeanie verzagt.

«Hört mich an! Ihr seid vernünftig. Ihr könnt verstehen, was ich meine. Ich will Euch vertrauen. Eure Schwester ist unschuldig an dem Verbrechen, das ihr zur Last gelegt wird.»

«Gott sei gepriesen dafür!» sagte Jeanie.

«Schweigt und hört! Das Weib, das ihr in ihrer schweren Stunde beistand, mordete das Kind – aber es geschah ohne Wissen und Willen der Mutter. Sie ist daher schuldlos, so schuldlos wie das arme, unschuldige Wesen, das nur wenige Minuten in dieser schlimmen Welt atmete – wohl ihm, daß es so bald zur Ruhe kam. Sie ist unschuldig wie jenes Kind – und doch muß sie sterben, es ist unmöglich, sie zu rechtfertigen!»

«Können die Elenden nicht entdeckt und bestraft werden?» fragte Jeanie.

«Glaubt Ihr, Ihr könntet verhärtete Bösewichter überreden zu sterben, um einen anderen zu retten? Ist das ein Stab, worauf Ihr Euch stützen könnt?»

«Aber Ihr sagtet, es gäbe ein Mittel», hauchte das verängstigte junge Mädchen.

«Es gibt eins», antwortete der Unbekannte, «und es liegt in Eurer eigenen Hand. Der Schlag, den das Gesetz gegen sie richtet, kann zwar nicht pariert, aber abgelenkt werden. Ihr habt Eure Schwester während der Zeit gesehen, die der

Geburt des Kindes vorherging. Was ist natürlicher, als daß sie ihren Zustand Euch gegenüber erwähnt haben sollte? Dann wäre das Gesetz, wie das gelehrte Kauderwelsch lautet, nicht auf ihren Fall anwendbar, denn es entfiele der Umstand der Verhehlung. Ich kenne den Jargon der Gerichte und habe leider Grund genug, sie zu kennen; der Umstand der Verhehlung ist wesentlich bei diesem Delikt.* Es ist nichts natürlicher, als daß Effie ihren Zustand Euch gegenüber erwähnt hat. – Denkt nach, überlegt – ich bin sicher, daß sie es tat.»

«Weh mir!» sagte Jeanie. «Sie hat nie mit mir darüber gesprochen, sondern weinte nur sehr heftig, als ich sie wegen ihres veränderten Aussehens und Wesens befragte.»

«Ihr habt sie deshalb befragt?» sagte er eifrig. «Ihr *müßt* Euch erinnern! Ihre Antwort war ein Geständnis, sie sei von einem Schurken verführt worden – ja, sagt nur ruhig: einem verworfenen, falschen Schurken; es bedarf keines anderen Wortes – und trage die Folgen seiner Schuld und ihrer Schwäche unter ihrem Herzen, und er habe ihr versprochen, er würde für sie in ihrem kommenden Ungemach sorgen. – Oh, er hat trefflich Wort gehalten!» Diese letzten Worte sprach er mehr zu sich selbst, mit einer wilden Gebärde der Selbstanklage, und fuhr dann ruhiger fort: «Ihr werdet Euch daran erinnern? Das ist alles, was zu sagen nötig ist.»

«Aber ich kann mich nicht an etwas erinnern», antwortete Jeanie einfach, «was Effie mir niemals sagte.»

«Seid Ihr denn so schwer, so äußerst schwer von Begriff?» rief er, indem er sie plötzlich am Arm ergriff und daran festhielt. «Ich sage Euch», stieß er mit verhaltenem Atem zwischen zusammengebissenen Zähnen, aber mit großem Nachdruck hervor, «Ihr *müßt* Euch erinnern, daß sie Euch all dies sagte – auch wenn sie es mit keiner Silbe tat. Ihr müßt diese Aussage – worin keine Unwahrheit ist, nur daß sie es

* s. Anm. X «Kindsmord».

nicht Euch sagte – vor diesen blutgierigen Gesellen, die sich Richter nennen, wiederholen und Eure Schwester davor bewahren, gemordet, und jene davor, Mörder zu werden! Zaudert nicht! Ich verpfände Leben und Seligkeit – wenn Ihr aussagt, was ich Euch gesagt habe, sprecht Ihr nur die reine Wahrheit.»

«Aber», erwiderte Jeanie, die einen zu klaren Verstand hatte, um sich durch Scheingründe blenden zu lassen, «ich soll gerade in der Sache, über die man von mir die Wahrheit wissen will, ein falsches Zeugnis ablegen; denn die arme Effie ist angeklagt, daß sie ihren Zustand verheimlicht hat, und Ihr wollt, daß ich das Gegenteil bezeuge und einen Meineid leiste.»

«Ich sehe», sagte er, «mein erstes Mißtrauen gegen Euch war berechtigt. Ihr wollt Eure Schwester, so schön und unschuldig sie ist – ausgenommen darin, daß sie einem Schurken vertraute –, lieber den Tod einer Mörderin sterben lassen als den Mund aufmachen, um sie mit einem Wort zu retten.»

«Mein Herzblut würde ich für sie hingeben, wenn ich ihr helfen könnte», sagte Jeanie, weinend in bitterem Schmerz. «Aber ich kann nicht sagen, etwas sei wahr, was falsch ist, und Unrecht nicht zu Recht machen.»

«Törichtes, hartherziges Mädchen», sagte der Unbekannte, «fürchtet Ihr etwa, daß man Euch deswegen belangen könnte? Ich sage Euch, selbst diese herzlosen Aktenmenschen, die hinter dem Leben her sind wie Hunde hinter Hasen, werden sich freuen, wenn ein so junges, so schönes Geschöpf freikommt; man wird Euch glauben, ohne Euch zu verdächtigen, und wenn man Euch nicht glaubte, so würde man Euch nicht nur verzeihen, sondern Euch wegen Eurer schwesterlichen Liebe noch loben.»

«Nicht die Menschen fürchte ich», sagte Jeanie, indem sie zum Himmel aufblickte, «sondern Gott, dessen Namen ich anrufen muß, um die Wahrheit meiner Worte zu bekräftigen. Er weiß um die Lüge.»

«Und er weiß auch den Grund», sagte der Unbekannte eifrig. «Er weiß, daß Ihr es nicht aus Eigennutz tut, sondern nur, um das Leben einer Unschuldigen zu retten und ein schlimmeres Verbrechen zu verhüten als das, was das Gesetz zu ahnden sucht.»

«Er hat uns ein Gesetz gegeben als eine Leuchte auf unserem Weg», sagte Jeanie; «wenn wir von dem abweichen, irren wir wissentlich. – Ich mag nichts Unrechtes tun, auch wenn Gutes daraus entstehen sollte. Aber Ihr, der Ihr um die Wahrheit wißt, die ich Euch auf Euer Wort hin glauben soll, Ihr, der Ihr, wenn ich Euch recht verstanden habe, meiner Schwester verspracht, ihr Schirm und Schutz in ihrer Bedrängnis zu sein, warum tretet *Ihr* nicht auf und legt ein gültiges, wahrhaftes Zeugnis für sie ab, wie Ihr es mit reinem Gewissen tun könnt?»

«Zu wem redet Ihr von einem reinen Gewissen, Weib?» rief er mit plötzlicher Wildheit, die sie erneut in Schrecken versetzte. «Zu mir? Ich kenne keins mehr seit Jahren! Ich für sie Zeugnis ablegen? Ein schöner Zeuge, der diesen Ort und diese Stunde wählen muß, nur um mit einem so harmlosen Mädchen wie Euch ein paar Worte zu sprechen. Wenn Ihr Eulen und Fledermäuse wie Lerchen beim Sonnenschein ausfliegen seht, dann mögt Ihr erwarten, daß einer wie ich da erscheine, wo Menschen versammelt sind. – Horcht, was war das?»

Man hörte aus der Ferne eine jener eintönigen wilden Weisen, nach denen die Schotten ihre alten Balladen singen. Die Töne verstummten – und erklangen dann wieder näher.

Der Unbekannte horchte mit gespannter Aufmerksamkeit; er hielt Jeanie, die vor Schreck regungslos neben ihm stand, noch immer am Arm fest, als wolle er jeder Störung durch Gebärde oder Rede von ihrer Seite vorbeugen. Als der Gesang wieder anhob, waren die Worte deutlich vernehmbar:

«Schwebt der Falke in der Luft,
schweigt der Lerche Ton;
streift der Jagdhund durch die Kluft,
flieht das Reh davon.»

Das Lied wurde mit gellender, durchdringender, schriller Stimme gesungen, so daß es in sehr beträchtlicher Entfernung zu hören war. Als der Gesang schwieg, hörte man ein gedämpftes Geräusch wie von Fußtritten und dem Flüstern sich nähernder Personen. Der Gesang setzte wieder ein, doch war die Weise verändert:

«Herr Ritter, rief sie, schlaft Ihr süß?
Entflieht, entflieht sogleich!
Wohl zwanzig Mann mit Schwert und Spieß
sind auf der Fährte Euch.»

«Ich darf nicht länger verweilen», sagte der Unbekannte. «Geht heim oder bleibt hier, bis jene herankommen. Ihr habt nichts zu fürchten. Aber sagt nicht, daß Ihr mich gesehen habt. Eurer Schwester Schicksal liegt in Eurer Hand.»

Nach diesen Worten ließ er sie los, huschte schnellen, unhörbaren Schrittes in der dem sich nähernden Geräusch am meisten abgekehrten Richtung davon und war bald in der Dunkelheit ihren Blicken entschwunden. Jeanie blieb in unbeschreiblichem Schrecken bei dem Steinmal zurück, unentschlossen, ob sie so schnell wie möglich heimeilen oder die Ankunft der sich Nähernden erwarten solle. Diese Unentschlossenheit lähmte sie so lange, bis sie deutlich zwei oder drei Gestalten sah, die schon so nahe waren, daß eine hastige Flucht ebenso unklug wie vergeblich gewesen wäre.

16. Kapitel

… sie spricht verworren,
mit halbem Sinn nur: ihre Red' ist nichts,
doch leitet ihre ungestalte Art
den Hörenden auf Schlüsse; man errät,
man stückt zusammen ihrer Worte Sinn.

Hamlet

Gleich dem abschweifenden Dichter Ariost sehe ich mich genötigt, die Fäden meiner Geschichte zu verbinden, indem ich hier die Abenteuer einer anderen Gestalt wieder aufnehme und sie bis zu dem Punkt führe, wo wir die der Jeanie Deans vorläufig abbrechen. Es ist vielleicht keine sehr künstlerische Art, eine Geschichte zu erzählen, doch hat sie den Vorteil, daß sie die Notwendigkeit erspart, «gefallene Maschen» wieder aufnehmen zu müssen, wie eine Strickerin sagen würde – wenn die Strumpfwirkmaschinen noch eine solche Person im Land übriggelassen haben –, eine Arbeit, womit sich Verfasser gemeiniglich sehr abplagen, ohne jedoch sonderlichen Dank für ihre Mühe zu ernten.

«Ich möchte fast eine Wette eingehen», sagte der Schreiber zu dem Gerichtsherrn, «daß dieser Schurke Ratcliffe, wenn man ihm Schonung für seinen Hals zusicherte, mehr ausrichten könnte als ein Dutzend unserer Polizisten und Konstabler, um uns aus dieser Klemme mit Porteous zu helfen. Er kennt alle Diebe, Schmuggler und Strolche in und um Edinburgh; man könnte ihn geradezu den Vater aller Missetäter in Schottland nennen, denn er hat die letzten zwanzig Jahre als ‹Papa Rat› unter ihnen zugebracht.»

«Ein netter Gauner», erwiderte der Richter, «und der möchte eine Anstellung bei der Stadt haben!»

«Verzeihung, Euer Gnaden», sagte der Stadtprokurator, der Oberinspektor der Polizei war, «Mr. Fairscrieve hat ganz recht. Gerade so einen wie den Ratcliffe brauchte ich in meiner Abteilung; wenn er gewillt ist, in den Dienst der Stadt zu treten und sich ihr mit seinem Wissen nützlich zu machen, so könnt Ihr keinen Besseren finden. Heilige geben sich nicht dazu her, nach Dieben oder unverzollten Waren und dergleichen zu fahnden, und was da sonst noch für Leutchen sind – Betbrüder und verkrachte Handwerker, die man dazu angestellt hat –, so taugen sie nichts. Bald nehmen sie Anstoß an dem, bald an jenem; sie machen sich ein Gewissen daraus, wenn sie eine Lüge sagen sollen, obwohl es zum Heil der Stadt wäre; auch mögen sie sich nicht gern zu allen möglichen Stunden draußen herumtreiben, besonders in finsteren, kalten Nächten, und noch weniger mögen sie einen Schlag über den Schädel riskieren; und so schwanken sie zwischen der Furcht Gottes und der vor den Menschen und haben Angst um ihren Hals oder ihre Knochen. Da sind Dutzende unserer Polizisten und Konstabler und Stadtsoldaten, die kein anderes Vergehen ausfindig machen können als höchstens ein bißchen Lumperei, wovon nur der Kirchenschatz was hat. Jock Porteous, der nun steif und stumm ist, der arme Kerl, wog ein ganzes Schock davon auf – er kannte weder Gewissensbisse noch Bedenken, noch Furcht, noch Zweifel, wenn Euer Gnaden ihm was auftrugen.»

«Er hat der Stadt gute Dienste geleistet», sagte der Richter, «obgleich er selbst ein sittenloser Mensch war. Aber wenn Ihr wirklich meint, dieser Schuft, der Ratcliffe, könne uns dabei helfen, die Übeltäter zu fassen, so wollte ich ihm wohl Leben, Anstellung und Belohnung zusichern. Eine schlimme Geschichte, dieses Mißgeschick, für die Stadt, Mr. Fairscrieve. Man wird es uns oben übel vermerken. Königin Caroline – Gott erhalte sie! – ist eine Frau, ich nehme es wenigstens an und hoffe, es ist keine Majestätsbeleidigung, das zu sagen, und Frauen, Ihr wißt es ebensogut wie ich, denn Ihr seid zwar Junggeselle, habt aber eine Haushälterin, Frauen sind eigensinnig und vertragen keine Kränkung. Sie wird es übel aufnehmen, wenn sie hört, daß nach einer solch beschämenden Geschichte noch niemand eingesperrt worden ist.»

«Wenn Ihr meint, Sir», sagte der Polizeiinspektor, «so könnten wir leicht einiges verdächtige Gesindel aufgreifen und einlochen. Es gibt uns den Anschein von Tätigkeit, und ich habe verschiedene Kerls auf meiner Liste, denen ein paar Wochen Gefängnis nichts schaden würden; wenn Ihr aber meint, es wäre nicht ganz gerecht, so könntet Ihr ja in der nächsten Zeit etwas glimpflicher mit ihnen verfahren, wenn sie wirklich was auf dem Kerbholz haben – sie sind nicht von der Art, daß es Euch lange an Gelegenheit fehlen wird, die Rechnung mit ihnen zu bereinigen.»

«Ich zweifle, ob das Zweck hat, Mr. Sharpitlaw», wandte der Stadtschreiber ein, «sie werden sich auf ihren Freibrief* berufen, und eh Ihr Euch's verseht, sind sie wieder draußen.»

«Ich werde mit dem Oberbürgermeister sprechen», sagte der Richter, «und ihm die Sache mit Ratcliffe vortragen. – Mr. Sharpitlaw, Ihr könnt mitkommen, vielleicht hat er Weisungen für Euch. Auch diese Geschichte mit Butler und dem Unbekannten geht mir im Kopf herum; ich wüßte nicht, was einer groß im Königspark zu tun hätte und warum er sich selbst den Teufel nennt und ehrliche Leute erschreckt, die vom Teufel nicht gern etwas hören mögen, außer sonntags von der Kanzel. Ich glaube zwar nicht, daß der Prediger selbst den Pöbel angeführt hat – immerhin gab es eine Zeit, wo sie bei einem Aufruhr so gut vornan waren wie ihre Nachbarn.»

«Aber diese Zeiten sind lange vorüber», sagte Mr. Shar-

* Entspricht etwa der englischen Habeas-Corpus-Akte.

pitlaw. «Zu meines Vaters Zeit forschte man eifriger nach abgesetzten Geistlichen in der ‹Covenantsklause› und dem ‹Walfisch› und allen ‹Hütten Kedars›, wie die Behausungen der frommen Leute damals hießen, als heutzutage nach Dieben und Landstreichern im Laigh Calton und den Hinterhöfen von Canongate. Aber jene Zeit ist nun vorbei – möge es so bleiben! Und wenn mir der Herr Richter Genehmigung und Vollmacht dazu vom Oberbürgermeister verschaffen wollen, werde ich selber mit ‹Papa Rat› sprechen, denn ich glaube, ich werde mehr aus ihm herausquetschen als Ihr.»

Da Mr. Sharpitlaw auf Grund seines Amtes das Vertrauen seiner Vorgesetzten genoß, wurde er noch im Laufe des Tages ermächtigt, solche Anordnungen zu treffen, die der Stadt in der gegenwärtigen Verlegenheit am ersprießlichsten sein möchten. Er begab sich daraufhin ins Gefängnis, um mit Ratcliffe unter vier Augen zu sprechen.

Das Verhältnis eines Polizeibeamten zu einem gewerbsmäßigen Dieb ist je nach den Umständen sehr verschieden. Das dem Anschein nach sehr treffende Gleichnis vom Habicht, der auf seine Beute herabstößt, ist nur selten anwendbar. Oft gleicht der Hüter des Gesetzes vielmehr einer Katze, die auf eine Maus lauert und, ehe sie zum Sprung ansetzt, sorgsam ihre Bewegungen berechnet, damit ihr die Beute nicht entschlüpft. Zuweilen auch verhält er sich noch untätiger – gleich der Klapperschlange begnügt er sich damit, sein ängstlich flatterndes Opfer anzustarren und durch seine Blicke zu verzaubern, sicher, daß es ihm aus Angst, Verwirrung und Verzweiflung schließlich in den Rachen fliegt. Die Zusammenkunft zwischen Ratcliffe und Sharpitlaw verlief noch anders. Sie saßen sich etwa fünf Minuten lang schweigend an einem kleinen Tisch gegenüber und sahen einander fest in die Augen, mit einem scharfen, listig spähenden und wissenden Blick, wobei sie unmerklich lächelten; sie ähnelten so mehr als irgend etwas anderem zwei Hunden, die sich vor einer Balgerei niederlegen und in dieser Stellung eine kleine Weile verharren, wobei jeder die Bewegungen des anderen überwacht und wartet, wer das Spiel beginnen wird.

«Hm, Mr. Ratcliffe», sagte der Polizeiinspektor, der es seiner Würde gemäß hielt, zuerst zu sprechen, «Ihr wollt also das Gewerbe aufgeben?»

«Ja, Sir», erwiderte Ratcliffe, «ich möchte mich davon zurückziehen, und ich glaube, das wird Euren Leuten einige Mühe ersparen, Mr. Sharpitlaw.»

«Welche ihnen John Dalgleish –» damals der Vollstrekker der Todesurteile in der schottischen Hauptstadt – «ebenso leicht ersparen würde», gab der Inspektor zurück.

«Ja, wenn ich hier im Gefängnis abwartete, bis er meine Halsbinde fertig hat! Aber warum viel darüber reden, Mr. Sharpitlaw!»

«Je nun – Ihr wißt doch, denke ich, daß Euch der Tod bestimmt ist, Mr. Ratcliffe?» erwiderte Sharpitlaw.

«Uns allen – wie der ehrwürdige Geistliche in der Tolbooth-Kirche sagte, den Tag, wo Robertson davonlief. Es weiß nur keiner wann. Meiner Treu, er hatte besseren Grund dazu, so zu sprechen, als er sich träumen ließ, wie sich's nachher herausstellte.»

«Dieser Robertson», sagte Sharpitlaw in einem gedämpfteren, beinahe vertraulichen Ton, «wißt Ihr, Rat – das heißt, könnt Ihr uns nicht einen Wink geben, was mit ihm los ist?»

«Nun, Mr. Sharpitlaw, ich will offen mit Euch reden. Robertson ist eigentlich von etwas vornehmerem Schlag als ich. Ein wilder Teufel war er und hat manch tollen Streich verübt. Aber außer dem Handel mit dem Zolleinnehmer, wozu ihn Wilson verleitete, und ein paar Katzbalgereien mit den Grenzhütern und Zollwächtern wegen Schmuggelwaren hat er nie was angestellt, was in unser Fach schlägt.»

«Hm, das ist seltsam, wenn man die Gesellschaft bedenkt, womit er umging.»

«Tatsache, auf Ehre und Glauben», sagte Ratcliffe ernst.

«Er hielt sich von unseren Angelegenheiten fern – er war darin anders als Wilson, denn mit dem habe ich früher manches Ding gedreht. Aber der Bursche wird schon noch dahin kommen, dafür bin ich nicht bange; niemand kann auf die Dauer so ein Leben führen wie er, ohne früher oder später dahin zu kommen.»

«Wer oder was ist er, Ratcliffe? Ihr müßt es doch wissen?» fragte Sharpitlaw.

«Er ist von Geburt, glaube ich, was Besseres, als er zugeben will; er ist Soldat gewesen und Schauspieler – ich weiß nicht, was er noch alles war oder nicht, so jung er ist, wenn es nur toll dabei herging.»

«Er muß hübsche Streiche gemacht haben, wie?»

«Das kann man wohl sagen», erwiderte Ratcliffe mit listigem Lächeln, indem er den Finger an die Nase legte, «ein Satan unter den Weibern.»

«Ich glaub's», sagte Sharpitlaw. «Nun, Ratcliffe, wir wollen nicht lange miteinander feilschen. Ihr wißt, was Ihr zu tun habt, um Euch bei mir in Gunst zu setzen – Ihr müßt Euch nützlich machen!»

«Gewiß, Sir, soviel ich kann. Für nichts gibt's nichts – ich weiß, was Handelsbrauch», sagte der Exdieb.

«Nun, die Hauptsache für uns ist jetzt diese Geschichte mit Porteous», sagte die Amtsperson, «wenn Ihr uns da ein bißchen auf die Sprünge helfen könntet. Das Amt eines Unterschließers wäre ein ganz hübscher Anfang – und das des Oberaufsehers späterhin ... Ihr versteht mich?»

«Ei gewiß doch, Sir. Ein Wink für unsereinen ist so gut wie ein Rippenstoß für ein blindes Pferd. Aber die Geschichte mit Jock Porteous – lieber Gott! –, ich war ja die ganze Zeit über im Kittchen. Herrjeh – ich konnte mir das Lachen nicht verbeißen, als ich Jock so um Gnade wimmern hörte, wie ihn die Burschen beim Wickel hatten! – Du hast mir manchmal heiß gemacht, Freundchen, dachte ich, jetzt bist du dran – das ist nicht mehr als billig –, kannst auch mal schmecken, wie's Hängen tut.»

«Ei was, ei was, das ist alles Unsinn, Rat», sagte der Inspektor. «So leicht entwischt Ihr mir nicht! Ihr müßt mit der Sprache rausrücken – Ihr versteht mich –, wenn Ihr Euch beliebt machen wollt. Eine Hand wäscht die andere, wißt Ihr wohl.»

«Aber womit soll ich denn rausrücken, wie Euer Gnaden es nennen?» fragte Ratcliffe sehr ehrbar und mit scheinbarer Einfalt. «Ihr wißt ja, daß ich während des ganzen Spektakels im Gefängnis in der innersten Zelle saß – weil ich doch verurteilt war.»

«Und wie können wir Euch wieder auf die Leute loslassen, Papa Rat, wenn Ihr nicht etwas tut oder sagt, um es zu verdienen?»

«Nun denn, verdammt!» antwortete der Verbrecher. «Wenn's sein muß! Ich sah Geordie Robertson unter den Jungen, die das Gefängnis erstürmten! Ich denke, das wird mir was helfen.»

«Ja, das ist rundheraus gesprochen», sagte der Inspektor. «Und nun, Rat, wo, denkt Ihr, werden wir ihn finden?»

«Das mag der Deubel wissen!» sagte Ratcliffe. «Er wird schwerlich wieder zu einem seiner alten Schlupfwinkel zurückgekehrt sein; vermutlich ist er jetzt schon über alle Berge. Er hat da und dort gute Freunde, so toll er's auch treibt – er ist gut erzogen.»

«Um so besser wird er den Galgen zieren», entgegnete Mr. Sharpitlaw. «So ein verzweifelter Schurke, einen Diener der Obrigkeit zu morden, weil er seine Schuldigkeit getan hat! Wer weiß denn, ob er nicht als nächster drankommt? – Ihr saht ihn also deutlich?»

«So deutlich, wie ich Euch sehe.»

«Wie war er gekleidet?» fragte Sharpitlaw.

«Genau konnte ich's nicht sehen; er hatte so was wie eine Weiberhaube auf. Aber es war ein solches Gewühl – man konnte nicht auf alles achthaben.»

«Und sprach er mit keinem?» fragte Sharpitlaw.

«Sie schrien und schwatzten alle durcheinander», sagte

Ratcliffe, der offensichtlich nicht mehr aussagen wollte als nötig war.

«So geht's nicht, Ratcliffe», sagte der Inspektor. «Ihr müßt alles sagen – *alles* – *alles*», indem er bei jeder Wiederholung des Wortes nachdrücklich auf den Tisch tippte.

«Es ist sehr hart, Sir», sagte der Gefangene, «und wär's nicht um das Amt des Unterschließers …»

«… und die Anwartschaft auf das des Oberaufsehers – des Oberaufsehers von Tolbooth, Mann –, das heißt, bei guter Führung!»

«Ja, ja», sagte Ratcliffe, «guter Führung! Das ist eben der Haken. Und dann obendrein so lange warten, bis der jetzige abkratzt.»

«Aber Robertsons Kopf ist Gold wert», sagte Sharpitlaw, «hübsches, vollwichtiges Gold, Rat; die Stadt muß sich erkenntlich zeigen – das ist nicht mehr als recht und billig –, und dann könnt Ihr Euer Eigentum ehrlich genießen.»

«Ich weiß nicht», sagte Ratcliffe, «es ist eine wunderliche Art und Weise, das Gewerbe der Ehrlichkeit so anzufangen. Aber hol's der Teufel! – Wißt denn, ich hörte und sah ihn mit dem Mädchen sprechen, der Effie Deans, die wegen Kindsmordes hier ist.»

«Donnerwetter! Ist das wahr, Rat? Ei, das bringt uns auf einmal auf die Spur! Und der Mann, der mit Butler im Park sprach und sich mit Jeanie Deans bei Muschats Grabmal treffen wollte … Wahrhaftig, das paßt zusammen! So wahr ich lebe, er ist der Vater von dem Balg!»

«Kein unebener Schluß», bemerkte Ratcliffe, indem er den Tabak, den er kaute, im Mund herumwälzte und dann den Saft ausspie. «Ich hörte schon früher einmal, daß er sich mit einer hübschen Dirne aus der Umgegend herumtriebe und daß Wilson seine liebe Not hatte, ihn davon abzuhalten, sie zu heiraten.»

Hier trat ein Stadtdiener ein und meldete Sharpitlaw, daß sie die Frau in Gewahrsam hätten, die er vorzuführen befohlen habe.

«Es ist eigentlich nicht mehr nötig», sagte er, «die Sache nimmt eine andere Wendung. Aber bring sie nur herein, George.»

Der Diener ging und kehrte mit einem hochaufgeschossenen, kräftigen Mädchen von achtzehn oder zwanzig Jahren in phantastischer Kleidung zurück. Sie trug eine Art blauer Reitjacke mit blind gewordenen Schnüren und einen Reitrock von scharlachrotem Kamelott mit verblichener Blumenstickerei. Auf ihrem kurzgeschnittenen Haar saß eine schottische Mütze mit einem Büschel geknickter Federn. Ihre Gesichtszüge waren grob und männlich, doch ließen feurige, wild blickende schwarze Augen, eine Adlernase und ein kühnes Profil sie von weitem hübsch erscheinen. Sie schwang die Reitgerte, die sie in der Hand hielt, machte einen Knicks so tief wie eine Dame auf einem Hofball – gleichsam als richte sie sich nach Probsteins Weisungen an Käthchen – und eröffnete das Gespräch, ohne abzuwarten, bis man sie fragte.

«Schönen guten Abend, Euer Gnaden, bester Mr. Sharpitlaw! – Guten Abend, Papa Rat – sie sagten mir, man hätte Euch aufgehängt, oder seid Ihr John Dalgleish aus den Händen gerutscht wie die halbgehängte Maggie Dickson?»

«Schweig, du tolle Dirne», sagte Ratcliffe, «und hör, was man dir sagt!»

«Von Herzen gern, Papachen. – Welch eine hohe Auszeichnung für die arme Madge, am hellichten Tag von einem so vornehmen Herrn im Tressenrock durch die Straßen geführt zu werden, daß die ganze Stadt sie angafft, und mit Gerichts- und Ratsherren und Polizeimeistern und Stadtschreibern sprechen zu dürfen! Nein, was für eine Ehre!»

«Ei, Madge», sagte Mr. Sharpitlaw in schmeichelndem Ton, «du bist ja heute so geputzt. Das sind doch nicht deine Alltagskleider, die du da anhast?»

«Da müßt mich der Teufel reiten!» sagte Madge. «Ei, sieh einer!» Sie hatte Butler bemerkt, der eben ins Zimmer geführt wurde. «Da ist ja ein Gottesmann im Tolbooth! Wer kann nun noch sagen, es sei ein gottloser Ort! Gewiß haben sie ihn wegen des guten alten Glaubens hier eingesperrt. Aber das geht mich nichts an», und damit fing sie an zu trällern:

«Drauf, drauf nun, ihr Herren, für König und Recht,
tralala, tralala, tralala.
Auf Beelzebub hauen wir ein
und Oliver schlottert nicht schlecht.»

«Habt Ihr dies tolle Frauenzimmer schon einmal gesehen?» fragte Sharpitlaw Butler.

«Meines Wissens nicht, Sir», erwiderte Butler.

«Ich dachte es mir», sagte der Polizeibeamte, indem er Ratcliffe ansah, der seinen Blick mit zustimmendem Nicken beantwortete.

«Aber dies ist Madge Wildfire, wie sie sich selbst nennt», sagte der Mann des Gesetzes zu Butler.

«Ja, das bin ich», sagte Madge, «und bin's immer gewesen seit der Zeit, wo ich was Besseres war. Ach ja!» – Ein Schatten von Schwermut glitt über ihre Züge. «Aber ich kann mich nicht erinnern, wann das war. Es ist jedenfalls lange her und soll mich nicht mehr kümmern.

Wie ein wildes Feuer durchloh ich das Land,
die Höhen, die Täler, die Straßen, den Strand;
der Blitz, so hell er auch flammt, sicherlich
ist nimmer so flink und so munter wie ich.»

«Halt's Maul, du Schreihals!» sagte der Gerichtsdiener, der sich für ihre Aufführung verantwortlich fühlte, da er sie hergebracht hatte, und nun Anstoß daran nahm, daß sie sich gegenüber einer so bedeutenden Persönlichkeit wie Mr. Sharpitlaw mit solcher Dreistigkeit betrug. «Halt's Maul, sonst setzt's was!»

«Laß sie nur, George», sagte Sharpitlaw, «mach sie nicht

kopfscheu; ich hab sie noch allerlei zu fragen. Aber erst, Mr. Butler, seht sie Euch noch einmal genau an.»

«Tut das, Prediger, tut das», rief Madge, «ich bin so gut wert, daß Ihr mich anseht, wie irgendeins Eurer Bücher. Ich kann auch den Katechismus hersagen – mit und ohne Erklärungen – und das Vaterunser und die Westminster-Konfession – das heißt», fügte sie leiser hinzu, «ich konnte es einst, aber ’s ist lange her, und man vergißt es wohl, wißt Ihr?» Und die arme Madge seufzte tief auf.

«Nun, Herr», sagte Sharpitlaw zu Butler, «was meint Ihr?»

«Was ich zuvor sagte», erwiderte Butler, «daß ich das arme verrückte Geschöpf jetzt zum erstenmal in meinem Leben sehe.»

«Dann ist sie nicht die Person, die, wie Ihr sagt, die Aufrührer in der vergangenen Nacht Madge Wildfire nannten?»

«Gewiß nicht», sagte Butler, «sie mögen ungefähr dieselbe Größe haben, und sie sind beide schlank; aber sonst sehe ich keine Ähnlichkeit.»

«Auch ihre Kleidung ist nicht die gleiche?» fragte Sharpitlaw.

«Nicht im mindesten», erwiderte Butler.

«Madge, mein gutes Mädchen», sagte Sharpitlaw in demselben schmeichelnden Ton wie früher, «was tatest du denn gestern mit deinen Alltagskleidern?»

«Ich weiß es nicht mehr», sagte Madge.

«Wo warst du denn gestern abend, Madge?»

«Von gestern weiß ich nichts mehr», antwortete sie. «Ein Tag macht einem schon genug zu schaffen – oft mehr als genug.»

«Aber du würdest dich vielleicht daran erinnern, Madge, wenn ich dir diese halbe Krone gäbe?» fragte Sharpitlaw und nahm das Geldstück aus der Tasche.

«Lachen würde ich, aber mich nicht erinnern.»

«Doch wie», fuhr Sharpitlaw fort, «wenn ich dich nun

ins Arbeitshaus in Leith Wynd stecke und John Dalgleish dich mit der Rute streicht?»

«Da würde ich weinen», sagte Madge schluchzend, «aber erinnern könnte ich mich nicht.»

«Sir», sagte Ratcliffe, «Gründe vernünftiger Leute verfangen bei der nicht mehr; die kümmert sich weder um Geld noch um John Dalgleish, noch um die neunschwänzige Katze. Aber ich könnte wohl etwas aus ihr herausbringen, meine ich.»

«So versucht es, Ratcliffe», sagte Sharpitlaw, «denn ich habe ihr verrücktes Geschwätz satt. Hol der Teufel das Weibsbild!»

«Madge», begann Ratcliffe, «hast du jetzt einen Schatz?»

«Wenn dich jemand fragt, sag, du weißt's nicht. Sieh einer den alten Papa Rat – spricht von meinem Schatz!»

«Ich sollte doch meinen, du hättest einen?»

«Und ob ich einen habe!» erwiderte Madge, stolz den Kopf zurückwerfend wie eine beleidigte Schönheit. «Da ist Robin, der Raufer, und Will Fleming und Geordie Robertson, der feine George. Was sagst du dazu?»

Ratcliffe lachte und zwinkerte dem Polizeibeamten zu. Dann setzte er das Verhör auf seine Weise fort.

«Aber Madge, die Burschen mögen dich nur leiden, wenn du deinen Sonntagsstaat anhast. In deinen Alltagslumpen würden sie dich nicht mit der Feuerzange anfassen.»

«Du bist ein alter, häßlicher Lügner», erwiderte die Schöne. «Erst gestern zog der feine George Robertson meine Alltagskleider auf seinen eigenen hübschen Leib und ging damit durch die ganze Stadt. Und schön und prächtig sah er aus – wie eine Königin.»

«Kein Wort glaub ich davon», sagte Ratcliffe, dem Polizeibeamten erneut zublinzelnd. «Die Lumpen waren wohl von der Mondscheinfarbe im Wasser, Madge? Der Rock von himmelblauem Scharlach, nicht wahr?»

«Warum nicht gar», entgegnete die Schwachsinnige, die

im Eifer des Widersprechens alles verriet, was sie bei größerer Besonnenheit lieber verschwiegen hätte. «Er war weder scharlach noch himmelblau. Mein alter brauner Scheuerrock war's und meiner Mutter alte Haube und mein roter Umhang. Und er gab mir eine Krone und einen Kuß für das Leihen – sein hübsches Gesicht sei gesegnet dafür, obwohl es mir teuer zu stehen kommt.»

«Und wo wechselte er seine Kleider wieder, Kind?» fragte Sharpitlaw, so freundlich er konnte.

«Der Herr Inspektor hat alles verdorben», bemerkte Ratcliffe trocken.

Es war so; die in so bestimmter Form gestellte Frage erinnerte Madge sofort daran, sie dürfe das, worüber Ratcliffe sie so geschickt ausgehorcht hatte, nicht ausplaudern.

«Was wolltet Ihr wissen, Sir?» fragte sie, indem sie sich schnell wieder dumm stellte, was bewies, daß sie bei aller Verrücktheit ein gut Teil Verschlagenheit besaß.

«Ich fragte dich», sagte der Polizeibeamte, «wo und wann Robertson deine Kleider wiederbrachte?»

«Robertson? Gott behüte uns – was für ein Robertson?»

«Nun, der Bursche, von dem wir gesprochen haben, der feine George, wie du ihn nennst.»

«Der feine George?» antwortete Madge mit gutgespielter Verwunderung. «Ich kenne keinen, der so heißt.»

«Laß gut sein, Liebchen», sagte Sharpitlaw, «das hilft alles nichts. Du mußt uns sagen, was du mit deinen Kleidern gemacht hast.»

Madge gab keine Antwort mehr – es sei denn, man nehme dafür das Liedchen, womit sie dem verdutzten Fragesteller aufwartete:

«Was tatst du mit dem Brautring, Brautring, Brautring?
Was tatst du mit dem Verlöbnisring, du wilde Buhle, oh?
Ich gab ihn einem Soldaten, Soldaten, Soldaten,
einem alten Feinsliebchen von mir. Oh!»

Von allen Verrückten, die seit den Tagen Hamlets, des Dänen, je gesungen und gesprochen haben, war Ophelia wohl die rührendste, Madge Wildfire die aufreizendste.

Der Polizeibeamte war verzweifelt.

«Ich muß Anstalten machen», sagte er, «dies verrückte Weibsbild wieder zum Reden zu bringen.»

«Mit Eurer Erlaubnis, Sir», sagte Ratcliffe, «es wäre besser, Ihr ließet sie erst wieder etwas ruhig werden. Ihr habt ja schon etwas aus ihr rausbekommen.»

«Das ist wahr», sagte Sharpitlaw, «ein kurzer brauner Rock, eine Haube, ein roter Umhang. Paßt das auf Eure Madge Wildfire, Mr. Butler?»

Butler bejahte.

«Ja, da hatte er freilich Grund, warum er den Namen dieses verrückten Geschöpfs annahm und ihre Lumpen anzog, wenn er so etwas vorhatte.»

«Und ich kann jetzt ebenfalls sagen...» begann Ratcliffe.

«Wo Ihr seht, daß es ohne Euch herausgekommen ist», unterbrach ihn Sharpitlaw.

«Ganz recht, Sir», wiederholte Ratcliffe. «Ich kann jetzt, wo's ohne mich herausgekommen ist, ebenfalls sagen, daß Robertson, als er gestern nacht an der Spitze der Aufrührer im Gefängnis war, diese Kleider trug.»

«Das ist eine runde Aussage», lobte Sharpitlaw, «bleibt dabei, Rat. Ich werde dem Oberbürgermeister günstig über Euch berichten, denn ich habe heute nacht noch was für Euch zu tun. Es ist spät, ich muß nach Hause und ein paar Bissen essen. Ich werde gegen Abend zurück sein. Behaltet Madge solange bei Euch, Ratcliffe, und versucht, sie wieder in gute Laune zu bringen.» Damit verließ er das Gefängnis.

17. Kapitel

> Ein Lied sie pfiffen und sangen ein Lied,
> und dann erscholl das Wort,
> als laut Lord Barnard stieß ins Horn:
> «Fort, Kleiner Musgrave, fort!»
>
> *Ballade vom Kleinen Musgrave*

Als der Inspektor in das Herz von Midlothian zurückkehrte, nahm er seine Unterredung mit Ratcliffe wieder auf, von dessen Geschicklichkeit er sich überzeugt hatte und dessen Beistands er sich nun versichert hielt.

«Ihr müßt mit dieser Dirne reden, Rat, dieser Effie Deans, Ihr müßt ihr ein bißchen auf den Zahn fühlen. Ganz sicher kennt sie Robertsons Schlupfwinkel. Geht nur, Rat, geht geschwind!»

«Nichts für ungut, Mr. Sharpitlaw», sagte der angehende Schließer, «aber das kann ich nicht.»

«Das könnt Ihr nicht, Mann? Was zum Teufel fällt Euch denn nun wieder ein? Ich dachte, wir wären uns einig.»

«Nicht, daß ich wüßte, Sir», sagte Ratcliffe. «Ich hab mit dieser Effie gesprochen. Sie ist diesem Ort und dem ganzen Treiben hier fremd, Mr. Sharpitlaw; sie weint, das alberne Ding, und grämt sich um den wilden Burschen, und wenn er durch sie ins Unglück käme, würde ihr gar das Herz brechen.»

«Dann muß es sich beeilen, Mann», sagte Sharpitlaw, «sonst kommt ihm der Strick zuvor – so schnell bricht ein Weiberherz nicht.»

«Das kommt auf den Stoff an, aus dem es gemacht ist, Sir», erwiderte Ratcliffe. «Aber, um die Geschichte kurz zu machen – ich kann's nicht tun. Es geht gegen mein Gewissen.»

«*Euer* Gewissen, Rat?» fragte Sharpitlaw mit spöttischem Grinsen, das der Leser in diesem Fall vielleicht sehr natürlich finden wird.

«Nun ja, Sir», antwortete Ratcliffe ruhig, «mein Gewissen; jedermann hat eins, wenn's auch vielleicht manchmal übel damit bestellt ist. Ich denke, meins kann genausogut einen Puff vertragen wie das der meisten Menschen; und doch geht's damit wie mit dem Ellbogen – zuweilen eckt man damit an, und dann tut's weh.»

«Nun, Rat», erwiderte Sharpitlaw, «wenn Ihr so zartbesaitet seid, will ich selbst mit dem Weibsbild sprechen.»

Wirklich ließ sich Sharpitlaw zu dem kleinen dunklen Gemach führen, das die unglückliche Effie Deans beherbergte. Das arme Mädchen saß auf ihrer schmalen Pritsche mit dem Strohsack und träumte vor sich hin. Auf dem Tisch stand etwas besseres Essen, als Gefangene sonst wohl erhalten, aber es war unberührt. Der Gefängniswärter, unter dessen besonderer Aufsicht sie stand, sagte, sie genösse manchmal während 24 Stunden nichts weiter als einen Trunk Wasser.

Sharpitlaw nahm einen Stuhl, befahl dem Schließer, sich zu entfernen, und begann das Gespräch, wobei er sich bemühte, in seine Stimme und seine Miene so viel Mitleid zu legen, als sie füglich ausdrücken konnten, denn die eine war barsch und rauh und die andere selbstsüchtig und verschlagen.

«Nun, Effie, wie ist's? Wie geht's dir, Kind?»

Ein tiefer Seufzer war die ganze Antwort.

«Geht man höflich mit dir um, Effie? Es ist meine Amtspflicht, danach zu fragen.»

«Sehr höflich, Sir», sagte Effie, sich zu einer Antwort zwingend, doch ohne recht zu wissen, was sie sprach.

«Und das Essen», fuhr Sharpitlaw in demselben teilnehmenden Ton fort, «gibt man dir, was du gern hast? Oder hast du irgendein Gelüst auf was Besonderes, denn mit deiner Gesundheit scheint's nicht sonderlich bestellt?»

«Es ist alles sehr gut, Sir, ich danke Euch», sagte die arme Gefangene in einem Ton, in dem nichts mehr zu spüren war von der munteren Lebhaftigkeit der Lilie von St. Leonard's. «Es ist alles sehr gut, viel zu gut für mich.»

«Das muß ein rechter Schurke gewesen sein, Effie, der dich in diese Lage gebracht hat», sagte Sharpitlaw.

Die Bemerkung entsprang teils einem natürlichen Gefühl, dessen selbst er sich nicht ganz erwehren konnte, obwohl er gewohnt war, die Gemütsbewegungen anderer auszunutzen und seine eigenen sorgfältig zu verbergen, teils der Absicht, das Gespräch in die gewünschte Bahn zu lenken. Allerdings paßten Gefühl und Berechnung hier wundervoll zusammen, denn, dachte Sharpitlaw, ein je größerer Schurke Robertson ist, desto größer wird das Verdienst sein, ihn zur Strecke zu bringen.

«Gewiß, das muß ein rechter Schurke sein», wiederholte er, «ich wollte nur, ich könnte ihm eine ordentliche Tracht Prügel verpassen.»

«Ich bin mehr zu tadeln als er», sagte Effie. «Ich hätte es besser wissen können; aber er, der Ärmste...» Sie schwieg.

«...war ein Taugenichts sein Leben lang, würde ich sagen», ergänzte Sharpitlaw. «Ein Landfremder und Kumpan jenes nichtsnutzigen Vagabunden – Wilsons –, nicht wahr, Effie?»

«Es wäre ein Glück für ihn gewesen, wenn er Wilson niemals gesehen hätte.»

«Da hast du recht, Effie», sagte Sharpitlaw. «Wo kamst du denn mit Robertson gewöhnlich zusammen – irgendwo im Laigh Calton, denk ich?»

Das naive und niedergeschlagene Mädchen war bis dahin Mr. Sharpitlaw willig gefolgt, weil er seine Fragen listig den Gedanken angepaßt hatte, die, wie er wohl wußte, sie innerlich beschäftigten, so daß ihre Antworten darauf nur als eine Art lauten Denkens erschienen – ein Selbstgespräch, wozu man Geisteskranke oder Menschen, deren seelisches Gleichgewicht zeitweilig durch den Druck des Unglücks gestört ist, leicht verleiten kann, wenn man geschickt auf ihren Gemütszustand eingeht. Aber die letzte Frage des Inspektors war so geradezu, daß Effie stutzig wurde.

«Was habe ich eben gesagt?» fragte sie, indem sie sich plötzlich aufrichtete und ihr aufgelöstes Haar hastig aus ihrem abgezehrten, doch noch immer schönen Gesicht strich. Sie heftete ihre Augen kühn und durchdringend auf Sharpitlaw: «Sir, Ihr seid zu edel, zu wohlmeinend, um darauf zu achten, was ein armes Geschöpf sagt, das kaum seiner Sinne mächtig ist. Helfe mir Gott!»

«Zu Eurem Besten! Ich möchte gern was zu Eurem Besten tun, wenn ich's könnte», sagte Sharpitlaw in besänftigendem Ton, «und nichts wäre Euch dienlicher, Effie, als wenn wir diesen Schurken, den Robertson, zu fassen kriegten.»

«Oh, beschimpft ihn nicht, Sir, er hat Euch auch nie beschimpft! – Robertson? Ich habe mich über keinen Menschen, der so heißt, zu beklagen und werde es nimmer.»

«Nun, wenn Ihr Euch Euer eigenes Unglück so wenig zu Herzen nehmt, Effie, so solltet Ihr doch mindestens daran denken, was für ein Unglück er über Eure Angehörigen gebracht hat», sagte der Mann des Gesetzes.

«O Gott, steh mir bei!» rief die arme Effie. «Mein armer Vater, meine liebe Jeanie! Das zu ertragen ist von allem das Bitterste! O Sir, wenn Ihr nur etwas menschliches Gefühl, nur einen Funken von Mitleid habt – denn alle Leute hier sind so hart wie Stein –, sagt ihnen, daß sie meine Schwester Jeanie hereinlassen, wenn sie nächstes Mal wiederkommt! Denn wenn ich höre, wie man sie am Tor abweist, und kann nicht zu dem hohen Fenster da oben hinaufklimmen, um nur den Zipfel ihres Kleides zu sehen, so bringt's mich fast um den Verstand!» Und dabei sah sie ihn mit einem so eindringlichen und doch so flehenden Blick an, daß sein fester Vorsatz ins Wanken geriet.

«Ihr sollt Eure Schwester sehen», begann er, «wenn Ihr mir sagt – nein», fügte er, sich unterbrechend, schnell hinzu, «hol mich der Teufel, Ihr sollt Eure Schwester sehen, ob Ihr mir was sagt oder nicht!» Damit stand er auf und verließ die Zelle.

«Ihr habt recht, Rat», sagte er, als er wieder in Ratcliffes Zimmer trat, «mit dem Mädchen ist nicht viel anzufangen. Aber eins habe ich doch rausbekommen, nämlich daß Robertson der Vater des Kindes ist. Und ich wette 'nen Dreier: er ist es auch, der sich heute nacht mit Jeanie Deans bei Muschats Grabmal treffen will. Und da wollen wir ihn fassen, Rat, oder ich will nicht Gideon Sharpitlaw heißen.»

«Hm», sagte Ratcliffe, dem offenbar nicht allzuviel daran lag, daß man Robertson ausfindig machte und ihn festnahm, «wenn das wäre, so hätte Mr. Butler doch in dem Mann, den er im Königspark getroffen hat, die gleiche Person wiedererkennen müssen, die in Madge Wildfires Kleidern den Pöbel anführte.»

«Das will nichts heißen, Mann», erwiderte Sharpitlaw, «das Kleid, der Fackelschein, das Durcheinander und vielleicht ein bißchen Ruß oder Schminke – ei, Rat, Ihr hattet Euch auch manchmal so verkleidet, daß selbst der Teufel geschworen hätte, Ihr wäret es nicht, und der mußte Euch doch kennen.»

«Das ist wohl wahr», sagte Ratcliffe.

«Und außerdem, Ihr Schlauberger», fuhr Sharpitlaw triumphierend fort, «sagte doch der Pfaffe, er müsse den Burschen, mit dem er im Park redete, schon mal gesehen haben, wenn er sich auch nicht darauf besinnen könnte, wo und wann?»

«Allerdings, Euer Gnaden haben recht», sagte Ratcliffe.

«Dann, Rat, wollen wir, Ihr und ich, mit unserer Schar heute nacht aufbrechen, und wenn wir ihn dann nicht fassen, weiß ich's nicht.»

«Ich sehe nicht, was ich Euer Gnaden dabei groß nützen könnte», sagte Ratcliffe widerstrebend.

«Nützen?» antwortete Sharpitlaw. «Ihr könnt den Trupp führen – Ihr kennt die Gegend. Außerdem möchte ich Euch nicht aus den Augen lassen, lieber Freund, bis ich den Kerl dingfest gemacht habe.»

«Nun, meinetwegen, Sir», gab Ratcliffe nach, obwohl nicht sehr erfreut, «wenn Ihr's so haben wollt. Aber bedenkt, der Bursche schreckt vor nichts zurück.»

«Wir werden schon bei uns haben», antwortete Sharpitlaw, «was ihn, wenn nötig, bändigen wird.»

«Aber Sir», antwortete Ratcliffe, «ich weiß wirklich nicht, wie ich Euch zu Muschats Grabmal führen soll. Am Tag kenne ich mich ganz gut aus, aber nachts bei Mondschein, unter den vielen Felsen und Steinen, wo einer dem anderen so ähnlich sieht wie ein Köhler dem Teufel – mich da zurechzufinden ist mehr, als ich versprechen kann. Ebensogern möchte ich Mondschein im Wasser fischen.»

«Was soll das heißen, Ratcliffe?» fragte Sharpitlaw und warf dem Widerspenstigen einen bösen und unheilverkündenden Blick zu. «Habt Ihr vergessen, daß Euer Todesurteil bis jetzt noch immer in Kraft ist?»

«Nein, Euer Gnaden», sagte Ratcliffe, «so was vergißt man nicht so leicht, und wenn Ihr meine Gegenwart für nötig haltet, gehe ich eben mit. Ich wollte Euer Gnaden nur sagen, ich weiß jemand, der Weg und Steg besser kennt als ich, und das ist Madge Wildfire.»

«Den Teufel kennt sie! Denkt Ihr, ich sei ebenso verrückt wie sie, daß ich ihr bei einer solchen Gelegenheit die Führung anvertrauen würde?»

«Das müssen Euer Gnaden selbst am besten wissen», antwortete Ratcliffe. «Aber ich würde schon aufpassen, daß sie keine Dummheiten macht und nicht vom geraden Weg abweicht. Das tolle Weibsbild treibt sich im Sommer oft ganze Nächte in den Bergen rum und schläft auch da.»

«Nun, Ratcliffe», erwiderte der Polizeiinspektor, «wenn

Ihr meint, sie kennt den Weg? Aber seht Euch vor, was Ihr tut! Euer Leben hängt von Eurem jetzigen Betragen ab!»

«Es ist doch ein rechter Fluch für den Menschen», sagte Ratcliffe, als ihn der Diener der Gerechtigkeit einen Augenblick allein ließ, um sich den Haftbefehl für Robertson zu verschaffen und die nötigen Weisungen zu erteilen. «Wenn einer erst einmal so viel auf dem Kerbholz hat wie ich, so kann er gar nicht mehr ehrlich werden, er mag's anfangen, wie er will.»

Der aufgehende Mond sah die ganze Gesellschaft bereits außerhalb der Stadtmauern auf freiem Feld. Arthurs Sitz, gleich einem ruhenden Löwen von ungeheurer Größe, und die Salisbury-Felsen, gleich einem riesigen Gürtel aus Granit, waren nur undeutlich sichtbar. An der Südseite von Canongate entlang kamen sie bis zur Abtei von Holyrood und bogen von dort über verschiedene Steige und Stufen in den Königspark ein. Anfangs waren sie nur vier an Zahl – ein Gerichtsdiener und Sharpitlaw, beide mit Hirschfängern und Pistolen bewaffnet, Ratcliffe, dem man keine Waffen anvertraut hatte, die er sonst vielleicht auf der falschen Seite gebraucht hätte, und das Mädchen. Aber bei der letzten Steige, als sie in das Gehege eintraten, stießen noch zwei andere Häscher zu ihnen, die Sharpitlaw, der sich eine hinreichende Macht für sein Vorhaben sichern und zugleich Aufsehen vermeiden wollte, mit der Weisung vorausgeschickt hatte, ihn hier zu erwarten. Ratcliffe sah diese Verstärkung ungern. Er hatte bis jetzt damit gerechnet, Robertson, ein behender, kühner, kräftiger Bursche, würde Sharpitlaw und dem einzelnen Häscher durch seine Gewandtheit und Stärke leicht entkommen können, ohne daß er selbst in die Sache verwickelt würde. Aber die Anhänger der Gerechtigkeit waren nun in der Übermacht, und die einzige Möglichkeit, Robertson zu retten (was der alte Sünder gern getan hätte, wenn es ohne Gefahr für ihn selbst geschehen konnte), bestand nur noch darin, ihm ihre Annäherung durch irgendein Warnzeichen kundzumachen. In dieser

Absicht hatte Ratcliffe wohl auch schon die Hinzuziehung Madges zu der Gesellschaft verlangt, denn er setzte großes Zutrauen in ihren Hang, ihre Lungen zu gebrauchen. Wirklich hatte sie ihnen unterwegs schon so viele Proben ihrer lärmenden Geschwätzigkeit gegeben, daß Sharpitlaw halb und halb entschlossen war, sie lieber mit einem der Häscher zurückzusenden, als eine Person mit sich zu schleppen, die sich so äußerst schlecht zu einem Führer auf einem heimlichen Streifzug eignete. Auch schien es, als ob die frische Luft, die Annäherung an die Berge und das Aufgehen des Mondes, von dem man annimmt, daß er auf Geisteskranke großen Einfluß hat, sie noch zehnmal geschwätziger machten als bisher. Sie im guten zum Schweigen zu bringen war unmöglich, Bitten und Befehle reizten sie nur, und Drohungen machten sie vollends störrisch und unlenksam.

«Ist denn keiner unter euch», fragte Sharpitlaw ungeduldig, «der den Weg zu diesem vermaledeiten Ort, Muschats Grabmal, kennt, als nur diese verrückte Schwätzerin?»

«Die und ihn kennen», rief Madge, «wie sollten sie, die erbärmlichen, feigen Wichte? Ich aber habe auf dem Grab gesessen von der Stunde an, wo die Fledermäuse ausfliegen, bis zum Hahnenschrei und mit Nicol Muschat und Ailie Muschat geschwatzt, die da drunten liegen und schlafen.»

«Zum Teufel mit dem hirnverbrannten Blödsinn!» tobte Sharpitlaw. «Willst du denn keinen Menschen zu Wort kommen lassen?»

Es gelang den Häschern, sich einen Augenblick Gehör zu verschaffen, während Ratcliffe Madges Aufmerksamkeit ablenkte; sie erklärten jedoch, daß sie die Stelle zwar im allgemeinen kannten, den Trupp aber bei dem ungewissen Mondlicht nicht mit solcher Sicherheit dahin führen könnten, um sich für einen Erfolg des Unternehmens zu verbürgen.

«Was sollen wir tun, Ratcliffe?» fragte Sharpitlaw. «Wenn er uns eher sieht als wir ihn – und das wird er, wenn wir erst lange in der Gegend herumlaufen, statt schnurstracks auf die Stelle loszugehen –, dann können wir uns das Maul wischen. Und lieber möchte ich 100 Pfund einbüßen – schon wegen des Ansehens der Polizei, und auch, weil der Bürgermeister meint, irgendeiner müsse wegen dieser Geschichte mit Porteous gehängt werden, es komme, was da wolle.»

«Ich denke», sagte Ratcliffe, «wir müssen es schon mit Madge versuchen; ich will sehen, daß ich sie besser in Zucht halte. Und schließlich – wenn er sie auch ein paar von ihren alten Liedern trällern hört, so weiß er ja doch nicht, daß jemand bei ihr ist.»

«Das ist wahr», sagte Sharpitlaw, «und wenn er glaubt, daß sie allein ist, kommt er vielleicht eher zu ihr her, als daß er wegläuft. Weiter denn! Wir haben schon zuviel Zeit verloren. Seht zu, daß sie auf dem richtigen Weg bleibt!»

«Und wie kommen denn Nicol Muschat und seine Frau jetzt miteinander aus?» fragte Ratcliffe die arme Schwachsinnige, um sie bei guter Laune zu erhalten. «Sie zankten sich doch sonst immer, wenn's wahr ist, was die Leute reden.»

«Freilich, freilich – aber das ist nun alles vergessen», erwiderte Madge im vertraulichen Ton einer Gevatterin, die eine Klatschgeschichte über ihre nächste Nachbarin zum besten gibt, «ich habe ja selbst mit ihnen gesprochen, wißt Ihr. ‹Vorbei ist vorbei›, sagte ich ihnen. Aber ihr Hals ist doch schrecklich zugerichtet und zerfetzt; sie zieht ihr Leichentuch drüber, um es zu verbergen, aber das Blut dringt doch durch, nicht wahr? Ich sagte ihr, sie solle es im St. Anthony-Quell waschen, da wird's rein, wenn's überhaupt rein wird. Aber man sagt, Blut ginge nicht aus Leinen raus. Meister Sanders neues Bleichwasser nützt auch nichts. Ich hab's selbst zu Hause versucht mit einem kleinen Lappen, in dem Blutflecke von einem kleinen Schreihals drin sind, der irgendwie zu Schaden gekommen ist; sie wollen aber nicht raus. Das ist komisch, nicht wahr? – Ich will mal in einer hübschen Nacht wie heute zum wundertätigen St. Anthony-Quell damit gehen und Ailie Muschat aufwecken, und dann wollen wir ein großes Waschfest machen und unser Linnenzeug in den Strahlen des lieben Mondes bleichen, den ich viel mehr leiden mag als die Sonne – die Sonne ist so schrecklich heiß, und wißt Ihr, Gevatter, mein Kopf ist schon heiß genug. Aber der Mond und der Tau und der Nachtwind – die tun mir wohl, als legte man ein kühles Kohlblatt auf meine Stirn; und zuweilen denke ich, der Mond scheint nur mir zu Gefallen, wenn niemand anders da ist, der ihn sieht, als ich.»

Dieses tolle Gerede setzte sie mit unglaublicher Geschwindigkeit fort, während sie mit schnellen Schritten vorwärts ging und Ratcliffe mit sich zog, der sich scheinbar bemühte, sie zu bewegen, ihre Stimme zu mäßigen.

Plötzlich stand sie auf einer kleinen Anhöhe still, blickte empor und sprach einige Minuten lang kein Wort.

«Was zum Henker ist denn nun mit ihr los?» sagte Sharpitlaw zu Ratcliffe. «Könnt Ihr nicht machen, daß sie weitergeht?»

«Ihr müßt ein bißchen Geduld mit ihr haben, Sir», sagte Ratcliffe. «Sie geht keinen Schritt weiter, wenn sie keine Lust hat.»

«Zum Teufel mit ihr!» sagte Sharpitlaw. «Ich werde dafür sorgen, daß sie nach Bedlam oder Bridewell kommt – oder nach beiden, denn sie ist beides, verrückt und boshaft.»

Madge hatte zuerst wie in tiefen Gedanken gestanden; plötzlich brach sie in lautes Lachen aus, schwieg dann wieder und seufzte tief – dann bekam sie einen neuen Lachanfall. Hierauf heftete sie ihre Augen auf den Mond und sang mit lauter Stimme:

«Gegrüßt sei, gegrüßt, lieber Mondenschein!
Ich bitte dich, lieber Mond, zeig mir fein
in wahrer Gestalt, in Fleisch und Bein,
den Mann, der soll mein Treuliebster sein.

Aber darum brauch ich nicht erst den lieben Mond zu bitten – ich kenn ihn selbst gut genug: ein treuer Liebster freilich war er nicht. Aber keiner soll sagen, daß ich jemals ein Wort darüber verloren habe. – Aber manchmal wollte ich, das Kind lebte noch. – Nun, Gott sei Dank, der Himmel ist über uns allen», hier seufzte sie tief, «und der liebe Mond und die vielen Sterne», hier lachte sie wieder laut auf.

«Sollen wir die ganze Nacht hier stehenbleiben?» rief Sharpitlaw ungeduldig. «Zieht sie mit Euch fort!»

«Ja, Sir», sagte Ratcliffe, «wenn wir nur wüßten, wohin wir sie ziehen sollten, so wäre es bald getan. – Komm, Madge, komm, Kind», redete er ihr zu, «wir treffen sonst Nicol und seine Frau nicht mehr, wenn du uns den Weg nicht zeigst.»

«Das will ich, wahrhaftig, Papachen», sagte sie, ergriff ihn beim Arm und setzte ihren Weg mit gewaltigen – wenigstens für ein Mädchen gewaltigen – Schritten fort. «Und ich muß dir sagen, Papachen: Nicol Muschat wird sich recht freuen, dich zu sehen: er sagt, solch einen argen Höllenhund wie dich gibt's in der ganzen Welt nicht noch einmal, und er möchte gar zu gern ein bißchen mit dir schwatzen. Gleich und gleich... – weißt du –, das Sprichwort paßt immer. Ihr seid beide ein paar rechte Teufelsbraten, dünkt mich – 's ist schwer zu sagen, wer von euch am meisten zu schmoren verdient.»

Ratcliffes Gewissen schlug, und er fühlte sich gedrungen, gegen diese Einreihung Verwahrung einzulegen. «Ich habe niemals Blut vergossen», erwiderte er.

«Aber du hast es verkauft, Papachen Rat – oft genug hast du Blut verkauft. Man kann mit der Zunge so gut töten wie mit der Hand, mit dem Wort so gut wie mit dem Messer!

Es ist der hübsche Metzgerbub,
der blaue Ärmel trägt;
das Fleisch hält er am Samstag feil,
das freitags er erschlägt.»

Und was tu ich jetzt? dachte Ratcliffe. Aber ich will nicht schuld sein an Robertsons jungem Blut, wenn ich's vermeiden kann. – Und er fragte Madge leise, ob sie keins von ihren alten Liedern mehr wüßte.

«Oh, eine Menge», sagte Madge, «und gar lustig kann ich sie singen, denn ein fröhlich Lied macht ein heiter Gemüt.» Und sie sang:

«Schwebt der Falke in der Luft,
schweigt der Lerche Ton;
streift der Jagdhund durch die Kluft,
flieht das Reh davon.»

«Bringt ihr verfluchtes Geschrei zum Schweigen, und wenn Ihr sie erdrosseln müßt!» rief Sharpitlaw. «Dort seh ich jemand! Haltet euch dicht zusammen, Burschen, und schleicht um die Höhe! Du, George Poinder, bleibst mit Ratcliffe und der tollen Schreihexe da zurück, und ihr beiden anderen kommt mit mir um den Berg herum!»

Und mit dem Diebsschritt eines indianischen Wilden, der sein Häuflein anführt, um die nichtsahnende Schar eines feindlichen Stammes zu überfallen, schlich und kroch er weiter, sich soviel wie möglich im Schatten haltend und das Mondlicht vermeidend.

Mit Robertson ist's aus, dachte Ratcliffe, ihm nachsehend, das junge Volk ist zu unbesonnen. Was zum Teufel hat er mit Jeanie Deans oder sonst einem Weibsbild zu schaffen, daß er deshalb Kopf und Kragen dranwagt? Und diese verwünschte Närrin! Die ganze Nacht hat sie gekreischt wie eine Pfauenhenne und gelärmt wie ein altes Radschloßgewehr, und jetzt, wo ihr Geschrei etwas helfen könnte, steht ihr Mundwerk still. Aber so sind die Weiber – wenn sie schon mal das Maul halten, ist's zum Unheil! Wenn ich sie bloß wieder zum Singen bringen könnte, ohne daß dieser Bluthund was merkt. Aber er ist ebenso scharf wie MacKeachans Ahle, die durch sechs Lagen

Sohlleder stach und noch einen halben Zoll in des Königs Ferse.

Er fing an, leise die erste Strophe eines der Lieblingslieder Madges zu summen, dessen Inhalt eine entfernte Ähnlichkeit mit Robertsons Lage hatte, wobei er hoffte, daß ihr die nächste dann von selbst einfallen werde:

«Ein Spürhund schleicht durch Tinwalds Forst
bei blanker Waffen Schein;
ein Mädchen sitzt auf Tinwalds Berg
und singet laut darein.»

Madge hatte kaum das Stichwort gehört, als sie, wie Ratcliffe erwartet hatte, mit lauter Stimme im Gesang fortfuhr:

«Herr Ritter, rief sie, schlaft Ihr süß?
Entflieht, entflieht sogleich!
Wohl zwanzig Mann mit Schwert und Spieß
sind auf der Fährte Euch.»

Obgleich sich Ratcliffe in beträchtlicher Entfernung von Muschats Grabmal befand, bemerkten seine Augen, die geübt waren wie die einer Katze, die Dunkelheit zu durchdringen, daß Robertson die Warnung gehört hatte. George Poinder, minder scharfsichtig oder minder aufmerksam, gewahrte die Flucht Robertsons ebensowenig wie Sharpitlaw und seine Begleiter, denen die Aussicht auf das Grabmal, obwohl sie ihm beträchtlich näher waren, durch die umherliegenden Felstrümmer versperrt wurde, zwischen denen sie sich heranschlichen. Endlich indessen, nach etwa fünf oder sechs Minuten, erkannten auch sie, daß Robertson geflohen war, und rannten hastig der Stelle zu, wobei Sharpitlaw im rauhesten Ton einer Stimme schrie, die dem Kreischen einer Sägemühle glich:

«Nach, Burschen, nach! Den Hang rauf! Ich sehe ihn da oben auf dem Hügel!» Dann, sich zur Nachhut zurückwendend, schrie er seine weiteren Befehle: «Ratcliffe, hierher, und haltet das Mädchen fest! George, lauf und schließ das Gatter am Herzogsweg! Ratcliffe, kommt sogleich – aber schlagt erst der verrückten Metze den Schädel ein!»

«Du läufst besser davon, Madge», sagte Ratcliffe, «denn mit einem Zornigen ist schlecht Kirschen essen.»

Madge Wildfire war nicht so ganz und gar von Sinnen, daß sie diesen Wink nicht verstanden hätte; und während Ratcliffe in scheinbar größtem Diensteifer dem Fleck zueilte, wo Sharpitlaw darauf wartete, Jeanie Deans seinem Gewahrsam zu übergeben, floh sie, so schnell sie konnte, in entgegengesetzter Richtung. So war das ganze Häuflein auseinandergesprengt und in eiliger Flucht oder Verfolgung begriffen. Nur Ratcliffe und Jeanie, die er fest am Mantel hielt, obgleich sie keinen Versuch machte zu fliehen, blieben bei Muschats Grabmal zurück.

18. Kapitel

> Ihr habt dem Himmel Euer Gelübde und gegen den Gefangenen alle Pflichten Eures Berufs erfüllt.
>
> *Maß für Maß*

Jeanie Deans – wir fahren in unserer Geschichte dort fort, wo wir sie am Ende des 15. Kapitels vorläufig abbrechen mußten – hatte voll Angst und Bestürzung das eilige Herannahen von drei oder vier Männern gewahrt; doch noch heftiger erschrak sie, als diese plötzlich auseinanderstoben und in verschiedenen Richtungen den Unbekannten verfolgten, der ihr eben noch so furchtbar erschienen war, in diesem Augenblick aber, sie wußte selbst nicht warum, eher ein Gegenstand ihrer Teilnahme wurde. Einer aus der Schar, es war Sharpitlaw, kam gerade auf sie zu und sagte:

«Euer Name ist Jeanie Deans – Ihr seid meine Gefangene!» Dann fügte er unmittelbar hinzu: «Aber wenn Ihr mir sagt, welchen Weg er genommen hat, will ich Euch laufenlassen.»

«Ich weiß es nicht, Sir», war alles, was das arme Mädchen hervorbringen konnte. Das ist die Antwort, die einer Person ihres Standes am schnellsten über die Lippen kommt, wenn eine Frage sie verlegen macht.

«Aber», sagte Sharpitlaw, «du weißt doch, mit *wem* du um Mitternacht auf den Bergen gesprochen hast, Liebchen; das weißt du wohl, wie?»

«Ich weiß es nicht, Sir», wiederholte Jeanie, die in ihrer Angst und Verwirrung kaum begriff, was er sie so hastig fragte.

«Wir werden deinem Gedächtnis schon nachhelfen, mein Kind», sagte Sharpitlaw und rief, wie wir bereits berichtet haben, Ratcliffe herbei, damit er sie in Gewahrsam nehme, während er selbst Robertsons Verfolgung leiten wollte. Als Ratcliffe herangekommen war, schob ihm Sharpitlaw mit rauhem Stoß das junge Mädchen hin und wandte sich dem wichtigeren Gegenstand seiner Suche zu, den er noch einzuholen hoffte. Er begann mit einer Gewandtheit und Behendigkeit, die man ihm bei seinem Amt und sonstigen steifen, würdevollen Wesen schwerlich zugetraut hätte, die Felsen und Steilhänge zu erklimmen und zu erklettern. In wenigen Augenblicken war niemand mehr zu sehen; nur ein fernes «Hallo!», das sich die Verfolger gegenseitig zuriefen und das schwach von den Bergen herüberhallte, gab noch Kunde von ihnen. Jeanie Deans blieb im hellen Mondlicht zurück, von einem Menschen bewacht, den sie nicht kannte und der ihr, wenn sie ihn gekannt hätte, nur noch größere Furcht eingeflößt hätte, wie sich der Leser wahrscheinlich denken kann.

Erst als alles in der Ferne still geworden war, begann Ratcliffe mit ihr zu sprechen – in jenem gleichgültigen, kalten und spöttischen Ton, wie er solchen von Grund auf verdorbenen Menschen eigen ist, deren Verbrechen mehr aus Gewohnheit als aus Leidenschaft entspringen.

«Eine hübsche Nacht, Schätzchen», sagte er, indem er versuchte, seinen Arm um ihre Schulter zu legen, «für ein Stelldichein mit deinem Liebsten.»

Jeanie entzog sich ihm und antwortete nicht.

«Ich sollte meinen», fuhr der Strolch fort, «Burschen und Mädchen treffen sich nicht um Mitternacht bei Muschats Grabmal, um Nüsse zu knacken», und er versuchte von neuem, sie an sich zu ziehen.

«Wenn Ihr ein Gerichtsdiener seid, Sir», sagte Jeanie, sich

ihm wiederum entwindend, «so verdientet Ihr, daß man Euch Euren Rock vom Leibe risse.»

«Wahrhaftig, Schätzchen», sagte er, indem er sich ihrer erneut zu bemächtigen suchte, «aber wie wär's, wenn ich dir erst mal deinen herunterrisse?»

«Ihr werdet mir nichts antun wollen, Sir», flehte Jeanie, «um Gottes willen, habt Mitleid mit einem halb wahnsinnigen Geschöpf.»

«Komm, komm», sagte Ratcliffe, «du bist eine hübsche Hexe und mußt nicht so kratzbürstig sein. Ich wollte ein ehrlicher Mensch werden – aber da hat mir der Satan heute erst einen Advokaten und dann ein Weibsbild in den Weg laufen lassen. Ich will dir was sagen, Jeanie: Die anderen sind über alle Berge; wenn du mitkommst, bringe ich dich an einen netten kleinen Ort – ich weiß einen bei einem alten Weib – auf dem Land, von dem alle Polizeiaufseher Schottlands nichts wissen, und wir schicken Robertson ein paar Zeilen, daß er uns in Yorkshire trifft. Es gibt da eine Menge braver Jungens im Mittelland, mit denen ich früher manches Ding gedreht habe – und Mr. Sharpitlaw mag am Daumen lutschen.»

Glücklicherweise besaß Jeanie Geistesgegenwart und Mut genug, um sich in einem so heiklen Augenblick wie dem gegenwärtigen zu fassen, sobald der erste Schreck überwunden war. Sie sah die Gefahr, die ihr von einem solch wüsten Menschen drohte, der an diesem Abend noch dazu stark getrunken hatte, um seine Abneigung gegen das Geschäft zu betäuben, zu welchem Sharpitlaw ihn zu gebrauchen beschlossen hatte.

«Sprecht nicht so laut», sagte sie mit gedämpfter Stimme, «er ist dort oben.»

«Wer? Robertson?» fragte Ratcliffe eifrig.

«Ja», erwiderte Jeanie, «da oben», und sie zeigte auf die Ruinen der Einsiedelei und der Kapelle.

«Teufel noch mal», rief Ratcliffe, «das muß ich mir zunutze machen, so oder so! – Warte hier auf mich!»

Aber kaum war er, so schnell er konnte, fortgerannt, der Einsiedelei zu, als Jeanie in entgegengesetzter Richtung über Stock und Stein auf dem nächsten Weg heimwärts flüchtete. Die Arbeit als Hirtin in ihrer Jugend hatte ihrem Fuß «Kraft und Schnelle» verliehen – und nicht halb so rasch war sie Staubfuß gefolgt, wenn die Kühe sich ins Korn verlaufen hatten, wie sie jetzt die Entfernung zwischen Muschats Grabmal und ihres Vaters Hütte in St. Leonard's durchmaß. Die Tür öffnen, hineinstürzen, sie schließen, zweifach verriegeln und ein schweres Hausgerät – das sie in einem Augenblick geringerer Angespanntheit ihrer Kräfte nicht hätte von der Stelle rücken können – dagegenschieben, wie um sich gegen Gewalt noch besser zu schützen, war fast das Werk eines Augenblicks und ebenso lautlos wie schnell getan.

Ihr nächster Gedanke galt ihrem Vater. Sie schlich leise an die Tür seines Zimmers, um sich zu vergewissern, ob ihre Rückkehr ihn in seiner Ruhe gestört habe. Er war wach – wahrscheinlich hatte er nur wenig geschlafen; aber die beständige Gegenwart seiner eigenen Sorgen, die Entfernung seines Zimmers von der Haustür und die Vorsichtsmaßregeln, die Jeanie gebraucht hatte, um ihr Gehen und Kommen zu verheimlichen, hatten ihn keines von beidem bemerken lassen. Er war ins Gebet versunken, und Jeanie hörte ihn gerade deutlich diese Worte sagen: «Und das andere Kind, das du mir als Trost und Stütze meines Alters geschenkt hast – möge es lange leben auf Erden, wie du es denen verheißen hast, die Vater und Mutter ehren. Segne es, o Herr, und behüte seinen Ausgang und Eingang, daß alle in diesem Land wissen mögen, du habest dein Antlitz nicht gänzlich denen verborgen, die dich im Geist und in der Wahrheit suchen.» Er schwieg, setzte aber wohl sein Gebet innerlich nur noch inbrünstiger fort.

Seine Tochter zog sich getröstet in ihre Kammer zurück. Das Gebet des Gerechten hatte in der Gefahr ihr Haupt wie mit einem Helm beschirmt, und ein starkes Vertrauen erfüllte sie, daß der Himmel ihr seinen Schutz angedeihen lassen würde, solange sie sich durch ihren Wandel seiner würdig erwies. In diesem Augenblick war es, wo ihr zuerst der unbestimmte Gedanke in den Sinn kam, daß sie etwas zu ihrer Schwester Rettung unternehmen könnte, da sie nun wußte, daß sie an dem unnatürlichen Verbrechen, das man ihr zur Last legte, unschuldig war. Es kam über sie, so beschrieb sie es später, wie ein Sonnenstrahl auf das stürmische Meer, und obwohl er ebensoschnell schwand, fühlte sie sich doch im Gemüt jetzt so ruhig wie seit langem nicht und konnte sich der festen Überzeugung nicht erwehren, sie sei in der einen oder anderen Weise zum Werkzeug der Rettung ihrer Schwester ausersehen und berufen. Nach ihrem gewöhnlichen Nachtgebet, in dem sie nicht vergaß, Gott inbrünstig für ihre Errettung aus der heutigen Gefahr zu danken, legte sie sich nieder und schlief ruhig ein, ungeachtet aller Gemütsbewegungen.

Wir müssen zu Ratcliffe zurückkehren, der wie ein Windhund auf des Weidmanns Ruf davongeschossen war, sobald Jeanie auf die Ruinen gewiesen hatte. Ob er Robertsons Flucht begünstigen oder seinen Verfolgern beistehen wollte, bleibt zweifelhaft; vielleicht wußte er es selbst nicht, sondern gedachte sich nach den Umständen zu richten. Er hatte aber weder zu dem einen noch dem anderen Gelegenheit, denn kaum war er den steilen Abhang hinaufgeklommen und unter die alten, zerfallenen Wölbungen getreten, als eine Pistole auf seinen Kopf gerichtet wurde und eine rauhe Stimme ihm in des Königs Namen befahl, sich als Gefangener zu ergeben.

«Mr. Sharpitlaw!» sagte Ratcliffe überrascht. «Sind's Euer Gnaden?»

«Was, zum Teufel, du bist's bloß?» antwortete der Inspektor, noch mehr enttäuscht. «Warum hast du das Mädchen verlassen?»

«Sie sagte mir, Robertson sei hier in den Ruinen; so lief ich, was ich konnte, den Burschen festzunehmen.»

«Es ist nun alles umsonst», sagte Sharpitlaw, «heute nacht fassen wir ihn nicht mehr; doch auf schottischem Grund und Boden werde ich ihn zu finden wissen, er müßte sich denn in ein Mauseloch verkriechen. Ruft die Leute zurück, Ratcliffe!»

Ratcliffe rief die zerstreuten Häscher mit lautem Hallo zusammen, und sie folgten willig dem gegebenen Zeichen. Keinem von ihnen mochte wohl sehr daran gelegen sein, allein und fern von den anderen einem so entschlossenen und verwegenen Burschen wie Robertson Mann gegen Mann gegenüberzutreten.

«Und wo sind die beiden Weiber?» fragte Sharpitlaw.

«Die werden wohl Fersengeld gegeben haben», erwiderte Ratcliffe und summte den Schluß eines alten Volksliedes:

«Spielt auf zum Tanz der schönen Braut,
die sich davongemacht.»

«*Ein* Weib», sagte Sharpitlaw – denn wie alle Schelme war er ein großer Verleumder des schönen Geschlechts * –, «*ein* Weib ist schon genug, den feinsten Anschlag zuschanden zu machen; wie konnte ich Esel mir einbilden, eine Sache würde gutgehen, wo ihrer zwei im Spiel sind? Aber wenigstens wissen wir, wo sie zu finden sind, wenn wir sie brauchen.»

Also führte er gleich einem General, der eine Niederlage erlitten, trübe und mißmutig seine geschlagenen Truppen nach der Hauptstadt zurück und entließ sie für den Rest der Nacht.

Am nächsten Morgen früh mußte er dem amtierenden Richter seinen Bericht abstatten. Mr. Middleburgh, der das Amt an diesem Tag bekleidete – denn die Obmänner oder, englisch, die Aldermen des Rates verwalten es abwechselnd –, war zufällig derselbe, der Butler hatte verhaften lassen. Er stand in großer Achtung bei seinen Mitbürgern, denn

* s. Anm. XI «Ein Verleumder des schönen Geschlechts».

er besaß zwar nur eine mäßige Allgemeinbildung, dafür aber einigen Humor, Geduld, Scharfsinn und Redlichkeit, dazu ein ansehnliches Vermögen, das er sich durch ehrliche Arbeit erworben hatte und das ihn vollkommen unabhängig machte, kurz, er eignete sich vorzüglich zu dem ehrenvollen Amt, das er innehatte.

Er hatte gerade seinen Sitz eingenommen und war in lebhaftem Gespräch mit einem seiner Kollegen über einige umstrittene Vorfälle bei der Golfpartie begriffen, die sie tags zuvor gespielt hatten, als ihm ein Brief überbracht wurde. Die Anschrift lautete: «An den Richter Middleburgh. – Durch Eilboten.» Der Brief hatte folgenden Inhalt:

Mein Herr!
Ihr seid mir als ein vernünftiger und besonnener Richter bekannt und als solcher, der gern Gott dient, begehre es auch der Teufel. Ich erwarte daher, Ihr werdet mein Zeugnis nicht deswegen verwerfen, weil ich durch die Unterschrift dieses Briefs meinen Anteil an einer Handlung bekenne, die ich zu gehöriger Zeit und an gehörigem Ort mich weder zu gestehen noch zu rechtfertigen scheuen würde. Der Geistliche Butler ist unschuldig. Er war unfreiwillig bei der Handlung zugegen, die zu billigen es ihm an Einsicht fehlt und von der uns abzuhalten er sich mit wohlgesetzten Worten bemühte. Aber nicht seinetwegen wende ich mich an Euch. In Eurem Gefängnis befindet sich ein Mädchen, das ein grausames Gesetz mit der Schärfe des Schwertes bedroht, das wie eine verrostete Waffe zwanzig Jahre an der Mauer gehangen hat, doch nun heruntergenommen und gewetzt wird, um das Blut des schönsten und unschuldigsten Geschöpfs zu vergießen, das jemals hinter Gefängnismauern geschmachtet hat. Ihre Schwester weiß um ihre Unschuld; denn ihr entdeckte sie, ein Schurke habe sie betrogen. – O möge der Himmel

‹Jeder wackren Hand 'ne Geißel geben,
den Schurken nackt durch alle Welt zu peitschen!›

Ich bin von Sinnen. – Aber dies Mädchen, diese Jeanie Deans, ist eine verstockte Puritanerin, voller Aberglauben und Bedenklichkeiten nach Art ihrer Sekte; ich beschwöre daher Euer Gnaden, denn so muß ich Euch wohl nennen, ihr dringend vorzustellen, daß ihrer Schwester Leben von ihrem Zeugnis abhängt. Doch selbst wenn sie schweigen sollte, glaubt darum nicht, das junge Mädchen sei schuldig, noch weniger wagt es, sie hinrichten zu lassen. Denkt daran, daß Wilsons Tod fürchterlich gerächt wurde. Diejenigen leben noch, die Euch zwingen können, die Hefe Eures Giftkelchs zu leeren. – Nochmals, denkt an Porteous! Das rät Euch zu Eurem Besten einer seiner Henker.

Der Ratsherr las diesen außerordentlichen Brief zwei- oder dreimal durch. Zuerst fühlte er sich versucht, ihn als die Ausgeburt eines Wahnsinnigen in den Papierkorb zu werfen, so wenig schien ihm der «Brocken aus einem Schauspielbuch», wie er das dichterische Zitat nannte, dem Schreiben eines vernünftigen Wesens zu gleichen. Bei nochmaligem Durchlesen indessen glaubte er in den zusammenhängenden Sätzen etwas wie einen Ausbruch gereizter Leidenschaft zu entdecken, der freilich auf eine sonderbare und ungewöhnliche Art und Weise ausgedrückt sei.

«Es ist ein grausam strenges Gesetz», sagte der Ratsherr zu dem Stadtschreiber, «und ich wünschte, man könnte es einrichten, daß das Mädchen nicht darunter fiele. Ein Kind kann ja geboren und weggeschafft worden sein, während die Mutter ohne Bewußtsein lag; oder es ist umgekommen, weil die Ärmste – geängstigt, verzweifelt, hilflos und erschöpft – unfähig war, sich um das Kleine zu bekümmern. Und doch ist die Hinrichtung unvermeidlich, wenn das

Mädchen nach den Buchstaben des Gesetzes für schuldig befunden wird. Das Verbrechen ist zu oft vorgekommen und ein warnendes Beispiel notwendig.»

«Wenn aber dies andere Frauenzimmer aussagen kann, die Schwester habe sie von ihrem Zustand unterrichtet, fällt die Sache ja nicht mehr unter das Gesetz», bemerkte der Stadtschreiber.

«Jawohl», erwiderte der Richter, «und ich will deshalb in den nächsten Tagen nach St. Leonard's hinaus und das Mädchen selbst vernehmen. Ich kenne ihren Vater Deans ein wenig – ein alter waschechter Cameronianer, der eher Haus und Familie zugrunde gehen ließe, als daß er seiner Überzeugung untreu werden und sich in das fügen würde, was er die Gebrechen der Zeit nennt, und dazu zählt er vermutlich auch die Eidesleistung vor der bürgerlichen Obrigkeit. Wenn das so weitergeht mit ihrer sturen Hartköpfigkeit, muß ein Gesetz erlassen werden, das ihre bloßen Versicherungen als rechtsgültig anerkennt, wie bei den Quäkern. Doch werden wohl in einem Fall wie diesem weder Vater noch Schwester Bedenken haben. Wie gesagt, ich will selbst mit ihnen sprechen, sobald diese Porteous-Geschichte mir nur erst wieder etwas Ruhe gönnt; ihr Stolz und Widerspruchsgeist werden dadurch nicht so gereizt, als wenn sie sofort vor einen Gerichtshof geladen würden.»

«Und Butler soll vermutlich noch in Gewahrsam bleiben?» fragte der Stadtschreiber.

«Vorerst, gewiß», sagte der Richter. «Doch hoffe ich, ihn bald gegen Bürgschaft auf freien Fuß setzen zu können.»

«Gebt Ihr etwas auf das Zeugnis jenes verrückten Schreibens?» fragte der Schreiber.

«Nicht viel», antwortete der Richter, «und doch ist etwas darin, was mich betroffen macht. Es scheint der Brief eines Menschen, der außer sich ist, entweder infolge großer Aufregung oder großen Schuldbewußtseins.»

«Ja», sagte der Stadtschreiber, «es scheint der Brief eines tollen herumziehenden Schauspielers, der mit seiner ganzen liederlichen Bande gehängt zu werden verdiente, wie Euer Gnaden richtig bemerkten.»

«Ich war nicht ganz so blutdürstig», versetzte Middleburgh. «Aber zur Sache. Butlers Leumund ist vortrefflich. Auch habe ich heute morgen einige Erkundigungen eingezogen, wonach er tatsächlich erst vorgestern in die Stadt gekommen ist, so daß er unmöglich in irgendwelche früheren Abreden dieser unseligen Aufrührer verwickelt gewesen sein kann; und es ist nicht sehr wahrscheinlich, daß er so plötzlich mit ihnen gemeinsame Sache gemacht habe.»

«Das kann man nie so genau sagen – Hitzköpfigkeit entzündet sich an einem kleinen Funken so schnell wie Zunder», bemerkte der Schreiber. «Ich kannte einen Geistlichen, der jedem in der Gemeinde freundlich guten Tag und guten Weg bot und sich so ruhig verhielt wie eine Rakete auf der Stange, bis das Wort Abschwöreid fiel oder Patronage oder dergleichen – und dann, zisch, ging er hoch und in die Luft, hundert Meilen über das Betragen und die Sitten und den Verstand vernünftiger Menschen hinaus.»

«Ich habe nicht den Eindruck», antwortete der Ratsherr, «daß der Eifer dieses jungen Mannes so leicht zu entflammen ist. Aber ich will weitere Nachforschungen anstellen. – Was für Geschäfte liegen sonst noch vor?»

Und sie gingen dazu über, die Angelegenheit von Porteous' Tod und andere Sachen sorgfältig zu erörtern und zu untersuchen, worauf wir in dieser Geschichte nicht weiter einzugehen brauchen.

In diesem Geschäft wurden sie durch eine alte Frau unterbrochen, die nach ihrem zerlumpten Aussehen dem untersten Stande angehörte und mit wildem Blick in den Sitzungssaal eindrang.

«Was wollt Ihr, gute Frau? Wer seid Ihr?» fragte Richter Middleburgh.

«Was ich will?» erwiderte die Alte trotzig. «Mein Kind will ich und sonst nichts von Euch, wenn Ihr auch noch so großspurig tut.» Und voll alterswirren Ingrimms murmelte sie in sich hinein: «Euer Gnaden und Gnädiger Herr soll man sie gar noch heißen – das Lumpenpack – und ist doch keiner ein Gentleman!» – Dann wandte sie sich von neuem an den Ratsherrn: «Will *Euer Gnaden* mir mein armes unkluges Kind wiedergeben? – *Seine Gnaden!* – Ich weiß die Zeit, wo er sich mit einer bescheideneren Anrede begnügt hätte, der Schifferenkel, der.»

«Gute Frau», erwiderte Middleburgh der zänkischen Bittstellerin, «sagt uns, was Ihr wünscht, und haltet das Gericht nicht auf.»

«Das heißt soviel wie ‹Halt's Maul und scher dich zum Teufel!› – Ich sage Euch», erhob sie ihre keifende Stimme, «ich will mein Kind! Ist das nicht deutlich genug?»

«Wer seid Ihr? Wer ist Euer Kind?» fragte der Ratsherr.

«Wer ich bin? Wer sollte ich sonst sein als Meg Murdockson, und wer sollte mein Kind anders sein als Magdalen Murdockson? Eure Gerichtsdiener und Wachsoldaten und Konstabler kennen uns gut genug, wenn sie uns unsere paar Lumpen vom Leib reißen und uns jeden armseligen Penny nehmen und uns ins Arbeitshaus in Leith Wynd schleppen und mit Wasser und Brot und dergleichen Leckerbissen traktieren.»

«Wer ist sie?» fragte Middleburgh einige der umstehenden Gerichtsdiener.

«Keine von den Besten, Sir», sagte einer, indem er die Achseln zuckte und grinste.

«Unterstehst du dich, das zu sagen?» rief die zänkische Alte, und ihre Augen glühten vor ohnmächtiger Wut. «Wenn ich dich nur draußen vor den Toren hätte, würde ich dir dafür dein Schelmengesicht zerkratzen!» Und sie machte eine entsprechende Gebärde, indem sie die Finger ihrer riesigen Hände spreizte, daß sie den Klauen des St. Georgs-Drachens auf dem Schild einer Dorfschenke glichen.

«Was will sie hier?» fragte Middleburgh ungeduldig. «Kann sie nicht ihr Anliegen sagen und sich dann fortscheren?»

«Mein Kind, Magdalen Murdockson will ich!» kreischte die Vettel in den höchsten Tönen ihrer heiseren, mißtönigen Stimme. «Sag ich's nicht schon seit einer halben Stunde? Wenn Ihr taub seid, was sitzt Ihr denn da rum und laßt die Leute sich totschreien?»

«Sir», sagte derselbe Gerichtsdiener, dessen Bemerkung die Alte so übel aufgenommen hatte, «sie verlangt ihre Tochter zurück, die heute nacht aufgehoben wurde – Madge Wildfire, wie man sie nennt.»

«Madge Höllenfeuer, wie man sie nennt!» spottete die Vettel ihm nach. «Was braucht solch ein Schuft wie du dem Kind einer ehrlichen Frau einen Spitznamen zu geben?»

«Einer *ehrlichen* Frau, Maggie?» antwortete der Gerichtsdiener grinsend, wobei er das Eigenschaftswort spöttisch betonte und den Kopf mit aufreizender Ruhe zweifelnd hin und her wiegte, um die Alte vollends in Wut zu bringen.

«Bin ich's jetzt nicht, so bin ich's doch gewesen», erwiderte sie, «und das ist mehr, als du von dir sagen kannst, du geborener Strolch! Du hast ja schon als Kind mein und dein nicht unterscheiden können! Ehrlich, sagst du? Und hast deiner Mutter einen Dreier aus der Tasche gestohlen, als du fünf Jahre alt warst, gerade, als sie von deinem Vater unterm Galgen Abschied nahm.»

«Die hat dir's ordentlich gegeben, George», sagten die anderen Gerichtsdiener, und alle lachten über den zu dieser Umgebung passenden Witz. Dieser allgemeine Beifall schmeichelte der alten Hexe, ihr «grimmiges Antlitz» verzog sich zum Lächeln, ja Lachen – aber es war ein Lachen voller Bitterkeit. Etwas besänftigt durch den Erfolg ihres Ausfalls ließ sie sich nun herbei, ihr Anliegen deutlicher zu erklären, als Middleburgh, nachdem er Ruhe geboten, sie nochmals aufforderte, entweder ihr Begehren vorzubringen oder das Zimmer zu verlassen.

Ihr Kind sei ihr Kind, sagte sie, und sie komme, es aus dem Gefängnis zu holen und vor schlechter Behandlung zu bewahren. Wenn das arme Ding nicht so klug wäre wie andere Leute, so hätten auch wenig andere Leute so viel durchgemacht wie sie; und zwischen den Gefängnismauern würde ihr Zustand auch nicht besser werden. Sie könne durch fünfzig und abermals fünfzig Zeugen beweisen, daß ihre Tochter den Jock Porteous niemals gesehen habe, weder lebend noch tot, außer das eine Mal am Geburtstag des Kurfürsten von Hannover, wo er ihr einen Schlag mit seinem Stock versetzt habe – der Unmensch! –, weil sie eine tote Katze nach des Bürgermeisters Perücke geworfen hatte.

Trotz des zerlumpten Aussehens und des ungebärdigen Benehmens dieses Weibes fühlte Middleburgh die Berechtigung ihrer Behauptung, daß ihr Kind ihr ebenso lieb sein könne wie einer glücklicheren und liebenswürdigeren Mutter. Er erkundigte sich genau nach den Umständen, die zu Madge Murdocksons (oder Wildfires) Verhaftung geführt hatten, und da es sich klar ergab, daß sie nicht in den Aufruhr verwickelt gewesen war, ordnete er an, daß die Polizei ein wachsames Auge auf sie haben möge, ihr für jetzt aber erlaubt werden solle, mit ihrer Mutter nach Hause zurückzukehren. Während man Madge aus dem Gefängnis holte, bemühte sich der Richter, von der Mutter zu erfahren, ob sie um den Kleidertausch zwischen dem jungen Mädchen und Robertson gewußt habe. Aber hierüber konnte er keinen Aufschluß erhalten. Sie erklärte beharrlich, sie habe Robertson seit seiner denkwürdigen Flucht während des Gottesdienstes nicht mehr gesehen, und wenn ihre Tochter die Kleider mit ihm gewechselt habe, so müsse es in ihrer Abwesenheit geschehen sein; sie sei nämlich, wie sie beweisen könne, in jener ereignisreichen Nacht in Duddingstone gewesen, einem Dorf, das ungefähr zwei Meilen von der Stadt entfernt lag. Tatsächlich konnte einer der Gerichtsdiener, der in jenem Dorf bei einer Waschfrau eine Haussuchung nach gestohlenem Leinenzeug vorgenommen hatte, bezeugen, daß er Maggie Murdockson dort gesehen habe.

Ihre Anwesenheit in jenem Haus habe in Anbetracht dessen, daß sie in keinem guten Ruf stehe, seinen Verdacht gegen die Person, die sie besucht habe, erheblich verstärkt.

«Ich hab's Euch schon mal gesagt», rief die alte Hexe, «'s geht Euch gar nichts an, in was für einem Ruf ich stehe! – Guter oder schlechter Ruf! – Ich könnte Euch was von Eurem Porteous erzählen, was Ihr Herren vom Rat niemals ausfindig machen würdet, und wenn Ihr Euch noch soviel Mühe gebt.»

Aller Augen waren auf sie gerichtet – aller Ohren waren gespitzt.

«Redet!» sagte Middleburgh.

«Es wird gut für Euch selbst sein», ermunterte sie der Stadtschreiber.

«Laßt den Richter nicht warten», drängten die Umstehenden.

Sie verharrte einen Augenblick in mürrischem Schweigen und warf einen bösen und trotzigen Blick ringsum. Offenbar weidete sie sich während dieses Aufschubs ihrer Antwort an der gespannten Erwartung der Versammlung. Dann brach sie auf einmal los:

«Alles, was ich von dem saubern Herrn weiß, ist, daß er weder ein Gentleman noch ein Soldat war, sondern geradeso ein Dieb und ein Gauner wie die meisten von Euch, meine Lieben. – Was gebt Ihr mir für diese Neuigkeit, he? Und wenn er noch so lange im Dienst der Stadt gewesen wäre, das hätten weder Oberbürgermeister noch Richter herausgefunden!»

Während diese Angelegenheiten verhandelt wurden, trat Madge Wildfire ein, und ihr erster Ausruf war: «Ei, sieh einer da! Ist das nicht unser alter nichtsnutziger Zankteufel von Mutter? Was, meine Herren, wir sind doch eine nette Sippschaft – gleich zwei von uns auf einmal im Kittchen! – Aber wir haben bessere Zeiten gekannt, nicht wahr, Mutter?»

Die Augen der Alten hatten freudig aufgefunkelt, als sie

ihre Tochter frei vor sich sah. Aber entweder konnte sie wie eine Tigerin ihre natürliche Zuneigung nicht ohne einen Ausbruch von Wildheit zeigen oder Madges Worte hatten Gedanken in ihr erweckt, die ihren bösen, haßerfüllten Sinn wieder aufregten.

«Was schert dich, was wir waren, du Landstreicherin!» schrie sie, indem sie ihre Tochter sehr unsanft vor sich her nach der Tür stieß. «Willst du wissen, was du jetzt bist? Eine tolle, liederliche Dirne, die vierzehn Tage lang nichts als Brot und Wasser bekommen sollte, zur Strafe für die Plage, die du mir gemacht hast! Und das ist noch viel zu gut für dich, du faules Luder!»

Madge entwischte indessen ihrer Mutter an der Tür, lief zum Gerichtstisch zurück, machte dem Richter einen tiefen, übertriebenen Knicks und sagte kichernd: «Unsere Frau Mutter ist mal wieder sehr mißgelaunt, Euer Gnaden. Gewiß hat sie sich ein bißchen mit ihrem Gevatter gezankt – Ihr wißt schon, wen ich meine, den Satan, meine Herren.» Diese letzte erläuternde Bemerkung machte sie in einem leisen, vertraulichen Ton, und die Hörer – Kinder jenes abergläubischen Zeitalters – überlief ein unwillkürlicher Schauder. «Der Gevatter und sie sind nicht immer ein Herz und eine Seele, und dann muß ich's ausbaden. Aber ich mach mir nichts draus, ich hab einen breiten Buckel. Und wenn sie keine Lebensart hat, so können doch klügere Leute welche haben.» Hier machte sie wieder einen tiefen Knicks.

Inzwischen ertönte draußen die keifende Stimme ihrer Mutter: «Madge, du Teufelskind! Gib acht, wenn ich dich hole!»

«Hört Ihr sie wohl?» fragte Madge. «Aber darum werde ich ihr doch in der Nacht entwischen und im Mondlicht tanzen, wenn sie und der Gevatter auf einem Besenstiel durch die blaue Luft schwirren, um Jean Jap im Gefängnis von Kirkcaldy zu besuchen – oh, es wird lustig sein, wenn sie über Inchkeith hinfliegen und über all die munteren Wellen, die gegen die Felsen klatschen und platschen in dem silbernen Schimmer des Mondes, nicht? – Ich komme, Mutter, ich komme», schloß sie, da sie hörte, wie die Alte sich an der Tür mit den Wärtern herumbalgte, die sie nicht wieder hereinlassen wollten. Madge zeigte mit wilder Gebärde nach oben auf die getäfelte Decke und sang mit ihrer lautesten Stimme:

«Auf in den Himmel,
mein Apfelschimmel,
ich sehe, ich sehe, ich sehe sie noch.»

Und mit einem gewaltigen Hopser, Sprung und Schwung fuhr sie zur Tür hinaus – wie die Hexen Macbeths in den alten, anspruchslosen Zeiten es zu tun pflegten, damit es scheine, als ob sie von der Bühne aufwärts flögen.

Es vergingen einige Wochen, ehe Mr. Middleburgh Zeit fand, seinen löblichen Vorsatz auszuführen und nach St. Leonard's zu gehen, um zu sehen, ob es möglich sein werde, jenes Zeugnis für Effie Deans zu erhalten, wovon der unbekannte Briefschreiber gesprochen hatte. Einstweilen war die Aufmerksamkeit aller, denen die Rechtspflege oblag, durch die angestrengten Bemühungen in Anspruch genommen, Porteous' Mörder zu entdecken.

Im Laufe dieser Nachforschungen trugen sich zwei für unsere Geschichte nicht unwesentliche Ereignisse zu. Butler wurde nach einer genauen Prüfung seines Verhaltens von der Mitschuld am Tod des Porteous freigesprochen; da er aber bei dem ganzen Vorgang gegenwärtig gewesen war, mußte er Bürgschaft leisten, seinen Wohnsitz in Libberton nicht zu verlassen, damit er als Zeuge erscheinen könne, wenn er dazu aufgefordert werden würde. Das andere Ereignis bestand in dem Verschwinden von Madge Wildfire und ihrer Mutter aus Edinburgh. Als man sie abholen wollte, um sie einem weiteren Verhör zu unterziehen, mußte Mr. Sharpitlaw feststellen, daß sie die Wachsamkeit der Polizei getäuscht und die Stadt unmittelbar nach ihrer Entlassung aus dem Ratszimmer verlassen hatten. Alle Bemühungen, ihre Spur aufzufinden, blieben fruchtlos.

Inzwischen hatte der Regentschaftsrat, der sich in seinem Ansehen durch den Mord an Porteous mißachtet fühlte und hierüber höchst aufgebracht war, in dem eifrigen Wunsch, die Rädelsführer jener Verschwörung zu entdecken, Maßregeln beschlossen, die jede Rücksicht auf die Sinnesart des Volkes und die Standesehre seiner Geistlichen vermissen ließen. Ein eiligst erlassener Parlamentsbeschluß sicherte jedem, der einen der Täter anzeigen würde, 200 Pfund Belohnung zu und drohte – ein unerhört strenges Vorgehen – all denen, die Schuldige beherbergen würden, die Todesstrafe an. Am meisten Anstoß erregte eine hinzugefügte Bestimmung, die Verordnung solle eine gewisse Zeit hindurch am ersten Sonntag eines jeden Monats durch den amtierenden Geistlichen von der Kanzel verlesen werden, und zwar unmittelbar vor der Predigt. Die Geistlichen, die sich weigern würden, diesem Befehl nachzukommen, sollten bei der ersten Weigerung für unfähig erklärt werden, in einem kirchlichen Gericht zu sitzen oder zu stimmen, und bei der zweiten, überhaupt irgendein kirchliches Amt in Schottland zu bekleiden.

Diese letzte Anordnung schloß alle zu gemeinsamer Sache zusammen, sowohl diejenigen, die sich insgeheim über Porteous' Tod freuten, obgleich sie die Art und Weise desselben nicht zu rechtfertigen wagten, als auch die gewissensstrengeren Presbyterianer, die dafür hielten, daß selbst das Aussprechen der Worte «geistliche Herren» auf einer schottischen Kanzel quodammodo eine Anerkennung prälatistischer Ketzerei sei und die Auflage des Parlaments eine Einmischung der Regierung in das jus divinum der presbyterianischen Kirche, da allein der Generalversammlung, die das unsichtbare Haupt der Kirche vorstelle, das ausschließliche Recht gebühre, alle Angelegenheiten des Gottesdienstes zu regeln. Auch viele andere Menschen der verschiedensten politischen oder religiösen Anschauungen, die diese Überzeugung nicht teilten, meinten, die Parlamentsverordnung verrate einen gewalttätigeren und rachsüchtigeren Geist, als es der Gesetzgebung eines großen Landes gezieme, und hielten sie für einen Versuch, die Unabhängigkeit und die Rechte Schottlands mit Füßen zu treten. Die Stadt Edinburgh für das, was ein gewalttätiger, übermächtiger Pöbel in ihren Mauern verübt hatte, dadurch zu bestrafen, daß man ihr die Freibriefe und die Verfassung nahm, erschien wie verschiedene andere Maßnahmen vielen nur als ein übel ersonnener Vorwand, die alte Hauptstadt Schottlands herabzuwürdigen. Kurz, es gab durch diesen unüberlegten Schritt viel böses Blut, Unzufriedenheit und Mißvergnügen.*

Inmitten all dieser Gärungen und Umtriebe sollte auch die Gerichtsverhandlung gegen Effie Deans stattfinden, nachdem sie viele Wochen lang im Gefängnis gewesen war. Mr. Middleburgh fand nun endlich Muße, seinen Gang nach St. Leonard's anzutreten, um sich nach einem Zeugnis für sie umzutun. Eines schönen Tages machte er sich auf den Weg. Ein solcher Ausflug auf das Land war nach den Begriffen eines Bürgers jener Tage recht weit, obwohl viele heutzutage Landhäuser in viel entfernteren Vororten bewohnen. Dreiviertel Stunden gemessenen würdevollen Wandelns in-

* Edinburghs Ratsherren wurden vor dem Oberhaus genau über die Einzelheiten des Aufruhrs befragt, und das Patois, in welchem die biederen schottischen Bürger antworteten, klang den englischen Adligen höchst seltsam in den Ohren. Als der Herzog von Newcastle zu wissen begehrte, welcher Art die Kugeln gewesen seien, womit die von Porteous befehligte Wache ihre Musketen geladen habe, wurde ihm treuherzig geantwortet: «Oh, gerade solche, womit man Herzöge und Narren (dukes and fools) abschießt.» Diese Antwort wurde als eine Beleidigung des Oberhauses aufgefaßt, und der Präsident wollte sie demgemäß ahnden, als der Herzog von Argyle erklärte, die Ausdrücke bedeuteten auf englisch «Enten und Wasserhühner» (ducks and waterfowls).

dessen führten unsere wohlwollende Amtsperson zu den Felsen von St. Leonard's und der bescheidenen Behausung David Deans'.

Der alte Mann saß auf der Rasenbank vor seiner Hütte, beschäftigt, sein Wagengeschirr mit eigener Hand auszubessern; denn in jener Zeit fielen Arbeiten, die eine etwas mehr als gewöhnliche Geschicklichkeit erforderten, dem Hausvater zu, selbst wenn er wohlhabend war. Mit ernster und strenger Würde fuhr er in seiner Beschäftigung fort, nachdem er bei der Ankunft des Fremden flüchtig aufgeblickt hatte. Sein Gebaren und seine Miene verrieten nichts von seiner inneren Qual. Mr. Middleburgh wartete einen Augenblick darauf, daß Deans seine Anwesenheit nicht unbeachtet lassen und ihn anreden würde; da jener aber entschlossen schien, in seinem Schweigen zu verharren, mußte er selbst das Gespräch beginnen.

«Mein Name ist Middleburgh – James Middleburgh; ich bin ein Mitglied des gegenwärtigen Stadtrates von Edinburgh.»

«Kann sein», antwortete Deans kurz, ohne seine Arbeit zu unterbrechen.

«Ihr müßt verstehen», fuhr Middleburgh fort, «die Pflicht eines Ratsherrn hat bisweilen etwas Peinliches.»

«Kann sein», erwiderte David, «ich will's nicht bestreiten», und versank wieder in sein mürrisches Schweigen.

«Ihr werdet begreifen», versetzte der Ratsherr, «daß Personen in meiner Stellung oft genötigt sind, schmerzliche und unangenehme Verhöre anzustellen, bloß, weil es ihre beschworene Pflicht ist.»

«Kann sein», erwiderte Deans wieder, «ich habe nichts dafür und nichts dagegen. Aber ich weiß, es gab einmal eine Zeit, wo eine gerechte und gottesfürchtige Obrigkeit in der Stadt Edinburgh war, die das Schwert nicht vergebens trug, sondern den Missetätern ein Schrecken und ein Wohlgefallen denen war, die den rechten Weg wandelten. Das war in den ruhmreichen Tagen des alten glaubensstarken, würdigen Bürgermeisters Dick*, als es eine echte und rechte Generalversammlung der Kirche gab, die Hand in Hand mit dem aufrichtig schottisch gesinnten Adel und den Obrigkeiten anderer Städte, Bürgern und Bauern ging, die gleichsam mit *einem* Auge sahen, mit *einem* Ohr hörten und die Bundeslade mit vereinter Kraft aufrichteten. Auch konnte man damals Männer sehen, die ihr Geld für das Staatswohl hingaben, als ob es bloße Kieselsteine gewesen wären. Mein Vater sah, wie man die Talersäcke aus dem Fenster des Bürgermeisters Dick in die Karren leerte, die sie zum Heer nach Dunse Law brachten; und wenn Ihr mir nicht glauben wollt: das Haus mit dem Fenster steht noch in den Luckenbooths – ich glaube, es ist jetzt der Laden eines Kleiderhändlers** –, ‹Zur Ehernen Pforte›, fünf Häuser unterhalb der Gossford's Close. Aber jetzt gibt's keinen solchen Geist mehr unter uns; wir denken mehr an das schlechteste Stück Vieh als an die Verheißung, die der Engel des Bundes dem Patriarchen zu Pniel und Mahanaim gab, oder an unsere Gelübde und Verpflichtungen in unserer nationalen Sache; und wir würden eher ein Pfund für eine Salbe ausgeben, um unsere alten Deckenbalken und unsere Betten von den englischen Wanzen zu säubern, wie man sie nennt, als einen Penny dafür, das Land von dem Schwarm der arminianischen Fliegen, sozinianischen Flöhe und deistischen Mücken zu befreien, die aus dem höllischen Pfuhl emporgestiegen sind, um dieses laue, falsche und verderbte Geschlecht zu plagen.»

Es ging David Deans bei dieser Gelegenheit, wie es manchem anderen Gewohnheitsredner gegangen ist – als er bei seinem Lieblingsgegenstand angelangt war, trug ihn der Strom seiner eigenen Begeisterung trotz seiner inneren Bekümmernis weiter, während sein wohlgeübtes Gedächtnis

* s. Anm. XII «Sir William Dick of Braid».

** Ich glaube es auch. Aber wenn der Leser neugierig ist, mag er Mr. Chambers' *Edinburgher Überlieferungen* zu Rate ziehen.

ihn reichlich mit all den Metaphern und Tropen der Rhetorik versah, die dieser Sekte und Sache eigentümlich sind.

Mr. Middleburgh begnügte sich, darauf zu antworten: «Das mag alles ganz richtig sein, lieber Freund; aber, wie Ihr eben selbst bemerktet, ich habe gegenwärtig darauf nichts zu erwidern, weder dafür noch dagegen. – Ihr habt zwei Töchter, soviel ich weiß, Mr. Deans?»

Der alte Mann zuckte zusammen wie jemand, bei dem eine schmerzende Wunde plötzlich unsanft berührt wird, faßte sich jedoch augenblicklich, nahm seine Arbeit wieder auf, die er im Eifer seiner Predigt hatte ruhen lassen, und antwortete mit finsterer Entschiedenheit: «*Eine* Tochter, Sir – nur *eine*!»

«Ich verstehe», sagte Middleburgh, «Ihr habt nur eine Tochter hier bei Euch zu Hause. Aber das unglückliche Mädchen im Gefängnis – sie ist, glaube ich, Eure Jüngste?»

Der Presbyterianer sah düster auf. «Dem Fleisch nach und im irdischen Sinn ist sie meine Tochter. Allein als sie ein Belialskind wurde und schlechte Wege wandelte und sich in Schuld und Sünde verstrickte, hörte sie auf, mein Kind zu sein.»

«Ach, Mr. Deans», sagte Middleburgh und ließ sich neben ihm nieder, wobei er sich bemühte, seine Hand zu ergreifen, die der alte Mann jedoch stolz zurückzog, «wir sind allzumal Sünder. Darum sollten wir kein Ärgernis nehmen an den Verirrungen unserer Kinder, denn sie sind der Anteil an der allgemeinen Sünde, den wir ihnen vererbt haben, und wir dürfen sie deswegen nicht verstoßen, wenn sie gefallen sind.»

«Sir», sagte Deans ungeduldig, «ich weiß das alles ebensogut wie – ich will sagen», fuhr er fort, indem er den Ärger darüber niederkämpfte, daß man es wagte, ihn zu belehren (denn diejenigen, die am meisten bereit sind, andere zurechtzuweisen, vertragen es am wenigsten, selbst zurechtgewiesen zu werden), «ich will sagen, das ist alles recht gut und schön. Aber ich mag über meine eigenen Angelegenheiten nicht mit einem Fremden reden. Und noch dazu jetzt, in dieser großen nationalen Not, wo der Porteous-Erlaß von London gekommen ist – ein schwerer Schlag für dieses arme, sündige Reich und die bedrängte Kirche, schwerer als irgendeiner sonst seit jener verhängnisvollen, verwerflichen Testakte. In einer Zeit wie dieser...»

«Aber, guter Mann», unterbrach ihn Middleburgh, «Ihr müßt zuerst an Euer eigenes Hauswesen denken – sonst seid Ihr ja schlimmer als die Ungläubigen.»

«Ich sage Euch, Richter Middleburgh», gab David Deans zurück, «wenn Ihr ein Richter seid – denn es ist wenig Ehre dabei, in diesen schlimmen Zeitläuften einer zu sein –, ich sage Euch, ich hörte den begnadeten Saunders Peden, ich weiß nicht mehr, wann es war, aber es war in mörderischen Zeiten, da die Pflüger ihre Furchen auf dem Rücken der Kirche Schottlands zogen – ich hörte, wie er seinen Hörern vorwarf, es waren alles auserwählte gute Christen, daß einige von ihnen sich mehr um ein kleines ertrunkenes Kalb oder eine Sterke kümmerten als um die Gebrechen und Drangsale der Zeit und daß manche von ihnen an dies, andere an jenes dächten und Lady Hundleslope gar an ihren kleinen Schreihals daheim. Und die Lady bekannte, wie ich selbst hörte, daß sie in Angst um ihren Sohn sei, den sie todkrank zu Hause verlassen habe. Und was würde er von mir gesagt haben, wenn ich aufgehört hätte, an die gute Sache zu denken, nur weil eine Verworfene... eine... Es bringt mich um, wenn ich daran denke, was sie ist!»

«Aber das Leben Eures Kindes, guter Mann, denkt daran, wenn ihr Leben gerettet werden könnte», sagte Middleburgh.

«Ihr Leben?» rief David. «Nicht eins meiner grauen Haare gebe ich um ihr Leben, da ihr guter Ruf verloren ist! Und doch», suchte er den harten Ausspruch abzuschwächen und zu widerrufen, «doch würde ich den Tausch eingehen, Mr. Middleburgh. Alle diese grauen Haare, über die sie Schmach und Kummer gebracht hat, das alte Haupt, worauf sie wachsen, würde ich für ihr Leben hingeben, damit sie Zeit zur Buße und Umkehr hätte, denn was bleibt den Bösen, wenn der Odem aus ihren Nüstern entwichen ist? Aber ich will sie niemals wiedersehen. Nein! Das – das ist mein fester Entschluß! Ich will sie niemals wiedersehen!» Er bewegte noch einen Augenblick lang die Lippen, als er aufgehört hatte zu sprechen, wie wenn er sich das Gelübde schweigend wiederholte.

«Nun», sagte Middleburgh, «laßt uns verständig miteinander reden. Wenn Ihr Eurer Tochter Leben retten wollt, müßt Ihr menschliche Mittel anwenden.»

«Ich weiß, was Ihr meint; aber Mr. Novit, der Sachwalter einer ehrenwerten Person, des Lairds von Dumbiedikes, wird alles für sie tun, was weltliche Klugheit unter diesen Umständen für sie tun kann. Ich selbst mag mit Gerichtshöfen, wie sie jetzt beschaffen sind, nichts zu tun haben. Das erlaubt mir mein Gewissen nicht.»

«Das heißt», fragte Middleburgh, «daß Ihr ein Cameronianer seid und die Autorität unserer Gerichtshöfe oder gegenwärtigen Regierung nicht anerkennt?»

«Sir, mit Verlaub», erwiderte David, der zu stolz auf sein eigenes streitbares Wissen war, um sich Anhänger eines anderen zu nennen, «Ihr seid zu voreilig. Ich sehe nicht ein, warum ich ein Cameronianer heißen soll, besonders seit man den Namen jenes berühmten und lieblichen Dulders nicht nur einem Regiment Soldaten gegeben hat, wovon die meisten, wie ich vernommen habe, ebensogut fluchen, schwören und lästerliche Worte zu gebrauchen verstehen, wie Richard Cameron beten oder predigen konnte, sondern auch jenes Märtyrers Namen mißbraucht und, soviel man konnte, dadurch verächtlich gemacht hat, daß man mit Trommeln, Pfeifen und Querpfeifen eine eitle weltliche Weise spielt, die man den Cameronianer-Marsch nennt, wonach auch viele Bekenner der Religion tanzen –

obgleich es sich einem Gläubigen überhaupt nicht geziemt zu tanzen, gleichviel nach welcher Weise, noch dazu paarweise, das heißt ein Bursche und ein Mädchen zusammen. Das ist eine tierische Mode und der Anfang des Verderbens für viele, wie ich selbst leider am besten bezeugen kann.»

«Wohl, Mr. Deans», entgegnete Middleburgh, «wenn ich Euch einen Cameronianer nannte oder einen MacMillaniten, so wollte ich damit nur sagen, Ihr seid einer jener Menschen, die es für unstatthaft halten, Eide zu schwören unter einer Regierung, die den Covenant nicht anerkannt hat.»

«Sir», erwiderte sein Gegner, der sogar seinen augenblicklichen Kummer über einem Streit wie diesem vergaß, «Ihr könnt mich nicht so leicht irreführen, wie Ihr meint. Ich bin weder MacMillanit noch Russelit, noch Hamiltonianer, noch Harleyit, noch Howdenit* – ich lasse mich von keinem an der Nase herumführen –, ich nenne mich als Christ nicht nach irgendeinem Erdenkloß. Ich vertrete meine eigenen Grundsätze und Handlungen und verfechte die gute alte Sache auf meine bescheidene Weise und gesetzlichem Weg.»

«Das heißt, Mr. Deans», sagte Middleburgh, «Ihr seid ein Deanit und habt Eure eigenen Ansichten.»

«Ihr könnt mich so nennen, wenn es Euch beliebt», sagte David Deans. «Allein ich habe ehedem mein Zeugnis abgelegt wie die Großen und in noch schlimmeren Zeiten; ich will weder mich selbst erhöhen noch andere erniedrigen, doch wünschte ich, jeder Mann und jede Frau in unserem Land wären so der Wahrheit treu geblieben und den rechten Weg der Mitte gewandelt – gleichsam auf dem Grat des Gebirges, wo Wind und Wasser sich scheiden – und hätten die Gruben zur Rechten und die Schlingen zur Linken ebenso vermieden wie Johnny Dodds von Farthing's

* Alles verschiedene Arten der großen Gattung der Cameronianer.

Acre und noch ein anderer Mann, den ich nicht nennen will.»

«Ich nehme an», erwiderte der Ratsherr, «das soll soviel heißen wie: Johnny Dodds von Farthing's Acre und David Deans von St. Leonard's seien die einzigen Mitglieder der echten, rechten und unverfälschten Kirche Schottlands?»

«Gott bewahre mich vor solch eitler prahlerischer Rede, wo es so viele bekennende Christen gibt!» antwortete David. «Ich wollte bloß sagen, alle Menschen handeln nach ihren Gaben und ihrer Erleuchtung; es ist drum kein Wunder, wenn...»

«Das ist alles sehr schön», unterbrach ihn Middleburgh, «aber ich habe keine Zeit, es anzuhören. – Es handelt sich um folgendes: Ich habe Eure älteste Tochter als Zeugin vorladen lassen. Wenn sie zur Gerichtsverhandlung erscheint und aussagt, so besteht Grund zu hoffen, daß sie dadurch das Leben ihrer Schwester rettet; wenn Ihr aber aus irgendwelchen übertriebenen Bedenklichkeiten wegen der Rechtmäßigkeit ihres Tuns Eure Tochter davon abhaltet, vor dem Gericht der weltlichen Obrigkeit zu erscheinen und ihrer Pflicht als gute Untertanin und liebevolle Schwester zu genügen, so seid Ihr – wenn Euren Ohren die Wahrheit auch hart klingen mag –, der Ihr jenem unglücklichen Mädchen das Leben gabt, schuld an ihrem frühzeitigen, gewaltsamen Tod.»

Damit wandte sich Mr. Middleburgh zum Gehen.

«Bleibt noch! Bleibt noch, Mr. Middleburgh!» rief Deans in großer Bestürzung und Verwirrung.

Aber der Richter, der vielleicht fürchtete, eine längere Auseinandersetzung möchte die Wirkung seines besten und kräftigsten Arguments abschwächen, nahm kurzen Abschied und ließ sich auf keine weiteren Erörterungen ein.

Deans sank auf seinen Sitz nieder, überwältigt von einer Flut widerstreitender Empfindungen. Es war eine große Quelle von Streitigkeiten zwischen seinen Glaubensgenossen gewesen, inwiefern echte Presbyterianer die Regierung, die der Revolution gefolgt war, anerkennen und sich ihr ohne Sünde unterwerfen dürften, da sie den großen Feierlichen Bund, den Covenant, nicht bestätigte. Hierzu kam, daß die Anhänger dieser Lehre, die sich den tönenden Titel der anti-papistischen, anti-prälatistischen, anti-erastianischen, anti-sektiererischen, echten und wahren Presbyterianer anmaßten, gleichwohl unter sich in viele kleine und kleinste Sekten gespalten waren, je nachdem, welchen Umfang der Unterwerfung unter die bestehenden Gesetze und Herrscher sie für eine Sünde hielten.

Auf einer sehr stürmischen und tumultuarischen Zusammenkunft im Jahre 1682, wo diese heiklen und wichtigen Punkte erörtert werden sollten, stellte sich heraus, daß die wenigen Getreuen der wahren Religion in ihren Bekenntnissen stark voneinander abwichen.* Der Ort, wo diese Konferenz stattfand, eignete sich ausgezeichnet für eine solche Versammlung. Es war ein von hohen Gebirgen umgebenes und von jeder menschlichen Behausung weit entfernt gelegenes wildes Tal in Tweeddale. Ein kleiner Fluß oder vielmehr ein Gießbach, namens Talla, stürzt vom Gebirge mit großer Wildheit in die Schlucht hinab und bildet eine Anzahl kleiner Wasserfälle, die der Gegend den Namen Talla-Linns verschafft haben. Hier trafen sich die Führer der zerstreuten Anhänger des Covenants, Männer, die durch ihre Verbannung aus der menschlichen Gesellschaft und die mannigfachen Drangsale, die sie erduldet hatten, ebenso trotzig in ihrer Gemütsart wie schwärmerisch in ihrer religiösen Überzeugung geworden waren, und erörterten mit der Waffe in der Hand und unter gewaltigem Lärm, der sogar das Geräusch des Wildbachs übertönte, Streitpunkte, die ebenso nichtig und unwesentlich waren wie sein Schaum.

Die Ansicht der meisten Teilnehmer ging dahin, jeder Art

* s. Anm. XIII «Die Zusammenkunft von Talla-Linns».

von direkter Abgabe oder Steuerzahlung an die bestehende Regierung sei Götzendienst und ungesetzlich. Hinsichtlich der anderen Auflagen gab es verschiedene Meinungen. Der Geist jener streitbaren Kirchenväter erhellt vielleicht am besten daraus, daß alle darin einig waren, den zur Aufrechterhaltung des stehenden Heeres und der Miliz erforderlichen Zins als sündig zu verwerfen; daß es dagegen über die Gesetzmäßigkeit der Hafen- und Brückenzölle sowie aller Abgaben und Gebühren, die zur Erhaltung von Straßen und anderen nützlichen Einrichtungen dienten, erbitterten Streit setzte. Es gab Gläubige, die zwar Brücken- und Wegegelder verdammten, die Entrichtung der üblichen Übersetzgelder auf öffentlichen Fähren hingegen mit ihrem Gewissen vereinbaren konnten; ein besonders eifriger und frommer Mann jedoch, James Russel, einer der Mörder des Erzbischofs von St. Andrews, wetterte mit leidenschaftlichen Worten wider diesen letzten schwachen Schatten der Unterwerfung unter die bestehende Obrigkeit. Derselbe eifrige und erleuchtete Mann und seine Anhänger hatten auch große Bedenken gegen das Beibehalten der gewöhnlichen Namen der Wochentage und Monate des Jahres, die ihnen als heidnische so anrüchig waren, daß sie endlich den Beschluß faßten, diejenigen, die solche Namen wie Montag, Dienstag, Januar, Februar und so weiter gebrauchten, «verdienten dieselbe, wenn nicht größere Strafe als die Götzendiener des Alten Bundes».

David Deans war bei dieser denkwürdigen Zusammenkunft zugegen gewesen, obgleich er zu jung war, um in dem Streit der religiösen Kämpen selbst mitreden zu können. Das Geschrei, der Lärm und der übersinnliche Geist der Reden indessen hatten ihm den Kopf erhitzt; er erinnerte sich oft jener Streitgespräche, und obgleich er sorgfältig sein Schwanken vor anderen und vielleicht vor sich selbst verbarg, war er über die strittigen Punkte doch niemals zu einer klaren Entscheidung gelangt. In Wirklichkeit bildete sein gesunder Menschenverstand ein Gegengewicht zu seinem frommen Eifer. Er war keinesfalls mit der ruhigen, gleichgültigen Art und Weise einverstanden, womit König Williams Regierung diese religiösen Wirren behandelte, als sie, weit entfernt, die frühere Oberhoheit der presbyterianischen Kirche wiederherzustellen, den «Erlaß des Vergessens» auch auf ihre Verfolger ausdehnte und vielen von ihnen Ämter, Titel und Vergünstigungen verlieh. Als auf der ersten Generalversammlung nach der Revolution ein Anfang mit der Wiedererweckung des Covenants gemacht werden sollte, hörte Douce Davie mit Abscheu die Männer der Politik und weltlichen Klugheit, wie er sie nannte, sich dahin äußern, daß ein solches Vorhaben in den gegenwärtigen Zeiten nicht ausführbar sei und einer modernen Kirchenverfassung nicht mehr entspräche. Die Regierung der Königin Anne hatte ihn noch mehr in der Überzeugung bestärkt, daß die Revolutionsregierung keine echt presbyterianische sei. Verständiger jedoch als die Fanatiker seiner Sekte, verwechselte er die Duldung und Mäßigung, welche diese beiden Regierungen übten, nicht mit der offenen Tyrannei und Unterdrückung, die von den Regierungen Charles' II. und James' II. ausgingen. Die presbyterianische Kirche, obgleich sie die Macht, die ehemals ihren Bannsprüchen innewohnte, eingebüßt hatte und wiewohl sie die Episkopalkirche und zahlreiche Sekten mannigfacher Richtungen neben sich dulden mußte, war noch immer die Nationalkirche Schottlands; und obgleich der zweite «Tempel» nicht in solchem Glanz erstrahlte wie der erste von 1639 bis zur Schlacht von Dunbar, glich das Gebäude, wenn auch nicht an Strenge und Wucht, so doch wenigstens an Gestalt und Ebenmaß dem ursprünglichen Bauwerk. Dann kam der Aufstand von 1715, und David Deans' Abscheu vor dem Wiederaufleben der papistischen und prälatistischen Faktion söhnte ihn großenteils mit der Regierung König Georges aus, obgleich er bedauerte, daß dieser Herrscher einer Hinneigung zum Erastianismus verdächtig war. Kurz, auf so festem Grund er auch zu stehen glaubte, hatte er im

Widerstreit so vieler Ansichten und Meinungen auch die seinigen mehrmals geändert und war sich keineswegs klar darüber, wieweit man, ohne zu sündigen, die gegenwärtige Regierung anerkennen und sich ihr unterwerfen dürfe, da sie bei aller väterlichen Milde doch keine des Covenants war; und nun sah er sich durch zwingendste Beweggründe aufgefordert, seine Tochter zu ermächtigen, vor einem Gerichtshof ein Zeugnis abzulegen, was alle, die seither Cameronianer genannt worden sind, als eine beklagenswerte, unmittelbare Verfehlung betrachteten. Allein die Stimme der Natur sprach laut in seiner Brust gegen die Gebote des Fanatismus; und so ersann sich sein erfinderischer Geist – geübt, wie er war, in der Lösung schwieriger Streitfragen – einen Ausweg aus dem fürchterlichen Zwiespalt, einerseits seine Grundsätze verleugnen und andererseits sich ein Schauspiel vorstellen zu müssen, von dem ein Vater sich nicht anders als in schauderndem Entsetzen abkehren konnte.

Ich bin stets beständig und unwandelbar in meinem Zeugnis gewesen – sagte sich David Deans –, aber wer kann mir nachsagen, ich hätte je meinen Nächsten deswegen verurteilt, weil sein Gewissen ihm größere Freiheit in seinem Wandel erlaubte als mir das meinige? Ich habe mich niemals von anderen abgesondert und habe mich niemals mit schwachen Seelen wegen kleiner Abgaben herumgestritten. Meiner Tochter Jeanie mag über diesen Gegenstand ein Licht aufgegangen sein, das meinen alten Augen verborgen ist – ihr Gewissen muß darüber entscheiden, nicht meins. Wenn sie glaubt, es sei ihr gestattet, vor die Richter zu treten und ihre Hand für diese arme Verworfene zu erheben, so will auch ich nicht sagen, sie wandle auf unrechtem Weg; und wenn nicht... Hier hielt er einen Augenblick in seiner inneren Beweisführung inne, und eine unaussprechliche Angst verzerrte seine Züge; dann bezwang er sich jedoch und fuhr in seinem Gedankengang mit Festigkeit fort: ...und wenn nicht, so verhüte Gott, daß sie auf mein Geheiß ins Verderben gehen sollte! Ich will das zarte Gewissen eines Kindes nicht verletzen – nein, nicht einmal, um das Leben des anderen zu retten.

Ein Römer hätte seine Tochter aus anderen Grundsätzen und Beweggründen dem Tod geweiht, aber mit keinem heroischeren Gefühl der Pflicht.

19. Kapitel

Dem Menschen in dieser Prüfungszeit
kann nichts ein Vorrecht rauben:
Wenn ihn des Schicksals Sturm umtost –
er ankert fest im Glauben.

Watt's Hymnen

Mit festem Schritt ging Deans in das Zimmer seiner Tochter, entschlossen, es ganz ihrem eigenen Gewissen zu überlassen, wie sie sich in dem auch für sie, wie er glaubte, zweifelhaften Fall verhalten wolle.

Das kleine Gemach war sonst die gemeinsame Schlafkammer beider Schwestern gewesen, und noch stand die schmale Schlafgelegenheit dort, die für Effie aufgeschlagen worden war, da sie sich, über Unpäßlichkeit klagend, geweigert hatte, wie in glücklicheren Zeiten das Lager ihrer Schwester zu teilen. Die Augen des alten Deans richteten sich beim Eintreten unwillkürlich auf dieses kleine Bett mit seinen dunkelgrünen, groben Vorhängen, und allerlei quälende Gedanken drängten sich ihm so stark auf, daß sie ihn fast unfähig machten, seiner Tochter zu eröffnen, weswegen er komme. Ihre Beschäftigung brach das Eis. Er fand sie, wie sie ernst auf ein Stückchen Papier blickte – es war eine Vorladung, bei der Gerichtsverhandlung gegen ihre Schwester als Zeugin für die Angeklagte zu erscheinen. Denn der wackere Ratsherr, entschlossen, nichts zu versäumen, um Effie ihr Recht zu verschaffen und Jeanie keine Ausrede zu lassen, nicht vor Gericht zu erscheinen und jenes Zeugnis abzulegen, das sie nach seiner Meinung besaß, hatte diese förmliche Vorladung oder subpoena veranlaßt, die ihr ein Gerichtsbote während seiner Unterredung mit Deans überbracht hatte.

Diese Vorsichtsmaßregel kam Deans so weit zustatten, als sie es ihm ersparte, sein Anliegen seiner Tochter umständlich erklären zu müssen; er sagte nur mit hohler, zitternder Stimme: «Ich sehe, du weißt schon, worum es sich handelt.»

«O Vater, wie hart das ist, so zwischen dem Gesetz Gottes und dem der Menschen zu stehen. – Was sollen wir tun? Was können wir tun?»

Es muß bemerkt werden, daß Jeanie gegen das bloße Erscheinen vor einem Gerichtshof keine Bedenken hegte. Hierüber hatte sie wohl ihren Vater mehr als einmal reden hören, aber wir haben schon darauf hingewiesen, daß sie gewohnt war, vielem andächtig zu lauschen, was sie nicht verstand, und daß sie gelehrte und spitzfindige Erörterungen wohl geduldig anhörte, ohne sie jedoch zu begreifen. Als sie die Vorladung erhielt, dachte sie darum nicht an die mehr oder minder wesenlosen Bedenken, die ihres Vaters Gemüt bedrückten, sondern an das, was ihr der Unbekannte bei Muschats Grabmal gesagt hatte. Mit einem Wort, sie zweifelte nicht daran, daß man sie nur vor Gericht ziehe, um sie vor die grausame Wahl zu stellen, entweder ihre Schwester zu opfern, indem sie die Wahrheit sagte, oder einen Meineid zu schwören, um ihr Leben zu retten. Und so ausschließlich bewegten sich ihre Gedanken in dieser Richtung, daß sie ihres Vaters Worte «Du weißt schon, worum es sich handelt» auf jenen Rat bezog, der ihr so schrecklich eingeschärft worden war. Sie sah mit ängstlichem Erstaunen auf, worin sich eine Art von Schrecken mischte, den seine nächsten Worte – wie sie diese auffaßte und auslegte – nicht vermindern konnten.

«Tochter», sagte David, «ich bin immer der Meinung gewesen, daß in Dingen, die so zweifelhaft beschaffen sind, jeder Christ sich von seinem eigenen Gewissen leiten lassen sollte. Darum gehe in dich, prüfe dein eigenes Gemüt hinlänglich und handle dann so, wie du glaubst, daß es in dieser Sache recht sei.»

«Aber Vater», sagte Jeanie, die vor dem Sinn erbebte, den sie natürlicherweise seinen Worten unterlegte, «kann hier – hier – etwas zweifelhaft sein? Gedenkt des achten Gebotes, Vater: ‹Du sollst nicht falsch Zeugnis reden wider deinen Nächsten.›»

David Deans schwieg; denn indem er bei ihrer Antwort an die Schwierigkeiten dachte, die ihm im Sinn lagen, schien es ihm, als ob sie, ein Weib und die Schwester Effies, kaum berechtigt sei, sich bei dieser Gelegenheit so bedenklich zu zeigen, wo er, ein Mann, geprüft im Glauben in jener an Prüfungen reichen Zeit, sie gewissermaßen ermutigt hatte, dem zu folgen, was die Gefühle ihres eigenen Herzens ihr vorschreiben mußten. Aber er hielt streng an seinem früheren Vorsatz fest, bis seine Augen unwillkürlich auf das kleine Ruhebett fielen und er sich die Gestalt Effies vergegenwärtigte, wie sie darin lag, das Kind seines Alters, abgezehrt, bleich und verhärmt. Als die Erscheinung vor ihm aufstieg, formte seine Zunge ihm fast unbewußt Worte – aber in welch einem von seiner gewöhnlichen dogmatischen Genauigkeit verschiedenen Ton –, nichts als Gründe, um ein Verhalten zu rechtfertigen, das seines Kindes Rettung verbürgen könnte.

«Tochter», sagte er, «ich will nicht behaupten, daß du niemals gestrauchelt seist noch straucheln könntest – und fraglos werden manche eine solche Handlung für einen Fehltritt halten, da jemand, der gegen das Gesetz und sein Gewissen Zeugnis ablegt, in gewisser Weise falsches Zeugnis wider seinen Nächsten redet. Doch in Angelegenheiten von Willfahrung liegt die Schuld nicht sosehr an der Willfährigkeit selbst wie im Gewissen und der Gesinnung des Willfährigen; daher habe auch ich, wiewohl ich niemals ermangelt habe, Zeugnis abzulegen wider die allgemeine Verderbnis, doch nicht geglaubt, die Gemeinschaft mancher Menschen meiden zu sollen, die es mit ihrem Gewissen für vereinbar hielten, Geistliche, die sich gegenüber den Akten der Regierung willfährig gezeigt haben, zu hören und sich an ihren Predigten zu erbauen, obgleich ich es nicht konnte.»

Als David so weit gesprochen hatte, mahnte ihn sein Gewissen, daß er damit womöglich indirekt die Glaubensfestigkeit seiner Tochter untergraben und sie zum Abfall von den Grundsätzen der reinen Lehre verleiten könnte. Er hielt daher plötzlich inne und fuhr mit veränderter Stimme fort: «Jeanie, ich sehe wohl, unsere niedrigen Triebe – so nenne ich sie im Hinblick auf den Willen unseres himmlischen Vaters – sind zu mächtig in mir in dieser traurigen Stunde der Prüfung, als daß sie mir erlaubten, meine eigene Pflicht im Auge zu behalten oder dich zur deinigen zu leiten. Ich will nichts mehr darüber sagen; die Versuchung ist zu groß. – Jeanie, wenn du es vor Gott und deinem Gewissen verantworten kannst, sprich für diese arme Unglückliche –», hier versagte ihm die Stimme – «sie ist deine leibliche Schwester – und wenn sie auch unwürdig und verworfen sein mag, so ist sie doch die Tochter einer Seligen im Himmel, die dir eine Mutter gewesen ist, Jeanie, an Stelle deiner eigenen. Aber wenn dein Gewissen es nicht zuläßt, vor Gericht für sie zu sprechen, so folge deinem Gewissen, Jeanie, und Gottes Wille geschehe.»

Nach dieser Beschwörung verließ er das Zimmer, und seine Tochter blieb in einem Zustand großer Angst und Verwirrung zurück.

Es hätte David Deans' Kummer, so groß er ohnehin schon war, noch um vieles vergrößert, hätte er geahnt, daß seine Tochter die spitzfindigen Argumente, die er gebraucht hatte, nicht im Sinne einer Erlaubnis, ihrer eigenen Überzeugung in einer strittigen und zweifelhaften Sache zu folgen, auslegte, sondern eher als eine Ermutigung, eines der göttlichen Gebote zu übertreten, welche die Christen aller Glaubensrichtungen und Bekenntnisse einmütig heilighalten.

«Ist es möglich?» sagte Jeanie, als sich die Tür hinter ihrem Vater schloß. «Waren dies wirklich seine Worte, oder hat der böse Feind seine Gestalt und Stimme angenommen, um dem Rat Nachdruck zu verleihen, der Verdammnis bringt? Einer Schwester Leben – und ein Vater, der mir andeutet, wie es zu retten ist! O Gott, schütze mich! Das ist eine furchtbare Versuchung!»

Als sie so hin und her überlegte, fiel ihr ein, ihr Vater könne das achte Gebot buchstäblich genommen haben, als untersage es nur, falsches Zeugnis *gegen* den Nächsten abzulegen, nicht aber, eine Unwahrheit *zugunsten* des Verbrechers zu reden. Aber ihr gerader und klarer, Gut und Böse scharf unterscheidender Verstand verwarf augenblicklich eine solch sophistische Auslegung des Gebots als zu beschränkt und seines Urhebers unwürdig. Sie blieb in einem Zustand der furchtbarsten Aufregung und Ungewißheit – voll Scheu, ihre Gedanken offen ihrem Vater mitzuteilen, da sie seinem Entscheid vielleicht nicht zustimmen konnte, trostlos über das Schicksal ihrer Schwester, dazu durch den Gedanken gequält, sie habe das Mittel zur Rettung in ihrer Hand, dürfe es aber nicht anwenden, weil ihr Gewissen es ihr verbot, kurz, hin und her geschleudert wie ein Schiff auf offener Reede während eines Sturms und wie jenes Schiff nur von *einem* sicheren Tau und Anker gehalten: dem Glauben an die Vorsehung und dem Entschluß, ihre Pflicht zu tun.

Butlers strenge Rechtlichkeit und seine liebevolle Zuneigung hätten ihr eine Hauptstütze in dieser Bedrängnis sein können; aber das Ausgehverbot erlaubte ihm nicht, nach St. Leonard's zu kommen; und da ihr die Gewandtheit abging, sich mit der Feder auszudrücken, fand sie es unmöglich, ihm von ihren Kümmernissen schriftlich zu berichten. So mußte sie denn ganz und gar ihrem eigenen Gefühl die Entscheidung darüber überlassen, was recht oder unrecht war.

Aber was Jeanie vielleicht noch mehr bekümmerte, war, daß sie, obwohl sie an die Unschuld ihrer Schwester glaubte, nicht die Möglichkeit hatte, diese Versicherung aus ihrem eigenen Mund zu vernehmen.

Das betrügerische Verhalten Ratcliffes bei dem Fall Robertson hatte keineswegs verhindert, daß er belohnt und befördert wurde, wie es Betrügern häufig widerfährt. Sharpitlaw, der so etwas wie einen verwandten Geist in ihm spürte, war bei den Ratsherren für ihn eingetreten, und da er freiwillig im Gefängnis geblieben war, als die Türen vom Pöbel gesprengt wurden, wäre es allerdings hart gewesen, wenn man ihm jetzt noch das Leben genommen hätte, das er so leicht hätte retten können. Er wurde vollkommen begnadigt; und bald darauf wurde James Ratcliffe, der größte Dieb und Einbrecher Schottlands – vielleicht um ein altes Sprichwort wahr zu machen –, mit der Aufsicht über andere Missetäter betraut.

Als Ratcliffe sein verantwortungsvolles Amt angetreten hatte, wurde er wiederholt von dem gelehrten Saddletree und anderen Personen, die einigen Anteil an der Familie Deans nahmen, darum angegangen, den beiden Schwestern eine Zusammenkunft zu gestatten. Aber die Ratsherren, die sehr auf die Ergreifung Robertsons bedacht waren, hatten es streng verboten – sie hofften, wenn sie beide getrennt hielten, von der einen oder anderen etwas über den Flüchtling herauszubekommen. Allein Jeanie konnte nichts über ihn aussagen. Sie erklärte Middleburgh, daß sie nichts von Robertson wisse; sie sei lediglich in jener Nacht mit ihm zusammengekommen, weil er es gewünscht habe, um ihr einen Rat wegen ihrer Schwester zu geben – was für ein Rat dies sei, gehe nur Gott und ihr Gewissen an. Von seinem gegenwärtigen, vergangenen und künftigen Aufenthalt, Leben und Treiben wisse sie nichts und könne daher nichts darüber aussagen.

Effie war ebenso schweigsam, obgleich aus einem anderen Grund. Vergebens bot man ihr eine Umwandlung und Milderung ihrer Strafe und selbst die Begnadigung an, wenn sie bekennen wolle, was sie von ihrem Geliebten wisse. Sie antwortete nur mit Tränen oder, wenn man allzusehr in sie drang, mit kurzen und unehrerbietigen Worten.

Endlich, nachdem die Gerichtsverhandlung viele Wochen vertagt worden war, da man hoffte, Effie könne doch noch bewogen werden, über einen Gegenstand auszusagen, an dem der Obrigkeit weit mehr lag als an ihrer eigenen Schuld oder Unschuld, war die Geduld der Stadtväter erschöpft, und da selbst Mr. Middleburghs Fürbitte für sie kein Gehör mehr fand, wurde der Tag für die Verhandlung festgesetzt.

Erst jetzt und nicht früher erinnerte sich Sharpitlaw des Versprechens, das er Effie Deans gegeben hatte; oder vielmehr, weil ihm Mrs. Saddletree, seine nächste Nachbarin, unaufhörlich damit in den Ohren lag, es sei eine heidnische Grausamkeit, die beiden armen Geschöpfe nicht zusammenkommen zu lassen, gab er schließlich die Erlaubnis.

Am Tag vor der entscheidenden Gerichtsverhandlung war es Jeanie vergönnt, ihre Schwester, zum erstenmal seit vielen Monaten, wiederzusehen – ein schmerzliches Wiedersehen in solch schicksalhafter Stunde. Aber sie war dazu verdammt, auch diesen bitteren Kelch zu leeren und für Torheiten und Verbrechen zu büßen, an denen sie keinen Anteil hatte; und so ging sie denn um zwölf Uhr mittags, der für den Besuch festgesetzten Zeit, zu ihrer Schwester – ihrer schuldigen, verirrten und elenden Schwester – in das Haus der Schuld, der Verirrung und des Elends.

20. Kapitel

> O liebe Schwester, laß mich leben!
> Was du auch tust, den Bruder dir zu retten,
> Natur tilgt diese Sünde so hinweg,
> Daß sie zur Tugend wird.
>
> *Maß für Maß*

Jeanie Deans wurde von Ratcliffe in das Gefängnis eingelassen. Dieser ebenso ehr- wie schamlose Mensch fragte sie, als er die nun dreifach gesicherte Tür öffnete, mit einem Grinsen, das sie schaudern machte, ob sie sich seiner erinnere.

Ein halb ausgesprochenes furchtsames «Nein» war ihre Antwort.

«Was, alles vergessen – den Mondschein, Muschats Grabmal und Rob und Rat?» fragte er mit demselben Grinsen. «Dein Gedächtnis muß etwas aufgefrischt werden, mein Kind.»

Wenn irgend etwas Jeanies Kummer noch hätte vergrößern können, so wäre es dies gewesen, ihre Schwester unter der Aufsicht eines solch verworfenen Menschen zu finden. Doch besaß er auch einige gute Eigenschaften, die seinen vielen schlechten einigermaßen die Waage hielten. Bei all seinen schlimmen Gewohnheiten und Streichen war er niemals grausam oder blutdürstig gewesen, und auch in seinem gegenwärtigen Amt hatte er sich bis zu einem gewissen Grad Regungen der Menschlichkeit zugänglich gezeigt. Aber davon wußte Jeanie nichts; sie erinnerte sich nur des

Auftritts beim Grabmal und fand kaum die Worte, um ihm zu sagen, sie habe eine schriftliche Erlaubnis des Richters Middleburgh zum Besuch ihrer Schwester.

«Weiß schon, mein Schatz; ich hab sogar den besonderen Auftrag dabeizusein, wenn ihr miteinander redet.»

«Muß das sein?» fragte Jeanie mit bittender Stimme.

«Freilich, mein Kind», erwiderte der Schließer. «Und was ist denn Schlimmes dabei, wenn Jim Ratcliffe hört, was ihr euch zu sagen habt? Durch euch braucht er das Weibervolk nicht erst besser kennenzulernen, als er es schon kennt; und wenn ihr nicht gerade davon sprecht, das Tolbooth zu erstürmen, so wird er auch kein Sterbenswort davon ausplaudern – weder euch zuliebe noch zuleide.»

Damit führte Ratcliffe sie in Effies Zelle.

Scham, Furcht und Kummer hatten den ganzen Morgen im Herzen der armen Gefangenen um die Herrschaft gestritten, während sie dieser Zusammenkunft entgegensah; aber als die Tür aufging, wichen all diese Empfindungen einem einzigen seltsamen, verworrenen Gefühl der Freude, und ihrer Schwester um den Hals fallend, rief die Unglückliche: «Meine liebe Jeanie! Meine liebe Jeanie, wie lange habe ich dich nicht gesehen!» Jeanie erwiderte die Umarmung mit inbrünstigem Entzücken. Allein dieses Aufflammen der Freude währte nur kurz, wie ein Sonnenstrahl, der durch Gewitterwolken bricht und ebensoschnell wieder verschwindet. Die Schwestern setzten sich nebeneinander auf die Pritsche, hielten einander an der Hand und sahen sich an, doch ohne ein Wort zu sprechen. In dieser Haltung verblieben sie kurze Zeit, während der Freudenschimmer auf ihren Gesichtern allmählich erlosch und zuerst dem Schatten der Wehmut und dann des tiefsten Schmerzes wich, bis die Schwestern sich einander von neuem in die Arme warfen und, wie es in der Bibelsprache heißt, «erhoben ihre Stimmen und weinten bitterlich».

Selbst der allerlei Auftritte gewohnte und längst dagegen abgestumpfte und verhärtete Schließer konnte sich bei diesem Anblick eines gewissen Gefühls menschlicher Rührung nicht erwehren. Es zeigte sich in einer an sich geringfügigen Handlung, die aber mehr Zartgefühl verriet, als man einem Mann wie Ratcliffe zugetraut hätte. Das unverglaste Fenster der armseligen Zelle stand offen, und ein Streifen Sonnenlicht fiel gerade auf die Pritsche, wo die Schwestern saßen. Mit einer Art ehrfürchtiger Behutsamkeit schloß Ratcliffe einen der Laden, als wolle er einen Schleier über die traurige Szene breiten.

«Du bist krank, Effie», war das erste, was Jeanie zu sagen vermochte, «du bist sehr krank.»

«Oh, was würde ich darum geben, wäre ich noch zehnmal kränker, Jeanie!» war die Antwort. «Was würde ich darum geben, wenn ich tot wäre, ehe die Uhr morgen zehn schlägt! Und unser Vater... Aber ich bin nicht länger sein Kind – ich habe keinen Freund mehr in der Welt! Oh, läge ich doch tot an der Seite meiner Mutter auf dem Kirchhof von Newbattle!»

«Ei, Mädchen», sagte Ratcliffe, der seine echte Anteilnahme zeigen wollte, «wer wird denn so niedergeschlagen sein; 's ist schon mancher mit einem blauen Auge davongekommen. Anwalt Langtale hat schon Leuten durchgeholfen, die viel tiefer in der Tinte saßen. Und für Aufschübe und Begnadigungen gibt's gar keinen besseren Sachwalter als Nichil Novit. Gehängt oder nicht gehängt – wer solche Anwälte und Sachwalter hat, ist gut dran –, er weiß wenigstens, daß alles mit rechten Dingen zugeht. Du bist noch dazu ein hübsches Mädchen – du mußt dein Haar nur ein bißchen besser aufstecken –, und ein hübsches Mädchen findet Gunst bei Richtern und Geschworenen, wo sie einen häßlichen alten Kerl wie mich um ein Stückchen Flohhaut und ein bißchen Lauseschmalz aufknüpfen würden – der Teufel hol sie!»

Diese gutgemeinte Trostrede blieb unbeantwortet; die Schwestern waren so in ihren Schmerz versunken, daß sie Ratcliffes Gegenwart völlig vergaßen.

«O Effie!» sagte ihre ältere Schwester. «Wie konntest du mir das verschweigen? Habe ich das um dich verdient, Mädchen? Hättest du mir nur ein Wort gesagt – Kummer und Schande hätten wir freilich genug gehabt, aber diese schreckliche Heimsuchung wäre uns erspart geblieben.»

«Und was hätte es geholfen?» antwortete die Gefangene. «Nein, nein, Jeanie, alles war aus, als ich vergaß, was ich gelobt hatte, als ich das Blatt in meiner Bibel einknickte. Sieh nur», sagte sie, indem sie das heilige Buch vorwies, «das Buch öffnet sich immer von selbst an der Stelle. Oh, sieh, Jeanie, was für ein furchtbarer Spruch!»

Jeanie nahm die Bibel ihrer Schwester und fand das verhängnisvolle Merkzeichen an der erschütternden Stelle des Buches Hiob: «Er hat meine Ehre mir ausgezogen und die Krone von meinem Haupt genommen. Er hat mich zerbrochen um und um und läßt mich gehen, und hat ausgerissen meine Hoffnung wie einen Baum.»

«Ist er nicht allzuwahr, dieser Spruch?» fragte die Gefangene. «Ist mir nicht meine Ehre, meine Krone, geraubt? Und was bin ich denn anderes als ein armer, verwelkter Baum, der mit den Wurzeln ausgerissen und auf die Heerstraße geworfen wird zum Verdorren und den Menschen und Tiere mit Füßen treten? – Ich dachte an den hübschen kleinen Dornbusch, den unser Vater im verwichenen Mai im Garten ausrodete, als er in der besten Blüte stand, und der dann im Hof lag, bis die Tiere ihn mit ihren Hufen zertreten hatten. Er tat mir so leid, der kleine grüne Busch mit seiner Blütenpracht. Damals dachte ich nicht, daß es mir ebenso ergehen würde.»

«Oh, hättest du nur ein Wort gesagt!» schluchzte Jeanie wieder. «Wenn ich nur schwören dürfte, daß du mir ein einziges Wort davon gesagt hättest, wie es mit dir stünde, so könnten sie dir jetzt nicht ans Leben.»

«Nicht?» sagte Effie mit erwachender Teilnahme; denn das Leben ist selbst denen teuer, die es als eine Last empfinden. «Wer sagte dir das, Jeanie?»

«Einer, der wohl wußte, was er sagte», erwiderte Jeanie, die es nicht über sich brachte, auch nur den Namen des Verführers ihrer Schwester zu nennen.

«Wer war's? Ich beschwöre dich, sag es mir!» drängte Effie und setzte sich aufrecht. «Wer kann Anteil nehmen an einem so verworfenen Geschöpf wie mir? War – war *er*'s?»

«Ei», mischte sich Ratcliffe ein, «warum laßt Ihr das arme Wurm so zappeln? Ich wette, das hat Euch Robertson gesteckt – damals bei Muschats Grabmal.»

«War er's?» fragte Effie, die gierig jedes seiner Worte auffing. «War er's wirklich, Jeanie? Oh, gewiß, er war's – der Arme –, und ich dachte schon, sein Herz wäre so hart wie ein Mühlstein. Und dabei ist er selbst in solcher Gefahr – armer George!»

Nach diesem Ausbruch zärtlicher Gefühle für den Urheber ihres Unglücks konnte sich Jeanie nicht enthalten, einigermaßen unwillig auszurufen: «O Effie, wie kannst du nur so von einem solchen Menschen sprechen!»

«Wir sollen ja unseren Feinden vergeben», erwiderte die arme Effie mit niedergeschlagenen Augen und leiser Stimme, denn ihr Gewissen sagte ihr, wie sehr verschieden das Gefühl, das sie noch immer für ihren Verführer hegte, von dem der christlichen Nächstenliebe war, womit sie es zu bemänteln suchte.

«Du hast all dies seinetwegen erlitten und kannst ihn noch lieben?» fragte ihre Schwester mit halb mitleidiger, halb tadelnder Stimme.

«Lieben?» antwortete Effie. «Wenn ich ihn nicht geliebt hätte, wie ein Weib selten liebt, wäre ich nicht in diesen Mauern; und glaubst du, solch eine Liebe wie die meine ließe sich leicht vergessen? – Nein, nein, man kann den Baum umhauen, doch nicht seinen Wuchs ändern. Und, o Jeanie, wenn du mir in diesem Augenblick etwas zuliebe tun willst, sage mir jedes Wort, das er sprach, und ob er betrübt war um die arme Effie oder nicht?»

«Was hilft's, darüber zu sprechen?» sagte Jeanie. «Auch

hatte er genug damit zu tun, sich selbst zu retten, um lang und breit über jemand anders zu schwatzen.»

«Das ist nicht wahr, Jeanie, und sagte es auch eine Heilige!» erwiderte Effie mit einem plötzlichen Auflodern ihrer früheren Heftigkeit. «Du weißt nicht wie ich, welcher Gefahr er sein Leben aussetzte, um meins zu retten.» Hier hielt sie mit einem Blick auf Ratcliffe inne und schwieg.

«Ich glaube gar», sagte Ratcliffe mit seinem gewöhnlichen spöttischen Lächeln, «das Mädchen bildet sich ein, daß kein anderer Augen im Kopf hat als sie. – Sah ich's nicht, wie der feine George noch andere Leute aus dem Gefängnis holen wollte – außer Jock Porteous? Aber du denkst wie ich: Besser sitzen und bereuen als flitzen und bereuen! – Guck mich nicht so verwundert an, Mädchen. Ich weiß noch ganz andere Dinge.»

«O mein Gott! Mein Gott!» rief Effie, indem sie aufsprang und sich vor ihm auf die Knie warf. «Wißt Ihr, wohin sie mein Kind gebracht haben? – O mein Kind! Mein Kind! Das arme, unschuldige, hilflose Würmchen – Bein von meinem Bein und Fleisch von meinem Fleisch! – O Mann, wenn Ihr Euch einen Anteil an der himmlischen Seligkeit erwerben wollt oder den Segen eines unglücklichen Geschöpfs hier auf Erden, sagt mir, wohin sie mein Kind gebracht haben – das Zeichen meiner Schande und den Teilhaber meiner Leiden! Sagt mir, wer es weggeschafft hat oder was sie mit ihm gemacht haben!»

«Donnerwetter», sagte der Schließer, indem er sich bemühte, sich aus ihrem Griff loszumachen, «das nenne ich mich beim Wort nehmen. Du willst mich wohl gleich vors Gericht schleppen – als Zeuge, was? – Kind, sagt sie? Wie, zum Teufel, soll ich was von deinem Kind wissen, du Hexe! Da mußt du die alte Meg Murdockson fragen – wenn du's nicht selbst am besten weißt.»

Seine Antwort machte die unbestimmte, wilde Hoffnung zunichte, die jäh in Effie erwacht war. Die unglückliche Gefangene ließ seinen Rock los und fiel in krampfhaften

Zuckungen mit dem Gesicht auf den steinernen Boden der Zelle.

Jeanie Deans besaß selbst im äußersten Ungemach ebensoviel Geistesgegenwart wie klaren Verstand. Sie ließ sich nicht von ihren eigenen schmerzlichen Gefühlen überwältigen, sondern bemühte sich augenblicks, ihrer Schwester mit allen Mitteln beizustehen, die in der Eile und unter diesen Umständen zu beschaffen waren, und Ratcliffe – diese Gerechtigkeit müssen wir ihm widerfahren lassen – unterstützte sie dabei mit Rat und Tat. Als sich Effie endlich wieder gefaßt und so weit erholt hatte, um das Gespräch mit ihrer Schwester fortsetzen zu können, war er sogar zartfühlend genug, sich in die entfernteste Ecke der Zelle zurückzuziehen, damit seine amtliche Gegenwart sie so wenig wie möglich störe.

Die Gefangene beschwor ihre Schwester noch einmal mit den eindringlichsten und rührendsten Worten, ihr alle Einzelheiten ihrer Unterredung mit Robertson zu erzählen, und Jeanie fühlte, daß es unmöglich sei, ihr die Erfüllung dieser Bitte zu verweigern.

«Weißt du wohl noch, Effie», sagte sie, «wie du im Fieber lagst, ehe wir Woodend verließen, und wie böse deine Mutter – die nun an einem besseren Ort ist – auf mich war, als ich dir Milch und Wasser zu trinken gab, weil du weinend danach verlangtest? Damals warst du ein Kind – jetzt bist du erwachsen und solltest es besser wissen und mich nicht um etwas bitten, was dir nur schaden kann. Aber mag's dir nun wohl oder weh tun, ich kann dir nichts abschlagen, worum du mich mit Tränen in den Augen bittest.»

Wieder warf Effie sich ihr in die Arme, küßte ihr Wangen und Stirn und flüsterte: «Oh, wenn du wüßtest, wie lange es her ist, seit ich seinen Namen nicht mehr nennen hörte! Wenn du nur wüßtest, wie gut es mir tut, etwas von ihm zu vernehmen, was wie Güte oder Zärtlichkeit aussieht, so würdest du dich nicht wundern, daß ich von ihm zu hören wünsche!»

Jeanie seufzte und begann zu erzählen, was alles zwischen Robertson und ihr vorgegangen war, wobei sie sich bemühte, so kurz wie möglich zu sein. Effie lauschte mit angehaltenem Atem, indes sie die Hand ihrer Schwester in der ihren hielt und sie unverwandt ansah, als ob sie jedes ihrer Worte verschlingen wollte. Die leisen Ausrufe «Armer Junge! Armer George!», die ihr zwischen einigen Seufzern entschlüpften, waren die einzigen Äußerungen, womit sie zuweilen die Erzählung unterbrach. Auch als diese beendet war, schwieg sie noch eine Weile.

«Und dies war sein Rat?» fragte sie endlich.

«Ja, wie ich's dir erzählt habe», erwiderte ihre Schwester.

«Und er forderte dich auf, jenen Leuten etwas zu sagen, was mein junges Leben retten kann?»

«Er forderte mich auf», antwortete Jeanie, «einen Meineid zu schwören.»

«Und du sagtest ihm», erwiderte Effie, «du wolltest nichts davon hören, mich vor dem Tod zu bewahren, den ich sterben muß – und bin noch nicht achtzehn Jahre alt?»

«Ich sagte ihm», versetzte Jeanie, die über die Wendung zitterte, welche die Gedanken ihrer Schwester zu nehmen schienen, «ich dürfe keine Unwahrheit beschwören.»

«Und was nennst du eine Unwahrheit?» rief Effie wieder mit einiger Heftigkeit. «Wie kannst du glauben, Schwester, eine Mutter würde oder könnte ihr eigenes Kind morden? – Morden? Ich hätte mein eigenes Leben dafür hingegeben, hätte ich nur einmal einen Blick von ihm erhaschen können!»

«Ich glaube», sagte Jeanie, «du bist an einer solchen Tat ebenso unschuldig wie das Neugeborene selbst.»

«Es freut mich, daß du mir diese Gerechtigkeit widerfahren läßt», sagte Effie stolz, «es ist oft der Fehler frommer Leute wie du, Jeanie, daß sie die ganze übrige Welt für so schlimm halten, wie sie bei größter Versuchung jemals werden kann.»

«Das verdiene ich nicht von dir, Effie», sagte ihre Schwester schluchzend, gekränkt über die Ungerechtigkeit des Vorwurfs und zugleich voller Mitleid mit dem Seelenzustand der Unglücklichen, der sie dazu hinriß.

«Vielleicht nicht, Schwester», sagte Effie. «Aber du bist ärgerlich, weil ich Robertson liebe. Wie sollte ich ihn denn nicht lieben, wo er mich mehr liebt als Leib und Seele? Hier wagte er sein Leben daran, das Gefängnis zu stürmen und mich zu befreien, und das weiß ich, stünde es bei ihm, wie's bei dir steht...» Hier hielt sie inne und schwieg.

«Oh, wenn es bei mir stünde, dich mit Gefahr *meines* Lebens zu retten!» sagte Jeanie.

«Ach, Mädchen», erwiderte ihre Schwester, «das ist leicht gesagt – aber wer glaubt dir's, wenn du nicht einmal ein Wort für mich wagen willst. Und wenn es ein unrechtes Wort ist, so hast du ja Zeit genug, es zu bereuen.»

«Allein das Wort ist eine schwere Sünde – und eine Todsünde, wenn sie freiwillig und vorsätzlich begangen wird.»

«Gut, gut, Jeanie», sagte Effie, «ich weiß alles, was der Pfarrer darüber sagt – wir wollen nicht mehr davon reden. Du kannst deinen Atem sparen, den Katechismus herzubeten, und ich – ich werde bald keinen Atem mehr haben, um ihn an jemanden zu verschwenden.»

«Ich muß aber auch sagen», fiel Ratcliffe ein, «das ist verdammt hart, wenn drei Worte aus Eurem Mund genügen würden, damit das Mädchen dem Meister Stelzfuß 'ne Nase dreht, daß Ihr soviel Wesens darum macht. Gott straf mich, wenn sie mich aufforderten, was für Zeugs würde ich nicht alles zusammenschwören – Ysops Fabeln, was weiß ich –, um ihr Leben zu retten; ich habe es, verdammt, für weniger getan. Ei, ich habe allein in England wohl fünfzigmal Kalbleder geschmeckt* – bloß für ein Fäßchen Branntwein!»

«Laßt es gut sein», sagte die Gefangene, «nichts mehr davon. Leb wohl, Schwester, du hältst Mr. Ratcliffe auf. – Du wirst doch wiederkommen, nicht wahr, und mich noch ein-

* die Bibel geküßt.

mal sehen, bevor…» Hier verstummte sie und wurde totenbleich.

«Sollen wir so scheiden», fragte Jeanie, «soll ich dich in dieser tödlichen Gefahr lassen? O Effie, sieh mich nur an und sag, was du von mir verlangst. Ich will von Herzen gern alles tun, was du willst.»

«Nein, Jeanie», erwiderte ihre Schwester, sich bezwingend, «ich bin jetzt zu besserer Einsicht gekommen. Auch in meinen besten Stunden war ich nie halb so gut wie du, und warum solltest du anfangen, schlechter zu werden, um mich zu retten, jetzt, da ich der Rettung nicht mehr wert bin? Gott weiß, wenn ich ruhigen Sinnes bin, möchte ich nicht, daß jemand etwas Unrechtes tue, um mein Leben zu retten. Ich hätte in jener schrecklichen Nacht hier aus dem Gefängnis fliehen können – *einer* wäre mir überall in der Welt zur Seite gewesen und hätte für mich gesorgt und mich beschützt. Allein ich antwortete ihm: ‹Mögen sie das Leben nehmen, da der gute Ruf verloren ist.› Diese lange Gefangenschaft jedoch hat mich kleinmütig gemacht, und ich bin zuweilen so verzweifelt, daß ich alle Gold- und Diamantengruben Indiens nur für Leben und Atem hingeben würde. – Ach, Jeanie, ich glaube, dann phantasiere ich wieder wie damals im Fieber, aber anstatt der feurigen Augen der Wölfe und Witwe Butlers Bullenbeißer, die damals um mein Bett tanzten, sehe ich nun ein hohes schwarzes Gerüst und mich darauf stehen und ein Meer von Gesichtern um mich her, die alle auf die arme Effie Deans starren und fragen, ob sie es ist, die George Robertson die Lilie von St. Leonard's zu nennen pflegte. Und dann schneiden sie Grimassen und fletschen die Zähne, und wohin ich blicke, sehe ich ein grinsendes Gesicht wie das der alten Murdockson, als sie mir sagte, ich hätte mein Kind zum letztenmal gesehen. Gott schütze uns, Jeanie, das alte Weib hat ein furchtbares Gesicht.» Dabei drückte sie ihre Hände vor die Augen, als wolle sie sich vor einem Anblick wie dem beschriebenen schützen.

Jeanie Deans blieb zwei Stunden bei ihrer Schwester,

während welcher Zeit sie sich bemühte, etwas von ihr zu erfahren, was zu ihrer Rechtfertigung dienen könne. Allein, Effie hatte nichts zu entdecken, als was sie schon bei ihrem ersten Verhör ausgesagt hatte (und womit der Leser bei gelegener Zeit und am gehörigen Ort bekannt gemacht werden soll). – Sie glaubten ihr ja doch nicht, sagte sie, und weiter hätte sie ihnen nichts mehr zu sagen.

Endlich erklärte Ratcliffe, wiewohl zögernd, die Schwestern müßten sich nun trennen.

«Mr. Novit», sagte er, «will die Gefangene sprechen und vielleicht auch Mr. Langtale. Langtale sieht gern ein hübsches Mädchen, ob inner- oder außerhalb eines Gefängnisses.»

Nach mancher Träne und mancher Umarmung verließ Jeanie schließlich zaudernden Schritts die Zelle und hörte hinter sich das Klirren der Riegel, die sie von ihrer geliebten Schwester schieden. Einigermaßen ausgesöhnt mit ihrem rauhen Führer bot sie ihm etwas Geld an und bat ihn, er möge, so gut er könne, für ihre Schwester Sorge tragen. Zu ihrer Überraschung jedoch schlug Ratcliffe die Gabe aus.

«Ich war nicht blutdürstig, als ich noch auf den Straßen war», sagte er, «und werde jetzt nicht habgierig sein – das heißt, nicht mehr, als recht und billig ist –, wenn ich in der Tür bin. Behaltet Euer bißchen Geld, es soll Eurer Schwester auch so an nichts fehlen, was ich ihr verschaffen kann. Ich hoffe aber, Ihr besinnt Euch noch und schwört den Eid. Was ist denn schon groß dabei, wenn Ihr das Gericht ein bißchen anschmiert. Ich kannte mal einen würdigen Geistlichen, ein so wackerer Kerl, wie nur je einer auf der Kanzel stand – bis auf den Streich, deswegen sie ihn später davonjagten –, der konnte Euch schwören, daß man glaubte, es ginge um ein ganzes Oxhoft Kautabak, derweil war's bloß ein Endchen Priem. – Aber vielleicht fällt Euch ein anderer Pfiff ein? Gut, gut, das macht nichts! Was Eure Schwester angeht, so will ich schon darauf achten, daß sie ihr warmes Essen bekommt, und werde ihr zureden, daß sie sich hinterher ein bißchen hinlegt und schläft, denn sie tut nachts kein Auge zu. Ich kenne mich in so was aus. Die erste Nacht ist immer die schlimmste. Ich hab noch nie gehört, daß einer die Nacht vor der Gerichtsverhandlung geschlafen hätte; aber ich kannte manch einen, der die Nacht vor der Hinrichtung wie ein Klotz schlief. Das ist kein Wunder. Das Schlimmste läßt sich ertragen, wenn man's kennt. Besser, der Finger ist ganz ab, als daß er immerfort wackelt.»

21. Kapitel

Und schleppt man auch mit Hohn und Spott
dich hin zu jenem Schandgerüst,
so fehlt dir nicht ein treuer Freund,
der deiner Schmach Gefährte ist.

Jemmy Dawson

Nachdem David Deans den grössten Teil des Morgens im Gebet verbracht hatte (denn seine wohlwollenden Nachbarn hatten es sich nicht nehmen lassen, heute an seiner Statt sein gewöhnliches Tagewerk zu verrichten), betrat er das Zimmer, wo das Frühstück bereitstand. Er schlug unwillkürlich die Augen nieder, denn er scheute sich, Jeanie anzusehen, da er noch immer nicht wußte, ob ihr Gewissen ihr erlauben würde, vor Gericht zu erscheinen und ein – wie er glaubte – entlastendes Zeugnis für ihre Schwester abzulegen. Endlich, nach einem Augenblick ängstlichen Zögerns, sah er auf, um an der Art ihrer Kleidung zu entdecken, ob sie im Sinn habe, diesen Morgen auszugehen. Ihr Anzug war schlicht und sauber, doch so, daß man daraus nicht auf ihre Absicht schließen konnte. Sie hatte ihr gewöhnliches morgendliches Arbeitsgewand gegen ein anderes und besseres vertauscht, das jedoch nicht ganz so gut war wie ihr bestes, das sie meistens trug, wenn sie zur Kirche oder, was freilich selten geschah, zu Besuch ging. Ihr Verstand sagte ihr, daß es sich gezieme, bei einem solchen Anlaß anständig gekleidet zu sein; allein ihr Zartgefühl hielt sie davon ab, Gebrauch von den paar einfachen Schmuckstücken zu machen, die sie sich bei anderen Gelegenheiten wohl zu tragen erlaubte. So war nichts in ihrer äußeren Erscheinung, woraus ihr Vater mit einiger Sicherheit auf ihr Vorhaben schließen konnte.

Ihr bescheidenes Mahl war an diesem Morgen vergeblich bereitet. Vater und Tochter gaben sich jeder den Anschein zu essen, wenn sie des anderen Blick auf sich gerichtet fühlten, standen aber sogleich mit Ekel von dem Versuch ab, wenn der liebevolle Trug nicht länger nötig schien.

Endlich waren diese Augenblicke des Zwangs vorüber. Die Glocke von St. Giles kündigte mit dumpfhallendem Schlag die letzte Stunde vor dem Beginn der Gerichtssitzung an; Jeanie stand auf, und mit einer Gefaßtheit, über die sie sich selbst keine Rechenschaft ablegen konnte, nahm sie ihr Manteltuch und bereitete sich auf einen langen Weg vor. Einen seltsamen Gegensatz zu der ruhigen Sicherheit ihres Betragens bildete die schwankende Unentschlossenheit, die sich im ganzen Gehaben ihres Vaters zeigte; wer die beiden nicht kannte, wäre kaum auf den Gedanken gekommen, jene sei im gewöhnlichen Leben ein artiges, sanftes, stilles und selbst schüchternes Landmädchen und ihr Vater ein stolzer und strenger, von religiösen Überzeugungen durchdrungener Mann mit einem stoisch harten und unbeugsamen Charakter, der zu seiner Zeit den größten Gefahren getrotzt und das schwerste Ungemach auf sich genommen hatte, ohne in seiner Gesinnung oder in seiner Standhaftigkeit erschüttert zu werden. Das Geheimnis dieses verschiedenen Betragens war, daß sich Jeanie vorher genau überlegt hatte, wie sie sich zu verhalten habe und was daraus notwendig erfolgen würde und mußte; während ihr Vater, der von allen näheren Umständen nichts wußte, nur von dem einen Gedanken gequält wurde, was wohl die eine Schwester aussagen und beschwören würde und welche Wirkung ihr Zeugnis auf den Ausgang der Verhandlung haben könnte.

Ängstlich und unsicher beobachtete er seine Tochter, bis

sie im Augenblick, wo sie das Zimmer verlassen wollte, einen Blick voll unaussprechlichen Schmerzes nach ihm zurückwarf.

«Mein teures Kind», sagte er, «ich will...» Das hastige und verwirrte Suchen nach seinen wollenen Handschuhen und seinem Stock zeigte an, was seine stammelnde Zunge nicht deutlich aussprechen konnte – daß er die Absicht hatte, sie zu begleiten.

«Vater», erwiderte Jeanie mehr auf seine Gebärden als seine Worte, «es wäre besser, du tätest es nicht.»

«Mit Gottes Hilfe», antwortete Deans mit fester Stimme, «will ich den Weg antreten.»

Und den Arm seiner Tochter unter den seinigen nehmend, ging er so eilig mit ihr zur Tür hinaus, daß es ihr schwerfiel, gleichen Schritt mit ihm zu halten. Ein geringfügiger Umstand, der jedoch zeigte, wie verstört er war, hemmte seinen Lauf.

«Deine Mütze, Vater?» fragte Jeanie, da sie bemerkte, daß seine grauen Haare unbedeckt waren. Mit einem leichten Erröten, als schäme er sich seiner Vergeßlichkeit, die soviel von seiner inneren Verwirrung verriet, kehrte er um, nahm seine große blaue schottische Mütze, schob den Arm seiner Tochter wieder unter den seinigen und trat gefaßter und mit ruhigerem Schritt – als habe ihn das kleine Vorkommnis gezwungen, seine zerstreuten Gedanken zu sammeln und seine ganze Willenskraft aufzubieten – den Weg nach Edinburgh an.

Das Gericht befand sich damals und befindet sich noch heute auf dem Parliament Square in dem Gebäude, das ursprünglich zum Gebrauch der schottischen Stände bestimmt war. Dieses Gebäude, obwohl in einem unvollkommenen und verdorbenen Baustil errichtet, hatte damals ein ernstes, würdiges, sozusagen ehrfurchtgebietendes Aussehen, das nicht zuletzt von seiner Altertümlichkeit herrühren mochte. An Stelle dieses altehrwürdigen Bauwerks hat man, wie ich gelegentlich meines letzten Besuchs in der

Hauptstadt bemerkte, mit großem Aufwand ein Prunkgebäude in modernem Geschmack errichtet, das so plump und zugleich so verschroben ist und so wenig zu all den anderen altertümlichen Bauwerken ringsum paßt, daß es nur mit Tom Errand, dem Packträger in der *Reise zum Jubelfest* verglichen werden kann, wo er mit dem Flitterstaat von Beau Clincher geputzt erscheint. Sed transeat cum coeteris erroribus.

Auf dem kleinen viereckigen Platz oder «Close», wenn wir ihm noch den alten oder vielmehr veralteten Namen geben wollen, damit man in Litchfield, Salisbury und anderswo ursprünglich den umhegten Bezirk um eine Kathedrale bezeichnete, deuteten schon mancherlei Anzeichen auf das verhängnisvolle Schauspiel hin, das an diesem Tag hier vor sich gehen sollte. Die Stadtsoldaten waren bereits auf ihren Posten, ertrugen geduldig oder wehrten roh mit den Kolben ihrer Musketen dem Andrang der bunten Menge, die sich vorwärts schob und stieß, um die Unglückliche zu sehen, wenn man sie vom benachbarten Gefängnis zum Gericht führen würde, wo über ihr Schicksal entschieden werden sollte. – Gewiß hat jeder meiner Leser schon einmal Gelegenheit gehabt, mit Abscheu die Gefühllosigkeit zu bemerken, womit der Pöbel derartige Schauspiele betrachtet, und wie selten – wenn seine Anteilnahme nicht durch einen außerordentlichen, ergreifenden Umstand geweckt wird – er dabei ein tieferes Empfinden zeigt als das der bloßen gedankenlosen Neugier und einer rohen Lust am Lärm. Er lacht, scherzt, streitet und stößt sich mit derselben Gleichgültigkeit und Unbekümmertheit, als ob er zu irgendeinem Feiertagsvergnügen versammelt wäre oder um einen Festzug zu begaffen. Gelegentlich jedoch zeigt sich in diesem gewöhnlichen Treiben des entarteten Großstadtpöbels eine flüchtige Spur menschlichen Fühlens – und so geschah es auch in diesem Fall.

Als Deans und seine Tochter auf dem Platz erschienen und der Tür des Gerichtshauses zustrebten, gerieten sie in den Volkshaufen und sahen sich infolgedessen auch seinem frechen Übermut ausgesetzt. Da Deans mit einiger Gewalt die rohen Stöße abwehrte, die er von allen Seiten empfing, erregten seine Gestalt und seine altmodische Kleidung die Aufmerksamkeit des Pöbels, der oft mit natürlichem Scharfsinn das innere Wesen eines Menschen aus seiner äußeren Erscheinung errät.

«Willkommen, Whig
von der Bothwellbrück'!»

grölte ein Kerl (denn der Pöbel von Edinburgh war zu jener Zeit jakobitisch gesinnt, vermutlich, weil diese Gesinnung der der bestehenden Obrigkeit am meisten entgegengesetzt war).

«David Williamson, der Priester
– ihn aus zwanzig wählten sie –,
rannte spornstreichs auf die Kanzel,
krähte dort Killiecrankie!»

sang eine Sirene, deren Gewerbe aus ihrer Erscheinung zu errraten war. Ein zerlumpter «Kaddie» oder Lastträger, den Deans bei seinem Versuch, aus der Nähe dieser Spötter zu gelangen, etwas unsanft beiseite geschoben hatte, schrie in seiner stark nördlich gefärbten Mundart: «Der Teufel hole deine Cameronianer-Augen – was hast du für ein Recht, anständige Leute zu puffen?»

«Platz gemacht für einen Alderman der Kirche», spottete ein anderer, «er kommt, um zu sehen, wie auf dem Grassmarket eine fromme Schwester Gott preist!»

«Still, schämt euch, Leute!» rief jemand mit lauter Stimme, ließ sie jedoch sogleich sinken und sagte leise, aber deutlich vernehmbar: «Es sind ihr Vater und ihre Schwester.»

Alle wichen zurück, um die Dulder durchzulassen; und

alle, selbst die rohesten und verworfensten, waren beschämt und schwiegen. In dem so frei gewordenen Platz stand Deans, seine Tochter an der Hand, und sagte ihr mit einem Gesicht, aus dem seine heftige innere Erregung sprach:

«Du hörst nun mit deinen Ohren und siehst mit deinen Augen, wem die Gebrechen und Fehltritte der Gläubigen von den Spöttern zugeschrieben werden. Nicht ihnen allein, sondern der Kirche, deren Mitglieder sie sind, und ihrem heiligen, unsichtbaren Oberhaupt. So laß uns denn unseren Anteil an dieser Schmähung mit Geduld und Ergebung tragen.»

Der Mann, der gesprochen hatte – es war kein anderer als unser alter Freund Dumbiedikes, dem nur der dringende Notfall den Mund geöffnet hatte wie seinerzeit dem Esel des Propheten –, trat nun auf sie zu und begleitete sie mit seiner gewohnten Schweigsamkeit in das Gerichtsgebäude. Der Eintritt wurde ihnen nicht verwehrt, weder von den Stadtsoldaten noch den Türhütern; man sagt sogar, einer von diesen habe einen Shilling Trinkgeld zurückgewiesen, den ihm der Laird von Dumbiedikes reichen wollte, in der Meinung, «Geld würde alles leichter machen». Doch ermangelt dieser Vorfall der Bestätigung.

Im Gerichtshaus fanden die Eingelassenen die übliche Anzahl geschäftiger Beamter und herumlungernder Müßiggänger, die aus Pflicht oder Langeweile solchen Schauspielen beiwohnen. Bürger gafften und gähnten; junge Rechtsgelehrte schlenderten umher, grinsten und lachten wie im Parkett des Theaters, während andere abseits auf einer Bank saßen und eifrig, inter apices juris, die Hauptpunkte des vorliegenden Falles und die darauf anzuwendenden Vorschriften besprachen. Die Richterbank wurde für die Ankunft der Richter vorbereitet. Die Geschworenen waren bereits anwesend. Die Kronanwälte blätterten in ihren Akten, machten ernste Gesichter und flüsterten miteinander. Sie nahmen die eine Seite eines langen Tischs vor der etwas erhöhten Richterbank ein, an der anderen saßen die Verteidiger, die das schottische Gesetz (hierin großzügiger als das des Schwesterlandes) dem Angeklagten nicht nur gestattet, sondern sogar bestellt, damit sie ihnen mit ihrer Geschicklichkeit und ihrem Rat zur Seite stehen. Mr. Nichil Novit sah man eifrig mit dem Anwalt für den panel (so wird der Gefangene in der schottischen Rechtssprache genannt) verhandeln – er tat außerordentlich geschäftig und wichtig.

«Wo wird sie sitzen?» fragte Deans den Laird mit leiser, zitternder Stimme, als sie den Saal betraten.

Dumbiedikes flüsterte mit Novit; dieser deutete auf eine leere Bank vor der Schranke, gegenüber den Richtern, und schickte sich an, Deans dorthin zu führen.

«Nein!» sagte dieser. «Ich kann nicht neben ihr sitzen! Ich kann sie nicht als mein Kind anerkennen – wenigstens jetzt noch nicht! Sie soll mich nicht sehen, und ich will meine Augen von ihr abwenden – es ist besser für uns beide.»

Saddletree, der von den Anwälten wegen wiederholter Einmischung einige Male unwillig abgewiesen worden war, zuletzt mit dem freundlichen Ersuchen, er möge sich gefälligst mit seinen eigenen Angelegenheiten befassen, sah jetzt mit Vergnügen eine Gelegenheit, eine Rolle zu spielen. Geschäftig und wichtig trat er auf den armen alten Mann zu und verschaffte ihm auch wirklich durch seinen Einfluß bei den Gerichtsdienern einen Sitz, wo er den Augen der Versammlung durch eine vorspringende Ecke der Richterbank verborgen war.

«Es ist gut, einen Freund hier zu haben», fuhr er fort, seine herzlosen Reden an den geduldigen Hörer zu halten, der weder darauf achtete noch erwiderte, «wenig andere hätten Euch zu einem solchen Platz verhelfen können. – Die Herren werden gleich kommen und instanter zur Verhandlung schreiten. Der Gerichtshof ist nicht eingefriedigt wie der Gerichtsbezirk, der Hohe Gerichtshof dagegen ist wieder eingefriedigt. – Aber um Himmels willen, was ist denn das? Jeanie, Ihr seid doch als Zeugin geladen! – Gerichtsdiener, dies Mädchen ist eine Zeugin! Sie muß entfernt werden, sie darf auf keinen Fall hierbleiben! – Mr. Novit, muß Jeanie Deans nicht abgesondert werden?»

Mr. Novit bejahte es und erbot sich, Jeanie in das Zimmer zu führen, wo die Zeugen nach dem gewissenhaften Brauch des schottischen Gerichts warten müssen, bis sie aufgerufen werden, um ihr Zeugnis abzulegen; zu diesem Zimmer hat niemand Zutritt, der ihr Zeugnis beeinflussen oder sie über das, was in der Verhandlung vor sich geht, unterrichten könnte.

«Ist das nötig?» fragte Jeanie, die zögerte, ihres Vaters Hand loszulassen.

«Eine Angelegenheit von allerhöchstem Notstand», sagte Saddletree. «Wer hörte jemals von nicht abgesonderten Zeugen?»

«Es ist wirklich eine Notwendigkeit», sagte der jüngere der Anwälte ihrer Schwester, und Jeanie folgte zögernd dem Gerichtsdiener an den bezeichneten Ort.

«Dies, Mr. Deans», erläuterte Saddletree, «wird das Absondern oder Sequestrieren eines Zeugen genannt; aber – ich sage Euch das, weil Ihr vielleicht nicht von selbst darauf kämt – es ist ganz verschieden von der Sequestrierung der Habe oder des Vermögens bei einem Bankrott. Ich bin oft als Zeuge sequestriert worden, denn der Sheriff pflegt mich zuweilen zu den Verhören bei Voruntersuchungen als Zeuge hinzuzuziehen – ebenso Mr. Sharpitlaw; aber Güter oder Land sind mir niemals sequestriert worden – ausgenommen einmal, doch das ist lange her, ehe ich verheiratet war. Aber still, still! Hier kommt der Gerichtshof.»

Während er noch sprach, traten die fünf Gerichtsherren, denen Gerichtsdiener vorangingen, in ihren langen weißverbrämten Scharlachroben mit den üblichen Förmlichkeiten ein und nahmen auf der Richterbank Platz.

Alle Anwesenden erhoben sich, um sie zu begrüßen; kaum jedoch hatte sich das Geräusch gelegt, das ihr Eintritt verursacht hatte, als sich ein neuer größerer Lärm erhob, und das Gedränge von Menschen, die sich gewaltsam bemühten, durch die engen Türen in den Gerichtssaal ein- und auf die Galerien vorzudringen, verkündete, daß man die Gefangene brachte, um sie vor die Schranke zu stellen. Dieser Tumult entsteht, wenn der Eintritt, der zuerst nur solchen Personen gestattet ist, die von Amts wegen das Recht haben, anwesend zu sein, oder von Stand sind, zuletzt auch all denen freigegeben wird, die bloße Neugier dazu treibt, dem Schauspiel beizuwohnen. Mit entflammten Gesichtern und zerzausten Kleidern, miteinander kämpfend und zuweilen übereinander stolpernd, stürzte die rohe Menge herein, während ein paar Soldaten, die sozusagen den Mittelpunkt der Flut bildeten, trotz aller Anstrengung der Gefangenen kaum einen Weg zu dem Platz bahnen konnten, den sie einzunehmen hatte. Durch das Ansehen des Gerichtshofes und die Bemühungen der Gerichtsdiener wurde der Tumult unter den Zuschauern endlich beschwichtigt, das unglückliche Mädchen hereingeführt und als Gefangene zwischen zwei Schildwachen mit aufgepflanzten Bajonetten vor die Schranke gesetzt, wo sie je nach dem Ausgang der Verhandlung ihr Urteil über Leben oder Tod empfangen sollte.

22. Kapitel

Hier gilt ein scharf Gesetz, ein starres Recht,
Als Kappzaum und Gebiß halsstarr'gen Pferden,
Das wir seit vierzehn Jahren ließen schlafen
Gleich einem alten Löwen in der Höhle,
Der nicht mehr raubt.

Maß für Maß

Euphemia Deans», begann der Gerichtsvorsitzende in einem Ton, worin sich Mitleid mit Würde mischte, «steht auf und hört, wessen Ihr angeklagt seid!»

Das unglückliche Mädchen, noch betäubt von dem Gedränge, durch das die Wachen einen Durchgang erzwungen hatten, warf einen scheuen Blick auf die zahllosen Gesichter, die von der Decke bis zum Fußboden die Wände sozusagen mit einem großen und breiten Teppich menschlicher Antlitze verkleideten, und gehorchte halb bewußtlos einem Befehl, der ihr wie die Posaune des Jüngsten Gerichts in den Ohren klang.

«Streich dein Haar zurück, Effie», sagte einer der Gerichtsdiener; denn die schönen und reichen Flechten ihres langen blonden Haars, die unverheiratete weibliche Personen nach dem Landesbrauch nicht mit einer Haube bedecken durften und die Effie – ach! – nicht mehr unter das Netz oder Band zu schlingen wagte, das jungfräuliche Reinheit bedeutete, hingen nun aufgelöst und zerzaust über ihr Gesicht und verbargen fast ganz ihre Züge. Auf den Wink des Wächters hin strich das unglückliche junge Weib, augenscheinlich in mechanischem Gehorsam, hastig und zitternd ihre üppigen Locken zurück und zeigte den Anwesenden – nur einem nicht – ein Antlitz, das, obgleich bleich und verhärmt, trotz seiner Angst so lieblich war, daß sich ein allgemeines Gemurmel der Anteilnahme und des Mitleids erhob. Diese Äußerung menschlichen Mitgefühls schien das arme Mädchen von der lähmenden Furcht zu befreien, die zuerst über jede andere Empfindung vorgeherrscht hatte, und sie zu dem nicht minder schmerzlichen Bewußtsein der Scham über die gegenwärtige Bloßstellung ihrer Schande zu wecken. Ihr Auge, das noch eben unstet umhergeblickt hatte, senkte sich zu Boden; ihre Wange, erst so totenblaß, begann sich allmählich mit einer schwachen Röte zu überziehen, die so schnell zunahm, daß, als sie in tödlicher Scham ihr Gesicht mit den Händen zu verbergen strebte, Stirn, Schläfen, Hals und alles, was ihre kleinen Handflächen und zarten Finger nicht bedecken konnten, im tiefsten Purpur erglühten.

Alle sahen diese Änderung ihres Empfindens und wurden davon bewegt – wiederum nur einer nicht. Das war der alte Deans, der, ohne sich zu rühren, auf seinem Platz hinter der Ecke der Richterbank saß, wo er, wie bereits bemerkt, weder gesehen werden noch selbst etwas sehen konnte, nichtsdestoweniger seine Augen fest auf den Boden heftete, als wolle er jeder Möglichkeit ausweichen, Augenzeuge der Schande seines Hauses zu werden.

Ikabod – sprach er zu sich selbst –, Ikabod! Meine Herrlichkeit ist dahin!

Während ihm dieser Gedanke durch den Kopf ging, wurde die Anklage, die in aller Form auseinandersetzte, welches Verbrechens die Angeklagte beschuldigt wurde, wie üblich verlesen und die Gefangene gefragt, ob sie *schuldig* oder *nicht schuldig* wäre.

«Nicht schuldig am Tod meines armen Kindes», sagte Effie Deans in einem klagenden Ton, dessen Sanftheit der Lieblichkeit ihrer Züge entsprach und den die Versammlung nicht ohne Bewegung hörte.

Der Vorsitzende forderte danach die Anwälte auf, den Zuständigkeitsbeweis zu führen: das heißt die juristischen Begründungen und beweiskräftigen Tatsachen gegen und für den Angeklagten vorzubringen; worauf es dem Gericht obliegt, einen vorläufigen Beschluß zu fassen, ob es die Sache vor das Schwurgericht bringen will oder nicht.

Der Staatsanwalt legte kurz dar, daß die Häufigkeit des Verbrechens Anlaß zu dem besonderen Gesetz gegen den Kindsmord gegeben habe, dessen die Angeklagte beschuldigt werde. Er erwähnte verschiedene Fälle – darunter einige sehr brutale –, die schließlich den Kronanwalt, obwohl nur sehr zögernd, dazu bewogen hätten, den Versuch zu machen, ob durch eine strenge Anwendung der Parlamentsakte, die eigens dazu erlassen worden war, solche Scheußlichkeiten zu verhindern, sie nicht tatsächlich verhindert werden könnten. Er glaube – sagte er –, sowohl durch Aussage von Zeugen wie durch die Erklärung der Angeklagten erhärten zu können, daß sie in dem von dem Gesetz bezeichneten Fall sei. Nach seinen Ermittlungen habe die Angeklagte zu keinem Menschen etwas von ihrer Schwangerschaft verlauten lassen. Auch in ihrer eigenen Aussage bekunde sie nicht, daß sie es getan habe. Diese Heimlichkeit sei das erste Erfordernis zur Erhebung der Anklage. Die Angeklagte räume in der nämlichen Erklärung ein, daß sie ein männliches Kind geboren habe, und zwar unter Umständen, welche die Annahme nur allzu gerechtfertigt erscheinen ließen, daß es von der unseligen Mutter mit eigenen Händen oder zum mindesten mit ihrem Willen oder Wissen umgebracht worden sei. Er sei jedoch nicht gehalten, positive Beweise dafür zu erbringen, daß die Angeklagte des Mordes schuldig sei, nicht einmal zu beweisen, daß das Kind überhaupt ermordet worden wäre. Es genüge, um den Tatbestand zu erfüllen, daß es nicht aufgefunden werden könne. Gemäß den strengen, aber notwendigen Bestimmungen des Gesetzes müsse schon diejenige Person, welche ihre Schwangerschaft verhehle, welche es unterließe, den Beistand in Anspruch zu nehmen, der bei solcher Gelegenheit erforderlich sei, für schuldig gehalten werden, auf den Tod ihres Kindes gesonnen zu haben, da er gleichsam die notwendige Folge ihrer unnatürlichen und schuldhaften Verhehlung sei. Und wenn sie unter solchen Umständen nicht den Beweis erbringen könne, daß ihr Kind entweder eines natürlichen Todes gestorben oder noch am Leben sei, so müsse sie nach dem Wortlaut des Gesetzes für schuldig erkannt werden, es ermordet zu haben, und demgemäß den Tod erleiden.

Der Anwalt der Angeklagten, Mr. Fairbrother, ein Mann, der in seinem Fach einen beträchtlichen Ruf besaß, ließ sich nicht darauf ein, die Gründe des Staatsanwalts unmittelbar zu bestreiten. Er begann damit, zu beklagen, daß sein älterer Kollege, Mr. Langtale, plötzlich in die Grafschaft abberufen worden sei, wo er Sheriff wäre, und daß man deshalb ihn – und zwar kurzfristig – darum ersucht habe, an Stelle seines berufeneren Kollegen der Angeklagten seinen Beistand in diesem interessanten Fall angedeihen zu lassen. Er habe wenig Zeit gehabt – sagte er –, sich durch ein gründliches und sorgfältiges Aktenstudium darauf vorzubereiten, um so seine Unterlegenheit einigermaßen wettzumachen; er fürchte daher, er werde eine Probe seiner Unfähigkeit geben, indem er gezwungen sei, einzuräumen, daß die Anklageerhebung allerdings nach dem Statut zu Recht erfolgt sei. Es genüge – bemerkte er –, wenn die Herren Richter wüßten, daß jenes Gesetz so laute; und er gebe zu, daß der Staatsanwalt mit Recht die Anerkennung seines Zuständigkeitsbeweises erwarte. Aber er glaube, bei der zu führenden Verteidigung Umstände vorbringen zu können, welche die Anklage in befriedigender Weise entkräften könnten. Die Geschichte seiner Klientin sei kurz, aber traurig: Sie sei in den strengsten Grundsätzen der Religion und Tugend erzogen worden, die Tochter eines frommen Biedermannes, der in den Zeiten der Drangsal die Kraft und den Mut besessen habe, um seines Gewissens willen für die Sache des Glaubens zu leiden.

David Deans fuhr krampfhaft in die Höhe, als er so sich selbst erwähnen hörte; dann nahm er wieder die Stellung ein, in welcher er bisher, das Gesicht in die Hände vergraben und beide Arme auf die Ecke der erhöhten Bank gestützt, auf welcher die Richter saßen, dem Gang der Verhandlung gelauscht hatte. Die Whigs unter den Richtern schienen interessiert, die Tories verzogen verächtlich die Mundwinkel.

«Wie auch immer unsere Ansichten auseinandergehen mögen», fuhr der Anwalt fort, dessen Aufgabe es war, wenn möglich seine ganze Hörerschaft mit sich fortzureißen, «über die eigentümlichen Anschauungen und Meinungen dieser Leute –» hier seufzte Deans tief – «so kann man ihnen unmöglich das Lob versagen, gesunde und sogar strenge Moralbegriffe zu haben, oder ihnen das Verdienst bestreiten, daß sie ihre Kinder in der Furcht Gottes erziehen.» Und doch sei es die Tochter eines solchen Mannes, welche man jetzt vor das Geschworenengericht stellen wolle, um sie trotz mangelnder Beweise und auf bloße Vermutungen hin wegen eines Verbrechens zu verurteilen, das eigentlich mehr in ein heidnisches, barbarisches als ein christliches, zivilisiertes Land passe. Es sei wahr – fügte er hinzu –, daß die ausgezeichnete Erziehung und die frühzeitige Unterweisung, die das arme Mädchen, seine Klientin, erhalten habe, nicht genügt hätten, sie vor Schuld und Verfehlung zu bewahren. Sie sei das Opfer einer unbesonnenen Neigung zu einem jungen Mann von einnehmenden Sitten – soweit er unterrichtet sei –, aber eines sehr gefährlichen und rücksichtslosen Charakters geworden. Er habe ihr die Ehe versprochen und sie verführt, wobei der Bursche vielleicht das Eheversprechen gehalten und so ihre Ehre wiederhergestellt hätte, wäre er nicht zu jener Zeit vom Gesetz zur Verantwortung gezogen worden, nämlich, um ein Verbrechen zu sühnen, das an sich schon gewalttätig und verwegen gewesen sei, doch nur das Vorspiel zu einem anderen Ereignis gebildet habe, wovon jeder Schritt durch Blut und Schuld gekennzeichnet und dessen Ende noch lange nicht gekommen sei. Er glaube, daß keiner ihn ohne Überraschung hören würde, wenn er feststelle, der Vater des jetzt vermißten und von dem verehrlichen Herrn Ankläger als ermordet betrachteten Kindes sei kein anderer als der berüchtigte George Robertson, der Spießgeselle Wilsons, der Held der denkwürdigen Flucht aus der Tolbooth-Kirche und – wie niemand besser wisse als sein geschätzter Kollege, der Herr Staatsanwalt – der Hauptträdelsführer der Porteous-Verschwörung.

«Es tut mir leid, einen Anwalt in solch einem Fall wie dem vorliegenden unterbrechen zu müssen», sagte der Vorsitzende, «aber ich muß den geschätzten Kollegen daran erinnern, daß er nicht zur Sache spricht.»

Der Anwalt verneigte sich und fuhr fort, daß er es nur für notwendig erachtet habe, den Namen und die Verhältnisse Robertsons zu erwähnen, weil eben die Lage, in der jener sich befunden, größtenteils schuld sei an dem Schweigen, worauf der Herr Staatsanwalt so großes Gewicht lege, als beweise gerade dies die Absicht seiner Klientin, das hilflose Wesen, das sie zur Welt bringen sollte, nicht am Leben zu lassen. Sie habe ihren Bekannten nichts davon gesagt, daß sie vom Pfad der Tugend abgewichen und verführt worden sei. Und warum habe sie es nicht getan? Weil sie täglich erwartete, daß ihr Verführer ihre Ehre wiederherstellen werde, was, wie sie glaubte, seine Absicht war und, wie sie wußte, in seiner Macht stand. War es natürlich, vernünftig und billig zu erwarten, sie solle inzwischen felo de se ihres eigenen Rufes werden und aller Welt ihren Fehltritt kundtun, wo sie hinreichenden Grund zu der Annahme hatte, daß, wenn sie ihn eine Zeitlang verhehle, er für immer verhehlt werden könnte? War es nicht im Gegenteil verzeihlich, daß ein junges Mädchen in ihrer Lage und in solcher Bedrängnis keineswegs geneigt sein mochte, sich jeder neugierigen Gevatterin anzuvertrauen, die mit scharfen Augen und gespitzten Ohren nur darauf lauerte, ihren Argwohn bestätigt zu sehen oder zu hören, daß sie nämlich in Umständen sei, welche Frauen in den unteren – er möchte sagen, Frauen in allen Ständen so geschwind zu bemerken bereit sind, daß sie bisweilen selbst dort solche entdecken, wo sie gar nicht vorhanden sind? War es seltsam oder war es verbrecherisch, daß sie ihre unverschämte Zudringlichkeit mit mutwilligem Leugnen zurückgewiesen habe? Das Gefühl und der Verstand aller, die ihn hörten, würden dies ohne weiteres verneinen. Aber obgleich seine Klientin gegen jene geschwiegen habe, denen sie nicht verpflichtet war, ihren Zustand mitzuteilen, «was, wie ich hinzufügen will», fuhr er fort, «auch unrätlich und unschicklich für sie gewesen wäre, so glaube ich dennoch, diese Angelegenheit als nicht unter das Gesetz fallend siegreich durchfechten und für das unglückliche junge Mädchen einen ehrenvollen Freispruch von Euer Gnaden erlangen zu können. Ich werde nachweisen, daß meine Klientin zu gegebener Zeit und am gehörigen Ort einer am meisten dazu geeigneten Person beichtete, in welcher Verlegenheit sie sich befand. Das geschah nach Robertsons Verurteilung, als er im Gefängnis lag und das Schicksal erwartete, das sein Kamerad Wilson nachher erlitt und welchem er selbst auf so seltsame Weise entging. Es war damals, als alle Hoffnungen, ihre Ehre durch die Ehe wiederhergestellt zu sehen, vereitelt waren – als eine Heirat mit einem Menschen in Robertsons Lage, wenn überhaupt noch ausführbar, vielleicht eher noch eine weitere Schande bedeutet hätte –, damals war es, wie ich glaube beweisen zu können, wo sich die Angeklagte ihrer Schwester anvertraute, einem jungen Mädchen, mehrere Jahre älter als sie selbst – der Tochter ihres Vaters aus einer früheren Ehe, wenn ich nicht irre –, und sich mit ihr über ihre gefährliche und jammervolle Lage beriet.»

«Wenn Ihr *diesen* Punkt wirklich beweisen könnt, Mr. Fairbrother», sagte der Vorsitzende.

«Wenn ich diesen Punkt wirklich beweisen kann, Herr Vorsitzender», fuhr Mr. Fairbrother fort, «so glaube ich nicht allein meiner Klientin einen Dienst zu erweisen, sondern auch den Hohen Gerichtshof einer ihm selbst, wie ich weiß, höchst schmerzlichen Pflicht zu entbinden und allen, die mich jetzt hören, die große Freude zu bereiten, daß einem so jungen, so lebensvollen und so schönen Mädchen wie jenem, das jetzt vor den Schranken des Gerichtshofes steht, ebendort Freiheit und Ehre wiedergegeben werden.»

Diese Rede schien viele Zuhörer zu rühren; es folgte ein schwaches Beifallsgemurmel. Als Deans die Schönheit und unschuldige Erscheinung seiner Tochter rühmen hörte, richtete er unwillkürlich seine Augen auf sie, schlug sie aber, sich besinnend, sogleich wieder nieder und starrte hartnäckig vor sich hin.

«Will nicht mein Herr Amtsbruder auf der anderen Seite der Schranke», fuhr der Anwalt nach kurzer Pause fort, «zu dieser allgemeinen Freude beitragen? Ich weiß, wenn er Anklage gegen eine Person erhebt, wie seine Pflicht es erheischt, freut sich doch keiner mehr als er, wenn sie ehrenvoll freigesprochen wird. Mein Herr Amtsbruder schüttelt zweifelnd seinen Kopf und legt seine Hand auf die Aussage der Angeklagten. Ich verstehe ihn vollkommen – er möchte darauf hinweisen, daß die Tatsachen, die ich dem Hohen Gerichtshof eben unterbreitet habe, unvereinbar mit dem Geständnis von Euphemia Deans selbst sind. Ich brauche den Hohen Gerichtshof nicht daran zu erinnern, daß ihre gegenwärtige Verteidigung nicht im geringsten durch ihre früheren Bekenntnisse eingeschränkt wird und daß nicht das, was sie damals über sich selbst ausgesagt hat, sondern lediglich das, was nun für oder gegen sie vorgebracht wird, endgültig darüber entscheidet, ob sie schuldig oder nicht schuldig gesprochen wird. Ich brauche keine Gründe dafür anzugeben, warum sie es vorgezogen hat, von dem Geständnis, das sie ihrer Schwester gemacht hat, in ihrer Erklärung nichts zu erwähnen. Sie mag sich der Wichtigkeit dieses Umstandes nicht bewußt gewesen sein; sie mag sich gescheut haben, ihre Schwester in die Sache zu verwickeln, sie mag sogar den Umstand ganz über der Angst und dem Kummer vergessen haben, den ein so junges Geschöpf empfinden muß, wenn es unter der Beschuldigung eines so abscheulichen Verbrechens verhaftet wird. Jeder dieser Gründe ist hinreichend genug, zu erklären, warum die Angeklagte trotz aller Gefahr für sich selbst in diesem Punkt die Wahrheit verschwiegen hat – ich selbst neige am meisten zu der Annahme, daß sie irrtümlich fürchtete, ihre Schwester zu verdächtigen: ich bemerke nämlich, daß sie in ihrer Aussage aus einem ähnlichen Zartgefühl gegen ihren Liebhaber – sowenig er es auch verdient – vom Anfang bis zum Ende nicht ein einziges Mal Robertsons Namen erwähnt hat.

Aber, meine Herren», fuhr Fairbrother fort, «ich weiß wohl, der Herr Staatsanwalt erwartet von mir eine Erklärung darüber, wie sich der Beweis, den ich anbiete, mit anderen Umständen des Falles verträgt, die ich weder leugnen kann noch will. Er wird mich fragen, wie Effie Deans' Geständnis, das sie ihrer Schwester vor ihrer Entbindung ablegte, mit dem geheimnisvollen Dunkel vereinbar ist, das über der Geburt des Kindes liegt – seinem Verschwinden, vielleicht seiner Ermordung –, denn ich will eine Möglichkeit nicht bestreiten, die ich nicht widerlegen kann. Meine Herren, die Erklärung dafür liegt in der Duldsamkeit, vielleicht darf ich sagen der Biegsamkeit und Schmiegsamkeit des weiblichen Geschlechts. Die dulcis Amaryllidis irae, wie Euer Gnaden wohl wissen, sind leicht besänftigt; auch läßt sich kaum ein Weib denken, das für den Mann, den es geliebt hat, wie schrecklich er sie auch beleidigt haben mag, in ihrem Herzen nicht doch noch einen solchen Schatz an Güte und Verzeihung birgt, daß seine Reue, sei sie nun echt oder nur erheuchelt, darauf ansehnliche Wechsel ziehen kann, sicher, daß sie honoriert werden. Wir können durch einen bei den Akten befindlichen Brief beweisen, daß dieser Schurke Robertson noch aus der Tiefe seines Kerkers, während er wahrscheinlich schon seinen Fluchtplan entwarf, den er nachher mit Hilfe seines Kameraden ins Werk setzte, Gewalt über den Geist und den Willen dieses unglücklichen Mädchens auszuüben verstand und ihm sein Verhalten vorschrieb. Aus Nachgiebigkeit gegen seine Befehle in diesem Brief ließ die Angeklagte sich bewegen, ihre Absicht zu ändern und anstatt, wie ihr eigener besserer Sinn es ihr riet, Zuflucht im Schoße ihrer Familie zu suchen, als ihre schwere Stunde nahte, sich vielmehr dem Schutz einer schändlichen Helfershelferin dieses abscheulichen Verführers anzuvertrauen, die sie zu einem jener geheimen und versteckten Schlupfwinkel des Lasters führte, welche zur Schande unserer Polizei noch immer in den Vorstädten dieser Stadt geduldet werden, wo sie unter der Obhut und dem Beistand einer Person ihres eigenen Geschlechts ein männliches Kind gebar – unter Umständen, die das Weh, wozu unsere Urmutter verflucht wurde, dreifach an Bitterkeit übertrafen. Welche Absicht Robertson bei alldem hatte, ist schwer zu sagen oder selbst nur zu mutmaßen. Er mag im Sinn gehabt haben, das Mädchen zu heiraten, denn ihr Vater ist ein wohlhabender Mann. Aber über den Ausgang der Geschichte und besonders über das Verhalten der Frau, der er Euphemia Deans übergeben hatte, ist es noch schwieriger, sich Klarheit zu verschaffen. Das unglückliche junge Mädchen wurde von dem gewöhnlichen Kindbettfieber befallen. In diesem Fieber scheint sie von ihrer Wärterin getäuscht worden zu sein, und als sie wieder bei Besinnung war, sah sie sich allein in jener Behausung des Elends. Ihr Kind war von ihrer nichtswürdigen Wärterin beiseite geschafft worden, vielleicht zu schlimmen Zwecken. Es kann auch – wer weiß es – ermordet worden sein.»

Hier unterbrach ihn ein durchdringender Schrei, den die unglückliche Gefangene ausstieß. Nur mit Mühe konnte man sie beruhigen. Ihr Anwalt benutzte diesen tragischen Zwischenfall, um seine Verteidigungsrede wirkungsvoll zu schließen.

«Meine Herren», sagte er, «in diesem Jammerschrei vernahmt Ihr die Beredsamkeit der Mutterliebe, sie übertrifft bei weitem die Kraft meiner schwachen Worte – Rahel weint um ihre Kinder! Die Natur selbst legt Zeugnis ab zugunsten der Heftigkeit und Zärtlichkeit der mütterlichen Gefühle der Gefangenen. Ich will ihre Klage nicht entehren, indem ich noch ein Wort hinzufüge.»

«Habt Ihr je dergleichen gehört, Laird?» sagte Saddletree zu Dumbiedikes, als der Anwalt seine Rede geendet hatte. «Der Bursche versteht's, aus einem bißchen Flachs einen langen Faden zu spinnen! Zum Henker, er weiß ja nicht mehr darüber, als was in der Aussage steht, und die Vermutung, daß Jeanie Deans etwas über ihrer Schwester Zustand aussagen kann, die Vermutung steht, wie Mr. Crossmyloof sagt, auch nur auf schwachen Füßen. Und er brütet da solch großen Vogel aus dem kleinen Ei! Er könnte damit sogar die Flundern aus dem Firth ködern. – Wie unrecht von meinem Vater, mich nicht nach Utrecht zu schicken! – Aber still, der Gerichtshof ist im Begriff, das Zwischenurteil zu fällen.»

Es war so – die Richter sprachen sich nach kurzer Beratung dahin aus, daß der Anklage, wenn sie bewiesen werde, die gesetzliche Strafe folgen solle; daß hingegen, wenn die Angeklagte wirklich ihren Zustand ihrer Schwester mitgeteilt habe, dies als hinreichende Verteidigung betrachtet werden solle; und endlich, daß besagte Anklage und Verteidigung dem Schwurgericht vorgelegt werden solle.

23. Kapitel

> O höchst gelehrter Richter! Na, ein Spruch!
> Kommt, macht Euch fertig!
>
> *Der Kaufmann von Venedig*

Es ist keineswegs meine Absicht, die Formen eines schottischen Kriminalprozesses umständlich zu beschreiben; auch bin ich nicht sicher, daß ich einen genauen und deutlichen Bericht davon liefern könnte, der der Kritik der Herren von der langen Robe standhalten würde. Es genügt zu sagen, daß die Geschworenen ausgewählt wurden und die Verhandlung weiterging. Die Gefangene wurde wiederum aufgefordert, sich zur Anklage zu äußern, und sie erwiderte wiederum: «Nicht schuldig», in demselben herzzerreißenden Ton wie zuvor.

Der Staatsanwalt rief dann zwei oder drei weibliche Zeugen auf, die aussagten, daß sie Effies Zustand bemerkt und ihr auf den Kopf zugesagt hätten; aber sie habe nur leichtfertige und schnippische Antworten gegeben und rundweg alles geleugnet, was sie ihr vorgehalten hätten. Allein, wie es sehr oft geschieht, die Aussage der Angeklagten oder beschuldigten Partei selbst war das Zeugnis, das sie am meisten belastete.

Wenn diese Geschichten jemals ihren Weg über die Grenze finden sollten, mag es angebracht sein, den südlichen Leser davon zu unterrichten, daß es in Schottland

Brauch ist, eine verdächtige Person nach ihrer Verhaftung einem Verhör durch einen Richter zu unterwerfen. Der Angeschuldigte braucht auf die Fragen, die man an ihn richtet, nicht zu antworten, sondern kann schweigen, wenn er glaubt, daß ihm damit besser gedient ist. Aber die Antworten, die er zu geben beliebt, werden förmlich niedergeschrieben, von ihm und dem Richter unterzeichnet und gegen den Angeklagten vorgebracht, falls er vor Gericht gestellt wird. Allerdings werden diese Aussagen nicht als eigentliche Beweise betrachtet, sondern nur als behelfsmäßige Hinweise und Bestätigungen solcher Zeugnisse, die nach dem Gesetz allein als gültig anerkannt werden und Beweiskraft besitzen. Aber trotz dieser scharfsinnigen Unterscheidung, die von den Rechtsgelehrten eingeführt worden ist, um dies Verfahren mit ihrer eigenen Hauptregel in Einklang zu bringen, daß niemand aufgefordert werden darf, sich selbst zu belasten – trotzdem wird diese Aussage gewöhnlich das Mittel zur Verurteilung des Angeklagten, sozusagen aus seinem eigenen Mund. Der Gefangene hat bei dieser Voruntersuchung allerdings das Recht zu schweigen, wenn es ihm beliebt; aber jedermann fühlt natürlich, daß eine Weigerung, auf angemessene und sachdienliche Fragen, die von der richterlichen Obrigkeit gestellt werden, zu antworten, an sich ein starker Schuldbeweis ist und notwendig dazu führt, daß man ihn ins Gefängnis bringt; wenige aber können auf die Hoffnung verzichten, ihre Freiheit dadurch zu erlangen, daß sie sich den Anschein der Unschuld und Unbefangenheit geben, indem sie ihre Beweggründe erklären und über ihr Betragen Rechenschaft ablegen. Es geschieht daher selten, daß der Gefangene sich weigert, eine gerichtliche Aussage zu machen, wobei er sich indessen fast immer – entweder, indem er zuviel von der Wahrheit ausplaudert, oder, indem er sich bemüht, eine erfundene Geschichte unterzuschieben – verdächtig macht und in Widersprüche verwickelt, die gerade bei den Geschworenen schwer wiegen.

Die Aussage von Effie Deans war nach anderen Grundsätzen zustande gekommen; folgendes ist ein Abriß ihres Inhalts, in der bei Gerichten üblichen Form abgefaßt, in welcher sie noch im Protokollbuch zu finden sein mag.

Die Aussagende gesteht einen strafbaren Liebeshandel mit einem Individuum, dessen Namen sie zu verschweigen wünscht. «Befragt, aus welchem Grund sie daraus ein Geheimnis machen wolle, erklärt sie, daß sie kein Recht habe, das Verhalten jener Person mehr zu tadeln als ihr eigenes, und daß sie bereit sei, ihre eigenen Verfehlungen zu bekennen, aber nichts zu sagen, was den Abwesenden belasten könne. Befragt, ob sie ihren Zustand irgend jemandem bekannt oder irgendeine Vorbereitung zu ihrer Niederkunft getroffen habe? Erklärt, daß sie es nicht getan habe. Und befragt, warum sie es unterlassen habe, Schritte zu unternehmen, welche ihr Zustand so gebieterisch erforderte? Erklärt, sie habe sich geschämt, ihren Bekannten davon zu sprechen, und geglaubt, die von ihr erwähnte Person werde für sie und das Kind sorgen. Befragt, ob er es getan habe? Erklärt, daß er es nicht persönlich getan habe, aber daß es nicht seine Schuld gewesen sei, da sie überzeugt sei, daß er lieber sein Leben gegeben hätte, als daß dem Kind oder ihr ein Leid geschähe. Befragt, was ihn daran gehindert habe, sein Versprechen zu halten? Erklärt, daß es für ihn unmöglich gewesen sei, da er derzeit Abhaltungen gehabt habe, und verweigert weitere Antworten auf diese Frage. Befragt, wo sie von der Zeit an gewesen sei, wo sie ihre Herrschaft, Mr. Saddletrees Familie, verlassen habe, bis zu ihrem Auftauchen im väterlichen Haus zu St. Leonhar's am Tag vor ihrer Verhaftung? Erklärt, sie erinnere sich nicht. Und als die Frage wiederholt wird, erklärt sie, sie könne sich nicht mehr darauf besinnen, da sie sehr krank gewesen sei. Auf die erneut wiederholte Frage erklärt sie, sie wolle die Wahrheit sagen, wenn es auch ihr Verderben sein solle, solange sie nicht nach anderen Leuten gefragt werde, und gesteht, daß sie diese Zwischenzeit in der Behausung einer Frau zugebracht habe, einer Bekannten jener Person, die gewünscht habe, daß sie an jenem Ort niederkäme, und daß sie demzufolge dort mit einem männlichen Kind niedergekommen sei. Befragt, wie diese Person heiße? Erklärt und weigert sich, auf diese Frage zu antworten. Befragt, wo sie wohne? Erklärt, sie wisse es nicht, denn sie sei zu der besagten Behausung im Schutz der Nacht gebracht worden. Befragt, ob die Behausung in der Stadt oder einer der Vorstädte gelegen sei? Erklärt und weigert sich, diese Frage zu beantworten. Befragt, ob sie, als sie das Haus von Mr. Saddletree verließ, die Straße hinauf- oder hinuntergegangen sei? Erklärt und weigert sich, die Frage zu beantworten. Befragt, ob sie die Frau je zuvor gesehen habe, ehe sie zu ihr von der Person, deren Namen zu nennen sie sich weigere, ‹hinbefohlen› worden sei, wie sie es ausgedrückt habe? Erklärt und erwidert, ihres Wissens nicht. Befragt, ob diese Frau ihr durch die besagte Person schriftlich oder mündlich empfohlen worden sei? Erklärt, sie dürfe diese Frage nicht beantworten. Befragt, ob das Kind gelebt habe, als es geboren war? Erklärt, daß – Gott helfe ihr und ihm – es gewiß am Leben war. Befragt, ob es nach der Geburt eines natürlichen Todes gestorben sei? Erklärt, ihres Wissens nicht. Befragt, wo es nun sei? Erklärt, sie würde ihre rechte Hand darum geben, es zu wissen, doch fürchte sie, niemals mehr als die Gebeine davon zu sehen. Und befragt, warum sie annehme, daß es nun tot sei, weint sie bitterlich und gibt keine Antwort. Befragt, ob die Frau, in deren Behausung sie gewesen sei, ihr als eine geeignete Person erschienen sei, ihr in ihrem Zustand zu helfen? Erklärt, sie möchte wohl geschickt genug in ihrer Kunst gewesen sein, doch sei sie ein böses, hartherziges Weib gewesen. Befragt, ob noch andere Personen in der Behausung gewesen seien außer ihnen beiden? Erklärt, sie glaube, es sei noch eine andere weibliche Person dagewesen, aber ihr Kopf sei so angegriffen gewesen von körperlichen Schmerzen und seelischem Kummer, daß sie sich ihrer sehr wenig entsinne. Befragt, wann ihr das Kind weggenommen worden sei? Erklärt, daß sie in ein Fieber gefallen und bewußtlos geworden sei und daß, als sie wieder zu sich gekommen sei, das Weib ihr gesagt habe, das Kind sei tot; und daß sie geantwortet habe, wenn es tot sei, so sei es umgebracht worden; daß daraufhin das Weib sehr böse auf sie gewesen sei und ihr viele Schimpfworte gegeben habe; und daß sich die Befragte gefürchtet habe und aus dem Haus gekrochen sei, als jene den Rücken gewandt habe, und daß sie heim nach St. Leonard's gegangen sei, so gut wie sie es in ihrer Verfassung vermocht habe. Befragt, warum sie ihre Geschichte nicht ihrer Schwester und ihrem Vater bekannt und nicht auf Haussuchung nach ihrem – lebenden oder toten – Kind gedrungen habe? Erklärt, daß es ihre Absicht gewesen sei, aber daß sie keine Zeit dazu gehabt habe. Befragt, warum sie nun den Namen der Frau und den Ort ihrer Wohnung verhehle? Die Vernommene schweigt eine Zeitlang und sagt dann, daß damit das begangene Unrecht nicht wiedergutgemacht werden könne, sondern daraus nur noch mehr Unheil entstehen würde. Befragt, ob sie selbst zu irgendeiner Zeit die Absicht gehabt habe, das Kind gewaltsam beiseite zu schaffen? Erklärt, niemals, so wahr ihr Gott gnädig sein möge – und erklärt dann wieder, niemals, als sie vollständig bei Sinnen gewesen sei; aber was für schlechte Gedanken der böse Feind ihr eingegeben haben möchte, als sie bewußtlos gewesen sei, könne sie nicht sagen. Und von neuem feierlich befragt, erklärt sie, daß sie sich lieber von wilden Pferden hätte zerreißen lassen, als daß sie das Kind mit unmütterlicher Hand angetastet hätte. Befragt, erklärt sie, daß die Alte während ihres Schimpfens auch bestimmt gesagt habe, die Vernommene habe das Kind umgebracht, als sie im Fieber gelegen habe, aber daß die Vernommene glaube, sie habe dies aus keinem anderen Grund gesagt, als um sie zu erschrecken und zum Schweigen zu bringen. Befragt, was die Frau ihr sonst noch gesagt habe? Erklärt, daß die Frau, als die Befragte laut nach ihrem Kind gerufen habe und daran gewesen sei, die Nachbarn aufzustören, ihr gedroht habe, daß diejenigen, die das Geschrei des Wurms erstickt hätten, auch ihres ersticken könnten, wenn sie nicht ‹die Klappe hielte›. Und daß die Vernommene aus dieser Drohung und dem Benehmen der Frau geschlossen habe, das Kind sei nicht mehr am Leben und ihr eigenes in Gefahr, denn jene Frau sei ein zu allem fähiges böses Weib gewesen, wie die Vernommene nach der Sprache, die sie geführt habe, urteilen müsse. Befragt, erklärt sie, daß sie in Fieber und Delirium verfallen sei, weil sie schlechte Nachrichten vernommen habe, die ihr plötzlich gesagt worden seien, aber weigert sich zu sagen, worin die schlechten Nachrichten bestanden hätten. Befragt, warum sie diese Einzelheiten nicht mitteile, die vielleicht die Obrigkeit in den Stand setzen würden, sich zu vergewissern, ob das Kind am Leben oder tot sei, und darauf aufmerksam gemacht, daß ihre Weigerung ihr eigenes Leben gefährde und das Kind in schlechte Hände geraten könne; auch ebenso, daß ihre gegenwärtige Weigerung, auf solche Punkte zu antworten, unverträglich sei mit ihrer bekundeten Absicht, ihrer Schwester ein volles Geständnis abzulegen. Erklärt, sie wisse, das Kind sei nun tot, oder, wenn am Leben, sei einer da, der nach ihm sehe; daß ihr eigenes Leben oder Sterben in Gottes Hand stünde, der wisse, daß sie unschuldig daran sei, ihrem Kind willent- oder wissentlich ein Leid angetan zu haben; und daß sie zwar, als sie das Haus der Frau verließ, den Entschluß gefaßt hatte, alles zu sagen, dies jedoch auf Grund einer Sache, die sie seitdem erfahren habe, wieder aufgegeben habe. Und erklärt überhaupt, daß sie erschöpft sei und auf weitere Fragen zur Zeit nicht mehr antworten wolle.»

Bei einem späteren Verhör blieb Euphemia Deans bei ihrer früheren Aussage – mit einem Zusatz: sie gestand ein, daß ein Papier, das man in ihrer Truhe gefunden und ihr gezeigt hatte, das Empfehlungsschreiben sei, demzufolge sie sich der Obhut der Frau anvertraute, in deren Haus sie von dem Kind entbunden wurde. Sein Inhalt war folgender:

Geliebte Effie!
Ich habe Mittel und Wege gefunden, Dir dies durch eine Frau zu senden, die Dir in Deiner schweren Stunde beistehen kann; sie ist nicht so, wie ich gewünscht hätte, aber ich kann in meiner gegenwärtigen Lage nichts Besseres für Dich tun. Ich muß ihr in der gegenwärtigen Verlegenheit trauen, sowohl was mich als was Dich betrifft. Ich hoffe das Beste, obgleich ich jetzt in einer argen Klemme bin; doch der Gedanke ist frei – ich denke, alles in allem werden Handie Dandie und ich dem Strecker ein Schnippchen schlagen. Du wirst böse auf mich sein, daß ich Dir dies schreibe, meine kleine cameronianische Lilie; aber wenn ich nur am Leben bleibe, um Dir eine Stütze und Deinem Kind ein Vater zu sein, wirst Du noch viel Zeit zum Schelten haben. – Noch einmal: Laß niemanden Dein Vorhaben wissen! Mein Leben hängt an dieser Hexe – Gott verdamme sie, sie ist ebenso arglistig wie verschlagen, aber sie hat mehr Pfiffe und Kniffe als sonst ein Weibsbild im Kopf und dazu Ursache, mir treu zu sein. Leb wohl, meine Lilie! Gräm Dich nicht um mich – in einer Woche bin ich bei Dir oder nicht mehr.

Dann folgte eine Nachschrift.

Wenn sie mich aufknüpfen, werde ich nichts so sehr bereuen – selbst in der letzten schweren Klemme – wie das Unrecht, das ich meiner Lilie angetan habe.

Effie weigerte sich, zu sagen, von wem sie diesen Brief empfangen habe; aber man wußte bereits genug von ihrer Geschichte, um sicher zu sein, daß er von Robertson kam; nach dem Datum schien er ihn um die Zeit geschrieben zu haben, als Andrew Wilson (mit Spitznamen Handie Dandie) und er ihren ersten Fluchtversuch planten, welcher in der am Anfang dieser Geschichte beschriebenen Weise mißlang.

Nachdem der Anklagevertreter seine Ausführungen beendet hatte, begann der Anwalt der Gefangenen mit der Verteidigung. Die ersten Zeugen wurden über den Leumund des Mädchens befragt. Alle stellten Effie ein ausgezeichnetes Zeugnis aus, aber keiner mit mehr Wärme als die wackere Mrs. Saddletree – die hellen Tränen flossen ihr über die Wangen, als sie erklärte, sie hätte von Effie Deans keine bessere Meinung hegen und nicht mehr Zuneigung zu ihr empfinden können, wenn sie ihre eigene Tochter gewesen wäre. Alle Anwesenden waren von der Herzensgüte der ehrlichen Frau gerührt, ausgenommen ihr Ehemann, der Dumbiedikes zuflüsterte: «Ihr Nichil Novit versteht sich nicht auf Zeugen, scheint mir. Mußte er da ein Weib herbringen, das schnattert und schluchzt und dem Gericht was vorheult? Mich hätte er vorladen sollen, Herr, ich hätte ihm so einen Zeugenbeweis hingelegt, daß sie ihr kein Haar hätten krümmen können.»

«Könnt Ihr es nicht noch jetzt versuchen?» fragte der Laird. «Ich will Novit einen Wink geben.»

«Nein, nein», sagte Saddletree, «nichts für ungut, Nachbar – das würde ein freiwilliges Zeugnis sein, und ich weiß, was dazu gehört, aber Nichil Novit hätte mich debito tempore zitieren sollen.» Hierauf wischte er sich mit einem seidenen Taschentuch wichtig den Mund und nahm wieder die Haltung und Miene eines aufmerksamen und wohlunterrichteten Zuhörers an.

Mr. Fairbrother kündigte nun in wenigen Worten an, daß er jetzt die wichtigste Zeugin aufrufen lassen werde, von deren Aussage der Ausgang der Verhandlung in hohem Maße abhinge. Wer seine Klientin sei, hätte man von den vorhergehenden Zeugen erfahren; und wenn Aussagen über ihre Person und ihren Leumund, die in den bewegtesten Ausdrücken und sogar unter Tränen abgegeben seien, allgemeinen Anteil an ihrem Schicksal erwecken könnten, so sei dies in vollem Umfang geschehen. Es sei indessen nötig, gab er zu, ein stärkeres Zeugnis für ihre Unschuld als ein bloßes Leumundszeugnis beizubringen; dies unternähme er nunmehr durch den Mund jener Person, der sie von ihrem Zustand gesprochen habe, durch den Mund ihrer natürlichen Beraterin und Beschützerin – ihrer Schwester.

«Gerichtsdiener, ruft Jean oder Jeanie Deans, die Tochter des Meiers David Deans von St. Leonard's Crags herein!»

Als er diese Worte aussprach, fuhr die arme Gefangene auf und beugte sich weit über die Schranke nach der Seite hin, von wo ihre Schwester eintreten mußte. Und als der Gerichtsdiener mit der Zeugin erschien und sie langsam hinter ihm her bis zum unteren Ende des Tischs schritt, veränderten sich plötzlich Effies Züge: der Ausdruck der Angst und verwirrten Scham wich dem des rührendsten, heißesten, inbrünstigsten Flehens – mit ausgestreckten Händen, zurückwallendem Haar, die Augen, die durch Tränen glänzten, unverwandt auf das Antlitz ihrer Schwester gerichtet, rief sie in einem Ton, der allen Hörern das Herz zerriß: «O Jeanie, Jeanie, rette mich, rette mich!»

Ganz anders war das Gefühl des alten Deans, wenn auch seinem stolzen und unabhängigen Charakter völlig angemessen: er zog sich noch weiter in sein Versteck zurück, so daß, als Jeanie den Gerichtssaal betrat und einen schüchternen Blick nach dem Platz warf, wo sie ihn verlassen hatte, seine ehrwürdige Gestalt nicht mehr sichtbar war. Er war dicht neben Dumbiedikes gerückt, rang schmerzlich die Hände und flüsterte: «Ach, Laird, dies ist von allem das Schlimmste! Wenn ich das nur überstehe – mir schwindelt der Kopf! Aber der Herr ist stark in seinem schwachen Diener.» Nach einem Augenblick stillen Gebets richtete er sich von neuem auf, als könne er es nicht in ein und derselben Stellung aushalten, und rückte nach und nach wieder auf den Platz, den er eben verlassen hatte.

Jeanie war inzwischen an das Tischende getreten, als sie

plötzlich, unfähig, dem Gefühl ihrer liebevollen Zuneigung zu widerstehen, eine Hand nach ihrer Schwester ausstreckte. Effie war ihr so nahe, daß sie sie mit beiden Händen ergreifen konnte; sie drückte ihre Lippen darauf, bedeckte sie mit Küssen und netzte sie mit Tränen, so inbrünstig, wie ein Katholik seinen Schutzengel verehren würde, wenn er vom Himmel zu seiner Rettung herniederstiege; während Jeanie, ihr eigenes Gesicht mit der anderen Hand bedeckend, bitterlich weinte. Der Anblick hätte ein Herz aus Stein rühren können, vielmehr solche aus Fleisch und Blut. Viele Zuschauer vergossen Tränen, und es dauerte einige Zeit, bis selbst der Vorsitzende seiner Bewegung so weit Herr geworden war, daß er die Zeugin auffordern konnte, sich zu sammeln, und die Gefangene ermahnen, jene Zeichen der Zuneigung, so natürlich sie auch waren, zu unterlassen, da sie am gegenwärtigen Ort und zur gegenwärtigen Zeit nicht erlaubt seien.

Der feierliche Eid, «die Wahrheit zu sagen und keine Wahrheit zu verschweigen, soweit sie darum wisse und befragt werden sollte», wurde dann von dem Richter abgenommen – «im Namen Gottes und wie sie es dereinst vor Gottes Richterstuhl verantworten könne» –, eine furchtbare Beschwörung, die selten verfehlt, Eindruck selbst auf die verstocktesten Gemüter zu machen und die redlichsten mit Furcht zu erfüllen. Jeanie, in der tiefsten Ehrfurcht vor dem Namen und Wesen Gottes erzogen, war von der feierlichen Anrufung seiner Person und seines Richteramtes tief ergriffen, doch zugleich über alle Rücksichten erhaben, außer der, sich mit reinem Gewissen auf Ihn berufen zu können. Sie sprach die Eidesformel mit leiser und ehrfurchtsvoller, aber deutlicher Stimme dem Richter nach; denn diesem und nicht irgendeinem untergeordneten Gerichtsbeamten obliegt in Schottland die Aufgabe, dem Zeugen den Eid abzunehmen, der seine Aussage bekräftigen soll.

Als der Richter diese Handlung in der vorgeschriebenen Art und Weise beendet hatte, fügte er in mildem, doch nachdrücklichem Ton eine Mahnung hinzu, die ihm die Umstände zu erfordern schienen.

«Junge Frau», so sagte er, «Ihr tretet vor Gericht unter Umständen, die nicht mit Anteilnahme und Mitgefühl zu betrachten unmenschlich wäre. Dennoch ist es meine Pflicht, Euch zu sagen, daß die Wahrheit, was auch immer ihre Folgen sein mögen, die Wahrheit ist, die Ihr Eurem Land und Gott schuldet, dessen Wort Wahrheit ist und dessen Namen Ihr jetzt angerufen habt. Antwortet mit Bedacht auf die Fragen, die jener Herr», er deutete auf den Anwalt, «an Euch richten wird. Aber denkt daran, daß Ihr alles, was Ihr über die wirkliche Wahrheit hinaus zu sagen versucht sein solltet, hier und hernach verantworten müßt.»

Man legte ihr hierauf die üblichen Fragen vor: Ob irgend jemand ihr eine bestimmte Aussage vorgeschrieben habe; ob irgend jemand ihr etwas Gutes dieserhalb erwiesen oder ein Geschenk oder eine Belohnung dafür gegeben oder versprochen habe; ob sie irgendwelchen Groll oder sonstiges Mißwollen gegen den Staatsanwalt hege als der Partei, gegen die sie als Zeugin vorgeladen worden sei. Auf alle diese Fragen antwortete sie jedesmal mit einem ruhigen «Nein». Großen Anstoß an ihnen nahm jedoch ihr Vater. Da er nicht wußte, daß sie vorgeschrieben sind und jedem Zeugen vorgelegt werden, empfand er sie als eine persönliche Beleidigung.

«Nein, nein», rief er aus, laut genug, daß man es hören konnte, «mein Kind ist nicht wie die Witwe von Thekoa – keiner hat ihr Worte in den Mund gelegt!»

Einer der Richter, der sich vielleicht besser im Gesetzbuch auskannte als in den Büchern Samuelis, fühlte sich veranlaßt, augenblicks nach dieser Witwe von Thekoa zu forschen, die, wie er es sich zurechtlegte, die Aussage mit der Zeugin abgekartet habe. Aber der Gerichtsvorsitzende, besser in der biblischen Geschichte bewandert, gab seinem gelehrten Kollegen flüsternd die nötige Aufklärung; die Pause, die durch dieses Mißverständnis verursacht wurde, hatte die gute Wirkung, daß sie Jeanie Deans Zeit ließ, sich für die schmerzliche Aufgabe, die ihr bevorstand, zu sammeln.

Fairbrother, der beträchtliche Erfahrung und Klugheit besaß, sah die Notwendigkeit, der Zeugin Zeit zur Sammlung zu lassen. Insgeheim hegte er den Argwohn, daß sie komme, um in ihrer Schwester Sache falsches Zeugnis abzulegen.

Aber das ist ihre eigene Angelegenheit, dachte Fairbrother, mein Amt ist, dafür zu sorgen, daß sie Zeit genug hat, sich wieder zu fassen und ihr Zeugnis abzugeben, sei es nun wahr oder falsch – valeat quantum.

Demgemäß begann er die Vernehmung mit einigen gleichgültigen Fragen, die eine sofortige Erwiderung zuließen.

«Ihr seid, glaube ich, die Schwester der Gefangenen?»

«Ja, Sir.»

«Aber nicht die rechte Schwester?»

«Nein, Sir – wir sind von verschiedenen Müttern.»

«Richtig; und Ihr seid, glaube ich, mehrere Jahre älter als Eure Schwester?»

«Ja, Sir», und so weiter.

Als der Anwalt glaubte, die Zeugin durch diese einleitenden, unwichtigen Fragen genügend vorbereitet und mit der Lage, in der sie sich befand, vertraut gemacht zu haben, fragte er, ob sie nicht bemerkt habe, daß der Gesundheitszustand ihrer Schwester sich während der letzten Zeit, da sie bei Mrs. Saddletree gewesen sei, verändert habe.

Jeanie bejahte.

«Und da sagte sie Euch die Ursache, meine Liebe, nicht wahr?» fragte Fairbrother leichthin und in einem – wie man sagen könnte – überredenden Ton.

«Ich bedaure, meinen Herrn Kollegen unterbrechen zu müssen», sagte der Staatsanwalt, sich erhebend, «aber stimme ich nicht mit Euer Ehren darin überein, daß dies eine Suggestivfrage ist?»

«Wenn dieser Punkt erörtert werden soll», sagte der Gerichtsvorsitzende, «muß die Zeugin solange abtreten.»

Die schottischen Rechtsgelehrten achten mit peinlicher Gewissenhaftigkeit darauf, daß der Anwalt bei einer Vernehmung die Frage nicht so stellt, daß der Zeuge entnehmen kann, welche Antwort von ihm gewünscht wird. Diese Gewissenhaftigkeit übertreibt einen an sich ausgezeichneten Grundsatz zuweilen bis zur Spitzfindigkeit, besonders, da es für einen geschickten Rechtsanwalt leicht ist, dem Einwand dadurch auszuweichen, daß er den Streitpunkt umgeht. Auch Fairbrother tat es im gegenwärtigen Fall.

«Es ist nicht nötig, daß sich das Gericht damit aufhält, Herr Vorsitzender; wenn der Herr Staatsanwalt glaubt, etwas gegen die Form meiner Frage einwenden zu müssen, werde ich sie anders stellen. – Bitte, Zeugin, fragtet Ihr Eure Schwester etwas, als Ihr ihr schlechtes Aussehen bemerktet? Antwortet ohne Scheu.»

«Ich fragte sie», erwiderte Jeanie, «was ihr fehle.»

«Gut, gut. – Besinnt Euch – was gab sie Euch zur Antwort?» fuhr Fairbrother fort.

Jeanie schwieg und wurde totenbleich. Nicht, daß sie auch nur einen Augenblick an die Möglichkeit einer Unwahrheit dachte – allein sie zögerte, ihrer Schwester das letzte Fünkchen Hoffnung zu rauben.

«Faßt Mut, mein Kind», antwortete Fairbrother. «Ich fragte, was Eure Schwester sagte, als Ihr sie fragtet, was ihr fehle?»

«Nichts», antwortete Jeanie mit leiser Stimme, die doch deutlich im entferntesten Winkel des Gerichtssaals zu hören war – solch ein atemloses, tiefes Schweigen herrschte während der bangen Zeitspanne zwischen der Frage des Anwalts und der Antwort der Zeugin.

Fairbrother machte ein bestürztes Gesicht. Aber mit einer Geistesgegenwart, die in bürgerlich wie in militärisch schwierigen Lagen gleich nützlich ist, faßte er sich sofort wieder.

«Nichts? Gewiß, Ihr meint, *zuerst* – aber als Ihr sie dann wieder fragtet, sagte sie Euch da nicht, was ihr fehle?»

Die Frage wurde in einem Ton gestellt, der ihr die ganze Wichtigkeit ihrer Antwort begreiflich machen sollte, wäre sie sich ihrer nicht schon bewußt gewesen. Aber das Eis war gebrochen, und weniger zaudernd als vorher erwiderte sie nun: «Ach, ach, sie sagte mir niemals auch nur eine Silbe.»

Ein tiefes Aufseufzen ging durch die Versammlung. Es wurde von einem tieferen und schmerzlicheren des unglücklichen Vaters erwidert. Die Hoffnung, an die er sich unwillkürlich und wider seine Überzeugung insgeheim geklammert hatte, war nun dahin, und bewußtlos fiel der ehrwürdige Alte vornüber auf den Boden des Gerichtssaals, den Kopf zu Füßen seiner erschrockenen Tochter. Die unglückliche Gefangene sträubte sich in ohnmächtiger Erregung gegen die Wachen, zwischen denen sie saß.

«Laßt mich zu meinem Vater! Ich will zu ihm – ich will zu ihm! Er ist tot – ich habe ihn getötet!» wiederholte sie, halb wahnsinnig vor Schmerz, mit einer Stimme, die alle, welche sie hörten, nicht wieder vergaßen.

Selbst in diesem Augenblick der größten Angst und allgemeinen Verwirrung verlor Jeanie nicht die Besonnenheit, die ein tiefes und festes Gemüt auch bei den schwersten Prüfungen bewahrt.

«Er ist mein Vater – er ist unser Vater», wiederholte sie sanft denen, die sie von dem Greis trennen wollten, wobei sie sich zu ihm niederbeugte, seine grauen Haare beiseite strich und begann, ihm emsig die Schläfen zu reiben.

Der Gerichtsvorsitzende, der sich währenddes wiederholt die Augen gewischt hatte, gab Anweisungen, Vater und Tochter in ein Nebenzimmer zu führen und für sie Sorge zu tragen. Die Gefangene sah ihrem Vater, als er aus dem Saal geschafft wurde, und ihrer Schwester, die langsam folgte, so starren Blickes nach, als wollten ihre Augen aus den Höhlen treten. Aber als sie nicht länger sichtbar waren, schien sie in ihrem trostlosen und verlassenen Zustand einen Mut zu finden, den sie bisher noch nicht gezeigt hatte.

«Das Bitterste ist nun vorüber», sagte sie; dann wandte sie sich kühn an den Gerichtshof. «Meine Herren, wenn es Euch beliebt fortzufahren – auch der schwerste Tag muß ja einmal zu Ende gehen.»

Der Gerichtsvorsitzende, der tiefen Anteil an dem traurigen Vorgang genommen hatte, wie zu seiner Ehre gesagt werden muß, war überrascht, von der Gefangenen an seine Pflicht erinnert zu werden. Er faßte sich und fragte den Anwalt der Beklagten, ob er noch andere Beweise beizubringen habe. Fairbrother verneinte mit niedergeschlagener Miene.

Der Staatsanwalt wandte sich nun an die Geschworenen. Er sagte in wenigen Worten, daß keiner mehr als er von der traurigen Szene, der sie eben beigewohnt hätten, bewegt sein könne. Aber es sei die notwendige Folge großer Verbrechen, Kummer und Verderben über die Angehörigen der Frevler zu bringen. Er ging dann kurz auf die Beweisaufnahme ein und zeigte, daß alles, was das Gesetz in einem solchen Fall verlange, im vorliegenden erfüllt sei: Es sei dem Anwalt der Angeklagten vollständig mißlungen, zu beweisen, daß Euphemia Deans ihren Zustand ihrer Schwester mitgeteilt habe. In Hinsicht ihres früheren guten Leumundes bedaure er bemerken zu müssen, daß gerade Frauen, die einen guten Ruf besäßen und ihn zu Recht schätzten, aus Scham und Furcht vor dem Urteil der Welt zum Verbrechen des Kindsmordes getrieben würden. Daß das Kind ermordet worden sei, stünde nach seinem Dafürhalten außer Zweifel. Die ausweichende und sich widersprechende Aussage der Angeklagten selbst mit ihren zahlreichen Weigerungen, über Dinge die Wahrheit zu sagen, wo es nach ihrer eigenen Darstellung ebenso natürlich wie vorteilhaft gewesen wäre, aufrichtig zu sprechen, eben diese unvollständige Aussage ließe ihm keinen Zweifel übrig hinsichtlich des Schicksals des unglücklichen Kindes. Auch könne er nicht daran zweifeln, daß die Angeklagte an dieser Schuld teilhabe. Wer anders habe ein Interesse an einer so unmenschlichen Tat gehabt? Weder Robertson noch Robertsons Beauftragte, in deren Haus sie entbunden worden sei, hatten den geringsten Anlaß, solch ein Verbrechen zu begehen, wenn nicht mit Einverständnis oder auf Veranlassung der Angeklagten, um ihren Ruf zu retten. Aber das Gesetz fordere von ihm nicht, daß er den genauen Beweis für den Mord oder die Beteiligung der Gefangenen daran erbringe. Es sei gerade der Zweck dieses Gesetzes, den Beweis, der in solchen Fällen besonders schwierig zu führen sei, durch eine Beweiskette von mutmaßlicher Wahrscheinlichkeit zu ersetzen. Die Geschworenen mögen das Gesetz selbst prüfen; auch die Anklageschrift und die Beweisaufnahme könnten ihnen zur Richtschnur dienen. Er mache sie darauf aufmerksam, daß sie nach beiden zu einem Schuldspruch berechtigt seien.

Die Aufgabe Fairbrothers war dadurch sehr erschwert, daß es ihm nicht gelungen war, den angekündigten Beweis zu führen. Aber er verfocht seine verfahrene Sache mit Beharrlichkeit und Mut. Er wagte es, die Strenge des Gesetzes selbst, auf Grund dessen die junge Frau angeklagt war, zu rügen. In allen anderen Fällen, sagte er, müsse der Ankläger zunächst unwiderleglich beweisen, daß das Verbrechen auch wirklich begangen worden sei, was in der Rechtssprache der Beweis des Corpus delicti heiße. Das sei erstes Erfordernis. Aber dieses Gesetz, das zweifellos in bester Absicht erlassen worden sei, aus gerechtem Abscheu gegen das unnatürliche Verbrechen des Kindsmordes, liefe Gefahr, selbst den schlimmsten aller Morde zu verursachen, nämlich einen unschuldigen Menschen zum Tod zu verurteilen als Sühne für ein vermutetes Verbrechen, das vielleicht gar nicht begangen worden sei. Er sei so weit davon entfernt, die behauptete Möglichkeit eines gewaltsamen Todes des Kindes anzuerkennen, daß er nicht einmal die Wahrscheinlichkeit einräumen könne, daß es jemals gelebt habe.

Der Staatsanwalt wies auf die Aussage des Mädchens hin;

worauf der Verteidiger erwiderte, eine solche, in einem Augenblick der Angst und des Schreckens, ja an Wahnsinn grenzender Verzweiflung zustande gekommene Erklärung sei, wie sein Herr Amtsbruder wohl wisse, kein bündiges Zeugnis gegen die Partei, die es abgegeben habe. Es treffe zu, daß ein Geständnis vor Gericht der strengste aller Beweise sei, wie es denn auch im Gesetz heiße, daß in confitentem nullae sunt partes judicis. Aber dies gelte nur von Geständnissen vor Gericht, worunter das Gesetz eben solche verstehe, die in Gegenwart der Richter und der Geschworenen abgelegt würden. Bei einem nicht vor Gericht selbst abgelegten Geständnis hielten es alle Autoritäten mit den berühmten Farinaceus und Matheus: confessio extra-judicialis in se nulla est; et quod nullum est, non potest adminiculari. Es sei von Anfang an völlig unbrauchbar und wesenlos, bar aller Beweiskraft und Wirkung, dürfe daher nicht aufgebauscht und auf bloße Mutmaßungen hin als ein Wesentliches behandelt oder mit dem juristischen Ausdruck «als Beweismittel herangezogen» werden. Wenn man aber im vorliegenden Fall das außergerichtliche Geständnis nähme, wie es genommen werden müsse, nämlich als nichtig, fuhr er mit erhobener Stimme fort, so habe der Ankläger die zweite Bestimmung des Gesetzes nicht erfüllt, nämlich nicht bewiesen, daß ein lebendes Kind geboren worden sei, und dies mindestens müsse festgestellt werden, ehe man behaupten dürfe, es sei gemordet worden. Wenn einer der Geschworenen, sagte er, der Meinung sein sollte, daß dies eine zu enge Auslegung des Gesetzes sei, so möge er bedenken, daß es an sich sehr hart und eine weitherzige Auslegung daher nicht angebracht sei.

Er schloß seine gelehrte, kunstvolle Rede mit einer längeren, sehr beredten Auslassung über die Szene, deren Augenzeugen sie gerade gewesen seien – während welcher Saddletree fest in Schlaf verfiel.

Es war nun am Gerichtsvorsitzenden, zu den Geschworenen zu sprechen. Er tat es kurz und bündig.

Die Geschworenen, sagte er, hätten zu prüfen, ob der Ankläger seine Klage bewiesen habe. Was ihn selbst beträfe, so täte es ihm aufrichtig leid, sagen zu müssen, daß er nicht den geringsten Zweifel hinsichtlich des Urteils habe, das die Geschworenen zu fällen hätten. Dem vom Anwalt der Angeklagten gegen das Gesetz König Williams und der Königin Mary erhobenen Vorwurf könne er sich nicht anschließen. Er und die Geschworenen müßten nach den bestehenden Gesetzen urteilen, nicht sie kritisieren oder umgehen oder selbst rechtfertigen. In keiner Zivilsache wäre es einem Anwalt gestattet, die Sache seines Klienten gegen das Gesetz zu verfechten; in Anbetracht der schwierigen Lage jedoch, in welcher ein Verteidiger sich oft beim Kriminalgericht befinde, und damit alles zugunsten der Angeklagten vorgebracht werde, was für ihre Unschuld spräche, habe er den geschätzten Kollegen nicht unterbrechen oder in seiner Verteidigung beschränken wollen. Das gegenwärtige Gesetz, so wie es jetzt bestünde, sei von der Weisheit ihrer Väter gegeben worden, um dem bedrohlichen Fortschritt eines schrecklichen Verbrechens Einhalt zu tun; wenn es in dieser Hinsicht zu streng sein sollte, würde es zweifellos durch die Weisheit der Gesetzgeber abgeändert werden; gegenwärtig jedoch sei es das Gesetz des Landes, die Richtschnur des Gerichts, und gemäß dem Eid, den sie geleistet hätten, müsse es die der Geschworenen sein. Im Fall des unglücklichen Mädchens gäbe es keinen Zweifel; daß sie ein Kind geboren habe und daß dieses Kind verschwunden sei, seien sichere Tatsachen. Dem Herrn Verteidiger sei es nicht gelungen, zu beweisen, daß sie ihren Zustand jemandem entdeckt habe. Alles, was das Gesetz in diesem Fall fordere, sei beigebracht. Der Herr Verteidiger habe verlangt, daß die Aussage der Angeklagten selbst außer Betracht bleiben solle – dieser Einwand werde von Anwälten in seiner Lage gewöhnlich vorgebracht, wenn sie meinten, daß die Aussage ihrer Klienten diese schwer belaste und es an allen anderen Verteidigungsmitteln mangle. Aber das schottische Gesetz bestimme, daß ein gewisses Gewicht auf diese Aussage gelegt werden solle, die, wie er einräume, quodammodo außergerichtlich sei – dies erhelle aus dem allgemeinen Brauch, daß der Ankläger sie immer als einen Teil des Beweismaterials betrachte und sich darauf berufe. Im vorliegenden Fall könne niemand, der die Zeugnisse über das Aussehen des jungen Mädchens, ehe es Saddletrees Haus verlassen habe, mit jenen über ihre Verfassung bei ihrer Rückkehr in das Haus ihres Vaters vergleiche, irgendwelchen Zweifel hegen, daß die Entbindung stattgefunden habe, wie es die Angeklagte in ihrer eigenen Aussage angegeben habe, die deshalb nicht ein vereinzeltes Zeugnis sei, sondern durch die stärksten Indizien bestätigt werde.

Er sage dies jedoch nicht in der Absicht, schloß er, die Geschworenen zu beeinflussen und ihrem Urteil vorzugreifen. Er wäre nicht weniger als sie von dem traurigen Auftritt, dem sie beigewohnt hätten, gerührt worden; und wenn sie es vor Gott und ihrem Gewissen verantworten und mit der Heiligkeit ihres Eides und der schuldigen Rücksicht auf das Gesetz des Landes vereinbaren könnten, zu einem für die unglückliche Angeklagte günstigen Spruch zu kommen, so würde er sich gewiß ebenso darüber freuen wie irgend jemand sonst im Saal; denn nie sei ihm die Ausübung seines Amtes schwerer gefallen als am heutigen Tag, und gern sähe er sich der noch schmerzlicheren Aufgabe enthoben, die seiner sonst harre.

Die Geschworenen verbeugten sich, als der Richter seine Rede geendet hatte, und begaben sich unter Vorantritt eines Gerichtsdieners in das zu ihrer Beratung bestimmte Zimmer.

24. Kapitel

Gesetz, nimm hin dein Opfer! – Möge ihr
der Himmel gnädiger sein als diese Welt!

Es währte eine Stunde, ehe die Geschworenen zurückkehrten, und als sie langsamen Schrittes, wie Menschen, die sich eines schweren und schmerzlichen, verantwortungsvollen Amtes zu entledigen im Begriff sind, durch die Menge dahinschritten, herrschte im ganzen Saal ernstes, tiefes und banges Schweigen.

«Habt Ihr Euren Kanzler bestimmt, meine Herren?» war die erste Frage des Vorsitzenden.

Der Obmann, in Schottland der Kanzler der Jury genannt, gewöhnlich der Angesehenste und Vornehmste der Beisitzer, trat vor und überreichte dem Gericht mit einer tiefen Verbeugung ein versiegeltes Papier, das das Urteil enthielt, das bis in die neuere Zeit, wo die mündliche Abgabe des Spruches in einigen Fällen gestattet ist, immer schriftlich niedergelegt werden mußte. Die Geschworenen blieben stehen, während der Vorsitzende die Siegel erbrach und das Papier, nachdem er es gelesen hatte, mit bekümmerter Miene dem Gerichtsschreiber übergab, der das noch unbekannte Urteil, dessen traurigen Inhalt indessen alle ahnten, zu Protokoll nahm. Eine Formalität blieb noch zu erfüllen, die an sich geringfügig und unbedeutend ist, die aber für die

Einbildungskraft durch die schreckliche Gelegenheit, bei welcher sie gebraucht wird, etwas Schauerliches hat. Eine brennende Kerze wurde auf den Tisch gestellt, die Urschrift des Urteils in einem Umschlag verschlossen, mit des Vorsitzenden eigenem Petschaft versiegelt und dem Kronbeamten übergeben, um unter Urkunden derselben Art aufbewahrt zu werden. All dies vollzieht sich in tiefem Schweigen; das Auslöschen der Kerze erscheint dabei wie ein Gleichnis dafür, daß auch der menschliche Lebensfunke zum Erlöschen verurteilt wird, und hat auf die Zuschauer eine ähnliche Wirkung wie in England das Aufsetzen des Baretts durch den Richter vor der Verkündung des Urteils.

Als diese einleitende Formalität erledigt war, forderte der Richter Euphemia Deans auf, die Verlesung des Urteils zu hören.

Nach den üblichen Eingangsformeln hieß es darin, die Geschworenen hätten den wohlgeborenen Herrn John Kirk zu ihrem Kanzler und den Kaufmann Thomas Moore zu ihrem Schreiber gewählt und mit Stimmenmehrheit Euphemia Deans des angeklagten Verbrechens für *schuldig* befunden; aber in Anbetracht ihrer großen Jugend und der mildernden Umstände ihres Falles bäten sie das Gericht dringend, sie der Gnade des Königs zu empfehlen.

«Meine Herren», sagte der Vorsitzende. «Ihr habt Eure Pflicht erfüllt – eine schmerzliche Pflicht für Menschen, die menschlich empfinden wie Ihr. Ich werde nicht verfehlen, Eure Fürbitte der Krone zu übermitteln. Aber es ist meine Pflicht, darauf hinzuweisen, daß ich in diesem Fall nicht die geringste Hoffnung auf eine Begnadigung habe. Ihr wißt, das Verbrechen des Kindsmordes ist in unserem Land zu häufig vorgekommen, und ich kann hinzufügen, daß man dies der Nachsicht zugeschrieben hat, womit die Gesetze gehandhabt worden sind – es besteht darum wenig Aussicht auf Erlaß oder Milderung der Strafe. Dies glaube ich Euch allen sagen zu müssen, besonders aber jenem unglücklichen Mädchen, damit es sich auf das Unvermeidliche gefaßt macht.»

Die Geschworenen verbeugten sich abermals und zerstreuten sich, aus ihrem peinlichen Amt entlassen, unter der Menge der umstehenden Zuschauer.

Der Gerichtsvorsitzende fragte dann Mr. Fairbrother, ob er irgend etwas dagegen einzuwenden habe, daß die Urteilsverkündung der Verlesung des Spruches folge. Der Anwalt hatte einige Zeit damit zugebracht, den Spruch wieder und wieder zu lesen, die Buchstaben im Namen jedes Geschworenen zu zählen und jedes Wort, nein, jede Silbe sorgfältig auf die Waage der Kritik zu legen. Aber der Schreiber der Geschworenen hatte sein Geschäft nur zu gut verstanden. Kein Formfehler war zu entdecken, und Fairbrother gab bekümmert zu verstehen, daß er nichts vorzubringen habe, um die Verkündung des Urteils zu verhindern.

Der Gerichtsvorsitzende wandte sich darauf an die unglückliche Gefangene: «Euphemia Deans, höre nun, was das Gericht über dich verhängt.»

Gefaßter, als man nach ihrem zeitweiligen Verhalten während der Verhandlung erwarten konnte, erhob sie sich von ihrem Sitz und verharrte so bis zum Schluß der schrecklichen Szene. Denn dem Geist ergeht es ähnlich wie dem Körper: die ersten schweren Schläge, die er erhält, betäuben ihn so, daß er unempfindlich gegen die weiteren wird. Das bezeugte Mandrin, als er gerädert wurde, und das haben alle gefühlt, denen man nacheinander höchst schmerzhafte Strafen zufügte.

«Euphemia Deans», sagte der Richter, «es ist meine traurige Pflicht, Euch zu sagen, daß Euer Leben nach dem Gesetz verwirkt ist und daß diese Strafe, so hart sie auch in manchem Betracht erscheinen mag, es doch sein muß, um all denen, die sich in gleicher und ähnlicher Lage befinden, vor Augen zu führen, welche Gefahr sie laufen, wenn sie aus Stolz oder falscher Scham ihren Fehltritt verhehlen und keine Anstalten treffen, das Leben der unglücklichen Kinder zu retten, die sie zur Welt bringen. Als Ihr Eurer Herrin, Eurer Schwester und anderen würdigen und mitfühlenden Personen Eures eigenen Geschlechts, die Euch wegen Eures früheren Wandels wohlgesinnt waren, verhehltet, daß Ihr schwanger wart, habt Ihr nach meinem Dafürhalten bereits auf den Tod des hilflosen Geschöpfs gesonnen, für dessen Leben Ihr Vorsorge zu treffen versäumtet. Was mit dem Kind geschehen ist, wer es beseitigt hat – Ihr oder ein anderer – und ob die ungewöhnliche Geschichte, die Ihr erzählt habt, teilweise oder völlig falsch ist, das müßt Ihr mit Gott und Eurem Gewissen ausmachen. Ich will bei diesem Gegenstand nicht länger verweilen, um Euren Kummer nicht noch zu vergrößern; aber ich beschwöre Euch feierlich, die Spanne Zeit, die Euch bleibt, zu nutzen, um Euren Frieden mit Gott zu machen, zu welchem Zweck ein ehrwürdiger Geistlicher, den Ihr Euch selbst wählen könnt, Zutritt zu Euch haben soll. Trotz der Fürbitte der Geschworenen kann ich Euch bei der gegenwärtigen Lage im Land nicht die geringste Hoffnung machen, daß Euer Leben über die Zeit hinaus verlängert werden wird, die für die Vollstreckung des Urteils vorgesehen ist. Laßt daher alle Gedanken an das Irdische fahren, bereitet Euch durch Reue und Buße auf ernstere und wichtigere Dinge vor: Tod, Gericht und Ewigkeit. – Doomster, verlest den Spruch!» *

Als der Doomster sich zeigte, eine lange, hagere Gestalt, gekleidet in ein seltsames Gewand aus grauem und schwarzem Stoff mit Silberlitzen, wichen alle mit einem unwillkürlichen Schauder zurück und ließen ihm eine breite Gasse bis zum Fußende des Tischs. Da dieses Amt vom Henker ausgeübt wurde, drängten sich die Menschen zusammen, um selbst die leiseste Berührung mit ihm zu vermeiden, und einige Leute sah man sogar ihre Kleider abwischen, die er zufällig gestreift hatte. Gepreßten Atems und in banger Scheu harrte die Versammlung dessen, was nun kommen sollte. Der elende Schurke schien indessen bei all seiner Herzensroheit nicht so verhärtet zu sein, daß er

* s. Anm. XIV «Doomster oder Dempster des Gerichts».

nicht gespürt hätte, wie sehr er der Gegenstand des allgemeinen Abscheus war; nur widerwillig verweilte er in der Öffentlichkeit, wie Unheilsvögel das Tageslicht und die reinen Lüfte meiden.

Dem Gerichtsschreiber nachsprechend, rasselte er die Worte des Urteilsspruches herunter, wonach Euphemia Deans als Gefangene in das Gefängnis von Edinburgh zurückgebracht und dort in Gewahrsam gehalten werden sollte, bis Mittwoch, den... des Monats..., an welchem Tag sie zwischen zwei und vier Uhr des Nachmittags an den gewöhnlichen Ort der Hinrichtung überführt und dort an einem Galgen vermittels Hängens vom Leben zum Tod gebracht werden solle. «Und dies», sagte der Doomster, seine rauhe Stimme erhebend, «*von Rechts wegen.*»

Als er die letzten Worte mit großem Nachdruck gesprochen hatte, verschwand er wie ein böser Geist, wenn er den Zweck seiner Heimsuchung erreicht hat. Aber noch immer lastete der Eindruck, den seine Gegenwart und seine Botschaft gemacht hatten, wie ein Alp auf den Herzen der Zuhörer.

Die unglückliche Verbrecherin – denn so muß sie nun genannt werden –, empfänglicheren und reizbareren Gemüts als ihr Vater und ihre Schwester, zeigte doch in diesem Augenblick, daß auch sie nicht wenig Mut besaß. Während das Urteil verkündet wurde, stand sie regungslos vor der Schranke – man bemerkte nur, daß sie die Augen schloß, als der Doomster erschien. Aber sie war die erste, die das Schweigen brach, als diese unheimliche Gestalt verschwunden war.

«Gott vergeb Euch, meine Herren», sagte sie. «Und zürnt mir nicht, daß ich dies sage – wir alle brauchen Vergebung. Was mich angeht, so kann ich Euch nicht tadeln, denn Ihr handelt nach Eurer Einsicht – und wenn ich auch mein armes Kind nicht getötet habe, so können alle, die es heute mit angesehen haben, bezeugen, daß ich das Werkzeug gewesen bin, meinen grauköpfigen Vater zu töten. Ich verdiene das

Schlimmste von Menschen und auch von Gott. Aber Gott ist barmherziger gegen uns, als wir es gegeneinander sind.»

Damit war die Gerichtsverhandlung geschlossen. Die Menge strömte, sich drängend und sich stoßend, aus dem Saal, ebenso lärmend, wie sie hereingekommen war; und bei der rohen Erregung vergaßen die rohen Gemüter bald den Eindruck, den das erschütternde Schauspiel, dem sie beigewohnt hatten, vorübergehend auf sie gemacht hatte. Diejenigen Zuschauer, die durch Gewohnheit oder Beruf gegen das Elend solcher Szenen bereits abgestumpft waren wie Ärzte gegen die Schrecken einer Operation, gesellten sich gruppenweise zueinander und erörterten auf dem Heimweg das Gesetz, auf Grund dessen das junge Mädchen verurteilt worden war, die Beweise des Staatsanwalts wie des Verteidigers, und verschonten selbst den Vorsitzenden nicht mit ihrer Kritik.

Die mitleidigeren weiblichen Zuschauer ergingen sich in lauten Auslassungen über jene Worte des Vorsitzenden, womit er versucht hatte, jede Hoffnung auf Begnadigung von vornherein abzuschneiden.

«Sich da hinzustellen», sagte Mrs. Howden, «und uns zu sagen, das arme Ding müsse sterben, wenn Mr. John Kirk, ein so angesehener Mann wie nur einer in der Stadt, sich herbeiläßt, selber für sie zu bitten.»

«Ei, aber Nachbarin», sagte Miss Damahoy, indem sie ihre schmächtige Gestalt zur vollen Höhe jungfräulicher Würde emporreckte, «ich sollte doch meinen, dem unnatürlichen Treiben, Wechselbälge in die Welt zu setzen, müsse ein Ende gemacht werden. Man kann ja kein Mädchen unter dreißig mehr ins Haus nehmen, ohne daß nicht gleich die Kerle – Schreiber, Ladenschwengel und was nicht alles – hinter ihr her sind, um sie ins Unglück und obendrein einem selbst das eigene ehrbare Haus in Verruf zu bringen. – Nein, ich habe keine Nachsicht mit ihnen!»

«Ach was, Nachbarin», entgegnete Mrs. Howden, «leben und leben lassen! Wir sind auch mal jung gewesen und müssen nicht immer gleich das Schlimmste denken, wenn Burschen und Mädchen zusammenkommen.»

«Jung gewesen? Das Schlimmste denken?» wiederholte Miss Damahoy. «So alt bin ich eben noch nicht, Mrs. Howden, und was Ihr das Schlimmste nennt, so weiß ich – dem Himmel sei Dank! – nichts davon, weder Gutes noch Schlimmes.»

«Ihr könntet ihm auch für was Besseres danken», versetzte Mrs. Howden und warf den Kopf zurück. «Und was Eure Jahre angeht – so ein Küken seid Ihr auch grade nicht mehr –, soviel ich weiß, wart Ihr bei der letzten schottischen Parlamentssitzung schon selbständig – und das war Anno sieben.»

Mr. Plumdamas, der die beiden streitbaren Damen in seinen ritterlichen Schutz genommen hatte, sah die Gefahr, solche delikaten Punkte der Zeitbestimmung zu erörtern, und da er ein Freund des Friedens und der guten Nachbarschaft war, beeilte er sich, das Gespräch wieder auf den ursprünglichen Gegenstand zu lenken.

«Der Richter», begann er, «sagte uns nicht alles, was er uns hätte sagen können, wenn er gewollt hätte, Nachbarinnen; ich meine, wegen des Gnadengesuchs. Da gibt's immer noch eine Hintertür. Aber die Gerichtsleute machen gern ein Geheimnis daraus.»

«Woraus – woraus, Nachbar Plumdamas?» riefen Mrs. Howden und Miss Damahoy wie aus einem Mund – so sehr wurde der saure Gärstoff ihres Streits mit einemmal durch die mächtige Base des Wortes «Geheimnis» neutralisiert.

«Mr. Saddletree hier kann Euch das besser sagen als ich, denn von ihm weiß ich's», erwiderte Plumdamas, als Saddletree herankam, seine Frau am Arm, die sehr niedergeschlagen aussah.

Als man ihn nach seiner Ansicht fragte, blickte er sehr verächtlich drein.

«Da reden sie davon, sie wollen der Häufigkeit des

Kindsmordes Einhalt tun», sagte er wegwerfend, «meint Ihr denn, unsere alten Feinde in England, wie Glendook sie immer in seinem gedruckten Gesetzbuch nennt, kümmerten sich einen Pfifferling darum, ob wir einander umbringen – Mann, Weib, Kind und Kegel und alle samt und sonders, omnes et singulos, wie Mr. Crossmyloof sagt? Nein, nein, *das* ist es nicht, was sie abhält, das arme Ding zu begnadigen. Sondern der König und die Königin sind so aufgebracht über die Porteous-Geschichte, daß sie den Teufel tun, aber keinem ehrlichen Schotten jemals wieder Gnade angedeihen lassen – sei es Straferlaß oder Strafmilderung –, und wenn die ganze Stadt Edinburgh an einem Strick hängen müßte. Da liegt der Hase im Pfeffer!»

«Zum Kuckuck», sagte Mrs. Howden, «wären sie doch wieder in ihrem deutschen Kohlgarten, wie's mein Nachbar MacCroskie nennt, wenn sie uns so regieren wollen.»

«Man sagt für gewiß», bemerkte Miss Damahoy, «daß König George seine Perücke ins Feuer geworfen hat, als er von dem Porteous-Lärm erfuhr.»

«Er hat's schon aus nichtigerem Anlaß getan, heißt es», erwiderte Saddletree.

«Ei, ei», sagte Miss Damahoy, «er sollte sich in seinem Ärger nicht so gehenlassen – aber um so besser für seinen Perückenmacher, dafür stehe ich!»

«Die Königin soll in größter Wut ihre Haube zerrissen haben – Ihr habt gewiß auch davon gehört», setzte Plumdamas hinzu. «Und der König, sagt man, habe Sir Robert Walpole einen Tritt versetzt, weil er den Pöbel von Edinburgh nicht besser im Zaum hielt. Aber ich kann nicht glauben, daß er sich so unmanierlich benommen hat.»

«Doch, doch, das ist bestimmt wahr», sagte Saddletree, «und er wollte auch dem Herzog von Argyle* einen Tritt geben.»

«Dem Herzog von Argyle einen Tritt geben!» riefen die

* s. Anm. XV «Herzog John von Argyle und Greenwich».

Hörer wie aus einem Mund, doch in den verschiedensten Tönen höchsten Entsetzens.

«Ja, aber MacCallummores Blut hätte sich das nicht bieten lassen; der König hätte riskiert, daß er mit Andro Ferrara Bekanntschaft gemacht hätte.»

«Der Herzog ist ein echter Schotte – er meint's gut mit dem Land», antworteten Saddletrees Hörer.

«Ja, freilich, treu ist er beiden, dem König und dem Land, wie Ihr gleich hören sollt», fuhr der Redner fort, «wenn Ihr ein wenig mit hereinkommt, denn von solchen Dingen spricht man am besten inter parietes.»

Als die Gesellschaft Saddletrees Laden betrat, schickte er sogleich den Lehrburschen fort, schloß sein Schreibpult auf und entnahm ihm mit wichtiger, selbstgefälliger Miene ein schmutziges und zerknittertes bedrucktes Blatt Papier.

«Ganz nagelneu», bemerkte er dazu, «nicht jeder könnte Euch dergleichen zeigen. Des Herzogs Rede über den Porteous-Aufruhr, gerade eben erst durch die fliegenden Händler verbreitet. Hört, was Ian Roy Cean* selbst sagt. Ein Geschäftsfreund von mir hat das Blatt im Schloßhof gekauft, gerade unter des Königs Nase. – Er gibt's ihnen tüchtig! – Es kam in einem Brief wegen eines lächerlichen Wechsels, den der Mann verlängert haben will. Du solltest doch einmal danach sehen, Frau.»

Die gute Mrs. Saddletree war bisher so aufrichtig bekümmert über das Schicksal ihres unglücklichen Schützlings gewesen, daß sie ihren Gemahl hatte gewähren lassen, ohne darauf zu achten, was er sagte. Die Worte «Wechsel» und «verlängern» indessen ließen sie aufhorchen; sie riß ihrem Mann den Brief, den er ihr hinhielt, aus der Hand, wischte sich die Augen, setzte ihre Brille auf und bemühte sich, so gut es das sich auf den Gläsern sammelnde Naß erlauben

* Roter John, der Krieger – in den Hochlanden Personen- und Eigenname für Herzog John von Argyle und Greenwich, wie MacCummin der seines Geschlechtes oder seiner Würde war.

wollte, sich über den wesentlichsten Inhalt des Briefs zu unterrichten, während ihr Mann, sich in die Brust werfend, einen Auszug aus der Rede vorlas.

«Ich bin kein Minister, ich war niemals Minister, und ich werde niemals einer sein...»

«Ich wußte gar nicht, daß man Seiner Gnaden zugemutet hat, zu ministrieren», unterbrach ihn Mrs. Howden. «Ich denke, Ministranten...»

«Minister, Minister – nicht Ministrant, Mrs. Howden! Staats-, nicht Kirchendiener!» sagte Saddletree mit wohlwollender Herablassung und fuhr dann fort: «Es gab eine Zeit, wo ich so etwas wie ein Minister hätte werden können; aber ich war mir zu sehr bewußt, daß ich mich nicht zu einem Staatsamt eigne. Und ich danke Gott, daß ich die geringen Anlagen und Fähigkeiten, welche die Natur mir gegeben hat, doch immer zu hoch geachtet habe, um mich so weit zu erniedrigen, irgendeine knechtische Arbeit oder sonst ein schmutziges Werk zu verrichten. Ich habe, seit ich in die Welt hinauskam (und ich glaube, wenige kamen früher hinaus als ich), meinem Fürsten mit meiner Zunge gedient, ich habe ihm gedient mit dem geringen Einfluß, den ich besaß, und ich habe ihm als Soldat mit meinem Schwert gedient. Ich habe Ämter bekleidet, die ich wieder verlor, und würde ich morgen derjenigen beraubt, die mir noch geblieben sind und deren wert zu sein ich mich bemüht habe, so würde ich ihm doch dienen – bis zur letzten Scholle meines Erblandes, ja bis zum letzten Blutstropfen.»

Hier fiel Mrs. Saddletree dem Vorleser ins Wort: «Saddletree, was soll das alles heißen? Du schwatzt hier vom Herzog von Argyle, und dieser Kerl, der Martingale, macht derweil Bankrott und betrügt uns um gute 60 Pfund! Ich möchte wissen, welcher Herzog uns die ersetzen wird, he? Ich wollte nur, der Herzog von Argyle bezahlte seine eigenen Rechnungen. Er steht auch noch mit 1000 Schottischen Pfund bei uns in der Kreide, seit er zuletzt in Roystoun war. – Ich will nichts gegen ihn gesagt haben, denn er ist ein echter Edelmann, und das ist so gut wie bares Geld. Aber man muß ja verrückt werden bei alldem Geschnatter hier von Hinz und Kunz – und oben sitzen die armen Leute – Jeanie Deans und ihr Vater. Und obendrein noch den Bengel, der die Schwanzriemen näht, aus dem Laden zu schicken, daß er sich draußen mit den Straßenjungens rumtreibt! – Bleibt nur sitzen, Nachbarn, ich will euch nicht stören; aber mein Mann ist rein verrückt mit seinen Gerichtshöfen und Staatshöfen und Ober- und Unterhäusern und Parlamenten hier und in London.»

Die Gevattersleute wußten zu wohl, was Anstand und Sitte hiernach erheischten, um sich von der lahmen Aufforderung am Schluß der Rede zurückhalten zu lassen; sie nahmen daher so schnell wie möglich Abschied; wobei Saddletree Plumdamas zuflüsterte, er würde ihn zum Abendschoppen «bei MacCroskie» (der schon erwähnten Schenke am Lawnmarket) treffen, «und MacCallummores Rede mitbringen – trotz allen Weibergekeifs».

Als Mrs. Saddletree so ihre lästigen Besucher losgeworden war und das Lehrbürschchen von seinem Spiel auf der Straße wieder zur Arbeit mit der Ahle zurückgerufen hatte, ging sie, um nach ihren unglücklichen Verwandten, David Deans und seiner ältesten Tochter, zu sehen, die in ihrem Haus die erste freundliche Zuflucht gefunden hatten.

25. Kapitel

Isabella:	Ach, welch arme Fähigkeit besitz' ich, ihm noch zu helfen?
Lucio:	Eure Macht versucht!

Maß für Maß

Als Mrs. Saddletree das Zimmer betrat, wohin ihre Gäste sich mit ihrem Jammer zurückgezogen hatten, fand sie das Fenster verdunkelt. Die Schwäche, die seiner langen Ohnmacht gefolgt war, hatte es nötig gemacht, den alten Mann ins Bett zu bringen. Die Vorhänge waren zugezogen, und Jeanie saß regungslos neben dem Bett. Mrs. Saddletree besaß viel Gutmütigkeit, ja Gutherzigkeit, aber wenig Zartgefühl. Sie öffnete den halbgeschlossenen Fensterladen, zog den Bettvorhang zurück, faßte ihren Verwandten bei der Hand und ermahnte ihn, sich aufzuraffen und seinen Kummer wie ein wackerer Mann und Christ zu tragen. Aber als sie seine Hand losließ, fiel sie kraftlos auf die Decke. Auch gab er keine Antwort, noch machte er den geringsten Versuch dazu.

«Ist alles vorbei», fragte Jeanie mit aschgrauen Lippen und Wangen, «und gibt es keine Hoffnung mehr für sie?»

«Keine oder so gut wie keine», erwiderte Mrs. Saddletree. «Ich hörte es den Kerl, den Richter, mit meinen eigenen Ohren sagen. – Eine Sünde und Schande, wahrhaftig, wenn man sieht, wie viele da in ihren roten und schwarzen Roben rumsitzen, bloß, um einem armen, einfältigen Ding das Lebenslicht auszublasen. – Ich habe nie viel von meines Mannes

Gevattersleuten gehalten, und jetzt sind sie mir vollends zuwider. Das einzig vernünftige Wort hat noch der brave Mr. John Kirk von Kirkknowe gesprochen – er sagte, sie sollten des Königs Gnade anrufen und weiter nichts. Aber er predigte tauben Ohren – er hätte seinen Atem sparen können und lieber auf seine Suppe pusten.»

«*Kann* der König sie denn begnadigen?» fragte Jeanie eifrig. «Man sagte mir, er könne es nicht in Fällen von Mor – in Fällen wie der ihrige.»

«Ob er's kann, Mädchen? Freilich kann er's, wenn er will. Da war der junge Singlesword, der den Grafen von Ballencleuch erstach, und Hauptmann Hackum, der Engländer, der Lady Colgrains Mann umbrachte, und Herr von Saint Clair, der die beiden Shaws erschoß, und viele andere zu meiner Zeit – gewiß, sie waren von Adel und hatten ihre Sippe, die für sie eintrat. Und da war Jock Porteous neulich. – Gnade gibt's schon, dafür steh ich dir, wenn man nur drankäme.»

«Porteous?» sagte Jeanie. «Ja, das ist wahr. Ich vergesse alles, woran ich am meisten denken sollte. – Lebt wohl, Mrs. Saddletree, und möge es Euch nie an einem Freund in der Not fehlen!»

«Willst du denn nicht lieber bei deinem Vater bleiben, Jeanie, Kind?» fragte Mrs. Saddletree.

«Ich werde wohl dort drüben nötig sein», sie zeigte nach dem Tolbooth, «und ich muß ihn jetzt verlassen, sonst kann ich es nie mehr. Ich fürchte nicht für sein Leben – ich weiß, wie stark sein Herz ist. Ich weiß es», sagte sie, die Hand auf die Brust legend, «an meinem eigenen in diesem Augenblick.»

«Gut, Kind; und wenn du meinst, so ist's wohl besser, er bleibt noch hier und erholt sich, als daß er nach St. Leonard's zurückgeht.»

«Viel besser, viel besser. – Gott segne Euch, Gott segne Euch! – Laßt ihn auf keinen Fall fort, eh Ihr von mir hört», sagte Jeanie.

«Aber du kommst doch bald wieder?» fragte Mrs. Saddletree, sie zurückhaltend. «Du wirst dich nicht lange drüben aufhalten dürfen, Kind.»

«Ich muß dann gleich nach St. Leonard's. Es ist viel zu tun, und ich habe wenig Zeit. Ich muß auch noch zu Bekannten. – Gott segne Euch, und – sorgt für meinen Vater.»

Sie hatte schon die Tür des Zimmers erreicht, als sie plötzlich umkehrte und vor dem Bett hinkniete. «O Vater, gib mir deinen Segen. Ich kann nicht gehen, eh du mich segnest. Sag nur: ‹Gott segne und behüte dich, Jeanie!› Versuche es zu sagen!»

Mehr aus unwillkürlichem Antrieb als bewußtem Willen murmelte der alte Mann ein Gebet, «daß der Segen der Verheißung vielfältig auf ihr ruhen möge».

«Er hat mein Vorhaben gesegnet», sagte seine Tochter, sich von den Knien erhebend, «und es ist mir, als müsse es mir gelingen.»

Damit verließ sie das Zimmer.

Mrs. Saddletree sah ihr nach und schüttelte den Kopf. «Wenn sie nur nicht närrisch wird, das arme Ding. Die Deans sind alle ein bißchen wunderlich. Es ist nichts, wenn man soviel besser sein will als andere Leute, es kommt selten was Gutes dabei raus. Aber wenn sie geht, um nach den Kühen in St. Leonard's zu sehen, so ist das was anderes – die müssen freilich versorgt werden. – Grizzie, komm rauf und gib acht auf den alten braven Mann und sieh zu, daß es ihm an nichts fehlt. Du einfältiges Ding», sagte sie zu dem eintretenden Dienstmädchen, «wozu hast du dich denn so aufgetakelt? Ich denke, der heutige Tag sollte euch allen eine Lehre sein – ihr seht ja, was bei dem Firlefanz rauskommt...» und so weiter und so weiter.

Wir lassen die gute Frau ihre Strafpredigt gegen weltliche Eitelkeit fortsetzen und führen den Leser in die Zelle, in der die unglückliche Effie Deans nun eingekerkert ist, mehrerer Vergünstigungen beraubt, die sie genossen hatte, ehe der Urteilsspruch verkündet worden war.

Sie hatte etwa eine Stunde im Zustand dumpfer Betäubung zugebracht, wie das in ihrer Lage natürlich war, als das Klirren der Schlösser und Riegel ihres Kerkers sie aufschreckte und Ratcliffe sich zeigte.

«Eure Schwester ist da», sagte er, «sie will Euch sprechen, Effie.»

«Ich kann niemand sehen», sagte Effie mit der ihr eigenen schnellen Reizbarkeit, die durch das Elend noch zugenommen hatte. «Ich kann niemand sehen – und am wenigsten sie. Sagt ihr, sie soll für den alten Mann sorgen. Ich bin ihnen nichts, und sie sind mir auch nichts.»

«Sie sagt, sie muß Euch aber sprechen», sagte Ratcliffe, und schon stürzte Jeanie herein und schlang die Arme um den Hals ihrer Schwester, die sich sträubte und aus ihrer Umarmung loszumachen suchte.

«Was hilft's, daß du kommst und weinst», sagte die arme Effie, «wo du mich getötet hast – getötet, wo ein Wort aus deinem Mund mich gerettet hätte –, getötet, wo ich unschuldig bin – unschuldig wenigstens an jenem Verbrechen. Und ich hätte Leib und Seele darangesetzt, nur deinen kleinen Finger vor Schaden zu bewahren!»

«Du sollst nicht sterben», sagte Jeanie fest und zuversichtlich, «sag von mir, was du willst, denk von mir, was du willst, nur versprich mir – denn ich fürchte dein stolzes Herz –, daß du dir kein Leid antust, und du sollst nicht dieses schimpflichen Todes sterben.»

«Eines *schimpflichen* Todes will ich nicht sterben, Jeanie! Mein Herz ist einmal zu schwach gewesen – doch es erträgt keine Schmach. – Geh heim zu unserem Vater und denk meiner nicht mehr. Ich habe die letzte irdische Speise genossen.»

«O Gott, dies war's, was ich fürchtete!» rief Jeanie.

«Papperlapapp, Mädchen!» sagte Ratcliffe. «Davon versteht Ihr nichts. Im ersten Schreck wollen sie sich immer alle was antun, aber dann warten sie doch die sechs Wochen ab. Ich kenne mich darin aus; ich habe dem Graukittel schon dreimal gegenübergestanden – na, und Jim Ratcliffe ist immer noch da. Hätte ich gleich das erste Mal mein Halstuch fest zugeschnürt, wie ich große Lust hatte – und dabei war's um weiter nichts als einen kleinen Grauschimmel, keine 10 Pfund wert –, wo wäre ich jetzt?»

«Und wie kamt Ihr frei?» fragte Jeanie; denn dieser Mann, der ihr erst so verhaßt gewesen, erweckte plötzlich ihre Anteilnahme wegen der Ähnlichkeit seines Schicksals mit dem ihrer Schwester.

«*Wie* ich freikam?» fragte Ratcliffe mit einem listigen Augenzwinkern. «Ei nun, so wie ich wird's niemand – wenigstens nicht hier aus diesem Gefängnis, solange ich die Schlüssel führe.»

«Meine Schwester soll bei hellem Tag herauskommen», sagte Jeanie, «ich will nach London gehen und den König und die Königin um Gnade für sie bitten. Wenn sie Porteous begnadigt haben, können sie sie auch begnadigen; wenn eine Schwester auf ihren Knien um das Leben ihrer Schwester bittet, *werden* sie sie begnadigen, *müssen* sie sie begnadigen – und tausend Herzen werden sie dadurch gewinnen.»

Effie horchte in starrem Erstaunen, und so stark war die schwärmerische Zuversicht ihrer Schwester, daß ein schwacher Hoffnungsstrahl in ihr aufdämmerte; doch erlosch er sogleich wieder.

«Ach, Jeanie! Der König und die Königin wohnen in London, tausend Meilen von hier – weit, weit jenseits der See. Ich werde längst tot sein, eh du hinkommst!»

«Du irrst», sagte Jeanie, «es ist nicht so weit, und man kann zu Land hinkommen; ich weiß es – Reuben Butler hat es mich gelehrt.»

«Ach, Jeanie! Du lerntest immer nur Gutes von den Menschen, mit denen du umgingst, aber ich – ich ...» Sie rang die Hände und weinte bitterlich.

«Denke jetzt nicht daran», sagte Jeanie, «laß das, bis wir diese Zeit erst hinter uns haben. – Leb wohl! – Wenn ich nicht unterwegs sterbe, werde ich das Antlitz des Königs sehen, der Gnade spenden kann. – O Herr», sagte sie zu Ratcliffe, «seid gut zu ihr. Sie wußte bis jetzt nicht, was es heißt, eines Fremden Güte nötig zu haben. – Leb wohl, leb wohl, Effie! Sprich nicht zu mir! Ich darf jetzt nicht weinen – mir schwindelt der Kopf schon allzusehr!»

Sie riß sich aus den Armen ihrer Schwester und verließ die Zelle. Ratcliffe ging ihr nach und winkte ihr, ihm in einen kleinen Raum zu folgen. Sie gehorchte, wenn auch nicht ohne Zagen.

«Was das dumme Ding zittert!» sagte er. «Ich meine es ja nur gut mit Euch. Gottverdammich – ich acht Euch, ich kann nicht anders! Ihr habt so viel Schneid, verdammt, ich denk beinah, das Ding muß Euch glücken. Aber Ihr müßt nicht eher zum König gehen, als bis Ihr Euch jemand zum Freund gemacht habt; wendet Euch an den Herzog, an MacCallummore, er ist Schottlands Freund. Ich weiß, die hohen Herrschaften mögen ihn nicht sonderlich leiden – aber sie fürchten ihn, und das ist für Euren Zweck geradesogut. Kennt Ihr niemand, der Euch einen Brief an ihn mitgeben kann?»

«Der Herzog von Argyle?» fragte Jeanie, sich plötzlich besinnend. «Ist er mit dem Argyle verwandt, der zu meines Vaters Zeit während der Verfolgung hingerichtet wurde?»

«Er ist sein Sohn oder Enkel, glaub ich», sagte Ratcliffe, «warum fragt Ihr?»

«Gott sei Dank!» sagte Jeanie, indem sie fromm die Hände faltete.

«Ihr Whigs habt immer Gott für irgendwas zu danken», sagte der Gauner. «Aber hör mal, Mädchen, ich will dir ein Geheimnis anvertrauen. Du triffst vielleicht allerhand wilde Gesellen auf der Grenze oder im Mittelland, eh du nach London kommst. Aber auch der Ärgste darunter tut keinem Bekannten von Vater Rat was zuleide; denn wenn ich auch mein altes Gewerbe jetzt aufgegeben habe, so wissen sie doch, ich kann ihnen noch manch Gutes oder Schlimmes antun. Und verdammt, jeder brave Kerl, der nur zwölf Monate das

Handwerk getrieben hat – sei er nun Schniffer oder Scharfhändler*–, kennt meine Fleppe** ebensogut wie die Zinke*** von irgendeinem Bschiderich**** in England – aber das ist Griechisch für Euch, wie?»

Es war in der Tat völlig unverständlich für Jeanie Deans, die nur darauf brannte, von hier wegzukommen. Er kritzelte hastig ein paar Zeilen auf ein schmutziges Stückchen Papier, reichte es ihr hin und sagte, als sie zauderte, es zu nehmen: «Nun, zum Teufel! Es wird Euch nicht beißen, Mädchen – nützt es nichts, so schadet's doch nichts. Zeigt es nur vor, wenn Ihr mit den Dienern des heiligen Niklas Händel bekommt.»

«Ach», sagte sie, «ich verstehe nicht, was Ihr meint!»

«Ich meine, wenn Ihr unter die Räuber fallt, mein Schätzchen – das ist eine Wendung aus der Bibel, wenn's denn durchaus eine sein muß. Auch der Verwegenste kennt meine Klaue. Aber nun fort mit Euch – und steckt Euch hinter Argyle. Wenn einer das Ding drehen kann, ist er's.»

Nach einem ängstlichen Blick auf die vergitterten Fenster und geschwärzten Mauern des alten Stadtgefängnisses und einem anderen, kaum weniger schmerzlichen auf das gastfreundliche Haus von Mrs. Saddletree wandte Jeanie jenem Stadtviertel den Rücken und bald danach der Stadt selbst. Sie erreichte die St. Leonard's Crags, ohne jemandem, den sie kannte, zu begegnen, was sie in ihrer gegenwärtigen Gemütsverfassung als eine große Wohltat empfand. Ich muß alles vermeiden, dachte sie unterwegs, was mein Herz erweichen und schwach machen kann. Es ist ohnehin viel zu schwach und weich für das, was ich zu tun habe. Ich will so standhaft denken und handeln, wie ich kann, und so wenig wie möglich sprechen.

* Dieb oder Räuber.
** Paß.
*** Siegel.
**** Amtmann, Friedensrichter.

Eine alte Häuslerin, die lange Jahre bei den Deans Magd gewesen war und volles Vertrauen verdiente, wohnte ganz in der Nähe. Jeanie ließ diese treue Alte kommen, erklärte ihr, daß sie in Angelegenheiten ihrer Familie eine Reise unternehmen müsse, die sie einige Wochen von Zuhause fernhalten würde, und trug ihr auf, während ihrer Abwesenheit für den Haushalt zu sorgen. Sie gab ihr die genauesten Anweisungen und schrieb ihr – mit einer Umsicht, über die sie sich selber später verwunderte – bis ins einzelne alles vor, was geschehen müsse, besonders was zur Bequemlichkeit ihres Vaters notwendig war. Gewiß würde er bald nach St. Leonard's zurückkommen – sagte sie –, vielleicht schon morgen, alles müsse dann in Ordnung sein. Er habe schon Herzeleid und Kummer genug und man dürfe ihn nicht auch noch mit irdischen Sorgen beschweren.

Inzwischen war sie mit May Hettly geschäftig, nichts unerledigt zu lassen.

Erst tief in der Nacht waren sie mit ihrer Arbeit fertig, und als sie etwas genossen hatten – das erste, was Jeanie an diesem ereignisreichen Tag zu sich nahm –, fragte May Hettly ihre junge Herrin, ob sie nicht die Nacht bei ihr bleiben solle?

«Es war ein böser Tag für Euch», sagte sie, «und Kummer und Furcht sind schlechte Gesellschafter in schlaflosen Nächten, wie ich Euren Vater selber habe sagen hören.»

«Freilich sind es schlechte Gesellschafter», sagte Jeanie, «aber ich muß ihre Gegenwart ertragen lernen, und 's ist besser, ich fange damit hier im Haus an als draußen unter freiem Himmel.»

Sie entließ also ihre bejahrte Helferin – denn so gering war der Standesunterschied zwischen beiden, daß wir May kaum eine Dienerin nennen können – und ging daran, einige Vorbereitungen zu ihrer Reise zu treffen.

Die Einfachheit ihrer Erziehung und heimischen Sitte machte diese Vorbereitungen sehr kurz und leicht. Ihr Plaid diente ihr zugleich als Mantel und Schirm, ein kleines Bündel enthielt die nötigste Wäsche zum Wechseln. Auch ihre geputzten Schuhe und zwei Paar schneeweiße Strümpfe packte sie mit ein, um sie für besonders feierliche Gelegenheiten aufzuheben, denn ohne Schuhe, wie Sancho sagt, war sie zur Welt gekommen, und ohne Schuhe gedachte sie ihre Pilgerfahrt zu vollenden. Sie wußte nicht, daß die englische Gewohnheit, mit Komfort zu reisen, mit dem Barfußgehen den Begriff des äußersten Elends verbindet; und wenn man ihr vorgeworfen hätte, eine derartige Sitte verstoße gegen die Sauberkeit, so würde sie sich damit gerechtfertigt haben, daß ein schottisches Mädchen, das etwas auf sich hält, sich mit mohammedanischer Gewissenhaftigkeit häufigen Waschungen unterzieht. Soweit war alles bereit.

Aus einem eichenen Schreibpult oder -schrank, worin ihr Vater außer seinen gewöhnlichen Abrechnungen und Quittungen auch einige alte Bücher und etliche Bündel Schriftsachen aufbewahrte, kramte sie unter einem Haufen von Predigtauszügen, Zinsberechnungen, «Letzten Worten» sterbender Glaubenshelden und dergleichen einige Papiere hervor, die ihr vielleicht bei ihrem Vorhaben von Nutzen sein konnten. Allein die größte Schwierigkeit blieb noch zu überwinden – und sie dachte erst in diesem Augenblick daran –, diese Schwierigkeit war der Mangel an Geld, ohne das sie eine solch weite Reise unmöglich unternehmen konnte.

David Deans war, wie wir gesagt haben, wohlhabend und für seine Verhältnisse sogar reich. Aber sein Vermögen bestand gleich dem der alten Patriarchen in seiner Herde und in einigen Summen, die er auf Zinsen an Nachbarn oder Verwandte ausgeliehen hatte, die, weit entfernt, von der Hauptsumme etwas abtragen zu können, vielmehr meinten, sie täten alles, was sie schuldig wären, wenn sie mit Ach und Krach «den jährlichen Zins» entrichteten. Es wäre daher vergeblich gewesen, sich an diese Schuldner zu wenden, selbst mit ihres Vaters Einwilligung; auch konnte sie nicht hoffen, seine Einwilligung dazu oder irgendwelchen Beistand von ihm ohne langwierige Auseinandersetzungen und Erklärungen zu erlangen, die, wie sie fühlte, sie ganz der Kraft berauben würden, den Schritt zu unternehmen, der, wie gefährlich und gewagt er auch sein mochte, doch unbedingt notwendig war, wenn sie das letzte Mittel zur Rettung ihrer Schwester nicht unversucht lassen wollte. Ohne daß es ihrer kindlichen Verehrung Abbruch getan hätte, war Jeanie insgeheim davon überzeugt, daß die Ansichten ihres Vaters, wie aufrecht, ehrenhaft und rechtschaffen sie auch sein mochten, zuwenig dem Geist der Zeit entsprachen, als daß er die Maßregeln, die in diesem schicksalhaften Augenblick ergriffen werden mußten, hätte richtig beurteilen können. Sie selbst – von nicht weniger aufrechter Gesinnung, doch schmiegsamer in ihrem Verhalten – fühlte, daß seine Einwilligung zu ihrer Wanderschaft erbitten Gefahr laufen hieße, sein strenges Verbot herauszufordern, und ohne seine Zustimmung, glaubte sie, könne ihre Reise weder in ihrem Verlauf noch Ergebnis gesegnet sein. Demzufolge hatte sie auf Mittel gesonnen, durch welche sie ihm erst nach ihrer wirklichen Abreise ihr Unternehmen und seinen Zweck mitteilen könnte. Ohne diese Anordnung zu ändern und damit die ganze Reise in Frage zu stellen, konnte sie sich indessen nicht wegen des Reisegeldes an ihn wenden; finanzielle Unterstützung von dieser Seite kam daher nicht in Betracht.

Es fiel Jeanie nun ein, daß sie sich mit Mrs. Saddletree darüber hätte beraten können. Aber abgesehen von dem Zeitverlust, der entstehen würde, wenn sie jetzt noch ihren Beistand anrufen wollte, widerstrebte es Jeanie innerlich. Die Gutmütigkeit Mrs. Saddletrees und ihre Teilnahme an dem Unglück ihrer Familie erkannte sie dankbaren Herzens an; aber sie fühlte, daß Mrs. Saddletree eine Frau von gewöhnlicher, weltlicher Denkart war, nach ihrer ganzen Anlage und Lebensweise unfähig, einen solch kühnen und schwärmerischen Entschluß wie den ihrigen aus einem ebensolchen Gesichtspunkt anzusehen; über die Ausführbarkeit ihres Vorhabens mit ihr zu streiten und sie davon zu überzeugen, damit sie ihr die Mittel dazu gäbe, wären aber Galle und Wermut für sie gewesen.

Butler, dessen Beistands sie hätte sicher sein können, war noch viel ärmer als sie selbst. Unter diesen Umständen faßte sie, um die Schwierigkeit zu überwinden, einen seltsamen Entschluß. Die Ausführung dieses Entschlusses soll im nächsten Kapitel geschildert werden.

26. Kapitel

> Den Trägen hört' ich gähnend sich beklagen:
> «Was weckt ihr mich? Es fängt erst an zu tagen.»
> Wie um die Angel sich die Tür, dreht wieder
> er sich im Bett herum und schließt die Lider.
>
> *Dr. Watts*

Das Herrenhaus von Dumbiedikes, in das wir unsere Leser jetzt einführen wollen, lag drei oder vier Meilen – auf die Topographie kommt es so genau nicht an – südlich von St. Leonard's. Es war einmal eine Art kleiner Berühmtheit gewesen, denn der «alte Laird», von dessen Launen und Streichen man in allen Wirtshäusern im Umkreis einer Meile erzählte, trug einen Degen, hielt sich ein Reitpferd und eine Koppel Windhunde, zankte, fluchte und wettete bei Hahnenkämpfen und Pferderennen, jagte hinter Somerville von Drums Falken und Lord Ross' Hunden und nannte sich selbst point devise einen Edelmann. Aber das Geschlecht hatte viel von seinem Glanz durch den gegenwärtigen Stammhalter eingebüßt, der keinen Sinn für ländliche Vergnügen hatte und ebenso sparsam, schüchtern und menschenscheu wie sein Vater habgierig und selbstsüchtig, ausschweifend, wild und unverschämt gewesen war.

Das Schloß Dumbiedikes war, was man in Schottland ein «einfaches» Haus nennt; das heißt, es enthielt in seiner ganzen Ausdehnung von vorn nach hinten in jedem Stockwerk nur einen einzigen Raum. Jedes dieser Einzelzimmer wurde durch sechs oder acht Butzenscheibenfenster erhellt, deren kleine Scheiben und schwere Rahmen insgesamt kaum so viel Licht einließen wie ein einziges gutgebautes Fenster heutzutage. Dieses Gebäude – ebenso kunstlos wie das Kartenhaus eines Kindes – hatte ein steiles Dach, das mit grauen, rohen Steinplatten statt Schiefer gedeckt war; ein halbrunder Turm, oben mit Zinnen gekrönt oder, mit dem eigentlichen Ausdruck, «bewehrt», barg den Aufgang – eine schmale Wendeltreppe, über welche man von Stockwerk zu Stockwerk gelangen konnte; unten im Turm befand sich eine Tür, die mit großköpfigen Nägeln beschlagen war. Im Erdgeschoß des Turms gab es keinen Vorraum und in den Stockwerken kaum einen Treppenabsatz gegenüber den Türen, die zu den Zimmern führten. Einige niedrige und verwahrloste Nebengebäude, die durch eine ebenso verfallene Ringmauer verbunden waren, umgaben das Herrenhaus. Der Hof war gepflastert gewesen, aber da viele Platten fehlten und nur zum Teil ersetzt worden waren, sproßte eine üppige Saat von Ampfer und Disteln zwischen ihnen auf, und der kleine Garten, den man durch ein Pförtchen in der Mauer erblickte, schien sich in nicht viel besserem Zustand zu befinden. Über dem niedrig gewölbten Torweg, der zum Hof führte, befand sich ein roh behauener Stein, der ein Wappenschild vorstellen sollte, und über dem inneren Eingang hing seit vielen Jahren ein verschimmeltes Epitaph, welches verkündete, daß weiland Laurence Dumbie von Dumbiedikes zu seinen Vätern auf dem Newbattle-Kirchhof versammelt worden war. Ein Damm aus rohen Feldsteinen führte zu diesem Lustschloß. Äcker, die zwar bestellt, aber nicht umfriedigt waren, umgaben es. Auf einem Rain, einem ungepflügten Streifen Landes zwischen den Feldern, stand des Lairds treuer Klepper, den Kopf an einen Pfahl gebunden, und rupfte sich eine Mahlzeit Gras. Das Ganze sah ungepflegt und verwahrlost aus und zeugte zwar nicht von Armut, doch von der Gleichgültigkeit und Trägheit des Besitzers.

Im Innenhof dieses Gebäudes stand eines schönen Frühlingsmorgens Jeanie Deans schüchtern und zagend. Sie war keine Heldin eines empfindsamen Romans und sah daher mit einiger Neugier auf das Herrenhaus und die Ländereien, deren Gebieterin sie, wie ihr in diesem Augenblick einfallen mochte, durch eine kleine Aufmunterung des Besitzers – solche, worauf sich Frauen aller Stände instinktiv verstehen – hätte werden können. Überdies ging ihr Geschmack in keiner Weise über den ihrer Zeit, ihres Standes und Landes hinaus, und so hielt sie zweifellos das Haus Dumbiedikes, wenn es auch nicht so großartig war wie das Holyrood-Haus oder der Palast von Dalkeith, in seiner Weise doch für ein ganz stattliches Gebäude und das Land für ein «sehr hübsches Stückchen Erde, wenn es nur besser gehalten und bestellt wäre». Aber Jeanie Deans war ein einfaches, ehrliches und treuherziges Mädchen, das zwar ihres alten Anbeters Behausung prächtig fand und sein Besitztum nach seinem Wert zu schätzen wußte, doch nicht einen Augenblick lang daran dachte, den Laird, Butler oder sich selbst zu hintergehen, da doch viele Damen von höherem Stand nicht gezögert hätten, alle drei um viel geringerer Ursache willen zu betrügen.

Ihr gegenwärtiges Anliegen an den Laird veranlaßte sie, sich nach irgendeinem dienstbaren Geist umzusehen, der sie anmelden könnte. Da alles still war, wagte sie es, die Tür zu einem der Räume zu öffnen – es war des alten Lairds Hundestall, der nun verödet stand, wenn er nicht, wie ein paar Zuber zu bezeugen schienen, als Waschküche benutzt wurde. Sie versuchte es mit der Tür zu einem anderen Raum – es war der Verschlag, in dem einstmals die Falken gehalten worden waren, wie einige noch nicht ganz vermoderte Sitzstangen sowie ein Federspiel und Fußfesseln anzeigten, die an der Mauer verschimmelten. Eine dritte Tür führte zum Kohlenschuppen, der gut versorgt war. Ein recht gutes Feuer zu unterhalten war eins der wenigen häuslichen Geschäfte, in denen Dumbiedikes sich wirklich tätig zeigte; in allen anderen Angelegenheiten der Hauswirtschaft verhielt er sich vollkommen passiv und war auf die Gnade seiner Haushälterin angewiesen, derselben üppigen Dame, die sein Vater ihm vor langer Zeit vererbt und die, wenn Fama ihr kein Unrecht tut, ihr Nest auf seine Kosten hübsch gepolstert hatte.

Jeanie öffnete noch einige weitere Türen, wie der einäugige Calender im Schloß der hundert gefälligen Mädchen, bis sie, wie der besagte Prinz umherirrend, an einen Stall kam. Der Hochland-Pegasus, dem der Stall allein gehörte, war ihr alter Bekannter Rory Bean, den sie auf dem Rain hatte grasen sehen, wie sie gleich an dem wohlbekannten alten Halbsattel und Reitgeschirr feststellte, das teils an der Wand hing, teils auf der Streu schleifte. Jenseits des Querbalkens, auf der anderen Seite des Stalls, stand eine Kuh, die den Kopf wandte und brüllte, als Jeanie hereinkam, ein Anruf, den zu verstehen ihre gewöhnliche Beschäftigung sie vollkommen befähigte und dem nachzukommen sie nicht umhin konnte, indem sie dem Tier, das wie die meisten anderen Dinge in diesem verwunschenen Schloß vernachlässigt worden war, etwas Futter vorwarf.

Während sie die «milchende Mutter» mit der Nahrung versah, die sie schon zwei Stunden früher hätte bekommen sollen, guckte eine Magd in Pantinen in den Stall, und als sie bemerkte, daß eine Fremde beschäftigt war, das Amt zu versehen, deswegen sie endlich widerwillig ihre Schlummerstätte verlassen hatte, stieß sie hervor: «Herrje, der Kobold, der Kobold!» und flüchtete mit gellendem Geschrei, als hätte sie den Teufel gesehen.

Um ihren Schrecken zu erklären, müssen wir bemerken, daß nach dem Gerücht das alte Haus Dumbiedikes lange von einem Kobold heimgesucht worden war, einem jener Hausgeister, von denen man in früheren Zeiten glaubte, sie verrichteten die Arbeit der säumigen Knechte und Mägde, «Dreschflegel und Kehrbesen munter schwingend».

Gewiß hätte die Annehmlichkeit eines solchen übernatürlichen Helfers nirgendwo dankbarer und lebhafter empfunden werden sollen als in einem Haus, wo das Gesinde so wenig geneigt war, sich persönlich zu betätigen; doch diese Dienstmagd war so weit davon entfernt, sich darüber zu freuen, eine Arbeit, die sie selbst längst hätte erledigen sollen, von einem vermeintlich luftigen Stellvertreter verrichtet zu sehen, daß sie vielmehr das ganze Haus durch ihr Zetergeschrei aufweckte, denn sie brüllte, als habe der Kobold sie lebendig geschunden. Jeanie, die sofort ihre derzeitige Beschäftigung eingestellt hatte und dem schreienden Mädchen in den Schloßhof gefolgt war, um sie aufzuklären und zu beschwichtigen, stieß dort auf Mrs. Janet Balchristie, die Favoritin des vorigen Lairds, wie böse Zungen behaupteten, und Haushälterin des jetzigen. Die stattliche, üppige Frau zwischen vierzig und fünfzig (als solche haben wir sie beim Tod des alten Lairds kennengelernt) war nun eine fette, rotgesichtige Alte von etwa siebzig geworden. Eifersüchtig auf ihr Ansehen und ihre Stellung im Haus und sich dennoch bewußt, daß ihre Herrschaft nicht mehr auf solch sicherem Grund ruhe wie zur Zeit des alten Besitzers, hatte sie wohlbedacht ihre Nichte ins Haus genommen, die erwähnte Schreierin, die außer über gute Lungen auch noch über ein hübsches Gesicht und glänzende Augen verfügte. Aber es gelang ihr nicht, den Laird zu erobern, der vielmehr dahinlebte, als gebe es kein anderes Mädchen in der Welt als Jeanie Deans, doch selbst zu ihr keine glühende und überwältigende Neigung zu empfinden schien. Mrs. Janet Balchristie machte sich aber doch allerlei Gedanken über die fast täglichen Besuche des Lairds in St. Leonard's Crags, und oft, wenn Dumbiedikes sie nach seiner Gewohnheit tiefsinnig ansah und nachdenklich schwieg, ehe er den Mund auftat, erwartete sie ihn sagen zu hören: «Jenny, ich möchte heiraten.» Aber er sagte zu ihrer Erleichterung bloß: «Jenny, ich möchte die Stiefel wechseln.»

Dessenungeachtet hegte Mrs. Balchristie gegen Jeanie Deans einen nicht geringen Groll, die gewöhnliche Empfindung solcher Personen gegen irgend jemanden, von dem sie glauben, er könne ihnen schaden. Aber sie hatte auch eine allgemeine Abneigung gegen jedes leidlich junge und einigermaßen hübsch aussehende weibliche Wesen überhaupt, das den Wunsch bezeigte, sich dem Haus Dumbiedikes und dessen Eigentümer zu nähern. Da sie nun überdies ihre sterbliche Masse zwei Stunden früher als sonst aus dem Bett gewälzt hatte, um ihrer schreienden Nichte zu Hilfe zu kommen, war sie so außerordentlich übler Laune gegen alle samt und sonders, daß Saddletree gesagt hätte, sie hege inimicitiam contra omnes mortales.

«Wer, zum Teufel, seid Ihr?» fuhr die fette Alte die arme Jeanie an, die sie nicht sogleich erkannte. «Was habt Ihr in einem anständigen Haus zu nachtschlafender Zeit herumzuschleichen?»

«Ich möchte nur den Laird sprechen», erwiderte Jeanie, die etwas von der unbewußten Furcht vor diesem Zankteufel empfand, die sie schon früher erfüllt hatte, wenn sie gelegentlich in Geschäften ihres Vaters bei Dumbiedikes gewesen war.

«Wen? Und wer seid Ihr denn? Habt Ihr keinen Namen? Glaubt Ihr, Seine Gnaden haben nichts anderes zu tun, als mit jeder liederlichen Landstreicherin zu sprechen, die sich in der Gegend rumtreibt, und noch dazu, wo er noch im Bett liegt, der gute Mann?»

«Liebe Mrs. Balchristie», erwiderte Jeanie in unterwürfigem Ton, «erkennt Ihr mich denn nicht? Kennt Ihr nicht Jeanie Deans?»

«Jeanie Deans!» rief die zänkische Alte in Tönen des höchsten Erstaunens; dann trat sie zwei Schritte näher und starrte ihr mit ebenso boshafter wie frecher Neugier ins Gesicht: «Jeanie Deans, wirklich und wahrhaftig! Jeanie Deubel hießet Ihr besser! Ein sauberes Stückchen habt Ihr Euch da geleistet, Ihr und Eure Schwester, ein armes Wurm umzubringen, und Eure liederliche Schlampe von Schwester wird dafür gehängt, wie sie's auch verdient! – Und solch ein Gesindel kommt in anständiger Leute Haus und will bei nachtschlafender Zeit zu einem sittsamen Junggesellen eingelassen werden, der noch im Bett liegt? – Pack dich! Pack dich!»

Stumm vor Scham bei der fühllosen Roheit dieser Anschuldigung, konnte Jeanie keine Worte finden, um sich gegen die schändliche Deutung ihres Besuchs zu verteidigen. Mrs. Balchristie machte sich ihr Schweigen zunutze, um im selben Ton fortzufahren: «Los, los, nimm deine Siebensachen und mach, daß du fortkommst! Du suchst wohl einen Vater für ein anderes Wurm? Wäre nicht dein Vater, der alte David Deans, früher Pächter von uns gewesen, ich weckte die Knechte und ließe dich für deine Unverschämtheit in den Brunnen tauchen!»

Jeanie hatte schon den Rücken gewandt und ging auf das Tor des Schloßhofs zu; Mrs. Balchristie steigerte daher, damit sie ihre letzte Drohung ja noch hören sollte, ihre ohnehin nicht leise Stimme zur höchsten Lautstärke. Aber gleich manchem General verlor sie das Treffen, indem sie den Feind zu hastig verfolgte.

Der Laird war durch das Gekeif der Mrs. Balchristie in seinem Morgenschlummer gestört worden. Das Geräusch an sich war zwar keineswegs ungewöhnlich, in Anbetracht der frühen Stunde aber, zu welcher es nun zu hören war, immerhin bemerkenswert. Er hoffte indessen, das Gewitter würde vorübergehen und drehte sich auf die andere Seite, als während Mrs. Balchristies zweitem Zornesausbruch deutlich der Name Deans an sein Trommelfell klang. Da ihm nicht ganz unbekannt war, wie wenig Wohlwollen seine Haushälterin der Familie von St. Leonard's entgegenbrachte, begriff er sofort, daß eine Botschaft von dort der Grund dieses unzeitigen Zorns sei; er sprang aus dem Bett, schlüpfte so eilig wie möglich in einen alten brokatenen Schlafrock und einige andere unentbehrliche Kleidungsstücke, stülpte seines Vaters goldbetreßten Hut auf (denn obgleich er selten ohne ihn gesehen wurde, muß doch dem Gerücht widersprochen werden, daß er mit ihm schlief wie

Don Quijote mit seinem Helm), öffnete das Fenster seiner Schlafkammer und gewahrte zu seinem großen Erstaunen die wohlbekannte Gestalt von Jeanie Deans auf dem Rückzug aus seinem Gebiet, während seine Haushälterin, die Arme in die Seiten gestemmt, die Fäuste geballt und zuweilen drohend gegen sie schüttelnd, mit aufgerecktem Körper und vor Wut zitterndem Kopf ihr eine Flut von Schimpfworten nachsandte. Sein Zorn wuchs im Verhältnis zu seiner Überraschung und vielleicht auch zur Störung seiner Ruhe.

«Hör mal, du alter Satansbraten!» rief er aus dem Fenster. «Wer zum Teufel hat dich geheißen, eines ehrbaren Mannes Tochter so zu behandeln?»

Mrs. Balchristie sah sich auf frischer Tat ertappt. Sie merkte an der ungewöhnlichen Lebhaftigkeit, mit der sich der Laird ausdrückte, daß er es ernst meinte; sie wußte auch, daß er bei all seiner natürlichen Trägheit in gewissen Dingen keinen Spaß verstand und dann mit ihm nicht gut Kirschen essen war; die Klugheit gebot ihr daher, ihn nicht noch mehr zu reizen. Sie begann also ihren falschen Schritt, so schnell sie konnte, zu vertuschen. – Sie sei nur für die Ehre des Hauses eingetreten; sie habe Seine Gnaden nicht so früh am Morgen stören mögen, da ja das junge Mädchen ebensogut hätte warten oder wiederkommen können; sie habe wahrhaftig die beiden Schwestern verwechselt, denn eine von ihnen hätte nicht den besten Ruf.

«Halt's Maul, alte Vettel!» sagte Dumbiedikes. «Die schlimmste Metze darf dich Muhme nennen, wenn all das wahr ist, was ich von dir gehört habe! – Jeanie, mein Mädchen, geh ins Wohnzimmer – doch halt, das wird noch nicht aufgeschlossen sein. Warte hier eine Minute, bis ich komme, dich einzulassen. Und kehre dich nicht an Jennys Reden!»

«Nein, nein», sagte Jenny mit herzlich sein sollendem Lachen, «kehr dich nicht dran, Mädchen! Alle Welt weiß, daß ich mehr belle als beiße. Wenn du dich mit dem Laird verabredet hattest, brauchtest du's mir bloß zu sagen. Ich bin kein unhöflicher Mensch – geh nur hinein, Kind.» Und sie öffnete die Haustür mit einem Hauptschlüssel.

«Aber ich hatte mich nicht mit dem Laird verabredet», sagte Jeanie, «ich möchte nur zwei Worte mit ihm sprechen – und würde es lieber hier, Mrs. Balchristie.»

«Auf dem Hof? Ei behüte, nicht doch, Mädchen; das können wir Euch nicht antun. – Und wie geht es denn Eurem ehrenwerten Herrn Vater?»

Jeanie wurde der Mühe, diese heuchlerische Frage beantworten zu müssen, durch das Erscheinen des Lairds enthoben.

«Geh und besorge das Frühstück!» sagte er zu seiner Haushälterin. «Du kannst mit uns frühstücken und den Tee aufgießen, das verstehst du, und laß vor allem ein gutes Feuer anmachen! – Komm, Jeanie, komm nur herein, komm herein und ruh dich aus.»

«Nein, Laird», erwiderte Jeanie und bemühte sich, so gefaßt zu reden, wie sie konnte, obwohl sie noch zitterte, «ich kann nicht hereinkommen – ich habe noch eine lange Tagesreise vor mir –, ich muß heute noch an zwanzig Meilen machen, wenn meine Füße mich tragen wollen.»

«Gott bewahr uns! Zwanzig Meilen, zwanzig Meilen zu Fuß!» rief Dumbiedikes aus, dessen Spaziergänge immer nur einen sehr beschränkten Durchmesser hatten. «Das schlag dir nur aus dem Kopf – komm herein.»

«Ich kann nicht, Laird», erwiderte Jeanie, «die zwei Worte, die ich Euch zu sagen habe, kann ich hier sagen; wenn nicht Mrs. Balchristie...»

«Der Teufel hole Mrs. Balchristie», sagte Dumbiedikes, «da hat er einen hübschen Brocken zu schleppen! Ich sage dir, Jeanie Deans, ich bin ein Mann von wenig Worten, aber ich bin Herr hier im Haus wie draußen auf dem Feld; ob Tier oder Mensch – ich kann alles in Zucht halten, wenn ich will, ausgenommen Rory Bean, mein Pferd. Aber ich mache mir selten die Mühe, wenn mir nicht das Blut kocht.»

«Ich wollte Euch sagen, Laird», sagte Jeanie, die es für nötig hielt, zu ihrem Anliegen zu kommen, «daß ich eine große Reise unternehmen will, wenn auch ohne meines Vaters Wissen.»

«Ohne sein Wissen, Jeanie? Ist das auch recht? Das mußt du dir noch mal überlegen. Es ist nicht recht», sagte Dumbiedikes mit sehr bekümmerter Miene.

«Wenn ich nur erst in London wäre», erwiderte Jeanie, um sich zu rechtfertigen, «ich würde ganz gewiß Mittel und Wege finden, mit der Königin zu sprechen und sie um das Leben meiner Schwester zu bitten.»

«London – die Königin – das Leben ihrer Schwester!» rief Dumbiedikes in höchstem Erstaunen. «Das Mädchen ist toll!»

«Ich bin nicht von Sinnen», sagte sie. «Mag's biegen oder brechen, ich bin entschlossen, nach London zu gehen, und wenn ich mich von Tür zu Tür durchbetteln sollte. Und das muß ich, wenn Ihr mir nicht eine kleine Summe leihen wollt, damit ich meine Ausgaben bestreiten kann – eine kleine Summe wird genügen –, und Ihr wißt, mein Vater ist ein wohlhabender Mann und wird nicht zugeben, daß irgend jemand durch mich zu Schaden kommt – am wenigsten Ihr, Laird.»

Dumbiedikes traute kaum seinen Ohren, als er begriff, worum sie ihn bat. Die Blicke starr auf den Boden geheftet, stand er da, ohne eine Silbe zu erwidern.

«Ich sehe, Ihr wollt mir nicht helfen, Laird», sagte Jeanie. «So lebt denn wohl! Und besucht doch meinen armen Vater, so oft Ihr könnt – er wird jetzt sehr allein sein.»

«Wo will das närrische Mädchen hin?» fragte Dumbiedikes, nahm sie bei der Hand und führte sie ins Haus. «Ich habe wohl schon daran gedacht», murmelte er, «aber es blieb mir in der Kehle stecken.»

Damit geleitete er sie in ein altmodisches Wohnzimmer, schloß die Tür hinter ihr und schob den Riegel vor. Während Jeanie, über diese Maßregel betroffen, der Tür so nahe wie möglich stehenblieb, ließ Dumbiedikes ihre Hand los und drückte auf eine Springfeder, die in dem Getäfel der eichenen Wandverkleidung verborgen war, worauf augenblicklich ein Feld zur Seite glitt. Ein eiserner Geldkasten wurde in einer Nische der Mauer sichtbar; Dumbiedikes öffnete auch diesen, zog einige Schubfächer heraus und zeigte Jeanie, daß sie mit ledernen Beuteln gefüllt waren, voll von Gold- und Silbermünzen.

«Das ist meine Bank, Mädchen», sagte er, indem er zuerst Jeanie und dann den Schatz mit großem Wohlgefallen ansah, «Wechsel sind nichts für mich – dabei geht man zugrunde.»

Dann änderte er plötzlich den Ton und sagte entschlossen: «Jeanie, ich will dich noch heute zur Lady Dumbiedikes machen, und du kannst in deiner eigenen Kutsche nach London fahren, wenn du Lust hast.»

«Nein, Laird», sagte Jeanie, «das kann nicht sein! Der Kummer meines Vaters – die Lage meiner Schwester – der Schimpf für Euch...»

«Das ist *meine* Sache», entgegnete Dumbiedikes, «du würdest nichts davon sagen, wenn du nicht eine Närrin wärest – und doch gefällst du mir darum nur um so besser. An *einem* Klugen ist's genug in der Ehe. Aber wenn dir das Herz jetzt zu schwer ist, so nimm so viel Geld, wie du brauchst, und es mag geschehen, wenn du wiederkommst – früher oder später.»

«Aber Laird», sagte Jeanie, die fühlte, daß sie sich einem so ungewöhnlichen Freier gegenüber deutlich erklären müsse, «ich habe einen anderen Mann lieber als Euch und kann Euch nicht heiraten.»

«Einen anderen Mann lieber als mich, Jeanie?» rief Dumbiedikes. «Wie ist das möglich? – Das ist nicht möglich, Mädchen – du kennst mich doch so lange!»

«Aber Laird», sagte Jeanie mit unveränderter Einfachheit, «ich kenne ihn noch länger.»

«Länger? Unmöglich!» rief der arme Dumbiedikes. «Es

kann nicht sein! Du bist doch hierzulande geboren! O Jeanie, Mädchen, du hast noch nicht alles – noch nicht die Hälfte gesehen von dem Zeug.» Er zog eine andere Lade heraus. «Lauter Gold, Jeanie! Und da sind Schuldscheine, und das Zinsenbuch, Jeanie, bare 300 Pfund Sterling, Grundrenten, mündelsichere Papiere oder Verschreibungen! – Du hast die noch gar nicht angesehen. – Und dann die Garderobe meiner Mutter und Großmutter obendrein; seidene Kleider, so schwer, daß sie von selber stehen, und Florspitzen, so fein wie Spinnweb, und Ringe und Ohrringe dazu – sie sind oben in der Staatskammer. – O Jeanie, geh rauf und sieh sie dir an!»

Aber Jeanie widerstand allen Versuchungen, auch denen, die – wie der Laird von Dumbiedikes vielleicht nicht mit Unrecht annahm – auf ihr Geschlecht den meisten Eindruck machen mußten.

«Es kann nicht sein, Laird, ich habe ihm mein Wort gegeben und kann es nicht brechen – und wenn Ihr mir die ganze Grafschaft Dalkeith geben würdet und Lugton obendrein.»

«*Ihm* dein Wort?» sagte Dumbiedikes einigermaßen verdrießlich. «Aber wem denn, Jeanie? Wem? – Ich hab ja noch niemals von ihm gehört! – Ach was, Jeanie, du machst nur Spaß. Es gibt sicher gar keinen solchen Menschen – du zierst dich wohl nur. – Was ist er? – Wer ist er?»

«Reuben Butler, der Schulmeister von Libberton», sagte Jeanie.

«Reuben Butler! Reuben Butler!» wiederholte Dumbiedikes, indem er unwillig im Zimmer auf und ab ging. «Reuben Butler, der Schulmeister – nein, der Schulgehilfe von Libberton! Reuben, der Sohn meines Häuslers! – Nun wohl, Jeanie, eigensinnige Weiber müssen ihren Willen haben. – Reuben Butler! Er hat nicht so viel in seiner Tasche, wie der alte schwarze Rock wert ist, den er trägt. Aber das macht nichts.» Und während er so sprach, schob er nacheinander die Schubladen seiner Schatztruhe mit Heftigkeit wieder hinein. «Offenheit ist kein Grund zum Streit. *Ein*

Mann kann ein Pferd ans Wasser bringen, doch *zwanzig* können's nicht zum Trinken zwingen. Aber mein Geld an anderer Leute Liebchen wegwerfen...»

Es war etwas in der letzten Andeutung, was Jeanies ehrlichen Stolz ver-letzte. «Ich habe keins von Euer Gnaden erbettelt», sagte sie, «am wenigsten aus solchen Gründen, wie Ihr es auslegt. – Lebt wohl, Laird; Ihr seid gut zu meinem Vater gewesen, und mein Herz läßt mich nicht anders als mit Wohlwollen Eurer gedenken.»

Damit verließ sie das Zimmer, ohne auf sein schwaches «Aber Jeanie, Jeanie – bleib, Mädchen!» zu hören, durchquerte schnellen Schritts den Hof und begab sich auf ihre Reise, während ihr Herz vor Scham und Unwillen schlug, die ein ehrenhaftes Gemüt empfindet, wenn es um eine Gunst gebeten hat und sie ihm unerwartet verweigert worden ist.

Als sie das Gebiet des Lairds hinter sich hatte und wieder auf der Landstraße war, wurden ihre Schritte langsamer, ihr Zorn kühlte sich ab, und bange Vorahnungen wegen der Folgen dieses unerwarteten Fehlschlags beschlichen sie. Mußte sie sich nun wirklich nach London durchbetteln? Oder sollte sie umkehren und ihren Vater um Geld bitten, dadurch kostbare Zeit verlieren und vielleicht Gefahr laufen, daß er ihr die Reise ganz verbot? Nur zwischen diesen beiden Möglichkeiten blieb ihr die Wahl – und während sie langsam voranschritt, überlegte sie, ob es nicht doch besser wäre umzukehren.

Als sie so unentschlossen schwankte, hörte sie den Hufschlag eines Pferdes und eine wohlbekannte Stimme ihren Namen rufen. Sie sah sich um und erblickte einen Gaul auf sich zukommen, dessen Halfter und ungesattelter Rücken schlecht zu dem Schlafrock, den Pantoffeln und dem betreßten Dreimaster des Reiters paßte, eines Kavaliers, der kein Geringerer war als Dumbiedikes. Im Eifer der Verfolgung hatte er sogar die hochländische Hartnäckigkeit Rory Beans überwunden und den eigensinnigen Klepper gezwungen, den Weg zu traben, den sein Reiter wählte, wogegen sich Rory indessen mit allen Zeichen des Widerwillens sträubte, indem er den Kopf drehte und jeden Sprung vorwärts mit einer Seitenwendung begleitete, die seinen innigsten Wunsch anzeigte, umzukehren – ein Manöver, dem nichts als des Reiters unablässiges Antreiben mit den Fersen und der Peitsche entgegenwirken konnte.

Als der Laird Jeanie erreicht hatte, waren seine ersten Worte: «Jeanie, es heißt, man müsse ein Mädchen nicht gleich bei ihrem ersten Wort nehmen?»

«Aber Ihr müßt mich bei meinem nehmen, Laird», erwiderte Jeanie, die Augen niederschlagend und ohne Aufenthalt weiterschreitend. «Ich habe nur ein Wort für jedermann, und das ist immer ein wahres.»

«Dann», sagte Dumbiedikes, «solltest du wenigstens nicht einen Mann bei *seinem* ersten Wort nehmen. Du mußt nicht so mir nichts dir nichts ohne Geld fortgehen in deinem Eigensinn.» Er legte eine Börse in ihre Hand. «Ich würde dir auch Rory geben, aber der ist ebenso eigensinnig wie du und allzusehr an einen Weg gewöhnt, den er und ich vielleicht zu oft gemacht haben, und er will keinen anderen gehen.»

«Aber Laird», sagte Jeanie, «ich weiß zwar, mein Vater wird von dem Geld jeden Penny zurückzahlen, wieviel es auch sein mag, doch ich möchte es nicht von jemand borgen, der vielleicht an etwas mehr dabei denkt als an die Rückgabe.»

«Es sind gerade 25 Guineen», sagte Dumbiedikes mit einem schwachen Seufzer, «und ob dein Vater bezahlt oder nicht bezahlt – ich spreche dich von jeder anderen Verbindlichkeit frei. Geh, wohin du willst – tu, was du willst –, und heirate alle Butlers im Land, wenn du Lust hast. – Und nun guten Morgen, Jeanie.»

«Gott segne Euch, Laird, und schenke Euch viele gute Morgen», sagte Jeanie. Ihr Herz war von der ungewohnten Großmut dieses wunderlichen Menschen mehr gerührt, als es Butler vielleicht recht gewesen wäre, hätte er ihre Gefühle in diesem Augenblick gekannt. «Und des Herrn Friede und der Friede der Menschen sei mit Euch, wenn wir uns nicht wiedersehen sollten!»

Dumbiedikes lenkte um und winkte mit der Hand; sein Klepper, williger zurückzukehren, als er es gewesen war herzukommen, trug ihn so eilig heimwärts, daß er, ohne einen gehörigen Zügel und ohne Sattel und Steigbügel, zuviel zu tun hatte, um sich auf seinem Sitz zu halten, als daß er sich hätte umblicken können, selbst um seiner verlorenen Geliebten noch einen Abschiedsgruß zuzuwerfen. Ich schäme mich etwas, zu sagen, daß der Anblick eines Liebhabers, der in Tressenhut, Schlafrock und Pantoffeln von einem ungesattelten Hochlandklepper entführt wird, etwas an sich hat, das selbst auf das Gefühl dankbarer und herzlicher Achtung und Verehrung für ihn abkühlend wirkt. Der Anblick Dumbiedikes' war gar zu komisch, um Jeanie nicht in dem ursprünglichen Gefühl zu bestärken, das sie gegen ihn hegte.

«Er ist ein guter Mensch», sagte sie, «ein herzensguter Mensch. Schade, daß er ein so störrisches Pferd hat.»

Sie richtete ihre Gedanken sogleich wieder auf die wichtige Reise, die sie angetreten hatte, und freute sich, daß sie bei der Gewohnheit, Mühseligkeiten zu ertragen, und ihrer einfachen Lebensweise nun reichlich mit Mitteln versehen war, um die Reisekosten nach London und zurück sowie alle anderen Ausgaben – welcher Art auch immer – bestreiten zu können.

27. Kapitel

Was für Gedanken doch manchmal
Liebhabern schaffen Not:
«O Himmel», rief ich, «welche Qual!
Vielleicht ist Lucy tot!»

Wordsworth

Alsbald nachdem unsere Heldin das Haus Dumbiedikes verlassen hatte, gelangte sie auf ihrer einsamen Wanderung zu einer kleinen Anhöhe, von wo aus sie ostwärts im Tal einen geschwätzigen Bach, dessen Krümmungen von vereinzelten Weiden und Erlenbäumen beschattet wurden, und weiterhin die Häuser von Woodend und Beersheba, die Stätten ihres früheren Lebens, sehen konnte; deutlich unterschied sie die Gemeindewiese, auf der sie so oft Schafe gehütet hatte, und die Windungen des Bachs, wo sie mit Butler Binsen gepflückt hatte, um Kränze für ihre Schwester Effie zu flechten, die damals ein schönes, aber verzogenes Kind von etwa drei Jahren war. Die Erinnerungen, die der Anblick dieser Schauplätze in ihr weckte, waren so schmerzlich, daß, hätte sie sich ihnen überlassen, sie sich niedergesetzt und ihr Herz durch Tränen erleichtert hätte.

«Aber ich wußte», sagte Jeanie, als sie später ihre Wanderschaft schilderte, «daß mit Weinen wenig getan sei und ich lieber dem Herrn danken sollte, der mir Gnade und Barmherzigkeit durch einen Mann erwiesen hatte, den viele für einen Nabal und einen Knicker halten, der sich aber mit seinen Gütern so freigebig gegen mich bezeigte, wie die Quelle freigebig mit ihrem Wasser ist. Und ich gedachte dessen, was die Heilige Schrift von der Sünde Israels zu Meriba berichtet, als das Volk murrte, obgleich Moses Wasser aus dem trockenen Felsen geschlagen hatte, damit die Gemeinde trinken und leben möchte. Aber ich getraute mich nicht, noch einen Blick auf das arme Woodend zu werfen, denn sogar der blaue Rauch, der aus dem Schornstein emporstieg, erinnerte mich daran, wie sich die Zeiten für uns geändert hatten.»

In dieser Stimmung christlicher Ergebenheit setzte sie ihre Reise fort, bis sie den Ort, der so viele traurige Erinnerungen weckte, hinter sich gelassen hatte und sich nicht mehr weit von dem Dorf befand, wo Butler wohnte; es erhebt sich mit seiner altertümlichen, spitztürmigen Kirche aus einer Gruppe von Bäumen auf einer Anhöhe südlich von Edinburgh. Etwa eine Viertelmeile davon entfernt steht ein plumper viereckiger Turm, die Residenz des Lairds von Libberton, der in früheren Zeiten nach der Gewohnheit deutscher Raubritter der Stadt Edinburgh oft dadurch beschwerlich gefallen war, daß er Lebensmittel und Waren abfing, die von Süden her zur Stadt gebracht wurden.

Dieses Dorf, sein Turm und seine Kirche lagen etwas abseits von Jeanies Weg nach England, doch nicht sehr weit davon entfernt – und es war der Wohnort Butlers. Jeanie hatte sich entschlossen, ihn zu Beginn ihrer Reise aufzusuchen. Er eigne sich am besten dazu, meinte sie, ihrem Vater zu schreiben und ihm ihren Entschluß und ihre Hoffnungen mitzuteilen. Vielleicht gab es noch einen anderen Grund dafür in ihrem liebenden Herzen. Sie wünschte den Gegenstand einer so frühen und so aufrichtigen Zuneigung noch einmal zu sehen, ehe sie eine Wanderschaft antrat, deren Gefahren sie sich nicht verhehlte, wenn sie sich auch dadurch in der Festigkeit ihres Entschlusses nicht erschüttern ließ. Der Besuch bei einem Geliebten würde für ein junges Mädchen höheren Standes als Jeanie etwas Anstößiges und

Unschickliches gehabt haben. Aber spitzfindige Anstandsbegriffe waren ihr in ihrer ländlichen Unschuld unbekannt, und sie dachte sich nichts weiter dabei, als beim Antritt einer langen Reise von einem Jugendfreund Abschied zu nehmen.

Es gab noch einen anderen Gedanken, der sie mit immer stärkerer Gewalt bedrückte, je näher sie dem Dorf kam. Sie hatte sich im Gerichtsgebäude eifrig nach Butler umgesehen, denn sie hatte bestimmt erwartet, er werde an diesem ereignisreichen Tag irgendwann einmal dort auftauchen, um seinem alten Freund, dem Beschützer seiner Jugend, nach Kräften Trost zu spenden und Beistand zu gewähren – ihres eigenen Anspruchs darauf nicht einmal zu gedenken. Sie wußte wohl, daß Butler bis zu einem gewissen Grad in seiner Bewegungsfreiheit beschränkt war, aber sie hatte doch gehofft, daß er Mittel und Wege finden würde, diese Hindernisse zu überwinden – wenigstens für einen Tag. Kurz, die wilden und wunderlichen Gedanken, die, wie Wordsworth es beschrieben hat, getrennte Liebende heimsuchen, verschonten auch Jeanie nicht; sie bildete sich ein, Butlers Abwesenheit lasse sich nur dadurch erklären, daß er sehr krank sein müsse. Dieser Gedanke hatte sich so in ihr festgesetzt, daß sie, als sie sich dem Haus näherte, in dem ihr Geliebter ein kleines Zimmer bewohnte und das ihr durch eine Magd mit einem Milchkübel auf dem Kopf bezeichnet worden war, vor Angst zitterte und schon die Antwort zu wissen glaubte, die sie erhalten würde, wenn sie nach ihm fragte.

Allerdings war ihre Besorgnis in diesem Fall nicht unbegründet. Die schwächliche Natur Butlers konnte sich nicht so bald von den körperlichen Anstrengungen und seelischen Kümmernissen erholen, die ihm die am Eingang unserer Erzählung geschilderten traurigen Ereignisse bereitet hatten. Das peinliche Gefühl des auf ihm ruhenden Verdachts bedrückte ihn noch mehr.

Am schmerzlichsten jedoch empfand er, daß man ihm jeden Verkehr mit den Deans streng verboten hatte. Der Obrigkeit erschien es nämlich nicht ausgeschlossen, daß Robertson vielleicht versuchen würde, durch Butlers Vermittlung wieder mit jener Familie in Verbindung zu treten, und dies wollte man wenn möglich verhindern. Die Maßnahme war von den Ratsherren nicht böse oder beleidigend gemeint, doch empfand Butler sie in seiner Verfassung als sehr hart. Er fühlte, daß er derjenigen, die ihm am teuersten war, in schlechtem Licht, als kalter, abtrünniger Freund erscheinen mußte, was seiner Veranlagung doch so fern lag.

Dieser quälende Gedanke griff seine ohnehin erschütterte Gesundheit noch mehr an und hatte ein schleichendes Fieber zur Folge, das seine Kräfte erschöpfte und ihn zuletzt unfähig machte, die Pflichten seines Amtes – das ihm doch sein Brot gab – selbst im Sitzen zu erfüllen. Glücklicherweise war der alte Mr. Whackbairn, der Hauptlehrer der kleinen Gemeindeschule, Butler aufrichtig zugetan. Außerdem, daß er nicht blind war für die Verdienste und den Wert eines Helfers, der den Ruf seiner kleinen Schule sehr erhöht hatte, war der alte Pädagoge, der selbst eine leidliche Erziehung genossen hatte und etwas klassische Bildung besaß, froh, wenn er nach der Plage des Unterrichts zur Erholung ein paar Seiten Horaz oder Juvenal mit seinem Hilfslehrer studieren konnte. Gleicher Geschmack führt zur Freundschaft, und so sah er Butlers Hinsiechen mit großem Mitgefühl. Er strengte all seine Kräfte an, um statt seiner in den Morgenstunden Schule zu halten, bestand darauf, daß sein Helfer sich derweil ausruhe, und versah ihn überdies mit solchen Bequemlichkeiten, wie sie der Zustand des Kranken erforderte und die er sich aus eigenen Mitteln nicht hätte verschaffen können.

Das war Butlers Lage – kaum fähig, sich an den Platz zu schleppen, wo seine tägliche Fron ihm sein tägliches Brot erwarb, wurde er von tausend fürchterlichen Vorstellungen über das Schicksal derjenigen gemartert, die ihm am teuersten in der Welt waren –, und nun machte die Gerichtsverhandlung gegen Effie Deans und ihre Verurteilung das Maß seines Elends voll.

Er erfuhr hiervon durch einen Augenzeugen, einen ehemaligen Studienkameraden, der im selben Dorf wohnte und das traurige Ereignis, dem er beigewohnt hatte, in all seinen erschütternden und schrecklichen Einzelheiten vor Butlers gemarterter Einbildungskraft heraufbeschwor. Nach einem solchen Abendsegen Schlaf zu finden war unmöglich. Tausend drohende Gesichte suchten ihn die ganze Nacht über heim, und am Morgen weckte ihn aus einem kurzen fiebrigen Schlummer etwas, was ihm in diesem Ungemach gerade noch gefehlt hatte – der Besuch eines aufdringlichen Narren.

Dieser unwillkommene Besucher war kein anderer als Bartoline Saddletree. Der würdige und kundige Bürger hatte sich wie verabredet mit Plumdamas und einigen anderen Nachbarn bei MacCroskie getroffen, um die Rede des Herzogs von Argyle, Effies Verurteilung und die Unwahrscheinlichkeit ihrer Begnadigung zu besprechen. Dieser weise Ausschuß stritt wacker und trank noch wackerer – und am nächsten Morgen fühlte sich Bartoline etwas wüst im Kopf, «als wirbelten tausend Aktenstücke drin herum», wie er es ausdrückte.

Um seinem Denkvermögen wieder die gewohnte Klarheit zurückzugeben, entschloß sich Saddletree zu einem Morgenausflug auf einem Gaul, den er, Plumdamas und noch ein anderer ehrenwerter Ladenbesitzer gemeinsam zu gelegentlichen Geschäfts- oder Spazierritten unterhielten. Da Saddletree zwei Kinder bei Whackbairn in der Schule hatte und, wie wir gesehen haben, nicht ungern in Butlers Gesellschaft weilte, trabte er auf seinem Staatspferd nach Libberton hinaus und kam, wie wir schon gesagt haben, gerade rechtzeitig, um dem unglücklichen Hilfslehrer in seinem Kummer auch noch den weiteren zu bereiten, über welchen Imogen so beweglich klagt, wenn sie sagt:

«Ein Narr verfolgt mich wie ein Spuk;
Macht Schreck und noch mehr Ärger.»

Aber um noch mehr Galle in die Bitternis seines Unmuts zu träufen, wählte Saddletree zum Thema die Gerichtsverhandlung gegen Effie Deans und die Wahrscheinlichkeit ihrer Hinrichtung. Jedes Wort seiner langatmigen Rede fiel Butler ins Ohr wie der Klang einer Totenglocke oder der Ruf eines Käuzchens.

Jeanie blieb vor der Tür der bescheidenen Wohnung ihres Liebsten stehen, als ihr von drinnen die geschwätzige, laute Stimme Saddletrees entgegenschallte. «Glaubt mir, so kommt's, Mr. Butler. Kein Teufel kann sie mehr retten. Ich sehe sie schon mit dem Burschen im Elsterkleid* hinter ihr den Bow runterkommen. – Es tut mir leid um das Mädchen. Aber das Gesetz, Herr, muß seinen Lauf haben – Vivat Rex, currat Lex – wie der Dichter Horaz sagt, ich weiß nicht, in welcher von seinen Oden.»

Hier stöhnte Butler auf in äußerstem Unwillen über die Roheit und Unwissenheit, die Bartoline in einen Satz zu packen vermochte. Aber Saddletree war gleich anderen Schwätzern mit einer glücklichen Begriffsstutzigkeit gesegnet, die ihn nicht merken ließ, welch ungünstigen Eindruck er bisweilen auf seine Hörer machte; unbarmherzig fuhr er fort, die Brocken seiner juristischen Gelehrsamkeit auszukramen, und schloß damit, daß er Butler mit großer Selbstgefälligkeit fragte: «War's nun nicht ein Jammer, daß mich mein Vater nicht nach Utrecht geschickt hat? Habe ich nicht die Gelegenheit verpaßt, als ein ebensolcher clarissimus ictus wiederzukommen wie der alte Grunwiggin? Warum sagt Ihr nichts, Mr. Butler? Wäre ich heute nicht ein clarissimus ictus, he?»

«Ich verstehe Euch wirklich nicht, Mr. Saddletree», sagte

* Den Henker in seiner dunkelgrauen oder schwarzen und silbernen Livree vergleicht der Volkswitz mit einer Elster.

Butler, so in die Enge getrieben. Seine erschöpfte, schwache Stimme wurde augenblicklich von dem schallenden Eselsschrei Bartolines übertönt: «Versteht mich nicht, Mann? Ictus heißt doch lateinisch Rechtsgelehrter – oder nicht?»

«Nicht, daß ich wüßte», antwortete Butler ebenso matt.

«Zum Teufel, Ihr wißt nicht? – Aber Mann, ich fand das Wort erst heute morgen in der Denkschrift von Mr. Crossmyloof – seht, da steht's: ictus clarissimus et perti – peritissimus – es ist alles Latein, denn es ist in lateinischen Lettern gedruckt.»

«Ach so, Ihr meint juris consultus. – Ictus ist eine Abkürzung für juris consultus.»

«Sagt mir doch das nicht, Mann», beharrte Saddletree, «es gibt keine Abkürzungen außer bei richterlichen Entscheidungen; und dies hier bezieht sich auf die Servitut einer Dachtraufe, das heißt tillicidian* – vielleicht sagt Ihr, das sei auch kein Latein –, in Mary King's Close in der High Street.»

«Meinetwegen», sagte der arme Butler, überwunden von der lärmenden Geschwätzigkeit seines Besuchers. «Ich bin nicht imstande, mit Euch zu streiten.»

«Das sind wenige – wenige, Mr. Butler, obgleich ich das nicht sagen sollte», erwiderte Bartoline mit großem Behagen. «Nun, Ihr habt noch zwei Stunden bis zum Unterricht, und da Ihr nicht ganz auf dem Posten seid, so will ich mich zu Euch setzen, Euch ein bißchen die Zeit vertreiben und Euch den Begriff eines tillicidian erklären. Ihr wißt vielleicht, daß die Antragstellerin Crombie, eine sehr ordentliche Frau, eine Bekannte von mir ist, und da habe ich ihr denn in diesem Fall als Freund beigestanden und erreicht, daß die Geschichte ordnungsgemäß bei Gericht anhängig gemacht ist, und ich zweifle nicht, daß sie, wenn's soweit ist, die Klage ordnungsgemäß gewinnt oder verliert, je nachdem. Die Sache verhält sich nämlich so: Wenn man ein

* Er meint wahrscheinlich stillicidium.

niedriges Häuschen hat, muß man sich die Auflage des tillicide gefallen lassen, das heißt die Verpflichtung auf sich nehmen, die natürlichen Wassertropfen von dem höheren Haus zu empfangen, insoweit solche vom Himmel oder vom Dach des Nachbarhauses oder von dort durch die Dachrinnen oder -traufen auf unser niedriges Haus fallen. Da kommt nun neulich nachts so ein Hochlandmensch von Mädchen und gießt Gott weiß was aus dem östlichen Fenster von Mrs. MacPhails Haus, dem höheren Haus nämlich. Ich glaube, die Alte, meine Freundin, Mrs. Crombie, hätte sich das gefallen lassen, denn Luckie MacPhail schickte das Mädchen herum, um sich bei ihr zu entschuldigen – sie hätte ‹Achtung, Kopf weg› aus dem falschen Fenster gerufen, weil in der Gasse unter dem richtigen zwei Hochländer gestanden und Gälisch miteinander gesprochen hätten. Aber zum Glück für Mrs. Crombie führte der Zufall mich vorbei, gerade rechtzeitig genug, um die Verständigung abzubrechen, denn es wäre schade, wenn die Sache nicht gerichtlich geklärt werden sollte. Wir hatten Mrs. MacPhail vor den Schiedsmann geladen. Das Hochlandmensch wollte sich freischwören, aber ‹Halt mal›, sagte ich…»

Der ausführliche Bericht über diesen wichtigen Rechtshandel hätte vermutlich gewährt, bis des armen Butlers Ruhestunde vollends vorüber war, wäre Saddletree nicht durch das Geräusch von Stimmen an der Tür unterbrochen worden. Die Hauswirtin, bei der Butler wohnte, fand bei ihrer Rückkehr vom Brunnen, wo sie einen Eimer Wasser geholt hatte, unsere Heldin Jeanie Deans an der Tür stehen, ungeduldig über die weitschweifige Rede Saddletrees, doch nicht gewillt, einzutreten, ehe er nicht fortgegangen wäre.

Die gute Frau kürzte ihr Zögern durch die Frage ab: «Wollt Ihr zum Herrn oder zu mir, Mädchen?»

«Ich möchte Mr. Butler sprechen, wenn er Zeit hat», erwiderte Jeanie.

«Dann geh nur rein, Mädchen», antwortete die Wirtin,

und indem sie die Tür des Zimmers öffnete, meldete sie den neuen Besuch mit den Worten an: «Mr. Butler, hier ist ein Mädchen, das Euch sprechen will.»

Butler war äußerst überrascht, als auf diese Ankündigung hin Jeanie, die sich selten eine halbe Meile vom Haus entfernte, in sein Zimmer trat.

«Großer Gott!» sagte er, von seinem Stuhl aufspringend, während die Aufregung seinen Wangen die Farbe wiedergab, deren sie durch seine Krankheit beraubt worden waren.

«Ist ein neues Unglück geschehen?»

«Keins, Mr. Reuben, als das, wovon Ihr schon gehört haben werdet. Aber, ach! Ihr selber seht krank aus!» Denn die hektische Röte eines Augenblicks hatte ihrem liebenden Auge nicht die Spuren der langwierigen Krankheit und des seelischen Leidens in seinen Zügen verhehlen können.

«Nein, mir geht's gut – sehr gut», sagte Butler eifrig, «wenn ich irgend etwas tun kann, um Euch zu helfen, Jeanie – oder Eurem Vater.»

«Ja, freilich», sagte Saddletree, «die Familie ist jetzt so anzusehen, als bestände sie nur noch aus den beiden; denn Effie, das arme Ding, zählt nicht mehr mit. Aber Jeanie, was führt Euch so früh am Morgen nach Libberton, während Euer Vater krank in Edinburgh liegt?»

«Ich habe etwas von meinem Vater an Mr. Butler zu bestellen», sagte Jeanie verlegen; schämte sich aber sogleich der Ausrede, zu der sie Zuflucht genommen hatte, denn in ihrer Wahrheitsliebe glich sie einer Quäkerin, und verbesserte sich: «Das heißt, ich möchte mit Mr. Butler in einer Angelegenheit meines Vaters und der armen Effie sprechen.»

«Handelt es sich um eine Rechtssache?» fragte Bartoline. «Dann solltet Ihr lieber mich als ihn darüber zu Rate ziehen.»

«Das nicht gerade», sagte Jeanie, die voraussah, daß beträchtliche Schwierigkeiten daraus entstehen könnten, wenn sie Mr. Saddletree in das Geheimnis ihres Reiseplans einweihte. «Ich wollte Mr. Butler nur bitten, einen Brief für mich zu schreiben.»

«Ganz recht», sagte Saddletree, «und wenn Ihr mir sagt, worum es sich handelt, will ich Mr. Butler den Brief in die Feder diktieren, wie es Mr. Crossmyloof bei seinem Schreiber macht. Nehmt Feder und Tinte in initialibus, Mr. Butler.»

Jeanie sah Butler an und rang ihre Hände vor Ärger und Ungeduld.

«Ich glaube, Mr. Saddletree», sagte Butler, der die Notwendigkeit sah, ihn unter allen Umständen loszuwerden, «ich glaube, es wird Mr. Whackbairn sehr beleidigen, wenn Ihr dem Unterricht Eurer Knaben nicht beiwohnt.»

«Wahrhaftig, Mr. Butler, das ist wahr; ich habe auch den Jungen versprochen, mit dem Lehrer zu reden, daß er ihnen einen halben Tag freigibt, damit die Kinder hingehen und das Hängen mit ansehen können – so was ist sehr nützlich für junge Gemüter, denn man kann nicht wissen, was ihnen selbst mal passiert. – Ach so, ich dachte nicht daran, daß Ihr hier wärt, Jeanie Deans, aber Ihr müßt Euch daran gewöhnen, davon reden zu hören. – Behaltet Jeanie hier, bis ich wiederkomme, Mr. Butler; ich bleibe keine zehn Minuten weg.»

Und mit dieser unwillkommenen Versicherung seiner baldigen Rückkehr befreite er sie von seiner lästigen Gegenwart.

«Reuben», sagte Jeanie, die seine Abwesenheit so gut wie möglich nutzen wollte, um das zu besprechen, was sie hergeführt hatte, «ich habe eine weite Reise vor – ich gehe nach London und will den König und die Königin um Effies Leben bitten.»

«Jeanie, du bist nicht bei Sinnen!» antwortete Butler in höchstem Erstaunen. «*Du* gehst nach London – *du* willst mit dem König und der Königin sprechen?»

«Und warum nicht, Reuben?» fragte Jeanie mit all der ihr

eigenen gelassenen Einfachheit. «Schließlich sind es doch auch nur sterbliche Menschen und haben Herzen von Fleisch und Blut wie andere Leute. Und selbst wenn sie von Stein wären, Effies Geschichte muß sie erweichen. Außerdem habe ich gehört, sie seien nicht so schlimm, wie die Jakobiten sagen.»

«Ja, Jeanie», sagte Butler, «aber ihre Hoheit, ihr Hofstaat, die Schwierigkeit, eine Audienz zu bekommen.»

«Ich habe wohl an all das gedacht, Reuben, aber es soll mich nicht mutlos machen. Gewiß werden sie glänzend aussehen in ihren prächtigen Kleidern, mit den Kronen auf dem Haupt und den Zeptern in den Händen wie der große König Ahasver, als er vor der Tür seines Hauses auf seinem königlichen Thron saß, wie es in der Bibel heißt. Aber ich habe etwas, das meinen Mut aufrechterhalten wird, und ich bin fast sicher, daß ich stark genug sein werde, die Bitte auszusprechen, deretwegen ich komme.»

«Ach, ach!» sagte Butler. «Heutzutage sitzen die Könige nicht mehr vor der Tür ihres Hauses, um Recht zu sprechen wie in patriarchalischen Zeiten. Ich weiß von dem, was an Höfen Sitte ist, so wenig wie du, Jeanie; aber soviel ich davon gehört und gelesen habe, läßt der König von Großbritannien alles durch seine Diener tun.»

«Gewiß hat er eine große Anzahl mehr als die Herzogin von Dalkeith», erwiderte Jeanie, «und die Diener großer Leute sind immer hochmütiger als sie selbst. Aber ich werde anständig gekleidet sein, und ich werde ihnen ein Trinkgeld geben, als ob ich käme, das Schloß zu sehen. Oder wenn sie mich abweisen, werde ich ihnen sagen, daß ich ein Anliegen an den König und die Königin habe, wo es sich um Leben oder Tod handelt, und dann werden sie mich doch sicherlich vorlassen?»

Butler schüttelte den Kopf. «O Jeanie, das ist nur ein törichter Traum. Du verstehst ja nicht einmal die Hofsprache. Die Diener der Könige sind selbst große Herren – Staatsminister und Räte. Du kannst nur durch ihre Fürsprache etwas beim König oder der Königin ausrichten – und selbst dann ist's kaum möglich.»

«Vielleicht kann ich diese Fürsprache erhalten», sagte Jeanie, «wenn du mir hilfst.»

«Ich, Jeanie? Ach, das ist der törichteste von allen Träumen!»

«Das ist er nicht, Reuben. Hast du mir nicht einmal gesagt, dein Großvater, von dem mein Vater nicht gern etwas hört, habe vorzeiten einem Vorfahren von unserem MacCallummore – dem Lord von Lorn – einen großen Dienst erwiesen?»

«Das hat er», sagte Butler eifrig, «und ich kann es beweisen. Ich will an den Herzog von Argyle schreiben – es heißt, er sei ein ebenso guter und freundlicher Mensch wie ein tapferer Soldat und treuer Freund seines Vaterlandes. Ich will ihn beschwören, dies schreckliche Schicksal von deiner Schwester abzuwenden. Die Aussicht auf Erfolg ist zwar nur gering, aber wir wollen alle Mittel versuchen.»

«Wir *müssen* alle Mittel versuchen», erwiderte Jeanie, «aber schreiben allein genügt nicht. Ein Brief kann einen Menschen nicht anblicken und bitten und anflehen wie das menschliche Auge und die menschliche Stimme. Ein Brief ist wie diese geschriebene Musik, die vornehme Damen für ihre Spinetts haben – bloß schwarze Punkte und Striche. Erst wenn sie gesungen oder gespielt wird, vermag sie die Herzen zu rühren. Das gesprochene Wort tut's, Reuben, oder nichts.»

«Du hast recht», sagte Reuben, sich aufraffend, «und ich will hoffen, daß der Himmel deinem guten Herzen und mutigen Sinn das einzig mögliche Mittel eingegeben hat, das Leben dieses unglücklichen Mädchens zu retten. Aber Jeanie, du darfst eine solch gefährliche Reise nicht allein unternehmen; es ist mir nicht gleichgültig, und ich kann nicht zugeben, daß meine Jeanie sich wegwirft. Du mußt mir, wie die Dinge liegen, das Recht eines Gatten zugestehen, dich zu beschützen; ich werde die Reise mit dir machen und dir helfen, deine Pflicht gegen deine Familie zu erfüllen.»

«Ach, Reuben!» entgegnete Jeanie. «Das kann nicht sein. Auch eine Begnadigung kann meiner Schwester ihren guten Ruf nicht wiedergeben oder mich zu einer Braut machen, wie sie sich für einen ehrenhaften Mann und rechten Geistlichen schickt. Wer würde die Predigt eines Menschen beherzigen, der zum Weib die Schwester eines Mädchens hat, das wegen eines solchen Verbrechens verurteilt worden ist?»

«Aber Jeanie», wandte ihr Liebster ein, «ich glaube nicht und kann nicht glauben, daß Effie so etwas getan hat.»

«Der Himmel segne dich, daß du das sagst, Reuben!» antwortete Jeanie. «Aber was hilft das – die Schande bleibt ihr.»

«Aber was geht ihre Schande, selbst wenn sie ihr zu Recht anhaftet, dich an?»

«Ach, Reuben, Reuben», erwiderte das junge Mädchen, «du weißt doch, eine Schande vererbt sich auf Kind und Kindeskinder. – Ikabod – wie mein armer Vater sagt – die Herrlichkeit unseres Hauses ist dahin; denn auch des geringsten Menschen Haus hat seine Herrlichkeit, wo ein gottesfürchtiges Herz, treue Hände und ein ehrlicher Name daheim sind. Und den haben wir verloren.»

«Aber Jeanie, bedenke, daß du mir dein Wort gegeben hast. Du hast dich mir anverlobt und willst eine solche Reise unternehmen ohne einen Mann, der dich beschützt? Und wer anders könnte dein Beschützer sein als dein Mann?»

«Du bist gut und edel, Reuben, und würdest mich trotz all meiner Schande nehmen, daran zweifle ich nicht. Aber du mußt zugeben, daß dies keine Zeit zum Heiraten ist. Nein, wenn das je geschehen sollte, so muß es in einer anderen und besseren Zeit geschehen. – Und, lieber Reuben, du sprichst davon, mich auf der Reise zu beschützen. Ach, wer soll dich beschützen und für dich sorgen? Du zitterst ja an allen Gliedern und kannst dich keine zehn Minuten aufrecht halten, wie könntest du eine so weite Reise wie nach London unternehmen?»

«Oh, ich bin kräftig – mir geht es gut», fuhr Butler fort und sank völlig erschöpft auf seinen Sitz nieder, «wenigstens werde ich morgen ganz gesund sein.»

«Du siehst und weißt, du mußt mich schon reisen lassen», sagte Jeanie nach einer Pause. Dann ergriff sie seine ausgestreckte Hand und sah ihn liebevoll an. «Es ist ein Kummer mehr für mich, dich in diesem Zustand zu sehen. Aber du mußt deinen Mut bewahren – um Jeanies willen, denn wenn sie nicht dein Weib wird, Reuben, wird sie nie das Weib eines Mannes. – Und nun gib mir das Papier für MacCallummore und bitte Gott, daß er meinen Weg segne.»

Es war etwas Romantisches in Jeanies gewagtem Entschluß. In Anbetracht jedoch, daß es unmöglich schien, ihn durch Überredung zu ändern oder ihr eine andere Unterstützung zu gewähren als seinen Rat, händigte ihr Butler nach einigem weiteren Hinundherreden das gewünschte Papier aus, das samt der Musterrolle, worin es eingeschlagen war, das einzige Andenken an den wackeren Schwärmer Bibel-Butler, seinen Großvater, war. Während Butler dieses Schriftstück hervorsuchte, nahm Jeanie seine Taschenbibel.

«Ich habe mit deinem Bleistift einen Spruch unterstrichen», sagte sie, als sie sie wieder hinlegte, «den wir beide beherzigen sollten. Und du mußt dir die Mühe machen, Reuben, dies alles meinem Vater zu schreiben, denn – weiß Gott! – ich habe nie lange Briefe schreiben können, viel weniger jetzt. Ich verlasse mich seinetwegen ganz auf dich und hoffe, man wird dir bald erlauben, ihn zu besuchen. Und, Reuben, wenn du mit ihm sprichst, schick dich in des alten Mannes Art, um Jeanies willen, und brauch keine englischen und lateinischen Ausdrücke und Wörter; er ist noch von der alten Schule und ärgert sich darüber, wenn er auch wohl unrecht haben mag. Und sprich nicht zuviel, sondern laß ihn lieber selbst sprechen, das tröstet ihn mehr. Und, o Reuben, das arme Ding drüben im Kerker! Aber ich brauche dein gutes Herz nicht erst darum zu bitten – sprich ihr Trost zu, soviel du kannst, sobald sie dich zu ihr lassen; sage ihr... Aber ich darf nicht mehr davon sprechen, denn ich darf dich nicht mit Tränen im Auge verlassen – das wäre kein gutes Vorzeichen. – Gott segne dich, Reuben!»

Hastig verließ sie das Zimmer, auf ihren Zügen noch das schmerzlich liebevolle Lächeln, zu dem sie sich gezwungen hatte, um Butler zu beruhigen.

Es schien, als ob er all sein Denk-, Sprach- und Sehvermögen eingebüßt habe, als Jeanie fort war – gekommen und wieder verschwunden wie eine flüchtige Erscheinung. Saddletree, der unmittelbar darauf eintrat, überschüttete ihn mit Fragen, auf die er antwortete, ohne sie zu verstehen, und mit rechtlichen Erörterungen, von denen er kein Wort vernahm. Endlich fiel es dem gelehrten Mann ein, daß heute ein Adelsgericht in Loanhead abgehalten würde, und obgleich es sich eigentlich nicht der Mühe verlohne, so wolle er doch hin, um zu sehen, ob es etwas für ihn zu tun gebe, da er mit dem Adelsrichter, einem netten Menschen, bekannt sei, der sich glücklich schätzen würde, seinen juristischen Rat zu hören.

Sobald er gegangen war, eilte Butler zu seiner Bibel, dem letzten Gegenstand, den Jeanie berührt hatte. Zu seinem größten Erstaunen fielen einige in Papier gewickelte Goldstücke aus dem Buch. Mit schwarzem Bleistift hatte Jeanie den 16. und 25. Vers des 37. Psalms unterstrichen: «Das Wenige, das ein Gerechter hat, ist besser als das große Gut vieler Gottlosen.» – «Ich bin jung gewesen und alt geworden und habe noch nie gesehen den Gerechten verlassen oder seinen Samen nach Brot gehen.»

Tiefgerührt von der liebevollen Zartheit, womit sie ihre eigene Großmut in das Gewand einer göttlichen Beihilfe zu seinen Bedürfnissen hüllte, drückte er das Gold an seine Lippen, mit größerer Inbrunst, als womit je ein Geizhals das glänzende Metall willkommen hieß. Es ihr nachzutun an frommem Vertrauen und festem Sinn war nun sein höchstes Streben. Er ging gleich daran, dem alten David Deans Nachricht von dem Entschluß seiner Tochter und ihrer Reise nach dem Süden zu geben. Er überlegte sorgfältig jeden Satz und selbst jedes Wort, wodurch er den alten Mann mit ihrem ungewöhnlichen Entschluß versöhnen konnte. Welche Wirkung dieser Brief hervorbrachte, werden wir später schildern. Butler übergab ihn einem ehrlichen Bauern zur Besorgung, der mit Deans in geschäftlicher Verbindung stand und es bereitwillig übernahm, nach Edinburgh zu gehen, um ihm den Brief eigenhändig zu übergeben.*

* Durch unablässiges Nachforschen ist es mir gelungen, den Namen dieser Person festzustellen, den ich hiermit dem Leser überliefere. Sie hieß Saunders Broadfoot und handelte mit jener nützlichen Ware, die man Kirnmilch (anglice Buttermilch) nennt. (J. C.)

28. Kapitel

«Mein Heimatland, gute Nacht!»

Lord Byron

Heutzutage ist eine Reise von Edinburgh nach London auch für einen unerfahrenen oder unbeschützten Reisenden ein sehr einfaches, leichtes und sicheres Unternehmen. Zahllose Wagen aller Preisklassen und ebenso viele Paketboote fahren beständig zwischen der Hauptstadt Englands und ihrer nördlichen Schwester hin und her, so daß auch der Furchtsamste und Trägste eine solche Reise ohne viel Umstände ausführen kann. Aber im Jahre 1737 war es anders. Damals war der Verkehr zwischen London und Edinburgh so gering und unbedeutend, daß einmal – wie noch lebende Zeitgenossen sich erinnern – die auf dem Hauptpostamt Schottlands aus England einlaufende Post nur aus einem einzigen Brief bestand.* Gewöhnlich nahm man Postpferde, von denen der Reisende eins und sein Führer ein anderes bestiegen, wechselte die Pferde von Station zu Station gegen frische aus und konnte so – vorausgesetzt, daß man die Anstrengung des beständigen Reitens zu ertragen vermochte – die Reise in ziemlich kurzer Zeit

* Die Tatsache steht fest. Dieser einzige Brief war an den Direktor der Britischen Leinengesellschaft gerichtet.

vollenden. Allein diese Art des Reitens – von Pferderücken zu Pferderücken überzugehen und sich alle Knochen im Leibe zusammenschütteln zu lassen – war ein Luxus, den sich nur die Reichen erlauben konnten; der Arme sah sich auf das Fortbewegungsmittel angewiesen, womit ihn die Natur ausgestattet hatte.

Mit mutigem Herzen und einem an Anstrengung gewöhnten Körper durchwanderte Jeanie, indem sie täglich etwa zwanzig Meilen und bisweilen mehr zurücklegte, das südliche Schottland und erreichte Durham.

Bisher war sie unter ihren eigenen Landsleuten gewesen, oder Menschen, denen schottische Tracht und Sitte zu vertraut waren, als daß ihnen Jeanies Plaid und ihre Barfüßigkeit aufgefallen wären. Aber als sie weiterging, bemerkte sie, daß sie sich durch beides Spötteleien und Sticheleien aussetzte, was ihr sonst nicht geschehen wäre; und obgleich sie es ungezogen und unhöflich fand, eine fremde Reisende wegen der Art ihrer Kleidung zu verspotten, so war sie doch verständig genug, an ihrer Kleidung das zu ändern, was ihr abfällige Bemerkungen eintrug. Sie legte ihr schottisches Tuch sorgfältig in ihr Bündel und bequemte sich zu dem landesüblichen Luxus, den ganzen Tag über Schuhe und Strümpfe zu tragen. Sie bekannte später, daß es ihr leid getan habe um solche «Verschwendung». Auch habe es lange gedauert, bis sie mit den Schuhen ebenso bequem hätte gehen können wie ohne sie; sie sei deshalb meist auf dem weichen Heidekraut am Wegrand gegangen, und so wäre es ihr leichter gefallen. An Stelle des Tuchs, das wie ein Schleier über den Kopf gezogen wurde, setzte sie eine bon-grace auf, wie sie es nannte, einen großen, breiten Strohhut, wie ihn die englischen Mädchen bei der Feldarbeit tragen. «Aber zuerst schämte ich mich mächtig», sagte sie, «als unverheiratetes Mädchen einen Hut zu tragen wie eine verheiratete Frau.»

Mit diesen Änderungen hatte sie sich ein wenig, wie sie sagte, «unauffällig gemacht, solange sie nicht sprach», denn ihre schottische Aussprache und Betonung zogen ihr ebenfalls viele anzügliche und spöttische Bemerkungen in einem weit schlimmeren Patois als ihrem eigenen zu, so daß sie bald fand, sie täte am besten, so wenig und selten wie möglich zu reden. Sie antwortete daher auf höfliche Grüße Vorübergehender bloß mit einem höflichen Knicks und wählte nach sorgfältiger Umschau nur anständig aussehende und möglichst abgelegene Wirtshäuser zur Rast. Im ganzen fand sie, die Menschen in England, obgleich weniger höflich zu Fremden als die Leute in ihrem eigenen, nicht so besuchten Land, ließen es keineswegs an der erforderlichen Gastfreundschaft fehlen. Sie erhielt bereitwillig Obdach sowie Speise und Trank zu einem sehr mäßigen Preis. Gelegentlich lehnten freigebige Wirte eine Bezahlung sogar ganz ab – mit der gutmütigen Begründung: «Du hast noch einen weiten Weg vor dir, Mädchen, und von einem alleinreisenden Frauenzimmer nehme ich kein Geld – es ist der beste Freund, den du unterwegs haben kannst.»

Oft war auch schon eine Wirtin gerührt über «die niedliche kleine Schottin» und verschaffte ihr ein Geleit oder veranlaßte einen Fuhrmann, sie ein Stückchen Weges mitzunehmen. Oder sie gab ihr einen nützlichen Rat und eine Empfehlung für Raststätten.

In York verweilte unsere Pilgerin fast einen Tag lang – teils, um sich von den Anstrengungen zu erholen, teils, weil sie das Glück hatte, im Gasthof einer Landsmännin unterzukommen, teils, um zwei Briefe zu schreiben, einen an ihren Vater und einen an Reuben Butler; ein Unternehmen, das ihr etwas schwerfiel, da sie schlecht mit der Feder umzugehen wußte. Der an ihren Vater hatte folgenden Wortlaut:

«Liebster Vater! Es betrübt mich auf meiner gegenwärtigen Reise am meisten, daß ich sie ohne Euer Wissen angetreten, was, Gott weiß es, nicht mein Wunsch war, denn die Schrift sagt, das Gelübde der Tochter sei nicht bindend ohne die Einwilligung des Vaters, wogegen ich vielleicht gefehlt habe, weil ich diese schwierige Reise ohne Eure Zustimmung unternommen. Nichtsdestoweniger hat Gott mir eingegeben, daß ich ein Werkzeuch sein soll, meiner armen Schwester in ihrer großen Noth zu helfen, denn sonst würde ich nicht um alles Gut der Welt oder für das ganze Land von Dalkeith und Lugton sowas getan haben ohne Euer Wissen und Euren Willen. O lieber Vater, wenn Ihr wünscht, daß Euer Haus und meine Reise gesegnet sein soll, sagt unsrer armen Gefangenen ein Wort oder schreibt ihr eine Zeile des Trostes. Wenn sie gesündigt hat, so hat sie gelitten und bereut, und Ihr wißt besser als ich, daß wir einander vergeben müssen, wie wir bitten, daß uns vergeben werde. Lieber Vater, vergebt mir vielmals, daß ich dies sage, denn es geziemt einem jungen Haupt nicht, graue Haare zu belehren, aber ich bin so weit von Euch, daß sich mein Herz nach euch allen sehnt, und gern würde ich hören, daß Ihr ihren Fehltritt verziehen habt, und darum sage ich mehr, als mir ziemt. Die Leute hier sind höflich und haben mir wie die Heiden dem Heiligen Apostel viel Freundlichkeit erwiesen; und es giebt auch hier fromme Menschen, denn sie haben einige Kirchen ohne Orgeln wie wir und nennen sie Bethäuser, wo der Geistliche ohne Talar predigt. Aber die meisten Leute sind Prälatisten, was schmerzlich zu denken ist, und ich sah zwei Leute, die Geistliche waren und Hasen hetzten – ebenso dreist wie Roslin oder Driden, der Laird von Loup-the-dike oder irgendein anderer wilder Junker in Lothian. Das hat mich sehr betrübt! O lieber Vater, möge Euer Aufstehen und Schlafengehen gesegnet sein. Gedenkt in Euren Gebeten Eurer Euch liebenden Tochter Jean Deans.»

Eine Nachschrift lautete: «Ich habe von einer netten Frau, eines Viehzüchters Witwe, gehört, daß sie in Cumberland ein Mittel gegen das Blutharnen haben: ein Nößel, wie sie es nennen, Bier, das ist eine halbe schottische Pinte, mit Seife und Hirschhorntropfen gekocht und dann dem Tier mit einem Trichter eingegeben. Ihr könnt es an der einjährigen Blesse versuchen, nützt es nichts, so schadet es doch nichts. Die Frau war sehr ordentlich und schien viel vom Vieh zu verstehen. Wenn ich nach London komme, habe ich vor, zu unserer Base zu gehen, Mrs. Glass, die den Tabaksladen ‹Zur Diestel› hat und immer so nett war, Euch jedes Jahr Euren Tabak zu schicken; sie wird ja in London sehr bekannt sein, und so denk ich, wird es nicht schwer sein, herauszubekommen, wo sie wohnt.»

Da wir einmal schon so weit das Vertrauen unserer Heldin mißbraucht haben, wollen wir noch einen Schritt weitergehen und dem Leser ihren Brief an ihren Liebsten nicht vorenthalten.

«Mr. Reuben Butler! In der Hoffnung, daß Euch dies Schreiben bei besserer Gesundheit antrifft, möchte ich Euch mitteilen, daß ich wohlbehalten in dieser großen Stadt angekommen bin. Das Gehen hat mich nicht ermüdet, sondern gekräftigt. Ich habe viel gesehen, wovon ich Euch eines Tages zu erzählen hoffe, auch die große Kirche in dieser Stadt, und überall um die Stadt stehen Mühlen, die weder Mühlgräben noch Mühlräder haben, sondern durch den Wind angetrieben werden – was sehr seltsam anzusehen ist. Ein Müller forderte mich auf, hereinzukommen und mir das Mahlwerk anzuschauen, aber ich wollte nicht, denn ich bin nicht nach England gekommen, um mit Fremden Bekanntschaft zu machen. Ich gehe meinen Weg und nicke nur mit dem Kopf, wenn mich einer höflich anredet, und antworte keinem, außer Mädchen und Frauen meines eigenen Schlages. Ich wünsche, Mr. Butler, ich wüßte etwas, das Euch gesund machen könnte, denn es gibt soviel Arzneien in York, daß man ganz Schottland damit kurieren könnte, und sicherlich wären einige davon gut für Eure Beschwerden. Wenn Ihr jemand um Euch hättet, der mütterlich für Euch sorgte und nicht zuließe, daß Ihr Euch mit Lesen herunterbrächtet – weil Ihr doch mehr als genug mit den Kindern in der Schule lest –, und Euch morgens warme Milch gäbe, würde ich Euretwegen ruhiger sein. Lieber Mr. Butler, verzagt nicht, denn wir stehen in der Hand Dessen, der besser als wir weiß, was für uns gut ist. Ich bezweifle nicht, daß mir das gelingt, weswegen ich hergekommen bin – ich kann nicht, ich will nicht daran zweifeln –, denn wenn ich es täte, wie sollte ich dann wagen, zu den Großen zu gehen und meine Bitte vorzutragen? Aber zu wissen, daß sein Vorhaben gut ist, und sein Herz stark machen, ist der Weg, durch des schlimmsten Tages Plage zu kommen. Der Kinderreim sagt, die Eisheiligen könnten trotz all ihrer Macht nicht die drei kleinen dummen Schweinchen töten. Und wenn es Gott gefällt, werden wir, die wir jetzt in Kummer getrennt sind, wieder in Freuden zusammenkommen – selbst auf dieser Seite des Jordan. Ich brauche Euch nicht an etwas zu erinnern, was ich Euch beim Abschied wegen meines armen Vaters und jenes unglücklichen Mädchens sagte, denn ich weiß, Ihr tut es aus christlicher Barmherzigkeit, und die vermag mehr als die Bitte derjenigen, die sich empfielt als Eure Dienerin Jeanie Deans.»

Auch dieser Brief hatte eine Nachschrift: «Lieber Reuben, wenn Du meinst, daß ich Dir mehr und schönere Dinge hätte schreiben sollen, so denke nur, ich hätte sie geschrieben, denn gewiß wünsche ich Dir alles, was Du gut und recht findest. Du wirst denken, ich sei eine Verschwenderin geworden, denn ich trage täglich saubere Strümpfe und Schuhe; aber so ist es hier bei anständigen Leuten Brauch, und jedes Land hat seine eigenen Sitten. Übrigens, wenn wir wieder lachen können, würdest Du wohl lachen, wenn Du mein rundes Gesicht unter einem Strohhut hervorkucken sähst, der gerade so groß und so rund ist wie der Mittelkohr in der Kirche von Libberton. Aber er hält die Sonne gut ab und hindert unhöfliche Leute daran, einen anzustarren, als ob man ein Mondkalb wäre. Ich werde Dir schriftlich erzählen, wie es mir mit dem Herzog von Argyle ergehen wird, wenn ich nach London komme. Schreib mir auch eine Zeile wie es Dir geht unter der Anschrift von Mrs. Margaret Glass im Tabaksladen ‹Zur Diestel› London, denn wenn ich wüßte, daß es mit Deiner Gesundheit besser bestellt ist, so würde mir viel leichter ums Herz sein. Entschuldige die schlechte Schrift und die vielen Fehler, aber ich habe eine sehr schlechte Feder.»

Die Rechtschreibung dieser Briefe erfordert für den Leser eine bessere Verteidigung als die von der Briefschreiberin versuchte, obgleich eine schlechte Feder einem gewissen südschottischen Lord zur Entschuldigung für mangelhafte Rechtschreibung dienen mußte; doch zugunsten unserer Heldin möchte ich dem Leser sagen, daß Jeanie Deans dank Butlers Unterricht noch fünfzigmal besser und richtiger schrieb als die Hälfte aller Frauen von Stand damals in Schottland, deren seltsame Rechtschreibung und sonderbarer Satzbau im stärksten Gegensatz zu dem gesunden Menschenverstand stehen, den ihre Briefe gewöhnlich verraten.

Übrigens drückte Jeanie sich in diesen Briefen vielleicht mit mehr Hoffnung, Mut und Zuversicht aus, als sie wirklich empfand. Aber dies geschah in der liebenswerten Absicht, ihren Vater und ihren Liebsten zu beruhigen, damit die Angst um sie ihre Sorgen und ihren Kummer nicht noch vergrößerten. – Wenn sie glauben, es geht mir gut und ich bin zuversichtlich – dachte die arme Pilgerin –, so wird mein Vater freundlicher zu Effie und Butler freundlicher zu sich selbst sein. Denn ich weiß wohl, daß sie sich mehr um mich sorgen als ich selbst.

Demgemäß siegelte sie ihre Briefe sorgfältig und trug sie selbst auf die Post, wobei sie sich genau danach erkundigte, wann sie in Edinburgh eintreffen könnten. Als sie diese Pflicht erfüllt hatte, nahm sie bereitwillig die dringende Einladung ihrer Wirtin an, mit ihr zu speisen und bis zum nächsten Morgen zu bleiben. Die Wirtin war, wie bereits erwähnt, eine Landsmännin, und obwohl man uns oft vorwirft, wir Schotten hielten aus Engherzigkeit und Vorurteil so fest zusammen und suchten einander nach besten Kräften beizustehen, so scheint mir dieses Verhalten im Gegenteil dem sehr ehrenwerten und löblichen Gefühl der Vaterlandsliebe zu entspringen, wozu die durch lange Erfahrung bis jetzt eher bestätigte als widerlegte Überzeugung kommt, daß die Gewohnheiten und Sitten eines Volkes eine Bürgschaft für das Wesen des einzelnen sind. Aber sei dem, wie ihm wolle – jedenfalls kann diese ausgeprägte Nationaleigentümlichkeit als ein weiteres rotes Band zwischen Mensch und Mensch betrachtet werden, und wenn sie dazu führt, daß diejenigen, die dazu imstande sind, bedürftigen Landleuten helfen, so scheint uns ein solch tätiger und wirksamer Beweggrund zur Großmut dem «weitherzigeren» Grundsatz der allgemeinen Menschenliebe vorzuziehen, der nur zu oft als Entschuldigung dafür herhalten muß, dem einzelnen Menschen nicht zu helfen.

Mrs. Bickerton, die Wirtin des «Siebengestirns» in der Castlegate von York, war tief in den unseligen Vorurteilen ihres Landes befangen. Da sie aus der Gegend von Merse stammte, «hielt sie», wie sie sagte, zu Midlothian, wo Jeanie geboren war; sie war denn auch so freundlich zu ihr und zeigte sich so mütterlich besorgt um sie und ihr weiteres Ergehen, daß Jeanie, obgleich von Natur verschwiegen und vorsichtig, ihr schließlich ihr Herz ausschüttete.

Mrs. Bickerton machte große Augen, schlug die Hände über dem Kopf zusammen und wußte sich vor Erstaunen und Mitleid nicht zu lassen. Aber sie gab ihr auch einige nützliche Ratschläge.

Sie erkundigte sich genau nach Jeanies Barschaft, die sich nach Abzug der Reisekosten und der Summe, die sie Butler hinterlassen hatte, noch auf etwa 15 Pfund belief. – Das würde ausreichen, sagte sie, vorausgesetzt, sie könne es sicher nach London bringen.

«Sicher?» antwortete Jeanie. «Es ist gewiß sicher bei mir aufgehoben. Einige Ausgaben werde ich freilich noch haben.»

«Ja, aber die Straßenräuber, Mädchen», sagte Mrs. Bickerton. «Denn du bist in ein Land gekommen, das feinere Sitten, das heißt größere Spitzbuben hat als der Norden, und wie du weiter kommen wirst, weiß ich nicht. Wenn du acht Tage hierbleiben könntest, würden unsere Wagen hinfahren; ich würde Joe Broadwheel bitten, dich mitzunehmen – der würde dich sicher zum ‹Doppelten Schwan› bringen. – Und rümpf nicht die Nas über Joe, wenn er sich ein bissel an dich ranmachen sollte», fuhr Mrs. Bickerton fort, aus ihrem erworbenen Englisch in ihre ursprüngliche heimische Mundart verfallend, «er ist ein fixer Bursch und auf der Brautschau und der beste Kerl auf der Landstraß, und die Engländer geben gute Ehemänner – das bezeugt mein armer Mann Moses Bickerton, der nun unter der Erd ist.»

Jeanie beeilte sich, zu sagen, daß sie unmöglich mit ihrer Weiterreise auf Joe Broadwheel warten könne – der Gedanke, unterwegs der Gegenstand seiner Huldigung zu sein, hatte für sie nichts Verlockendes.

«Gut, Mädchen», antwortete die wackere Wirtin, «dann mußt du's eben drauf ankommen lassen und sehen, wie du fertig wirst. Aber hör auf meinen Rat: Versteck dein Gold in deinem Mieder und nimm ein oder zwei Goldstücke und etwas Silber heraus, falls du auf irgendwelches Gesindel stößt, denn etwa einen Tagesmarsch von hier gibt's ebensolche Schlupfwinkel für so was wie auf den Höhen von Doun in Perthshire. Und dann, Mädchen, darfst du nicht in London rumlaufen und fragen, wer Mrs. Glass von der ‹Distel› kennt; sie würden dich schön auslachen. Geh zu dem wackeren Mann hier», sie gab Jeanie einen Zettel, «er kennt den größten Teil der achtbaren Schotten in der Stadt und wird deine Bekannte für dich ausfindig machen.»

Jeanie nahm den kleinen Empfehlungsbrief mit aufrichtigem Dank; die Warnung vor den Straßenräubern beunruhigte sie etwas, sie erinnerte sich an das, was Ratcliffe ihr gesagt hatte, wobei sie kurz erzählte, wie sie zu einer so ungewöhnlichen Urkunde gekommen sei.

Die Wirtin des «Siebengestirns» schellte nicht, weil das damals noch nicht in Mode war, sondern pfiff auf einem Silberpfeifchen, das ihr am Gürtel hing, und eine dralle Magd trat ins Zimmer.

«Dick Ostler soll reinkommen», befahl Mrs. Bickerton.

Dick Ostler erschien – ein häßlicher, verschmitzter, schlaksiger Kerl mit einem Galgengesicht, Schielaugen, einem lahmen Arm und Klumpfuß.

«Dick», sagte Mrs. Bickerton im Ton der Gebieterin, wodurch sie zeigte, daß sie (wenigstens durch Heirat) auch eine Yorkshirerin war, «du kennst doch die meisten Dinge und Leute auf der Landstraße.»

«I nu, Frau», erwiderte Dick mit einem halb bedauernden, halb listigen Achselzucken, «zu meiner Zeit hab ich freilich allerhand gekannt und gewußt, Frau.» Er sah pfiffig drein und lachte – dann düster und seufzte, wie einer, der bereit ist, die Sache von beiden Seiten zu nehmen.

«Weißt du, was dieser Wisch zu bedeuten hat?» fragte Mrs. Bickerton, indem sie ihm den Schutzbrief hinhielt, den Ratcliffe Jeanie Deans gegeben hatte.

Dick sah das Papier an, blinzelte mit einem Auge, verzog seinen unförmigen Mund, der aussah wie ein schiffbarer Kanal, von einem Ohr zum andern, kratzte sich ausgiebig den Kopf und sagte dann: «Wissen? Nu, vielleicht wüßte ich was – wenn's ihm keinen Schaden bringt, Frau.»

«Gar keinen», sagte Mrs. Bickerton, «aber dir bringt's ein Glas Schnaps ein, wenn du sprichst.»

«Nu dann», sagte Dick, wobei er sich mit einer Hand den Hosenbund hochzog und zugleich ein Bein nach hinten streckte, um den Sitz seines wichtigsten Kleidungsstücks zu verbessern, «ich kann wohl sagen, der Paß wird von allen auf der Landstraße gut gekannt werden.»

«Aber was war das für eine Art Mensch?» fragte Mrs. Bickerton, wobei sie Jeanie zublinzelte, als sei sie stolz auf ihren allwissenden Ostler.

«Ja, was weiß ich? – Jim Rat! Nu, der war im letzten Jahr der Haupthahn oben im Norden, er und der schottische Wilson, Handie Dandie, wie sie ihn nannten – hier war er lange nicht mehr, soviel ich weiß, aber jeder ordentliche Kerl auf der Landstraße diesseits Stamford wird Jims Paß gelten lassen.»

Ohne weitere Fragen zu stellen, füllte die Wirtin Dick Ostler ein Paßglas mit Schnaps. Er streckte Kopf und Schultern vor, scharrte mit dem vorgestellten unförmigen Fuß, stürzte den Alkohol, um mich des gelehrten Ausdrucks zu bedienen, hinunter und verzog sich in seinen eigenen Bereich.

«Ich rate dir, Jeanie», sagte Mrs. Bickerton, «wenn du unterwegs irgendwelche ekligen Stromer triffst, zeig ihnen den Zettel; das wird dir nützen, glaube mir.»

Ein kleines, ordentliches Abendbrot beschloß den Tag. Die ausgewanderte Schottin, Mrs. Bickerton, aß herzhaft von der einen oder anderen würzigen Speise, trank dann einige Gläser Starkbier und hinterher ein Glas steifen Punsch, wobei sie Jeanie zugleich von ihrer Gicht erzählte, und wie wunderlich es sei, daß sie, deren Väter und Mütter viele Generationen hindurch Bauern in Lammermuir gewesen wären, sich eine solche Krankheit zugezogen habe, die ihnen völlig unbekannt gewesen wäre. Jeanie wollte ihre freundliche Wirtin nicht beleidigen, indem sie ihre Meinung über den wahrscheinlichen Ursprung dieses Übels aussprach; aber sie dachte an die Fleischtöpfe Ägyptens, und trotz aller Aufmunterungen, tüchtig zuzulangen, beschränkte sie sich darauf, etwas Gemüse und ein Glas klaren Wassers zu sich zu nehmen.

Mrs. Bickerton versicherte ihr, daß die Annahme irgendwelcher Bezahlung ganz und gar nicht in Frage käme, versah sie mit Empfehlungen an ihren Geschäftsfreund in London und einige ihr bekannte Inhaber von Gasthäusern auf dem Weg dorthin, schärfte ihr nochmals ein, welche Vorsichtsmaßregeln sie ergreifen sollte, um ihr Gold zu verbergen, und nahm, da Jeanie am anderen Morgen in aller Frühe aufbrechen wollte, herzlich Abschied von ihr, wobei Jeanie ihr versprechen mußte, sie bei ihrer Rückkehr nach Schottland aufzusuchen und ihr zu erzählen, wie es ihr ergangen sei, und zwar – summum bonum für eine Gevatterin – «haarklein». Was Jeanie getreulich versprach.

29. Kapitel

> Und Not und Elend, Laster und Gefahr
> sind fester Kitt für der Verworfnen Schar.

Als unsere Pilgerin am folgenden Morgen in aller Frühe aufbrach, um ihre Reise fortzusetzen, und sich eben anschickte, den Hof des Wirtshauses zu verlassen, hörte sie Dick Ostler, der entweder auch so früh aufgestanden oder gar nicht erst ins Bett gegangen war – was ja in seiner Stellung beides vorkommt –, hinter sich her rufen: «Schönen guten Morgen, Mädchen! Hütet Euch vor dem Gunnerby-Berg! Robin Hood ist zwar lange tot, aber es gibt noch genug Spitzbuben im Bevertal.»

Jeanie sah ihn fragend an, als erwarte sie eine Erklärung. Allein Dick wandte sich mit einem Achselzucken, Blinzeln und einer Grimasse, die ihm so leicht keiner nachgemacht hätte (außer etwa Emery), wieder der mageren Mähre zu, die er striegelte, und sang, während er Kamm und Bürste handhabte:

> «Robin Hood war ein Jäger und Räuber gut
> und sein Bogen aus Eibe, wie's Brauch.
> Und hielt er jeden an auf des Königs Land,
> warum wohl sollten wir's dann nicht auch.»

Es gelüstete Jeanie wenig, sich mit Dick in eine längere Unterhaltung einzulassen; sie setzte deshalb, ohne ihn weiter auszuforschen, ihren Weg fort. Ein beschwerlicher Tagesmarsch brachte sie nach Ferrybridge zum «Schwan», dem besten Gasthaus damals und jetzt auf der nördlichen Landstraße. Ihr einfaches, ruhiges Auftreten sowie eine Empfehlung von Mrs. Bickerton machten ihr die Wirtin so geneigt, daß die gute Frau ihr eine große Annehmlichkeit verschaffte, nämlich einen Frauensattel und ein Postpferd, das nach Tuxford zurückging, so daß Jeanie am zweiten Tag, nachdem sie York verlassen hatte, ihre bisher längste Tagesreise zurücklegte. Diese Art des Reisens, an die sie weniger gewöhnt war als ans Gehen, hatte sie so ermüdet, daß sie sich am folgenden Morgen erst beträchtlich später als sonst imstande fühlte, ihren Weg fortzusetzen. Um Mittag lagen der hundertarmige Trent und die geschwärzten Ruinen des im großen Bürgerkrieg zerstörten Schlosses von Newark vor ihr. Diese Altertümer zu besichtigen war Jeanie – wie man sich wohl denken kann – wenig neugierig; sie ging daher, als sie in die Stadt kam, sogleich nach dem Gasthaus, das man ihr in Ferrybridge empfohlen hatte. Als sie hier einige Erfrischungen zu sich nahm, bemerkte sie, daß die Magd, die sie ihr gebracht hatte, sie mehrmals sehr aufmerksam und forschend ansah – endlich fragte sie Jeanie zu ihrem höchsten Erstaunen, ob sie nicht eine Schottin wäre, Deans hieße und wegen einer Rechtssache nach London ginge. Jeanie war bei aller Einfachheit ihres Wesens wie all ihre Landleute etwas mißtrauisch; sie antwortete daher nach gut schottischem Brauch auf die Frage des Mädchens mit einer Gegenfrage, nämlich, warum sie dies zu wissen wünsche?

Die Maritornes des «Sarazenenhauptes» von Newark erwiderte, am Morgen wären zwei Frauen vorbeigekommen und hätten sich nach einer gewissen Jeanie Deans erkundigt, die wegen einer solchen Angelegenheit nach London reise; sie hätten sich kaum überzeugen lassen, daß sie noch nicht durchgekommen wäre.

Äußerst erstaunt und einigermaßen beunruhigt – denn was unerklärlich ist, ist gewöhnlich beunruhigend –, befragte Jeanie die Magd über das Aussehen dieser beiden Frauen; sie konnte aber nur erfahren, daß die eine alt und die andere jung und größer gewesen sei. Die ältere habe das Kommando über ihre Begleiterin gehabt und das Wort geführt – übrigens hätten beide schottische Mundart gesprochen.

Dieser Auskunft war wenig zu entnehmen, doch in einem unbestimmten Vorgefühl, als drohe ihr Böses, faßte Jeanie den Entschluß von hier bis zur nächsten Station Postpferde zu nehmen. Aber dieser Wunsch konnte ihr nicht erfüllt werden; zufällig war kurz zuvor ein großer Andrang von Reisenden gewesen, und deshalb konnte ihr der Wirt weder Führer noch Pferde geben. Nachdem sie einige Zeit gewartet hatte, in der Hoffnung, daß ein Paar Pferde, die in südlicher Richtung unterwegs waren, zeitig genug für ihren Gebrauch zurückkommen würden, beschloß sie endlich, da sie sich wegen ihres Kleinmuts schämte, ihre Reise in gewohnter Weise fortzusetzen.

Es wäre alles flaches Land, wurde ihr versichert, bis auf einen hohen Berg, den Gunnerby-Berg, etwa drei Meilen entfernt von Grantham, wo sie über Nacht bleiben könnte.

«Es freut mich, daß einmal ein Berg kommt», sagte Jeanie, «meine Augen und meine Füße sind dieser endlosen Ebenen müde – die Gegend zwischen hier und York sieht aus, als ob alles Land umgegraben und eingeebnet worden wäre, das ist ein langweiliger Anblick für einen Schotten. Als ich den großen blauen Berg nicht mehr sehen konnte, den sie ‹Ingleboro› nennen, war mir, als hätte ich nun gar keinen Freund mehr in diesem fremden Land.»

«Was das anlangt, Mädchen», sagte der Wirt, «wenn du Berge so gern magst, so hätte ich nichts dagegen, wenn du den Gunnerby in deiner Schürze mitnehmen würdest; denn für Postpferde ist's ein mörderischer Weg. Aber Prost! Auf deine Reise und daß du gut durchkommst, denn du bist ein kluges und tapferes Mädchen.»

Damit tat er einen mächtigen Zug aus einem stattlichen Humpen voll selbstgebrauten Biers.

«Ich hoffe, es gibt keine bösen Menschen auf der Straße, Herr?» fragte Jeanie.

«Nun, wenn's gar keine gibt, will ich den Groby-Sumpf mit Pfannkuchen pflastern. Aber es sind jetzt nicht mehr so viele, und seit sie Jim Rat verloren haben, halten sie nicht mehr recht zusammen, wie die Leute von Marsham, als sie ihre Gemeindewiese verloren. Trink einen Schluck, eh du gehst», schloß er und hielt ihr den Humpen hin, «du wirst in Grantham zu Abend nichts bekommen außer 'nem bißchen Habergrütze und einem Krug Wasser.»

Jeanie lehnte mit höflichem Dank ab und fragte, was sie schuldig sei.

«Schuldig? Lieber Himmel, Mädchen, was meinst du damit?»

«Es ist – ich möchte wissen, was ich zu bezahlen habe», erwiderte Jeanie.

«Zahlen? Gott behüte – gar nichts, Mädchen. Du hast ja nichts getrunken als ein Glas Bier, und das ‹Sarazenenhaupt› kann den Mundvoll Essen für eine Fremde wie dich, die nicht mal die christliche Sprache redet, schon entbehren. – Prost! Noch einen, sprach Mark von Bellgrave», und er tat wiederum einen tiefen Zug aus dem Humpen.

Die Reisenden, die Newark in neuerer Zeit besucht haben, werden sich gewiß der äußerst höflichen Umgangsformen des Wirtes erinnern, der jetzt das angesehenste Gasthaus dort innehat, und ihr Vergnügen daran haben, sie mit denen seines ungeschliffenen Vorgängers zu vergleichen. Aber wir glauben, daß die Politur an dem echten Wert des Metalls nichts geändert hat.

Nach dem Abschied von ihrem Lincolnshirer Cajus nahm Jeanie ihre einsame Wanderung wieder auf. Als die Abenddämmerung sie in der Ebene überraschte, die sich bis zum Fuß des Gunnerby-Berges ausbreitet und mit allerlei Buschwerk bestanden und von Morasten durchsetzt ist, wurde sie etwas ängstlich. Die Einsamkeit der weiten Landstriche beiderseits des nördlichen Straße, von denen die meisten heute umhegt sind, und die allgemeine Lässigkeit der Polizei setzten den Reisenden dem Straßenraub in einem Grad aus, der jetzt nur noch in unmittelbarer Nähe der Hauptstadt vorkommt. Sich der Gefahr bewußt, beschleunigte Jeanie ihre Schritte, als sie plötzlich den Trab eines Pferdes hinter sich hörte; unwillkürlich ging sie auf die eine Seite der Straße hinüber, um dem Vorbeireitenden so viel Platz wie möglich zu lassen. Als das Tier herankam, sah sie, daß es zwei Frauen trug, wovon die eine auf einem Damensattel, die andere auf einem Reitkissen hinter ihr saß, wie man es gelegentlich noch heute in England sehen kann.

«Schönen guten Abend, Jeanie Deans», sagte die vorderste Frau, als das Pferd an unserer Heldin vorbeikam. «Wie gefällt Euch der hübsche Berg dort, der mit der Spitze in den Mond ragt? Denkt ihr, da oben sei das Himmelstor, wo ihr so gern hinwollt? Vielleicht kommen wir noch heute nacht dort an – Gott segne uns –, meine Mutter hier ist nur ein bißchen träge beim Raufsteigen.»

Die Sprechende drehte sich im Sattel zu Jeanie herum und hielt das Pferd ein wenig an, während die hinter ihr auf dem Reitkissen sitzende Frau sie zum Weiterreiten antrieb mit Worten, die Jeanie nur unvollkommen verstand.

«Halt's Maul, du mondsüchtiges Balg! Was hast du mit dem Teufel zu schaffen – oder mit Himmel oder Hölle?»

«Freilich, Mutter, mit dem Himmel nicht viel, glaub ich, wenn ich denk, wer hinter mir sitzt – und mit der Hölle, das wird sich zu seiner Zeit schon von selbst finden. – Hüh, Pferdchen, hopp, hopp, als wenn du ein Besenstiel wärst, denn eine Hexe reitet dich.

Die Haube am Fuß und den Schuh auf der Hand,
wie ein Wildfeuer loh ich durch Stadt und durch Land!»

Der Hufschlag des Pferdes und die zunehmende Entfernung machten die weiteren Worte ihres Liedes unverständlich, doch Jeanie hörte noch längere Zeit hindurch die verworrenen Laute durch die Wildnis schallen.

Geängstigt von unbestimmten Besorgnissen, blieb unsere Pilgerin zurück – in einem fremden Land, auf so seltsame Weise von einem Wesen, das so sonderbar vor ihr auftauchte und verschwand, ohne weiteres beim Namen genannt zu werden hatte etwas Übernatürliches, wie im *Comus*.

«die Stimmen in der Luft, die am Gestade
und öder Wildnis dich beim Namen nennen».

Und obgleich die Gestalt, das Betragen und der Stand unserer Heldin von der jenes Maskenspiels sehr verschieden waren, paßte doch die weitere Stelle sehr gut auf die so seltsam beunruhigte Jeanie Deans:

«Erschrecken mag dies wohl, doch nicht betäuben
den tugendhaften Sinn; ihm geht zur Seite
ein schützender Begleiter – das Gewissen.»

Allerdings hatte sie wohl einigen Anspruch – wenn man so sagen darf – auf höheren Schutz bei der Ausführung eines so verdienstlichen Vorhabens, zu dem Liebe und Pflicht sie trieben. Dieser Gedanke beruhigte sie etwas, aber sie war noch nicht sehr viel weiter gegangen, als sie von neuem und weit heftiger in Schrecken versetzt wurde. Zwei Männer, die im Gebüsch gelauert hatten, sprangen plötzlich auf, als sie vorbeikam, und traten ihr drohend in den Weg. «Halt – und her mit dem Kies!» rief der eine von ihnen, ein kurzer, stämmiger Kerl in einem Kittel, wie sie Fuhrleute tragen.

«Das Mädchen», sagte der andere, eine lange, hagere Gestalt, «versteht unser Rotwelsch nicht. – Dein Geld, Schätzchen, oder dein Leben!»

«Ich habe nur sehr wenig Geld, meine Herren», sagte die

arme Jeanie und zog das Silbergeld hervor, das sie von ihrem Hauptschatz getrennt und für solchen Fall in Bereitschaft hielt, «aber wenn Ihr es haben wollt, muß ich es wohl hergeben.»

«Das langt nicht, Mädchen. Verdammt, das könnte dir so passen!» sagte der kleinere Räuber. «Glaubst du, zwei ordentliche Kerle wagten ihr Leben, um sich so beschwindeln zu lassen? Wir wollen jeden Penny, den du hast, sonst ziehen wir dich bis aufs Hemd aus, das schwör ich dir!»

Sein Gefährte schien etwas wie Mitleid mit dem Entsetzen zu haben, das sich in Jeanies Zügen zeigte. «Nein, nein, Tom», sagte er, «das ist eine von den frommen Schwestern – wir wollen ihr aufs Wort glauben, ohne die Kleiderprobe zu machen. – Hör mal, Mädchen, wenn du zum Himmel aufsiehst und sagst, das ist der letzte Penny, den du bei dir hast, dann – hol mich der Teufel – lassen wir dich laufen.»

«Ich kann Euch nicht alles geben, was ich bei mir habe», sagte Jeanie, «denn es hängt Leben und Tod von meiner Reise ab; aber wenn Ihr mir so viel laßt, daß es für Wasser und Brot reicht, so will ich zufrieden sein und Euch danken und für Euch beten.»

«Zum Teufel mit deinem Gebet!» sagte der kleinere Kerl. «Die Münze gilt bei uns nicht!» Dabei machte er eine Bewegung, um Jeanie zu packen.

«Halt, meine Herren», Ratcliffes Paß fiel ihr plötzlich ein, «vielleicht kennt Ihr dies Papier?»

«Was, zum Teufel, will sie jetzt, Frank?» fragte der wildere Räuber. «Guck dir den Wisch an, denn, der Teufel hol mich, ich kann nicht lesen, und wenn's um meinen Hals ginge.»

«Das ist ein Freipaß von Jim Ratcliffe», sagte der größere, nachdem er sich den Zettel besehen hatte. «Wir müssen die Dirne nach unserem Räuberrecht laufen lassen.»

«Ich sage nein», antwortete sein Gefährte. «Rat ist ein Abtrünniger und ein Bluthund geworden, heißt es.»

«Er kann uns doch noch mal nützlich werden», meinte der größere Räuber wieder.

«Aber was sollen wir denn tun?» sagte der kleinere. «Wir haben doch versprochen, die Dirne auszuplündern und als Bettlerin in ihr Bettelland zurückzuschicken – und nun willst du sie laufen lassen!»

«Nein, das nicht», sagte der andere Kerl und flüsterte seinem Gefährten etwas zu, worauf dieser erwiderte: «Nun, so mach fort und halt uns hier nicht mit dem Geschwätz auf, bis Reisende kommen und man uns erwischt.»

«Du mußt mitkommen, Mädchen», sagte der Lange.

«Um Gottes willen!» rief Jeanie aus. «Wenn Ihr eine Mutter, eine Schwester habt – haltet mich nicht auf! Nehmt lieber alles, was ich besitze!»

«Was, zum Teufel, fürchtet das Weibsbild?» fragte der andere Kerl. «Ich sage dir, es geschieht dir nichts, aber wenn du nicht mitkommst, zum Henker, so schlage ich dir den Schädel ein – hier auf der Stelle!»

«Du bist ein Rauhbein, Tom», sagte sein Gefährte. «Wenn du sie anrührst, nehme ich dich beim Kragen und walke dich durch, daß dir deine Leicesterland-Knochen im Leib klappern. – Kümmere dich nicht um ihn, Mädchen, wenn du ruhig mitgehst; aber wenn du hier noch lange rumschwatzen willst, verdammt, so lasse ich ihn die Sache mit dir allein ausmachen!»

Diese Drohung verhieß das Schlimmste. Die arme Jeanie, die in dem, der «sanfteren Gemüts» war, ihren einzigen Schutz vor der rohesten Mißhandlung sah, folgte ihm daher nicht nur, sondern hielt ihn sogar am Ärmel fest, damit er ihr nicht entschlüpfen könnte; und der Kerl, so verhärtet er war, schien durch diesen Beweis des Zutrauens gerührt und versicherte ihr wiederholt, er werde nicht zugeben, daß ihr ein Leid geschehe.

Sie führten ihre Gefangene immer mehr von der Landstraße fort, hielten sich aber, wie sie bemerkte, auf einer Art Seitenpfad, was sie etwas beruhigte; denn ihre Angst wäre größer gewesen, wenn die Räuber nicht eine bestimmte und feste Richtung eingeschlagen hätten. Nachdem sie alle drei in tiefstem Schweigen ungefähr eine halbe Stunde gegangen waren, kamen sie zu einer alten Scheune, die am Rand einiger Äcker stand, obwohl fern von jeder menschlichen Behausung; sie selbst jedoch war bewohnt, denn man sah Licht in den Fenstern.

Einer der Straßenräuber pochte an die Tür. Eine Frau öffnete, und sie traten mit ihrer unglücklichen Gefangenen ein. Ein altes Weib, das auf qualmendem Holzfeuer Essen kochte, fragte sie, warum in des Teufes Namen sie die Dirne herbrächten, statt sie auszuplündern und wegzujagen.

«Ei was, Mutter Blut», sagte der Große, «wir wollen dir zu Gefallen tun, was recht ist – doch nicht mehr. Wir sind schlecht genug, aber nicht, wozu du uns machen möchtest – eingefleischte Teufel.»

«Sie hat einen Freipaß von Jim Ratcliffe», sagte der kleinere Kerl, «und Frank hier wollte nichts davon wissen, daß wir sie in die Mache nehmen.»

«Nein, das nicht, bei Gott!» antwortete Frank. «Aber wenn unsere alte Mutter Blut sie ein bißchen hierbehalten oder sie nach Schottland zurückschicken will, ohne ihr etwas anzutun, so mag sie's von mir aus tun.»

«Ich will dir was sagen, Frank Levitt», erwiderte die Alte, «wenn du mich noch mal ‹Mutter Blut› nennst, färbe ich dies –» damit erhob sie ein Messer, als ob sie ihre Drohung wahrmachen wollte – «mit deinem Herzblut, mein Junge.»

«Der Preis der Hexensalbe muß im Norden gestiegen sein», sagte Frank, «daß Mutter Blut so schlechter Laune ist.»

Ohne einen Augenblick zu zögern, schleuderte die Furie mit der Gewandtheit eines rachsüchtigen Indianers ihr Messer nach ihm. Aber er war auf der Hut und wich dem Wurfgeschoß durch eine schnelle Wendung seines Kopfs aus – es pfiff an seinem Ohr vorbei und blieb tief in der Lehmwand eines Verschlags hinter ihm stecken.

«Na warte, Mutter», sagte der Räuber, indem er sie an beiden Handgelenken packte, «ich werde dir zeigen, wer hier Herr ist.» Damit drückte er die Alte, die sich heftig sträubte, gewaltsam rückwärts, bis sie auf ein Bund Stroh niedersank. Dann ließ er ihre Hände los und hob einen Finger hoch in der drohenden Haltung, womit ein Wärter einen Wahnsinnigen einschüchtert. Dies schien die gewünschte Wirkung zu haben. Die Alte versuchte keine neue Gewalttat mehr, sondern blieb auf ihrem Sitz hocken, rang in ohnmächtiger Wut die dürren Hände und schrie und heulte wie eine Besessene.

«Ich will dir mein Wort halten, alter Satan», sagte Frank, «die Dirne soll nicht nach London kommen, aber du darfst ihr kein Haar krümmen, und wär's auch nur, weil du so frech bist.»

Diese Zusicherung schien die ungeheure Wut der alten Hexe etwas zu besänftigen; während ihr Geheul und Gezeter in ein leises Wimmern und Knurren überging, wurde die seltsame Gesellschaft um ein weiteres Mitglied vermehrt.

«Hei, Frank Levitt», sagte dieser neue Ankömmling, der mit einem Hopser, Sprung und Schwung eintrat, «bringst du unsere Mutter um oder schneidest du der Grunzerin, die Tom heute morgen gebracht hat, die Kehle ab, oder liest du dein Gesangbuch rückwärts, um meinen alten Bekannten, den Teufel, zu beschwören?»

Die Stimme der Sprecherin war so eigentümlich und sonderbar, daß Jeanie sofort in ihr die vorderste der beiden Reiterinnen wiedererkannte, die kurz, ehe sie die Räuber getroffen hatte, an ihr vorübergekommen waren – ein Umstand, der sie in noch größeren Schrecken versetzte, da er ihr bewies, daß man ihr mit Vorbedacht aufgelauert hatte, obgleich sie durchaus nicht begriff, aus welchem Grund und zu welchem Zweck. An ihrer Ausdrucksweise wird sicher auch der Leser in diesem weiblichen Wesen eine alte Bekannte aus dem früheren Teil unserer Erzählung wiedererkennen.

«Mach, daß du fortkommst, du verrückter Teufel!» sagte Tom, der gerade dabeigewesen war, sich einen tüchtigen Schluck Brann'twein einzuverleiben, worin sie ihn gestört hatte. «Da lebt man ja ruhiger in der Hölle als zwischen euch beiden wahnsinnigen Weibsbildern.» Und er setzte den zerbrochenen Krug, aus dem er getrunken hatte, wieder an die Lippen.

«Und wen haben wir hier?» fragte Madge Wildfire und hüpfte zu Jeanie Deans hin, die trotz ihrer Angst alles, was geschah, aufmerksam beobachtete, entschlossen, nichts außer acht zu lassen, was sie über die Gefahr, die ihr drohte, und die Lage, in der sie sich befand, aufklären und vielleicht eine Flucht begünstigen könnte. «Wen haben wir hier?» rief Madge Wildfire wieder. «Douce Davie Deans, des alten verrückten Whigs leibliche Tochter zur Nachtzeit in einer Zigeunerherberge! Das ist zum Totlachen! – Ja, ja, auch die Frommen straucheln – und die andere Schwester im Gefängnis von Edinburgh! Ich muß sagen, sie tut mir leid – meine Mutter ist's, die ihr übelwill, nicht ich, obgleich ich wohl mehr Ursache dazu hätte.»

«Höre, Madge», sagte der hagere Räuber, «du bist kein solch ausgekochter Teufel wie die alte Hexe, deine Mutter, die vielleicht seine Großmutter ist – was weiß ich –, nimm das Mädchen mit in deine Kammer und laß selbst den Satan nicht hinein, und sollte er es im Namen Gottes fordern.»

«Ei ja, das will ich tun, Frank», sagte Madge, Jeanie beim Arm nehmend und sie mit sich fortziehend. «Es schickt sich auch nicht für anständige christliche junge Mädchen wie uns beide, mit solchen Galgenschwengeln wie dir und Tyburn-Tom so spät abends zusammenzusein. – Gute Nacht, gute Nacht, Herrschaften; mögt ihr allesamt schlafen, bis euch der Henker weckt, das wär ein Segen fürs Land.»

Einer plötzlichen Eingebung ihrer wilden Phantasie nachgebend, ging sie hierauf ganz ehrbar zu ihrer Mutter hin, die neben dem Kohlenfeuer saß und im Widerschein der roten Glut auf ihren verwitterten und von jeder schlimmen Leidenschaft verwüsteten Zügen ganz das Aussehen Hekates bei ihrer höllischen Sudelköcherei bot, und plötzlich auf ihre Knie niederfallend, plärrte sie in der Art eines sechsjährigen Kindes: «Mammi, hör mein Gebet, eh ich ins Bettchen gehe, und sag doch bitte, bitte: ‹Gott segne dein hübsches Gesicht›, wie du es früher tatest.»

«Der Satan zieh dir das Fell davon ab, seine Pantoffeln damit zu besohlen!» schrie die Alte und machte Anstalten, der Knienden als Antwort auf ihre demütige Bitte eine Maulschelle zu verabreichen.

Der Schlag verfehlte Madge, die die Art, wie ihre Mutter gewohnt war, ihren mütterlichen Segen zu erteilen, wohl aus Erfahrung kannte und ihm gerade um Armeslänge mit großer Gewandtheit und Schnelligkeit entschlüpfte. Die Hexe sprang auf und ergriff eine alte Feuerzange, um damit entweder ihrer Tochter oder Jeanie (es schien ihr in diesem Augenblick ziemlich einerlei zu sein) den Schädel einzuschlagen, als der Mann, den sie Frank Levitt nannten, sie noch einmal am Handgelenk und bei der Schulter packte und mit großer Gewalt in die Ecke schleuderte, wobei er ausrief: «Was, Satansweib, schon wieder – und in meiner allerhöchsten Gegenwart? Und du, Tollhäuslerin, mach, daß du in dein Nest kommst, samt deiner Schlafgenossin, sonst ist hier noch der Teufel los!»

Madge folgte Levitts Rat; so schnell sie konnte zog sie sich, Jeanie mit sich zerrend, in eine Art Verschlag zurück, der, vom übrigen Teil der Scheune abgetrennt und mit Stroh angefüllt, anscheinend zum Schlafgemach bestimmt war. Das Mondlicht fiel durch eine Luke auf ein Reitkissen, einen Packsattel und ein paar Felleisen – die Reiseausrüstung Madges und ihrer liebenswürdigen Mutter.

«Hast du wohl in deinem Leben schon ein so hübsches Schlafzimmer gesehen?» fragte Madge. «Sieh nur, wie der Mond so kühl auf das frische Stroh scheint! In ganz Bedlam haben sie kein so angenehmes Kämmerchen, so schön der Ort auch von außen ist. – Warst du schon in Bedlam?»

«Nein», antwortete Jeanie leise. Die Art und Weise, wie die Frage gestellt wurde, ließ sie ebenso wie die Frage selbst schaudern; doch wollte sie ihre wahnsinnige Gefährtin nicht erzürnen, da sie in ihrer heiklen Lage selbst die Gesellschaft dieser plappernden Irrenhäuslerin als eine Art von Schutz betrachten mußte.

«Niemals in Bedlam!» sagte Madge, als staune sie darüber. «Aber in den Zellen vom Gefängnis in Edinburgh bist du doch gewesen?»

«Niemals», wiederholte Jeanie.

«Nun, ich glaube, die dummen Kerle, die Ratsherren, schicken niemand anders nach Bedlam als mich – sie müssen mächtigen Respekt vor mir haben; denn jedesmal, wenn ich vor sie gebracht werde, schicken sie mich wieder nach Bedlam. Aber glaub mir, Jeanie», dies sagte sie in einem sehr vertraulichen Ton, «wenn ich aufrichtig sein soll: du verlierst nicht viel dabei, denn der Wärter ist ein rechter Querkopf – alles soll nach seinem Willen gehen, jawohl, sonst macht er einem das Leben zur Hölle. Ich sage ihm oft, er ist der Tollste im ganzen Haus. – Aber was machen sie so einen Lärm? Es will doch nicht etwa einer hier rein – das würde sich nicht schicken! Ich will mich mit dem Rücken gegen die Tür setzen; so leicht sollen sie mich nicht wegkriegen.»

«Madge!» – «Madge!» – «Madge Wildfire!» – «Teufelsmadge! Was hast du mit dem Pferd gemacht?» wurde wiederholt von den Männern draußen gefragt.

«Es ist bei seinem Abendbrot, das arme Ding», antwortete Madge, «schert euch an eures, zum Teufel! Ich wollte, es wär Pech und Schwefel, dann hätten wir bald Ruhe.»

«Bei seinem Abendbrot?» antwortete der mürrischere der Räuber. «Was meinst du damit? Sag mir, wo es ist, oder ich schlag dir deinen verrückten Schädel ein!»

«Es ist in Gaffer Gabblewoods Weizenfeld, wenn ihr's wissen wollt.»

«Im Weizenfeld, du verrücktes Mensch!» antwortete der andere im Ton höchster Erbitterung.

«Nun ja doch, bester Tyburn-Tom, was werden denn die jungen Weizensprossen der armen Mähre schaden?»

«Davon ist nicht die Rede», sagte der andere Räuber, «sondern wie es uns morgen ergehen wird, wenn die Bauern morgen früh den Gaul in ihren Feldern sehen. – Geh, Tom, hol ihn her – vermeide aber den weichen Boden, mein Junge, und laß keine Hufspuren hinter dir.»

«Warum du mir nur immer alle Arbeit aufhalst», murrte sein Genosse.

«Spring, Laurence, sonst mach ich dir Beine», sagte der andere, und ohne weitere Einwendungen verließ der Kerl die Scheune. Unterdessen hatte sich Madge auf das Stroh gelagert, in einer halb sitzenden Stellung, den Rücken gegen die Tür gelehnt, die so – da sie nach innen auf ging – durch das Gewicht ihres Körpers verschlossen wurde.

«Mit Schlauheit kommt man weiter als mit Stehlen, Jeanie», sagte Madge Wildfire, «die Mutter will's bloß manchmal nicht glauben. Wer als ich wäre sonst wohl drauf verfallen, aus meinem eigenen Rückgrat einen Riegel zu machen! Er ist freilich nicht so stark wie die im Tolbooth von Edinburgh. Die Edinburgher Schmiede sind nach meinem Dafürhalten die besten in der Welt, um Eisenstäbe, Ringbolzen, Federbolzen, Fesseln, Riegel und Schlösser zu machen. Auch auf Waffeleisen verstehen sie sich nicht schlecht, obgleich die Cu'rosser Hammersleute dafür berühmter sind. Meine Mutter hatte mal ein gutes Cu'rosser Waffeleisen, ich wollte damit Waffeln für mein armes Wurm backen, das jetzt tot ist – es ging nicht mit rechten Dingen zu –, aber wir müssen alle sterben, nicht wahr, Jeanie? Ihr Cameronianer wißt das sehr gut, und darum wollt ihr die Erde zur Hölle machen, damit es euch leichter wird, von ihr zu scheiden. – Aber was Bedlam betrifft, wovon du sprachst, so kann ich dir den Aufenthalt dort nicht empfehlen – weder im guten noch im bösen. Du weißt ja, wie's im Lied heißt?» Und sich ganz den Eingebungen ihres sprunghaften, wirren Geistes überlassend, sang sie mit lauter Stimme:

«In Bedlam sind artige Kämmerlein
– mit zwanzig ist man nicht weichlich –,
Armbänder aus Hanf dort gibt es gar fein
und lustige Geißeln zum Kastein
und Gebete und Fasten reichlich.

Ach, Jeanie, ich bin heut etwas heiser und kann nicht mehr singen; ich glaub gar, ich werde einschlafen.»

Sie ließ den Kopf auf die Brust sinken, und Jeanie hütete sich sorgfältig, sie zu stören. Einzig mit dem Gedanken an ihre Flucht beschäftigt, wünschte sie nichts als Ruhe, um über die Mittel und Möglichkeiten dazu nachzudenken. Aber nachdem Madge einen Augenblick mit halbgeschlossenen Augen eingenickt war, ergriff sie der ruhelose Geist ihrer Krankheit wieder. Sie hob den Kopf und sprach, doch mit leiser Stimme, die allmählich wieder von Schläfrigkeit überwältigt wurde, woran wahrscheinlich die ungewohnte Anstrengung ihres heutigen Tagesritts schuld war: «Ich weiß nicht, warum ich heut so müd bin – ich schlaf sonst nie eher, als bis der liebe Mond zu Bett geht. Und nun gar, wo er voll ist, weißt du, und über uns droben in seiner großen Silberkutsche rollt. Da hab ich schon vor Freude ganz allein mit mir getanzt, und zuweilen kamen die Toten und tanzten mit – Jock Porteous oder sonst wer, den ich gekannt hab, als ich noch lebte –, denn du mußt wissen, ich war auch schon mal tot.» Hier sang die arme Verrückte mit leiser, doch wilder Stimme:

«Begraben auf dem Kirchhof liegt
mein Leib gar weit von hier,
und es ist nur mein muntrer Geist,
der jetzo spricht zu dir.

Ach, Jeanie, Mädchen, eigentlich weiß doch niemand genau, wer lebt und wer tot ist – oder wer ins Feenland gegangen ist – das ist noch was anderes. Zuweilen denk ich, mein armes Kind ist tot – du weißt ja wohl, es ist begraben –, aber das tut nichts. Ich hab's hundertmal und noch hundertmal auf dem Schoß gehabt, seit es begraben ist – und das ginge doch nicht, wenn's tot wäre, nicht wahr?» Aber hier schien eine Ahnung des wahren Sachverhalts über ihre Wahnvorstellungen die Oberhand zu behalten – sie brach in heftiges Schreien und Wehklagen aus: «Ach! Ach! Ach!», bis sie, nachdem sie sich müde geschluchzt und geweint hatte, schließlich in einen festen Schlaf verfiel, wie bald ihr tiefes Atemholen bezeugte, und Jeanie ihren eigenen traurigen Gedanken und Betrachtungen überließ.

30. Kapitel

> Bindet sie rasch; denn sonst, bei diesem Stahl,
> schlag' ich mit ihr mich seitwärts ins Gebüsch.
>
> *Fletcher*

Das schwache Licht, das zum Fenster hereinschien, ließ Jeanie gewahren, daß durch dieses eine Flucht kaum möglich sein würde, denn die Öffnung befand sich so hoch oben in der Wand und war so schmal, daß es ihr schwerlich gelungen wäre, ihren Körper hindurchzuzwängen, selbst wenn sie hätte hinaufklettern können. Ein vergeblicher Fluchtversuch aber mußte sie einer schlimmeren Behandlung aussetzen, als sie jetzt erfuhr, und sie beschloß daher, erst sorgfältig die Gelegenheit zu erkunden, ehe sie solch ein gefährliches Unternehmen wagte. Zu diesem Zweck wandte sie sich der gebrechlichen Lehmwand zu, die den Verschlag, in dem sie sich befand, von dem übrigen Teil der verfallenen Scheune trennte. Die Wand war verwittert und voller Risse und Spalte; einen davon vergrößerte sie vorsichtig und ohne Geräusch zu machen mit ihren Fingern, bis sie hindurchsehen konnte. Die alte Hexe und der größere Räuber, den sie Levitt nannten, saßen neben dem zusammengefallenen Holzkohlenfeuer. Augenscheinlich waren sie in ein eifriges Gespräch vertieft. Der Anblick machte Jeanie zuerst schaudern, denn die Gesichtszüge des alten Weibes hatten einen scheußlichen Ausdruck von eingewurzelter, verhärteter Bosheit und Mißlaune, und diejenigen des Mannes, obwohl von Natur weniger ungünstig gebildet, trugen das Gepräge der Verwilderung und Zuchtlosigkeit.

«Allein, ich erinnere mich an das», sagte Jeanie, «was mein ehrwürdiger Vater eines Abends im Winter erzählte: wie er in Gefangenschaft geraten war zusammen mit dem seligen Märtyrer James Renwick, der die gesunkene Fahne der wahren reformierten Kirche Schottlands aufnahm, nachdem der ehrwürdige, berühmte Daniel Cameron, unser letzter heiliger Bannermann, bei Airsmoss unter den Schwertern der Bösen gefallen war, und wie sogar die Herzen der verruchten Missetäter und Mörder, mit denen zusammen sie eingesperrt waren, beim Anhören ihrer Lehre wie Wachs geschmolzen waren; und ich vertraute fest darauf, daß dieselbe Macht, die ihnen aus der Not geholfen, auch mir aus der meinen helfen würde, wenn ich nur abwarten könnte, bis es dem Herrn an der Zeit dünkte, meine Füße aus der Schlinge zu befreien; und ich erinnerte mich an das Wort des heiligen Psalmisten, wo er im 42. und 43. Psalm sagt: ‹Was betrübst du dich, meine Seele, und bist so unruhig in mir? Harre auf Gott; denn ich werde ihm noch danken, daß er meines Angesichts Hilfe und mein Gott ist.›»

So durch ihren Glauben in ihrem von Natur gefaßten, ruhigen und festen Sinn gestärkt, war die arme Gefangene fähig, dem Gespräch jener, in deren Hände sie gefallen war, zu lauschen und einen großen Teil davon zu verstehen, wenn auch nicht alles, da sie gelegentlich Ausdrücke der Gaunersprache gebrauchten, die Jeanie unbekannt waren, und sehr leise sprachen, oft nur in Andeutungen und hingeworfenen Worten, die sie durch Gebärden und Zeichen ergänzten, wie es bei Menschen ihres lichtscheuen Gewerbes üblich ist.

Der Mann eröffnete die Unterhaltung.

«Ihr seht», sagte er, «ich stehe treu zu meinen Freunden. Ich hab's nicht vergessen, daß Ihr mir 'ne Feile zusstecktet, die mir durch die Gitter der Festung York half, und habe Euren Auftrag gleich ausgeführt, ohne viel zu fragen, denn eine Hand wäscht die andere. Aber jetzt ist Madge, die ebenso laut ist wie Tom von Lincoln, gerade etwas still, und dieser Tyburn-Neddie läuft hinter der alten Mähre her – jetzt müßt Ihr mir sagen, was all das zu bedeuten hat und was nun werden soll, denn – verdammt will ich sein, wenn ich dem Mädchen was antue oder antun lasse, noch dazu, wo sie 'nen Paß von Jim Rat hat.»

«Du bist ein guter Junge, Frank», antwortete die Alte, «nur ein bißchen zu weich für dein Handwerk; dein mitleidiges Herz wird dir noch mal einen bösen Streich spielen. Ich erlebe noch, wie du rücklings den Holborn-Hügel rauf mußt, bloß auf das Wort eines albernen Kerls hin, der nicht hätte schwatzen können, wenn du ihm rechtzeitig die Gurgel abgeschnitten hättest.»

«Da seid Ihr auf dem Holzweg, Alte», antwortete der Räuber, «ich habe manch hübschen Burschen gekannt, den sie im ersten Sommer, wo er auf der Straße war, einen Kopf kürzer gemacht haben, weil er ein bißchen zu voreilig mit seiner Klinge war. Außerdem möchte man gern seine paar Jährchen mit gutem Gewissen leben. Also – sagt, was soll das alles heißen und was kann man für Euch tun, was sich anständig tun läßt?»

«Nun, du mußt wissen, Frank – aber willst du nicht erst 'nen Schluck echten Holländischen?» Sie zog eine Flasche aus ihrer Tasche und schenkte dem Burschen ein großes Glas Branntwein ein, von dem er erklärte, der wäre «richtig». «Du mußt also wissen, Frank – aber auf einem Bein ist nicht gut stehen», und sie bot ihm von neuem die Flasche.

«Nein, nein – wenn ein Weib einen zum Bösen verleiten will, fängt sie immer damit an, einen betrunken zu machen. Zum Teufel mit aller Schnapscourage. Was ich tue, will ich nüchtern tun – um so länger behalte ich meinen Kopf.»

«Nun denn, du mußt wissen», begann die Alte wieder, ohne weiter in ihn zu dringen, «daß dieses Mädchen nach London will.»

Hier konnte Jeanie nur noch das Wort «Schwester» verstehen.

Der Räuber antwortete in lauterem Ton: «Hübsch genug von ihr; und was, zum Teufel, geht Euch das an?»

«Grade genug, denke ich. Wenn die verdammte Kröte dem Strick entgeht, wird der einfältige Kerl sie heiraten.»

«Und wen kümmert das, wenn er's tut?» fragte der Mann.

«Wen das kümmert, du Dummkopf? Mich kümmert es – und eher erwürg ich sie mit eigener Hand, als daß sie Madge vorgezogen wird.»

«Madge vorgezogen? Sehen Eure alten blinden Augen nicht weiter? Wenn er so ist, wie Ihr sagt, glaubt Ihr, daß er jemals ein Mondkalb wie Madge heiratet? Meiner Treu, ein toller Einfall – Madge Wildfire heiraten! Hahaha!»

«Was, du Lumpenkerl, du Dieb, du Beutelschneider?» erwiderte die Hexe. «Und wenn er auch die Dirne nicht nimmt, muß er darum 'ne andre heiraten und diese andre die Stelle meiner Tochter einnehmen – und mein armes Kind verrückt sein – und ich eine Bettlerin – und alles seinetwegen? Aber ich weiß was von ihm, was ihn an den Galgen bringt – und wenn er tausend Leben hätte; ich weiß was von ihm, was ihn an den Galgen bringt – den Galgen – den Galgen – den Galgen!»

Grinsend fletschte sie die Zähne, als sie mit rachgierigem Eifer das Unglückswort mehrmals wiederholte.

«Und warum bringt Ihr ihn dann nicht an den Galgen – den Galgen – den Galgen?» spottete Frank ihr nach. «Darin läge mehr Sinn und Verstand, als daß Ihr Euer Mütchen an zwei Frauen kühlt, die Euch und Eurer Tochter nichts Böses getan haben.»

«Nichts Böses?» antwortete die Alte. «Wenn er das Früchtchen heiratet, sobald sie wieder auf freiem Fuß ist?»

«Aber da er Euer Früchtchen nun einmal nicht heiraten wird, kann ich – bei meiner Seel – nicht sehen, was Euch das angeht», erwiderte achselzuckend der Räuber. «Wo's was zu ergattern gibt, bin ich dabei wie jeder andere – aber ich kann's nicht leiden, um nichts und wieder nichts Unrecht zu tun.»

«Und ist die Rache nichts?» sagte die Hexe. «Die Rache – der süßeste Leckerbissen der Hölle!»

«Mag ihn der Satan selbst verzehren», erwiderte der Räuber. «Schlagt mich tot – aber mir schmeckt die Brühe nicht, womit er ihn anrichtet.»

«Rache!» fuhr die Alte fort. «Rache! Sie ist der beste Lohn, den der Teufel uns hier und dort schenkt. Ich hab mich schwer deswegen geplagt, ich hab dafür gelitten, ich hab dafür gesündigt – und ich will sie haben! Oder es gibt keine Gerechtigkeit – weder im Himmel noch in der Hölle!»

Levitt hatte sich derweil eine Pfeife angezündet und lauschte den rachsüchtigen Reden der alten, wahnwitzigen Hexe mit größter Ruhe. Er war durch seine Lebensweise zu verhärtet, um sich darüber zu entsetzen, zu gleichgültig und vielleicht zu stumpf, um ihre wilde Leidenschaft und Kraft nachzuempfinden.

«Aber, Mutter», fing er nach einigem Stillschweigen an, «ich sag's noch einmal, wenn Ihr auf Rache aus seid, solltet Ihr sie an dem jungen Kerl selber nehmen.»

«Ich wollte, ich könnt's», sagte sie und holte tief Atem, mit der Gier einer Durstigen, die das Trinken nachahmt, «ich wollte, ich könnt's! Aber nein – ich kann's nicht – ich kann's nicht!»

«Und warum nicht? Es kostet Euch keine große Mühe, ihn wegen dieser schottischen Geschichte anzugeben und hängen zu lassen. – Hol mich der Teufel, sie könnten nicht mehr Aufhebens davon machen, wenn einer die Bank von England geplündert hätte.»

«Ich habe ihn an dieser verwelkten Brust genährt», antwortete die Alte, ihre Hände über der Brust kreuzend, als ob sie ein Kind daran drücke, «und obwohl er sich wie eine Natter gegen mich benommen hat, obwohl er mein und der Meinigen Unglück gewesen ist, obwohl er mich zur Gesellin des Teufels gemacht hat und zum Fraß für die Hölle, wenn's einen Teufel und einen solchen Ort gibt, so kann ich ihm doch nicht das Leben nehmen. Nein, ich kann's nicht!» fuhr sie mit ausbrechender Wut gegen sich selbst fort. «Ich habe daran gedacht, ich hab's versucht – aber, Frank Levitt, ich bring's nicht fertig! – Nein, nein, er war das erste Kind, das ich stillte; aber – so schlecht ich gewesen bin – ein Mann kann niemals wissen, was ein Weib für das Kind empfindet, das sie zuerst an ihre Brust gelegt hat!»

«Gewiß», sagte Levitt, «darin haben wir keine Erfahrung. Aber, Mutter, man sagt, zu anderen Kinderchen, die Euch in den Weg kamen, wärt Ihr nicht so freundlich gewesen. Nein, zum Teufel – laßt Eure Hand vom Messer, denn hier bin ich Herr und Meister und dulde keine Empörung!»

Die Hexe, die bei seiner Frage aufgefahren war und nach dem Heft eines großen Messers an ihrer Seite gegriffen hatte, zog ihre Hand von der Waffe zurück und ließ sie fahren, während sie mit einer Art von Lächeln fortfuhr: «Kinderchen! Du machst Spaß, Bursche, wer würde Kindern was antun? Madge, das arme Ding, hatte Unglück mit einem – und das andere ...» Hier dämpfte sie die Stimme so, daß Jeanie, so ängstlich sie horchte, nicht eine Silbe von dem verstehen konnte, was sie sagte, bis jene ihre Stimme am Schluß der Rede wieder erhob: «... und so, glaub ich, warf Madge es in ihrer Tollheit in den Nor'-Loch.»

Madge, die wie die meisten Geisteskranken nur kurz und unruhig geschlafen hatte, ließ sich jetzt von ihrer Ruhestätte vernehmen: «Das ist eine gewaltige Lüge, Mutter, so was hab ich nicht getan.»

«Still, du Schreihals», rief ihre Mutter. «Die andere Dirne wacht sonst auch noch auf.»

«Das wäre gefährlich», sagte Frank; er stand auf und folgte Meg Murdockson über die Tenne.

«Steh auf!» sagte die Hexe zu ihrer Tochter. «Sonst stoße ich dir das Messer durch die Bretter in deinen Tollhäuslerrücken.»

Offenbar unterstützte sie ihre Drohung gleichzeitig dadurch, daß sie mit der Spitze des Messers durch die Türritze stach, denn Madge wechselte mit einem schwachen Schrei ihren Platz, und die Tür ging auf.

Die Alte hielt in einer Hand ein Licht, in der anderen das Messer. Levitt folgte ihr; ob er eine etwa beabsichtigte Gewalttat verhindern oder ihr dabei helfen wollte, war schwer zu erraten. Jeanies Geistesgegenwart wurde auch in diesem Augenblick der Gefahr ihre Retterin. Sie war entschlossen genug, Aussehen und Haltung einer tief Schlafenden anzunehmen und trotz des inneren Entsetzens selbst ihre Atemzüge entsprechend zu regeln.

Die Alte fuhr mit dem Licht vor ihren Augen hin und her; und obgleich diese Bewegung in Jeanie ein so lebhaftes Furchtgefühl erweckte, daß sie später oft erklärte, sie hätte geglaubt, die Gestalten ihrer vorbestimmten Mörder durch ihre geschlossenen Augenlider zu sehen, hatte sie dennoch Kraft genug, die Verstellung aufrechtzuerhalten, von der vielleicht ihre Rettung abhing.

Levitt betrachtete sie sehr aufmerksam; dann schob er die Alte aus der Kammer und folgte ihr selbst. Als beide wieder drüben waren und sich gesetzt hatten, hörte Jeanie den Straßenräuber zu ihrer nicht geringen Erleichterung sagen: «Sie ist so weit weg, als wäre sie in Bedfordshire. – Nun, alte Meg, ich will verdammt sein, wenn ich nur einen Schimmer von Eurer Geschichte verstanden habe oder was es für ’nen Sinn hat, die eine Dirne hängen zu lassen und die andere zu quälen. Aber der Teufel hol mich, ich will Euch den Gefallen tun – ich stehe treu zu meinen Freunden. Ich sehe schon, die Sache ist faul; aber vielleicht kann ich sie nach Surfleet am Wash bringen, an Bord von Tom Moonshines schmucken Logger, und sie drei oder vier Wochen dabehalten, wenn Euch das paßt? Aber wehe, wenn einer ihr was zuleide tut, dann setzt's was! – Eine dumme Geschichte! Ich wünschte, Ihr und sie, Meg, wärt beide zum Teufel!»

«Laß gut sein, Junge», sagte die Alte. «Du bist ein Dickkopf und willst, daß alles nach deiner Pfeife tanzt! Meinetwegen soll sie keine Stunde früher in den Himmel kommen; mich kümmert's nicht, ob sie lebt oder stirbt. Aber ihre Schwester – ihre Schwester!»

«Gut, reden wir nicht mehr darüber, ich höre Tom kommen. Wir wollen uns aufs Ohr legen, und auch Ihr tätet gut daran.» Sie zogen sich zurück, um zu schlafen, und alles war still an dieser Stätte des Lasters.

Jeanie lag noch lange Zeit wach. Bei Tagesanbruch hörte sie die beiden Räuber die Scheune verlassen, nachdem sie mit der Alten einige Zeit geflüstert hatten. Der Gedanke, jetzt nur noch von Personen ihres eigenen Geschlechts bewacht zu sein, beruhigte sie etwas, und eine unwiderstehliche Müdigkeit versenkte sie endlich in Schlaf.

Als die Gefangene erwachte, stand die Sonne schon hoch am Himmel und der Morgen war weit vorgeschritten. Madge Wildfire war noch in dem Verschlag, der ihnen als Schlafkammer gedient hatte, und wünschte ihr sogleich mit ihrer gewohnten wirren Fröhlichkeit guten Morgen.

«Und weißt du, Mädchen», sagte Madge, «es sind sonderbare Dinge geschehen, seidem du im Traumland gewesen bist. Die Häscher sind hiergewesen, Mädchen, und haben meine Mutter an der Tür getroffen und vor den Richter geschleppt wegen des Weizens. Lieber Gott! Diese englischen Bauernkerle machen ein Geschrei wegen eines Hälmchens Weizen oder Gras wie ein schottischer Laird wegen seiner Hasen oder Rebhühner. – Nun, Mädchen, wenn du willst, spielen wir ihnen einen hübschen Possen! Wir gehen weg und machen einen Spaziergang. Sie werden schön fluchen, wenn sie uns vermissen; aber wir können leicht wieder um Mittag zurück sein oder spätestens, eh's dunkel wird, und draußen im Freien ist's lustiger. – Aber vielleicht möchtest du erst etwas frühstücken und dich dann lieber wieder hinlegen? Es geht mir auch oft so – zuweilen kann ich den ganzen Tag dasitzen, mit dem Kopf in der Hand, und rede kein Sterbenswörtchen, und ein andermal wieder kann ich nicht einen Augenblick stillsitzen. Die Leute meinen, dann wär ich am schlimmsten, aber ich bin ganz vernünftig – du brauchst dich nicht zu fürchten, wenn du mitkommst.»

Wäre Madge Wildfire auch die rasendste Tollhäuslerin gewesen und hätte nicht eine allerdings beim geringsten Anlaß unsicher schwankende, dämmernde Art Vernunft besessen, so hätte Jeanie doch kaum Anstand genommen, einen Ort der Gefangenschaft zu verlassen, wo sie so vieles zu befürchten hatte. Sie versicherte Madge eifrig, daß sie weder irgendwelcher Speise noch fernerer Ruhe bedürfe, und im Herzen hoffend, daß sie sich keiner Sünde schuldig mache, lobte sie ihre wunderliche Wächterin wegen ihres Hangs, in den Wäldern umherzustreifen.

«Es ist nicht allein deshalb», sagte die arme Madge, «aber ich glaube, es ist besser für dich, wenn du dem Volk hier ein wenig aus dem Weg gehst; nicht, daß sie allzusammen grade so schlecht wären, aber eine wunderliche Art haben sie doch, und manchmal denk ich, mit der Mutter und mir steht's nicht mehr so gut, seit wir uns zu solcher Gesellschaft halten.»

Mit der Hast, der Freude, der Furcht und der Hoffnung einer befreiten Gefangenen ergriff Jeanie ihr kleines Bündel und folgte Margie ins Freie. Eifrig spähte sie umher, ob sie nicht irgendeine menschliche Behausung erblicken könnte; aber keine war zu sehen. Der Boden war teils bebaut und teils in seinem ursprünglichen wilden Zustand belassen worden, wie es der Eingebung der nachlässigen Landleute beliebt hatte. Das Ödland war an einigen Stellen mit verkrüppelten Bäumen und Büschen bedeckt, an anderen waren Moraste und wieder an anderen feste, trockene Niederungen oder Weidegründe.

Jeanies ganzes Trachten ging jetzt dahin, zu erkunden,

wo die Landstraße lag, von der man sie verschleppt hatte. Wenn sie die öffentliche Straße gewänne, dachte sie, müsse sie bald einen Menschen treffen oder an ein Haus kommen, wo sie ihre Geschichte erzählen und Schutz erbitten könnte. Aber nach einem Blick ringsum sah sie zu ihrem Leidwesen, daß sich auf keine Art und Weise mit Sicherheit feststellen ließ, welche Richtung sie einschlagen müsse, und daß sie ganz auf ihre verrückte Begleiterin angewiesen war.

«Wollen wir nicht auf die Landstraße gehen?» fragte sie Madge in einem Ton, wie Wärterinnen ihn gebrauchen, um ein Kind zu locken. «Es geht sich hübscher auf der Straße als zwischen all dem Ginster und wilden Buschwerk.»

Madge, die sehr schnell ging, stand bei dieser Frage still und sah Jeanie plötzlich mit einem forschenden Blick an, als durchschaue sie ihr Vorhaben. «Aha, Mädchen!» rief sie. «So meinst du's? Du möchtest Reißaus nehmen?»

Jeanie schwankte einen Augenblick, als sie ihre Gefährtin so sprechen hörte, ob sie nicht lieber die Gelegenheit nutzen und wirklich versuchen sollte wegzulaufen. Aber sie wußte nicht, in welcher Richtung sie fliehen sollte. Auch war sie keineswegs sicher, daß sie die Schnellere sein würde, und sich vollkommen bewußt, daß sie, wenn sie verfolgt und eingeholt würde, an Kraft der Verrückten unterlegen wäre. Sie gab daher für jetzt den Gedanken an einen Fluchtversuch auf, sagte einige Worte, um Madges Argwohn zu beschwichtigen, und folgte ihrer Führerin mit ängstlicher Besorgnis auf dem wunderlichen Pfad, den diese einzuschlagen für gut befand. Der unstete Geist der Irren war bald durch neue Eindrücke abgelenkt, und sie begann nach ihrer Gewohnheit, allerlei durcheinanderzuschwatzen.

«Es ist gar zu hübsch im Wald an einem so schönen Morgen wie heute. Mir gefällt es viel besser als in der Stadt. Hier gibt's doch keine bösen Gassenbuben, die hinter einem her schreien, als ob man ein Wundertier wär, bloß weil man ein bißchen besser angezogen und hübscher ist als andere Leute. Obgleich man niemals auf hübsche Kleider oder Schönheit stolz sein sollte, Jeanie. Ach, sie sind nichts als Fallstricke! Einst hielt ich mehr davon – und was war das Ende?»

«Kennst du den Weg auch recht?» fragte Jeanie, die fürchtete, daß sie tiefer in den Wald geriete und noch mehr von der Landstraße abkäme.

«Ob ich den Weg kenne? Hab ich nicht lange hier gewohnt und sollte den Weg nicht kennen? Zwar könnt ich ihn wohl vergessen haben, denn es war vor meinem Unglück; aber manche Dinge kann man nie vergessen, man mag's noch so sehr versuchen.»

Sie waren indessen tief in den Wald hineingekommen. Die Bäume standen hier ein wenig lichter, und am Fuß des einen Baumes, einer herrlichen Pappel, befand sich ein kleiner Hügel, der mit Moos und vielfarbigen wilden Blumen überwuchert war, so wie ihn der Dichter von Grasmere in seinen Versen auf den Dornbusch geschildert hat. Kaum war Madge Wildfire an dieser Stelle angelangt, als sie die Hände über dem Kopf zusammenschlug und sich mit einem lauten Schrei, der einem irren Lachen ähnelte, über den Hügel warf und dort regungslos liegenblieb.

Jeanies erster Gedanke war, die Gelegenheit zur Flucht zu nutzen; aber ihr Wunsch zu entfliehen wich im Augenblick der Besorgnis um die arme Wahnsinnige, die vielleicht hier aus Mangel an Hilfe umkommen konnte. Mit einer Aufopferung, die in ihrer Lage heldenhaft genannt werden muß, beugte sie sich zu der Liegenden nieder, sprach ihr beruhigend zu und bemühte sich, sie aufzuheben. Mit Mühe gelang es ihr, und als sie die Unglückliche in sitzender Stellung gegen einen Baum gelehnt hatte, bemerkte sie mit Erstaunen, daß ihr sonst so blühendes Gesicht jetzt totenblaß und in Tränen gebadet war. Trotz der großen Gefahr, in der sie schwebte, wurde Jeanie von dem Zustand ihrer Begleiterin tief gerührt, um so mehr, als ihre Gefährtin bei all ihrem unsteten Benehmen und wilden, verworrenen Treiben ihr selbst immer eine gewisse Freundlichkeit bewiesen hatte, für die sie dankbar war.

«Laß mich! Laß mich!» rief das arme junge Geschöpf, als die erste Heftigkeit des Schmerzes nachließ. «Laß mich – es tut mir gut zu weinen. Ich kann keine Träne vergießen als vielleicht ein- oder zweimal im Jahr – und dann komme ich, diese Rasen damit zu benetzen, daß die Blumen schön wachsen und das Gras grün wird.»

«Aber was ist dir?» fragte Jeanie. «Warum weinst du so bitterlich?»

«Ach, ich habe wohl Gründe», erwiderte die Irre, «mehr als ein armer Verstand tragen kann. – Warte ein wenig, dann will ich dir alles sagen, denn ich bin dir gut, Jeanie Deans. Alle Menschen sprachen gut von dir, als wir noch draußen in der Vorstadt wohnten. Und ich denke auch an den Trunk Milch, den du mir eines Tages gabst, als ich 24 Stunden hindurch oben auf Arthurs Sitz gewesen war und nach dem Schiff Ausschau gehalten hatte, worin jemand segelte.»

Diese Worte riefen Jeanie ins Gedächtnis zurück, daß ihr tatsächlich einst früh am Morgen bei ihres Vaters Haus ein wahnsinniges Mädchen begegnet war. Ihre anfängliche Angst vor ihr hatte sich, da jene ganz harmlos erschien, bald in Mitleid verwandelt, und so hatte sie die unglückliche Wandererin mit etwas Essen erquickt, das diese mit der Gier einer Verhungerten verschlungen hatte. Dieses Ereignis, an sich geringfügig, gewann gegenwärtig große Bedeutung, wenn sich herausstellte, daß es einen günstigen und dauernden Eindruck auf den Gegenstand ihrer Mildtätigkeit gemacht hatte.

«Ja», sagte Madge, «ich will dir alles erzählen, denn du bist eines frommen Mannes Tochter – Douce Davie Deans', nicht wahr –, und vielleicht kannst du mich den schmalen und rechten Weg finden lehren; denn ich hab Ziegel in Ägypten gebrannt und bin durch die beschwerliche Wüste Sinai gewandert – viele, viele Tage lang. Aber wenn ich an meine

Verirrungen denke, möcht ich vor Scham die Lippen schließen.» Hier sah sie auf und lächelte. «Es ist wunderlich – ich hab in zehn Minuten mehr Gutes zu dir gesprochen, als ich zu meiner Mutter in ebensoviel Jahren sprechen würde. Nicht, daß ich nicht daran dächte – ich hab's manchmal schon auf der Zunge. Aber dann kommt der Teufel und streift mit seiner schwarzen Schwinge über meine Lippen und legt seine breite schwarze Pfote auf meinen Mund – denn seine Pfote ist schwarz, Jeanie – und wischt alle meine guten Gedanken und guten Worte weg und gibt mir dafür eine Menge toller Lieder und törichtes Zeugs ein.»

«Versuch es nur, Madge», sagte Jeanie, «versuch es, dich zu sammeln, und sprich dich aus – es wird dir leichter ums Herz werden. Widersteh nur dem Teufel, und er wird dich fliehen – denn, wie mein ehrwürdiger Vater sagt, kein Teufel ist so arg wie unsere eigenen schweifenden Gedanken.»

«Das ist wahr, Mädchen», sagte Madge, sich aufrichtend, «und ich will dahin gehen, wohin der Teufel mir nicht folgen darf – und du wirst dich auch freuen, dahin zu kommen. Aber ich will dich fest am Arm nehmen, sonst könnte Apollyon uns den Weg versperren, wie er's in der *Pilgerreise* tat.»

Sie stand auf, nahm Jeanie beim Arm und ging mit starken Schritten vorwärts; zur nicht geringen Freude ihrer Gefährtin kamen sie bald auf einen gebahnten Pfad, mit dessen Windungen Madge vollkommen vertraut schien. Jeanie bemühte sich, sie zur Fortsetzung ihrer Beichte zu bewegen, allein die Stimmung war vorbei. Der Geist dieses zerstörten Geschöpfs schien einem Haufen trockener Blätter vergleichbar, die vielleicht einen Augenblick still liegen können, doch vom ersten zufälligen Lufthauch sogleich durcheinandergewirbelt werden. Sie hatte jetzt ausschließlich John Bunyans Gleichnis im Sinn und schwatzte nun mit großer Zungenfertigkeit hiervon.

«Hast du niemals *Die Pilgerreise* gelesen? Du sollst die Frau Christiana und ich will das Mädchen Barmherzig sein –

denn, weißt du, Barmherzig war schöner und reizender als ihre Gefährtin –, und wenn ich meinen kleinen, toten Hund bei mir hätte, könnte er Mutherz, ihr Beschützer, sein, weißt du, denn er war ebenso kühn und bellte alles an, auch wenn's zwanzigmal größer war als er – und das war eben sein Tod, denn an dem Morgen, wo sie mich ins Wachhaus holten, biß er Korporal MacAlpine ins Bein, und Korporal MacAlpine tötete das kleine, treue Ding mit seiner Lochaber-Axt – hol der Teufel seine hochländischen Knochen!»

«O pfui, Madge», sagte Jeanie, «du solltest so was nicht sagen.»

«Du hast recht», sagte Madge kopfschüttelnd, «aber dann darf ich nicht an mein armes kleines Hündchen Schnapp denken, wie es sterbend in der Gosse lag. Doch es ist ebensogut für ihn, denn er litt Hunger und Kälte, als er noch lebte, und im Grab ist Ruhe für alles – Ruhe für das Hündchen und mein armes Kind und mich.»

«Dein Kind?» fragte Jeanie, die glaubte, ihre Gefährtin würde ruhiger werden, wenn sie hierüber sprächen – sofern sie wirklich eins gehabt hatte.

Aber sie irrte sich; Madge errötete und erwiderte etwas ärgerlich: «Mein Kind? Ei ja, gewiß, mein Kind! Warum sollte ich nicht ein Kind haben und auch ein Kind verlieren – geradesogut wie dein allerliebstes Schwesterchen, die Lilie von St. Leonard's?»

Diese Antwort machte Jeanie bestürzt, und sie bemühte sich, den Zorn zu besänftigen, den sie unwissentlich erregt hatte. «Dein Mißgeschick tut mir sehr leid...»

«Leid? Warum tut es dir leid?» antwortete Madge. «Das Kind war ein Segen – das heißt, Jeanie, es hätte ein Segen sein können, wenn meine Mutter nicht gewesen wäre; aber meine Mutter ist eine wunderliche Frau. – Siehst du, da war ein alter Kerl mit einem bißchen Land und 'nem hübschen Haufen Geld obendrein, das Abbild des alten Herrn Schwachheit oder Kleinmütig, den Mutherz vom Riesen

Schlagetot befreite, als er ihn ausplünderte und ihm die Knochen zerbrechen wollte, denn Schlagetot war ein Menschenfresser, und Mutherz tötete auch den Riesen Verzweiflung, aber ich glaube, der Riese Verzweiflung ist wieder lebendig geworden – anders als im Buch –, denn manchmal rumort er in meinem Herzen.»

«Nun, und der alte Kerl?» fragte Jeanie ängstlich gespannt, denn sie wollte gern mehr von Madges Geschichte erfahren, die, wie sie vermutete, auf eine außergewöhnliche Weise mit der ihrer Schwester verkettet und verflochten war. Auch wollte sie ihre Gefährtin, wenn möglich, dadurch veranlassen, leiser zu sprechen, denn sie war in großer Angst, Madges laute Reden könnten ihre Mutter oder die Räuber auf der Suche nach ihnen herführen.

«Nun, und der alte Kerl», sagte Madge, indem sie ihre Worte wiederholte, «ich wollte, du hättest ihn einherstelzen sehen, von einem Bein aufs andere – mit einem so närrischen Gang, als ob jedes von seinen zwei Beinen einem andern gehört hätte. Aber der feine George konnte ihm das hübsch nachmachen. Ach, was hab ich immer gelacht, wenn George so herumhopste wie er! Ich weiß nicht, ich lachte damals herzlicher als jetzt, wenn auch vielleicht nicht so oft.»

«Und wer war der feine George?» fragte Jeanie, die sie zu ihrer Geschichte zurückzubringen versuchte.

«Oh, das war Geordie Robertson, weißt du, als er in Edinburgh war; aber so heißt er nicht wirklich. Er heißt – aber was kümmert's dich, wie er heißt?» sagte sie, als besänne sie sich plötzlich. «Was hast du nach anderer Leute Namen zu fragen? Willst du, daß ich dir mein Messer zwischen die Rippen renne, wie meine Mutter sagt?»

Dies wurde mit drohender Gebärde und in einem so drohenden Ton gesprochen, daß Jeanie sich beeilte zu beteuern, sie habe ganz absichtslos und zufällig gefragt, worauf Madge Wildfire, etwas besänftigt, ruhiger fortfuhr.

«Frag nie nach den Namen der Menschen, Jeanie – es ist

nicht höflich. Es sind schon oft ein halb Dutzend Leute auf einmal bei meiner Mutter gewesen, und niemals nannte einer davon den anderen beim Namen; Papa Rat sagt, das sei sehr ungehörig, denn vor Gericht stellen sie einem immer allerlei unbequeme Fragen, ob man den oder jenen schon gesehen habe, und wenn man ihre Namen nicht weiß, so verplappert man sich nicht.»

In welch einer seltsamen Schule, dachte Jeanie im stillen, ist dies arme Geschöpf erzogen worden, wo man gegen die Nachforschungen der Gerechtigkeit solche umständlichen Vorsichtsmaßregeln ergreift? Was würde mein Vater oder Reuben Butler denken, erzählte ich ihnen, daß es solche Menschen in der Welt gibt! Und die Einfalt dieses irren Geschöpfs zu mißbrauchen! Oh, wär ich nur erst wieder daheim bei meinen eigenen redlichen und wahrheitsliebenden Leuten – wie will ich dann Gott danken, solange ich Atem habe, daß er mich zu denen gesellt, die in Seiner Furcht leben und unter dem Schatten Seiner Schwingen.

Hier wurde sie durch das tolle Lachen Madge Wildfires unterbrochen, die eine Elster über den Pfad hüpfen sah.

«Sieh dort! Geradeso stelzte mein alter Schatz immer durch die Gegend, nur nicht so behende – er hatte keine Flügel, um seinen alten Beinen zu helfen. Aber ich hätte ihn doch trotz allem geheiratet, Jeanie, denn sonst hätte mich meine Mutter totgeschlagen. Da kam aber die Geschichte mit meinem armen Kind dazwischen, und meine Mutter dachte, das Schreien würde ihn taub machen, und da steckte sie's weg unter den kleinen Rasenhügel dort, damit's aus dem Weg käme; ich glaube aber, sie hat meinen besten Verstand mit begraben, denn ich bin gar nicht mehr recht bei mir gewesen seitdem. Und denk dir nur, Jeanie, nachdem sich meine Mutter all die Mühe gemacht hatte, rümpfte der alte, blöde Johnny Drottle die Nase und wollte nichts mehr von mir wissen. Aber ich mache mir nichts draus, denn ich habe ein gar lustiges Leben geführt inzwischen – und wenn mich ein feiner Herr sieht, ist's gleich, als wollt er vom

Pferd springen aus lauter Liebe zu mir. Etliche haben auch in ihren Beutel gegriffen und mir schon einen ganzen Groschen geschenkt – bloß wegen meines hübschen Gesichts.»

Diese Äußerungen gaben Jeanie einen Einblick in Madges traurige Geschichte. Ein reicher Freier hatte sich um sie beworben und war ungeachtet seines Alters und seiner Häßlichkeit von der Mutter begünstigt worden. Irgendein Wüstling hatte sie dann verführt, und um ihre Schande zu verhehlen, damit die vorteilhafte Partie sich nicht zerschlüge, hatte ihre Mutter nicht gezögert, die Frucht ihrer Liebschaft zu beseitigen. Die Folge davon war sehr natürlich die gänzliche Zerrüttung eines von Natur eitlen und schwachen Geistes – und das war in Wahrheit die Geschichte von Madge Wildfires Tollheit.

31. Kapitel

Sie gingen fort – so von Gefahren
und Furcht befreit –, wie froh sie waren!

Christabel

Als sie auf dem Pfad, den Madge eingeschlagen hatte, eine Zeitlang weitergegangen waren, bemerkte Jeanie Deans zu ihrer nicht geringen Freude allmählich Anzeichen bebauten Landes und erblickte bald darauf in einiger Entfernung die Strohdächer einiger im Gebüsch verborgener Hütten, aus deren Schornsteinen blauer Rauch in dünnen Säulen emporstieg. Der Pfad führte geradewegs darauf zu, und Jeanie nahm sich vor, solange Madge auf diesem Weg bliebe, keine weiteren Fragen an sie zu richten, da sie sehr wohl gemerkt hatte, daß sie dadurch den Argwohn ihrer Führerin erweckte und sie zu Ausbrüchen reizte, zu denen Menschen in solch zerrüttetem Geisteszustand wie Madge besonders neigen.

Madge ihrerseits schwatzte ununterbrochen weiter in der ungebundenen Weise, wie es ihre wirren Vorstellungen ihr eingaben; eine Stimmung, in der sie mehr von ihrer eigenen Geschichte und der anderer mitteilte, als wenn man sie durch unmittelbare Fragen oder ein Kreuzverhör darüber auszuforschen versucht hätte.

«Es ist wunderlich», sagte sie, «manchmal kann ich von dem kleinen Wurm und seinem Hinscheiden sprechen, als ob's gar nicht mein eigenes, sondern ein fremdes gewesen wäre, und manchmal will mir fast das Herz darüber brechen. – Hast du jemals ein Kind gehabt, Jeanie?»

Jeanie verneinte es.

«Ja, aber deine Schwester hatte eins – und ich weiß auch, was daraus geworden ist.»

«Im Namen der himmlischen Barmherzigkeit», sagte Jeanie, ihren Vorsatz und ihre bisherige Vorsicht vergessend, «sag mir, was aus dem unglücklichen Geschöpf geworden ist und ...»

Madge stand still, sah sie ernst und starr an und brach dann in lautes Gelächter aus. «Ei ja doch, Mädchen, fang mich, wenn du kannst. Dir kann man auch leicht was weismachen! Wie sollt ich denn was von deiner Schwester Kind wissen? – Mädchen dürfen nichts mit Kindern zu tun haben, bis sie verheiratet sind – dann kommen alle Gevattern und Gevatterinnen und feiern, als wär's der froheste Tag der Welt. – Es heißt immer, Jungfernkinder gedeihen wohl – doch mit meinem und deiner Schwester Kind ist's nicht eingetroffen. – Aber das sind traurige Geschichten – ich will lieber ein bißchen singen, damit ich wieder lustig werd. – Es ist ein Lied, das der feine George auf mich machte, als ich einmal mit ihm nach Lockington zur Kirmes ging, um ihn da auf einer Bühne mit anderem Schauspielervolk in prächtigen Kleidern spielen zu sehen. Er hätte gar nicht übel dran getan, mich damals zu heiraten, wie er's versprach – besser eine Braut auf dem Mist als eine hinterm Moor, wie sie in Yorkshire sagen* –, er kann mit 'ner andern schlimmer fahren. Aber das hat mit dem Lied nichts zu tun.

Die Madge bin ich vom Dorf und der Stadt,
die zum Liebsten den stattlichsten Burschen hat.
Die Gräfin vom Schloß hat viel Geld und Gut,
doch nimmer wie ich solchen fröhlichen Mut.

* Volkstümliche Redensart, die besagt, es sei besser, eine Einheimische zu heiraten als eine Fremde.

Die Schönste heut bin ich und führe den Reihn
um den Maibaum als Maienkönigin fein;
wild lodert das Feuer, doch flammt's nicht so hell
wie ich, noch brennt es so heiß und schnell.

Das Lied ist mir das liebste von allen meinen Liedern», fuhr die Schwachsinnige fort, «weil er's gemacht hat. Ich singe es oft, und darum wohl nennen mich die Leute Madge Wildfire. Ich hör auch auf den Namen, obgleich er nicht mein eigener ist, denn was hilft's, sich darüber zu ärgern?»

«Aber am Sonntag solltest du doch nicht singen», sagte Jeanie, denn trotz all ihrer Angst und Not war ihr doch das Betragen ihrer Gefährtin anstößig, um so mehr, da sie sich jetzt dem kleinen Dorf näherten.

«Ach, ist heut Sonntag?» fragte Madge. «Meine Mutter führt solch ein wüstes Leben, macht die Nacht zum Tag und den Tag zur Nacht, daß man ganz mit den Wochentagen durcheinanderkommt und den Sonntag nicht vom Sonnabend unterscheiden kann. Außerdem tut das bloß ihr Whigs – in England singen die Leut, wenn sie Lust haben. Und dann, siehst du, bist du doch Christiana, und ich bin Barmherzig – und du weißt, als sie ihres Weges zogen, sangen sie.» Und sie stimmte sogleich eines von John Bunyans Liedchen an:

«Die Demut fürchtet keinen Fall,
dem Schwachen ziemt kein Trutz;
der fromme Knecht hat überall
Gott selbst zu seinem Schutz.

Reich Gut trägt der nur mühsam fort,
der geht auf Pilgerfahrt.
Hienieden arm und selig dort,
ist stets die beste Art.

Und weißt du, Jeanie, ich glaube, das Buch *Die Pilgerreise* hat recht. Der Junge, der das Lied singt, weidete seines Vaters Schafe im Tal der Demut, und Herr Mutherz sagt, daß er ein lustigeres Leben führte, weil ihm das Kräutlein Herzeleicht einen heiteren Sinn gegeben hatte, als diejenigen, die gleich mir in Samt und Seide gehen und so hübsch sind wie ich.»

Jeanie Deans hatte niemals das anmutige, bunte Gedicht gelesen, worauf Madge anspielte. Bunyan war zwar ein strenger Calvinist, aber auch Angehöriger einer Baptistengemeinde, so daß für seine Werke in David Deans' geistlicher Bücherei kein Platz war; Madge hingegen schien ehemals mit dem volkstümlichsten seiner Werke wohl vertraut gewesen zu sein – und wirklich verfehlt es selten, tiefen Eindruck auf Kinder und Leute der unteren Stände zu machen.

«Wahrhaftig», fuhr sie fort, «ich darf wohl sagen, daß ich aus der Stadt des Verderbens komme, denn meine Mutter ist Frau Fledermausauge, die im Leichenwinkel wohnt, und Frank Levitt und Tyburn-Tom kann man mit Mißtrauen und Schuld vergleichen, die schnell daherfahren und den armen Pilger mit einer großen Keule niederschlagen und ihm einen Beutel voll Geld stehlen, seine ganze Barschaft – denn so haben sie's mit vielen gemacht und machen's noch. Aber jetzt wollen wir zum Haus des Auslegers gehen, denn ich kenn einen Mann, der den Ausleger recht gut vorstellt: er erhebt die Augen zum Himmel und hat das Buch der Bücher in der Hand, und das Wort der Wahrheit wohnt auf seinen Lippen, und er steht da, als ob er die Menschen ermahne. Oh, hätte ich nur auf das gehört, was er mir sagte, so wäre ich jetzt nicht das verworfene Geschöpf geworden, das ich jetzt bin! – Doch das ist nun alles vorbei. – Aber wir wollen ans Tor klopfen, und dann wird der Türhüter Christiana hereinlassen, doch Barmherzig wird draußen bleiben müssen, und dann werd ich zitternd und zagend an der Tür stehen, und dann wird Christiana – das bist du, Jeanie – für mich eintreten, und dann wird Barmherzig – das bin ich, weißt du – ohnmächtig werden, und dann wird der Ausleger

– ja, der Ausleger, das ist Mr. Staunton selbst – herauskommen und mich armes, verlassenes, verrücktes Wesen an der Hand nehmen und mir einen Paradiesapfel geben und ein Stück Honigwabe und ein kleines Fläschchen Lebensgeist gegen meine Ohnmacht, und dann werden die guten Zeiten wiederkommen, und wir werden die glücklichsten Leute auf Erden sein.»

Aus all diesen verworrenen Ideen glaubte Jeanie doch eine ernstliche Absicht Madges herauszuhören, von jemandem, den sie gekränkt hatte, Verzeihung und Unterstützung zu erlangen, ein Vorhaben, von dem auch sie sich am ehesten Hilfe und Schutz versprechen konnte; sie beschloß daher, sich Madges Führung zu überlassen, solange sie in so hoffnungsfreudiger Stimmung war, und zu ihrer eigenen Rettung den Umständen entsprechend zu handeln.

Sie waren jetzt nahe am Dorf, einem jener anmutigen Plätze, die man so oft im heiteren England findet, wo die Häuschen nicht in zwei geraden Reihen zu beiden Seiten einer staubigen Landstraße stehen, sondern in zerstreuten Gruppen unter breiten Eichen und Ulmen liegen, auch Obstbäumen, wovon viele zu dieser Zeit in Blüte standen, so daß der ganze Hain im Schmelz ihrer roten und weißen Blüten prangte. In der Mitte des Dorfs stand die Pfarrkirche mit ihrem kleinen, gotischen Turm, von dem soeben das sonntägliche Geläut der Glocken erscholl.

«Wir wollen hier warten, bis die Leute alle in der Kirche sind, denn wenn sie mich sehen, schreien mir alle Buben und Mädchen nach, diese kleinen Rotznasen! Und dann ist der Büttel hinter uns her, als wären wir daran schuld. Ich kann ihr Geschrei so wenig leiden wie er, sollt er wissen; wahrhaftig, ich wünsch oft, es steckte ihnen einer glühende Kohlen in ihre Schreihälse, wenn sie sie so aufreißen.»

In Anbetracht des grotesken Aussehens und Benehmens ihrer Begleiterin sowie ihrer eigenen, durch die Ereignisse der vorhergehenden Nacht etwas mitgenommenen Kleidung willigte Jeanie gern in Madges Vorschlag, sich so lange unter den Bäumen verborgen zu halten, bis der Anfang des Gottesdienstes es ihnen erlauben würde, das Dorf zu betreten, ohne einen Auflauf zu verursachen. Sie fühlte, daß ein anständiges Auftreten notwendig sei, um sich Gehör für ihre seltsame Geschichte bei irgend jemandem zu verschaffen, der imstande war, sie zu beschützen, und wendete um so weniger etwas dagegen ein, als Madge andeutete, dieses Dorf sei nicht dasjenige, wo ihre Mutter in Gewahrsam gehalten werde, und auch die beiden Strauchritter seien anderswohin gegangen.

Sie setzte sich deshalb am Fuß einer Eiche nieder und begann mit Hilfe eines natürlichen Spiegels – eines ruhigen Quells, der zum Gebrauch der Dorfbewohner eingedämmt war – unter freiem Himmel Toilette zu machen, was keineswegs ungewöhnlich für ein schottisches Mädchen ihres Standes war, und ihre etwas beschmutzte und zerknitterte Kleidung so weit in Ordnung zu bringen, wie Ort und Umstände es erlaubten.

Allein, sie hatte bald Ursache, zu bereuen, daß sie darangegangen war, dies, so notwendig und schicklich es auch sein mochte, im derzeitigen Augenblick und in ihrer gegenwärtigen Gesellschaft zu tun. Madge Wildfire, deren Tollheit sich unter anderem auch darin zeigte, daß sie eine überaus hohe Meinung von den Reizen hatte, denen sie in der Tat ihr Unglück verdankte, und deren Geist durch jede neue Anregung wie ein Floß auf einem See hin und her geschaukelt und getrieben wurde, sah kaum Jeanie ihr Haar ordnen, ihren Hut zurechtrücken, den Staub von den Kleidern und Schuhen wischen, ihr Halstuch und ihre Handschuhe richten und so weiter, als der Eifer in ihr rege wurde, es ihr nachzutun. Aus einem kleinen Beutel kramte sie allerlei Lumpen und Reste eines bettelhaften Staates hervor und putzte und zierte sich damit so seltsam heraus, daß sie alsbald noch zehnmal abenteuerlicher und wunderlicher aussah als vorher.

Jeanie seufzte im stillen, wagte indessen nicht, sich in eine so heikle Sache einzumischen. Auf den Manns- oder Reithut, den sie trug, steckte Madge eine geknickte, schmutzigweiße Feder, daneben eine andere, die ein Pfau aus dem Schweif verloren hatte. An ihrem Anzug – einer Art von Reitkleid – befestigte sie mit Nadeln, Spangen oder auf andere Weise eine breite Falbel ausgeblichener, schmutziger und zerknitterter künstlicher Blumen, die wohl ehemals eine Frau von Stand geschmückt hatten, dann an ihre Kammerzofe gekommen waren und die Bewohner der Gesindestube geblendet hatten. Ein Prunkschal aus gelber, mit Gold- und Silberflittern durchwebter Seide, der sich einer ebenso ehrenvollen Herkunft und eines ebenso langen Dienstes rühmen konnte, wurde wie eine Feldbinde oder Schärpe über eine Schulter geworfen. Dann streifte Madge die gewöhnlichen derben Schuhe, die sie trug, ab und ersetzte sie durch ein Paar von schmutzigem Atlas, die, ebenfalls so beflittert und bestickt wie die Schärpe, mit sehr hohen Absätzen versehen waren. Am Morgen schon hatte Madge unterwegs eine Weidengerte geschnitten, die fast so lang war wie eine Angelrute; diese begann sie jetzt sorgfältig zu entrinden.

Als die Gerte glatt und weiß war wie der Stab, den ein Herold oder Zeremonienmeister bei öffentlichen Gelegenheiten trägt, sagte Madge zu Jeanie, sie glaube, sie sähen nun sehr anständig aus, wie es sich für junge Mädchen am Sonntagmorgen schicke, und da nun die Glocken aufgehört hätten zu läuten, so wolle sie Jeanie zum Haus des Auslegers führen.

Jeanie seufzte bei dem Gedanken, daß sie am Tag des Herrn und noch dazu während der Kirchzeit in ein bewohntes Dorf mit einer so grotesk aufgeputzten Begleiterin einziehen sollte; aber Not kennt kein Gebot – und ohne einen förmlichen Streit mit der Verrückten, der unter den gegebenen Umständen nicht rätlich schien, sah sie keine Möglichkeit, sich von ihrer Gesellschaft zu befreien.

Die arme Madge hingegen war von Eitelkeit und Stolz auf

ihr vornehmes Aussehen und ihren glänzenden Staat völlig aufgebläht.

Sie betraten das Dorf, ohne von jemand bemerkt zu werden – außer von einem alten, halbblinden Mütterchen, das etwas Glänzendes und Flitterndes an sich vorbeihuschen sah und vor Madge wie vor einer Gräfin einen tiefen Knicks machte. Dem Eigendünkel Madges schmeichelte dies aufs höchste – sie lächelte, zierte sich, tänzelte, trippelte und nickte Jeanie Deans ermunternd zu, mit der Herablassung einer vornehmen Person, die es unternommen hat, ein Mädchen vom Land bei seinem ersten Ausflug in die Hauptstadt zu beaufsichtigen.

Jeanie folgte ihr geduldig mit niedergeschlagenen Augen, um sich den beschämenden Anblick der Albernheiten ihrer Begleiterin zu ersparen. Allein sie schreckte auf, als sie, ein paar Stufen hinaufsteigend, sich plötzlich auf dem Kirchhof fand und sah, daß Madge geradewegs auf die Kirchentür zustrebte. Da Jeanie nicht gesonnen war, sich der Gemeinde in solcher Begleitung zu zeigen, ging sie ein wenig beiseite und sagte mit entschiedenem Ton: «Madge, ich will hier warten, bis die Kirche aus ist – du kannst hineingehen, wenn du Lust hast.»

Damit wollte sie sich auf einen der Grabsteine setzen.

Madge war Jeanie etwas voraus gewesen. Jetzt drehte sie sich plötzlich um, eilte mit großen Schritten auf sie zu und packte sie mit einem Gesicht, das vor Zorn glühte, am Arm.

«Bildest du dir ein, du undankbares Balg, ich werde dich auf meines Vaters Grab sitzen lassen? Der Teufel soll dich runterholen! Wenn du nicht gleich aufstehst und mitkommst – zum Ausleger, in die Kirche, mein ich –, reiß ich dir alle Lumpen vom Leib!»

Diese Drohung setzte sie sogleich in die Tat um: mit einem raschen Griff riß sie Jeanie ihren Strohhut – samt einer Handvoll Haare – vom Kopf und warf ihn in einen alten Eibenbaum hinauf, wo er hängenblieb. Im ersten Schreck wollte Jeanie laut um Hilfe rufen, aber sie begriff sogleich, daß die Rasende ihr ein tödliches Leid zufügen könnte, ehe noch jemand trotz der Nähe der Kirche zu ihrer Rettung herbeieilen könnte; sie hielt es darum für klüger, zu schweigen und der Verrückten in die Gemeinde zu folgen, wo sie wenigstens gegen ihre Gewalttätigkeit gesichert war und vielleicht eher Mittel und Wege finden könnte, ihr zu entfliehen. Als sie sich aber sanftmütig bereit erklärte, Madge zu folgen, hatten deren sprunghafte Gedanken schon eine andere Richtung genommen. Sie hielt Jeanie mit einer Hand fest, zeigte mit der anderen auf den Grabstein und befahl ihr, die Inschrift zu lesen. Jeanie gehorchte und las folgende Worte:

«DIESES DENKMAL
ERRICHTETE DEM GEDAECHTNIS
DONALD MURDOCKSONS
VOM XXVI. KOENIGLICHEN ODER
CAMERONIANISCHEN REGIMENT/
EINES FROMMEN CHRISTEN/
TAPFEREN SOLDATEN UND TREUEN DIENERS/
SEIN DANKBARER IHN BETRAUERNDER HERR
ROBERT STAUNTON.»

«Du hast es gut gelesen, Jeanie, so steht es da – genauso», sagte Madge, deren Zorn nun einer tiefen Schwermut gewichen war, und trauernden, zu Jeanies großer Freude ungewöhnlich ruhigen Schrittes führte sie ihre Gefährtin zur Tür der Kirche.

Es war eine jener altertümlichen gotischen Dorfkirchen, die in England so häufig und vielleicht die ehrwürdigsten, schlichtesten und saubersten Andachtsstätten überhaupt sind, die man in der christlichen Welt finden kann. Doch trotz des anständigen und feierlichen Äußeren dieses Gotteshauses war Jeanie eine zu gläubige Anhängerin der presbyterianischen Kirche, als daß sie bei einer anderen Gelegenheit eine bischöfliche Kirche betreten hätte – sie hätte geglaubt, an der Pforte die ehrwürdige Gestalt ihres Vaters zu erblicken, die ihr den Eingang verwehrte und mit feierlichem Ton sprach: «Halte ein, mein Kind, und höre nicht auf die Lehre, die dazu führt, abzuirren von den Worten der Erkenntnis.» Allein, in ihrer gegenwärtigen Angst und Bedrängnis suchte sie an diesem verbotenen Aufenthaltsort ihre Rettung, wie das gehetzte Wild bei drohender Gefahr zuweilen Schutz in der menschlichen Behausung oder anderen aus Natur und Gewohnheit sonst gemiedenen Zufluchtsstätten sucht. Selbst die Töne der Orgel und einiger Flöten, die den Kirchengesang begleiteten, hielten sie nicht ab, ihrer Führerin in das Schiff der Kirche zu folgen.

Kaum hatte Madge ihren Fuß auf die Fliesen gesetzt und bemerkt, daß sie die Aufmerksamkeit der Zuschauer auf sich zog, als sie wieder in jenes ausschweifende, phantastische Betragen verfiel, das ein vorübergehender Anflug von Schwermut einen Augenblick lang gebannt hatte. Sie tänzelte mehr als sie ging den mittleren Gang hinauf und zog Jeanie, die sie fest an der Hand hielt, hinter sich her. Gern wäre diese seitwärts in den ersten besten Kirchenstuhl an der Tür geschlüpft und hätte Madge allein und auf ihre Weise ihren Weg zu den obersten Plätzen des Gotteshauses fortsetzen lassen, doch war dies ohne heftigen Widerstand, der ihr in diesem Augenblick und an solchem Ort unpassend erschien, unmöglich; so wurde sie denn wie eine Gefangene die ganze Länge der Kirche hinaufgeschleppt – wobei ihre aberwitzige Führerin mit halbgeschlossenen Augen, einem süßlichen Lächeln auf den Lippen, gezierten Handbewegungen, die den gekünstelten Trippelschritten vollkommen entsprachen, das allgemeine Aufsehen, das sie in der Gemeinde durch solch eine Schaustellung notwendig erregte, für eine hohe Schmeichelei zu nehmen schien und sie durch Kopfnicken und halbe Knickse vor Personen unter der Versammlung erwiderte, die sie offenbar als Bekannte auszeichnen wollte. Ihre Albernheit erschien in den Augen der Zuschauer noch größer durch den seltsamen Gegensatz zu ihrer Begleiterin, die mit aufgelöstem Haar, niedergeschlagenen Augen und vor Scham glühendem Gesicht gleichsam im Triumph hinter ihr hergezerrt wurde.

Glücklicherweise machte ein ernster, zugleich mitleidiger und verweisender Blick des Geistlichen der törichten Aufführung Madges und ihrem weiteren Vordringen ein Ende. Sie öffnete hastig den nächsten Kirchenstuhl, der zufällig leer war, und trat ein, Jeanie mit sich zerrend. Hier verbarg sie einen Augenblick lang das Gesicht in den Händen, wobei sie Jeanie mit dem Knie anstieß, zum Zeichen, daß sie ihrem Beispiel folgen sollte. Aber Jeanie, der diese Andachtshaltung völlig neu war, tat nichts dergleichen, sondern sah verstört um sich, mit einem Blick, den ihre Nachbarn, sie nach ihrer Gefährtin beurteilend, wie leicht begreiflich, ebenfalls dem Wahnsinn zuschrieben. Alle, die dem seltsamen Paar zunächst saßen, zogen sich von ihm so weit zurück, wie die Schranken des Kirchenstuhls es erlaubten; nur ein alter Mann konnte nicht aus Madges Reichweite gelangen, bevor sie ihm das Gebetbuch aus der Hand gerissen hatte. Dann schlug sie das Ritual auf und zeigte Jeanie mit der übertriebensten Lebhaftigkeit in Gebärde und Betragen die Abschnitte, die im Gottesdienst gelesen wurden. Die Antwortstrophen sang sie so laut mit, daß man ihre Stimme aus allen übrigen heraushörte.

Trotz des Ärgers und der Scham, die Jeanie empfand, sich in einem Gotteshaus so bloßgestellt zu sehen, konnte und durfte sie doch nichts unterlassen, um ihre Gedanken zu sammeln und Umschau zu halten, an wen sie sich wohl um Schutz wenden könnte, sobald der Gottesdienst zu Ende wäre. Ihr erster Gedanke richtete sich natürlich auf den Geistlichen, und sie wurde in ihrem Entschluß dadurch bestärkt, daß er ein älterer Mann von höchst würdigem Aussehen und Betragen war, der den Gottesdienst mit geziemender ruhiger Würde durchführte und so die jüngeren Mitglieder der Gemeinde, die durch das absonderliche Gebaren Madge Wildfires abgelenkt worden waren, wieder zur nötigen Aufmerksamkeit zurückbrachte. Jeanie beschloß daher, sich an den Geistlichen zu wenden, sobald der Gottesdienst vorüber wäre.

Einigen Anstoß freilich fühlte sie sich versucht an seinem geistlichen Gewand – dem Chorhemd – zu nehmen, wovon sie zwar schon viel gehört, das sie aber noch nie an einem Prediger gesehen hatte. Auch verwirrte sie das wiederholte Aufstehen und Niedersitzen der Gemeinde, wie es im englischen Gottesdienst an gewissen Stellen üblich ist, um so mehr, als Madge Wildfire, der dieser Brauch vertraut schien, die Gelegenheit wahrnahm, sie ihre Macht fühlen zu lassen, indem sie Jeanie mit einem geschäftigen Eifer auf und nieder riß, wie Jeanie empfand, sie immer wieder zum Gegenstand höchst peinlicher Aufmerksamkeit machen mußte. Aber trotz aller Gewissensbedenken war Jeanie verständig genug, sich in dieser Zwangslage soviel wie möglich nach dem Beispiel ihrer Umgebung zu richten. Der Prophet – dachte sie – erlaubte Naeman, dem Syrer, sogar im Haus Rimmons anzubeten. Der Gott meiner Väter wird mir sicherlich verzeihen, wenn ich ihn in meiner Not auf eine fremde Art und Weise, doch in meiner eigenen Sprache preise.

Dazu war sie so fest entschlossen, daß sie sich, soweit es der Kirchenstuhl erlaubte, von Madge zurückzog und sich durch ihre ernste Aufmerksamkeit ihre Andacht zu zeigen bemühte. Ihr Quälgeist hätte sie jedoch schwerlich lange in Ruhe gelassen, wäre er nicht, von Müdigkeit überwältigt, in der anderen Ecke des Kirchenstuhls fest eingeschlafen.

Obgleich Jeanies Gedanken bisweilen zu ihrem eigenen Verdruß abschweiften und sich mit ihrer Lage beschäftigten, bemühte sie sich, aufmerksam der gemüt- und kraftvollen, wohlgesetzten Predigt des Geistlichen über die praktischen Lehren des Christentums zu lauschen, und sie konnte nicht umhin, den Inhalt zu billigen, obgleich der Pfarrer, entgegen dem Brauch der schottischen Kirche, jedes Wort ablas und seine Gebärden und sein Tonfall sich sehr von denen Boanerges Stormheavens unterschieden, der ihres

Vaters Lieblingsprediger war. Die ernste und ruhige Aufmerksamkeit, mit der Jeanie lauschte, entging dem Geistlichen nicht. Er hatte sich bei Madge Wildfires Eintritt auf einige Störungen gefaßt gemacht und, um ihnen nach Möglichkeit vorzubeugen, seine Blicke oft zu dem Teil der Kirche gerichtet, wo Madge und Jeanie saßen. Aber er gewahrte bald, daß der Geisteszustand Jeanies von dem ihrer Begleiterin sehr verschieden war, ob gleich die Angst in ihren Zügen und ihr zerrauftes Haar ihr ein ungewöhnliches Aussehen verliehen und sie sich linkisch betrug. Als er die Gemeinde entließ, bemerkte er, daß sie sich scheu und furchtsam umsah, als sei sie unsicher, was sie nun tun solle, und sich einigen der würdigsten Gemeindemitglieder näherte, wie um sie anzureden, sich aber schüchtern zurückzog, als sie wahrnahm, daß diese sie zu meiden und zu scheuen schienen. Der Geistliche war überzeugt, daß hinter alldem etwas Außergewöhnliches stecken müsse, und als wohlwollender Mann und wahrhaft christlicher Seelsorger beschloß er, der Sache auf den Grund zu gehen.

32. Kapitel

Die Aufsicht hatt in jenem Jahr
ein strenger, derber Kerl, der immer zornig war.

Crabbe

Während Mr. Staunton, denn dies war der Name des würdigen Geistlichen, sein priesterliches Gewand in der Sakristei ablegte, war es zum offenen Bruch zwischen Jeanie und Madge gekommen.

«Wir müssen gleich nach Mummers Scheune zurück», sagte Madge, «wir kommen so schon spät genug, und meine Mutter wird böse sein.»

«Ich gehe nicht wieder mit zurück, Madge», sagte Jeanie, indem sie eine Guinee herausnahm und ihr bot, «ich bin dir vielen Dank schuldig, aber ich muß meinen eigenen Weg gehen.»

«Und da hab ich dir zu Gefallen solch weiten Weg gemacht, du undankbares Balg», antwortete Madge, «und soll mich von meiner Mutter totschlagen lassen, wenn ich heimkomme, und all das deinetwegen! Aber ich werde dich schon…»

«Um Gottes willen», sagte Jeanie zu einem Mann, der neben ihr stand, «haltet sie zurück – sie ist toll!»

«Ja, ja», antwortete der Bauer, «ich weiß schon, und du wirst wohl ebensolch Zeisig sein. – Aber Madge, ich rate dir, rühr sie nicht an, sonst kriegst du eine Tracht Prügel!»

Einige Kirchgänger aus den unteren Schichten sammelten sich nun um die beiden Fremden, und die Buben schrien, es würde gleich eine Keilerei zwischen der tollen Madge Murdockson und einer anderen Verrückten losgehen. Aber während die Menge in der menschenfreundlichen Hoffnung zusammenlief, einen tüchtigen Spaß zu erleben, wurde der betreßte Dreispitz des Kirchendieners im Gedränge sichtbar, und alles machte einem Mann von solch ehrfurchtsgebietendem Aussehen Platz. Er wandte sich zuerst an Madge.

«Bist du schon wieder hier, du verrückter Taugenichts, um unser Dorf zu plagen? Willst du noch mehr Bankerte auf die Türschwellen ehrlicher Leute legen? Oder uns diese alberne Gans aufbürden, die so unklug ist wie du selbst? Als ob die Steuern nicht ohnehin schon hoch genug wären! Fort mit dir zu deiner Diebin von Mutter – sie sitzt endlich sicher im Stockhaus von Barkston! Fort mit dir aus dem Kirchspiel, sonst gibt's was mit der Rute!»

Madge stand einen Augenblick trotzig da, aber der Kirchendiener hatte sie zu oft unsanft Gehorsam gelehrt, als daß sie jetzt den Mut gefunden hätte, sich ihm zu widersetzen.

«Meine Mutter – meine arme alte Mutter im Stockhaus von Barkston! Das ist alles deine Schuld, Jeanie Deans. Aber ich werd's dir schon noch eintränken, so wahr ich Madge Wildfire heiße – ich meine Murdockson, Gott helf mir, ich vergesse schier meinen eigenen Namen in diesem Wirrwarr!»

Damit drehte sie sich auf dem Absatz herum und ging fort, verfolgt von den schadenfrohen Dorfkobolden, von denen einige ihr nachschrien: «Madge, weißt du noch, wie du heißt?», andere sie am Rock zupften und alle sich nach besten Geistes- und Körperkräften bemühten, ihr irgendeinen Schabernack anzutun oder sie sonstwie in Wut zu bringen.

Jeanie empfand ihren Weggang mit großer Erleichterung, obwohl sie wünschte, daß sie sich Madge für den wichtigen

Dienst, den diese ihr erwiesen hatte, auf die eine oder andere Art und Weise hätte erkenntlich zeigen können.

Inzwischen wandte sie sich an den Kirchendiener, um zu erfahren, ob es ein Haus im Dorf gäbe, wo sie für ihr Geld ein anständiges Unterkommen finden könne, und ob es ihr wohl vergönnt sei, den Geistlichen zu sprechen.

«Nun, nun, wir werden schon gebührend für dich sorgen», antwortete der Amtsgewaltige, «und wenn du dem Pfarrherrn nicht gehörig Rede stehst, kannst du dir dein Geld sparen – dann bringen wir dich auf Gemeindekosten unter Dach und Fach.»

«Wo soll ich denn hin?» fragte Jeanie etwas ängstlich.

«Nun, fürs erste zu Seiner Hochwürden, ihm über deine Person Rechenschaft zu geben, damit wir wissen, ob du auch nicht der Gemeinde zur Last fällst.»

«Ich möchte keinem zur Last fallen», erwiderte Jeanie, «ich habe Geld genug für meine Bedürfnisse und wünsche nur, meine Reise in Sicherheit fortzusetzen.»

«Nun, das ist was anderes», erwiderte der Kirchendiener, «wenn's wahr ist. Ganz so verdreht wie deine Spießgesellin siehst du zwar nicht aus – ein bißchen geputzt und gestutzt wärst du sogar ein ganz nettes Mädchen. – Na, komm nur mit – der Pfarrherr ist ein guter Mann.»

«Ist das der Geistliche, der heute gepredigt hat?» fragte Jeanie.

«Der Geistliche? Lieber Himmel! Was für eine Sorte Christenmensch bist du denn eigentlich? – Es ist der Pfarrherr – der Pfarrherr höchstselbst, Mädchen, in der ganzen Grafschaft gibt's keinen wie ihn – und in den vier nächsten auch nicht. – Na, komm nur, komm nur – wir wollen hier nicht anwachsen.»

«Ich werde sehr gern mit Euch zum Geistlichen gehen», sagte Jeanie. «Wenn er auch seine Predigt abliest und ein Chorhemd trägt, wie sie's hier nennen, so muß er doch ein sehr gottesfürchtiger und würdiger Mann sein, denn er hat sehr eindringlich und schön gepredigt.»

Der enttäuschte Haufe, dem die Sache langweilig geworden war, hatte sich mittlerweile zerstreut, und Jeanie folgte mit ihrer gewohnten Ruhe ihrem wichtigtuerischen und barschen, aber im Grunde gutmütigen Führer nach dem Pfarrhaus.

Das Haus des Pfarrherrn war groß und bequem, denn die Pfründe gehörte zu den bedeutendsten des Landes. Das Patronat darüber besaß eine in der Nachbarschaft begüterte Familie, die gewöhnlich einen Sohn oder Neffen dem geistlichen Stand weihte, um ihm bei Gelegenheit diese sehr einträgliche Versorgung übertragen zu können. Die Pfarre von Willingham war deshalb immer als eine Art Apanage des Schlosses Willinghamhall betrachtet worden, und da es den reichen Baronen, denen dieses gehörte, selten an einem Sohn oder Bruder oder Neffen für die Pfründe fehlte, hatte man Sorge getragen, ihren Wohnsitz nicht nur ansehnlich und behaglich, sondern sogar prächtig und prunkvoll herzurichten.

Er lag ungefähr vierhundert Schritte vom Dorf entfernt auf einer sich sanft erhebenden Anhöhe, die in buntem Wechsel mit Koppeln und Wiesen bedeckt war, zwischen denen sich Reihen alter Eichen und Ulmen hinzogen, so daß sich dem Auge überall eine reizvolle Abwechslung bot. Ein hübsches Gittertor gewährte den sich Nähernden Zutritt zu einem Rasenplatz, der zwar nicht groß, aber sehr gepflegt und mit prächtigen Edelkastanien und Buchen bestanden war. Das Haus selbst war ein unregelmäßiger Bau. Ein Teil schien alt zu sein und war in der Tat die Wohnung des Pfründners in katholischen Zeiten gewesen. Spätere Bewohner hatten mehrere Anbauten hinzugefügt, jeder im Geschmack seines eigenen Zeitalters und ohne auf Symmetrie viel Rücksicht zu nehmen. Aber all diese verschiedenartigen Baulichkeiten waren so glücklich aneinandergefügt und miteinander verbunden, daß sich das Auge, weit entfernt, das Gemisch verschiedener Stile mißfällig zu empfinden, eher an der Abwechslung und Mannigfaltigkeit dieser

Ansammlung von Bauten ergötzte. Obstspaliere an der Südwand, Außentreppen, vielerlei Tore und Türen, ein Gewirr von Dächern und Schornsteinen aus den verschiedensten Zeiten – alles zusammen ließ das Gebäude zwar nicht großartig oder schön, aber anziehend und reizvoll oder, um den passenden Ausdruck von Mr. Price zu gebrauchen, «pittoresk» erscheinen. Den ansehnlichsten Anbau hatte der gegenwärtige Pfarrherr hinzugefügt – «denn er ist ein Büchermensch», wie der Kirchendiener mit wichtiger Miene Jeanie bedeutete, vielleicht, um ihr noch mehr Hochachtung vor der Person einzuflößen, vor der sie erscheinen sollte –, er hatte eine hübsche Bücherei, ein Wohnzimmer und nicht weniger als zwei neue Schlafkammern hinzugebaut.

«Manch einer hätte so eine Ausgabe gescheut», fuhr der Amtsdiener fort, «denn die Pfründe fällt mal an den, den Sir Edmund dafür bestimmt; aber Seine Hochwürden hat ein bißchen eigenes Land und braucht nicht jeden Penny zweimal rumzudrehen.»

Jeanie konnte nicht umhin, das unregelmäßige, aber stattliche und wohnliche Gebäude vor ihr mit den Pfarrhäusern in ihrem eigenen Land zu vergleichen, wo eine Schar geiziger Erbherren, die ständig beteuern, daß sie der presbyterianischen Kirche mit Gut und Blut ergeben seien, nur darauf bedacht sind, soviel wie möglich von den Aufwendungen für ein Gebäude abzuzwacken, das selbst dem derzeitigen Pfründner nur ein armseliges Unterkommen bietet und das ihre Nachfahren – obwohl der Naturstein dauerhafter ist als Ziegel- oder Mauerstein – im Laufe von 40 oder 50 Jahren wiederum mit einer Ausgabe belasten muß, die, einmal und großzügig aufgewendet, ihrem Säckel weitere Kosten für mehr als ein Jahrhundert ersparen würde.

Hinter dem Pfarrhaus ging es zu einem kleinen Flüßchen hinab, das zwar nicht die romantische Lebhaftigkeit und Schnelligkeit eines nördlichen Flusses besaß, doch durch sein gelegentliches Auftauchen zwischen den Reihen der

Weiden und Pappeln, die seine Ufer zierten, das Landschaftsbild reizvoll belebte.

«Es ist der beste Forellenbach», sagte der Kirchendiener, den Jeanies Fügsamkeit und besonders ihre Versicherung, daß sie der Gemeinde nicht zur Last fallen werde, gesprächig gemacht hatte, «der beste Forellenbach in ganz Lincolnshire, denn weiter unten kann man nicht mehr mit Fliegen angeln.»

Er ging am Haupteingang vorüber und führte Jeanie zu einem Pförtchen im älteren Gebäudeteil, der hauptsächlich vom Gesinde bewohnt wurde; hier öffnete ihm auf sein Klopfen ein Diener in dunkelpurpurfarbener Livree, so, wie es sich für einen angesehenen und wohlhabenden Geistlichen schickt.

«Tag, Tummas», sagte der Kirchendiener, «wie geht's – und was macht der junge Mr. Staunton?»

«Nun, so lala – so lala, Meister Stubbs. – Wollt Ihr zu Seiner Hochwürden?»

«Ja, ja, Tummas, sagt nur, ich hätte das Mädchen gebracht, das heute mit der tollen Madge Murdockson in der Kirche war. Sie scheint ein ganz ordentliches Mädchen; aber ich habe sie sonst nichts weiter gefragt. Ich kann Seiner Hochwürden nur vermelden, daß sie 'ne Schottin ist, glaub ich, und so langweilig wie die Marschen von Holland.»

Tummas musterte Jeanie Deans mit der unverschämten Miene, wie sie die wohlgenährten Diener der Reichen – gleichviel, ob geistlicher oder weltlicher – den Armen gegenüber als ihr Vorrecht zu betrachten pflegen, und forderte dann Mr. Stubbs und seine Schutzbefohlene auf, einzutreten und zu warten, bis er seinen Herrn von ihrer Anwesenheit in Kenntnis gesetzt habe.

Der Raum, in den er sie wies, war eine Art von Gesindestube, in der ein oder zwei Landkarten hingen, nebst drei oder vier Stichen, die bedeutende Persönlichkeiten aus der Grafschaft darstellten, wie Sir William Monson, James York, den Hufschmied von Lincoln, und den berühmten

Peregrine Lord Willoughby in voller Rüstung, so, als wolle er die Worte der Ballade unter dem Kupferstich sprechen:

Steht fest, ihr wackern Knechte,
die Lanzen vor – und Mut
im grimmigen Gefechte!
Armbruster, zielt mir gut!
Geschütz- und Büchsenleute –
macht euch zur Schlacht bereit!
Zagt nicht! Es führt euch heute
Lord Willoughby zum Streit.

Als sie das Zimmer betreten hatten, setzte ihnen Tummas, als sei dies selbstverständlich, «ein bißchen» zu essen und zu trinken vor, was Mr. Stubbs ebenso selbstverständlich annahm – es waren die ansehnlichen Überreste eines Schinkens und eine große Kanne Doppel- oder Schwarzbier. Der Herr Kirchendiener machte sich eifrig darüber her, nachdem er – denn wir müssen ihm Gerechtigkeit widerfahren lassen – auch seine Gefangene oder Schutzbefohlene mit Tummas' Zustimmung eingeladen hatte, seinem Beispiel zu folgen. Aber obgleich Jeanie den ganzen Tag noch nichts genossen hatte und darum einer Stärkung sehr bedurft hätte, war sie im Augenblick zu bedrückt, auch nach ihrer Gewohnheit zu bescheiden und überdies zu schüchtern, um in Gesellschaft der beiden Fremden zu essen, und lehnte daher die Einladung dankend ab. Sie setzte sich abseits auf einen Stuhl und sah zu, wie Mr. Stubbs und Mr. Tummas – denn dieser hatte sich in Anbetracht, daß es die Hauptmahlzeit erst nach dem Nachmittagsgottesdienst gab, entschlossen, seinem Freund zu helfen – ein herzhaftes Frühstück einnahmen, das eine halbe Stunde lang dauerte und noch sobald nicht beendet worden wäre, wenn nicht Seine Hochwürden geschellt hätten, so daß sich Tummas zu seinem Herrn begeben mußte. Erst jetzt und nicht früher, um sich die Mühe eines zweiten Gangs nach dem anderen Teil des Hauses zu ersparen, meldete er seinem

Herrn die Ankunft des Mr. Stubbs mit der anderen Verrückten, wie er geruhte, Jeanie zu bezeichnen, als ein Ereignis, das soeben stattgefunden habe. Er kehrte mit der Weisung zurück, Mr. Stubbs und das junge Mädchen möchten sofort in das Bücherzimmer kommen.

Der Kirchendiener verschluckte eiligst das Stück saftigen Schinken, an dem er kaute, spülte den fetten Bissen mit dem letzten Tropfen aus dem Bierkrug hinunter und geleitete Jeanie ohne weiteren Verzug durch ein paar winklige Gänge, die aus den älteren Gebäudeteilen zu den neueren führten, in eine hübsche kleine Halle oder einen Vorraum, der an das Bücherzimmer stieß und aus dem eine Glastür auf den Rasenplatz führte.

«Wartet hier», sagte Stubbs, «bis ich Seiner Hochwürden gemeldet habe, daß Ihr da seid.»

Mit diesen Worten öffnete er eine Tür und trat in das Bücherzimmer.

Ohne daß es in ihrer Absicht gelegen hätte, konnte Jeanie unter den gegebenen Umständen nicht umhin, jedes Wort des drinnen geführten Gesprächs zu hören; denn da Stubbs an der Tür stand und Seine Hochwürden sich am entgegengesetzten Ende des Raums befand, mußte ihre Unterredung notwendig im Vorraum vernommen werden.

«Seid Ihr endlich mit dem Mädchen gekommen, Stubbs? Ich habe Euch schon lange erwartet. Ihr wißt, ich kann es nicht leiden, daß man solche Leute einen Augenblick in Gewahrsam hält, ohne sie zu vernehmen.»

«Jawohl, Euer Hochwürden», erwiderte der Kirchendiener, «aber das junge Mädchen hatte heute noch nichts gegessen, und so hat Meister Tummas ihr erst ein bißchen zu essen und zu trinken gegeben.»

«Das war recht von Thomas, Stubbs. Und was ist aus dem anderen unglücklichen Wesen geworden?»

«Nun», erwiderte Mr. Stubbs, «ich dachte ihr Anblick würde Euer Hochwürden nur ärgern, und so ließ ich sie zu ihrer Mutter gehen, die im nächsten Kirchdorf sitzt.»

«Sitzt! Im Gefängnis, meint Ihr?» fragte Mr. Staunton.

«Ja, freilich, wenn's Euer Hochwürden beliebt.»

«Elendes, unglückliches, unverbesserliches Weib!» sagte der Geistliche. «Und was für eine Person ist diese ihre Begleiterin?»

«Nun, soweit ganz anständig, wenn's Euer Hochwürden beliebt», sagte Stubbs, «soviel ich feststellen konnte, ist sie harmlos, und sie sagt, sie habe genug Geld bei sich, um aus der Grafschaft fortzukommen.»

«Geld? Ihr denkt immer nur daran, Stubbs! – Aber ist sie bei Verstand? Hat sie ihre Sinne beisammen? Ist sie imstande, selbst für sich zu sorgen?»

«Nun, Euer Hochwürden», erwiderte Stubbs, «so genau kann ich das nicht sagen. Aus Schlauheim ist sie nicht*, das will ich beschwören – denn Gevatter Gibbs hat sie während des Gottesdienstes beobachtet und sagt, daß sie auch nicht eine einzige christliche Lesung mitzusprechen wußte, obwohl doch Madge Murdockson da war und ihr helfen konnte. Aber was das anlangt, ob sie für sich sorgen kann – sie ist so was wie 'ne Schottin, Euer Hochwürden, und es heißt ja, der schlimmste Taugenichts von denen hat Grips genug, um sich weiterzuhelfen –, und angezogen ist sie ja soweit ganz ordentlich und nicht so voll Firlefanz wie die andere.»

«Gut, schickt sie herein und wartet draußen, Stubbs.»

Dieses Gespräch hatte Jeanies Aufmerksamkeit so sehr gefesselt, daß sie erst jetzt, da es zu Ende war, bemerkte, wie die Schiebetür, die, wie erwähnt, aus dem Vorraum in den Garten führte, geöffnet wurde und ein junger Mann von bleichem und krankem Aussehen eintrat oder vielmehr von zwei Dienern hereingetragen und auf ein nahes Ruhebett gelegt wurde, als solle er sich von einer ungewöhnlichen Anstrengung erholen. Gerade in diesem Augenblick kam

* Eine scherzhafte sprichwörtliche Redensart in jener Grafschaft, um anzudeuten, daß jemand nicht sehr klug ist.

Stubbs aus der Bibliothek und forderte Jeanie auf einzutreten. Sie gehorchte, nicht ohne Herzklopfen, denn außer der Neuheit der Situation für ein in solcher Abgeschlossenheit aufgewachsenes Mädchen fühlte sie auch, daß die weitere Fortsetzung ihrer Reise von dem Eindruck abhing, den sie auf Mr. Staunton machen würde.

Gewiß, sollte man meinen, konnte es einer Person, die in ihren eigenen Angelegenheiten und auf eigene Kosten reiste, unter keinerlei Vorwand verwehrt werden, ihres Weges zu ziehen. Aber die gewaltsame Gefangennahme, die sie erlebt hatte, zeigte zur Genüge, daß es Personen in der Umgegend gab, die willens und verwegen genug waren, sie nötigenfalls mit Gewalt an der Weiterreise zu hindern; sie fühlte, daß sie des Schutzes und einigen Beistandes bedürfe, wenigstens bis sie aus ihrem Bereich sein würde. Während ihr diese Dinge durch den Kopf gingen (sehr viel schneller, als unsere Feder und Tinte es niederschreiben oder selbst das Auge des Lesers diese Zeilen entziffern kann), sah sich Jeanie in einer hübschen Bibliothek dem Pfarrherrn von Willingham gegenüber. Die wohlgefüllten Schränke und Regale rings in dem großen, prächtigen Gemach enthielten mehr Bücher, als Jeanie deren in der Welt vorhanden geglaubt hatte; sie war gewohnt, schon den auf zwei je drei Fuß langen Tannenbrettern untergebrachten Bücherschatz ihres Vaters – «den Kern und das Mark», wie er sich zuweilen rühmte, «der neueren Gottesgelehrsamkeit» – als eine stattliche Sammlung zu betrachten. Erd- und Himmelskugeln, eine Sternenuhr, ein Fernrohr und einige andere wissenschaftliche Geräte erregten in Jeanie ein Gefühl sowohl der Bewunderung wie des Erstaunens, doch zugleich des Grauens, denn in ihrer Unkenntnis erschienen sie ihr eher als Werkzeuge der Zauberei. Einige ausgestopfte Tiere (denn der Pfarrherr gab sich auch mit Naturkunde ab) vervollständigten den überwältigenden Eindruck, den der Raum auf sie machte.

Mr. Staunton redete sie mit großer Milde an. Er sagte,

obwohl ihr Auftreten in der Kirche und noch dazu in einer so seltsamen und, wie er hinzufügen müsse, verrufenen Gesellschaft ungewöhnlich und im ganzen offenbar darauf angelegt gewesen sei, die Gemeinde wührend des Gottesdienstes zu stören, so wünsche er nichtsdestoweniger ihre eigene Rechtfertigung zu hören, ehe er irgendwelche Schritte unternähme, die seine Pflicht von ihm erfordere. Er sei nämlich, erklärte er ihr, nicht nur Geistlicher, sondern auch Friedensrichter.

«Euer Gnaden –» denn sie wollte nicht Hochwürden sagen – «sind sehr gütig», war alles, was die arme Jeanie zuerst herausbringen konnte.

«Wer seid Ihr, Mädchen?» fragte der Geistliche in entschiedenem Ton. «Was tut Ihr in dieser Gegend und in solcher Gesellschaft? Wir dulden hier weder Bettler noch Landstreicher.»

«Ich bin keine Bettlerin oder Landstreicherin, Sir», erwiderte Jeanie, einigermaßen gekränkt durch solchen Verdacht. «Ich bin ein anständiges schottisches Mädchen und reise in meiner eigenen Angelegenheit und auf meine Kosten – ich hatte das Unglück, in schlechte Gesellschaft zu geraten, und wurde die ganze Nacht über in meiner Reise aufgehalten. Und dieses arme Geschöpf, das nicht recht bei Verstand ist, brachte mich am Morgen fort.»

«Schlechte Gesellschaft?» sagte der Geistliche. «Ich fürchte, Mädchen, Ihr wart nicht allzu ängstlich bemüht, sie zu vermeiden.»

«O nein, Sir», versetzte Jeanie, «ich bin dazu erzogen worden, schlechte Gesellschaft zu fliehen. Aber diese bösen Menschen waren Diebe und hielten mich mit Gewalt und Zwang zurück.»

«Diebe!» sagte Mr. Staunton. «Dann beschuldigt Ihr sie also des Raubes?»

«Nein, Sir; sie haben mir keinen roten Heller entwendet», antwortete Jeanie. «Auch taten sie mir nichts zuleide, sie sperrten mich bloß ein.»

Der Geistliche fragte nach den Einzelheiten ihres Abenteuers, die sie Punkt für Punkt erzählte.

«Das ist eine sonderbare und nicht sehr wahrscheinliche Geschichte, Mädchen», nahm Mr. Staunton wieder das Wort. «Nach Eurem Bericht wurde hier eine Gewalttat verübt ohne ein zureichendes Motiv. Ist Euch das Gesetz dieses Landes bekannt – daß Ihr, wenn Ihr eine solche Anschuldigung erhebt, sie auch vertreten müßt?»

Jeanie verstand ihn nicht, und er erklärte ihr, das englische Gesetz habe die Güte, den Personen, die bestohlen oder beraubt worden seien, zu der erlittenen Unbill als weiteres Ungemach auch noch die Verpflichtung aufzuerlegen, die Klage auf ihre eigenen Kosten durchzuführen.

Jeanie sagte, ihr Geschäft in London sei dringend; alles, was sie wünsche, sei daher, daß irgendein Ehrenmann aus christlicher Barmherzigkeit sie zur nächsten Stadt geleite, wo sie Pferde und einen Knecht mieten könne. Auch, meinte sie schließlich, sei es nicht in ihres Vaters Sinne, wenn sie vor einem englischen Gerichtshof irgendein Zeugnis ablegen würde, da dem Land nicht die wahre Offenbarung zuteil geworden sei. Mr. Staunton sah sie erstaunt an und fragte sie, ob ihr Vater ein Quäker wäre.

«Gott behüte uns, Sir», sagte Jeanie. «Er ist weder ein Sektierer noch Schismatiker, noch hat er jemals etwas mit solch abscheulichen Irrlehren zu schaffen gehabt – und ist dafür bekannt.»

«Und wie ist sein Name, bitte?» fragte Mr. Staunton.

«David Deans, Sir, der Meier von St. Leonard's Crags bei Edinburgh.»

Ein tiefes Stöhnen im Vorraum verhinderte den Pfarrer, etwas darauf zu erwidern, und mit dem Ausruf «Großer Gott, der arme Junge!» ließ er Jeanie allein und eilte in das Nebenzimmer.

Einiges Geräusch und Gewirr war zu hören – aber es währte fast eine Stunde, bis wieder jemand in das Bücherzimmer kam.

33. Kapitel

Phantastischer Leidenschaften Schwall
und Scham und Schande überall!
Verborgne Taten, kaum verhehlt –
ich weiß es nicht, ob, was mich quält,
ich wirklich tat, ich wirklich litt,
ich selber oder andre mit;
denn alles ward zur Folterpein
im Leben mir, der Seele mein.

Coleridge

In der Zwischenzeit, wo Jeanie sich selbst überlassen war, überlegte sie ängstlich, wie sie sich am besten verhalten solle. So ungeduldig sie war, ihre Reise fortzusetzen, so fürchtete sie doch, sie könne es nicht mit Sicherheit wagen, solange die alte Hexe und ihre Helfershelfer die Gegend unsicher machten, ohne von neuem in ihre Gewalt zu geraten. Aus dem Gespräch, das sie damals mit angehört hatte, sowie aus den wirren Bekenntnissen Madge Wildfires hatte sie entnehmen können, daß ihre Mutter in ihrer erbitterten Rachsucht alles daransetzen würde, ihre Weiterreise zu verhindern. Und von wem sonst konnte sie Beistand erwarten, wenn nicht von Mr. Staunton? Sein Aussehen und sein Verhalten bestärkten sie in ihrer Hoffnung. Seine Gesichtszüge waren edel, obwohl von tiefem Gram durchfurcht, seine Stimme und Redeweise gütig und ermutigend, und da er in seiner Jugend einige Zeit lang Soldat gewesen war, hatte seine Miene etwas von jener freimütigen Offenheit behalten, wie sie diesem Stand eigen ist. Außerdem war er ein Diener des Herrn, und obgleich er nach Jeanies Begriffen im Tal der Finsternis wandelte und nicht viel besser war als ein Heide, weil er seine Predigt ablas, ein Chorhemd trug und ein gewisses Ritual befolgte, auch als Prediger es weder an Feuer noch Stimmstärke mit Boanerges Stormheaven aufnehmen konnte, so meinte Jeanie doch, er unterscheide sich sehr vom Hilfspfarrer Kiltstoup und anderen prälatistischen Geistlichen aus der Jugendzeit ihres Vaters, die sich in vollem Ornat betranken und die Dragoner gegen die umherirrenden Cameronianer hetzten. Es schien im Haus irgend etwas vorgefallen zu sein; aber da sie nicht annehmen konnte, daß man sie ganz und gar vergessen habe, hielt sie es für besser, ruhig in dem Zimmer zu bleiben, wo sie war, bis sich jemand um sie kümmern würde.

Die erste Person, die eintrat, gehörte zu ihrer nicht geringen Freude ihrem eigenen Geschlecht an. Es war eine ältere, mütterlich aussehende Haushälterin. Jeanie unterrichtete sie in wenigen Worten von ihrer Lage und bat sie um Beistand.

Das Gefühl ihrer Würde gestattete der Haushälterin keine allzu große Vertraulichkeit mit einer Person, die in ihren Augen in zweideutigem Licht erschien, da sie zum Verhör hier war; doch sie war höflich, obgleich zurückhaltend.

Der junge Herr – sagte sie – habe einen bösen Unfall erlitten, er sei mit dem Pferd gestürzt und leide häufig an Ohnmachten; eben jetzt habe er wieder einen Anfall gehabt, und es sei Seiner Hochwürden im Augenblick nicht möglich, Jeanie zu sprechen, doch würde er, sobald er nur einen Augenblick Muße für ihre Angelegenheit fände, gewiß alles für sie tun, was recht und billig sei. – Sie schloß mit dem Anerbieten, Jeanie in ein Zimmer zu führen, wo sie verweilen könne, bis Seine Hochwürden Zeit hätte.

Unsere Heldin nahm die Gelegenheit wahr und bat, sich umziehen und herrichten zu dürfen.

Die Haushälterin, die Ordnung und Reinlichkeit zu den höchsten menschlichen Tugenden zählte, willigte gern in eine so verständige Bitte; und nachdem Jeanie ein neues Kleid angezogen hatte, das sie ihrem Reisebündel entnahm, war ihr Aussehen so vorteilhaft verändert, daß die alte Dame in der schmucken, sauberen, gelassen dreinschauenden kleinen Schottin, die jetzt vor ihr stand, kaum die verwilderte Reisende von vorhin wiedererkannte, deren unordentliche Kleidung die Gewalttätigkeit zeigte, der sie ausgesetzt gewesen war. Ermutigt durch solch eine günstige Änderung ihrer äußeren Erscheinung wagte Mrs. Dalton es jetzt sogar, Jeanie einzuladen, an ihrem Mittagessen teilzunehmen, und war gleichermaßen erfreut darüber, wie anständig und sittsam sie sich während der Mahlzeit betrug.

«Du kannst doch in diesem Buch lesen, mein Kind?» fragte die alte Dame, als sie ihr Mahl beendet hatten, und legte ihre Hand auf eine große Bibel.

«Ich hoffe es, Madam», sagte Jeanie, einigermaßen verwundert über eine solche Frage, «mein Vater hätte sich lieber die größten Entbehrungen auferlegt, als es mir an *dem* Unterricht fehlen zu lassen.»

«Das ist brav von deinem Vater, mein Kind. Es gibt Menschen hier, die in den Augen der Welt etwas gelten wollen, aber auf ihre Portion Leicesterpudding – das sind Serviettenklöße – auch dann nicht verzichten würden, wenn drei Stunden Fasten all ihre armen Kinder die Bibel von Anfang bis zu Ende lesen lehren könnten. Darum nimm das Buch, denn meine Augen sind schon etwas zu schwach, und lies, was du willst – es ist das einzige Buch, wo du auf nichts Unrechtes stoßen kannst.»

Jeanie fühlte sich zuerst versucht, das Gleichnis vom barmherzigen Samariter zu lesen, aber ihr Gewissen warf ihr vor, sie wolle die Heilige Schrift nicht zu ihrer Erbauung, sondern als Mittel benützen, das Gemüt anderer zu ihrem Beistand in irdischer Bedrängnis zu gewinnen. Aus diesen Gewissensbedenken wählte sie lieber einen Abschnitt aus dem Propheten Jesaia und las ihn trotz ihrer nördlichen Aussprache und Mundart mit einem so innigen Ernst, daß Mrs. Dalton sehr davon erbaut war.

«Ach», sagte sie, «wenn doch alle Schottinnen so wären wie du! Aber das Geschick scheint es zu wollen, daß aus deinem Land immer nur eingefleischte Teufel zu uns kommen – einer immer schlimmer als der andere. Wenn du irgendein nettes Mädchen – so eins wie du selbst bist – wüßtest, das eine Stelle suchte und ein gutes Zeugnis vorweisen könnte und nicht auf alle Jahrmärkte und Kirchweihen liefe und den ganzen Tag Schuhe und Strümpfe trüge – es wäre nicht ausgeschlossen, daß sie hier unterkommen könnte. Hast du keine Base oder Schwester, Mädchen, der solch eine Stelle passen würde?»

Damit berührte sie einen wunden Punkt; aber Jeanie wurde der Mühe einer Antwort durch den Eintritt desselben Dieners enthoben, den sie schon vorher gesehen hatte.

«Der Herr wünscht das junge Mädchen aus Schottland zu sprechen», sagte Tummas.

«Geh zu Seiner Hochwürden, mein Kind, schnell, schnell – und erzähl ihm deine ganze Geschichte», sagte Mrs. Dalton. «Hochwürden sind ein guter Mensch. Ich will die Seite einknicken, und wenn du wiederkommst, sollst du eine Tasse Tee und ein Stück Kuchen haben – so was kennt ihr in Schottland nicht, Mädchen.»

«Der Herr wartet», sagte Tummas ungeduldig.

«Ja doch, Hans Großmaul, was habt Ihr wieder dreinzureden. Und wie oft muß ich Euch noch sagen, daß Ihr Mr. Staunton Hochwürden und nicht einfach Herr nennen sollt? – Herr – Herr! – Er ist ein hoher Geistlicher, dem der Titel Hochwürden zukommt, und nicht bloß irgendein kleiner Herr!»

Der Diener schwieg, da Jeanie schon an der Tür und bereit war, Tummas zu begleiten. Erst auf dem Gang murmelte er vor sich hin: «Es gibt mehr Herren hier im Haus als den einen – und wenn's nach der Alten ginge, hätten wir obendrein auch noch eine Herrin.»

Tummas führte Jeanie durch ein noch größeres Gewirr von Gängen, als Jeanie vorhin durchschritten hatte, in ein

Gemach, dessen Fenster fast ganz verdunkelt waren und in dem ein Bett mit halb zugezogenen Vorhängen stand.

«Hier ist das Mädchen, Sir», sagte Tummas.

«Gut», erwiderte eine Stimme vom Bett her, die nicht die des Geistlichen war, «geh jetzt und halte dich bereit, wenn ich schelle.»

«Das muß ein Irrtum sein», sagte Jeanie, verwundert, sich in einem Krankenzimmer zu finden, «der Diener sagte mir, der Herr Pfarrer...»

«Beunruhigt Euch nicht», sagte der Kranke, «es ist kein Irrtum. Ich weiß mehr von Euren Angelegenheiten als mein Vater und kann Euch besser beraten. – Geh, Tom.» Der Bediente gehorchte. «Und nun laßt uns eilen», sagte der Kranke, «wir haben keine Zeit zu verlieren. Öffnet den Fensterladen dort.»

Sie gehorchte, und als er den Vorhang des Bettes zurückschlug, fiel das Licht auf das bleiche, mit Binden umwickelte Gesicht des Kranken, der, in ein Nachtgewand gekleidet, erschöpft im Bett lag.

«Seht mich an, Jeanie Deans», sagte er. «Könnt Ihr Euch meiner noch erinnern?»

«Nein, Sir», sagte sie, aufs höchste verwundert. «Ich bin niemals zuvor in diesem Land gewesen.»

«Aber vielleicht war ich in Eurem. Denkt nach – besinnt Euch. Mir fehlt der Mut, den Namen zu nennen, den Ihr am meisten verabscheuen müßt. Denkt nach – besinnt Euch!»

Eine furchtbare Ahnung stieg in Jeanie auf, und die Stimme des Sprechenden und seine nächsten Worte bestätigten ihren Verdacht.

«Faßt Euch! Erinnert Euch der Mondnacht bei Muschats Grabmal.»

Jeanie sank auf einen Stuhl nieder; die Hände ineinandergekrampft, rang sie nach Atem.

«Ja, hier liege ich», sagte er, «wie eine zertretene Schlange und winde mich vor Ungeduld, daß ich mich nicht zu rühren vermag. Hier liege ich – und sollte in Edinburgh sein, um alles daranzusetzen, ein Leben zu retten, das mir teurer ist als mein eigenes. – Wie geht es Eurer Schwester, wie steht es mit ihr? Man hat sie inzwischen zum Tode verurteilt, ich weiß es! – Oh, warum mußte mein Pferd, das mich sicher zu tausend törichten Abenteuern und schlechten Streichen trug, bei dem einzigen löblichen Vorhaben meines Lebens stürzen! – Aber ich darf mich nicht aufregen – es schadet mir –, und ich habe viel zu sagen. – Gebt mir etwas von den Herztropfen, die dort auf dem Tisch stehen. – Warum zittert Ihr? Aber Ihr habt allen Grund. Laßt nur, es geht auch so.»

Aber Jeanie hatte bereits den Trank in ein Glas gegossen und näherte sich, wenn auch widerstrebend, dem Kranken. Dabei konnte sie nicht unterlassen zu sagen: «Es gibt auch für Geist und Gemüt eine Stärkung, Sir, wenn man seine Verfehlungen bereut und bei dem Arzt der Seelen Zuflucht sucht.»

«Schweigt!» sagte er finster. «Und doch danke ich Euch. – Aber sagt mir – und ohne Aufschub –, was Ihr in diesem Land wollt. Denkt immer daran: Obwohl ich Eurer Schwester schlimmster Feind gewesen bin, will ich ihr mit Aufopferung meines Lebens helfen, und auch Euch um ihretwillen; und keiner kann es besser, denn keiner kennt die Umstände so genau. Sprecht also ohne Furcht.»

«Ich fürchte mich nicht, Sir», sagte Jeanie ruhig. «Ich vertraue auf Gott und wünsche nichts sehnlicher, als daß es Ihm gefallen möge, meine Schwester aus der Gefangenschaft zu befreien, welches Werkzeug er auch dazu auserwählen mag. Aber, Sir, damit Ihr's wißt, ich darf Eurem Rat nicht folgen, wenn er nicht mit dem Gebot übereinstimmt, dem ich gehorchen muß.»

«Der Teufel hole Euch Puritaner!» rief George Staunton, denn so müssen wir ihn jetzt nennen. «Verzeiht, aber ich bin von Natur aufbrausend, und Ihr macht mich rasend! Was ist denn Schlimmes dabei, wenn Ihr mir erzählt, in welcher Lage sich Eure Schwester befindet und welche Hoffnungen

Ihr hegt, ihr zu helfen? Ihr könnt meinen Rat noch immer zurückweisen, wenn Ihr glaubt, ich rate Euch etwas Unrechtes. Ich spreche jetzt ruhig mit Euch, obwohl es gegen meine Natur ist, aber regt mich nicht wieder auf – es würde mich nur unfähig machen, etwas für Effie zu tun!»

Es lag etwas von unterdrückter Heftigkeit in den Blicken und Worten des unglücklichen jungen Mannes – etwas von dem gegen sich selbst wütenden Ungestüm eines feurigen Pferdes, das ungeduldig ins Gebiß knirscht. Es schien Jeanie nach kurzer Überlegung, daß sie ihm um ihrer Schwester oder ihrer selbst willen einen Bericht über die verhängnisvollen Folgen seines Verbrechens nicht vorenthalten dürfe; auch, daß sie kein Recht habe, seinen Rat zurückzuweisen, wenn er nicht gegen das Gesetz oder die Schicklichkeit verstieße und ihr einen Weg der Rettung weisen könnte. Demzufolge erzählte sie in so wenigen Worten wie möglich die Geschichte von dem Prozeß und der Verurteilung ihrer Schwester und berichtete ebenso kurz über den Verlauf ihrer Reise bis Newark. Er hörte ihr mit größter Erregung zu, unterdrückte jedoch jede gewaltsame Äußerung eines Gefühls, sei es durch Gebärden oder Worte, welche die Sprecherin hätten unterbrechen können – auf sein Bett gestreckt wie der mexikanische Herrscher auf sein Lager von glühenden Kohlen, verhielt er sich schweigend, und nur das Beben seiner Wangen und das Zittern seiner Glieder verrieten, was er litt. Vielem, was Jeanie sagte, lauschte er mit unterdrückten Seufzern, als ob der Bericht ihm nur bestätigte, was ihm als schreckliche Wirklichkeit schon vorher bekannt war; als Jeanie jedoch auf die Ereignisse zu sprechen kam, die ihre Reise unterbrochen hatten, schienen äußerstes Erstaunen und gespannteste Aufmerksamkeit an die Stelle der bisher gezeigten Reue zu treten. Er erkundigte sich genau nach dem Aussehen der beiden Männer und ließ sich das Gespräch wiederholen, das der größere der Räuber mit dem alten Weib geführt und das Jeanie belauscht hatte.

Auch die Andeutung der Alten, daß sie seine Amme gewesen sei, erwähnte Jeanie.

«Es ist nur allzu wahr», seufzte er, «und die Quelle, aus der ich als Kind Nahrung sog, muß mich vergiftet und mir den verhängnisvollen, unseligen Hang zum Verbrechen eingeflößt haben, der meiner eigenen Familie fremd war. – Aber sprecht weiter.»

Jeanie ging flüchtig über ihre Wanderung in Begleitung Madges hinweg, da sie keine Neigung hatte zu wiederholen, was vielleicht bloß die Ausgeburt des Wahnwitzes ihrer Gefährtin gewesen sein mochte; und daher war ihre Erzählung nun zu Ende.

Der junge Staunton verharrte einen Augenblick lang in tiefem Nachdenken – endlich sprach er mit mehr Fassung, als er während ihrer gesamten bisherigen Unterredung gezeigt hatte.

«Ihr seid ein ebenso gutes wie verständiges Mädchen, Jeanie Deans, und ich will Euch mehr aus meiner Geschichte erzählen, als ich bisher einem Menschen erzählt habe. – Geschichte, sagte ich? – Es ist ein Gewebe von Torheit, Schuld und Elend. – Aber ich möchte – merkt wohl auf! –, daß Ihr mir vertraut, das heißt, daß Ihr in dieser unglücklichen Sache nach meinem Rat und meiner Weisung handeln werdet. Deshalb spreche ich.»

«Ich will alles tun, was sich für eine Schwester und Tochter und Christin ziemt», sagte Jeanie, «aber behaltet Eure Geheimnisse für Euch. – Ich möchte nicht in Eure Pläne mit hineingezogen werden und darf auf keine Lehre hören, die zum Irrtum führt.»

«Einfältige Närrin!» sagte der junge Mann. «Seht mich an. Ich habe keine Hörner, mein Fuß ist kein Pferdefuß, meine Hände sind nicht mit Krallen versehen. Ich bin nicht der leibhaftige Teufel, was also kann mir daran liegen, die Hoffnungen zu zerstören, womit Ihr Euch tröstet oder betört? Hört mich geduldig an, und Ihr werdet finden, daß Ihr mit meinem Rat im Ranzen, wenn Ihr Lust habt, noch immer in den siebenten Himmel marschieren könnt und Euch dabei um keine Unze beschwert fühlen werdet.»

Auf die Gefahr hin, langweilig zu werden, wie es solche Ausführungen gewöhnlich sind, können wir doch nicht umhin, näher auf die Erklärungen des Kranken einzugehen, wiewohl er sie allzu umständlich und leidenschaftlich erregt vortrug, als daß wir sie mit seinen eigenen Worten wiedergeben könnten. Einiges davon las er aus einem Heft vor, das vielleicht zur Aufklärung für seine Angehörigen nach seinem Hinscheiden bestimmt war.

«Um meine Erzählung kurz zu machen: Diese elende Hexe, diese Margaret Murdockson, war die Frau eines Lieblingsdieners meines Vaters. Sie ist meine Amme gewesen, ihr Mann war tot, sie wohnte in einem Häuschen nicht weit von hier, sie hatte eine heranwachsende Tochter, damals ein schönes, aber ziemlich närrisches Ding. Ihre Mutter wollte sie mit einem alten, reichen Bauernkerl in der Nachbarschaft verheiraten. Das Mädchen sah mich oft, wir waren Nachbarskinder, wurden miteinander vertraut und kurzum – ich handelte schändlich an ihr. Nicht so schändlich wie an Eurer Schwester, aber doch schändlich genug – ihre Torheit hätte ihr Schutz sein sollen. Bald danach wurde ich ins Ausland geschickt. Um meinem Vater Gerechtigkeit widerfahren zu lassen: wenn ich zu einem Teufel geworden bin, ist es nicht seine Schuld, er tat sein Bestes, mich zu einem ordentlichen Menschen zu machen. – Als ich zurückkam, waren die abscheuliche Mutter und ihre Tochter in Schande geraten und aus dem Land gejagt. – Mein Anteil an ihrer Schmach und ihrem Elend wurde entdeckt, mein Vater gebrauchte sehr harte Worte – wir gerieten in Streit. Ich verließ sein Haus und führte ein wildes Abenteurerleben, entschlossen, meinen Vater und meines Vaters Haus niemals wiederzusehen.

Und nun kommt die Hauptsache! – Jeanie, ich lege mein Leben in Eure Hand – und nicht nur mein Leben, das, weiß Gott, nicht wert ist, erhalten zu werden, sondern auch das

Glück eines alten, ehrwürdigen Mannes und die Ehre einer angesehenen Familie. Mein Hang zu niederer Gesellschaft, wie solche Neigungen, zu denen ich verdammt war, gewöhnlich genannt werden, war, glaube ich, von nicht gemeiner Art und verriet eine Anlage, die, wäre sie nicht durch Ausschweifungen frühzeitig verdorben worden, zu besseren Dingen getaugt hätte. Es waren weniger die wilden Gelage, derben Späße und die völlige Ungebundenheit meiner Gefährten, was mich entzückte, als vielmehr das Abenteuer selbst, die Gefahren eines solchen Lebens und die Geistesgegenwart und der Mut, den jene Leute bewiesen, wenn sie ihre Schmugglerfahrten oder ähnliche Wagnisse unternahmen. – Habt Ihr Euch auf der Pfarre umgesehen? – Ist sie nicht ein angenehmer, lieblicher Aufenthaltsort?»

Jeanie, einigermaßen verwundert über diese plötzliche Abschweifung, bejahte es.

«Nun, ich wollte, sie läge zehntausend Klafter unter der Erde mitsamt ihren Ländereien, Zehnten und was sonst noch dazugehört! Wäre nicht diese verdammte Pfarre gewesen, so hätte ich meinen eigenen Neigungen folgen und Soldat werden dürfen – und mit dem halben Aufwand an Geschicklichkeit und Mut, den ich unter Schmugglern und Wilddieben bewiesen habe, hätte ich mir einen ehrenvollen Rang unter meinen Zeitgenossen erringen können. – Warum ging ich nicht ins Ausland, als ich dies Haus verließ! Warum verließ ich es überhaupt! Warum? – Aber es ist mit mir so weit gekommen, daß es Wahnsinn ist, in die Vergangenheit zurückzublicken, und trostlos, in die Zukunft zu schauen.»

Er hielt einen Augenblick inne und fuhr dann gefaßter fort:

«Das Geschick führte mich auf meinen Wanderfahrten unglücklicherweise auch nach Schottland und verwickelte mich hier in Handlungen, die schlimmer und verbrecherischer waren als alle, die ich bisher begangen hatte. Damals lernte ich Wilson kennen, einen in seiner Art ungewöhnlichen Mann, gesetzt, kaltblütig, verwegen und ungewöhnlich stark, dazu mit einer gewissen rauhen Beredsamkeit begabt, die ihn über seine Gefährten erhob. Bisher war ich einfach ein Taugenichts gewesen,

> ‹ausschweifend und verwegen, doch nicht ohne
> den Hoffnungsfunken einer besseren Natur.›

Aber es war das Unglück dieses Mannes ebenso wie meins, daß er trotz des Unterschiedes unseres Standes und unserer Erziehung einen außerordentlichen Einfluß auf mich gewann und mich völlig in seinen Bann schlug; ich vermag mir dies nur so zu erklären, daß die ruhige Festigkeit seines Charakters der haltlosen Heftigkeit des meinigen überlegen war. Wo er anführte, folgte ich blindlings, und unerhört waren seine Gewandtheit und sein Mut bei all seinen Unternehmungen. Während ich in tollkühne Abenteuer verwickelt war, unter der Anleitung eines so seltsamen und gefährlichen Lehrmeisters, wurde ich mit Eurer unglücklichen Schwester bekannt; ich traf sie auf einer jener Lustbarkeiten der jungen Leute in den Vorstädten Edinburghs, die sie häufig heimlich besuchte – und ihre Verführung war ein Zwischenspiel zwischen den tragischen Szenen, in denen ich jetzt keine kleine Rolle mehr spielte. Aber laßt mich dies sagen: es war nicht meine Absicht, ein Schurke an ihr zu werden; ich war vielmehr fest entschlossen, ihre Ehre durch eine Heirat wiederherzustellen, sobald ich imstande sein würde, dieses wilde Leben aufzugeben und mich einem meiner Geburt angemesseneren zuzuwenden. Ich hatte phantastische Gedanken – Gedanken, in denen ich mir ausmalte, wie ich sie zum Schein in eine armselige Behausung führen wollte, um sie dann plötzlich mit Rang und Reichtum zu überraschen, wovon sie sich niemals hatte träumen lassen. Einer meiner Freunde versuchte auf meine Bitte hin, eine Aussöhnung zwischen mir und meinem Vater zustande zu bringen. Diese Verhandlungen zogen sich in die Länge, wurden mehrmals abgebrochen und wieder erneuert. Endlich, gerade als ich meines Vaters Verzeihung erwartete, erfuhr er auf die eine oder andere Weise von meiner Schande, die ihm in den grellsten Farben dargestellt wurde, was, weiß Gott, unnötig war. Er schrieb mir einen Brief – wie er mich erreichte, weiß ich nicht –, legte ihm eine Summe Geldes bei und verstieß mich für immer. Das trieb mich zur Verzweiflung, zum Wahnsinn, ich stürzte mich mit Wilson in ein gefährliches Schmugglerabenteuer, das uns fehlschlug, und ließ mich gern von ihm bereden, den Raubüberfall auf den Zolleinnehmer in Fife als eine gerechte und ehrenhafte Vergeltungsmaßnahme zu betrachten. Bisher hatte ich eine gewisse Grenze meines verbrecherischen Treibens nicht überschritten und mich nicht an privatem Eigentum vergriffen, aber nun empfand ich ein wildes Vergnügen daran, mich so tief wie möglich in Schande zu stürzen.

Die Beute selbst reizte mich nicht. Ich überließ sie meinen Kameraden und suchte nur die Gefahr. Ich erinnere mich sehr gut, daß ich, als ich mit gezogenem Degen die Tür bewachte, während sie den Raub begingen, nicht im geringsten auf meine eigene Sicherheit bedacht war. Ich dachte bloß an das mir von meiner Familie zugefügte vermeintliche Unrecht, meinen ohnmächtigen Durst nach Rache und wie in den hochmütigen Ohren der Familie von Willingham die Kunde klingen würde, daß einer ihrer Abkömmlinge und der Erbe ihrer Würden durch Henkershand umgekommen sei, weil er einen schottischen Zöllner um eine Summe Geldes beraubt habe, die nicht den fünften Teil dessen betrug, das ich in meiner Brieftasche hatte. Wir wurden ergriffen – ich erwartete es nicht anders. Wir wurden verurteilt – auch das hatte ich vorausgesehen. Aber der Tod, wenn er näher kommt, ist schrecklich; und der Gedanke an die Notlage Eurer Schwester bestimmte mich zu einem Versuch, mein Leben zu retten. – Ich vergaß, Euch zu sagen, daß ich in Edinburgh die alte Murdockson und ihre Tochter wiedertraf. Sie war in ihrer Jugend Marketenderin gewesen und hatte nun, während sie zum Schein einen kleinen Handel betrieb, ein verbrecherisches Gewerbe wieder aufgenommen, mit dem sie schon zu vertraut geworden war. Unser erstes Zusammentreffen verlief stürmisch; aber ich war freigebig mit dem Geld, das ich hatte, und sie vergaß das ihrer Tochter zugefügte Unrecht – oder schien es zu vergessen. Das unglückliche Mädchen selbst erinnerte sich kaum ihres Verführers und noch weniger des erlittenen Unrechts. Ihr Geist ist völlig gestört, was, nach ihrer Mutter Bericht, zuweilen die Folge einer unglücklichen Niederkunft ist. Aber es war *mein Werk*. Hier wurde ein anderer Stein um meinen Hals geknüpft, der mich in den Pfuhl der Verdammnis zog. Jeder Blick, jedes Wort dieses armen Geschöpfes, ihre irre Heiterkeit, ihre lückenhaften Erinnerungen, ihre Anspielungen auf Dinge, die sie selbst vergessen hatte, an die ich mich aber recht gut erinnerte, waren für mein Gewissen Dolchstiche – Stiche, sage ich? –, sie zwickten es mit glühenden Zangen und gossen brennenden Schwefel in die schwärende Wunde. Doch diese Qualen mußten ertragen werden und *wurden* ertragen. – Ich kehre zu meinem Aufenthalt im Gefängnis zurück.

Ein Gedanke peinigte mich vor allem: daß die Stunde Eurer Schwester herannahte. Ich wußte um ihre Furcht vor Euch und Eurem Vater. Sie hatte oft gesagt, sie möchte lieber tausend Tode sterben, als daß Ihr von ihrer Schande erführet – doch ihre Niederkunft mußte vorbereitet werden. Ich wußte, diese Murdockson war eine teuflische Hexe, aber ich dachte, sie hätte mich gern und Geld würde sie mir ergeben machen. Sie hatte Wilson eine Feile und mir eine Feinsäge verschafft. Sie übernahm es auch bereitwillig, für Effie während ihres Wochenbetts zu sorgen, und sie hatte genug Erfahrung, um ihr den nötigen Beistand leisten zu können. Ich gab ihr das Geld, das mein Vater mir geschickt hatte. Es wurde abgemacht, daß sie Effie einstweilen bei sich aufnehmen und auf weitere Anweisungen von mir warten solle, bis mir meine Flucht gelungen wäre. Ich teilte meine Absicht der armen Effie mit und verwies sie an die alte Hexe – in einem Brief, in dem ich mich, wie ich mich erinnere, bemühte, den Gleichmut des verurteilten Macheath zur Schau zu tragen, der bis zuletzt ein munterer, lustiger und unverzagter Bösewicht blieb. Derart armselig und jämmerlich war mein Ehrgeiz! Doch hatte ich beschlossen, das Leben, das ich führte, aufzugeben, wenn es mir glücken sollte, dem Galgen zu entwischen. Meine Absicht war, Eure Schwester zu heiraten und nach Westindien zu gehen. Ich besaß noch eine beträchtliche Summe Geld und vertraute darauf, daß ich fähig wäre, auf die eine oder andere Weise für mich und meine Frau zu sorgen.

Wir unternahmen unseren Fluchtversuch; aber durch den Eigensinn Wilsons, der darauf bestand, als erster hinauszukriechen, mißlang er vollständig. Ihr werdet davon gehört haben, auf welch großmütige und verwegene Art er sich opferte, um seinen Fehler gutzumachen und mir die Flucht aus der Tolbooth-Kirche zu ermöglichen – ganz Schottland hallte davon wider. Es war eine außerordentliche, hochherzige Tat. Alle Menschen sprachen davon – alle Menschen, selbst solche, die am lautesten die Gewohnheiten und Verbrechen dieses eigensüchtigen Menschen verdammt hatten, rühmten den Heroismus seiner Freundschaft. Ich habe viele Fehler, aber Feigheit und Undankbarkeit sind nicht darunter. Ich beschloß, seine Großmut zu vergelten, und selbst das Wohl Eurer Schwester trat demgegenüber einige Zeit für mich in den Hintergrund. Mein Hauptaugenmerk war darauf gerichtet, Wilson zu befreien, und ich zweifelte nicht daran, hierzu Mittel und Wege zu finden.

Trotzdem vergaß ich Effie nicht. Die Spürhunde des Gesetzes waren mir so dicht auf den Fersen, daß ich es nicht wagen durfte, mich einem meiner alten Schlupfwinkel zu nähern; aber ich kam mit der alten Murdockson an einem verabredeten Ort zusammen und erfuhr von ihr, daß Eure Schwester glücklich von einem Knaben entbunden worden sei. Ich trug der alten Hexe auf, ihrer Pflegebefohlenen alle

Sorgen fernzuhalten und es ihr an nichts fehlen zu lassen, was für Geld zu haben war; ich selbst zog mich nach Fife zurück. Dort, bei meinen alten Gefährten von Wilsons Bande, fand ich an solchen Orten Unterschlupf, wo Leute, die jenes lichtscheue Gewerbe treiben, gewöhnlich sich selbst und ihre unverzollten Waren in Sicherheit bringen. Nicht immer sind Menschen, die weder göttlichen noch menschlichen Gesetzen gehorchen, gegen den Ruf der Großmut und der Tapferkeit unempfindlich. Wir waren davon überzeugt, daß der Pöbel von Edinburgh, der Wilsons trauriges Schicksal sehr beklagte und von seinem hochherzigen Verhalten gerührt war, einen kühnen Versuch, ihn selbst noch vom Fuß des Galgens zu retten, unterstützen würde. So verzweifelt ein solcher Versuch schien – als ich mich bereit erklärte, selbst den Angriff auf die Wache zu führen, fehlte es mir nicht an Gesellen, die sich anheischig machten, mir beizustehen. Also kehrte ich nach Lothian zurück und bereitete mich zusammen mit einigen entschlossenen Gefährten darauf vor, zu handeln, sobald es soweit sein würde.

Ich zweifle nicht daran, daß es mir gelungen wäre, Wilson noch im letzten Augenblick vor dem drohenden Strick zu retten», fuhr er mit einem Feuer fort, das verriet, welch lebhaften Anteil er an solchen verwegenen Taten genommen hatte, «aber die Obrigkeit hatte unter anderen Vorsichtsmaßregeln auch eine ergriffen, zu der, wie wir später erfuhren, der unselige Porteous geraten hatte und die meine Maßnahmen vereitelte. Man ließ die Hinrichtung um eine halbe Stunde früher als üblich stattfinden; und da es unter uns ausgemacht worden war, daß wir uns, um von den Dienern der Gerechtigkeit nicht bemerkt zu werden, nicht eher auf der Straße zeigen wollten, als bis die Zeit des Handelns gekommen sei, geschah es, daß alles vorüber war, ehe unser Befreiungsversuch begann. Aber wir unternahmen ihn doch noch – ich selbst sprang auf das Schafott und schnitt den Strick mit eigener Hand durch. Es war zu spät! Der kühne, unerschrockene, großmütige Verbrecher war nicht mehr, und Rache war alles, was uns übrigblieb – eine Rache, die ich, wie ich damals dachte, demjenigen doppelt schuldig war, der mir Freiheit und Leben wiedergeschenkt hatte, wo er sich ebensoleicht hätte selbst retten können.»

«O Herr», sagte Jeanie, «kam Euch niemals ins Gedächtnis, was die Heilige Schrift lehrt: ‹Die Rache ist mein, ich will vergelten›?»

«Die Heilige Schrift? Ach, ich hatte die Bibel seit fünf Jahren nicht mehr aufgeschlagen», antwortete Staunton.

«O weh, Herr – und seid eines Geistlichen Sohn noch dazu», sagte Jeanie.

«Es ist nur natürlich, daß Ihr so sprecht. – Aber unterbrecht mich nicht, sondern laßt mich meine unselige Geschichte zu Ende erzählen. – Die Bestie Porteous, der auf das Volk hatte feuern lassen, als es längst nicht mehr nötig war, wurde der eigentliche Gegenstand des allgemeinen Hasses, weil er seinen Auftrag so schlecht, und des meinigen, weil er ihn zu gut erfüllt hatte. Wir – das heißt die anderen engeren Freunde Wilsons und ich – beschlossen, uns zu rächen; aber Vorsicht war nötig. Ich glaubte, von einem der Häscher erkannt worden zu sein, und hielt mich daher weiter in der Nähe Edinburghs versteckt, doch ohne mich in seine Mauern zu wagen. Endlich besuchte ich unter Lebensgefahr den Ort, wo ich meine künftige Frau und meinen Sohn zu finden hoffte – sie waren beide verschwunden. Die alte Murdockson teilte mir mit, daß Effie, als sie von dem Mißlingen unseres Versuchs, Wilson zu retten, und der scharfen Suche nach mir gehört habe, in ein Nervenfieber verfallen sei; daß eines Tages, als sie – die Murdockson – notwendig habe ausgehen und Effie allein lassen müssen, diese die Gelegenheit benutzt habe, um zu entweichen, und daß sie Effie seitdem nicht mehr gesehen habe. Ich machte der Alten heftige Vorwürfe, die sie mit aufreizender und verstockter Ruhe anhörte, denn es ist eine ihrer Eigenschaften, daß sie, so gewalttätig und wild sie sich bei den meisten Gelegenheiten gebärdet, bei anderen die unerschütterlichste

Ruhe bewahrt. Ich drohte ihr mit Anzeige; sie sagte, daß ich mehr Grund hätte, die Gerechtigkeit zu fürchten als sie. Ich fühlte, daß sie recht hatte, und schwieg. Ich drohte ihr mit Rache; sie erwiderte in ähnlichen Worten, daß ich nach den ihr zugefügten Kränkungen mehr Grund habe, ihre Rache zu fürchten als sie meine Drohung. Sie hatte wiederum recht, und ich erhielt weiter keine Antwort. Voller Zorn stürzte ich von ihr fort und beauftragte einen Kameraden, in der Umgegend von St. Leonard's Nachforschungen nach Eurer Schwester anzustellen; aber ehe ich Antwort von ihm erhielt, trieb mich die drohende Gefahr, von einem eifrigen Spürhund des Gesetzes in meinem Versteck aufgestöbert zu werden, aus der Nähe Edinburghs hinweg in einen entlegeneren Schlupfwinkel. Ein geheimer und treuer Bote brachte mir endlich die Nachricht von der Verurteilung des Porteous und der Einkerkerung Eurer Schwester wegen Kindsmordes – zwei Nachrichten, von denen die eine mich ebenso erfreute wie die andere mich betäubte.

Ich wagte mich noch einmal in die Höhle der Alten – wiederum beschuldigte ich sie des Verrats an der unglücklichen Effie und ihrem Kind, obgleich ich keinen Grund dafür entdecken konnte, ausgenommen den, daß die Alte sich das ganze Geld aneignen wollte, das ich ihr in Verwahrung gegeben hatte. Eure Erzählung bringt Licht in diese Geschichte und beweist, daß sie noch einen anderen, weniger in die Augen fallenden, doch nicht minder mächtigen Grund für ihr Verhalten hatte – den Wunsch, Rache an dem Verführer ihrer Tochter zu nehmen, dem Zerstörer zugleich ihres Rufes und ihres Verstandes. Großer Gott! Wie wünschte ich, daß sie, anstatt solche Rache zu nehmen, mich lieber an den Strick geliefert hätte!»

«Aber welche Auskunft gab Euch das böse Weib über Effie und das Kind?» fragte Jeanie, die während dieser langen und erschütternden Erzählung doch fest und besonnen genug war, um die Punkte im Auge zu behalten, die Licht auf das Mißgeschick ihrer Schwester werfen konnten.

«Sie wollte keine geben», sagte Staunton, «sie sagte, die Mutter sei mit dem Kind bei Nacht und Nebel entwichen, sie habe beide seitdem nicht mehr gesehen, das Mädchen habe das Kind wohl in den North Loch oder die alten Steinbrüche geworfen – was wisse sie –, jedenfalls sei es wahrscheinlich genug, daß sie es getan habe.»

«Und warum glaubtet Ihr, daß sie nicht die Wahrheit sprach?» fragte Jeanie zitternd.

«Weil ich bei dieser zweiten Gelegenheit ihre Tochter traf und von ihr hörte, das Kind sei in Wirklichkeit der Mutter während ihrer Krankheit weggenommen oder umgebracht worden. Aber alles, was man aus ihr herausbekommen kann, ist so unsicher und unklar, daß sich Näheres nicht ermitteln ließ. Der teuflische Charakter der alten Murdockson freilich läßt mich das Schlimmste befürchten.»

«Was Ihr zuletzt gehört habt, stimmt mit dem überein, was mir meine arme Schwester berichtete», sagte Jeanie, «aber erzählt weiter, Sir.»

«Dessen bin ich gewiß», sagte Staunton, «daß Effie mit Wissen und bei Verstand niemals einem lebenden Wesen ein Leid zufügte. Aber was konnte ich zu ihrer Rechtfertigung tun? Nichts – und daher richtete ich all meine Gedanken auf ihre Befreiung. Ich mußte, so schwer es mir fiel, meine Gefühle gegen die Murdockson unterdrücken – mein Leben war in der Hand der Hexe. Zwar lag mir nicht viel daran, aber an meinem hing das Eurer Schwester. Ich gab der Alten gute Worte, tat, als schenkte ich ihr Glauben – und sie gab mir, soweit es mich persönlich betraf, Beweise außerordentlicher Treue. Ich war zuerst ungewiß, welche Maßregeln ich zur Befreiung Eurer Schwester ergreifen sollte, als der allgemeine Zorn, den Porteous' Begnadigung bei den Bürgern Edinburghs erregte, mir den kühnen Gedanken eingab, das Gefängnis zu erstürmen und so gleichzeitig Eure Schwester den Klauen des Gesetzes zu entreißen und einen verruchten Bösewicht, der den unglücklichen Wilson sogar noch in seiner Todesstunde gequält hatte, als sei er ein in die Gefangenschaft eines feindlichen Stammes geratener Indianer gewesen, der verdienten Strafe zu überliefern. Ich mischte mich im Augenblick der Gärung unter die Menge – das gleiche taten andere Gefährten Wilsons, die ebenso wie ich in der Hoffnung getäuscht worden waren, die Augen an Porteous' Hinrichtung zu weiden. Alles wurde abgeredet und ich wiederum zum Anführer erwählt. Ich fühlte und fühle noch jetzt keine Reue über das, was wir tun wollten und seither getan haben.»

«Oh, Gott vergebe Euch, Sir, und bringe Euch zu einer besseren Einsicht Eures Tuns!» rief Jeanie aus, entsetzt über die Bekundung solcher Rachsucht.

«Amen», versetzte Staunton, «wenn das, was ich empfand und empfinde, unrecht ist. Aber ich wiederhole: obgleich willens, bei der Tat mitzuhelfen, hätte ich es doch lieber gesehen, wenn man einen anderen Anführer gewählt hätte, weil ich voraussah, daß die Aufgabe, den nächtlichen Aufruhr zu leiten, mich daran hindern würde, Effie so beizustehen, wie ich mir vorgenommen hatte. Ich gab indessen einem meiner vertrauten Freunde den Auftrag, sie an einen sicheren Ort zu geleiten, sobald der Zug mit dem Verbrecher das Gefängnis verlassen habe. Aber das unselige Mädchen konnte nicht dazu bewogen werden, das Gefängnis zu verlassen – weder durch mich, der ich sie in der Eile des Augenblicks nur kurz beschwören konnte, sich zu retten, noch durch meinen Kameraden, der sie nach dem Abzug des Pöbels längere Zeit hindurch zu überreden versuchte. All seine Argumente waren an dem törichten Mädchen verschwendet, und schließlich sah er sich gezwungen, Effie seiner eigenen Sicherheit wegen zu verlassen. So lautete sein Bericht; aber vielleicht war er doch nicht so beharrlich in seinem Bemühen, sie zu überreden, wie ich es gewesen wäre.»

«Effie hat recht getan zu bleiben», sagte Jeanie, «und ich liebe sie deshalb um so mehr.»

«Warum meint Ihr das?» fragte Staunton.

«Ihr könnt meine Gründe nicht verstehen, Sir, auch wenn

ich sie darlegen würde», antwortete Jeanie ernst. «Wer nach dem Blut seiner Feinde dürstet, hat kein Gefühl für den Quell alles Lebens.»

«Meine Hoffnungen», sagte Staunton, «waren so zum zweitenmal getäuscht worden. Meine nächsten Anstrengungen waren darauf gerichtet, Effie mit Eurer Hilfe durch die Gerichtsverhandlung zu bringen. Wie ich es versuchte und wo, könnt Ihr nicht vergessen haben. Ich tadle Euch wegen Eurer Weigerung nicht, sie beruhte – davon bin ich überzeugt – auf Grundsätzen und nicht auf Gleichgültigkeit gegen das Schicksal Eurer Schwester. Was mich angeht, so seht mich als einen Wahnsinnigen an; ich wußte nicht mehr aus noch ein – alle meine Bemühungen waren vergebens. In dieser Lage, von allen Seiten gehetzt, dachte ich schließlich an meine Familie und ihren Einfluß. Ich floh aus Schottland – ich erreichte diesen Ort. Mein elendes, verwüstetes und unglückliches Aussehen verschaffte mir von meinem Vater die Verzeihung, die selbst dem unwürdigsten Sohn zu verweigern ein Vater so hart findet. Hier habe ich in einer Angst, wie sie nur noch der zum Tod verurteilte Verbrecher empfindet, den Ausgang der Gerichtsverhandlung gegen Eure Schwester abgewartet.»

«Ohne Schritte zu ihrer Befreiung zu unternehmen?» fragte Jeanie.

«Ich hoffte bis zuletzt, ihr Prozeß würde günstiger enden. Auch habe ich die schreckliche Nachricht erst vor zwei Tagen erhalten. Mein Entschluß war sogleich gefaßt. Ich bestieg mein bestes Pferd, um mich in der äußersten Eile nach London zu begeben und dort mit Sir Robert Walpole wegen der Rettung Eurer Schwester zu verhandeln – ich wollte ihm in der Person des Erben der Familie Willingham den berüchtigten George Robertson ausliefern, den Spießgesellen Wilsons, den Erstürmer des Tolbooth-Gefängnisses und den wohlbekannten Anführer des Porteous-Aufruhrs.»

«Aber würde das meine Schwester retten?» fragte Jeanie erstaunt.

«Allerdings – so, wie ich es angefangen hätte», sagte Staunton. «Königinnen lieben die Rache genauso wie ihre Untertanen. Sowenig Ihr sie zu schätzen scheint – sie ist ein Gift, das allen Gaumen gefällt, vom Fürsten bis zum Bauern. Premierminister lieben nicht weniger die Macht, ihren Souveränen zu gefallen, indem sie deren Leidenschaften befriedigen. Das Leben eines unbedeutenden Landmädchens? Oh, wenn ich das Haupt einer so frechen Verschwörung Ihrer Majestät zu Füßen legte, könnte ich das beste Kronjuwel fordern, und man würde es mir bewilligen. Alle meine anderen Pläne sind fehlgeschlagen – dieser konnte es nicht. – Aber der Himmel ist gerecht und wollte mir nicht vergönnen, durch ein freiwilliges Opfer das Unrecht zu sühnen, das ich Eurer Schwester zugefügt habe. Ich war noch nicht zehn Meilen geritten, als mein Pferd, das beste und zuverlässigste im ganzen Land, mit mir auf ebener Straße stürzte, als wäre es von einer Kanonenkugel getroffen worden. Ich wurde schwer verletzt und in dem traurigen Zustand, in dem Ihr mich jetzt seht, hierher zurückgebracht.»

Als der junge Staunton geendet hatte, öffnete der Diener die Tür und rief in einem Ton, der offenbar nicht nur die Anmeldung eines Besuchs, sondern eher ein Warnzeichen sein sollte: «Seine Hochwürden, Sir, kommen die Treppe herauf, um nach Euch zu sehen.»

«Um Gottes willen, verbergt Euch, Jeanie», rief Staunton, «dort – im Ankleidezimmer!»

«Nein, Sir», sagte Jeanie, «ich bin in keiner schlechten Absicht hier und brauche nicht die Schande auf mich zu laden, mich vor dem Hausherrn zu verstecken.»

«Aber, mein Gott!» rief George Staunton. «Bedenkt doch…»

Noch ehe er den Satz vollenden konnte, trat sein Vater ins Zimmer.

34. Kapitel

> Wird Güte, Nachsicht, Trost die Jugend nicht
> vorm Laster retten? – Ehre, Recht und Pflicht?
>
> *Crabbe*

Jeanie stand gelassen von ihrem Sitz auf und machte einen Knicks, als der ältere Staunton das Zimmer betrat. Er war aufs äußerste erstaunt, seinen Sohn in solcher Gesellschaft zu finden.

«Ich sehe, Madam», sagte er, «ich habe mich in Euch geirrt – ich hätte es diesem jungen Mann überlassen sollen, Euch zu befragen und Euch Genugtuung für Eure Kränkungen zu verschaffen, denn Ihr seid zweifellos mit ihm von früher her bekannt.»

«Es ist ganz wider meinen Willen, daß ich hier bin», sagte Jeanie. «Der Diener sagte mir, sein Herr wünsche mich zu sprechen.»

«Da geht die rote Livree flöten», murmelte Tummas. «Das verdammte Weibsbild, muß sie denn gerade die Wahrheit sagen? Konnte sie nicht irgendeine Ausrede erfinden?»

«George», sagte Mr. Staunton, «wenn du schon – wie du es immer warst – aller Selbstachtung bar bist, so hättest du wenigstens deinem Vater und dem Haus deines Vaters einen solch schmählichen Auftritt wie diesen ersparen sollen.»

«Bei meinem Leben – bei meiner Seele, Vater!» sagte George, indem er sich aus seiner liegenden Haltung aufrichtete und auf die Bettkante setzte.

«Dein Leben, Sohn!» unterbrach ihn sein Vater mit kummervollem Ernst. «Was für ein Leben hast du geführt? – Und deine Seele! Ach, hast du dich je um sie gekümmert? Bemühe dich erst, beide zu bessern, ehe du dich auf sie berufst, um deine Aufrichtigkeit zu beteuern.»

«Mein Ehrenwort, Vater, Ihr tut mir unrecht», antwortete George Staunton, «ich bin gewiß so schlecht gewesen, wie Ihr sagt; aber im gegenwärtigen Augenblick tut Ihr mir unrecht. Mein Ehrenwort, Vater!»

«Dein Ehrenwort!» sagte sein Vater und wandte sich mit einem Blick der vorwurfsvollsten Verachtung von ihm ab zu Jeanie. «Von Euch, junge Frau, verlange ich weder noch erwarte ich eine Erklärung; aber als Vater und Geistlicher ersuche ich Euch, das Haus sogleich zu verlassen. Wenn Eure romantische Geschichte etwas anderes gewesen ist als ein Vorwand, hier Einlaß zu erhalten – was ich, nach der Gesellschaft zu urteilen, in der Ihr zuerst hier erschient, füglich bezweifeln darf –, so werdet Ihr zwei Meilen von hier einen Friedensrichter finden, bei dem Ihr Eure Klage schicklicher als bei mir vorbringen könnt.»

«Das darf nicht sein!» rief George Staunton aufspringend. «Vater, Ihr seid von Natur gütig und menschlich – Ihr sollt nicht meinetwegen grausam und ungastlich werden. Schickt diesen Schuft von Horcher hinaus», er deutete auf Tummas, «und gebt mir einige Hirschhorntropfen oder sonst ein Mittel gegen Ohnmacht – dann werde ich Euch in zwei Worten erklären, welche Beziehungen zwischen diesem jungen Mädchen und mir bestehen. Sie soll ihren guten Namen nicht um meinetwillen verlieren. Ich habe schon zuviel Unglück über sie und ihre Angehörigen gebracht und weiß nur allzuwohl, was es heißt, seinen guten Ruf einzubüßen.»

«Geh hinaus», sagte der Geistliche zu dem Bedienten und

schloß, als dieser gehorcht hatte, sorgfältig die Tür hinter ihm. Dann wandte er sich an seinen Sohn und fragte streng: «Nun – welche neue Schandtat hast du mir zu melden?»

Der junge Staunton wollte sprechen; aber es war einer jener Augenblicke, wo Menschen von gesetztem und ruhigem Wesen, wenn sie mutig sind wie Jeanie Deans, sich hitzigeren, aber weniger besonneneren überlegen zeigen.

«Sir», sagte sie zu dem älteren Staunton, «es ist unstreitig Euer gutes Recht, Euren eigenen Sohn wegen seiner Aufführung zur Rede zu stellen. Aber was mich betrifft, so bin ich nur eine Fremde auf der Durchreise, Euch auf keine Weise verpflichtet oder etwas schuldig, außer etwa für das Mittagessen, das allerdings in meiner Heimat gern jeder – ob reich oder arm – nach seinen Kräften dem, der dessen bedarf, verabreicht und das ich übrigens gern bezahlen will, wenn ich nicht denken müßte, Geld dafür anzubieten hieße ein Haus wie dieses beleidigen – ich kenne jedoch die Sitte des Landes nicht.»

«Das ist alles sehr schön, junge Frau», sagte der Geistliche, einigermaßen überrascht über eine Sprache, von der er nicht recht wußte, ob er sie der Einfalt oder der Unverschämtheit zuschreiben sollte, «das ist alles sehr schön – aber kommen wir zur Sache. Warum fallt Ihr diesem jungen Mann ins Wort und hindert ihn, seinem Vater und besten Freund eine Erklärung – wie er selbst sagt – über etwas abzugeben, was nicht wenig verdächtig erscheint?»

«Er mag von seinen eigenen Angelegenheiten mitteilen, was er will», antwortete Jeanie, «aber er hat kein Recht, über die meiner Familie und Freunde ohne ihre ausdrückliche Erlaubnis zu reden – und da sie nicht hier sein können, um für sich selbst zu sprechen, so muß ich Euch bitten, an Mr. George Rob–, ich meine Staunton oder wie sein Name ist, keine Fragen über mich oder die Meinigen zu richten; denn ich muß Euch freiheraus sagen, daß er weder wie ein anständiger Mensch noch wie ein Christ handeln würde, wenn er sie gegen meinen ausdrücklichen Wunsch beantwortet.»

«Das ist doch das Außerordentlichste, was mir je vorgekommen ist», sagte der Geistliche und sah die gelassen, doch bescheiden dastehende Jeanie durchdringend an; dann wandte er sich plötzlich zu seinem Sohn: «Und was hast du darauf zu sagen?»

«Daß ich zu voreilig gewesen bin, etwas zu versprechen, Vater», antwortete George Staunton, «ich habe in der Tat kein Recht, ohne Einwilligung dieses jungen Mädchens von den Angelegenheiten ihrer Familie irgend jemandem etwas mitzuteilen.»

Der ältere Staunton wandte seine Augen erstaunt vom einen zum anderen.

«Hier handelt es sich um mehr und Schlimmeres, fürchte ich», sagte er, sich an seinen Sohn wendend, «als bei deinen früheren üblen Geschichten – ich bestehe darauf, das Geheimnis zu erfahren.»

«Ich habe Euch schon gesagt», erwiderte sein Sohn trotzig, «daß ich kein Recht habe, ohne die Zustimmung dieses jungen Mädchens über die Angelegenheiten ihrer Familie zu sprechen.»

«Und ich, Sir, habe keine Geheimnisse zu enthüllen», sagte Jeanie, «sondern Euch nur als einen Gentleman und Verkünder des Evangeliums zu bitten, mich sicher nach dem nächsten Gasthof an der Londoner Straße bringen zu lassen.»

«Ich werde für Eure Sicherheit sorgen», sagte der junge Staunton. «Ihr braucht keinen anderen darum zu bitten.»

«Wagst du mir das ins Gesicht zu sagen, Bube?» rief der mit Recht erzürnte Vater. «Hast du vielleicht vor, das Maß deines Ungehorsams und deiner Schande durch eine niedrige und entehrende Heirat vollzumachen? Aber nimm dich in acht, sage ich dir!»

«Wenn Ihr so etwas in bezug auf mich fürchtet, Sir», sagte Jeanie, «so kann ich Euch nur sagen, daß ich für alles Land zwischen einem Ende des Regenbogens und dem andern Euren Sohn nicht heiraten würde.»

«All das ist höchst sonderbar», sagte der ältere Staunton, «folgt mir ins Nebenzimmer, junge Frau.»

«Hört erst mich an», sagte der junge Mann. «Ich habe nur noch ein Wort zu sagen. Ich vertraue ganz Eurer Klugheit; sagt meinem Vater von Euren Angelegenheiten soviel oder sowenig Ihr wollt, von mir soll er nicht mehr und nicht weniger erfahren.»

Sein Vater warf ihm einen zornigen Blick zu, der jedoch bekümmert wurde, als er den Sohn, von dem Auftritt erschöpft, auf das Lager sinken sah. Er verließ das Gemach, und Jeanie folgte ihm. Als sie an der Tür war, erhob sich George Staunton und rief ihr mahnend – wie Charles I. auf dem Schafott – nach: «Denkt daran!» Der ältere Staunton ließ Jeanie in ein kleines Wohnzimmer eintreten und schloß die Tür.

«Junge Frau», sagte er, «es ist etwas in Eurer Miene und Eurem Wesen, das sowohl auf Einfalt wie Klugheit deutet und, wenn ich mich nicht täusche, auch auf Unschuld. Sollte es anders sein, so kann ich nur sagen, daß Ihr die vollendetste Heuchlerin wäret, die ich jemals gesehen habe. – Ich will Euch nach keinem Geheimnis fragen, das Ihr nicht selbst entdecken wollt, am wenigsten nach solchen, die meinen Sohn betreffen. Sein Verhalten hat mir schon zuviel Kummer bereitet, als daß ich noch hoffen dürfte, jemals Freude oder Zufriedenheit an ihm zu erleben. Glaubt mir darum – wenn Ihr die seid, für die ich Euch halte –, welcher Art auch Eure Beziehungen zu George Staunton sein mögen, je eher Ihr sie abbrecht, desto besser für Euch.»

«Ich glaube, ich verstehe Euch, Sir», erwiderte Jeanie, «und da Ihr selbst so freimütig über Euren Sohn sprecht, so möchte ich Euch sagen, daß ich ihn heute erst zum zweitenmal in meinem Leben gesprochen habe, und was ich bei diesen beiden Gelegenheiten von ihm hörte, war derart, daß ich wünsche, niemals wieder dergleichen zu vernehmen.»

«Es ist also wirklich Eure Absicht, diese Gegend zu verlassen und nach London zu gehen?» fragte der Geistliche.

«Allerdings, Sir, denn ich darf in gewissem Sinn sagen, daß der Bluträcher hinter mir her ist; und wenn ich nur ungefährdet meines Weges ziehen könnte...»

«Ich habe Nachforschungen nach den verdächtigen Leuten anstellen lassen, die Ihr mir beschrieben habt», sagte der Geistliche. «Sie haben ihren Schlupfwinkel verlassen, aber da sie in der Nachbarschaft lauern könnten und Ihr sagt, Ihr habt einen besonderen Grund, Gewalttätigkeiten von ihnen zu befürchten, so will ich Euch unter den Schutz einer tüchtigen Person stellen, die Euch sicher nach Stamford bringen und Euch einen Platz in einer Eilkutsche besorgen wird, die von da nach London geht.»

«Eine Kutsche ist nichts für meinesgleichen, Sir», sagte Jeanie, welcher der Begriff eines Postwagens unbekannt war, da sie in der Tat damals nur in der Nähe Londons gebräuchlich waren.

Mr. Staunton erklärte ihr kurz, daß sie auf diese Art bequemer, billiger und sicherer reisen könnte als zu Pferde. Sie drückte ihre Dankbarkeit mit so viel ungekünstelter Herzlichkeit aus, daß er sich dadurch bewogen fühlte, sie zu fragen, ob sie Geld brauche, um ihre Reise fortzusetzen. Sie dankte ihm, sagte jedoch, daß sie genug für ihren Zweck habe – und in der Tat hatte sie mit ihrem Schatz sorgsam hausgehalten. Diese Antwort diente ebenfalls dazu, einige Zweifel zu zerstreuen, die Mr. Staunton begreiflicherweise hinsichtlich ihrer Person und ihrer wahren Absichten hegte, und überzeugte ihn wenigstens davon, daß Jeanie es nicht auf Geld abgesehen habe, wenn sie schon eine Betrügerin sein sollte. Er fragte sie dann, wohin sie in der Stadt gehen wollte.

«Zu einer sehr ordentlichen Kaufmannsfrau, einer Base von mir, der Mrs. Glass, die mit Schnupf- und Rauchtabak handelt und den Laden ‹Zur Distel› hat – irgendwo in der Stadt.»

Jeanie gab ihm diesen Aufschluß im Glauben, daß eine so angesehene Bekanntschaft auch sie in den Augen Mr. Stauntons heben würde, und war daher ziemlich überrascht, als er antwortete: «Ist diese Frau Eure einzige Bekannte in London, armes Kind, und wißt Ihr wirklich nicht genauer, wo sie wohnt?»

«Ich will auch zum Herzog von Argyle – außer zu Mrs. Glass», sagte Jeanie, «und wenn Ihr meint, es wäre besser, zuerst zu ihm zu gehen und einige von den Leuten Seiner Gnaden zu bitten, daß sie mir den Laden meiner Base zeigen...»

«Kennt Ihr denn einen von des Herzogs Leuten?» fragte der Geistliche.

«Nein, Sir.»

Ihr Gehirn muß doch etwas gelitten haben, dachte der Pfarrer, sonst könnte sie sich unmöglich auf eine solche Einführung verlassen. – «Gut», sagte er laut, «ich soll den Grund Eurer Reise nicht wissen, und so kann ich Euch dieserhalb keinen Rat erteilen. Aber die Wirtin des Gasthofs in London, wo die Kutsche hält, ist eine sehr ordentliche Frau, und da ich zuweilen in ihrem Haus absteige, will ich Euch eine Empfehlung an sie mitgeben.»

Jeanie dankte ihm für seine Güte mit ihrem besten Knicks und sagte, mit Seiner Gnaden Brief und einem der würdigen Mrs. Bickerton, der Wirtin des *Siebengestirns* in York, zweifle sie nicht, in London gut fortzukommen.

«Und nun», sagte er, «werdet Ihr wohl wünschen, unverzüglich aufzubrechen?»

«Wäre ich in einem Gasthaus, Sir, oder einer anderen schicklichen Herberge», antwortete Jeanie, «so würde ich mich nicht erkühnen, am Tage des Herrn zu reisen – aber da es zu einem guten Zweck geschieht, so wird es mir, hoffe ich, nicht als Sünde angerechnet werden.»

«Ihr könnt über Nacht bei Mrs. Dalton bleiben, wenn Ihr wollt; aber ich wünsche, daß Ihr weiter keine Verbindung mit meinem Sohn unterhaltet; er ist, worum auch immer es sich handeln mag, für ein Mädchen Eures Alters kein geeigneter Ratgeber.»

«Euer Gnaden haben vollkommen recht», sagte Jeanie. «Es geschah auch nicht mit meinem Willen, daß ich soeben mit ihm sprach. Ich wünsche dem jungen Herrn alles Gute – aber ich möchte ihn niemals im Leben wiedersehen.»

«Wenn Ihr wollt», sagte der Geistliche, «könnt Ihr heute abend an unserer Hausandacht im Saal teilnehmen, denn Ihr scheint ein ernst veranlagtes Mädchen zu sein.»

«Ich danke Euer Gnaden», sagte Jeanie, «aber ich weiß nicht, ob meine Teilnahme mir zur Erbauung dienen würde.»

«Wie», fragte der Geistliche, «so jung und schon so unglücklich, um an den Segnungen der Religion zu zweifeln?»

«Gott verhüte das, Sir», erwiderte Jeanie, «nicht darum; doch ich bin im Glauben der unterdrückten Anhänger der alten presbyterianischen Lehre Schottlands erzogen worden, und ich zweifle, ob ich Eurem Gottesdienst beiwohnen darf, der von vielen frommen Menschen unserer Kirche verworfen wird – besonders auch von meinem ehrwürdigen Vater.»

«Nun, mein liebes Kind», meinte der Geistliche mit einem gutmütigen Lächeln, «es sei ferne von mir, einen Gewissenszwang auf Euch auszuüben; doch solltet Ihr bedenken, daß die göttliche Gnade sich auch über andere Länder als Schottland ergießt. Denn sie ist unserem Geist und unserer Seele ebenso notwendig wie das Wasser unserem irdischen Leib, und ihre Quellen sprudeln in verschiedener Gestalt, doch mit gleicher Heilswirkung in der ganzen Christenheit.»

«Ach, Herr», sagte Jeanie, «vielleicht mag der Quell derselbe sein, doch wirkt er – mit Eurer Erlaubnis – gewiß nicht überall mit der gleichen Kraft. Der syrische Aussätzige Naeman hätte gewiß vergeblich in Pharphar und Amana, den Strömen von Damaskus, gebadet, da ihm nur das Wasser des Jordans helfen konnte.»

«Nun», sagte der Geistliche, «wir wollen jetzt nicht auf den großen Streit zwischen unseren Landeskirchen eingehen. Wir wollen uns bemühen, Euch zu überzeugen, daß wir trotz unserer Irrtümer doch wenigstens christliche Nächstenliebe üben und den Wunsch haben, unseren Brüdern beizustehen.»

Er ließ Mrs. Dalton rufen und übergab Jeanie ihrer Obhut, mit der Weisung, gut für sie zu sorgen, und der Zusicherung, daß am nächsten Morgen ein zuverlässiger Führer und ein gutes Pferd bereit sein sollten, um sie nach Stamford zu bringen. Dann nahm er ernsten und würdevollen, doch freundlichen Abschied von ihr und wünschte ihr guten Erfolg in ihrem Vorhaben, das, wie er hinzufügte, nach der Gesinnung, die sie in der Unterredung bewiesen habe, nicht anders als löblich sein könne.

Die Haushälterin führte Jeanie wieder in ihr eigenes Zimmer. Aber der Tag sollte nicht ohne eine neue Störung durch den jungen Staunton vorübergehen. Der beflissene Tummas steckte Jeanie einen Zettel zu, der die Bitte oder vielmehr den Befehl des jungen Herrn enthielt, ihn sogleich aufzusuchen, und die Versicherung, er habe gegen jede Unterbrechung Vorsorge getroffen.

«Sagt Eurem jungen Herrn», sprach Jeanie laut und ohne auf die Winke und Zeichen zu achten, wodurch Tummas ihr begreiflich zu machen suchte, daß Mrs. Dalton nicht in das Geheimnis des Briefwechsels eingeweiht werden sollte, «ich hätte seinem würdigen Vater feierlich versprochen, ihn nicht wiederzusehen.»

«Tummas», sagte Mrs. Dalton, «ich meine, Ihr solltet vor dem Haus, in dem Ihr dient, und dem Rock, den Ihr tragt, mehr Achtung haben, als Euch dazu herzugeben, Botschaften zwischen Eurem jungen Herrn und jungen Mädchen zu vermitteln, die der Zufall hierhergeführt hat.»

«Nun, Mrs. Dalton, was das angeht, so ist es mein Amt, Briefe zu befördern, und nicht, Betrachtungen darüber anzustellen, und es kommt mir nicht zu, Befehle des jungen

Herrn zu verweigern, wenn er's auch ein bißchen toll treibt. Wenn er was Schlimmes beabsichtigt hat, so ist doch – Ihr seht's ja – nichts Schlimmes geschehen.»

«Trotzdem möchte ich Euch warnen, Tummas Ditton», sagte Mrs. Dalton, «denn wenn ich Euch wieder dabei erwische, wird Euch Seine Hochwürden an die Luft setzen.»

Tummas zog sich beschämt und niedergeschlagen zurück. Der Rest des Abends ging vorüber, ohne daß etwas Besonderes geschah.

Jeanie genoß die Annehmlichkeit eines guten Bettes und eines gesunden Schlafs nach den Gefahren und Beschwerden des vorhergehenden Tages mit großer Zufriedenheit; sie war so müde, daß sie bis sechs Uhr fest schlief, wo Mrs. Dalton sie weckte und ihr sagte, daß ihr Führer und Pferd bereit wären und sie erwarteten. Sie erhob sich eiligst und war, nachdem sie ihre Morgenandacht verrichtet hatte, bereit, ihre Reise wiederaufzunehmen. Die mütterliche Fürsorge der Haushälterin hatte für einen Imbiß gesorgt, und nachdem Jeanie ihn verzehrt hatte, setzte sie sich auf das Reitkissen hinter einen kräftigen Bauern aus Lincolnshire, der mit Pistolen bewaffnet war, um sie gegen einen etwaigen Angriff zu verteidigen.

Schweigend trabten sie ein oder zwei Meilen auf einem Feldweg fort, der sie durch Hecken und Gatter schließlich kurz hinter Grantham auf die große Landstraße führte. Hier fragte sie ihr Führer, ob sie nicht Jean oder Jane Deans hieße. Jeanie bejahte etwas verwundert. «Dann hab ich hier ein Zettelchen für Euch», sagte der Mann und reichte es ihr über seine linke Schulter hin. «Ich glaube, 's ist von unserem jungen Herrn; wir von Willingham tun ihm alle gern einen Gefallen – wenn nicht aus Liebe, dann aus Furcht, denn er wird doch mal unser Gutsherr, sie mögen von ihm sagen, was sie wollen.»

Die Aufschrift des Briefs war in der Tat an Jeanie gerichtet. Sie erbrach das Siegel und las folgendes:

«Ihr weigert Euch, mich zu sehen. Ich nehme an, Ihr seid

über mich entsetzt. Aber wenn ich mich geschildert habe, wie ich bin, solltet Ihr wenigstens meine Aufrichtigkeit anerkennen; zum mindesten bin ich kein Heuchler. Indessen weigert Ihr Euch, mich zu sehen. Das mag verständlich sein – aber ist es auch klug? Ich habe mich bereit erklärt, die Ehre Eurer Schwester auf Kosten meiner eigenen und meiner Familie wiederherzustellen – auch meines Lebens –, aber Ihr haltet mich für so verworfen, daß Ihr mir nicht einmal erlauben möchtet, selbst das wenige, was mir an Ehre, Ruf und Leben geblieben ist, für sie zu opfern. Nun, wenn das Anerbieten auch verschmäht wird, ist das Opfer doch noch bereit. Vielleicht will mir die himmlische Gerechtigkeit den traurigen Ruhm nicht gönnen, mich der irdischen selbst zu stellen. Ihr, die Ihr meine Mitwirkung abgelehnt habt, müßt nun alles selbst übernehmen. Geht also zum Herzog von Argyle und sagt ihm, wenn alle anderen Argumente nichts nützen, es stände in Eurer Macht, den Anstifter des Porteous-Aufruhrs seiner verdienten Strafe zu überliefern. Er wird Euch dann anhören, wenn er auch sonst gegen alle Eure Bitten taub sein sollte. Stellt Eure Bedingungen, denn das könnt Ihr. Ihr wißt, wo ich zu finden bin, und könnt versichert sein, ich werde nicht wie bei Muschats Grabmal verschwinden. Ich werde das Haus meiner Väter nicht verlassen – wie der Hase will ich in meinem Lager warten, bis man mich aufstöbert und erwürgt. Ich wiederhole: Stellt Eure Bedingungen! Ich brauche Euch nicht daran zu erinnern, das Leben Eurer Schwester zu fordern, denn das ist selbstverständlich; aber fordert etwas für Euch selbst. Fordert Belohnung und Reichtum, Amt und Einkommen für Butler – fordert, was Ihr wollt. Man wird es Euch gewähren, alles – wenn Ihr der Hand des Henkers einen Mann überliefert, der den Strick verdient, einen Menschen, der, obgleich jung an Jahren, alt an Bosheit ist und der nichts sehnlicher wünscht, als nach den Stürmen eines unruhigen Lebens auszuruhen.»

Dieser außerordentliche Brief war mit den Buchstaben G. S. unterzeichnet.

Jeanie las ihn mit großer Aufmerksamkeit mehrmals durch, was der langsame Schritt des Pferdes, das bedächtig durch einen Hohlweg stapfte, ihr leicht machte.

Ihr erstes Geschäft, nachdem sie mit Lesen fertig war, bestand darin, das Schreiben in möglichst kleine Stücke zu zerreißen und diese nach und nach in die Luft zu streuen, damit ein Schriftstück, das ein so gefährliches Geheimnis enthielt, nicht in fremde Hände geraten könne.

Die Gewissensfrage, ob sie im äußersten Fall, um das Leben ihrer Schwester zu retten, berechtigt sei, das eines anderen Menschen zu opfern, der sich zwar gegen den Staat vergangen, doch ihr kein Unrecht zugefügt hatte, begann sie nun ernstlich zu beschäftigen und zu quälen. Einerseits schien es nur ein Akt gerechter, von der Vorsehung gewollter Vergeltung, wenn sie Staunton, der am Fehltritt und Unglück ihrer Schwester schuld war, dem Richter überlieferte. Aber Jeanie war zu einer strengeren Auffassung von Sittlichkeit erzogen worden – sie konnte sich nicht damit begnügen, eine Handlung nur vom allgemeinen Gesichtspunkt der Gerechtigkeit aus zu betrachten, sondern mußte auch erwägen, ob sie für den Handelnden selbst gerecht und richtig sei, ob, nach ihrem eigenen Ausdruck, ihr Gewissen sie zulasse. Welches Recht hatte sie, einen Tauschhandel mit dem Leben Stauntons und Effies zu treiben und den einen um der Rettung der anderen willen zu opfern? Seine Schuld, jene Schuld, für die er sich vor den Gesetzen zu verantworten hatte, war wohl ein Verbrechen gegen den Staat, aber nicht gegen sie.

Auch schien ihr, sein Anteil am Tod des Porteous sei kein gewöhnlicher Mord, den zu rächen jedermann der Obrigkeit behilflich sein muß. Obgleich sie jede Gewalttat verabscheute, waren hier doch so manche Umstände zu berücksichtigen, die ihr in den Augen Jeanies, wie denen ihrer Landsleute, wenn nicht überhaupt den Charakter eines Verbrechens nahmen, so doch wenigstens ihre schrecklichsten Züge milderten. Die Anstrengungen der Regierung, einiger

Täter habhaft zu werden, hatten nur dazu geführt, daß die öffentliche Meinung die an sich gewaltsame und ungesetzliche Tat mehr und mehr mit dem Gedanken der alten nationalen Unabhängigkeit in Verbindung brachte. Das angekündigte oder wirklich durchgeführte strenge Vorgehen gegen Edinburgh, die alte Hauptstadt Schottlands, die äußerst unpopuläre und unkluge Maßnahme, die schottische Geistlichkeit zu zwingen, gegen ihre Grundsätze und ihr Gewissen die für die Entdeckung der Mörder ausgesetzte Belohnung von der Kanzel zu verkündigen, hatte auf die öffentliche Meinung gerade die entgegengesetzte Wirkung gehabt als die beabsichtigte; und Jeanie war sich bewußt, daß jede Aufklärung über jenes Ereignis – aus welchem Grund sie auch erfolgen mochte – als Verrat an der Unabhängigkeit Schottlands betrachtet werden würde. Dem Fanatismus der schottischen Presbyterianer war immer ein Funke nationalen Fühlens beigemischt, und Jeanie zitterte bei dem Gedanken, daß ihr Name der Nachwelt zusammen mit jenem des «falschen Monteath» und einiger anderer überliefert werden könnte, die ihr Vaterland verraten hatten und deren Gedächtnis die Bevölkerung Schottlands mit unaufhörlichem Haß verfolgt und verflucht. Andererseits lastete der Gedanke, Effies Leben noch einmal preiszugeben, wenn ein einziges Wort es retten konnte, schwer auf ihrer liebenden Schwesterseele.

«Der Herr erleuchte und leite mich!» sagte Jeanie. «Denn es scheint sein Wille zu sein, mir Prüfungen aufzuerlegen, die über meine Kraft gehen.»

Während solche Gedanken Jeanie beschäftigten, versuchte ihr Führer, des Schweigens überdrüssig, eine Unterhaltung anzuknüpfen. Er schien ein gesetzter, verständiger Bauer zu sein, besaß aber nicht mehr Klugheit oder Zartgefühl als die meisten seines Standes und kam infolgedessen auf die Familie Willingham zu sprechen. Er erzählte Jeanie Einzelheiten, von denen sie bisher nichts gewußt hatte und die wir zur Unterrichtung des Lesers kurz wiedergeben wollen.

George Stauntons Vater war ehemals Soldat gewesen und

hatte, als er in Westindien diente, die Erbin eines reichen Pflanzers geheiratet. Dieser Ehe entstammte ein einziges Kind, George Staunton, der unglückliche junge Mann, der so oft in dieser Geschichte erwähnt worden ist. Er verbrachte den ersten Teil seiner Kindheit in der Obhut einer ihn vergötternden Mutter und der Gesellschaft von Negersklaven, die sich befleißigten, jede seiner Launen zu befriedigen. Sein Vater war ein ernster und verständiger Mann, der aber viel dienstlich beschäftigt war, da seine Gesundheit weniger unter dem Klima litt als die der meisten Offiziere seines Regiments. Außerdem war Mrs. Staunton ebenso eigensinnig wie schön, zudem etwas kränklich, so daß es ihrem gutmütigen und verliebten Mann schwerfiel, ihrer allzu großen Nachsicht mit ihrem einzigen Kind zu steuern. Alles, was Mr. Staunton auch unternahm, um den verderblichen Folgen ihrer Erziehung entgegenzuwirken, diente nur dazu, das Übel noch zu verschlimmern; denn für jeden Zwang, der dem Jungen auferlegt wurde, wenn sein Vater zugegen war, entschädigte ihn die Mutter dadurch, daß sie ihm doppelt und dreifach seinen Willen ließ, sobald jener den Rücken kehrte. So hatte sich George Staunton schon als Kind daran gewöhnt, seinen Vater als einen unbequemen Mahner anzusehen, dessen strenger Zucht er sich so bald und so vollständig wie möglich zu entziehen wünschte.

Als er ungefähr zehn Jahre alt und die Saat des Unkrauts in ihn gesät war, die später so üppig aufgehen sollte, starb seine Mutter, und sein Vater kehrte mit fast gebrochenem Herzen nach England zurück. Um ihrer unbesonnenen und unverantwortlichen Nachsicht noch die Krone aufzusetzen, hatte sie einen beträchtlichen Teil ihres Vermögens ihrem Sohn zum ausschließlichen Gebrauch und zur freien Verfügung hinterlassen. George Staunton war noch nicht lange in England, als er davon erfuhr. Er zögerte nicht, seine Freiheit und Unabhängigkeit alsbald zu mißbrauchen. Sein Vater hatte versucht, die Mängel seiner Erziehung dadurch auszugleichen, daß er ihn in ein gutes Internat gab. Aber obgleich George nicht unbegabt war, machte ihn sein ungebärdiges Betragen bald auf der Schule unmöglich. Wie alle jungen Menschen, die sichere Aussichten auf künftigen Rang und Reichtum haben, fand auch er nur allzuleicht Mittel und Wege, sich reichlich Geld zu verschaffen, das ihn in den Stand setzte, fast noch als Knabe die Torheiten und Streiche eines späteren Lebensalters vorwegzunehmen, und so wurde er schließlich als ein vollendeter junger Wüstling in das Haus seines Vaters zurückgeschickt, damit er durch sein schlechtes Beispiel nicht noch hundert andere Schüler verderben möchte.

Der ältere Staunton, der seit dem Tod seiner Frau zu Schwermut neigte, die durch die Aufführung seines Sohnes auch nicht gerade gebessert werden konnte, war Geistlicher geworden und erhielt von seinem Bruder Sir William Staunton die Familienpfründe von Willingham. Er war auf die Einkünfte dieser Pfarre angewiesen, denn sein Einkommen aus der Hinterlassenschaft seiner verstorbenen Frau war gering, und er selbst besaß als ein jüngerer Bruder nur wenig eigenes Vermögen.

Er nahm seinen Sohn zu sich ins Haus, mußte aber bald feststellen, daß seine Liederlichkeit ihn zu einem unerträglichen Mitbewohner machte. Und da die jungen Leute seines eigenen Standes sich die geldprotzige Unverschämtheit des «Kreolen» nicht gefallen lassen wollten, fand er Geschmack an niederer Gesellschaft, die schlimmer ist als «Rädern, Peitschen oder Hängen». Sein Vater schickte ihn ins Ausland; aber er kehrte nur noch ungebärdiger und wilder als vorher zurück. Gewiß war dieser unglückliche junge Mann nicht ganz ohne gute Eigenschaften. Er besaß einen lebhaften Geist, viel gute Laune, eine offene Hand und wußte sich in Gesellschaft, wo er sich Zwang auferlegen mußte, zu benehmen. Aber das half ihm nichts. Er war bald eine bekannte Gestalt auf den Rennplätzen, am Spieltisch, bei Hahnenkämpfen und überall da, wo sich Torheit und Verschwendung ein Stelldichein geben, so daß er, noch ehe er

21 Jahre alt war, das Vermögen seiner Mutter durchgebracht hatte und bald in Schulden und Not geriet. Seine Jugendgeschichte mag mit den Worten unseres britischen Juvenal beschlossen werden, womit er einen ähnlichen Charakter beschreibt:

Es nahm von Jugend auf sein Eigensinn,
der Wahrheit abhold, keinen Tadel hin.
Das väterliche Haus, als er ein Mann,
entehrt' er und verließ die Heimat dann.
Er ward ein Lump und rühmte noch dabei
sich seiner Schande laut: «Jetzt bin ich frei!»

«Und doch ist's schade um Herrn George», fuhr der ehrliche Bauer fort, «er hat eine offene Hand und läßt einen armen Kerl keinen Mangel leiden, wenn er selbst was hat.»

Die Tugend der Freigebigkeit wird von den Angehörigen der unteren Stände, die ja auch in der Tat unmittelbaren Nutzen davon haben, bereitwillig als Deckmantel für viele Fehler betrachtet.

In Stamford wurde unsere Heldin durch ihren gesprächigen Führer wohlbehalten abgeliefert. Sie erhielt einen Platz in der Kutsche, die, obgleich sie sich Eilwagen nannte und mit nicht weniger als sechs Pferden bespannt war, London doch erst am folgenden Nachmittag erreichte. Die Empfehlung des älteren Staunton verschaffte Jeanie eine höfliche Aufnahme in dem Gasthof, wo die Kutsche hielt, und mit Hilfe des Geschäftsfreundes von Mrs. Bickerton machte sie ihre Freundin und Verwandte Mrs. Glass ausfindig, von der sie herzlich empfangen und gastfreundlich aufgenommen wurde.

35. Kapitel

Ich heiße Argyle. Es klingt sonderbar:
ich ging zu Hof und – blieb doch, der ich war.

Ballade

Wenige Namen verdienen eine ehrenvollere Erwähnung in der Geschichte des damaligen Schottlands als derjenige des Herzogs John von Argyle und Greenwich. Seine Gaben als Staatsmann und Soldat waren allgemein anerkannt; er war nicht ohne Ehrgeiz, aber «ohne die Untugend, die ihn begleitet» – jene Unbedenklichkeit, die oft große Männer dazu bringt, ihre besondere Stellung (und er nahm eine sehr besondere ein) zu mißbrauchen, um die Macht an sich zu reißen, selbst auf die Gefahr hin, ein ganzes Reich dadurch in Verwirrung zu stürzen. Pope hat diesen ausgezeichneten Mann folgendermaßen besungen:

Der Held Argyle – der erste Mann im Staat:
furchtbar im Kampfe und furchtlos im Rat.

Er war gleicherweise frei von den gewöhnlichen Lastern der Staatsmänner, Falschheit nämlich und Verstellung, wie von denen der Krieger, Roheit und Ruhmsucht.

Schottland, sein Geburtsland, befand sich zu jener Zeit in einer sehr unsicheren, zweifelhaften Lage. Es war allerdings mit England vereinigt, doch hatte der Kitt noch nicht Zeit gehabt, die gehörige Festigkeit zu gewinnen. Der Groll über alte Unbill währte fort, und zwischen den eifersüchtigen, reizbaren Schotten und den anmaßenden, übermütigen Engländern gab es häufig Reibereien, so daß die größte Gefahr bestand, das einigende Band, das zur Sicherheit beider Völker so wichtig war, würde zerrissen werden. Schottland hatte außerdem den Nachteil, in innere Parteien gespalten zu sein, die einander bitter haßten und nur auf ein Zeichen warteten, sich mit Gewalt zu bekämpfen.

Ein anderer Mann mit den Gaben und vom Rang Argyles, doch ohne solche Mäßigung, hätte vielleicht versucht, sich vom Wirbel emportragen zu lassen und seine Wut zu lenken. Er wählte eine Bahn, die sicherer und ehrenvoller war.

Erhaben über das kleinliche Parteigezänk, trat er immer – ob er die Geschäfte der Regierung führte oder zur Opposition gehörte – für Maßnahmen ein, die ebenso gerecht wie mild waren. Seine großen militärischen Gaben befähigten ihn, dem Haus Hannover in dem denkwürdigen Jahr 1715 große Dienste zu leisten, zu große vielleicht, als daß man sie hätte anerkennen und belohnen können. Auch war es ihm durch seinen Einfluß gelungen, nach jenem Aufstand das Los vieler unglücklicher Edelleute zu lindern, die eine mißverstandene Treue in die Unruhen verwickelt hatte; wofür er mit der Achtung und Liebe seines Landes in ungewöhnlichem Maße belohnt wurde. Diese Anhänglichkeit eines unzufriedenen und kriegerischen Volkes vermutlich erregte die Eifersucht des Hofes; denn dort ist die Macht, gefährlich zu werden, schon hassenswert, auch wenn keine Neigung, sie zu nutzen, vorhanden ist. Außerdem war des Herzogs unabhängige und etwas stolze Art seiner Äußerungen im Parlament und seines Auftretens in der Öffentlichkeit nicht dazu angetan, ihm die königliche Gunst zu erwerben. Er stand daher zwar in hohem Ansehen, und man nahm seine Dienste oft in Anspruch, aber er war weder bei George II. noch bei seiner Gemahlin oder seinen Ministern beliebt. Obwohl der Herzog nicht zu den ausgesprochenen Gegnern der Regierung gehörte, fiel er mehrmals in seinem Leben bei Hof in völlige Ungnade. Das erhöhte indessen nur noch sein Ansehen in Schottland, weil er sich gewöhnlich um seines Landes willen das Mißfallen des Herrschers zuzog; so wurde auch gelegentlich des Porteous-Aufruhrs ein lebhafter und beredter Widerstand gegen die strengen Maßnahmen, die gegen Edinburgh ergriffen werden sollten, in jener Hauptstadt um so dankbarer empfunden, als es hieß, Königin Caroline habe den Einspruch des Herzogs als eine persönliche Beleidigung aufgefaßt.

Allerdings war sein Verhalten bei dieser Gelegenheit, wie übrigens dasjenige aller schottischen Mitglieder des Parlaments – mit ein oder zwei unrühmlichen Ausnahmen –, im höchsten Grade kühn gewesen. Die Antwort, die er – nach der Überlieferung – der Königin Caroline gab, haben wir schon erwähnt; einige Bruchstücke seiner Rede gegen das Porteous-Gesetz seien noch wiedergegeben. Dem Herzog war vom Kanzler, Lord Hardwicke, vorgeworfen worden, er habe sich in dieser Sache mehr als Partei denn als Richter betragen.

«Ich berufe mich», erwiderte Argyle, «auf das Parlament, auf die Nation, ob ich gerechterweise der Käuflichkeit oder Parteilichkeit bezichtigt werden kann? Habe ich mein Amt durch Bestechung der Wähler erlangt? Habe ich Wahlflecken gekauft oder mein Amt zugunsten einer Partei oder zu sonst einem schmutzigen Zweck mißbraucht? Schaut auf mein Leben, untersucht meine Handlungen auf dem Schlachtfeld und im Kabinett, und seht zu, ob Ihr einen Fleck auf meiner Ehre findet. – Ich habe mich als Freund meines Landes bewiesen – als loyaler Untertan meines Königs. Ich bin bereit, es wieder zu tun, ohne einen Augenblick Rücksicht auf das Stirnrunzeln oder Lächeln eines Hofes zu nehmen. Ich habe beides erfahren und bin auf beides mit demselben Gleichmut gefaßt. Ich habe Euch meine Gründe dargelegt, warum ich gegen dieses Gesetz bin, und habe Euch klar bewiesen, daß es unvereinbar ist mit dem internationalen Unionsvertrag, der Freiheit Schottlands und entsprechend auch der Englands, dem geltenden Recht, dem gesunden Menschenverstand und dem öffentlichen Wohl. Soll die Hauptstadt Schottlands, die Hauptstadt eines unabhängigen Volkes, die Residenz einer langen Reihe von Monarchen, die jene edle Stadt mit Gnadenbeweisen und Gunstbezeigungen ausgezeichnet und geehrt haben – soll solch eine Stadt um der Schuld einer dunklen und unbekannten Schar von Aufrührern willen ihrer Ehren und Vorrechte beraubt werden, ihrer Tore und Wachen? Soll ein geborener Schotte ihrer Zerstörung unterwürfig zuschauen? Ich rühme mich, meine Herren, mich gegen solche unbillige Strenge zu verwahren, und rechne es mir als Ehre und höchsten Stolz an, mein Vaterland zu verteidigen, wenn ihm offenbares Unrecht und unverdiente Schmach widerfährt.»

Andere Staatsmänner und Redner, sowohl schottische wie englische, gebrauchten dieselben Argumente – das Gesetz wurde mehr und mehr seiner entehrendsten und drückendsten Bestimmungen beraubt und zuletzt in einen Beschluß verwandelt, die Stadt Edinburgh solle eine Geldbuße an Porteous' Witwe zahlen, so daß, wie ein Zeitgenosse bemerkte, all diese grimmigen Redeschlachten damit endeten, das Glück einer alten Köchin zu machen, denn das war das ursprüngliche Gewerbe der guten Frau gewesen.

Der Hof indessen vergaß die Niederlage nicht, die er in dieser Sache erlitten hatte; und der Herzog von Argyle, der soviel dazu beigetragen hatte, galt fortan als in Ungnade gefallen. Es ist nötig, den Leser auf diesen Umstand aufmerksam zu machen, weil er sowohl mit dem vorhergehenden wie folgenden Teil unserer Geschichte zusammenhängt.

Der Herzog war allein in seinem Arbeitszimmer, als einer seiner Leute ihm meldete, ein Landmädchen aus Schottland wünsche Seine Gnaden zu sprechen.

«Ein Landmädchen – und aus Schottland?» fragte der Herzog. «Was kann die Närrin nach London geführt haben? Gewiß ein Liebhaber, den man zum Dienst in der Flotte gepreßt hat, oder sie hat ihre Ersparnisse in dieses Südseeunternehmen gesteckt und verloren, oder sonst solch eine hoffnungsvolle Angelegenheit, und da ist niemand anders da, um zu helfen, als MacCallummore. – Ja, ja, diese Volksbeliebtheit hat ihre Unannehmlichkeiten. – Aber laß unsere Landsmännin nur heraufkommen, Archibald, es ist unhöflich, sie warten zu lassen.»

Ein junges Mädchen von eher kleinem Wuchs, dessen Gesicht, von der Sonne gebräunt, sommersprossig und mit nicht eben regelmäßigen Zügen, doch etwas Einnehmendes und Bescheidenes hatte, wurde in die prächtige Bibliothek geführt. Das Mädchen trug das Tartan-Plaid seines Landes, das teilweise den Kopf bedeckte und teilweise auf die Schultern herabfiel. Eine Fülle blonden Haares, mit großer Einfachheit und Sorgfalt geordnet, krönte das gutmütige, runde Gesicht, dem die Achtung vor des Herzogs Rang und Bedeutung und das Bewußtsein von der Wichtigkeit des eigenen Anliegens einen Ausdruck tiefer Ehrfurcht, doch nicht niedriger Unterwürfigkeit oder blöder Scheu verliehen. Im übrigen war Jeanie ganz und gar nach der Art und Weise des schottischen Mädchens ihres Standes gekleidet, aber mit jener peinlichen Sauberkeit, die so oft der Ausdruck und das Sinnbild eines reinen Gemüts ist.

Sie blieb am Eingang des Zimmers stehen, machte ihren tiefsten Knicks und kreuzte die Hände über der Brust, ohne eine Silbe zu reden. Der Herzog von Argyle trat auf sie zu, und wenn sein edler, höfischer Anstand, seine reiche, mit wohlverdienten Orden geschmückte Kleidung und seine geistvollen, scharfgeschnittenen Gesichtszüge ihre Bewunderung erregten, so war er nicht weniger – und mit nicht weniger Recht – von der ruhigen Einfachheit und Bescheidenheit in Gewand, Gesicht und Betragen seiner schlichten Landsmännin betroffen.

«Wolltest du mich sprechen, meine Tochter?» fragte der Herzog, indem er durch die vertrauliche Anrede das zwischen ihnen als Landsleuten bestehende nähere Verhältnis betonte. «Oder wolltest du zur Herzogin?»

«Ich habe ein Gesuch an Euch, Mylord – ich meine Euer Gnaden.»

«Und worum handelt es sich, mein gutes Kind?» fragte der Herzog in demselben milden und ermutigenden Ton. Jeanie warf einen Blick auf den anwesenden Kammerdiener.

«Verlaß uns, Archibald», sagte der Herzog, «und warte im Vorzimmer.»

Der Diener ging.

«Und nun setz dich, meine Tochter», sagte der Herzog, «ruh dich aus – besinne dich und sag mir dann, was du mir zu sagen hast. Ich sehe an deiner Kleidung, daß du geradeswegs aus dem guten alten Schottland kommst. Bist du mit deinem Plaid durch die Straßen gegangen?»

«Nein, Sir», sagte Jeanie, «eine Freundin brachte mich in einer Mietskutsche her – eine sehr ordentliche Frau», fügte sie hinzu, denn ihr Mut wuchs, je vertrauter sie mit dem Klang ihrer Stimme in solch einer Gegenwart wurde, «Euer Gnaden kennt sie auch – es ist Mrs. Glass, die den Laden ‹Zur Distel› hat.»

«Ei, meine wackere Mrs. Glass! Ich schwatze immer ein bißchen mit ihr, wenn ich meinen schottischen Schnupftabak bei ihr kaufe. – Aber nun dein Gesuch, mein gutes Mädchen – Zeit und Flut warten auf niemand, wie du weißt.»

«Eure Lordschaft – ich bitte um Verzeihung, Mylord – ich will sagen, Euer Gnaden», denn diese Art der Anrede mit dem angemessenen Titel des Herzogs war ihr sorgfältig von ihrer Freundin Mrs. Glass eingeschärft worden, der die Sache so wichtig schien, daß sie ihr noch beim Aussteigen nachrief: «Vergiß ja nicht, ihn Euer Gnaden zu nennen», und da Jeanie niemals in ihrem Leben mit einer Person höheren Standes gesprochen hatte als dem Laird von Dumbiedikes, so machte es ihr einige Schwierigkeit, sich beim Reden nach den Regeln des Zeremoniells zu richten.

Der Herzog sah ihre Verlegenheit und sagte mit seiner gewohnten Leutseligkeit: «Kümmere dich nicht um meine Gnaden, Kind, sprich nur geradezu und zeige, daß du eine schottische Zunge hast.»

«Sir, ich bin Euch sehr dankbar. – Sir, ich bin die Schwester jener armen, unglücklichen Gefangenen Effie Deans, die man in Edinburgh zum Tod verurteilt hat.»

«Ah!» sagte der Herzog. «Ich habe von dieser unseligen Geschichte gehört, dünkt mich. – Wegen Kindsmordes, nach einem besonderen Parlamentsbeschluß. – Duncan Forbes sprach neulich bei Tisch davon.»

«Und ich bin vom Norden hergekommen, Sir, um zu sehen, was für sie getan werden kann, um ihr Aufschub oder Begnadigung auszuwirken, Sir, oder dergleichen.»

«Ach, armes Mädchen», sagte der Herzog, «da hast du eine lange und beschwerliche Reise ganz vergeblich gemacht. – Deiner Schwester Urteil ist gesprochen.»

«Aber man hat mir gesagt, es gäbe ein Gesetz, wonach sie begnadigt werden kann, wenn es dem König gefällt», sagte Jeanie.

«Gewiß gibt es ein solches Gesetz», sagte der Herzog, «aber es steht nirgends anders geschrieben als in des Königs Brust. Das Verbrechen ist zu häufig vorgekommen – die schottischen Kronjuristen halten ein abschreckendes Beispiel für nötig. Auch haben die letzten Unruhen in Edinburgh die Regierung gegen das ganze Volk eingenommen – man glaubt, es nur durch Einschüchterung und Strenge zügeln zu können. Welchen Grund als die Innigkeit deiner schwesterlichen Liebe hast du, mein armes Kind, gegen all das vorzubringen? Wer setzt sich für dich ein? Welche Freunde hast du bei Hof?»

«Keinen, außer Gott und Euer Gnaden», sagte Jeanie beherzt, ohne sich irremachen zu lassen.

«Ach», sagte der Herzog, «fast möchte ich mit dem alten

Ormond sagen, es gäbe niemand, dessen Einfluß bei Königen und Ministern geringer wäre. Es gehört zu den Schattenseiten unserer Stellung – ich meine die Stellung von Leuten in meiner Lage –, daß man ihnen allgemein einen Einfluß zuschreibt, den sie nicht besitzen, und im einzelnen Beistand von ihnen erwartet, den sie nicht zu leisten vermögen. Aber aufrichtig und ehrlich zu sein steht in jedermanns Macht. Darum sage ich dir gleich: Ich möchte nicht, daß du dich über meinen Einfluß falschen Hoffnungen hingibst – denn ich habe keinen –, damit dein Kummer nachher nicht um so größer ist. Ich kann deiner Schwester Schicksal nicht wenden. – Sie muß sterben.»

«Wir müssen alle sterben, Sir», sagte Jeanie, «es ist unser allgemeines Los um der Sünde unseres Stammvaters willen; aber wir sollten nicht einer des anderen Tod beschleunigen, wie Euer Gnaden wohl besser wissen wird als ich.»

«Mein liebes, gutes Kind», sagte der Herzog mild, «wir sind alle sehr geneigt, das Gesetz zu tadeln, unter dem wir gerade leiden. Du scheinst aber wohlerzogen für deinen Stand und wirst wissen, daß es das Gesetz Gottes und der Menschen ist, den Mörder mit dem Tod zu bestrafen.»

«Aber Sir, Effie – das heißt, meine arme Schwester – ist keine Mörderin! Und wenn sie keine ist und das Gesetz ihr dennoch das Leben nimmt, wer ist dann der Mörder?»

«Ich bin kein Rechtsgelehrter», sagte der Herzog, «und ich gebe zu, daß die Verordnung mir sehr streng erscheint.»

«Aber Ihr seid ein Gesetzgeber, Sir, und macht Gesetze», antwortete Jeanie.

«Nicht als einzelner», sagte der Herzog, «obwohl ich als ein Mitglied einer großen Körperschaft eine Stimme bei der Gesetzgebung habe. – Allein das kann dir nicht helfen. – Auch ist derzeit – möge es meinetwegen jeder wissen – mein persönlicher Einfluß auf den Herrscher nicht so groß, daß ich auch nur die kleinste Gunst von ihm erbitten dürfte. – Was und wer bewog dich, Mädchen, dich an mich zu wenden?»

«Ihr selbst, Sir.»

«Ich selbst?» erwiderte er. «Ich bin überzeugt, du hast mich nie zuvor gesehen.»

«Nein, Sir. Allein die ganze Welt weiß, daß der Herzog von Argyle der Freund seines Landes ist, daß Ihr für das Recht kämpft und für das Recht sprecht und daß Euch keiner gleich ist in unserem heutigen Israel; und so kommen alle, denen Unrecht geschieht, um bei Euch Schirm und Schutz zu suchen, und wenn Ihr nichts tun wollt, das Leben Eurer unschuldigen Landsmännin zu retten – was können wir von Engländern und Fremden erwarten? – Außerdem hatte ich noch einen anderen Grund, Euer Gnaden zu belästigen.»

«Und der ist?» fragte der Herzog.

«Ich habe von meinem Vater gehört, daß Angehörige Euer Gnaden und besonders Euer Großvater und sein Vater in den Zeiten der Verfolgung ihr Leben auf dem Schafott hingegeben haben. Auch meinem Vater widerfuhr die Ehre, im Gefängnis und am Pranger für die gute Sache zu leiden, wie es in den Büchern Peter Walkers, des Hausierers, geschrieben steht – Euer Gnaden kennen ihn wohl, denn er kommt hauptsächlich in das westliche Schottland. Und, Sir, einer, der Anteil an mir nimmt, sagte, ich solle zu Euer Gnaden gehen, denn sein Großvater habe Eurem gnädigen Großvater einen wichtigen Dienst geleistet, wie Ihr aus diesen Papieren ersehen könnt.»

Mit diesen Worten übergab sie dem Herzog das Päckchen, das sie von Butler empfangen hatte. Er öffnete den Umschlag und las darin mit einiger Verwunderung: «Musterrolle der Männer, die in der Truppe des frommen Hauptmanns Salathiel Bangtext dienen: Obadiah Muggleton, Sin-Despise Doubleknock, Stand-fast-in-faith Gipps, Turn-to-the-right Thwackaway. – Was zum Henker ist das? Eine Liste von Praise-God Barebones Parlament, dünkt mich, oder des alten Nolls evangelischem Heer – nach den Namen zu urteilen. – Aber was bedeutet das alles, mein Kind?»

«Das andere Papier, Sir», sagte Jeanie etwas beschämt über den Irrtum.

«Oh, wahrhaftig, das ist die Handschrift meines unglücklichen Großvaters: ‹Allen, die dem Hause Argyle zugetan sind, bezeuge dies, daß Benjamin Butler, von Monks Dragonern, mit Gottes Hilfe das Werkzeug gewesen ist, mein Leben aus den Händen von vier englischen Reitern zu retten, die im Begriff waren, mich zu töten, und da im Augenblick kein anderes Mittel in meiner Macht steht, mich ihm dafür erkenntlich zu zeigen, gebe ich ihm dieses Zeugnis, in der Hoffnung, es könne ihm oder den Seinigen, so diese unruhigen Zeiten überleben, nützlich sein, und beschwöre alle meine Freunde, Verwandten, Pächter und wer sonst etwas für mich tun will, sei es in den Hoch- oder Unterlanden, besagten Benjamin Butler und seine Freunde oder Verwandten zu schützen und zu fördern und ihnen in allen rechtmäßigen Dingen solche Hilfe und Unterstützung angedeihen zu lassen, wie es dem Dienst, den er mir erwiesen hat, entspricht; welches ich mit meiner Namensunterschrift bekräftige: *Lorne.*› Das ist allerdings eine mächtige Beschwörung. Dieser Benjamin Butler war wohl dein Großvater? – Denn für seine Tochter scheinst du mir zu jung.»

«Es war kein Verwandter von mir, Sir, er war der Großvater eines – eines Nachbarsohnes, der es sehr gut mit mir meint», sie machte einen kleinen Knicks dabei.

«Oh, ich verstehe», sagte der Herzog, «eine Herzensangelegenheit. Er war der Großvater eines jungen Mannes, mit dem du verlobt bist?»

«Mit dem ich verlobt war, Sir», sagte Jeanie seufzend, «aber die unglückliche Geschichte mit meiner armen Schwester...»

«Was?» sagte der Herzog schnell. «Er hat dich doch nicht etwa deswegen sitzenlassen?»

«Nein, Sir, er wäre wohl der letzte, einen Freund in der Not zu verlassen», sagte Jeanie, «aber ich muß an ihn so gut denken wie an mich. Er ist Geistlicher, Sir, und es würde sich nicht für ihn schicken, mich zu heiraten, bei der Schande meiner Familie.»

«Du bist ein wunderliches Mädchen», sagte der Herzog. «Es scheint mir, du denkst an alle anderen eher als an dich selbst. Und bist du wirklich wegen dieses hoffnungslosen Gesuchs von Edinburgh zu Fuß hergekommen?»

«Nicht ganz und gar zu Fuß, Sir», antwortete Jeanie. «Zuweilen nahm mich ein Frachtwagen mit, und von Ferrybridge an hatte ich ein Pferd und dann eine Kutsche...»

«Schon gut», unterbrach sie der Herzog. «Welchen Grund hast du, deine Schwester für unschuldig zu halten?»

«Daß ihre Schuld nicht bewiesen worden ist, wie aus diesen Papieren hervorgeht.»

Sie übergab ihm einen Auszug aus dem Verhandlungsprotokoll und Abschriften der Erklärung ihrer Schwester. Diese Papiere hatte Butler sich sogleich nach ihrer Abreise verschafft, und Saddletree hatte sie nach London an Mrs. Glass geschickt, so daß Jeanie diese für ihr Anliegen so notwendigen Schriftstücke bei ihrer Ankunft bereits vorfand.

«Setze dich dort auf den Stuhl, mein gutes Kind», sagte der Herzog, «bis ich die Papiere durchgesehen habe.»

Sie gehorchte und spähte mit der höchsten Angst nach jedem Wechsel seiner Miene, während er die Papiere schnell, aber mit Aufmerksamkeit durchflog und sich dabei Notizen machte. Nachdem er sie gelesen hatte, blickte er auf und schien etwas sagen zu wollen, änderte jedoch seinen Vorsatz, als befürchte er, sich zu übereilen, wenn er seine Meinung allzurasch ausspräche, und überlas einige Stellen nochmals, die er sich als die wichtigsten angezeichnet hatte. All dies geschah in ungewöhnlich kurzer Zeit, denn er besaß eine schnellere Auffassungsgabe als die meisten Menschen und einen durchdringenden, intuitiven Blick für das, worauf es bei einer Sache im wesentlichen ankam.

Nach einigen Minuten tiefen Sinnens stand er auf. – «Mein Kind», sagte er, «es ist in der Tat ein hartes Urteil, das deiner Schwester gesprochen worden ist.»

«Gott segne Euch, Sir, für dieses Wort!» sagte Jeanie.

«Es scheint dem Geist des britischen Rechts zuwider», fuhr der Herzog fort, «das für wahr anzunehmen, was nicht bewiesen ist, oder ein Verbrechen mit dem Tod zu bestrafen, das trotz allem, was der Staatsanwalt vorgebracht hat, vielleicht überhaupt nicht begangen worden ist.»

«Gott segne Euch, Sir!» sagte Jeanie wieder. Sie war von ihrem Sitz aufgestanden, hatte die Hände gefaltet und lauschte, während ihre Augen durch Tränen glänzten und ihre Mundwinkel zitterten, mit ängstlich gespannter Miene begierig jedem Wort, das der Herzog zu ihr sprach.

«Aber ach, mein armes Kind!» fuhr dieser fort. «Was hilft dir meine Meinung, wenn ich nicht auch diejenigen davon überzeugen kann, in deren Hände das Gesetz das Leben deiner Schwester gelegt hat? Außerdem bin ich kein Rechtsgelehrter; ich muß erst mit einigen unserer schottischen Rechtskundigen darüber sprechen.»

«Ach, Sir, was Euer Gnaden recht und billig erscheint, wird es gewiß auch ihnen sein», antwortete Jeanie.

«Wer weiß», erwiderte der Herzog. «Jeder schnallt den Gürtel nach seiner Weise – du kennst wohl unser altes schottisches Sprichwort? Doch du sollst mir dieses Zutrauen nicht vergebens bewiesen haben. Laß mir diese Papiere, morgen oder übermorgen sollst du von mir hören. Sieh nur zu, daß du bei Mrs. Glass daheim bist und halte dich bereit, sofort zu mir zu kommen. Es ist unnötig, daß Mrs. Glass sich die Mühe macht, dich zu begleiten – und noch eins, kleide dich bitte wieder genauso, wie du es jetzt bist.»

«Ich hätte einen Hut aufgesetzt, Sir», sagte Jeanie, «aber Euer Gnaden wissen ja, daß es bei uns für unverheiratete Frauen nicht Sitte ist, und ich dachte», sie sah nach dem Zipfel ihres Tuchs, «so viele hundert Meilen weit von der Heimat würde das Tartan Euer Gnaden Herz wärmen.»

«Du hast ganz recht gedacht», sagte der Herzog. «Ich kenne den ganzen Wert des jungfräulichen Haarschmucks, und MacCallummores Herz muß erst so kalt sein, wie der

Tod es machen kann, wenn es der Anblick des Tartan-Plaids nicht mehr erwärmt. – Geh nun und sorge dafür, daß du zu Hause bist, wenn ich jemand nach dir schicke.»

«Gewiß, Sir», erwiderte Jeanie, «ich habe auch ganz und gar keine Lust, in dieser schrecklichen Häuserwüste nach Sehenswürdigkeiten umherzulaufen. Aber, wenn ich Euer Gnaden dies sagen darf: wenn Euer Gnaden sich herablassen, mit irgend jemand zu sprechen, der vornehmer ist als Ihr selbst – wenn es nicht unhöflich ist, das anzunehmen –, so denkt doch bitte daran, daß zwischen Euch und jenem kein so großer Unterschied sein kann wie zwischen der armen Jeanie Deans von St. Leonard's und dem Herzog von Argyle, und laßt Euch nicht durch die erste unfreundliche Antwort abschrecken.»

«Ich pflege mir nicht eben viel aus unfreundlichen Antworten zu machen», sagte der Herzog lachend. «Hoffe jedoch nicht zuviel von dem, was ich versprochen habe. Ich werde mein Bestes tun, aber die Herzen der Könige stehen in Gottes Hand.»

Jeanie knickste tief und zog sich zurück. Des Herzogs Kammerdiener geleitete sie zu ihrer Mietskutsche – mit einer Achtung, die vermutlich weniger ihrer Erscheinung galt als vielmehr der Länge der Unterredung, womit sein Herr sie beehrt hatte.

36. Kapitel

> Ersteig mit mir,
> dieweil der Sommer strahlt in voller Pracht,
> den schönen Hügel dort, und unser Blick
> soll durch die unbegrenzte Landschaft schweifen.
>
> *Thomson*

Von ihrer gefälligen und freundlichen, doch etwas schwatzhaften Verwandten, Mrs. Glass, hatte Jeanie ein genaues Verhör auszustehen, während sie nach der Strand zurückkehrten, wo die «Distel», der allen Schotten höheren und niederen Standes wohlbekannte Laden der guten Frau, in vollem Glanz mit seiner Inschrift «Nemo me impune» prangte.

«Und hast du ihn auch immer hübsch Euer Gnaden genannt?» fragte die gute Alte. «Denn man muß einen Unterschied machen zwischen MacCallummore und diesen Leutchen, die sie hier im Süden auch Lords nennen – es gibt so viele davon, Jeanie, daß man schier denken möchte, es kostete nur wenig, welche zu machen. Einigen von ihnen würde ich für keinen Penny schwarzen Rapee borgen, und bei anderen würde ich mir nicht mal die Mühe machen, eine Papiertüte für sie zu drehen. – Aber ich hoffe, du hast dich beim Herzog wie ein gebildetes Mädchen betragen, denn wofür sollte er deine Freunde in London halten, wenn du ihn mit Lord angeredet hättest, wo er doch Herzog ist.»

«Er schien sich nicht viel draus zu machen», sagte Jeanie, «er sah, daß ich vom Land bin.»

«Soso», antwortete die gute Alte. «Nun – Seine Gnaden kennt mich recht gut, und so bin ich weniger in Sorge deshalb. Ich fülle ihm niemals seine Schnupftabaksdose, ohne daß er sagt: ‹Wie geht's, meine liebe Mrs. Glass? Was machen all unsere Freunde im Norden?› oder auch: ‹Habt Ihr kürzlich was aus dem Norden gehört?› – Und siehst du, dann mache ich meinen besten Knicks und antworte: ‹Herr Herzog, ich hoffe, Euer Gnaden hohe Frau Herzogin und Euer Gnaden junge Fräuleins sind alle bei bestem Wohlsein, und ich hoffe, Euer Gnaden sind noch immer mit dem Tabak zufrieden.› Und dann solltest du die Leute im Laden sehen, was sie für Augen machen, und wenn ein Schotte da ist – und es sind manchmal ein halbes Dutzend da –, herunter fliegen die Hüte wie der Blitz, und dann sehen sie ihm nach: ‹Da geht der Prinz von Schottland, Gott segne ihn!› – Aber du hast mir ja noch gar nicht erzählt, was er alles mit dir gesprochen hat.»

Jeanie hatte nicht die Absicht, ihr alles mitzuteilen. Sie besaß, wie der Leser vielleicht bemerkt hat, außer der Einfachheit ihrer Landsleute auch etwas von ihrer Vorsicht und Schlauheit. Sie antwortete daher ganz allgemein, der Herzog habe sie sehr teilnehmend angehört und versprochen, sich für ihre Schwester zu verwenden; er werde im Laufe des nächsten oder übernächsten Tages von sich hören lassen. Von seiner Aufforderung, sie solle sich bereit halten, augenblicklich vor ihm zu erscheinen, erwähnte sie lieber nichts, noch weniger von seinem Wink, ihre Wirtin nicht mitzubringen. Die biedere Mrs. Glass mußte sich daher mit dem obenerwähnten allgemeinen Bericht begnügen, nachdem sie alles versucht hatte, mehr aus Jeanie herauszubekommen.

Man kann sich leicht denken, daß Jeanie am nächsten Tag alle Einladungen und Vorschläge von Mrs. Glass, auszugehen und sich die Stadt anzusehen oder einen Spaziergang zu machen, ablehnte und lieber weiterhin die etwas nach dem Gewerbe ihrer Wirtin riechende, stickige Luft des kleinen Wohnzimmers von Mrs. Glass atmete. Es verdankte diesen Geruch einem gewissen Schrank, der unter anderen Dingen einige Büchsen echten Havanna enthielt, die Mrs. Glass entweder aus Achtung vor der kostbaren Ware oder aus ehrfürchtiger Scheu vor dem Zollbeamten nicht unten im Laden selbst aufbewahren wollte und die dem Zimmer einen Duft mitteilten, der den Nasen der Kenner vielleicht erfreulich, doch der Jeanies nicht sehr angenehm war.

Du lieber Gott, dachte sie, ich weiß nicht, warum meine Base solchen Wert auf ihren seidenen Mantel und ihre goldene Uhr oder sonst etwas in der Welt legt, daß sie ihr ganzes Leben in diesem kleinen, stickigen Raum sitzen und niesen mag, wo sie über grüne Hügel wandern könnte, wenn sie wollte. Mrs. Glass ihrerseits war ebenso verwundert über die Gleichgültigkeit ihrer Base gegen die Sehenswürdigkeiten Londons und ihre Unlust, auszugehen und sie sich anzuschauen. «Es vertreibt einem doch die Zeit», sagte sie, «irgendwas anzusehen, auch wenn man Kummer hat.» Aber Jeanie war nicht zu überreden.

Den Tag nach ihrer Unterredung mit dem Herzog verbrachte sie in jener «bangen Erwartung, die das Herz krank macht». Minute um Minute – Stunde um Stunde verstrich. Es wurde später und später und immer unwahrscheinlicher, heute noch vom Herzog zu hören; dennoch mochte Jeanie die Hoffnung nicht aufgeben, obwohl sie wußte, wie unvernünftig sie war. Ihr Herz pochte, und es sauste in ihren Ohren bei jedem zufälligen Geräusch im Laden unten. Umsonst – der Tag ging hin in der Qual zermürbenden und vergeblichen Wartens.

Der nächste Morgen begann auf dieselbe Weise. Aber kurz vor Mittag betrat ein gutgekleideter Herr den Laden von Mrs. Glass und fragte nach einem jungen Mädchen aus Schottland.

«Das wird meine Base sein, Jeanie Deans, Mr. Archibald», sagte Mrs. Glass mit einem Begrüßungsknicks. «Habt Ihr ihr etwas von Seiner Gnaden, dem Herzog von Argyle, auszurichten, Mr. Archibald? Ich werde es ihr im Augenblick bestellen.»

«Ich muß Eure Base bitten, sich selbst herunterzubemühen, Mrs. Glass.»

«Jeanie – Jeanie Deans!» schrie Mrs. Glass die kleine Treppe hinauf, die vom Laden in das obere Stockwerk führte. «Jeanie – Jeanie Deans, hör doch! Komm geschwind herunter; des Herzogs von Argyle Kammerdiener ist hier und will dich sofort sprechen.» Dies wurde mit der lautesten Stimme verkündigt, damit alle, die im Laden waren, diese wichtige Mitteilung ja hören sollten.

Man kann sich denken, daß Jeanie nicht lange säumte, der Aufforderung Folge zu leisten; doch ihre Füße versagten ihr fast den Dienst, als sie die Treppe herabkam.

«Ich muß Euch um die Gefälligkeit bitten, mich ein wenig zu begleiten», sagte Archibald höflich.

«Ich bin bereit, Sir», sagte Jeanie.

«Geht meine Base aus, Mr. Archibald? Dann werde ich mitkommen. – James Rasper! Paß auf den Laden auf, James. – Mr. Archibald», sie schob ihm einen Steinkrug hin, «Ihr schnupft doch die Mischung Seiner Gnaden, nicht wahr? Füllt Euch bitte Eure Dose – aus alter Bekanntschaft –, während ich mich anziehe.»

Mr. Archibald tat ein wenig Tabak aus der Kruke in seine Dose, sagte aber, daß er leider nicht das Vergnügen der Begleitung von Mrs. Glass haben könne, da sein Auftrag das junge Mädchen allein beträfe.

«Das junge Mädchen allein?» sagte Mrs. Glass. «Ob sich das schickt, Mr. Archibald? Aber Seine Gnaden müssen es am besten wissen, und Ihr seid ein gesetzter Mensch, Mr. Archibald. Einem jeden aus dem Haus eines großen Mannes würde ich meine Base nicht anvertrauen. – Aber, Jeanie, du kannst mit Mr. Archibald nicht in dem Tartan durch die Straßen gehen, als wärst du mit einer Herde Hochlandvieh gekommen. Warte, ich hole dir meinen seidenen Mantel herunter. Die Gassenbuben laufen dir ja nach.»

«Ich habe eine Mietskutsche draußen, Madam», unterbrach Archibald die dienstfertige alte Dame, der Jeanie sonst schwerlich entwischt wäre, «und kann ihr leider die Zeit nicht mehr lassen, sich umzukleiden.»

Damit nötigte er Jeanie in die Kutsche, während sie im stillen die ungezwungene Art bewunderte und pries, womit er den zudringlichen Anerbietungen und Fragen von Mrs. Glass auszuweichen wußte, ohne seines Herrn Befehle zu erwähnen oder sich in eine Erklärung einzulassen.

Beim Einsteigen in die Kutsche setzte sich Mr. Archibald unserer Heldin gegenüber auf den Vordersitz, und sie fuhren eine Zeitlang dahin, ohne ein Wort miteinander zu wechseln. Nach etwa einer halben Stunde, die sie so schweigend zurückgelegt hatten, schien es Jeanie, als entspräche weder die Zeit noch die Entfernung derjenigen ihrer früheren Fahrt nach und von der Wohnung des Herzogs von Argyle. Endlich konnte sie sich nicht enthalten, ihren schweigsamen Begleiter zu fragen: «Wohin fahren wir?»

«Der Herr Herzog wird es Euch selbst sagen, mein Fräulein», antwortete Archibald mit derselben würdevollen Höflichkeit, die er in seinem ganzen Betragen zeigte. Kaum hatte er geendet, so hielt der Wagen an, der Kutscher kletterte herab und öffnete den Schlag. Archibald stieg aus und half Jeanie beim Verlassen der Kutsche – sie sah sich auf einer großen, breiten Chaussee außerhalb Londons. Auf der anderen Seite der Straße stand ein einfacher, mit vier Pferden bespannter Wagen; die Türen trugen kein Wappen und die Diener keine Livree.

«Du bist pünktlich gewesen, sehe ich, Jeanie», sagte der Herzog von Argyle, als Archibald den Wagenschlag öffnete. «Du mußt mich für den Rest des Weges begleiten. Archibald wird mit der Mietskutsche hier warten, bis du zurückkommst.»

Ehe Jeanie antworten konnte, fand sie sich zu ihrem nicht geringen Erstaunen an der Seite eines Herzogs in einem rasch und sanft dahinrollenden Wagen, der sich in beider Hinsicht merklich von dem schwerfällig rüttelnden Gefährt unterschied, das sie soeben verlassen hatte und das gerade durch seine Schwerfälligkeit und sein Rütteln jemandem, der vordem selten in einer Kutsche gefahren war, ein gewisses Gefühl der Würde und Wichtigkeit gab.

«Mein Kind», sagte der Herzog, «ich habe die Angelegenheit deiner Schwester nochmals gründlich überdacht und bin nach wie vor der Meinung, daß die Vollstreckung des Urteils höchst ungerecht wäre. Derselben Ansicht sind auch einige scharfsinnige und wohlwollende Rechtskundige beider Länder, mit denen ich darüber gesprochen habe. – Nein, hör mich erst zu Ende, ehe du mir dankst. – Ich habe dir schon gesagt, daß meine persönliche Überzeugung wenig zu bedeuten hat, wenn ich nicht auch andere dazu überreden kann. Ich habe deshalb für dich etwas getan, was ich gewiß nicht getan hätte, um etwas für mich zu erlangen – ich habe eine Audienz bei einer Dame erbeten, die verdientermaßen großen Einfluß auf den König hat. Sie ist mir bewilligt worden, und ich möchte nun, daß du sie siehst und selbst mit ihr sprichst. Du brauchst nicht ängstlich zu sein; erzähle ihr nur deine Geschichte ganz einfach so, wie du sie mir erzählt hast.»

«Ich bin Euer Gnaden sehr dankbar», sagte Jeanie, der Weisung ihrer Base eingedenk, «und ich bin sicher, da ich den Mut hatte, über die Angelegenheit der armen Effie mit Euer Gnaden zu sprechen, so werde ich mich gewiß weniger schämen, mit einer Dame davon zu sprechen. Aber, Sir, ich möchte gern wissen, wie ich sie anreden muß, ob Euer Gnaden oder Euer Lordschaft, wie wir zu den Lairds und Ladies in Schottland sagen, und ich werde mir Mühe geben, darauf zu achten, denn ich weiß, Frauen halten mehr als Männer auf ihre Titel.»

«Du brauchst sie bloß Madam zu nennen, nicht anders. Sage nur das, wovon du glaubst, es könne am meisten Eindruck machen; sieh mich von Zeit zu Zeit an – wenn ich meine Hand an meine Halsbinde lege», er zeigte es ihr, «so halte inne; ich werde dies indessen nur tun, wenn du etwas sagst, was vielleicht mißfallen könnte.»

«Aber, Sir – Euer Gnaden», sagte Jeanie, «wenn es Euch nicht zuviel Mühe macht – wäre es nicht besser, Ihr sagtet mir, was ich sprechen soll, und ich lernte es auswendig?»

«Nein, Jeanie, das würde nicht dieselbe Wirkung haben. Es wäre wie eine abgelesene Predigt, der wir echten Presbyterianer, wie du weißt, weniger Kraft zutrauen als einer frei gesprochenen», erwiderte der Herzog. «Sprich mit dieser Dame nur gerade so einfach und dreist, wie du es vorgestern mit mir getan hast, und wenn du sie gewinnen kannst, so will ich mit dir um einen Dreier wetten, wie wir im Norden sagen, daß du die Begnadigung vom König erlangst.»

Damit zog er eine Flugschrift aus der Tasche und begann zu lesen. Jeanie besaß Verstand und Takt genug, die zusammen das ergeben, was man natürliche gute Erziehung nennt. Sie nahm des Herzogs Tun als einen Wink, daß er nicht weiter gefragt sein wolle, und schwieg.

Der Wagen rollte schnell durch üppige, mit prächtigen alten Eichen geschmückte Wiesen dahin. Hier und da wurde der schimmernde Spiegel eines majestätischen, breit und ruhig dahinfließenden Stroms sichtbar. Nachdem sie durch ein anmutiges Dorf gekommen waren, hielt der Wagen auf einer Anhöhe still. Hier stieg der Herzog aus und forderte Jeanie auf, ein Gleiches zu tun. Sie blieben einen Augenblick auf dem Hügel stehen, um die unvergleichliche Schönheit der englischen Landschaft zu betrachten, die sich ihnen ringsumher darbot. Ein von dichtbelaubten Gebüschen und Wäldchen durchzogenes und unterteiltes grünes Wiesenmeer lag vor ihnen, auf dem zahllose Herden von Schafen, Ziegen und Kühen weideten, die frei und ungebunden durch die reichen Triften zu schweifen schienen. Die Themse, hier von Landhäusern überragt und dort mit Wäldern umkränzt, floß langsam und ruhig dahin, als sei sie die mächtige Königin des Ganzen, der alle anderen Schönheiten untergeordnet waren, und wiegte auf ihren Wellen Hunderte von Barken und Booten, deren weiße Segel und lustig flatternde Wimpel dem Bild Leben verliehen.

Der Herzog von Argyle war mit dem Anblick dieser unvergleichlichen Landschaft wohlvertraut, doch auf ein empfängliches Gemüt macht sie immer wieder Eindruck. Er betrachtete sie eine Zeitlang schweigend mit dem Entzücken, das sie in jedem erregen muß, der Sinn für die Schönheiten der Natur hat; dabei gedachte er unwillkürlich seiner eigenen großartigeren und kaum weniger schönen Besitzungen in Inverary.

«Ein herrliches Fleckchen Erde», sagte er zu seiner Begleiterin, neugierig vielleicht, ihre Meinung zu vernehmen, «so etwas haben wir nicht in Schottland.»

«Es ist eine prächtige fette Weide für die Kühe, und sie haben auch einen schönen Schlag Vieh hier», erwiderte Jeanie, «aber ich muß sagen, ich sehe die Felsen von Arthurs Sitz und die See dahinter ebensogern wie diese vielen grünen Bäume.»

Der Herzog lächelte über die Antwort, die Heimatstolz mit praktischem Sinn verband, und gab der Kutsche ein Zeichen, zu bleiben, wo sie war. Dann schlug er einen unbetretenen Fußweg ein und führte Jeanie durch mehrere verschlungene Irrgänge zu einem Hinterpförtchen in einer hohen Ziegelmauer. Es war verschlossen; doch als der Herzog leise anpochte, sah jemand von innen durch ein kleines, vergittertes Guckloch und öffnete ihnen. Sie traten ein, und das Pförtchen wurde augenblicklich wieder hinter ihnen geschlossen und verriegelt. All dies geschah sehr schnell, und die Person, die sie eingelassen hatte, verschwand so plötzlich, daß Jeanie sich von ihrem Aussehen kein Bild machen konnte.

Sie befanden sich am Ende einer langen und schmalen Allee; der Boden war mit grünem, saftigem, kurzgeschorenem Rasen gleichsam wie mit einem Samtteppich ausgelegt, und über ihnen schlossen sich die Wipfel hoher Ulmen wie ein schirmendes Dach zusammen. Das feierliche Halbdunkel, die Säulenreihen der Stämme und die Wölbung der dichtverflochtenen Zweige verliehen der Allee einige Ähnlichkeit mit einem der engen Seitenschiffe in einem alten gotischen Dom.

37. Kapitel

…Ich bitte Euch –
die Tränen fleh'n Euch an, die keuschen Hände,
die nur zu heiligen Dingen sich erhoben,
Wesen wie Ihr. Ihr seid für uns ein Gott,
seid denn wie Gott – voll Gnade und Erbarmen.

Der blutige Bruder

Obwohl Jeanie durch das höfliche Betragen ihres vornehmen Landsmannes mutiger geworden war, fühlte sie doch etwas wie Schrecken, als sie sich an einem anscheinend so einsamen Ort allein mit einem Mann von so hohem Rang fand. Daß sie den Herzog in seinem eigenen Haus hatte aufsuchen dürfen und dort mit ihm eine lange Unterredung gehabt hatte, war an sich schon ein außergewöhnliches und wunderbares Ereignis im Ablauf eines so einfachen Lebens wie des ihrigen; aber daß sie sogar auf einer Landfahrt seine Begleiterin gewesen war und sich nun plötzlich mit ihm allein an einem so entlegenen Ort befand, hatte etwas bedrückend Geheimnisvolles an sich. Eine romantische Heldin hätte vielleicht den Argwohn gehegt, der Herzog sei der Macht ihrer Reize erlegen, aber Jeanie war zu verständig, um einem so törichten Verdacht Raum zu geben. Dennoch hatte sie den eifrigen Wunsch, zu wissen, wo sie denn wäre und wem sie vorgestellt werden sollte.

Sie bemerkte, daß die Kleidung des Herzogs zwar noch immer seinem Stand und Rang entsprach (denn es war damals bei Standespersonen noch nicht Sitte, sich wie ihre Diener oder Kutscher zu kleiden), doch schlichter war als das, worin sie ihn bei der früheren Gelegenheit gesehen hatte, und besonders all jener Zeichen äußeren Schmucks entbehrte, die auf eine höhere Würde seines Trägers hindeuteten. Kurz, der Herzog war so einfach gekleidet, wie eine Standesperson es auf einem Morgenspaziergang in den Straßen Londons nur sein konnte, und dieser Umstand trug nicht wenig dazu bei, Jeanie wieder von einem Gedanken abzubringen, der ihr gekommen war, daß nämlich der Herzog sie vielleicht hierhergeführt habe, damit sie ihr Anliegen der Königin selbst vortrage. – Aber gewiß, dachte sie, hätte er seinen glänzenden Stern und seine Schärpe angelegt, wenn er vor das Antlitz Ihrer Majestät zu treten beabsichtigte – und überdies sieht dies hier ja mehr wie der Landsitz eines Edelmannes aus und nicht wie ein königlicher Palast.

Dieser Gedankengang war nicht so verkehrt; doch kannte Jeanie weder die Hofsitte selbst genügend noch die besonderen Beziehungen zwischen dem Herzog von Argyle und der Krone, um sich ein richtiges Urteil bilden zu können. Der Herzog stand, wie bereits erwähnt, gerade um diese Zeit in offenem Gegensatz zu der Regierung Sir Robert Walpoles; und es hieß, er sei bei der königlichen Familie, der er so wichtige Dienste erwiesen hatte, in Ungnade gefallen. Aber es war ein Grundsatz der Königin Caroline, sich gegenüber ihren politischen Freunden mit solcher Vorsicht zu betragen, als ob sie eines Tages ihre Feinde werden könnten, und gegen politische Widersacher mit ebensolcher Behutsamkeit zu verfahren, um sie sich wieder zu Freunden zu machen. Seit Margarete von Anjou hatte keine Gemahlin eines Königs solchen Einfluß auf die politischen Angelegenheiten Englands ausgeübt, und die persönliche Liebenswürdigkeit, die sie bei vielen Gelegenheiten entfaltete, hatte keinen geringen Anteil daran, eine ganze Anzahl abtrünniger entschiedener Tories zurückzugewinnen, die, nachdem das Haus Stuart in der Person der Königin Anne ausgestorben war, lieber ihrem Bruder, dem Chevalier de St. George, huldigen als sich mit dem Übergang der Krone an das Haus

Hannover zufriedengeben wollten. Ihr Gemahl, dessen hervorragendste Eigenschaft Mut auf dem Schlachtfeld war, empfand das Amt des Königs von England als eine Last und vermochte weder sich englische Gewohnheiten anzueignen noch mit englischer Sinnesart vertraut zu werden; so verließ er sich ganz auf die Geschicklichkeit seiner Gemahlin, und während er eifersüchtig so tat, als geschehe alles nach seinem Gefallen und Willen, war er insgeheim einsichtig genug, den Rat seiner gewandteren und klügeren Gemahlin anzunehmen und zu befolgen. Er betraute sie mit dem heiklen Amt, die verschiedenen Grade der Gunstbezeigungen zu bestimmen, die nötig waren, um Schwankende zu Anhängern zu machen, oder solche, die es schon waren, darin zu bestärken oder Abtrünnige zurückzuerobern.

Bei all der gewinnenden Liebenswürdigkeit einer schönen und für die damalige Zeit gebildeten Frau besaß Königin Caroline die männliche Seele des anderen Geschlechts. Sie war von Natur stolz und konnte Äußerungen ihres Unwillens bei all ihrer Höflichkeit nicht immer unterdrücken; doch war niemand eher bereit als sie, einen falschen Schritt dieser Art wiedergutzumachen, wenn ihr Verstand über ihre Leidenschaften die Oberhand gewann. Sie liebte den wirklichen Besitz der Macht mehr als deren äußeren Schein, und auch dann, wenn sie selbst etwas tat, was klug oder volkstümlich war, wünschte sie doch immer, daß der König davon den ganzen Ruhm und Nutzen hätte; sie wußte, daß sie, wenn sie sein Ansehen mehrte, ihr eigenes am besten behauptete. Ihr Eifer, seinen Neigungen nachzukommen, ging so weit, daß sie sich bei gelegentlichen Gichtanfällen wiederholt und ohne Rücksicht auf ihre Gesundheit und selbst ihr Leben durch den Gebrauch kalter Bäder so weit wiederherzustellen suchte, daß sie den König auf seinen Spaziergängen begleiten konnte.

Außerordentlich bezeichnend für den Charakter der Königin Caroline war es auch, daß sie einen umfangreichen privaten Briefwechsel mit Personen unterhielt, denen sie öffentlich scheinbar nicht wohlwollte oder die sich aus verschiedenen Gründen mit dem Hofe schlecht standen. Dadurch hielt sie die Fäden mancher politischen Intrige in der Hand und konnte so, ohne persönlich hervorzutreten, oft verhindern, daß Unzufriedenheit zu Haß wurde oder Opposition in offene Rebellion ausbrach. Wenn durch irgendeinen unglücklichen Zufall ihr Briefwechsel mit solchen Personen bekannt wurde – was zu verhindern sie sich alle erdenkliche Mühe gab –, so wurde diese Verbindung als ein bloßer gesellschaftlicher Verkehr hingestellt, der mit Politik nichts zu tun habe; eine Antwort, mit der sich selbst der Premierminister Sir Robert Walpole zufriedengeben mußte, als er entdeckte, daß die Königin seinem erbittertsten und furchtbarsten Feind Pulteney, dem späteren Earl of Bath, eine Privataudienz gewährt hatte.

Es läßt sich leicht denken, daß Königin Caroline, die so mit mehreren Personen in Verbindung blieb, die der Krone scheinbar ganz entfremdet waren, sich auch gehütet hatte, völlig mit dem Herzog von Argyle zu brechen. Seine hohe Geburt, seine reiche Begabung, das Ansehen, das er in seinem Land genoß, und die großen Dienste schließlich, die er dem Haus Braunschweig im Jahre 1715 geleistet hatte, machten ihn zu einer der bedeutendsten Persönlichkeiten, die man nicht leichtfertig vernachlässigen durfte. Er hatte fast nur durch sein persönliches Auftreten, ohne jede weitere Unterstützung, die vereinigten Streitkräfte der Hochland-Häuptlinge von einem Einfall in England abgehalten; es war kein Zweifel, daß es nur des geringsten Winkes von ihm bedurfte, um sie alle zum Aufstand zu bringen und den Bürgerkrieg zu erneuern; auch wußte man, daß der Hof von St. Germain dem Herzog die schmeichelhaftesten Anträge gemacht hatte. Die Gemütsart und die Stimmung seiner Landsleute waren noch wenig bekannt; man betrachtete Schottland als einen Vulkan, der wohl eine Reihe von Jahren schlummern mochte, aber immer – und in einem Augenblick, wo man es am wenigsten erwartete – zu einem verheerenden Ausbruch neigte. Es schien daher geraten, mit einer so wichtigen Person wie dem Herzog von Argyle einige Beziehungen aufrechtzuerhalten, und Caroline bediente sich dazu der Vermittlung einer Frau, mit der sie eigentlich als Gemahlin Georges II. auf weniger vertrautem Fuß hätte stehen sollen.

Es zeugt nicht wenig von der Geschicklichkeit und Klugheit der Königin, daß sie eine ihrer vornehmsten Hofdamen, Lady Suffolk, dazu vermocht hatte, in ihrer Person zwei dem Anschein nach so unvereinbare Eigenschaften zu vereinigen wie die der Geliebten ihres Gemahls und die ihrer ergebenen und willfährigen Vertrauten. Durch diesen Meisterstreich sicherte die Königin ihre Macht gegen eine Gefahr, die sie am meisten zu fürchten hatte – den bedrohlichen Einfluß einer ehrgeizigen Nebenbuhlerin; und wenn sie die Demütigung hinnahm, in die Untreue ihres Gatten zu willigen, so war sie wenigstens gegen sich etwa daraus ergebende unheilvolle Wirkungen geschützt und konnte außerdem in aller Höflichkeit «ihrer guten Howard», die sie im allgemeinen mit großer Schonung behandelte, einige boshafte Stiche versetzen.* Lady Suffolk ihrerseits war dem Herzog von Argyle aus Gründen, die man in Horace Walpoles Erinnerungen an die Zeit jener Herrschaft nachlesen kann, sehr verpflichtet, und durch ihre Vermittlung hatte der Herzog gelegentlich einige Briefe mit Königin Caroline gewechselt; doch hatte dies aufgehört, als der Herzog in der Debatte über den Porteous-Aufruhr die Partei seiner Landsleute nahm, den die Königin – wiewohl ohne triftigen Grund – nicht als eine plötzliche Aufwallung der Volksrache ansah, sondern als eine beabsichtigte und vorbedachte Beschimpfung ihrer königlichen Person und Würde. Doch war zwischen dem Herzog und der Königin die Verbindung nicht ganz abgebrochen, wenn auch zur Zeit unterbrochen.

* s. Horace Walpoles «Erinnerungen».

Diese Erklärungen waren zum besseren Verständnis der Vorgänge nötig, die wir jetzt dem Leser schildern wollen.

Aus der engen Allee, durch die sie gekommen waren, bog der Herzog in eine ähnliche, doch breitere und längere ein. Hier stießen sie zum erstenmal, seit sie den Park betreten hatten, auf Menschen.

Es waren zwei Damen, die sich näherten. Eine von ihnen ging ein wenig hinter der anderen, doch nur so viel, daß sie jedes Wort, das die vorangehende an sie richtete, hören und darauf erwidern konnte, ohne daß diese sich hätte umzudrehen brauchen. Während sie langsam herankamen, hatte Jeanie Zeit, ihre Gesichtszüge und Erscheinung genau zu betrachten. Der Herzog verzögerte gleichfalls seine Schritte, als wolle er ihr Zeit lassen, sich zu sammeln, und bat sie wiederholt, sich nicht zu fürchten. Die Dame, welche die Hauptperson zu sein schien, hatte ein sehr angenehmes Gesicht, das nur etwas von den Blattern entstellt war, jener bösen Geißel, die jeder Dorf-Äskulap (dank Jenner) jetzt so leicht zähmen kann, wie sein Schutzgott die Pythonschlange bändigte. Die Augen der Dame waren feurig, ihre Zähne gut und ihre Miene wie geschaffen, nach Belieben Hoheit oder Freundlichkeit auszudrücken. Ihre Gestalt, obwohl etwas beleibt, war nicht ohne Anmut, und ihr fester und federnder Gang ließ keineswegs vermuten, daß sie zuweilen an einem dem Gebrauch der Füße höchst hinderlichen Übel litt. Ihr Gewand war eher reich als hübsch, ihre Haltung gebieterisch und stolz.

Ihre Begleiterin war von kleinerem Wuchs, hatte hellbraunes Haar und ausdrucksvolle blaue Augen. Ihre Gesichtszüge waren nicht ganz regelmäßig, wirkten aber vielleicht dadurch anziehender, als wenn sie vollendet schön gewesen wären. Ein Ausdruck von Schwermut oder wenigstens sinnendem Ernst, der bei ihrem Geschick nur allzu erklärlich war, herrschte vor, wenn sie schwieg, wich indessen einem gutmütigen und liebenswürdigen Lächeln, wenn sie mit jemandem sprach.

Als sie etwa noch zwölf bis fünfzehn Schritte von den beiden Damen entfernt waren, bedeutete der Herzog Jeanie stehenzubleiben; er selbst schritt weiter und machte mit dem ihm eigenen Anstand eine tiefe Verbeugung, die von der Person, der er sich näherte, mit gemessener Würde erwidert wurde.

«Ich hoffe», sagte sie mit leutseligem, herablassendem Lächeln, «ein so großer Fremdling, wie der Herzog von Argyle es seit kurzem am Hof ist, befindet sich bei so guter Gesundheit, wie seine Freunde hier und anderswo es ihm wünschen.»

Der Herzog erwiderte, er habe sich vollkommen wohl befunden, und fügte hinzu, er sei nur durch die Parlamentsgeschäfte und eine kürzliche Reise nach Schottland abgehalten worden, seine höfische Pflicht beim Lever und bei der Cour zu erfüllen, wie er sonst gewünscht hätte.

«Wenn Euer Gnaden für eine so unbedeutende Pflicht Zeit finden *können*», erwiderte die Königin, «werdet Ihr stets willkommen sein und nach Gebühr empfangen werden. Ich hoffe, meine Bereitwilligkeit, dem Wunsch, den Ihr gestern Lady Suffolk gegenüber ausgesprochen habt, zu willfahren, ist ein genügender Beweis dafür, daß mindestens ein Mitglied des königlichen Hauses frühere wichtige Dienste nicht über der jetzigen scheinbaren Vernachlässigung vergessen hat.» Dies wurde in einem halb scherzhaften Ton gesagt und sollte offenbar den Wunsch nach einer Versöhnung ausdrücken.

Der Herzog erwiderte, er würde sich für den unglücklichsten aller Menschen halten, wenn man annehmen könnte, er sei fähig, eine Pflicht zu vernachlässigen, sofern sie nach Art und Umständen angenehm und erwünscht wäre. Er empfinde die Ehre sehr tief, die Ihre Majestät ihm jetzt persönlich erzeige, und er hoffe, ihr bald zu beweisen, daß die Angelegenheit, mit welcher er die Kühnheit habe, sie zu belästigen, auch für Seine Majestät selbst von Wichtigkeit sei.

«Ihr könnt mich nicht mehr verpflichten, mein Herr Herzog», erwiderte die Königin, «als wenn Ihr mir vergönnt, Eure Ansichten und Erfahrungen in allem zu vernehmen, was des Königs Dienst betrifft. Euer Gnaden wissen, daß ich nicht mehr tun kann, als eine Angelegenheit Seiner Majestät zu übermitteln, der sie nach Seiner höheren Weisheit entscheiden wird. Aber wenn die Angelegenheit Euer Gnaden persönlich betrifft, so soll sie darum, weil ich sie vorbringe, nicht minder günstig aufgenommen werden.»

«Es handelt sich nicht um ein eigenes Anliegen, Madam», erwiderte der Herzog, «auch habe ich für mich persönlich nichts vorzubringen, wenngleich ich mir sehr wohl bewußt bin, daß ich tief in Eurer Majestät Schuld stehe. Es handelt sich um ein Anliegen, das Seine Majestät als einen Freund der Gerechtigkeit und Gnade angeht, und das, wie ich überzeugt bin, sehr dazu beitragen kann, die gegenwärtig etwas erregten Gemüter der getreuen Untertanen Eurer Majestät in Schottland zu besänftigen.»

Zweierlei mißfiel Caroline an dieser Rede. Erstens sah sie sich in der schmeichelhaften Hoffnung getäuscht, Argyle habe ihre Vermittlung erbeten, um seinen Frieden mit der Regierung zu machen und die Ämter zurückzuerhalten, die man ihm genommen hatte; und sodann war sie mißvergnügt, daß er davon sprach, die unruhigen Gemüter in Schottland zu besänftigen statt sie zu bestrafen.

Hierdurch gereizt, erwiderte sie hastig: «Daß Seine Majestät gute Untertanen in England hat, Herr Herzog, verdankt er Gott und den Gesetzen – daß er Untertanen in Schottland hat, das, denke ich, dankt er Gott und seinem Schwert.»

Der Herzog, obgleich ein Hofmann, errötete ein wenig. Die Königin erkannte augenblicklich ihren Fehler und fügte, ohne eine Miene zu verziehen, hinzu, als gehörten die

Worte ursprünglich zu dem Satz: «Und den Schwertern echter, dem Haus Braunschweig getreuer Schotten, vorzüglich dem des Herzogs von Argyle.»

«Mein Schwert, Madam», erwiderte der Herzog, «stand und steht wie das meines Vaters immer zur Verfügung meines rechtmäßigen Königs und meines Vaterlandes – ich halte es für unmöglich, die wahren Rechte und Vorteile beider zu trennen. Gegenwärtig jedoch handelt es sich um eine Angelegenheit mehr privater Natur und betrifft eine Eurer Majestät unbekannte Person.»

«Und um welche Angelegenheit, Mylord?» sagte die Königin. «Laßt es mich denn wissen, damit wir uns nicht am Ende noch mißverstehen.»

«Die Angelegenheit, Madam», antwortete der Herzog von Argyle, «betrifft das Schicksal einer unglücklichen jungen Schottin, die kürzlich für ein Verbrechen zum Tode verurteilt wurde, an dem sie höchstwahrscheinlich unschuldig ist. Ich wage daher an Eure Majestät die untertänigste Bitte zu richten, Eure Majestät möchten sich huldvollst beim König für sie verwenden und ihre Begnadigung erwirken.»

Die Königin errötete nun ihrerseits – über Wangen und Stirn, Hals und Busen. Sie schwieg einen Augenblick, als wolle sie mit dem ersten Ausbruch ihres Mißfallens zurückhalten. Endlich erwiderte sie mit dem Ausdruck gemessener Würde und einem strengen, tadelnden Blick: «Herr Herzog, ich will nicht nach den Gründen fragen, warum Ihr Euch an mich mit einer Bitte wendet, die unter den abwaltenden Umständen höchst seltsam erscheint. Als Pair und Mitglied des Geheimen Rates stand Euch der Weg zum König offen; Ihr konntet eine Audienz erbitten und mir die Mühe dieser Unterredung ersparen. Ich wenigstens habe genug von schottischen Begnadigungen.»

Der Herzog war auf diesen Ausbruch des Unwillens vorbereitet und ließ sich dadurch nicht zurückschrecken. Er gab keine Antwort auf diese erste Aufwallung des Mißvergnügens der Königin, sondern verharrte in derselben gelassenen, doch ehrerbietigen Haltung wie zuvor. Die Königin, durch ihre Stellung an Selbstzucht gewöhnt, merkte sofort, daß sie ihrem Ansehen etwas vergeben würde, wenn sie sich weiter von ihrer Leidenschaft hinreißen ließe, und fügte in demselben herablassenden und leutseligen Ton, in dem sie die Unterredung eröffnet hatte, hinzu: «Mylord müssen mir einige Vorrechte meines Geschlechts einräumen und mich nicht zu streng beurteilen, wenn mich der Gedanke an den groben Schimpf, der dem königlichen Ansehen in Eurer Hauptstadt widerfahren ist, gerade zu der Zeit, wo es sich in meiner unwürdigen Person verkörperte, etwas unwillig macht. Euer Gnaden dürfen sich nicht wundern, daß es mich seinerzeit empfindlich gekränkt hat und ich mich jetzt daran erinnern mußte.»

«Es ist allerdings etwas, das sich nicht so leicht vergessen läßt», antwortete der Herzog. «Meine eigenen unmaßgeblichen Ansichten habe ich Eurer Majestät längst dargelegt, und ich muß mich sehr undeutlich ausgedrückt haben, wenn aus meinen Worten nicht mein Abscheu vor einem Mord erhellt hätte, der unter solch ungewöhnlichen Umständen begangen worden ist. Ich bin vielleicht so unglücklich gewesen, anderer Meinung zu sein als die Ratgeber Seiner Majestät, inwieweit nämlich es mit der Gerechtigkeit oder Staatsklugheit zu vereinbaren sei, die Unschuldigen statt der Schuldigen zu strafen. Aber Eure Majestät werden mir, hoffe ich, gestatten, über diesen Gegenstand zu schweigen, da meine Ansichten hierüber nicht den Vorzug genießen, mit denen erfahrenerer Männer übereinzustimmen.»

«Wir wollen einen Gegenstand nicht weiter erörtern, über den wir vermutlich verschiedener Meinung sind», erwiderte die Königin. «Ein Wort jedoch möchte ich im Vertrauen sagen – Ihr wißt, unsere gute Lady Suffolk ist etwas schwerhörig –, wenn der Herzog von Argyle seine Beziehungen zu seinem Herrn und seiner Herrin wieder aufnehmen will, wird er kaum viele Gegenstände finden, über welche wir verschiedener Meinung sind.»

«Laßt mich hoffen», sagte der Herzog, indem er sich bei dieser schmeichelhaften Andeutung tief verbeugte, «daß ich nicht so unglücklich bin, einen solchen bei der gegenwärtigen Gelegenheit gefunden zu haben.»

«Ich muß erst Euer Gnaden die Pflicht zur Beichte auferlegen», sagte die Königin, «ehe ich Euch Absolution erteile. Was für einen besonderen Anteil nehmt Ihr an diesem jungen Mädchen? Es scheint nicht, daß sie sehr geeignet ist –» sie musterte Jeanie bei diesen Worten mit dem Auge einer Kennerin – «meine Freundin, die Herzogin, eifersüchtig zu machen.»

«Ich hoffe», erwiderte der Herzog seinerseits lächelnd, «Eure Majestät werden meinen Geschmack in dieser Hinsicht Bürge für mich sein lassen.»

«Dann ist sie vermutlich, wenn sie auch nicht gerade das air d'une grande dame hat, im 30. Glied – nach diesem schrecklichen schottischen Geschlechtsregister – mit Euch verwandt?»

«Nein, Madam», sagte der Herzog, «doch wünschte ich wohl einigen meiner näheren Verwandten nur die Hälfte ihres Wertes, ihrer Redlichkeit und Selbstlosigkeit.»

«Zum wenigsten heißt sie doch Campbell?» fragte Königin Caroline.

«Nein, Madam, ihr Name ist nicht ganz so erlaucht, wenn es mir erlaubt ist, das zu sagen», antwortete der Herzog.

«Ah! Und aus Inverary oder Argyleshire kommt sie auch nicht?» fragte die Herrscherin.

«Sie ist in ihrem ganzen Leben nie weiter nördlich gewesen als in Edinburgh, Madam.»

«Dann bin ich mit meiner Weisheit am Ende», sagte die Königin, «und Euer Gnaden müssen sich schon die Mühe machen, die Geschichte Eures Schützlings zu erzählen.»

Mit jener Gedrängtheit und leichten Kürze, wie sie nur in den höheren Gesellschaftsschichten durch täglichen Umgang erworben wird und die jenem geschraubten Stil der Rede gerade entgegengesetzt ist, «den manche vornehm, andere Unsinn nennen», erläuterte der Herzog das eigenartige Gesetz, nach dem Effie Deans zum Tode verurteilt worden war, und schilderte die liebevollen Bemühungen, die Jeanie zur Rettung ihrer Schwester unternommen hatte, um derentwillen sie alles, außer Wahrheit und Gewissen, zu opfern bereit war.

Königin Caroline hörte aufmerksam zu; sie liebte es jedoch, wie erinnerlich, zu widersprechen, und hatte bald in dem, was der Herzog ihr erzählte, etwas gefunden, was ihr gestattete, Einwendungen gegen seine Bitte zu erheben.

«Dies Gesetz, Mylord», erwiderte sie, «erscheint mir freilich streng. Aber es ist doch wohl aus triftigen Gründen gegeben worden, muß ich annehmen, es ist Landesgesetz, und das Mädchen ist nach ihm verurteilt worden. Gerade die vom Gesetz vorgesehenen Voraussetzungen für einen gültigen Beweis ihrer Schuld sind in ihrem Fall erfüllt, und alles, was Euer Gnaden hinsichtlich der Möglichkeit ihrer Unschuld gesagt haben, mag vielleicht ein guter Grund sein, das Gesetz aufzuheben, kann aber, solange es besteht, nicht zugunsten einer Person geltend gemacht werden, die durch das Gesetz bereits verurteilt worden ist.»

Der Herzog sah und vermied die Schlinge; er war sich bewußt, wenn er etwas auf den Einwand entgegnete, würde er unvermeidlich in eine Erörterung verwickelt werden, in deren Verlauf die Königin sich auf ihre Meinung versteifen würde, bis sie genötigt war, aus bloßer Konsequenz die Verurteilte ihrem Schicksal zu überlassen.

«Wenn Eure Majestät», sagte er daher, «die Gnade haben wollten, meine arme Landsmännin selbst zu hören, fände sie vielleicht einen Fürsprecher in Eurer Majestät eigenem Herzen, der besser als ich die Bedenken zu zerstreuen vermag, die Eurer Majestät Verstand erhebt.»

Die Königin schien einzuwilligen, und der Herzog gab Jeanie ein Zeichen, näher zu treten. Ängstlich hatte sie bisher von dem Platz aus, wo sie stand, versucht, in den Gesichtern der hohen Personen zu lesen; aber diese waren allzusehr gewohnt, jedes äußere Anzeichen innerer Bewegung zu unterdrücken, als daß sie etwas daraus hätte entnehmen können. Ihrer Majestät entlockte die ehrfurchtsvolle Scheu, womit die unscheinbare Gestalt der kleinen Schottin sich näherte, ein leichtes Lächeln – und er verstärkte sich noch bei dem ersten Laut ihrer breiten nördlichen Mundart. Aber Jeanie hatte eine sanfte, wohllautende Stimme (etwas Wundervolles bei einer Frau), und sie bat «Ihre Gnaden» in so einschmeichelnden Tönen, «Mitleid mit einem armen, mißleiteten jungen Geschöpf zu haben», daß, ähnlich wie in manchen Weisen ihrer Heimat, das Provinzielle ihrer Sprache rührend wie das schlichte Pathos eines Volksliedes klang.

«Steh auf, Mädchen», sagte die Königin freundlich, «und sage mir, was für ein rohes Volk deine Landsleute sind, bei denen der Kindesmord so gewöhnlich geworden ist, daß man mit solchen Gesetzen dagegen einschreiten muß.»

«Euer Gnaden verzeihen», antwortete Jeanie, «es gibt auch Gegenden außerhalb Schottlands, wo Mütter lieblos gegen ihr eigenes Fleisch und Blut sind.»

Es muß hier bemerkt werden, daß die Zwistigkeiten zwischen George II. und Frederick, dem Prinzen von Wales, damals auf ihren Höhepunkt gelangt waren und die Gutmütigeren allgemein der Königin daran schuld gaben. Sie errötete stark und schoß einen durchdringenden Blick zuerst auf Jeanie und dann auf den Herzog. Beide hielten ihn unbewegt aus; Jeanie, weil sie nicht im geringsten ahnte, daß sie soeben etwas Anstößiges gesagt hatte, der Herzog infolge seiner gewohnten Selbstbeherrschung. Allein im stillen dachte er: Die Ärmste hat mit dieser unglücklichen Antwort wie durch einen Zufallstreffer ihre einzige Hoffnung auf Rettung vernichtet.

In diesem gefährlichen Augenblick legte sich wohlwollend und geschickt Lady Suffolk ins Mittel: «Du sollst», sagte sie zu Jeanie, «dieser Dame die besonderen Gründe nennen, warum dieses Verbrechen in deinem Land so häufig ist.»

«Manche meinen, es sei das strenge Kirchenkollegium – das heißt – das heißt – das heißt der Sündenschemel, mit Euer Gnaden Erlaubnis», sagte Jeanie mit niedergeschlagenen Augen und einem Knicks.

«Der was?» fragte Lady Suffolk, welcher der Ausdruck neu und die zudem etwas schwerhörig war.

«Der Stuhl der Buße, Madam, mit Euer Gnaden Erlaubnis», antwortete Jeanie, «wegen Bruchs des sechsten Gebots und leichtfertigen Lebenswandels.»

Hier blickte sie den Herzog an, sah seine Hand am Kinn, und ohne zu wissen, was für eine Ungeschicklichkeit sie denn begangen habe, verdoppelte sie deren Wirkung dadurch, daß sie plötzlich stockte und verlegen schien.

Lady Suffolk zog sich fluchtartig zurück – wie eine Nachhut, die sich zwischen die weichenden Freunde und den Feind geworfen hat und selbst ein unvermutet schweres Feuer erhält.

Der Teufel reitet das Mädchen, dachte der Herzog von Argyle, da feuert sie einen neuen Schuß los – und trifft mit beiden Läufen, links und rechts.

Allerdings setzten die Antworten Jeanies den Herzog in nicht geringe Verlegenheit. Er hatte die Audienz für diese unschuldige Beleidigerin erwirkt; er befand sich ungefähr in der Lage eines Landedelmannes, der seinen Wachtelhund in ein wohleingerichtetes Gesellschaftszimmer mitgebracht hat und nun Zeuge des Schadens sein muß, den seine unzeitigen Sprünge unter dem Porzellan und den Schleppkleidern anrichten. Jeanies letzter Zufallstreffer indessen verwischte den üblen Eindruck, den der erste gemacht hatte; denn Ihre Majestät hatte über den Empfindungen einer Königin nicht so völlig die einer Frau eingebüßt, daß sie sich nicht über einen Hieb gegen «ihre gute Suffolk» gefreut hätte. Sie sah den Herzog von Argyle mit einem Lächeln an, das zeigte, daß sie den Triumph genoß, und bemerkte: «Die Schotten sind strenge Sittenrichter.» Dann wandte sie sich wieder an Jeanie und fragte, wie sie von Schottland hergekommen sei.

«Meistens zu Fuß, Madam», war die Antwort.

«Was, den ganzen ungeheuren Weg zu Fuß? – Wie weit kannst du an einem Tag gehen?»

«Fünfundzwanzig Meilen und ein bissel.»

«Und was?» fragte die Königin, den Herzog von Argyle ansehend.

«Und ein wenig mehr», erwiderte der Herzog.

«Ich dachte, ich wäre auch eine gute Fußgängerin», sagte die Königin, «aber diese beschämt mich doch.»

«Möge Euer Gnaden niemals das Herz so schwer sein, daß Ihr die Schwere Eurer Füße nicht fühlt», sagte Jeanie.

Das kam besser heraus, dachte der Herzog, es ist das erste Mal, daß sie etwas Zweckmäßiges sagt.

«Ich habe auch nicht den ganzen Weg zu Fuß gemacht, zuweilen fuhr ich mit einem Frachtwagen, und von Ferrybridge an hatte ich ein Pferd – und verschiedene andere Erleichterungen», sagte Jeanie, ihre Erzählung kurz abbrechend, denn sie sah, daß der Herzog das verabredete Zeichen machte.

«All dieser Bequemlichkeiten ungeachtet», antwortete die Königin, «muß die Reise sehr anstrengend für dich gewesen sein – und ich fürchte, du hast sie ganz vergeblich unternommen, denn wenn auch der König deine Schwester begnadigen wollte, so würde es ihr wahrscheinlich wenig nützen – deine Edinburgher Landsleute würden sie vermutlich ihm zum Trotz doch hängen.»

Nun wird sie sich vollends zugrunde richten! dachte der Herzog.

Allein, er irrte. Die Klippen, auf die Jeanie in dieser heiklen Unterredung gestoßen war, lagen in der Tiefe und waren ihr unbekannt; diese Sandbank ragte aus dem Wasser hervor, und sie vermied sie.

Sie sei überzeugt, sagte sie, Stadt und Land würden sich freuen, wenn Seine Majestät mit einem armen, verlassenen Geschöpf Mitleid hätte.

«Seine Majestät hat dies letzthin anders gefunden», sagte die Königin, «vielleicht würde der Herr Herzog Ihm raten, den Pöbel selbst darüber abstimmen zu lassen, wer gehängt und wer verschont werden soll?»

«Nein, Madam», sagte der Herzog, «ich würde Seiner Majestät raten, sich von Seinen eigenen Gefühlen und denen Seiner königlichen Gemahlin leiten zu lassen; denn dann, bin ich gewiß, wird die Strafe nur der Schuld folgen und selbst dann mit weisem Zaudern.»

«Nun, Mylord», sagte Ihre Majestät, «all diese schönen Reden überzeugen mich nicht, daß es tunlich ist, Ihrer – ich darf wohl nicht sagen: aufrührerischen? – doch mindestens sehr ungebärdigen und unlenksamen Hauptstadt so schnell eine solche Gunst zu erzeigen. Ist nicht das ganze Volk im Bund, die abscheulichen, wilden Mörder jenes unglücklichen Mannes zu schützen? Wie wäre es sonst möglich, daß von so vielen Frevlern, die an einer so öffentlichen Handlung solch lange Zeit teilgenommen haben, nicht wenigstens einer entdeckt worden ist? Vielleicht weiß sogar dieses junge Ding um das Geheimnis? – Höre, Mädchen, waren wohl welche von deinen Freunden an der Porteous-Verschwörung beteiligt?»

«Nein, Madam», antwortete Jeanie, froh, daß die Frage so gestellt war, daß sie sie mit gutem Gewissen verneinen konnte.

«Aber wenn du ein solches Geheimnis besäßest», fuhr die Königin fort, «würdest du dich vermutlich nicht bedenken, es bei dir zu behalten?»

«Ich würde Gott bitten, daß er mich erleuchtet, was meine Pflicht und Schuldigkeit wäre, Madam», antwortete Jeanie.

«Ja, und dann tun, wozu du Lust hast», erwiderte Ihre Majestät.

«Mit Eurer Erlaubnis, Madam», sagte Jeanie, «ich wäre bis ans Ende der Welt gegangen, um John Porteous oder einem anderen Unglücklichen das Leben zu retten, aber ich weiß nicht, ob ich zu seiner Bluträcherin berufen bin, wenn dies auch der Obrigkeit erlaubt sein mag. Er ist tot und dahin, und diejenigen, die ihn getötet haben, müssen ihr eigenes Tun verantworten. Aber meine Schwester – meine arme Schwester Effie lebt noch, obgleich ihre Tage und Stunden gezählt sind! – Sie lebt noch, und ein Wort aus dem Mund des Königs könnte sie einem alten, gebrochenen Mann wiedergeben, der nie in seinem Morgen- und Abendgebet unterlassen hat, Gott zu bitten, daß Seine Majestät mit einer langen und glücklichen Regierung gesegnet werde und daß sein Thron und der seiner Nachkommen fest stehen möge. O Madam, wenn Ihr je erfahren habt, was es heißt, sich um ein armes, sündhaftes und leidendes Geschöpf zu grämen, deren Gemüt so erschüttert ist, daß sie weder leben noch sterben kann, Ihr erbarmtet Euch unseres Elends! – Bewahrt ein redliches Haus vor Schmach und ein unglückliches Mädchen, das noch nicht achtzehn Jahre alt ist, vor einem frühzeitigen und schrecklichen Tod! – Ach, wenn wir selbst süß schlafen und fröhlich wachen, denken wir nicht der Leiden anderer. Unser Sinn ist dann leicht, und wir kümmern uns nur um unsere eigenen Nöte und kämpfen unsere eigenen Kämpfe. Wenn aber die Stunde des Trübsal für die Seele oder den Leib kommt – möge sie Euer Gnaden selten heimsuchen – und die Stunde des Todes, der weder Hoch noch Niedrig verschont – möge sie Euer Gnaden noch lange fernbleiben –, oh, Euer Gnaden, dann ist nicht das, was wir für uns selbst, sondern was wir für andere getan haben, das, woran wir uns mit Freuden erinnern. Und der Gedanke, daß Ihr Euch für das Leben eines armen, unglücklichen Geschöpfs verwendet habt, wird Euch süßer sein in jener Stunde – sie komme, wann sie wolle –, als wäre auf ein Wort aus Eurem Mund die ganze Porteous-Rotte an einem einzigen Strick aufgehängt.»

Träne auf Träne rann auf Jeanies Wangen herab, ihr Antlitz glühte und ihre Lippen zitterten, als sie die Sache ihrer Schwester in einer ebenso rührenden wie feierlichen Sprache verteidigte.

«Das nenne ich Beredsamkeit», sagte Ihre Majestät zum Herzog von Argyle. – «Mein Kind», fuhr sie zu Jeanie gewandt fort, «ich selbst kann deine Schwester nicht begnadigen – sei jedoch meiner warmen Fürsprache bei Seiner Majestät gewiß. Nimm dies», fuhr sie fort und legte ein kleines, gesticktes Nadelbuch in Jeanies Hände, «öffne es jetzt nicht, sondern zu gelegener Zeit. Du wirst etwas darin finden, das dich daran erinnern soll, daß du mit Königin Caroline gesprochen hast.»

Diese Worte bestätigten endlich Jeanies Vermutung. Sie warf sich auf die Knie und hätte sich in Danksagungen erschöpft, aber der Herzog, der wie auf Kohlen stand und fürchtete, sie könne mehr oder weniger sagen als gerade eben recht sei, legte noch einmal die Hand ans Kinn.

«Unser Geschäft ist nun wohl beendet, mein Herr Herzog», sagte die Königin, «und ich glaube, zu Eurer Zufriedenheit. Ich hoffe, Euer Gnaden künftig öfter zu sehen, sowohl in Richmond wie in St. James. – Kommt, Lady Suffolk, wir wollen Seiner Gnaden Lebewohl sagen.»

Sie verneigten sich gegenseitig zum Abschied, und sobald die Damen den Rücken gekehrt hatten, half der Herzog Jeanie vom Boden auf und führte sie, die wie eine Schlafwandlerin einherging, durch die Allee den Weg zurück, den sie gekommen waren.

38. Kapitel

> Sobald ich kann den grimmen König sänft'gen,
> sollt Ihr in mir den Anwalt sehn.
>
> *Cymbeline*

Schweigend legte der Herzog von Argyle den Weg bis zu dem Pförtchen zurück, das ihnen Einlaß in den Park von Richmond, den langjährigen Lieblingsaufenthalt der Königin Caroline, gewährt hatte. Derselbe halb unsichtbare Pförtner öffnete ihnen, und sie befanden sich außerhalb des Bereichs des königlichen Besitztums. Noch hatte keiner der beiden ein Wort gesprochen. Der Herzog wollte wahrscheinlich seinem ländlichen Schützling Zeit lassen, sich von dem Abenteuer der Unterredung mit der Königin zu erholen, und Jeanies Gemüt war von dem, was sie geahnt, gesehen und gehört hatte, zu bewegt, als daß es ihr möglich gewesen wäre, irgendwelche Fragen zu stellen.

Der Wagen des Herzogs hielt noch an der Stelle, wo sie ihn verlassen hatten, und als sie ihre Plätze darin wieder eingenommen hatten, rollte er schnell der Stadt zu.

Der Herzog brach endlich das Schweigen. «Ich glaube, Jeanie», sagte er, «du hast allen Grund, dich zu dem Ausgang deiner Unterredung mit Ihrer Majestät zu beglückwünschen.»

«Und es war wirklich die Königin selbst?» fragte Jeanie. «Ich dachte es wohl, als ich sah, daß Euer Gnaden den Hut nicht wieder aufsetzten. Und doch konnte ich es kaum glauben, sogar, als sie es selbst sagte.»

«Es war ganz gewiß die Königin Caroline», erwiderte der Herzog. «Bist du nicht neugierig zu sehen, was in dem Täschchen ist?»

«Glaubt Ihr, Sir, die Begnadigung ist darin?» fragte Jeanie mit jäher Hoffnung.

«Nun, das wohl nicht», erwiderte der Herzog. «Dergleichen Dinge pflegt man nicht so einfach bei sich zu tragen, wenn man sie nicht gerade braucht; und Ihre Majestät sagten ja auch, nur der König und nicht sie könne die Begnadigung gewähren.»

«Das ist wahr», sagte Jeanie, «aber mein Kopf ist mir so verwirrt. – Und meinen Euer Gnaden wirklich, daß Effie begnadigt wird?»

«Nun, Könige und kollrige Klepper sind schwer zu beschlagen, wie wir im Norden sagen», erwiderte der Herzog, «aber seine Frau weiß ihn zu nehmen. Ich zweifle nicht im geringsten daran, daß die Sache ganz sicher ist.»

«O Gott sei Dank! Gott sei Dank!» rief Jeanie. «Und möge die gute Königin immer so glücklich sein, wie sie mich in diesem Augenblick gemacht hat. – Und Gott segne auch Euch, Mylord! Ohne Eure Hilfe hätte ich mich ihr niemals nähern können.»

Der Herzog ließ sie noch geraume Zeit so reden, vielleicht, weil er wissen wollte, wie lange die Empfindung der Dankbarkeit über die der Neugier die Oberhand behalten würde. Allein Jeanie war dies letztere Gefühl so fremd, daß der Herzog, in dem es vielleicht mittlerweile stärker rege geworden war, noch einmal die Rede auf das Geschenk der Königin bringen mußte. Es wurde demzufolge geöffnet. Im Innern des Behältnisses fand sich ein vollständiges Nähzeug, wie Nadeln, Schere, Seidengarn und dergleichen, und im Seitentäschchen steckte eine Banknote über 50 Pfund.

Als der Herzog Jeanie über den Wert dieses Papiers aufgeklärt hatte – denn sie selbst hatte noch niemals eine Banknote über einen solchen Betrag gesehen –, drückte sie ihr Bedauern über den vorgefallenen Irrtum aus. «Denn das Täschchen selbst», sagte sie, «wäre ein sehr wertvolles Andenken, weil der Name der Königin darin stände – sicher von ihr selbst geschrieben – *Caroline* – ganz deutlich, und eine Krone darüber.» – Die Banknote aber reichte sie dem Herzog und bat ihn, sie auf irgendeine Art und Weise der königlichen Eigentümerin wieder zuzustellen.

«Nein, nein, Jeanie», sagte der Herzog, «das ist kein Irrtum. Ihre Majestät weiß, daß du große Ausgaben gehabt hast, und will sie dir ersetzen.»

«Ach, sie ist allzugut», sagte Jeanie, «aber es freut mich sehr, daß ich Dumbiedikes sein Geld wiedergeben kann, ohne meinen armen alten Vater damit belasten zu müssen.»

«Dumbiedikes? Ist das nicht einer der Freiherren von Midlothian?» fragte der Herzog, der bei seinem gelegentlichen Aufenthalt in jener Grafschaft mit den meisten Erbherren, wie man die begüterten Personen in Schottland nennt, bekannt geworden war. «Er hat ein Haus in der Nähe von Dalkeith, nicht wahr, trägt eine schwarze Perücke und einen Tressenhut?»

«Ja, Sir», antwortete Jeanie kurz, denn sie hatte Gründe, bei diesem Gegenstand nicht lange zu verweilen.

«Ah, mein alter Freund Dumbie!» sagte der Herzog. «Ich habe ihn dreimal aufgekratzt gesehen – aber nur einmal ein Wort von ihm gehört. – Ist er ein Verwandter von dir, Jeanie?»

«Nein, Sir – Mylord.»

«Dann ist er wohl einer deiner Verehrer?»

«J – a – a, Mylord, Sir», stotterte Jeanie und wurde rot.

«Ei, ei; nun, wenn der Laird wirbt, ist wohl einige Gefahr für meinen Freund Butler vorhanden?»

«Ach nein, Sir», antwortete Jeanie weit schneller als zuvor, wurde aber gleichzeitig noch röter.

«Nun, Jeanie», sagte der Herzog, «ich will dich nicht

weiter über deine Angelegenheiten ausforschen – du bist ein Mädchen, das wohl weiß, was es zu tun hat. – Aber was diese Begnadigung angeht, so werde ich sehen, daß sie schnell in aller Form ausgefertigt wird – ich kenne jemanden im Amt, der mir aus alter Freundschaft die Gefälligkeit erweist. Und dann, Jeanie, sobald ich eine Gelegenheit habe, sie durch einen Eilboten nach Schottland zu senden, der sie sicherer und schneller, als du es kannst, hinbringen wird, werde ich dafür sorgen, daß sie in die richtigen Hände kommt; du kannst inzwischen deinen Freunden den glücklichen Erfolg deiner Reise durch die Post mitteilen.»

«Glauben Euer Gnaden», sagte Jeanie, «das sei besser, als wenn ich mein Bündel schnüre und mich damit wieder auf den Heimweg mache?»

«Gewiß, viel besser», sagte der Herzog. «Du weißt, die Wege sind für ein alleinreisendes Mädchen etwas unsicher.»

Jeanie stimmte innerlich dieser Bemerkung zu.

«Außerdem ist mir da noch etwas eingefallen», fuhr der Herzog fort. «Einer meiner Diener, dein Bekannter Archibald, und eine Frau der Herzogin werden in einer Eilkutsche mit vier Pferden, die ich gekauft habe, nach Inverary reisen, und es ist Platz genug in dem Wagen für dich, du kannst mit ihnen nach Glasgow fahren, dort wird Archibald eine Gelegenheit ausfindig machen, dich sicher nach Edinburgh zu schicken. Und unterwegs, möchte ich dich bitten, die Frau in das Geheimnis der Käsezubereitung einzuweihen, denn sie soll die Aufsicht über die Meierei führen, und ich möchte darauf schwören, daß du ebenso eigen mit deinen Milchkübeln bist wie mit deiner Kleidung.»

«Essen Euer Gnaden gern Käse?» fragte Jeanie, und ihr Gesicht strahlte vor freudiger Spannung bei dieser Frage.

«Gern?» sagte der Herzog, der in seiner Gutmütigkeit voraussah, was folgen würde. «Brot mit Käse ist ein Essen für einen Kaiser – und erst recht für einen Hochländer.»

«Man sagt nämlich», fuhr Jeanie mit großer Zufriedenheit und bescheidener Zuversicht fort, «unser Käse sei gut, man che meinen sogar, ebensogut wie der echte Dunlop – und wenn Euer Gnaden ein paar Laibe annehmen wollten, würde es uns recht glücklich und froh und stolz machen! Aber vielleicht mögt Ihr lieber Schafkäse, ich meine den Buckholmside-Käse, oder Ziegenkäse, da Ihr aus dem Hochland seid – und darauf verstehe ich mich freilich nicht so gut; aber ich könnte mit meiner Base Jean sprechen, die in Lockermachus in Lammermuir wohnt, und...»

«Ei was», sagte der Herzog, «gerade den Dunlop esse ich gern, und du tätest mir einen großen Gefallen, wenn du mir einen nach Caroline Park schicken wolltest. Mach ihn aber hübsch selbst, Jeanie, und suche Ehre damit einzulegen, denn ich bin ein Kenner.»

«Oh, da ist mir nicht bange», sagte Jeanie zuversichtlich, «Euer Gnaden werden zufrieden sein. Ich werde mir gewiß alle Mühe geben, und Ihr seid viel zu gut, um jemand zu tadeln, der sein Bestes getan hat.»

Dieses Gespräch führte die beiden Reisegefährten auf einen Gegenstand, worüber sie, so verschieden sie an Rang und Erziehung waren, einander viel zu sagen hatten. Der Herzog war nicht nur ein guter Patriot, sondern auch ein vorzüglicher Landwirt und stolz auf seine Kenntnisse auf diesem Gebiet. Er unterhielt Jeanie mit seinen Bemerkungen über die verschiedenen Arten von Zuchtvieh in Schottland und ihren Milchertrag und erhielt seinerseits von ihr so viel praktische Ratschläge, daß er ihr als Dank dafür ein paar Devonshire-Kühe versprach. Er war im Geist so ganz und gar bei seinen ländlichen Freuden und Beschäftigungen, daß er seufzte, als sein Wagen plötzlich bei der alten Mietskutsche anhielt, mit der Archibald unsere Reisenden an der Stelle, wo jene sie verlassen hatten, erwartete. Während der Kutscher seine magere Mähre wieder anschirrte, der er in der Zwischenzeit ein Maulvoll muffiges Heu gereicht hatte, ermahnte der Herzog Jeanie, ihrer Wirtin nicht zuviel von dem, was geschehen war, zu erzählen. «Man soll», sagte er, «nicht eher über etwas reden, als bis es unumstößlich feststeht, und wenn die Frau dir zu sehr mit Fragen zusetzt, so verweise sie an Archibald. Sie ist eine alte Bekannte von ihm, und er wird schon mit ihr fertig werden.»

Er nahm dann herzlichen Abschied von Jeanie und sagte ihr, sie solle sich in der nächsten Woche zur Rückreise nach Schottland bereit halten. Als er sie sicher in ihrer Mietskutsche untergebracht sah, fuhr er in seinem eigenen Wagen davon, eine Strophe aus einem Lied vor sich hin summend, von dem man sagte, er habe es selbst verfaßt:

«Ich sehe Dumbarton wieder einmal
und rücke den Hut und schreite zu Tal;
mein tapferes Schwert, nun hat's keine Not:
bald schneidest du Schnitten vom Gerstenbrot.»

Vielleicht muß man selbst ein Schotte sein, um zu begreifen, wie tief bei allen Unterschieden des Standes und der Stellung die Schotten ihren Zusammenhang miteinander als Eingeborene desselben Landes empfinden. Es gibt, glaube ich, mehr gemeinsame Berührungspunkte bei den Bewohnern eines rauhen und wilden als eines fruchtbaren und kultivierten Landes; ihre Vorfahren haben seltener ihre Wohnsitze gewechselt, sie haben viel stärkere gemeinsame Erinnerungen, Hoch und Niedrig nehmen mehr Anteil aneinander, die verwandtschaftlichen Gefühle sind stärker ausgebildet und weiter verbreitet, kurz, die Stammesbande, auch dann noch ehrwürdig, wenn sie etwas zu straff angezogen werden, haben mehr Einfluß auf die Empfindungen und Handlungen der Menschen.

Die rumpelnde Mietskutsche holperte über das (damals) abscheuliche Londoner Pflaster mit einem Grad an Schnelligkeit, der sich sehr von dem unterschied, womit der herzogliche Wagen nach Richmond gerollt war, und setzte endlich Jeanie Deans und ihren Begleiter vor dem Laden mit dem vaterländischen Sinnbild der Distel ab. Mrs. Glass hatte sie seit langem in großer Aufregung erwartet und fiel nun, platzend vor Neugier, mit aufgezogener Mundschleuse über unsere Heldin her, so saß diese tatsächlich der Flut von Fragen kaum standhalten konnte, die mit der Gewalt eines sich überstürzenden Wasserfalls losbrach: Ob sie der Herzog – Gott segne ihn – gesehen habe, die Herzogin, die jungen Fräulein? Ob sie den König – Gott segne ihn – gesehen habe, die Königin, den Prinzen von Wales, die Prinzessin oder sonst wen von der königlichen Familie? Ob ihre Schwester begnadigt würde? Ob die Strafe ganz und gar erlassen oder nur in eine mildere umgewandelt würde? Wohin sie gefahren wäre, welchen Weg sie gefahren wäre, wen sie gesprochen hätte, was sie gesprochen hätte, warum sie so lange weggewesen wäre und so weiter und so weiter.

Das waren einige der Fragen, die Mrs. Glass durcheinander heraussprudelte – mit einer solch ungestümen Neugier, daß sie die Antwort gar nicht erst abwartete. Jeanie wäre durch diese überwältigende Flut von Fragen in die größte Verlegenheit geraten, wäre ihr nicht Archibald zu Hilfe gekommen, der wahrscheinlich von seinem Herrn dieserhalb einen Wink erhalten hatte.

«Mrs. Glass», sagte Archibald, «Seine Gnaden läßt Euch sagen, Ihr würdet ihm eine große Gefälligkeit erweisen, wenn Ihr das junge Mädchen nach nichts fragen wolltet – er möchte Euch selbst genauer, als sie es kann, erklären, wie es mit ihrer Angelegenheit steht, und Euch gleichzeitig über Verschiedenes um Rat fragen, was sie nicht so gut auseinandersetzen kann. Der Herzog wird morgen oder übermorgen zu diesem Zweck in der ‹Distel› vorsprechen.»

«Seine Gnaden sind sehr gütig», sagte Mrs. Glass, deren Fragewut einen Augenblick nachließ, als Archibald ihr diese geschickt überzuckerte Pille verabreichte. «Seine Gnaden wissen, daß ich mich einigermaßen für die Aufführung und das Ergehen meiner jungen Verwandten verantwortlich fühle, und sicher können Seine Gnaden am besten beurteilen, wieweit er ihr und mir in dieser Angelegenheit sein Vertrauen schenken will.»

«Seine Gnaden weiß es sehr wohl», antwortete Archibald mit echt schottischer Würde, «und wird gewiß, was er zu sagen hat, derjenigen von Euch beiden anvertrauen, die am verschwiegensten ist; und darum, Mrs. Glass, verläßt sich Seine Gnaden darauf, daß Ihr mit Miss Jeanie Deans nicht über ihre eigenen Angelegenheiten oder die ihrer Schwester sprecht, bis er Euch selbst aufgesucht hat. Inzwischen soll ich Euch versichern, daß alles so gut geht, wie Ihr es nur wünschen könnt, Mrs. Glass.»

«Seine Gnaden sind sehr freundlich – sehr umsichtig, sicherlich, Mr. Archibald; es soll nach Seiner Gnaden Befehl geschehen, und – aber Ihr habt einen weiten Weg hinter Euch, Mr. Archibald, denn Ihr wart lange weg, ich denke» (sie lächelte einladend), «Ihr werdet ein Gläschen Rosa Solis nicht verschmähen.»

«Ich danke Euch, Mrs. Glass», sagte der große Mann des großen Mannes, «aber ich muß sogleich zu meinem Herrn zurückkehren.» Und mit höflichen Abschiedsgrüßen an beide Basen verließ er den Laden «Zur Distel».

«Ich freue mich, daß es mit deiner Angelegenheit so gut steht, liebe Jeanie», sagte Mrs. Glass, «es war freilich nicht anders zu erwarten, sobald der Herzog von Argyle so gütig war, sie in die Hand zu nehmen. Ich will dich nichts weiter fragen, Seine Gnaden, der in solchen Dingen sehr klug und umsichtig ist, wird mir ja alles, was du weißt, morgen selbst erzählen und sicher noch viel mehr; wenn du also etwas auf dem Herzen hast, meine Liebe, so sprich dich ruhig aus – du hörst ja, es ist Seiner Gnaden Wille, daß ich sowieso alles erfahren soll –, und ob er oder du mir die Sache erzählst, macht doch wirklich keinen großen Unterschied, nicht wahr? Wenn ich schon weiß, was er sagen will, wäre ich viel besser darauf vorbereitet, ihm zu raten – und von wem ich es weiß, macht doch wirklich nicht viel aus, meine Liebe. Sag nur geradheraus, was du sagen möchtest; nur vergiß nicht, daß ich dich nach nichts gefragt habe.»

Jeanie war etwas verlegen. Gern hätte sie die Gastlichkeit

und Freundlichkeit ihrer Verwandten mit dem einzigen Mittel vergolten, das in ihrer Macht stand, der Mitteilung, daß sie eine Unterredung mit der Königin Caroline gehabt habe. Aber ihre Klugheit sagte ihr sofort, daß dies nach allem, wie diese Unterredung vor sich gegangen war, ein Geheimnis bleiben müsse, das sie einer Plaudertasche wie Mrs. Glass, von deren Herzen sie eine bessere Meinung hegte als von ihrem Kopf, nicht anvertrauen dürfe. Sie antwortete daher ganz allgemein, daß der Herzog die außerordentliche Güte gehabt hätte, in der Angelegenheit ihrer Schwester besondere Schritte zu unternehmen, und daß er glaube, Mittel und Wege gefunden zu haben, sie zu gutem Ende zu führen; daß er hierüber aber mit Mrs. Glass selbst zu sprechen wünsche.

Aber die neugierige Inhaberin der «Distel» gab sich damit nicht zufrieden. Zudringlich wie ihr beizender Schnupftabak plagte sie Jeanie trotz ihres Versprechens weiter mit Fragen. Ob sie die ganze Zeit beim Herzog gewesen sei? Ob der Herzog die ganze Zeit anwesend gewesen wäre? Ob sie die Herzogin gesehen hätte und die jungen Fräulein und besonders Lady Caroline Campbell? – Auf diese Fragen gab Jeanie ausweichende Antworten, daß sie nicht genau angeben könnte, wo sie gewesen wäre, weil sie in der Stadt nicht Bescheid wisse, daß sie die Herzogin ihres Wissens nicht gesehen hätte, nur zwei Damen, von denen eine, soviel sie verstanden, Caroline geheißen habe – und mehr, sagte sie, könne sie über die Sache nicht erzählen.

«Das ist gewiß des Herzogs älteste Tochter gewesen, Lady Caroline Campbell», sagte Mrs. Glass, «aber ich werde ja von Seiner Gnaden mehr darüber hören. – Na, der Tisch in dem kleinen Zimmer oben ist gedeckt, und es ist drei Uhr vorbei, denn ich habe bis jetzt auf dich gewartet und schon ein bißchen gegessen, und – wie man in Schottland zu meiner Zeit sagte, ich weiß nicht, ob das Sprichwort noch jetzt im Gebrauch ist – der Satte kann mit dem Hungrigen schlecht sprechen.»

39. Kapitel

> Der Brief ist eine edle Himmelsgabe –
> getrennten Liebenden geschenkt als Trost und Labe.
>
> *Pope*

Durch eine ihr ganz ungewohnte Anstrengung mit der Feder (lieber hätte sie drei Dunlop-Käse gemacht, wenn sie genügend Milch gehabt hätte) brachte Jeanie noch am nämlichen Tag nicht weniger als drei Briefe zustande, damit sie am folgenden Tag gleich mit der Post abgehen könnten. Der erste davon war sehr kurz. Er war an George Staunton, Esq. im Pfarrhaus Willingham bei Grantham gerichtet; diese Anschrift hatte sie von dem geschwätzigen Bauern erfahren, auf dessen Pferd sie nach Stamford geritten war. Er lautete:

> Sir!
> Ich schreibe Euch dieß, damit nicht noch mehr Unheil geschehe, als schon geschehen ist. Ich habe von Ihrer Majestäht, der Königin, die Begnadigung meiner Schwester erhalten – worüber Ihr Euch gewiß recht freuen werdet –, ohne daß ich von gewissen Dingen hätte zu sprechen brauchen, die Euch bekannt sind. Ich bete, daß der Artzt, wenn es Ihm gefällt, Euch gesund machen möge – an Leib und Seele. Aber ich bitte Euch, Sir, nicht wider zu meiner

Schwester zu kommen, was schon zuviel geschehen ist. Und so wünsche ich Euch alles Gute und daß Ihr von Euren Verirrungen zurückkommen möget (denn warum solltet Ihr sterben?) und verbleibe Eure untertähnige Dienerin –

Ihr wißt wer.

Der nächste Brief war an ihren Vater. Er ist zu lang, um ihn hier vollständig einzurücken; wir geben daher nur einen Auszug daraus. Er begann:

Teuerster, sehr verehrter Vater!
Gehorsambst möchte ich Euch mitteilen, daß es Gott gefallen hat, meine arme Schwester aus der Gefangenschaft zu erretten, in Anbetracht, daß Ihre Geheiligte Majestäht, die Königin, für die wir immer beten müssen, ihre Seele vor dem Tod bewart und ihr durch ihre Fürsprache Begnadigung erwirkt hat. Und ich habe von Angesicht zu Angesicht mit der Königin gesprochen, und sie hat mir nichts getahn, denn sie ist nicht anders als andere große Dahmen, nur hat sie ein sehr fürnehmes Aussehen und Augen so blau wie Falken Augen, mit denen sie mich wie mit einem Hochland-Dolch durchborte. – Und All das verdanken wir nächst dem Schöpfer, für den wir alle nur Werkzeuge sind, dem Herzog von Argyle, der ein echtes schottisches Herz hat und gar nicht stolz ist und spricht wie andere, die wir kennen, er versteht sich auch recht gut auf Vieh Zucht und will mir zwei Devonshire-Kühe schenken, von denen er viel hält, obgleich ich noch mehr von den Airshire-Blessen halte. Und ich habe ihm einen Käse versprochen, und ich möchte Euch sagen, wenn Gowans, die scheckige Kuh, ein Kalb hat, daß es ordentlich saugt, denn wie ich höre, hat er keine von dieser Zucht und ist gar nicht hochmütig, sondern wird gern etwas von kleinen Leuten anneh-

men als geringen Dank für das, was sie ihm Schulden. Auch will Seine Gnaden, der Herzog, einen unserer Dunlop-Käse annehmen, und es soll nicht an mir liegen, wenn er nicht besser wäre als die in Lowden. – Hier folgen noch einige Bemerkungen über die Aufzucht von Vieh und Milchwirtschaft, die wir beabsichtigen, der Landwirtschaftskammer weiterzureichen. – Denn in Anbetracht All dessen, was die Vorsehung für uns getahn hat, bedeutet dieß wenig – und nichts gegen das Leben der armen Effie. Und, o teuerster Vater, da es Gott gefallen hat, sich ihrer zu erbarmen, so laßt Ihr es ihr nicht an Verzeihung fehlen, daß sie wieder ein Gefäß der Gnade werden kann und auch ein Trost für Euer graues Haar. Teuerster Vater, sagt doch dem Laird, daß wir unerwartet Freunde gefunden haben, die für uns eingetreten sint, und das Geld, das er mir geliehen hat, dankbar wieder zurückgezahlt werden soll. Einiges davon trage ich bei mir, und das übrige ist nicht in einer Geldtasche oder ein Tuch geknotet, sondern ist ein bißchen Papier – so ist es hier Brauch und soll so gut sein wie Geld selbst. – Und, liebster Vater, Mr. Butler hat mir zu der Bekanntschaft mit dem Herzog verholfen, denn ihre Vorväter waren in den alten unruhigen Zeiten befreundet. Und Mrs. Glass ist sehr gut zu mir gewesen – wie eine wirkliche Mutter. Sie hat ein hübsches Haus hier und steht sich sehr gut; sie hat zwei Dienstmädchen und einen Ladendiener und einen Ladenburschen. Und sie will Euch ein Fund von ihrem feinsten Schnupftabak und ebenso anderen Tabak schicken, und wir müssen auch an ein Geschenk für sie denken, denn sie hat mir viel Gutes erwiesen. Und der Herzog will die Begnadigung durch einen Eilboten schicken, weil ich nicht so schnell reisen kann, und ich soll mit zwei Dienern Seiner Gnaden zurückreisen – nämlich John Archibald, einem sehr anständigen

Älteren Herrn, der sagt, daß er Euch von früher her kennt, als Ihr im Westen wart und vom Laird von Aughtermuggitie Vieh kauftet. Aber vielleicht erinnert Ihr Euch nicht mehr daran – es schadet nichts, er ist ein höflicher Mann –, und Miss Dolly Dutton, das ist die neue Meierin von Inverary, und sie sollen mich nach Glasgow bringen, und von da ist es dann nicht mehr weit bis nach Hause, wohin ich mich herzlich sehne. Möge der Geber alles Guten Euren Ausgang und Eingang segnen und Euch behüten, dies ist der innigste Wunsch Eurer Euch liebenden Tochter

Jeanie Deans.

Der dritte Brief war an Butler und hatte folgenden Inhalt:

Herrn Schulmeister Butler!
Werther Herr – es wird Euch freuen zu erfahren, daß Alles, wozu ich hierher gekommen bin, Gott sei Dank, gut verlaufen und zu gutem Ende gekommen ist, und daß der Herzog von Argyle den Brief Eures Großvaters recht gut aufgenommen und Euren Namen mit einem Bleistift in ein ledernes Buch geschrieben hat, wonach es scheint, daß er Euch entweder eine Schule oder eine Pfarre geben will – er hat genügend von beiden, dessen bin ich gewiß. Und ich habe die Königin gesehen, die mir eigenhändig ein Nadeldäschchen geschenkt hat. Sie trug weder Krone noch Zebter, sondern hatte sie abgelegt, um sie zu schohnen, wie die Kinder ihre besten Kleider, um sie zu tragen, wenn sie sie benöhtigt. Und sie werden in einem Turm aufbewahrt – nicht in einem solchen wie der von Libberton oder Craigmillar, sondern mehr wie das Schloß von Edinburgh, wenn man die Gebäude nähme und mitten in den Nor'-Loch hinsetzte. Die Königin war auch sehr freigebig und schenkte mir ein Papier, das 50 Fund werth ist, wie man mir sagt,

um meine Ausgaben hierher und zurück zu bezahlen. Und, Mr. Butler, weil wir doch Nachbars Kinder waren, ungerechnet, was sonst zwischen uns gesprochen sein mag, so vertraue ich darauf, Ihr werdet nichts an dem sparen, was für Eure Gesundheit nötig ist, denn was soll einer von uns mit dem Geld, wenn es dem anderen fehlt? Und denkt nicht, dieß sei gemeint, Euch zu etwas anzuhalten, was Ihr lieber vergessen wollt, wenn Ihr eine Pfarre oder Schule bekommt, wie ich oben gesagt. Ich hoffe nur, es wird eine Schule sein und keine Pfarre, wegen der Schwierigkeiten mit dem Eid und der Padronage, was mein ehrlicher Vater übel aufnehmen möchte. Nur, wenn Ihr einen einstimmigen Ruf von der Gemeinde Skreegh-me-dead erhalten könntet, wie Ihr ehemals hofftet, würde es ihm, glaube ich, gefallen, denn ich hörte ihn sagen, das Heil wurzle in jener wilden mohrländischen Gemeinde tiefer als in der Vorstadt Canongate in Edinburgh. Ich wollte, ich wüßte, welche Bücher Ihr brauchtet, Mr. Butler, denn sie haben hier gantze Häuser voll davon und müssen noch welche in den Straßen aufstellen, die sie sicher sehr wolfeil verkaufen, damit der Regen sie nicht verdirbt. Es ist ein großer Ort, und ich habe so viel davon gesehen, daß mein armer Kopf ganz schwindlig ist. Und Ihr wißt von früher her, daß ich keine große Briefschreiberin bin – und es ist gleich elf Uhr Nachts. Ich werde in guter Gesellschaft zurückkommen und sicher – auf der Hinreise gab es allerlei Verdrießlichkeiten, so daß ich lieber mit Bekannten Leuten reise. Meine Base, Mrs. Glass, hat ein hübsches Haus hier, nur ist alles voller Schnupftabak, daß ich inzwischen beinahe erstickt bin. Aber was will das bedeuten im Vergleich zu der großen Freude, die unserem Haus wiederfahren ist, worüber Ihr, als unser alter und lieber Freund, Euch gewiß ebenfalls recht sehr freuen werdet. Und ich bin, lieber Mr. Butler, Eure aufrichtige Freundin in Zeit und Ewigkeit.

J. D.

Nach dieser ungewohnten Arbeit ging Jeanie zu Bett; aber sie fand keinen rechten Schlaf, so wurde sie durch die frohe Gewißheit wachgehalten, daß ihre Schwester gerettet sei, und so mächtig drängte es sie, sich ihrer Freudenbürde ebenso zu entlasten, wie sie es vordem mit ihrem Kummer getan – durch dankbares und inniges Gebet.

Den ganzen folgenden und darauffolgenden Tag quirlte Mrs. Glass voll unruhiger Erwartung in ihrem Laden herum wie der Rauch einer ihrer Tabakspfeifen (um einen unpoetischen, aber bei ihrem Gewerbe naheliegenden Vergleich zu gebrauchen). Am dritten Morgen endlich kam die erwartete Kutsche vorgefahren – mit vier Lakaien in gelben und dunkelbraunen Livreen hinten auf dem Trittbrett und dem Herzog selbst in gesticktem Kleid mit Ordensstern, Schärpe und einem Stock mit goldenem Knopf, kurz, wie es im Märchenbuch heißt, «in voller Pracht».

Er fragte Mrs. Glass nach seiner kleinen Landsmännin, äußerte aber nicht den Wunsch, sie zu sehen, vermutlich, um nicht durch den Anschein einer näheren Bekanntschaft mit ihr Anlaß zu irgendwelchem Klatsch zu geben. Die Königin, sagte er zu Mrs. Glass, habe die Angelegenheit ihrer Verwandten in gnädige Erwägung gezogen und sich herabgelassen, sich für sie bei Seiner Majestät, dem König, zu verwenden, wozu sie insbesondere durch die edle und liebevolle Entschlossenheit der älteren Schwester bewogen worden sei; infolgedessen sei bereits ein Gnadenerlaß für Effie Deans ausgefertigt worden, mit der Bedingung jedoch, daß sie Schottland vierzehn Jahre lang meiden solle. Der Anwalt des Königs, sagte er, habe auf dieser Klausel bestanden und die Berater des Königs darauf hingewiesen, daß in dem kurzen Zeitraum von sieben Jahren 21 Fälle von Kindsmord in Schottland vorgekommen wären.

«Zum Kuckuck!» rief Mrs. Glass. «Wozu braucht er das seinem eigenen Vaterland nachzusagen und diesen Engländern auf die Nase zu binden? Ich habe den Anwalt immer für einen anständigen, netten Mann gehalten, aber er ist ein übler Kunde – Euer Gnaden werden entschuldigen, daß ich solch ein gemeines Wort in den Mund nehme. – Was soll denn das arme Ding in der Fremde anfangen? – Sie soll wohl wieder solche Streiche machen, wenn sie nicht mehr unter der Aufsicht ihrer Angehörigen steht?»

«Ei nun», sagte der Herzog, «das sind spätere Sorgen. Sie kann ja nach London kommen oder nach Amerika gehen und eine gute Heirat machen, als wäre nichts geschehen.»

«Das könnte sie freilich, wie Euer Gnaden es vorzuschlagen belieben», erwiderte Mrs. Glass, «und da fällt mir eben ein, ein alter Geschäftsfreund von mir in Virginia, Ephraim Buckskin – er versorgt die ‹Distel› schon vierzig Jahre lang mit Tabak, und das bedeutet nicht wenig bei diesem Bedarf –, liegt mir schon seit zehn Jahren an, ich solle ihm eine Frau rüberschicken. Der Mann ist noch nicht über Sechzig, gesund und rüstig und sitzt warm. Eine Zeile von meiner Hand könnte die Sache richtig machen, und an diese Geschichte mit Effies Unglück würde – wenn sich keine besondere Gelegenheit ergibt, davon zu sprechen – kein Mensch rühren.»

«Ist das Mädchen hübsch?» sagte der Herzog. «Ihre Schwester ist nicht mehr als ein gutes, nettes, verständiges Mädchen.»

«Oh, Effie ist weit hübscher als Jeanie», sagte Mrs. Glass, «es ist zwar lange her, seit ich sie persönlich gesehen habe, aber ich höre öfter von den Deans durch meine Lowdener Freunde, wenn sie kommen – Euer Gnaden wissen, wir Schotten sind eine große Familie.»

«Um so besser für uns», sagte der Herzog, «und um so schlimmer für die, die mit uns anbinden wollen, wie Euer gutes altes schottisches Schild sagt, Mrs. Glass. Aber ich hoffe, Ihr seid mit den Anordnungen zufrieden, die ich getroffen habe, um Eure Verwandte ihren Angehörigen wiederzugeben.» Er setzte sie ausführlich auseinander, und Mrs. Glass gab durch Lächeln und Knicksen bei jedem Wort ihre uneingeschränkte Zustimmung zu erkennen. «Und nun, Mrs. Glass, bestellt Jeanie bitte, sie solle meinen Käse nicht vergessen, wenn sie wieder nach Schottland kommt. Archibald ist angewiesen, alle ihre Ausgaben zu bestreiten.»

«Ich bitte Euer Gnaden untertänig um Verzeihung», sagte Mrs. Glass, «es ist nicht nötig, daß Ihr Euch deswegen bemüht; die Deans sind in ihrer Art wohlhabende Leute, und das Mädchen hat Geld in der Tasche.»

«Das ist schon recht», sagte der Herzog, «aber Ihr wißt, wenn MacCallummore reist, bezahlt er alles; es ist unser Hochlandsvorrecht, von allen Leuten das zu nehmen, was wir brauchen, und allen das zu geben, was sie brauchen.»

«Euer Gnaden sind mehr fürs Geben als fürs Nehmen», sagte Mrs. Glass.

«Ich will Euch gleich das Gegenteil beweisen», sagte der Herzog, «ich werde meine Dose aus dem Krug hier füllen und Euch keinen halben Heller dafür bezahlen.» Er tat es, bat nochmals, Jeanie zu grüßen und ihr eine gute Reise zu wünschen, und ging dann fort, Mrs. Glass mit geschwelltem Herzen und seliger Miene als die stolzeste und glücklichste aller Tabaks- und Schnupftabakshändlerinnen zurücklassend.

Die Freundlichkeit und Leutseligkeit Seiner Gnaden wirkten sehr günstig auf Jeanies Lage zurück. Ihre Verwandte war zwar immer gütig und freundlich zu ihr gewesen, aber doch zu sehr Londonerin geworden, als daß sie sich mit der ländlichen Nationaltracht ihrer Base hätte abfinden können. Außerdem nahm sie einigen Anstoß an der Ursache ihrer Reise nach London. Ihre Aufmerksamkeit gegen Jeanie wäre vielleicht ohne den Anteil, den der erste aller schottischen Adligen (denn als solcher galt allgemein der Herzog von Argyle) an ihrem Schicksal zu nehmen schien, geringer gewesen. Nun indessen, da die Schwesterliebe und die Tugenden ihrer Verwandten ihr sogar die Achtung und Gunst der königlichen Majestäten erworben hatten, erschien Jeanie ihrer Base in einem anderen und sehr viel vorteilhafteren Licht und wurde fortan von ihr nicht nur mit Freundlichkeit, sondern mit größter Hochachtung und Zuvorkommenheit behandelt.

Es stand nun ganz bei Jeanie selbst, auszugehen und so viele Besuche zu machen, wie sie wollte und soweit Mrs. Glass' Bekanntenkreis reichte. Ausgenommen jedoch, daß sie die Einladung einiger entfernter Verwandten zum Mittagessen annahm und auf Mrs. Glass' dringende Bitte Mrs. Dabby, der Frau des hochachtbaren Abgeordneten Mr. Dabby von Farrington Without dieselbe Aufmerksamkeit erwies, machte sie wenig Gebrauch von der günstigen Gelegenheit. Da Mrs. Dabby die zweite vornehme Dame war, die Jeanie in London zu Gesicht bekommen hatte, pflegte sie später eine Parallele zwischen ihr und der Königin zu ziehen, wobei sie bemerkte, daß Mrs. Dabby doppelt so prächtig gekleidet und doppelt so dick gewesen sei wie die Königin und doppelt so laut und doppelt soviel gesprochen habe; doch hätten ihre Augen nicht so majestätisch geblitzt, daß einem die Haut geschauert und die Knie sich unwillkürlich gebeugt hätten, und obgleich sie sehr herablassend gewesen sei und ihr 2 Pfund Tee und einen Zuckerhut geschenkt habe, so hätte sie doch nicht so freundlich dabei ausgesehen wie die Königin, als sie ihr das Nadeltäschchen gegeben habe.

Jeanie hätte vielleicht mehr Gefallen an dem Leben und Treiben der großen Stadt gefunden, wenn ihr die Einschränkung, womit die Begnadigung ihrer Schwester verbunden war, nicht das Herz schwer gemacht hätte. Einigermaßen jedoch wurde sie darüber durch einen Brief getröstet, den sie mit umgehender Post als Antwort auf denjenigen erhielt, den sie ihrem Vater geschrieben hatte. Er erteilte ihr darin seinen väterlichen Segen und billigte ihren Schritt als eine unmittelbare Eingebung des Himmels, der sie erkoren habe, ein Werkzeug der Vorsehung zur Rettung ihres Hauses vor dem Verderben zu werden.

«Wenn dem Herzen jemals eine Erlösung angenehm und lieblich war», so hieß es in diesem Schreiben, «so ist dies eine angenehme und liebliche Erlösung – und wenn das Geschenk des Lebens köstlich und süß ist, so ist es noch köstlicher und süßer, es aus den Händen derjenigen zu empfangen, denen wir durch die Bande der Liebe verbunden sind. Gräme Dich darum nicht, daß dies Opfer, das von den Hörnern des Altars befreit worden, an die menschliches Gesetz es gekettet, nun aus den Grenzen unseres Landes ausgetrieben wird. Schottland ist für alle, so die Gebote des Christentums halten, ein gelobtes Land und ein schönes Land, den Augen all derer wohlgefällig und ihren Herzen teuer, die ihr Leben lang darin gewohnt haben; darum hatte ein wahrer Christ, der würdige John Livingstone, ein Seemann in Borrowstounness, wohl recht, wenn er (wie der berühmte Patrick Walker uns berichtet) einstmals sagte, er habe, solange er daheim war, geglaubt, Schottland sei eine Gehenna der Bosheit, doch da er in der Fremde war, erschien es ihm als ein Paradies, denn was in Schottland schlecht war, fand er überall, was aber gut war in Schottland, fand er nirgends. Aber seien wir eingedenk, daß Schottland, obgleich unsere Heimat und das Land unserer Väter, nicht gleich Gosen in Ägypten ist, das allein Gottes Sonne bescheint und dem die Verheißung innewohnt, während alle übrige Welt in Finsternis liegt. Darum und auch weil der zunehmende Nutzertrag von Saint Leonard's Crags ein kalter Windstoß aus dem erstarrten Land irdischer Selbstsucht sein mag, wo die Pflanze der Gnade niemals Wurzel schlägt und gedeiht, und weil meine Geschäfte mich zu sehr an die Güter der Welt bindend, so nehme ich diesen über Effie verhängten Spruch als einen Ruf, gleich Abraham, dem Gerechten der Vorzeit, Haran und meiner Mutter Haus und meines Vaters Sippe und die Asche und die modernden Reste derer zu verlassen, die vor mir dahingegangen sind und darauf warten, daß diese alten morschen Gebeine ihnen zur Seite gebettet werden. Aber mein Herz ist heiter, wenn ich des Verfalls der echten und wahren Religion in diesem Land gedenke und die Höhe und Tiefe, Länge und Breite unserer nationalen Verirrungen ermesse und wie die Lauheit und der Kaltsinn mehr und mehr zunimmt; auch darum bin ich fest entschlossen, meinen Wohnsitz zu verändern, weil ich höre, daß Pachtgüter zu mäßigem Zins in Northumberland zu haben sind, wo viele seltene Seelen sich zu unserem wahren, wiewohl unterdrückten Glauben bekennen. Und so kann ein Teil des Viehbestandes, soviel davon zu behalten ich für tunlich erachte, ohne Unbequemlichkeit dorthin getrieben werden – etwa über Wooler oder sonstwie, immer an den Bergen entlang –, und der Rest kann mit gutem Nutzen und Vorteil verkauft werden, wenn der Himmel uns seinen Segen auch zu diesen irdischen Geschäften vergönnen will. – Der Laird ist mir in diesen Unglückstagen ein treuer Freund gewesen, und ich habe ihm seine Auslagen für Effies Prozeß rückerstattet, wohingegen Mr. Nichil Novit ihm von dem Geld, das er ihm dafür vorgeschossen, nichts wiedergegeben hat, wie der Laird und ich erwartet hatten. Anwälte haben einen guten Magen, wie der Volksmund sagt. Ich habe mir das Geld von sechs Seiten leihen müssen. Mr. Saddletree gab mir den Rat, den Laird von Lounsbeck wegen der 1000 Pfund, die er mir schuldet, zu verklagen. Aber ich habe mit Gerichten nichts im Sinn seit jenem schrecklichen Morgen, wo am Kreuz von Edinburgh ein Hornstoß die Hälfte der rechtgläubigen Geistlichen von ihren Kanzeln vertrieb. Indessen werde ich sehen, ob ich den Schuldschein nicht verpfänden oder verkaufen kann, was, wie Mr. Saddletree sagt, ebensogut ist wie eine gerichtliche Pfändung oder ein Zahlungsbefehl, denn warum soll man sein sauer verdientes Geld um nichts und wieder nichts solchen Herren in den Rachen werfen? – Was die Gnade und Huld betrifft, womit die Königin Dich empfangen und sich der Tochter eines armen Mannes erbarmt hat, so werde ich für ihr zeitliches und ewiges Wohl beten und dafür, daß ihr Haus den Thron dieser Königreiche für immerdar innehaben möge. Ich weiß nicht, ob Du Ihrer Majestät gesagt hast, daß ich derselbe David Deans bin, dem es während der Revolution eine Lust war, die Köpfe zweier falscher Propheten zusammenzustoßen – unwürdiger Hochwürden von Prälaten –, die an der Ecke der High Street standen, als sie aus dem Parlament des Covenants vertrieben waren. Der Herzog von Argyle ist ein edler und hochsinniger Edelmann, der für die Armen eintritt und die Sache derer verficht, die sich nicht selbst helfen können; wahrlich, er wird seines Lohnes nicht ermangeln. – Ich habe von vielen Dingen geschrieben, aber nicht von dem, was mir am meisten am Herzen liegt. Ich habe das mißleitete Ding gesehen; sie wird morgen früh entlassen werden mit dem Beding, daß sie Schottland in vier Wochen verläßt. Ihr Sinn liegt noch im argen – ich glaube, ihr Auge ist rückwärts gewendet gen Ägyptenland, als ob die bitteren Wasser der Wüste schwerer zu ertragen wären als die Glut der Ziegelöfen, wo es daneben freilich auch liebliche Fleischtöpfe gab. Ich brauche Dich nicht erst zu bitten, bald wiederzukommen, denn Du bist – außer dem Allmächtigen – mein einziger Trost in diesen Drangsalen. Halte Dich fern von dem eitlen Blendwerk des großen Jahrmarkts, wo Du Dich aufhältst, und geh nicht in ihren Gottesdienst, denn er ist eine schlechtverkappte Messe, wie James VI. sagte, obgleich er sich später samt seinem unglücklichen Sohn bestrebte, sie auf Gedeih und Verderb in sein heimisches Königreich einzuführen, weswegen sein Geschlecht ausgetilgt ist wie der Schaum auf dem Wasser und zerstreut wie Wanderer unter die Völker – siehe die Prophezeiungen Hoseas, Kapitel neun, Vers siebzehn, und weiterhin Kapitel zehn, Vers sieben. Aber wir und unser Haus wollen mit demselben Propheten sagen: ‹Kommt, wir wollen wieder zum Herrn; denn er hat uns zerrissen, er wird uns auch heilen; er hat uns geschlagen, er wird uns auch verbinden.›»

Weiterhin schrieb er, daß er ihren Vorsatz, über Glasgow

heimzukehren, billige, und verbreitete sich umständlich über verschiedene Kleinigkeiten, worauf wir hier nicht einzugehen brauchen. Eine einzige Zeile in dem Brief – aber vielleicht die von der Empfängerin am meisten gelesene – besagte, daß Reuben Butler ihm wie ein Sohn in seinen Kümmernissen gewesen wäre. Da David Deans früher Butler selten erwähnte, ohne ihm mehr oder weniger offen oder versteckt einen Seitenhieb zu versetzen – entweder wegen seiner Gelahrtheit und Weltlichkeit oder seines Großvaters Ketzerei halber –, so nahm Jeanie es als gute Vorbedeutung, daß diesem Satz über ihn kein solch spöttischer Vorbehalt hinzugefügt war.

Die Hoffnung eines Liebenden ähnelt der Bohne im Märchen – laß sie erst Wurzel schlagen, und sie wird so schnell wachsen, daß im Laufe weniger Stunden die Riesin Einbildung ein Schloß auf den Gipfel bauen kann – und dann kommt die Enttäuschung mit dem «Hackebeil» und haut die Pflanze samt dem Luftschloß um. Jeanies Einbildungskraft – obgleich nicht die stärkste ihrer Eigenschaften – war doch lebhaft genug, um sie auf ein entlegenes Gütchen in Northumberland zu versetzen, gut beschickt mit Milchkühen, Lämmern und Schafen; ein Bethaus dicht dabei, besucht von ernsten Presbyterianern, die einstimmig Reuben Butler zu ihrem geistlichen Führer erkoren hatten; Effie, zwar nicht mehr in alter Heiterkeit, doch wenigstens Zufriedenheit; ihr Vater mit seinen grauen, schlichten Haaren und der Brille auf der Nase; sie selbst mit der Frauenhaube statt des jungfräulichen Stirnbands – alle zusammen in dem besagten Gotteshaus im Kirchenstuhl sitzend und der Predigt lauschend, die sie noch stärker und inniger fesselt durch die Bande der Liebe, die sie mit dem Priester verbinden. So gab sie sich von Tag zu Tag süßen Träumen hin, bis ihr der Aufenthalt in London langweilig und unerträglich wurde. Endlich erhielt sie zu ihrer nicht geringen Freude eine Aufforderung vom herzoglichen Haus, sich bereit zu halten, in zwei Tagen mit ihren Reisegefährten die Fahrt nach dem Norden anzutreten.

40. Kapitel

Die eine war ein Weib. Ihr widerfuhr
einst bitteres Unrecht; drum sie Rache schwur.
Und sie genoß sie. Seht: ihr Auge loht
voll düsteren Triumphes noch im Tod.

Crabbe

Diese Aufforderung erreichte Jeanie, nachdem sie sich etwa drei Wochen in der Hauptstadt aufgehalten hatte.

An dem zur Abreise festgesetzten Morgen nahm sie herzlichen Abschied von Mrs. Glass, wobei sie nicht verfehlte, sich für die Aufmerksamkeit, welche die wackere Frau ihr erwiesen hatte, gehörig zu bedanken, brachte sich und ihre Habseligkeiten, die sich durch allerlei Einkäufe und Geschenke ansehnlich vermehrt hatten, in einer Mietskutsche unter und suchte ihre Reisegefährten in der Wohnung des herzoglichen Hausverwalters auf. Während angespannt wurde, sagte man Jeanie, daß der Herzog sie zu sprechen wünsche, und führte sie in ein prächtig eingerichtetes Gemach, wo sie zu ihrer Überraschung gewahr wurde, daß der Herzog sie seiner Gemahlin und seinen Töchtern vorstellen wollte.

«Hier habt Ihr meine kleine Landsmännin, Herzogin», sagte er, als er sie seiner Gemahlin zuführte. «Mit einem Heer junger Männer ebenso tapfer und standhaft wie sie und im Kampf für eine gerechte Sache würde ich keinen Gegner fürchten, stünden auch zwei gegen einen.»

«Ach, Papa!» sagte ein munteres, etwa zwölfjähriges Fräulein. «Erinnert Euch, daß schon einmal einer gegen zwei stand – bei Sheriffmuir – und doch...» Hier sang sie die wohlbekannte Ballade:

«Ob wir gesiegt, ob sie gesiegt,
ob keiner gesiegt hat, Mann?
Ich weiß es nicht; nur, daß bei Sheriffmuir
eine Schlacht war – ich sah sie mit an.»

«Was, Klein-Mary geht vor meinen Augen zu den Tories über? Das ist ja eine nette Bescherung – was wird Schottland dazu sagen, wenn unsere Landsmännin ihm diese Neuigkeit meldet?»

«Wir sollten alle Tories werden – wir haben wenig Dank dafür geerntet, daß wir Whigs geblieben sind», sagte das zweite junge Fräulein.

«Ei was, schweigt, ihr naseweisen Affen; spielt lieber mit euren Puppen; und was den Tanz von Dumblane angeht: Wenn der Hans nicht will tanzen, will tanzen, will tanzen, wenn der Hans nicht will tanzen, dann gibt's einen Tanz.»

«Es geht bergab mit Papas Witz», sagte Lady Mary, «der Arme wiederholt sich – er sang das auf dem Schlachtfeld, als man ihm meldete, die Hochländer hätten mit ihren Schottenschwertern seinen linken Flügel zerhackt.»

Ein Zupfen am Haar war die Erwiderung auf diesen Ausfall.

«Ach ja, die tapferen Hochländer mit ihren prächtigen Schwertern», sagte der Herzog, «möge es ihnen gut gehen ‹für all das Böse, was sie mir getan›, wie es im Lied heißt. – Aber kommt, Tollköpfe, sagt eurer Landsmännin ein freundliches Wort. Ich wollte, ihr wäret halb so gescheit und verständig wie sie – ebenso ehrlich und brav seid ihr, hoffe ich.»

Die Herzogin wandte sich an Jeanie und sagte ihr einige gütige und freundliche Worte darüber, wie sehr sie ihre

Liebe und ihren Mut bewundere; dann fügte sie hinzu: «Wenn du heimkommst, sollst du noch von mir hören.»

«Von mir auch!» – «Von mir auch!» – «Von mir auch, Jeanie!» riefen die jungen Mädchen eines nach dem andern. «Wir sind stolz auf dich – denn du machst unserem lieben Vaterland Ehre.»

Dieses unerwartete, schmeichelhafte Lob überwältigte Jeanie – sie wußte nicht, daß der Herzog bei seinen Nachforschungen von ihrem Verhalten im Prozeß ihrer Schwester erfahren hatte –, sie wurde über und über rot, knickste verlegen nach allen Seiten und stammelte: «Vielen Dank! Vielen Dank!»

«Jeanie», sagte der Herzog, «wir müssen zum Abschied ein Glas zusammen leeren – eher darfst du nicht fort.»

Ein Tablett mit Kuchen und Wein stand auf dem Tisch. Der Herzog nahm ein Glas und trank «auf alle treuen Herzen, die Schottland lieben». Hierauf bot er ein Glas seinem Gast an.

Aber Jeanie lehnte dankend ab, sie habe in ihrem ganzen Leben noch keinen Wein getrunken.

«Wie kommt das, Jeanie?» fragte der Herzog. «Du weißt doch: Wein erfreut des Menschen Herz.»

«Ja, Herr, aber mein Vater ist wie Jonadab, der Sohn Rechabs, der seinen Kindern verbot, Wein zu trinken.»

«Ei, ich hätte deinen Vater für klüger gehalten», sagte der Herzog. «Aber vielleicht zieht er Branntwein vor? – Nun, wenn du nicht trinken magst, Jeanie, so mußt du wenigstens etwas essen, damit die Ehre meines Hauses gewahrt wird.»

Er nötigte ihr ein großes Stück Kuchen auf und ließ nicht zu, daß sie ein Stück davon abbrach und das übrige wieder auf das Tablett legte. «Steck es ein, Jeanie», sagte er, «für unterwegs – es ist noch weit bis zu den Kirchtürmen von St. Giles. Ich wollte, beim Himmel, ich sähe sie so bald wie du. – Und nun glückliche Reise, und grüße mir alle Freunde in Auld Reekie.»

Und mit dem Freimut eines Soldaten und seiner gewohnten Leutseligkeit schüttelte er seinem Schützling die Hand und übergab sie der Obhut Archibalds, sicher, daß die ungemeine Achtung, womit er Jeanie behandelt hatte, maßgebend für das Betragen seiner Leute gegen sie sein würde.

Tatsächlich waren denn auch ihre beiden Gefährten bestrebt, ihr die Reise so angenehm wie möglich zu machen, so daß ihre Rückkehr, was Bequemlichkeit und Sicherheit betraf, den stärksten Gegensatz zu ihrer Hinreise nach London bildete.

Auch war ihr Herz von der Last der Angst und Furcht, des Kummers und der Schande, die es vor ihrer Unterredung mit der Königin in Richmond beschwert hatten, erleichtert. Allein das menschliche Gemüt ist so wunderlich geartet, daß es, wenn es von dem Druck wirklichen Elends befreit ist, alsbald für eingebildete Ängste und Sorgen empfänglich wird. Es bedrückte sie, daß sie nichts von Reuben Butler gehört hatte, dem das Schreiben doch weit leichter fiel als ihr.

Es hätte ihn so wenig Mühe gekostet, sagte sie sich, denn ich sah seinen Federkiel ja ebensoschnell über das Papier fliegen, wie er über das Wasser flog, als er noch im Flügel der Wildgans steckte. Ach, vielleicht ist er krank? Aber dann hätte mein Vater etwas davon erwähnt. – Oder vielleicht hat's ihn gereut, und er ist anderen Sinnes geworden und weiß nun nicht, wie er's mir sagen soll. Er braucht nicht soviel Umstände deswegen zu machen, suchte sie sich einzureden, obwohl sich ihre Augen mit Tränen gekränkter Liebe und verletzten Stolzes bei diesem Verdacht füllten. Jeanie Deans ist nicht das Mädchen, das sich ihm aufdrängt oder ihn an etwas mahnt, was er vergessen will. Ich wünsche ihm nach wie vor Heil und Segen, und wenn er das Glück hat, eine Pfarre in unserer Gegend zu erhalten, werde ich zu seinem Gottesdienst gehen und ihm so zeigen, daß ich keinen Groll gegen ihn hege. – Aber wie sie sich dies ausmalte, stahlen sich ihr die Tränen über die Wangen.

Diesen traurigen Träumereien nachzuhängen, hatte

Jeanie Zeit genug, denn als Diener eines angesehenen vornehmen Hauses hatten ihre Reisegefährten viele Gesprächsgegenstände, über die Jeanie, selbst wenn sie gewollt hätte, nicht mitreden konnte; so hatte sie reichlich Muße zum Nachdenken und auch zu Selbstquälereien, denn zur Schonung der jungen Pferde, die der Herzog nach dem Norden schickte, reiste man gemächlich und legte täglich nur kurze Strecken zurück, bis man endlich nach Carlisle gelangte.

Als sie in die Nähe der alten Stadt kamen, sahen sie auf einer Anhöhe unweit der Landstraße eine Menge Menschen und erfuhren von einigen Fußgängern, die vom Süden her ebenfalls dahin strebten, daß all diese Leute von dem löblichen Wunsch beseelt waren, «auf Haribee-broo' eine verdammte schottische Hexe und Diebin ihre Strafe erleiden zu sehen – oder vielmehr die halbe, denn sie sollte bloß gehängt, statt lebendig verbrannt werden, wie es recht und billig gewesen wäre».

«Lieber Mr. Archibald», sagte die zukünftige Aufseherin der Meierei, «ich habe noch nie in meinem Leben eine Frau hängen sehen, nur vier Männer, was recht hübsch war.»

Aber Mr. Archibald war ein Schotte und versprach sich kein sonderliches Vergnügen davon, eine Landsmännin «des Gesetzes furchtbare Pön» erleiden zu sehen. Überdies war er ein auf seine Art verständiger und zartfühlender Mann; es war ihm nicht unbekannt, was sich in Jeanies Familie zugetragen hatte und weswegen sie nach London gekommen war; so antwortete er trocken, man könne unmöglich anhalten, da er einiger Geschäfte des Herzogs wegen früh in Carlisle sein müsse, und hieß den Postillion weiterfahren.

Die Landstraße führte damals in etwa einer Viertelmeile Entfernung an der Anhöhe Harabee-brow vorbei, die, obgleich nur eine mäßige Erhebung, doch aus großer Entfernung zu sehen ist, dank der Flachheit des umgebenden Landes, das der Eden durchfließt. Hier hat mancher Heckenreiter und Strauchritter beider Königreiche während der Kriege und der kaum weniger feindseligen Friedenszeiten im Wind geschwankt. Auf Harabee fanden auch später noch manche Hinrichtungen statt, bei denen man nicht viel Umstände machte, denn diese Grenzprovinzen blieben noch lange unruhig, und die Bevölkerung war selbst in der Zeit, von der wir berichten, roher und wilder als die im mittleren England.

Der Postillion fuhr auf der um die Anhöhe in großem Bogen herumführenden Landstraße weiter. Währenddes waren die Augen von Miss Dolly Dutton samt dem zugehörigen Kopf und gewichtigen Körper unverwandt nach dem Schauplatz der Handlung gerichtet; deutlich gewahrte sie den Umriß des Galgens, der sich gegen den klaren Himmel abhob, die dunklen Gestalten des Henkers und der Verbrecherin auf den dünnen Sprossen der luftigen Leiter, bis eine dieser Gestalten, in die Luft hinausgestoßen, unverkennbar im Todeskampf zappelte, wenn sie in der Entfernung auch nicht größer als eine am Ende eines unsichtbaren Fadens hängende Spinne aussah, während die andere Gestalt geschwind aus der luftigen Höhe herabstieg und sich in der untenstehenden Menge verlor. Dieses Ende des traurigen Schauspiels entlockte natürlich Miss Dutton einen lauten Schrei, und Jeanie wandte in unwillkürlicher Neugier ihren Kopf nach derselben Richtung.

Der Anblick einer weiblichen Verbrecherin im Augenblick, wo sie dieselbe schreckliche Strafe erlitt, der ihre geliebte Schwester erst eben mit knapper Not entgangen, war zuviel für Jeanie. Sie wandte sich voll Abscheu ab, Ekel würgte sie, und sie war einer Ohnmacht nahe. Ihre Gefährtin überschüttete sie mit Fragen, was ihr fehle, ob sie ihr helfen könne, verlangte, daß die Kutsche halten solle, daß ein Arzt geholt werden müsse, rief nach Tropfen, nach Asa foetida, Federn, Riechsalz, Riechwasser und so weiter – nach allem zugleich, das unverzüglich herbeizuschaffen sei. Archibald, ruhiger und besonnener, befahl dem Kutscher, schnell weiterzufahren, bis man außer Sicht des schrecklichen Schauspiels war. Erst dann ließ er in Anbetracht der tödlichen Blässe von Jeanies Gesicht den Wagen halten und stieg aus, um ihr eine Arznei zu holen, die einfacher und leichter zu beschaffen war als die aus den Arzneibüchern von Miss Dutton – nämlich einen Trunk frischen Wassers.

Während der gefällige Archibald auf der Suche danach sich über die vielen Gräben der Gegend ärgerte, in denen sich nichts als Schlamm fand, und der unzähligen rieselnden Quellen seiner heimischen Berge gedachte, kamen mehr und mehr Zuschauer der Hinrichtung auf ihrem Heimweg nach Carlisle an dem haltenden Wagen vorüber.

Aus ihren halb gehörten und halb verstandenen Worten, denen Jeanie unwillkürlich mit derselben Aufmerksamkeit lauschte wie Kinder Gruselgeschichten, obwohl sie wissen, daß sie sich später fürchten, aus diesen Gesprächsfetzen, sage ich, konnte Jeanie so viel entnehmen, daß die soeben Gerichtete eine «hartgesottene» Sünderin, wie man es nennt, gewesen und trotzig, unbußfertig und verstockt von hinnen gefahren sei, weder Gott noch Menschen fürchtend.

«Ein dreistes, halsstarriges Weib», sagte ein Cumberländer Bauer, der in seinen plumpen Holzschuhen lärmend wie ein Rollwagenpferd vorbeitrampelte.

«Sie ist zu ihrem Herrn und Meister gegangen mit seinem Namen im Mund», sagte ein anderer, «es wäre auch noch schöner, wenn schottische Hexen und schottische Huren das Land derart plagen sollten – nein, nein, sage ich, hängen und ersäufen.»

«Ja, ja, Gevatter Tramp, ohne Galgen kein Recht – hängt die Hexen, und wir werden weniger Schaden leiden; meine Ochsen sind seit zwei Monden steif.»

«Und meine Kinder sind auch ganz abgezehrt», erwiderte sein Nachbar.

«Hütet eure Zungen, ihr Schwätzer», sagte ein altes Weib, das an den beiden vorüberhumpelte, die während ihres Gesprächs in der Nähe des Wagens angelangt waren und dort stehenblieben, «das war keine Hexe, sondern 'ne blutbefleckte Diebin und Mörderin.»

«Soso, meint Ihr, Mrs. Hinchup?» entgegnete einer höflich und trat beiseite, um die Alte vorbeizulassen. «Nun, Ihr müßt es ja wohl wissen – aber jedenfalls war sie 'ne Schottin – und so was sieht man lieber tot als lebendig.»

Die Alte ging, ohne zu antworten, vorbei.

«Ja, ja, Nachbar», flüsterte Gevatter Tramp, «da siehst du's: eine Hexe tritt für die andere ein – schottisch oder englisch –, es ist alles eins.»

Sein Begleiter nickte und erwiderte in demselben halblauten Ton: «Ja, ja, wenn ein Weib in Sark-foot ihren Besenstiel besteigt, müssen alle Weiber von Allonby ebenfalls aufsitzen – wie es im Sprichwort von den Bergen heißt:

Wenn Skiddaw hat 'ne Mütz',
gleich hat's auch Criffel spitz.»

«Aber», fuhr Gevatter Tramp fort, «meinst du, der Gehängten ihre Tochter ist auch 'ne Hexe?»

«Was weiß ich?» erwiderte der andere. «Die Leute sagen, sie wollen auf dem Eden die Wasserprobe mit ihr machen.»

Damit wünschten sie sich gegenseitig guten Morgen und gingen jeder seines Weges.

Die beiden Tölpel waren kaum fort und Mr. Archibald soeben mit etwas frischem Wasser zurückgekehrt, als ein Haufe von Buben und Mädchen und ein paar Erwachsene aus dem niederen Volk vom Richtplatz herkamen; sie drängten sich mit lautem Freudengeheul um eine große, seltsam aufgeputzte Frau, die in ihrer Mitte einhertanzte, -hüpfte und -sprang. Eine schreckliche Erinnerung überkam Jeanie, als sie dieses unglückliche Geschöpf erblickte – und das Erkennen war gegenseitig; denn mit dem Aufbieten all ihrer Kraft und mit großer Behendigkeit durchbrach Madge Wildfire plötzlich den lärmenden Kreis ihrer Peiniger, und sich fest an die Tür der Kalesche klammernd, rief sie in einem Ton zwischen Lachen und Weinen: «Ach, Jeanie Deans, weißt du schon – sie haben unsere Mutter gehängt!» Dann fing sie plötzlich an zu jammern und zu bitten: «Ach, sag ihnen doch, daß ich sie abschneiden darf! – Ich will sie nur abschneiden! – Sie ist ja meine Mutter, wenn sie auch schlimmer war als der Teufel – und kein Mensch wird's ihr anmerken, sowenig wie der halb gehängten Maggie Dickson, die noch manchen Tag, nachdem man sie gehängt hatte, ihr Salz ausrief, nur daß ihre Stimme rauh und heiser klang und der Hals ein bißchen schief war – aber sonst unterschied sie sich in nichts von den anderen Salzweibern.»

Mr. Archibald, durch das Anklammern der Verrückten an die Kutsche und die sie umringende, lärmende und schadenfrohe Menge in peinlicher Bedrängnis, hatte sich die ganze Zeit nach einem Büttel oder Konstabler umgesehen, dem er die Unglückliche übergeben könnte. Aber da er keine solche Amtsperson gewahrte, bemühte er sich, ihre Hände von der Kutsche zu lösen, um von ihr weg- und weiterfahren zu können. Dies konnte jedoch ohne einige Gewaltanwendung kaum geschehen, denn Madge hielt sich fest und erneuerte ihre verzweifelten Bitten, man möge ihr doch erlauben, ihre Mutter abzuschneiden. «Es kostet ja nur einen lumpigen Strick», rief sie, «und was ist das gegen ein Menschenleben?»

In diesem Augenblick indessen nahte ein Trupp wild aussehender Gesellen, meistens Metzger und Viehhändler, denen eine Seuche kürzlich viel Vieh hinweggerafft hatte, was sie in ihrer Weisheit natürlich der Hexerei zuschrieben. Gewaltsam rissen sie Madge vom Wagen los und zerrten sie weg, wobei sie schrien: «Was? Fällst du Leute auf offener Straße an? Hast du nicht schon Unheil genug angerichtet mit deiner verdammten Hexerei?»

«O Jeanie Deans – Jeanie Deans!» rief die arme Wahnsinnige. «Rette meine Mutter – und ich will dich wieder zu des Auslegers Haus führen und dich all meine hübschen Liedchen lehren – und ich will dir auch sagen, was aus dem...»

Der Rest ihrer Bitten ging unter in dem Geschrei des zügellosen Haufens.

«Um Gottes willen, rettet sie – rettet sie vor diesen Leuten!» rief Jeanie Archibald zu.

«Sie ist toll, aber völlig unschuldig; sie ist toll, meine Herren», sagte Archibald, «tut ihr nichts zuleide, bringt sie zum Bürgermeister.»

«Ja, ja, wir werden's ihr schon besorgen», antwortete einer der Kerle. «Mach du nur, daß du weiterkommst, und kümmere dich um deinen eigenen Kram.»

«Er ist ein Schotte – man merkt's an der Sprache», sagte ein anderer, «wenn er sich untersteht, aus seinem Rumpelkasten zu steigen, kann er sich seine Knochen in seinem Tartan-Plaid zusammenklauben.»

Es war klar, daß nichts getan werden konnte, Madge zu retten. Archibald, der ein gutherziger Mensch war, befahl deshalb dem Postillion, so schnell wie möglich nach Carlisle zu fahren, damit sie von dort Hilfe für die Unglückliche holen könnten. Als sie davonfuhren, hörten sie noch einige Zeit das wilde Gebrüll, womit der Pöbel grausame und rohe Handlungen einzuleiten pflegt, und, selbst diesen gräßlichen Lärm übertönend, die gellenden Angstschreie des unglücklichen Opfers. Bald waren sie außer Hörweite, hatten aber kaum das Weichbild Carlisles erreicht, als Archibald auf Jeanies dringende Bitte sogleich zur Polizei eilte, um Anzeige wegen der Mißhandlungen zu erstatten, denen das unglückliche Geschöpf, wie zu erwarten, gerade eben ausgesetzt war.

Er kehrte nach ungefähr anderthalb Stunden zurück und berichtete Jeanie, daß sich der Polizeimeister selbst mit einigen Begleitern bereitwilligst zur Rettung der Unglücklichen aufgemacht und er ihn begleitet habe. Als sie angelangt seien, wäre der Pöbel gerade dabeigewesen, seine Lieblingsstrafe an der Irren zu vollziehen, nämlich sie in einen schlammigen Pfuhl zu tauchen; daß es dem Beamten gelungen sei, Madge aus den Händen ihrer Peiniger zu befreien, doch sei sie bereits infolge der erlittenen Mißhandlungen bewußtlos gewesen. Er setzte hinzu, man habe sie nach dem Armenhaus gebracht, wo sie wieder zu sich gekommen sei; sie werde sich wohl bald wieder völlig erholen.

Hier hatte sich Mr. Archibald eine kleine Abweichung von der Wahrheit erlaubt – in Wirklichkeit erwartete man nicht, daß Madge Wildfire die ihr widerfahrene Mißhandlung überleben würde. Allein, Jeanie schien so erregt, daß Archibald ihr nicht gleich das Schlimmste sagen wollte. In der Tat war sie durch diesen aufregenden Zwischenfall so erschüttert und mitgenommen, daß ihre Gefährten – obgleich sie beabsichtigt hatten, noch am Abend nach Longtown weiterzufahren – es für ratsamer hielten, die Nacht über in Carlisle zu bleiben.

Jeanie war dies besonders lieb, weil sie sich, wenn möglich, eine Unterredung mit Madge Wildfire zu verschaffen wünschte. Sie gedachte der früheren Andeutungen der Irren und dessen, was ihr George Staunton erzählt hatte, und wollte die Gelegenheit nicht vorübergehen lassen, von Madge, wenn möglich, etwas über das Schicksal des unglücklichen Kindes zu erfahren, das ihrer Schwester so teuer zu stehen gekommen war. Allerdings hatte sie angesichts des Geisteszustandes der armen Madge nicht allzuviel Hoffnung, daß sie irgendeinen brauchbaren Hinweis von ihr erhalten würde; doch seit Madges Mutter ihre gerechte Strafe erlitten und ihre Lippen für immer geschlossen hatte, war Madge die einzige, die ihr irgendwelchen Aufschluß über den Verbleib des Kindes geben konnte, und Jeanie wollte diese Möglichkeit keinesfalls versäumen.

Archibald gegenüber beschönigte sie ihr Vorhaben damit, daß sie erklärte, sie habe Madge früher einmal getroffen und wünsche aus Gründen der Menschlichkeit zu wissen, wie es ihr nach den ihr gegenwärtig widerfahrenen Mißhandlungen ginge. Der gefällige Mann begab sich sogleich nach dem Armen- oder Siechenhaus, wo man die Kranke untergebracht hatte, kehrte jedoch mit der Antwort zurück, die

Pfleger hätten aufs bestimmteste verboten, daß jemand sie besuche. Als Mr. Archibald am nächsten Morgen seine Bitte um Zulassung wiederholte, sagte man ihm, die Kranke sei in der Nacht sehr gefaßt und ruhig gewesen, so daß der Geistliche, der die Anstalt als Seelsorger betreute, es für angebracht gehalten habe, Gebete an ihrem Bett zu lesen; ihr Geist habe sich indessen bald nach seinem Fortgehen wieder getrübt; doch könne ihre Landsmännin sie besuchen, wenn sie wolle. Wahrscheinlich habe sie nur noch eine oder zwei Stunden zu leben.

Auf diese Nachricht hin begab sich Jeanie in Begleitung ihrer Gefährten sogleich zum Krankenhaus. Sie fanden die Sterbende in einem Saal, in dem zehn Betten standen, von denen jedoch nur das der Kranken belegt war.

Madge sang, als sie eintraten – sang ihre alten, wilden Liedchen und verschollenen Weisen; allein ihre Stimme klang nicht mehr so schrill und laut, sondern sanft, schwermütig und leise. Obgleich ihre Gedanken noch immer irr umherschweiften, war sie infolge ihrer körperlichen Erschöpfung nicht mehr fähig, sie mit ihrer ehemaligen wilden Kraft auszudrücken. Der Tod sang in den klagenden Lauten, doch in ihrer milden Traurigkeit lag etwas von dem lullenden Klang, womit eine Mutter ihr Kind in den Schlaf singt. Als Jeanie eintrat, vernahm sie zunächst die Weise und verstand erst danach einzelne Worte des Liedes, das wohl einst ein heiteres Erntelied gewesen war:

«Geendet ist die Arbeit nun.
Der Schnitter läßt die Sense ruhn;
wir winden froh den Erntekranz
und schmücken uns zu Spiel und Tanz.

Die Nacht kommt, wenn die Sonne sinkt –
nach schwerer Müh nun Muße winkt.
Wenn Herbst dahin und Winter nah,
dann ist die Erntefeier da.»

Als das Lied zu Ende war, trat Jeanie an das Bett und rief Madge beim Namen. Allein die Kranke schien sie nicht zu erkennen. Vielmehr wandte sie sich ab, gleichsam wie unwillig über die Störung, und rief in ungeduldigem Ton: «Schwester, Schwester – dreh mich zur Wand, damit ich diesen Namen nicht mehr zu hören und nichts mehr von der argen Welt zu sehen brauche.»

Die Krankenwärterin willfahrte ihr und bettete sie mit dem Gesicht zur Wand und mit dem Rücken gegen das Licht. Alsbald begann die Kranke wieder mit derselben sanften und wohllautenden Stimme zu singen, als wolle sie sich erneut in jenen Zustand der Entrücktheit versetzen, worin ihre Besucher sie gestört hatten. Aber die Weise war verändert und ähnelte nun eher der einer Methodistenhymne:

«Wenn der Glaubenskampf gestritten,
aller Zweifel ausgelitten,
wenn das Hochzeitskleid gewebt,
Hoffnung ihre Schwingen hebt,
und die Liebe, hier gefangen,
trägt nach höherm Sein Verlangen –
auf dann, Christ, mit heitrem Sinn
wirf die Erdenhülle hin.»

Die Weise war feierlich und rührend; sie wurde es noch mehr durch den klagenden Ton der von Natur schönen Stimme Madges, deren körperliche Schwäche zwar ihre Kraft gemindert, doch in edle Sanftheit verwandelt hatte. Archibald, obgleich ein abgebrühter Hofmann, bewahrte nur mühsam seine Haltung, Miss Dutton schluchzte, und auch Jeanie fühlte, wie ihr die Tränen kamen. Selbst die an alle Arten des Sterbens gewöhnte Wärterin schien bewegt.

Die Kranke wurde zusehends schwächer. Atemnot stellte sich ein, und leise, unwillkürliche Klagen verrieten, daß die Sterbende ihren letzten Kampf kämpfte. Aber der Geist des

Gesangs, der dem unglücklichen Geschöpf angeboren schien, siegte noch von Zeit zu Zeit über ihren Schmerz und ihre Schwäche. Seltsam war es, daß in ihren Liedern – wenn auch vielleicht nur als Andeutung oder in Nebensächlichkeiten – immer etwas war, das sich auf ihre gegenwärtige Lage beziehen ließ. Das nächste Lied schien das Bruchstück einer alten Ballade zu sein:

«Kalt ist mein Bett, Lord Archibald,
kein Schlaf will Trost mir borgen;
so wird auch deines dumpf und kalt,
treuloser Mann, sein morgen.

Weint nicht um mich, ihr wackern Leut',
kürzt Tod der Herrin Sorgen;
denn er, um den ich sterbe heut',
stirbt meinetwegen morgen.»

Dann begann sie wieder etwas anderes. Die Weise war wilder und regelloser. Von den Worten konnten die Anwesenden nur weniges verstehen:

«Schön-Else ging vor Tag
im Wald spazieren;
Rotkehlchen sitzt im Hag
und singt gar rührend.

‹Wann wird die Hochzeit mir,
o Vöglein, tagen?› –
‹Wenn sechs Gesellen dich
zur Kirche tragen.›

‹Wer macht das Brautbett mein?
Sag's, Vöglein, trautes.› –
‹Der Graukopf, der dort ein
Grab gräbt – er baut es.

ZEIT IST GELD

VON LIMA NACH LONDON –
DES GELDES WEGEN

JEANIE DEANS WIRD BEI IHRER REISE
NACH LONDON ZU KÖNIGIN KAROLINE ...

... auch jene Half Crown in der Tasche gehabt haben, die – einigermaßen befremdlich – die Aufschrift LIMA trug. Wie kam es dazu?

Während der Regierung von George II. brachte Admiral George Anson im Jahre 1744 eine beträchtliche Beute nach Hause: Gold und Silber im Wert von drei Millionen Dollar, das er spanischen Galeonen im Pazifik abgenommen hatte. Die Fracht dieser Schiffe stammte aus Lima. Da sich in England die Praxis eingebürgert hatte, auf den Münzen die Herkunft des Metalls anzugeben, steht auf den Prägungen, die aus dieser Beute geschlagen wurden, der Name LIMA.

Wer insgeheim bedauert, daß man keine schwerbeladenen Galeonen mehr kapern kann, der sei auf die Beute von heute hingewiesen:

Pfandbrief und Kommunalobligation

Meistgekaufte deutsche Wertpapiere - hoher Zinsertrag - bei allen Banken und Sparkassen

Verbriefte Sicherheit

Der Glühwurm dann leuchtet dir
überm Leichensteine;
das Käuzchen vom Kirchturm krächzt:
Willkommen, du Feine.›»

Mit den letzten Worten starb ihre Stimme dahin. Die Kranke fiel in einen Schlummer, aus dem sie, wie die erfahrene Wärterin versicherte, nicht mehr oder nur im Todeskampf wieder erwachen würde.

Die Voraussage der Wärterin erwies sich als wahr. Die arme Verrückte schied aus dem Leben, ohne noch einmal zum Bewußtsein gekommen zu sein. Aber bei ihrem Abscheiden waren unsere Reisenden schon nicht mehr zugegen. Sie verließen das Krankenhaus, sobald Jeanie sich überzeugt hatte, daß keine Aufklärung über das Schicksal des Kindes ihrer Schwester von der Sterbenden zu erwarten war.*

* s. Anm. XVI «Madge Wildfire».

41. Kapitel

> Willst du nicht mit mir gehen?
> Es scheint der Mond, die See ist still.
> Ich kenne die Meerespfade...
> Komm mit und geh mit mir!
>
> *Thalaba*

All diese aufregenden Ereignisse hatten Jeanie trotz ihrer kräftigen Konstitution so angegriffen, daß Archibald es für notwendig hielt, einen Tag im Städtchen Longtown zu verweilen, um ihr Ruhe zu gönnen. Vergebens protestierte Jeanie selbst gegen jeden Aufschub der Weiterreise. Des Herzogs von Argyle Vertrauensmann bestand auf seinem Willen; und da er in seiner Jugend die Arzneiwissenschaft studiert hatte (wenigstens gebrauchte er diesen Ausdruck dafür, daß er vor 30 Jahren einmal sechs Monate lang bei dem alten Mungo Mangleman, dem Wundarzt von Greenock, den Mörser gehandhabt hatte), so war er hartnäckig, wenn es sich um Gesundheitsfragen handelte.

Hier nun glaubte er Anzeichen von Fieber – «febrile Symptome» – festgestellt zu haben, und nachdem er einmal diesen gelehrten Ausdruck auf Jeanies Zustand angewandt hatte, war aller fernere Widerstand vergebens; sie mußte zu Bett gehen und Haferschleim trinken. Auch war es ihr nicht unlieb, sich nach all den Aufregungen ausruhen und ungestört sammeln zu können.

Mr. Archibalds Fürsorglichkeit aber ging noch weiter.

Die Hinrichtung der alten Frau und das traurige Schicksal ihrer Tochter schienen ihm mehr Eindruck auf Jeanies Gemüt gemacht zu haben, als sich durch das übliche Mitgefühl erklären ließ, zumal Jeanie offenbar ein gesundes, kräftiges und keineswegs empfindsames, nervenschwaches junges Mädchen war. Da Archibald nun von seiner Schutzbefohlenen und ihren Beziehungen zu jenen unglücklichen Personen nichts weiter wußte, als daß sie Madge früher einmal in Schottland getroffen hatte, führte er den starken Eindruck, den die letzten Ereignisse auf Jeanie gemacht hatten, darauf zurück, daß sie hierdurch wieder an das Schicksal erinnert worden sei, dem ihre Schwester erst eben entgangen war. Archibald suchte Jeanie daher sorglich alles fernzuhalten, was sich auf diese unglücklichen Vorfälle bezog.

Er bekam bald Gelegenheit, diese Vorsicht zu betätigen. Ein Hausierer brachte an jenem Abend unter anderen Waren einen Pack Flugblätter nach Longtown, betitelt *Die Hinrichtung und letzten Worte der Margaret Murdockson sowie der jämmerliche Tod ihrer Tochter Magdalen oder Madge Murdockson, genannt Madge Wildfire, nebst ihrer erbaulichen Unterhaltung mit Seiner Ehrwürden, dem Erzdiakon Fleming*, eine glaubwürdige Veröffentlichung, die am Tag nachdem unsere Reisenden Carlisle verlassen hatten, erschienen war und die der fliegende Buchhändler besonders im Hinblick auf seine ländliche Kundschaft in der Umgebung, die von diesem Ereignis gehört haben mochte, unverzüglich seinem Kramschatz einverleibt hatte. Auch wurde er seine Ware eher los, als er erwartet hatte. Archibald, der sich dabei auf seine Klugheit viel zugute tat, kaufte den ganzen Pack für 2 Shilling und 9 Pence; und der Hausierer, hocherfreut über ein solch lohnendes Geschäft, kehrte sogleich nach Carlisle zurück, um sich mit neuem Vorrat zu versehen.

Der umsichtige Mr. Archibald wollte seinen ganzen Einkauf den Flammen übergeben, aber die noch umsichtigere

Meierin meinte, es sei doch recht schade um so viel schönes Papier, das man zu Haarwickeln, Haubenfutter und vielen anderen nützlichen Zwecken verwenden könne; sie versprach, den Packen in ihren eigenen Koffer zu legen und ihn sorgfältig vor Miss Jeanie Deans zu verbergen, obgleich sie, beiläufig bemerkt, Leute nicht leiden könne, die so zimperlich seien. Miss Deans hätte die ganze Zeit über genug an Galgen zu denken gehabt, so daß sie auch wohl den Anblick davon ohne solch Getue ertragen könnte.

Archibald erinnerte das Fräulein von der Meierei an des Herzogs ausdrückliches Geheiß, sich aufmerksam und zuvorkommend gegen Jeanie zu betragen, und wies sie darauf hin, daß sich die Gesellschaft ja bald trennen werde und sie sich infolgedessen für den Rest der Reise nicht mehr um irgend jemandes Gesundheit oder Stimmung würden zu kümmern brauchen. Mit welcher Antwort Miss Dolly Dutton sich begnügen mußte.

Am nächsten Morgen traten sie ihre Reise wieder an und setzten sie ohne weitere Zwischenfälle fort; sie fuhren durch Dumfriesshire, berührten Lanarkshire und kamen schließlich in der kleinen Stadt Rutherglen an, von wo man noch ungefähr vier Meilen bis Glasgow hatte. Hier brachte ein Eilbote Archibald Briefe von des Herzogs oberstem Geschäftsträger in Edinburgh.

Archibald sagte an diesem Abend nichts über das, was sie enthielten, aber als sie am nächsten Morgen im Wagen saßen, teilte der getreue Knappe Jeanie mit, er habe Anweisungen vom Geschäftsträger des Herzogs erhalten, dem Seine Gnaden aufgetragen, sie, wenn sie nichts dagegen habe, noch eine Strecke über Glasgow hinaus zu bringen. Es sei aus zufälligen Ursachen zu Unruhen in der Stadt und Umgebung gekommen, die es für Miss Jeanie Deans nicht ratsam machen würden, allein und unbeschützt von dieser Stadt nach Edinburgh zu reisen; wohingegen sie, wenn sie ein wenig weiterführen, einen von Seiner Gnaden Unterbeamten treffen würden, der mit seiner Frau aus dem Hochland nach Edinburgh komme und unter dessen Schutz sie bequem und sicher reisen könne.

Jeanie sträubt sich zunächst gegen diese Anordnung. – Sie wäre schon so lange von zu Hause fort, sagte sie, ihr Vater und ihre Schwester würden sehr in Sorge um sie sein, andere ihrer Freunde seien krank. Sie wolle sich in Glasgow ein Pferd und einen Knecht mieten, und sicher würde niemand einem so harmlosen und schwachen Geschöpf wie ihr etwas zuleide tun. Sie danke sehr für das Anerbieten, aber kein gejagtes Wild sehne sich so sehr nach einem Ruheplatz wie sie sich, nach St. Leonard's zu kommen.

Der Kammerdiener wechselte mit seiner Begleiterin einen so bedeutungsvollen Blick, daß Jeanie laut ausrief: «O Mr. Archibald, Miss Dutton, wenn Ihr irgend etwas wißt, was in St. Leonard's geschehen ist, um Gottes willen – um Himmels willen, sagt es mir und laßt mich nicht in Ungewißheit!»

«Ich weiß wirklich nichts, Miss Deans», erwiderte der Kammerdiener.

«Und ich – ich – ich – ganz gewiß, ich weiß ebensowenig», sagte die Dame von der Meierei, der man es ansah, daß sie gern etwas mitgeteilt hätte, was sie nur mühsam zurückhielt.

Aber Archibald warf ihr einen solchen Blick zu, daß sie ihre Lippen fest zusammenpreßte, als fürchte sie, es könne ihr entwischen, ehe sie es sich versähe.

Jeanie merkte, daß man ihr etwas verhehlte, und ihre Unruhe wurde nur durch die wiederholten Beteuerungen Archibalds beschwichtigt, daß ihr Vater, ihre Schwester, alle ihre Freunde, soweit er wisse, gesund und wohlauf wären. Von solch achtbaren Leuten wie denen, mit welchen sie reiste, konnte sie nichts Böses besorgen, und doch war ihre Angst so offenkundig, daß Archibald zu einem letzten Mittel greifen mußte – er übergab ihr einen Zettel, auf dem diese Worte geschrieben standen:

Jeanie Deans – Du würdest mir einen Gefallen tun, wenn Du Archibald und die Jungfer noch eine Tagesreise über Glasgow hinaus begleiten und sie nichts fragen würdest, wofür Dir sehr verbunden wäre Dein Freund

Argyle & Greenwich.

Obgleich diese lakonische Epistel von einem Edelmann, dem sie für seine unschätzbaren Bemühungen so tief verpflichtet war, alle Einwände Jeanies gegen den vorgeschlagenen Reiseweg verstummen ließ, erhöhte eher als verminderte sie ihre Neugier und Unruhe. Es war nun nicht mehr die Rede davon, nach Glasgow zu gehen. Man fuhr vielmehr am linken Ufer des Clyde entlang, vorbei an tausend anmutigen, wechselnden Landschaftsbildern zu beiden Seiten des herrlichen Flusses, bis er seinen binnenländischen Charakter verlor und den eines schiffbaren Stroms annahm.

«Werden wir gar nicht durch Glasgow kommen?» fragte Jeanie, als sie bemerkte, daß der Postillion keine Anstalten machte, die Pferde der alten Brücke zuzulenken, die den einzigen Zugang zu St. Mungos Hauptstadt bildet.

«Nein», erwiderte Archibald, «es sind da Unruhen ausgebrochen und da unser Herzog sich zur Zeit in einem gewissen Gegensatz zum Hof befindet, so würden wir vielleicht zu gut aufgenommen werden; es könnte ihnen aber auch einfallen, sich zu erinnern, daß der Hauptmann von Carrick mit seinen Hochländern die Stadt während des Shawfield-Aufruhrs im Jahre siebzehnhundertfünfundzwanzig heimsuchte – und dann würden wir sehr übel empfangen werden.* Es ist jedenfalls das beste für uns und beson-

* Im Jahre 1725 gab es in Glasgow einen großen Aufruhr wegen der Biersteuer. Unter den Truppen, die dorthin geschickt wurden, um die Ordnung wiederherzustellen, befand sich eine Kompanie Hochländer, die in Argyleshire ausgehoben worden waren und in einer

für mich, der ich ja mit den Ansichten Seiner Gnaden über viele Dinge ziemlich vertraut bin, die guten Leutchen von Gorbals nach ihrem eigenen Gutdünken handeln zu lassen, ohne sie durch meine Anwesenheit zu ermuntern oder zu reizen.»

Auf so gewichtige und entschieden vorgebrachte Gründe konnte Jeanie nichts erwidern, obgleich sie ihr mindestens ebensoviel Eigendünkel wie Wahrheit zu enthalten schienen.

Inzwischen rollte der Wagen dahin; der Fluß verbreiterte sich und nahm allmählich das Aussehen einer Bucht oder eines Meeresarms an. Schon machte sich der Einfluß von Ebbe und Flut bemerkbar, und – wie unser lorbeergekrönter Dichter es so schön besungen hat – der Fluß wurde

> ein breiterer und immer breiterer Strom.
> . . . .
> Der Kormoran auf einer Sandbank steht,
> und seine Schwingen, schwarz und triefend, sind
> geöffnet halb dem Wind.

«Wo liegt Inverary?» fragte Jeanie mit einem Blick auf das dunkle Meer von Hochlandhügeln, die nun, einer über den andern getürmt, und dann und wann durch einen See unterbrochen, sich auf der anderen Seite des Stroms nordwärts erstreckten. «Ist das hohe Schloß da des Herzogs Haus?»

«Das, Miss Deans? – Ei behüte», erwiderte Archibald, «das ist die alte Burg Dumbarton, die stärkste Feste Europas, mag eine andere so fest sein, wie sie will. Sir William

zeitgenössischen Schmähschrift als «Campbell von Carrick und seine Hochlanddiebe» bezeichnet werden. Der Aufruhr wurde Shawfield-Aufruhr genannt, weil die Volkswut sich besonders gegen Daniel Campbell von Shawfield richtete, den Bürgermeister der Stadt.

Wallace war ihr Gouverneur – damals, während der alten Kriege mit den Engländern –, und Seine Gnaden ist jetzt der Gouverneur. Sie wird immer dem besten Mann Schottlands anvertraut.»

«Dann wohnt der Herzog auf dem hohen Felsen da?» fragte Jeanie.

«Nein, nein, er hat seinen Stellvertreter, der in seiner Abwesenheit dort befehligt; er wohnt in dem weißen Haus, das Ihr am Fuß des Felsens seht – Seine Gnaden residiert da nicht selbst.»

«Ich hoffe es auch», sagte die Meierin, auf die der Weg, seit sie Dumfries verlassen hatten, keinen sehr günstigen Eindruck gemacht hatte, «sonst würde ich ihm etwas pfeifen, statt Meierin bei ihm zu werden, und wenn es weiter keinen Herzog in England gäbe. Ich habe nicht meine Heimat und meine Bekannten darum verlassen und bin hierhergekommen, um zuzusehen, wie das Vieh auf solchen Bergen bei diesem Schweinetrog von Elfinfoot, wie Ihr es nennt, Mr. Archibald, verhungert, oder auf dem Gipfel eines Felsens eingepfercht zu sitzen wie ein Eichhörnchen im Käfig, der drei Treppen hoch zum Fenster hinausgehangen wird.»

Archibald gluckste innerlich vor Vergnügen, daß es zu solchen Anwandlungen von Aufsässigkeit bei seiner schönen Begleiterin nicht eher gekommen war, als bis er sie, wie er es bei sich selbst nannte, «fest unterm Daumen hatte», und erwiderte kühl, daß er die Berge weder gemacht hätte noch wegschaffen könnte; was aber das Wohnen anlange, so würden sie bald in einem Haus des Herzogs sein, das auf einer sehr schönen Insel namens Roseneath läge, wo sie auf ein Schiff warten müßten, das sie nach Inverary brächte; dort würden sie die Gesellschaft treffen, mit der Jeanie nach Edinburgh zurückkehren sollte.

«Eine Insel?» fragte Jeanie, die während ihrer ganzen abenteuerlichen und wechselvollen Reise doch niemals festes Land verlassen hatte. «Dann müssen wir wohl in eins dieser Boote gehen – sie sehen so klein aus, und die Wellen sind so wild, und...»

«Mr. Archibald», sagte Miss Dutton, «ich willige nicht darein; ich bin nicht verpflichtet, das Land zu verlassen, und ich wünsche, daß Ihr den Leuten befehlt, auf einem anderen Weg nach des Herzogs Haus zu fahren.»

«Eine sichere Pinasse, die Seiner Gnaden gehört, Madam, liegt hier in der Nähe», erwiderte Archibald, «Ihr braucht keine Angst zu haben.»

«Aber ich *habe* Angst», sagte die Dame, «und ich bestehe darauf, auf dem Land dahin zu fahren, Mr. Archibald, und wenn es ein Umweg von 10 Meilen wäre.»

«Es tut mir sehr leid, daß ich Euch nicht gefällig sein kann, Madam, da Roseneath zufällig eine Insel ist.»

«Und wenn es zehnmal eine Insel wäre», versetzte die Erzürnte. «Das ist noch lange kein Grund, warum ich ertrinken soll, wenn man mich zu Wasser dahin schleppt.»

«Kein Grund, warum Ihr ertrinken sollt, gewiß, Madam», antwortete der ungerührte Kammerdiener, «aber ein ausgezeichneter Grund, warum Ihr nicht zu Land dahin gelangen könnt.» Und fest entschlossen, seines Herrn Befehle auszuführen, gab er dem Fahrer einen Wink, woraufhin dieser sogleich den Wagen von der Straße weglenkte und einem Fischerdörfchen zufuhr, wo eine Schaluppe ihrer wartete; sie war etwas mehr geschmückt als alle, die sie bisher gesehen hatten, und trug einen Wimpel mit einem Eberkopf und der Herzogskrone darüber. Die Besatzung bestand aus zwei oder drei Matrosen und ebensoviel Hochländern.

Der Wagen hielt, und die Leute begannen, die Pferde abzuschirren, während Mr. Archibald würdevoll die Ausladung des Gepäcks aus dem Wagen und seine Überführung in das Schiffchen überwachte. «Ist die ‹Caroline› schon lange da?» fragte Archibald einen der Matrosen.

«Sie ist vor fünf Tagen von Liverpool herübergekommen und liegt jetzt in Greenock», antwortete der Bursche.

«So bringt nur Pferde und Wagen nach Greenock», sagte Archibald, «und laßt sie dort nach Inverary einschiffen, sobald ich euch Nachricht schicke – sie können solange bei meinem Vetter, Duncan Archibald, im Stall stehen. – Meine Damen», fügte er hinzu, «haltet Euch bitte bereit, wir dürfen die Flut nicht versäumen.»

«Miss Deans», sagte die Meierin von Inverary, «Ihr mögt tun, was Euch gefällt – aber ich will lieber die ganze Nacht hier sitzen bleiben, als daß ich in jene bemalte Nußschale gehe. – Kerl! Kerl!» Dies galt einem Hochländer, der einen Koffer ergriff. «Der Koffer gehört mir – und auch die Hutschachtel da und der Mantelsack und diese sieben Bündel und die Pappschachtel; wag ja nicht, etwas davon anzurühren, sonst sollst du was erleben!»

Der Kelte sah erst die Sprecherin, dann Archibald an, und da er von diesem keinen Gegenbefehl erhielt, schulterte er den Mantelsack, und ohne sich weiter um das erboste Fräulein zu kümmern oder ihre Einreden zu beachten, die er wahrscheinlich nicht verstand und, wenn er sie verstanden, ebenfalls unbeachtet gelassen hätte, begab er sich mit Miss Duttons Habseligkeiten hinweg und verstaute den Koffer, der sie enthielt, sicher im Boot.

Als das Gepäck eingeschifft war, reichte Archibald Jeanie die Hand und half ihr beim Aussteigen aus dem Wagen; sie zitterte ein wenig, als man sie durch die Brandung trug und im Boot absetzte. Archibald wollte die gleiche Höflichkeit seiner Mitdienerin erweisen, aber sie beharrte auf ihrer Weigerung, den Wagen zu verlassen. Einsam auf ihrem Sitz hockend, drohte sie, alle, die sich an ihrem Eigentum vergriffen und nicht vergriffen hätten, auf Schadenersatz zu verklagen, wobei sie den Wert ihrer Habseligkeiten – Putz, Kleider und so weiter –, die sie nun auf Nimmerwiedersehen einbüßen sollte, Stück für Stück vorrechnete. Archibald ließ sich auf keine langen Widerlegungen ein, die ihren Unwillen nur zu vergrößern schienen, sondern sagte den Hochländern ein paar Worte auf gälisch, woraufhin die verschmitzten Gebirgssöhne sich vorsichtig dem Wagen näherten und, ohne daß man ihr Vorhaben im geringsten hätte ahnen können, die Widerspenstige blitzschnell ergriffen, sie trotz ihres Sträubens wie ein Gepäckstück waagerecht auf ihre Schultern luden und mit ihr zum Strand und durch die Brandung zum Boot rannten, wo man sie sorgfältig verstaute – ohne weitere Beschädigung, als daß ihr Kleid ein wenig zerknittert und sie selbst vor Ärger, Scham und Schreck über ihre plötzliche Entführung einen Augenblick sprachlos war. Die Leute stiegen nun selbst ein, ein schlanker Bursche blieb zurück, bis er das Boot vom Strand abgestoßen hatte, und sprang dann zu seinen Gefährten hinein. Sie nahmen ihre Riemen und begannen vom Gestade wegzurudern, dann setzten sie Segel und trieben lustig über die Bucht dahin.

«Ihr schottischer Halunke!» schrie die erzürnte Dame Archibald an. «Wie könnt Ihr eine Person wie mich in dieser Weise behandeln?»

«Madam», sagte Archibald mit großer Gelassenheit, «wollt Ihr gütigst zur Kenntnis nehmen, daß Ihr in des Herzogs eigenem Land seid und daß ein jeder von diesen Leuten hier Euch ebenso willig aus dem Boot werfen wird, wie er Euch hineingetragen hat, wenn es Seiner Gnaden beliebt.»

«Dann sei mir der Herr gnädig!» sagte Miss Dutton. «Warum habe ich mich nur mit Euch eingelassen – ich muß rein von Sinnen gewesen sein.»

«Daran läßt sich jetzt nichts mehr ändern, Miss Dutton», sagte Archibald, «aber glaubt mir, auch die Hochlande haben ihre Annehmlichkeiten. In Inverary werdet Ihr die Aufsicht über ein Dutzend Melker haben – Ihr könnt ein paar davon in den See werfen, wenn Ihr Lust habt, denn das Aufsichtspersonal des Herzogs ist fast ebenso angesehen wie er selber.»

«Das ist ja alles recht sonderbar, Mr. Archibald», sagte die Dame, «aber ich sehe schon, ich muß es von der besten Seite nehmen. – Seid Ihr auch sicher, daß das Boot nicht sinkt? Es neigt sich schrecklich nach einer Seite, finde ich.»

«Ihr braucht keine Angst zu haben», sagte Mr. Archibald,

eine gewichtige Prise Schnupftabak nehmend, «diese Fähre auf dem Clyde kennt uns sehr gut, oder wir kennen sie, was dasselbe ist; es ist nicht zu befürchten, daß unseren Leuten ein Unfall begegnet. Wären in Glasgow nicht die Unruhen, so hätten wir auch vom anderen Ufer aus übersetzen können, aber so ist es für Seiner Gnaden Leute nicht tunlich, durch die Stadt zu fahren.»

«Fürchtet Ihr Euch denn nicht, Miss Deans», fragte die Milchkämmerin, sich an Jeanie wendend, die etwas zaghaft neben Archibald saß, der selbst das Steuer bediente, «fürchtet Ihr Euch denn nicht vor diesen wilden Menschen mit ihren nackten Knien und in dieser Nußschale, die auf und nieder tanzt wie eine Schaumkelle in einem Milchkübel?»

«Nein – nein – Madam», antwortete Jeanie etwas zögernd, «ich fürchte mich nicht. Hochländer habe ich schon früher gesehen, wenn auch nicht so in der Nähe wie jetzt, und was die Gefahr auf See betrifft, so vertraue ich darauf, daß die Vorsehung uns ebensogut auf dem Wasser wie auf dem Land beschützt.»

«Es ist doch hübsch, wenn einer Lesen und Schreiben gelernt hat», sagte Miss Dutton, «er findet dann in allen Lebenslagen immer gleich die passenden Worte.»

Archibald hatte sich sehr über den Eindruck gefreut, den seine strengen Maßnahmen auf das störrische Milchmädchen gemacht hatten. Aber da er ein gutmütiger und verständiger Mensch war, bemühte er sich nun, die durch Gewaltanwendung errungene Herrschaft über sie durch höfliche Mittel zu sichern, und es gelang ihm so gut, ihr vorzustellen, daß ihre Angst unbegründet sei und daß er sie doch unmöglich in einem leeren Wagen am Strand hätte zurücklassen können, daß das gute Einvernehmen der Gesellschaft vollständig wiederhergestellt war, als sie in Roseneath landeten.

42. Kapitel

> ... Hat Glück, hat Schicksal unser Schiff,
> da keinen Hafen wir erreichen konnten,
> zu diesem schönen Eiland hingeführt?
>
> *Fletcher*

Die Inseln im Firth von Clyde, die heute täglich von Dampfern mit wehenden Rauchfahnen angelaufen werden, waren in früheren Zeiten weniger leicht zugänglich und wurden kaum von irgendwelchen Reisenden besucht. Sie sind von außerordentlicher, doch sehr verschieden gearteter Schönheit. Arran ist gebirgig – alpinen Charakters – und voller großartig-romantischer Schauplätze; Bute sanfter und waldiger; die Cumrays – gleichsam im Gegensatz zu beiden – sind grün, eben und kahl; sie bilden die Glieder einer natürlichen Kette, die dem Meeresarm vorgelagert ist und überall vom Meer durchbrochen wird. Das kleine Eiland Roseneath liegt noch nördlicher hinauf, vor seiner westlichen Küste, nahe bei dem Abfluß des Sees, der Gare Loch genannt wird, und nicht weit vom Loch Long und Loch Seant oder dem Holy Loch, die in den Gebirgen der westlichen Hochlande liegen und deren Gewässer sich in die Clyde-Bucht ergießen.

Auf diesen Inseln ist von der Gewalt der strengen Frostwinde, die im schottischen Frühling den dürftigen Pflanzenwuchs heimsuchen, verhältnismäßig wenig zu spüren; mit Ausnahme des wilden Arran sind die Eilande auch den vom Atlantik herkommenden Stürmen nicht sehr ausgesetzt, da sie landeinwärts liegen und im Westen durch die Küsten von Ayrshire geschützt sind. Darum gedeihen auf diesen von der Natur begünstigten Eilanden die Trauerweide, die Trauerbirke und andere mehr oder weniger früh blühende Bäume besser als in den östlichen Gebieten Schottlands; auch soll das milde Klima gut für Schwindsüchtige sein.

Die Insel Roseneath insbesondere ist so schön und reizvoll, daß die Grafen und Herzöge von Argyle sich schon von alters her gern und oft dort aufhielten; sie wohnten in einem Fischer- oder Jagdhaus, das im Laufe der Zeit zu einem prächtigen Schloß ausgebaut worden ist, damals jedoch noch in seiner alten, ursprünglichen Einfachheit erhalten war, als die kleine Barke, die wir am Ende des vorigen Kapitels mitten auf dem Meerbusen verließen, sich der Insel näherte.

Auf dem Landeplatz, der hier und da mit alten, niedrigen, doch breitwüchsigen Eichen und Haselsträuchern bestanden war, konnte man einige Gestalten erblicken, die auf die Ankunft unserer Reisenden zu warten schienen. Jeanie schenkte ihnen wenig Aufmerksamkeit – zu ihrer höchsten Freude und Überraschung aber, die sie wie ein Blitzstrahl durchzuckte, fand sie sich, nachdem sie von den Ruderern aus dem Boot an das Ufer getragen worden war, plötzlich in den Armen ihres Vaters.

Es war zu wunderbar und glich zu sehr einem schönen Traum, als daß sie hätte glauben können, es sei wirklich wahr. Sie entzog sich seiner innigen Umarmung und hielt ihn auf Armeslänge von sich, um sich zu überzeugen, daß es keine Täuschung sei. Aber es war unleugbar Douce David Deans selbst in seinem besten himmelblauen Sonntagsrock mit großen metallenen Knöpfen samt dazu passender Weste und Beinkleidern, seinen festen Gamaschen oder Überstrümpfen aus dickem grauem Tuch mit den Kupferschnallen, seiner breiten blauen, unterländischen Mütze, die ihm etwas in den Nacken rutschte, als er die Augen in stummer Dankbarkeit zum Himmel erhob; es waren die gleichen grauen Haare, die in Strähnen von seinem Scheitel um die verwitterten Wangen hingen, dieselbe gefurchte, kahle Stirn, die nämlichen hellblauen Augen, die ungetrübt von den Jahren noch klar und licht unter den buschigen grauen Brauen hervorblitzten – es waren David Deans' Züge, deren sonstiger strenger Ernst nun durch einen ungewohnten Ausdruck freudigen Entzückens der Liebe und Dankbarkeit verklärt war. Und so fest hielten Vater und Tochter sich umschlungen, daß, sollten meine Freunde Allan oder Wilkie mich einmal wieder besuchen, ich sie bitten würde, mir diese Wiedersehensszene zu zeichnen oder zu malen.

«Jeanie, meine Jeanie – mein bestes, mein teuerstes Kind! Der Herr Israels sei dein Vater, denn ich bin deiner nicht würdig! Du hast uns aus der Gefangenschaft erlöst – hast die Ehre unseres Hauses wiederhergestellt. – Gott möge es dir lohnen und dir vergelten, wie Er verheißen, mein Kind! – Allein Er hat dich bereits gesegnet durch das Gute, zu dessen Werkzeug Er dich erkoren.»

David stammelte dies unter Tränen hervor, obgleich er sonst nicht weichmütig war. Archibald hatte feinfühlig dafür gesorgt, daß bei diesem Schauspiel keine Zuschauer zugegen waren, so daß allein der Wald und die sinkende Sonne Zeugen des Ausbruchs ihrer Empfindungen waren.

«Und Effie! Und Effie, teurer Vater?» war die eifrige Frage, womit Jeanie wiederholt die Ausrufe der Freude und Dankbarkeit unterbrach.

«Du sollst es hören – du sollst es hören», erwiderte David hastig und pries dann erneut den Himmel, daß er Jeanie gnädig aus den Gefahren, die ihr unterwegs gedroht, gerettet, vor den Löwen auf ihrem Pfad bewahrt und sie sicher wieder aus dem Land der prälatistischen Verstocktheit und schismatischen Ketzerei heimgeführt habe.

«Und Effie?» fragte ihre liebevoll besorgte Schwester wieder und wieder. «Und – und –» gern hätte sie Butler genannt, doch sie umging die unmittelbare Frage – «und Mr. und Mrs. Saddletree – und Dumbiedikes – und all unsere Bekannten?»

«Alle gesund – alle gesund. Gottlob!»

«Und – und Mr. Butler – er war krank, als ich fortging?»

«Er ist ganz wiederhergestellt – ganz wohlauf», erwiderte ihr Vater.

«Gott sei Dank! – Aber, liebster Vater, Effie – Effie?»

«Du wirst sie niemals wiedersehen, mein Kind», antwortete Deans in ernstem, feierlichem Ton. «Du bist das einzige Blatt, das dem alten Baum geblieben ist – Heil und Segen sei mit dir!»

«Sie ist tot! – Sie haben sie umgebracht! – Die Nachricht ist zu spät gekommen!» rief Jeanie aus und rang die Hände.

«Nein, Jeanie», erwiderte Deans mit demselben traurigen Ernst. «Sie lebt im Fleisch und ist ledig irdischer Bande – wäre sie nur ebenso lebendig im Glauben und ebenso ledig der Schlingen Satans.»

«Der Herr sei uns gnädig!» rief Jeanie. «Sollte das unglückliche Kind Euch um dieses Bösewichts willen verlassen haben?»

«Du sprichst nur zu wahr», sagte Deans, «sie hat ihren alten Vater verlassen, der um sie weinte und betete, sie hat ihre Schwester verlassen, die wie eine Mutter für sie arbeitete und sorgte, sie hat das Grab ihrer Mutter und ihr Vaterland verlassen, um jenem Sohn Belials zu folgen. Bei Nacht und Nebel ist sie auf und davon gegangen.» Er schwieg; ein Gefühl zwischen Kummer und Zorn ließ ihn verstummen.

«Und mit diesem Menschen? – Diesem schrecklichen Menschen?» fragte Jeanie. «Sie ist von uns gegangen, um mit ihm zu ziehen? – O Effie, Effie, wer hätte das gedacht – nach all der Gnade, die dir widerfahren ist?»

«Sie ist von uns gegangen, mein Kind, weil sie nicht zu uns gehörte», erwiderte David. «Sie ist ein morscher Zweig, der niemals die Frucht des Heils tragen wird – ein Opferlamm, das in die Wüste der Welt hinausgeirrt ist, um – so hoffe ich – die Sünden unserer kleinen Herde zu sühnen. Der Friede dieser Welt sei mit ihr und ein höherer Friede, wenn sie danach verlangt! Wenn Er sie erwählt hat, wird Seine Stunde kommen. Was hätte ihre Mutter gesagt, die von allen geachtete und verehrte Matrone Rebecca M'Naught, deren Gedächtnis süß duftet wie eine Blume in Newbattle und ein Gefäß von Weihrauch in Lugton? Aber sei es so – laß sie – laß sie ihren Weg gehen, laß sie sich selbst durchbeißen! – Des Herrn Langmut ist groß. – Ich habe für sie gebetet – sie kann nicht ganz verloren sein. – Aber nie, Jeanie, niemals mehr werde ihr Name wieder unter uns genannt. – Sie ist von uns gegangen, wie der Bach vertrocknet, wenn der Sommer heiß wird – wie der Dulder Hiob sagt –, sie fahre dahin und sei vergessen.»

Ein trauriges Schweigen folgte diesen Worten. Jeanie hätte gern mehr über das Entweichen ihrer Schwester erfahren, aber sie wagte nicht weiter danach zu fragen, nachdem ihr Vater so entschieden verboten hatte, davon zu sprechen. Sie schwankte, ob sie ihrem Vater etwas von ihrer Unterredung mit Staunton sagen sollte, aber als sie die Einzelheiten schnell überdachte, fand sie, daß alles in allem diese Eröffnungen eher dazu angetan wären, seinen Kummer zu vergrößern statt zu vermindern. Sie beschloß daher, den peinlichen Gegenstand vorläufig nicht weiter zu berühren und zu warten, bis sie mit Butler gesprochen habe, der ihr vielleicht nähere Auskunft über die Einzelheiten und Umstände der Flucht ihrer Schwester geben konnte.

Aber wann würde sie Butler wiedersehen? Diese Frage konnte sie nicht umhin, sich zu stellen, besonders, da ihr Vater, als wolle er jedes weitere Gespräch über seine jüngste Tochter vermeiden, nach dem gegenüberliegenden Gestade deutete und Jeanie fragte, ob Dumbartonshire «nicht eine hübsche Gegend zum Wohnen sei», wobei er ihr seine Absicht mitteilte, seine irdische Heimstätte hier aufzuschlagen, da Seine Gnaden, der Herzog von Argyle, ihn in Anbetracht seiner Erfahrenheit in der Landwirtschaft und Viehzucht gebeten habe, die Verwaltung eines Musterguts zu übernehmen, das Seine Gnaden eigenhändig zur Verbesserung seines Viehstands angelegt habe.

Jeanie war über diese Eröffnung sehr bestürzt. Sie gebe zu, es sei ein gutes, hübsches Land, mit einer schönen Lage gegen die Abendsonne, auch zweifle sie nicht, daß die Weide gut sei, denn das Gras sähe grün aus, obwohl das Wetter so trocken gewesen wäre. Aber es wäre so weit von zu Hause, und sie würde oft an die Wiesen voller Maßlieb und Butterblumen bei den Felsen von St. Leonard's denken müssen.

«Sprich nicht davon, Jeanie», sagte ihr Vater, «ich will den Ort nie mehr nennen hören, sobald die Auktion vorbei ist und die Rechnungen bezahlt sind. Aber ich habe alle Tiere mit herübergebracht, von denen ich dachte, sie wären dir die liebsten. Da ist Gowans und deine eigene Scheckige und die Bleß, der du den Namen – ich brauche nicht zu sagen, welchen Namen du ihr gabst. Aber ich brachte es nicht über mich, sie zu verkaufen, obgleich es uns zuweilen das Herz schwer machen wird, sie zu sehen – wenn das arme, unvernünftige Geschöpf auch nichts dafür kann. – Auch ein paar andere Tiere habe ich zurückbehalten und sie vor den übrigen Tieren wegtreiben lassen, auf daß es heißen kann wie beim Sohne Isais, als er aus der Schlacht zurückkam: ‹Das ist Davids Raub.›»

Auf eingehenderes Fragen fand Jeanie erneut Ursache, die tätige Fürsorge ihres Freundes, des Herzogs von Argyle, zu bewundern. Als er eine Art von Versuchsgut an der Grenze seiner ausgedehnten Ländereien im Hochland errichtete, war er in Verlegenheit gewesen, eine geeignete Person zu finden, die er mit der Verwaltung betrauen könnte. Gelegentlich der Unterhaltung, die er mit Jeanie Deans bei ihrer Rückkehr von Richmond über landwirtschaftliche Gegenstände gepflogen hatte, hatte er den Eindruck gewonnen, daß ihr Vater, auf dessen Erfahrung und Erfolge sie sich so häufig berief, gerade der Mann sei, den er brauche. Dieser Gedanke befestigte sich in ihm noch mehr, als die Klausel, die mit Effies Begnadigung verbunden war, es wahrscheinlich machte, daß David Deans seinen Aufenthaltsort zu verändern wünsche. Da der Herzog nun gleicherweise ein Liebhaber der Landwirtschaft und des Wohltuns war, dachte er, er könne beides sehr gut vereinen; er schrieb also an seinen Geschäftsträger in Edinburgh, sich genauer nach David Deans, dem Viehzüchter und so weiter von St. Leonard's Crags zu erkundigen, und wenn die Auskunft über ihn günstig laute, ihn unverzüglich und unter den vorteilhaftesten Bedingungen als Verwalter für sein Zuchtgut in Dumbartonshire zu verpflichten.

Der Geschäftsträger besuchte den alten David am zweiten Tag, nachdem die Begnadigung seiner Tochter in Edinburgh eingetroffen war, und unterbreitete ihm den herzoglichen Vorschlag. Deans war bereits entschlossen, St. Leonard's zu verlassen; die Ehre eines ausdrücklichen Antrags vom Herzog von Argyle, ein Amt zu verwalten, das so viel Erfahrung und Kenntnisse erforderte, war an sich außerordentlich schmeichelhaft, und der ehrliche David war um so mehr geneigt, den Antrag anzunehmen, als er seine eigenen Fähigkeiten sehr hoch einschätzte und meinte, er könne auf diese Art und Weise am ehesten die große Gunst vergelten, die ihm das Haus Argyle erwiesen hatte. Die Bedingungen waren sehr günstig – unter anderem sollte Deans genügend Weideland für sein eigenes Vieh erhalten, und der scharfsichtige David bemerkte sofort, daß sich ihm hier die Gelegenheit bot, mit Hochlandvieh vorteilhaft Handel zu treiben. Es bestand zwar die Gefahr des her'ship * von den nahen Bergen her, aber der gefürchtete Name des Herzogs von Argyle und ein kleines black-mail würden, wie David wußte, Sicherheit verbürgen.

* Ein schottischer Ausdruck, der jetzt veraltet ist, da der Brauch des «Plünderns mit bewaffneter Macht», der darunter zu verstehen ist, heute kaum mehr vorkommt.

Indessen gab es noch zwei Punkte, derentwegen er Bedenken vorbrachte. Der erste betraf den Geistlichen, dessen Gottesdienst er künftig hören sollte; in dieser heiklen Sache konnte er, wie der Leser sogleich erfahren wird, völlig zufriedengestellt werden. Das nächste Hindernis war jene Klausel, wonach seine jüngste Tochter gehalten war, Schottland auf längere Zeit zu verlassen.

Der Anwalt lächelte und sagte, es bestünde kein Anlaß, jene Klausel so streng auszulegen – wenn das junge Mädchen Schottland auf einige Monate oder sogar Wochen verließe und dann zu dem neuen Aufenthaltsort ihres Vaters über See, von der Westküste Englands her käme, so würde niemand von ihrer Ankunft erfahren, zum mindesten niemand, der die Neigung oder das Recht hätte, ihr Schwierigkeiten zu bereiten. Die ausgedehnte erbliche Gerichtsbarkeit Seiner Gnaden schlösse das Einschreiten einer anderen Obrigkeit hinsichtlich all jener Menschen aus, die auf seinen Besitzungen lebten, und diejenigen, die ihm unmittelbar unterstellt wären, würden die Weisung erhalten, dem jungen Mädchen nichts in den Weg zu legen. Wenn sie an der Grenze der Hochlande lebe, so sei das ebensogut, als wenn sie außerhalb Schottlands wäre, das heißt, außer dem Bereich der gewöhnlichen Gesetze und Einrichtungen.

Der alte Deans war von dieser Logik nicht ganz befriedigt; aber durch Effies Flucht in der dritten Nacht nach ihrer Freilassung wurde ihm der Aufenthalt in St. Leonard's so verhaßt, daß er das Angebot annahm und auch mit Freuden auf des Herzogs Vorschlag einging, Jeanie vorläufig nichts mitzuteilen, um sie desto mehr mit dem Aufenthaltswechsel zu überraschen. Der Herzog hatte Archibald hiervon unterrichtet und ihm befohlen, nach den Anweisungen zu handeln, die er aus Edinburgh erhalten würde, durch welche ihm dann aufgetragen wurde, Jeanie nach Roseneath zu bringen.

Diese Angelegenheiten besprachen Vater und Tochter miteinander, als sie, zuweilen stehenbleibend, dann wieder weitergehend, langsam dem Anwesen zuschritten, das sich jetzt unter den Bäumen zeigte, etwa eine halbe Meile von der kleinen Bucht entfernt, in der man gelandet war.

Als sie sich dem Haus näherten, teilte David Deans mit einem säuerlichen Lächeln – dem höchsten Grad von Heiterkeit, dessen seine Züge fähig waren – seiner Tochter mit, daß sich zwei Herren, ein «gestrenger» und ein «verehrlicher», darin befänden. Der gestrenge Herr sei Seine Gnaden der Laird von Knocktarlitie, des Herzogs Statthalter, ein Hochlandedelmann, dem aber, wie er glaube, derselbe Pfahl im Fleisch stäke wie vielen von ihnen; er habe nämlich eine aufbrausende Gemütsart und vernachlässige sein Seelenheil, auch sei er sehr hinter den Gütern dieser Welt her, ohne sich viel darum zu kümmern, wem sie gehörten; übrigens aber sei er ein guter, gastfreier Herr, mit dem sich bei einiger Klugheit sehr wohl auskommen lasse (denn Hochländer seien alle höchst jähzornig). Was den verehrlichen Herrn angehe, von dem er gesprochen habe, so sei er durch die Gunst des Herzogs von Argyle zum Anwärter auf die Pfarre, zu der ihr Gut gehöre, vorgeschlagen (denn David würde es um nichts in der Welt «bestellt» genannt haben) und würde wohl von der Gemeinde berufen werden, denn sie hungere nach geistigem Manna, dieweil Mr. Duncan MacDonought, der letzte Geistliche, die Morgenandacht sonntags wie samstags mit einem gehörigen Schluck Schnaps begonnen und die christlichen Seelen mit schalem Haferschleim abgespeist habe. «Aber ich brauche nichts weiter über den neuen Geistlichen zu sagen», meinte David, wobei er wiederum ein säuerliches Gesicht zog, «du hast ihn gewiß schon früher gesehen – und hier kommt er selbst.»

Allerdings hatte Jeanie ihn schon früher gesehen, denn es war kein anderer als Reuben Butler.

43. Kapitel

> Die Schwester siehst du nimmermehr. O Harm,
> zum letztenmal lag sie in deinem Arm.
>
> *Elegie auf Mrs. Anne Killigrew*

Auch diese zweite Überraschung dankte Jeanie Deans dem Stab desselben wohlwollenden Zauberers, dessen Macht ihren Vater von den Felsen von St. Leonard's an die Ufer des Gare Loch verpflanzt hatte. Der Herzog von Argyle war nicht der Mann, der die Dankesschuld, die ihm sein Großvater vererbt hatte, nicht dem Enkel des alten Bibel-Butler hätte abtragen wollen. Er hatte bei sich beschlossen, Reuben Butler die Pfarre von Knocktarlitie zu übertragen, deren Inhaber soeben das Zeitliche gesegnet hatte. Demgemäß gab er seinem Geschäftsträger die nötigen Anweisungen, vorausgesetzt, daß Butler sich für dieses Amt nach seiner Person und seiner Vorbildung eigne. Der Geschäftsträger zog daraufhin Erkundigungen über Butler ein, die ebenso höchlichst zufriedenstellend ausfielen wie bei David Deans.

Durch diese Anstellung erwies der Herzog von Argyle seiner Freundin und Schutzbefohlenen Jeanie mehr Gutes, als er selbst wußte; er trug dazu bei, die Bedenken ihres Vaters gegen eine Verbindung Jeanies und Reubens, von deren Vorhandensein er nichts ahnen konnte, zu zerstreuen.

Wir haben schon früher bemerkt, daß Deans gegen Butler

ein gewisses Vorurteil hegte, woran wohl größtenteils der nicht unbegründete Argwohn schuld war, der arme Hilfslehrer habe ein Auge auf seine älteste Tochter geworfen. Das war in Davids Augen eine Sünde der Anmaßung, selbst wenn es zu keiner offenen Erklärung oder regelrechten Werbung kommen sollte. Allein die lebhafte Anteilnahme Butlers an seinem Kummer, als Jeanie auf ihre Londoner Reise gegangen war, die er darum der Achtung Butlers vor ihm selbst persönlich zuschrieb, hatte den Unmut schon etwas besänftigt, womit David ihn bisweilen betrachtet hatte. Ein anderes Ereignis, das auf den alten Mann großen Eindruck machte, trug dazu bei, diese für Butler günstige Stimmung noch zu verstärken.

Alsbald, nachdem die Bestürzung über Effies Flucht vorüber war, war es Deans' erste Sorge, das Geld zusammenzubringen und dem Laird von Dumbiedikes zurückzuzahlen, das dieser für Effies Verteidigung und Jeanies Reise geliehen hatte. Der Laird, der Klepper, der Tressenhut und die Tabakspfeife hatten sich in St. Leonard's Crags lange nicht mehr sehen lassen, Deans mußte sich also, um seine Schuld zu begleichen, selbst zum Haus Dumbiedikes begeben.

Er fand hier ein ganz unerwartetes Treiben. Arbeiter rissen die alten Tapeten ab und ersetzten sie durch neue, änderten, besserten aus, schrubbten, strichen und weißten. Das alte Haus, so lange eine Stätte der Trägheit und des Schweigens, war nicht wiederzuerkennen. Der Laird selbst schien einigermaßen verlegen und empfing ihn, obgleich freundlich, nicht mit der alten Vertraulichkeit, womit er David Deans sonst zu begrüßen pflegte. Auch mit dem Äußeren des ländlichen Edelmanns war eine Veränderung vorgegangen – David wußte nicht recht, welcher Art –, eine Verbesserung im Schnitt seiner Kleidung, die Ordentlichkeit, mit der sie getragen wurde – beides waren Neuheiten. Sogar der alte Hut sah schmucker aus; er war neu aufgestutzt, die Litze aufgefrischt, und statt auf des Lairds

Kopf hin und her zu rutschen, als wolle er gleich herunterfallen, war er verwegen ins Gesicht gerückt.

David Deans brachte sein Anliegen vor und zählte das Geld auf. Dumbiedikes lieh dem einen geduldig sein Ohr und zählte das andere sehr genau nach; wobei er David, als dieser von Judas Erlösung aus der Gefangenschaft sprach, mit der Bemerkung unterbrach, dies oder jenes Goldstück erscheine ihm nicht ganz vollwichtig. Als er in dieser Hinsicht zufriedengestellt war, das Geld eingestrichen und einen Empfangsschein ausgestellt hatte, fragte er David etwas zögernd: «Hat Jeanie was geschrieben?»

«Von dem Geld?» erwiderte David. «Freilich.»

«Und sagte sie nichts weiter von mir?» fragte der Laird.

«Nichts weiter als freundliche und christliche Grüße. Was sollte sie denn sonst geschrieben haben?» erwiderte David, voller Erwartung, daß des Lairds langes Liebeswerben – wenn sein Anstarren Jeanies eine so entschiedene Bezeichnung verdient – nun zum Abschluß kommen würde. Und es kam auch zum Abschluß, wenn auch nicht zu dem, den Deans wünschte und erwartete.

«Nun, sie muß selbst am besten wissen, was sie zu tun hat, Nachbar. – Jenny Balchristie und ihre Nichte habe ich rausgeschmissen. Es war Lumpenpack – stahl wie die Raben und machte Durchstechereien mit dem Kohlenhändler. – Ich heirate morgen und laß mich Sonntag trauen.»

Was David in diesem Augenblick auch fühlen mochte, er war zu eisern und zu stolz, um durch seine Haltung oder Miene zu zeigen, wie unangenehm überrascht er war.

«Ich wünsche Euch Glück, Sir. Er, der allein Glück verleihen kann, verleih es Euch – der Ehestand ist ein ehrenwerter Stand.»

«Und ich heirate in ein ehrenwertes Haus, David – des Lairds von Lickpelf jüngste Tochter. Sie hat ihren Kirchenstuhl neben meinem, und das hat mich drauf gebracht.»

Hier war weiter nichts zu tun, als dem Laird nochmals Glück zu wünschen, ein Gläschen von seinem Likör zu trinken und wieder nach St. Leonard's zurückzuwandern, in tiefem Sinnen über die Wandelbarkeit menschlicher Angelegenheiten und menschlicher Entschlüsse. Die Hoffnung, Jeanie würde eines Tages Lady Dumbiedikes werden, hatte tiefer in David gewurzelt, als er selbst wußte oder wahrhaben wollte. Wenigstens hatte es seiner Ansicht nach bis jetzt nur bei Jeanie gelegen, ob diese Verbindung zustande kommen würde, insofern, als sie ihren stummen Verehrer nur etwas zu ermutigen brauchte – das war nun für immer vereitelt. Der wackere David kehrte daher nicht gerade in der besten Laune nach Hause zurück. Er war ärgerlich über Jeanie, daß sie den Laird nicht ermuntert hatte, er war ärgerlich über den Laird, daß er der Ermunterung bedurfte, und er war ärgerlich über sich selbst, daß er sich über die ganze Sache ärgerte.

Bei seiner Heimkehr erfuhr er, daß der Geschäftsträger des Herzogs von Argyle ihn zu sehen wünsche, um den Vertrag mit ihm abzuschließen; demzufolge mußte er sich, nachdem er sich etwas ausgeruht hatte, nach Edinburgh aufmachen, so daß die alte May Hettly erklärte, der Herr «würde sich noch die Beine ablaufen».

Als die Gutsangelegenheit besprochen und geregelt war, erklärte der Geschäftsführer auf David Deans' Erkundigung, wie es mit dem Gottesdienst in seinem künftigen Wohnort stünde, der Herzog habe die Pfarrstelle einem sehr wackeren jungen Geistlichen namens Reuben Butler zugedacht.

«Reuben Butler!» rief David aus. «Reuben Butler, dem Hilfslehrer von Libberton?»

«Demselben», sagte der Beauftragte des Herzogs. «Seine Gnaden hat sehr viel Gutes von ihm gehört und ist ihm außerdem von früher her verpflichtet. Der Herzog ist gesonnen, ihn sehr gut zu stellen – besser als die meisten Geistlichen Schottlands.»

«Verpflichtet? – Der Herzog? – Reuben Butler? – Reuben Butler wohlbestallter Pfarrer der Schottischen Kirche!» rief

David ein über das andere Mal in höchstem Erstaunen aus, denn da dem armen Butler bisher alles, was er unternommen hatte, fehlgeschlagen war, so hatte David sich daran gewöhnt, ihn als eines jener Stiefkinder des Glücks zu betrachten, die es fortwährend hart behandelt und schließlich enterbt.

Man findet sich vielleicht nie so geneigt, vorteilhaft von einem Freund zu denken, als wenn man sieht, daß er in der Achtung anderer höher steht, als man erwartet hat. Als David erfuhr, daß die Aussichten Butlers sich so günstig geändert hatten, zeigte er sich sehr befriedigt über sein Glück, das Butler, wie er bemerkte, ganz allein ihm (David) zu verdanken habe. «Ich riet seiner armen Großmutter, die nur eine einfältige Frau war, ihn Geistlichen werden zu lassen, und prophezeite ihr, daß er mit Gottes Hilfe einmal eine Säule der Kirche werden würde. Wenn er sich auch vielleicht etwas zuviel auf seine Gelehrsamkeit einbildet, so ist er doch ein wackerer Bursche und hat das Herz auf dem rechten Fleck. Wie die Geistlichen heute sind, werdet Ihr auf einen besseren zehn schlimmere finden als Reuben Butler.»

Er nahm Abschied von dem Geschäftsmann und wanderte heim, wobei er über den verschiedenen Gedanken, die eine solch wunderliche Kunde in ihm erregte, ganz seine Müdigkeit vergaß. Der ehrliche David mußte nun wie andere große Leute versuchen, seine Grundsätze und Überzeugungen in Übereinstimmung mit der Wirklichkeit zu bringen; und wie andere große Leute, wenn sie ernstlich darangehen, gelang es auch ihm leidlich.

Ob das Gewissen Reuben gestatten dürfe, diese Bestallung anzunehmen, da die Schottische Kirche – nach Davids gegenwärtiger Ansicht – den erastianischen Eingriffen der weltlichen Gewalt unterworfen war? Das war die große Frage, die er sorgfältig erwog. Die Schottische Kirche war des schweren Geschützes und der Banner ihrer vollen Obergewalt sowie ihrer besten Stützen beraubt worden;

aber noch verfügte sie über eifrige und erfolgreiche Hirten und folgsame Herden – mit all ihren Gebrechen und Flecken gab es auf der ganzen Welt keine zweite solche Kirche.

David war immer zu gewissenhaft und zu streng gegen sich selbst gewesen, als daß er sich einfach den Abtrünnigen hätte anschließen können, die sich aus verschiedenen Anlässen von der nationalen Kirche getrennt hatten. Er hatte viel mit Geistlichen verkehrt, die der alten presbyterianischen Verfassung und den Grundsätzen von 1640 nahestanden. Und obgleich an jener Verfassung vieles verbesserungsbedürftig war, so hatte er, David Deans, die gute alte Sache immer auf gesetzlichem Weg verfochten, ohne in irgendwelche Ausschreitungen und Übertreibungen nach links oder rechts zu verfallen. Aber als ein Gegner aller Absonderung und Spaltung konnte er Gemeinschaft mit einem Geistlichen der Schottischen Kirche in ihrer gegenwärtigen Verfassung halten. Ergo durfte Reuben Butler die Pfarre von Knocktarlitie antreten, ohne seine Gunst oder Freundschaft zu verwirken – quod erat demonstrandum. Aber nun kam, zweitens, der heikle Punkt der gutsherrlichen Patronage, wovon David Deans immer behauptet hatte, sie sei Diebstahl und Raub, insofern, als eine ganze Gemeinde ausgesaugt und ausgeplündert werde, um die Blöße des Pfründners zu decken und ihm den Bauch zu füllen.

Die Präsentation durch den Herzog von Argyle war daher – wie ehrenwert und hochsinnig jener Edelmann auch immer sein mochte – doch ein Glied des goldenen Kalbes, eine böse Sache, und David konnte eine solche Handlung auf keine Weise billigen. Aber wenn die Gemeindemitglieder selbst einen Ruf an Reuben Butler ergehen ließen, ihr Hirte zu sein, so durfte diese unselige Präsentation doch offenbar kein genügender Grund dafür sein, ihnen seinen geistlichen Trost zu versagen. Wenn die Ältesten es zuließen, daß ihm die Pfarre mehr durch einen Patronatsakt als durch Gemeindebeschluß übertragen wurde, so war das ihr Fehler – und David gab zu, daß es ein schwerer Fehler wäre. Wenn die Pfarre hingegen Reuben Butler von denen angetragen wurde, die er unterweisen sollte und die selbst wünschten, von ihm unterwiesen zu werden, so – schloß David, nachdem er die Sache durchdacht und wieder durchdacht hatte, vermöge der großen Kraft des Wörtchens *wenn* – dürfe er dementsprechend handeln.

Nun blieb noch ein dritter Stein des Anstoßes übrig – der Eid, den der Geistliche bei der Bestallung der Obrigkeit zu schwören hatte, wodurch er einen erastianischen König und ein ebensolches Parlament anerkennt und damit zugleich die Union zwischen England und Schottland, durch welche dieses Königreich ein Teil und Stück von jenem geworden war, wo der Prälatismus, der Bruder des Papismus, fest auf dem Thron saß und die Hörner seiner Mitra erhob. Das waren Anzeichen und Merkmale der Verderbnis, die David oft zu dem Ausruf veranlaßt hatten: «Meine Eingeweide – meine Eingeweide! – Das Herz dreht sich mir im Leib um!» Auch gedachte er, wie man einmal aus der Tolbooth-Kirche ein altes frommes Mütterchen hinausgetragen hatte, das in eine tiefe Ohnmacht gefallen war, wogegen selbst Branntwein und verbrannte Federn nichts halfen, bloß, weil es gelegentlich der Verlesung der Porteous-Proklamation von einer schottischen Kanzel die schrecklichen Worte vernommen hatte: «Die Obrigkeit verordnet dies sowohl in *geistlicher* wie weltlicher Hinsicht.» Dieser Eid war daher eine abscheuliche und verdammenswerte Abgötterei, eine Sünde und Schande, ein Greuel und Scheuel für den wahren Gläubigen. Aber dieses Gehorsamkeitszeichen ward von den Geistlichen aus Achtung vor ihrem eigenen empfindlichen Gewissen und zur Schonung desjenigen ihrer Amtsbrüder nicht immer verlangt; erst später zogen die Generalversammlungen und Ältestenräte die Zügel fester an. Wiederum kam David das vermittelnde Bindewort zu Hilfe. *Wenn* die Eidesleistung von einem Pfarrer nicht verlangt wurde, *wenn* er von der Gemeinde selbst ordentlich gewählt und berufen und ihr nicht aufgedrängt wurde, *dann*, meinte David Deans, dürfe besagter Pfarrer wohl das geistliche Amt der Seelsorge in Knocktarlitie antreten und die irdischen Einkünfte daraus ungescheut genießen – Gehalt, Wohnung und Kirchenland samt allem sonstigen Zubehör.

Auch die aufrichtigsten und besten Menschen werden so stark von den bestehenden Umständen beeinflußt, daß es einigermaßen grausam wäre, genauer nachzuforschen, welchen Anteil die väterliche Liebe an diesen scharfsinnigen Gedankengängen hatte. Versetzen wir uns in Deans' Lage. Er hatte soeben seine jüngste Tochter verloren, und die Hoffnung, die David gehegt hatte, daß seine älteste, der er so viel verdankte, eines Tages Herrin von Dumbiedikes sein würde, war durch des Lairds plötzlichen Entschluß zunichte geworden. In diesem Augenblick der Enttäuschung und der Niedergeschlagenheit mußte er sich Butler vorstellen – nicht mehr als abgerissenen, halbverhungerten Hilfslehrer, sondern gutgekleideten und wohlgenährten, stattlichen Geistlichen, als wohlbestallten Pfarrherrn Knocktarlities, geliebt und verehrt von seiner Gemeinde, musterhaft in seinem Lebenswandel, markige Predigten haltend, einen Hochlandgeistlichen, wie es nie zuvor einen gegeben hatte, der seine Gemeinde zusammenhielt wie ein Schäferhund seine Herde, die Gunst des Herzogs von Argyle genoß und eine Besoldung von 800 schottischen Pfund und 150 Scheffeln Getreide und Lebensmittel bezog. Das war eine Partie, die nach Davids Ansicht zehnfach die gescheiterte mit dem Laird von Dumbiedikes aufwog – zumal der Biedermann von St. Leonard's einen ordentlichen Prediger viel höher schätzte als einen bloßen Gutsbesitzer. Daß es noch einen anderen Grund für diese Heirat geben und Jeanie selbst schon ihre Wahl getroffen haben könnte, fiel ihm nicht im geringsten ein, denn auf den Gedanken, ihre Empfindungen dabei in Betracht zu ziehen, kam der ehrliche Alte ebensowenig wie darauf, daß ihre Neigung vielleicht von der seinigen abweichen könnte.

Das Ergebnis seiner Erwägungen war, daß er sich berufen

fühlte, die ganze Angelegenheit in seine eigenen Hände zu nehmen und, wenn möglich ohne sündige Nachgiebigkeit, Willfährigkeit und Zugeständnisse oder dergleichen, der Gemeinde Knocktarlitie einen würdigen Pfarrherrn zu schenken. Demgemäß beschied er durch die Vermittlung des ehrlichen Buttermilchhändlers in Libberton Reuben Butler zu sich. Selbst vor diesem wackeren Boten war er unfähig, gewisse Hochgefühle, die ihn schwellten, zu verbergen, so daß der Kärrner, als er dem Hilfslehrer seine Botschaft ausgerichtet hatte, hinzufügte, gewiß habe der Nachbar in St. Leonard's ihm etwas Wichtiges mitzuteilen, denn er sei so hochtrabend gewesen wie ein Truthahn auf Stelzen.

Aus leicht begreiflichen Gründen kam Butler der Aufforderung sogleich nach. Er hatte ein gerades und offenes Wesen – seine Haupteigenschaften waren Aufrichtigkeit und Verständigkeit –, die Liebe jedoch verlieh ihm bei dieser Gelegenheit eine gewisse Klugheit. Er hatte von der Gunst, die ihm der Herzog von Argyle zugedacht hatte, erfahren – mit welchen Empfindungen, kann nur der begreifen, dem sich plötzlich eine Aussicht eröffnet, aus Armut und Mühsal zu Ansehen und Unabhängigkeit zu gelangen. Er beschloß indessen, den alten Mann in dem Glauben zu lassen, daß er der erste sei, der ihm diese wichtige Nachricht mitteile. Gleichzeitig nahm er sich vor, David Deans bei der bevorstehenden Unterredung lang und breit über den Vorschlag reden zu lassen, ohne ihn weder durch Einwürfe noch Widerspruch zu verärgern. Dieser Plan war der klügste, auf den er verfallen konnte, denn wenn auch David Deans selbst zu seiner eigenen Genugtuung manche Bedenken zu zerstreuen vermochte, so wäre er doch vielleicht keineswegs geneigt gewesen, das zu billigen, was ein anderer hierzu vorbringen würde; und sich mit ihm in einen Streit darüber einzulassen, wäre wahrscheinlich das sicherste Mittel gewesen, ihn für immer in der Ansicht zu befestigen, die Butler hatte widerlegen wollen.

Deans empfing seinen jungen Freund mit einer Gewichtigkeit und Würde, wie er sie infolge seines Unglücks seit langem nicht mehr zur Schau getragen hatte und die an jene Zeiten erinnerte, wo er eine unumschränkte Gewalt über die arme Witwe Butler ausgeübt und ihr vorgeschrieben hatte, wie die Felder von Beersheba bestellt werden sollten. Er machte Butler umständlich mit seiner Absicht bekannt, seinen gegenwärtigen Aufenthaltsort zu verändern und die Verwaltung eines Mustergutes des Herzogs von Argyle in Dumbartonshire zu übernehmen, wobei er mit unverkennbarer Genugtuung die verschiedenen Vorteile dieser Stellung aufzählte, übrigens aber dem geduldigen Hörer zu verstehen gab, daß ihn zu ihrer Annahme der Gedanke bewogen habe, durch seine Erfahrungen in der Viehzucht Seiner Gnaden dem Herzog von Argyle wichtige Dienste erweisen zu können, da dieser ihn bei dem ihm kürzlich widerfahrenen Mißgeschick (hier trübte eine Träne das stolze Leuchten in den Augen des Alten) sehr verpflichtet habe.

«Einem Hochlandklotz solch ein Amt zu übertragen», fuhr er fort, «das hieße doch wahrlich zum obersten Hirten jemand wie den verruchten Doeg, den Edomiter, bestellen; wenn aber dies graue Haupt zur Hut des Viehs berufen wird, so soll jeder Huf der Tiere gepflegt werden, als wären sie die fetten Kühe des Pharao. – Und nun, Reuben, mein Junge, da wir unser Zelt hier abbrechen und in einem fremden Land aufschlagen, so wirst du uns gewiß schmerzlich vermissen und nicht wissen, wer dich beraten und leiten soll in diesen schwierigen und schlüpfrigen Zeiten, und wirst dich wohl daran erinnern, daß der alte David Deans das Werkzeug war, das dich aus dem Kot der Ketzerei rettete, worin sich deine Familie mit Wonne wälzte; zweifellos wirst du darum oft, wenn dich Anfechtungen, Zweifel und Kümmernisse heimsuchen, wie ein Rekrut, der zum erstenmal dem Schlag der Trommel folgt, den alten, erfahrenen und tapferen Veteranen vermissen, der das Schlachtgetümmel gewohnt ist und so viel Kugeln hat pfeifen hören, wie ihm Haare auf seinem alten Kopf geblieben sind.»

Es ist wohl möglich, daß Butler im stillen meinte, Deans hätte sich den Ausfall gegen seinen Großvater und dessen religiöse Anschauungen sparen können, oder daß er sogar so anmaßend war zu glauben, er sei alt genug und imstande, selbst sein Lebensschifflein zu steuern, auch ohne den ehrenwerten David als Lotsen. Aber er drückte in seiner Antwort nur sein Bedauern darüber aus, daß er von einem alten, erprobten und verehrten Freund getrennt werden sollte.

«Aber was ist da zu machen, Mann?» fragte David, wobei sich seine Züge zu einer Art von Lächeln verzogen. – «Wie läßt sich dem abhelfen? – Ich glaube, das kannst du mir nicht sagen. – Das mußt du anderen Leuten überlassen – dem Herzog von Argyle und mir, Reuben. – Es ist eine gute Sache, Freunde in dieser Welt zu haben – mehr noch, einen Freund im Himmel.»

Und David, dessen Frömmigkeit ebenso aufrichtig und echt wie inbrünstig war, wenngleich sie sich zuweilen etwas wunderlich äußerte, sah ehrfürchtig aufwärts und schwieg. Butler antwortete bescheiden, daß er gern seines alten, väterlichen Freundes Rat über eine so wichtige Sache hören würde, und David fuhr fort: «Was hältst du, Reuben, von einer Pfarre – einer richtigen Pfarre – unter den gegenwärtigen kirchlichen Verhältnissen? Wenn man dir eine solche anbieten würde – würdest du sie mit gutem Gewissen annehmen und unter welchen Voraussetzungen? Ich frage bloß so.»

Butler erwiderte, wenn sich ihm eine solche Aussicht eröffne, würde er wahrscheinlich erst mit sich zu Rate gehen, ob er der Gemeinde, die ihn beriefe, nützlich sein könnte, und wenn es ihm so erschiene, so wisse sein väterlicher Freund selbst, daß es in jedem anderen Betracht höchst vorteilhaft für ihn wäre.

«Recht, Reuben, ganz recht, mein Junge», antwortete der Ratgeber, «dein Gewissen muß zuerst beruhigt werden, denn wie will der andere unterweisen, der selbst so wenig aus der Schrift gelernt hat, daß er nur nach dem Gewinn des schmutzigen irdischen Vorteils trachtet, nach Haus und Hof, Geld und Gut, nach dem, was nicht in geistigem Sinn sein ist, oder der sein Amt nur zum Deckmantel nimmt, um sich eine Versorgung zu erschleichen. Aber von dir verseh ich mich eines Besseren – nur mußt du dich nicht allzusehr auf dein eigenes Urteil verlassen, sonst verfällst du in schlimme Irrtümer, Unterlassungen und Übertreibungen nach links und rechts. Denn du bist noch jung, Reuben – wenn du auch mit weltlicher Gelehrsamkeit begabt bist und die Sprache verstehst, die man in Rom spricht, das jetzt der Sitz des Scharlachenen Tieres ist, oder die der Griechen, denen das Evangelium eine Torheit war. Wenn du daher einmal in Anfechtung fällst und nicht weißt, was du tun sollst, so hör auf deinen Wohltäter und folge dem Rat der erprobten weisen und wetterharten Glaubenszeugen, die erfahren haben, was es heißt, sich in Steinbrüchen und Sümpfen, Mooren und Höhlen verborgen zu halten, und lieber den Kopf daran wagten als ihrer Überzeugung untreu wurden.»

Butler erwiderte, er glaube und hoffe zuversichtlich, daß er in seinem väterlichen Freund, der so manchen Schicksalswechsel im abgelaufenen Jahrhundert erlebt habe, den berufensten Ratgeber besitze, und daß er deshalb sehr zu tadeln wäre, wenn er sich nicht seiner Erfahrung und seines freundschaftlichen Rates bedienen würde.

«Genug – genug, Reuben», sagte David Deans mit innerem Frohlocken, «wenn also jener Fall einträte, von dem ich gesprochen habe, so würde ich es für meine Pflicht halten, dir einmal von Grund auf den ganzen Aussatz dieser Zeit – all ihre Gebrechen, Fehler, Irrtümer und Schäden – klipp und klar darzulegen.»

David Deans war nun in seinem Fahrwasser. Er begann seine Prüfung des Glaubens und der Lehren der christlichen Kirche mit den Culdeern, von diesen ging er zu John Knox über, von John Knox zu den Nonkonformisten zu Zeiten James' VI. – Bruce, Black, Blair und Livingstone –, dann kam er auf die kurze Glanzzeit der presbyterianischen Kirche zu sprechen, bis sie von den englischen Independenten überwältigt wurde. Es folgten die traurigen Zeiten des Prälatismus, der Indulgenzverordnungen, sieben an der Zahl, mit all ihren Schattenseiten und Beschwerden; endlich gelangte er zur Regierungszeit König James' II., während welcher er selbst nach seiner eigenen Ansicht weder als Handelnder noch Leidender im Dunkel geblieben war. Nun mußte Butler einen ausführlichen und eingehend erläuterten Bericht von dem über sich ergehen lassen, was er so oft zuvor vernommen hatte – David Deans' Gefangenschaft nämlich in dem eisernen Käfig im Stadtgefängnis von Canongate samt ihrer Ursache.

Wir würden unserem Freund David Deans sehr unrecht tun, wenn wir eine Geschichte «unterschlagen» wollten – um seinen eigenen Ausdruck zu gebrauchen –, in der er nach seiner Meinung eine so rühmliche Rolle gespielt hatte. Ein betrunkener Soldat der Königlichen Garde, Francis Gordon mit Namen, hatte fünf oder sechs der sich verborgen haltenden Whigs, unter denen sich auch unser Freund David befand, aufgestöbert. Als er sie gestellt hatte und eben handgemein mit ihnen werden wollte, feuerte einer von ihnen ein Terzerol auf ihn ab und schoß ihn tot. David pflegte listig zu lächeln und den Kopf zu schütteln, wenn einer ihn fragte, ob er das Werkzeug gewesen sei, wodurch dieser verruchte Bösewicht vom Erdboden vertilgt wurde. Tatsächlich war es fraglich, wem das Verdienst dieser Tat gebührte – David Deans oder seinem Freund Patrick Walker, dem Krämer, aus dessen Werken er so gern Worte anführte. Keiner von ihnen mochte geradezu Anspruch darauf erheben, Mr. Francis Gordon von der Leibwache kaltgemacht zu haben, denn es gab um Edinburgh herum einige wilde Vettern von ihm, die sich vielleicht einmal rächen konnten; dennoch wollte keiner von ihnen dem anderen das Verdienst dieser tätigen Verteidigung ihrer religiösen Überzeugungen absprechen oder zugestehen. David sagte, wenn er damals eine Pistole abgefeuert habe, so habe er etwas getan, was er sonst

niemals getan habe – weder früher noch später. Und Patrick Walker seinerseits hat es schriftlich hinterlassen, wie erstaunt er gewesen sei, daß eine so kleine Pistole einen so großen Mann töten könne. Folgendes sind Worte aus einer der Schriften jenes verehrlichen Biographen, dessen Gewerbe ihn nicht gelehrt hatte, daß ein kleines Loch ebenso schlimm ist wie ein großes. «Er [Francis Gordon] erhielt einen Schuß in den Kopf aus einem Terzerol, das eher geeignet scheint, einen Jungen zu ergötzen, als solch einen starken, wilden, wütenden Mann zu töten, ihn aber nichtsdestoweniger tötete.»*

Nachdem David Deans die Geschichte der Kirche in ihrer kurzen Glanzzeit und während ihrer langen Verfolgung lang und breit geschildert hatte, ging er dazu über, mit gleicher Ausführlichkeit und Langatmigkeit, die jeden anderen als den Liebhaber seiner Tochter hätte aus der Haut fahren lassen, die Grundsätze zu erörtern, die seiner Ansicht nach seinen jungen Freund bei einer Anwartschaft auf ein Pfarramt leiten sollten. Diesen Gegenstand handelte der biedere Mann mit solcher Gründlichkeit und Spitzfindigkeit ab, führte eine solche Fülle verschiedenster Beispiele an, konstruierte so viel äußerste Fälle und unterschied so genau und haarscharf zwischen rechts und links, Nachgiebigkeit und Willfährigkeit, Zurückhaltung und Weigerung, Fallen und Straucheln, Schlingen und Irrtümern, bis er sich endlich, nachdem er den Pfad der Wahrheit auf eine mathematische Linie begrenzt hatte, dazu herbeiließ, die tiefe Weisheit zu verkünden, jeder müsse nach bestem Gewissen und Wissen selbst sein Schifflein durch all diese Schwierigkeiten steuern. Er führte Gründe und Beispiele für und gegen die Annahme eines Pfarramts unter den gegenwärtigen kirchlichen Verhältnissen an und tat es vor Butler viel unparteiischer, als er es vor sich selbst hätte tun können. Er schloß damit, daß sein junger Freund über diese Dinge nachdenken

* s. Anm. XVII «Der Tod von Francis Gordon».

und sich dann von der Stimme seines eigenen Gewissens leiten lassen solle, ob er eine solch schwere Verantwortung wie die Seelsorge für eine Gemeinde auf sich nehmen könne, ohne seiner eigenen inneren Überzeugung von dem, was recht und unrecht sei, untreu zu werden.

Als David seine lange Rede beendet hatte, die Butler nur gelegentlich durch etliche ein- oder zweisilbige Worte unterbrach, war der Redner selbst sehr erstaunt, daß die Schlußfolgerung, die er zu ziehen wünschte, weit weniger entschieden ausfiel als damals, wo er den Fall bei sich erwogen hatte.

Damit lieferte David nur einen trefflichen Beleg dafür, daß es besser ist, einen Gegenstand in aller Öffentlichkeit zu erörtern. Es ist ausgemacht, daß die meisten Menschen unter dem Einfluß einer besonderen Gemütsstimmung viel leichter geneigt sind, etwas, das ihnen am Herzen liegt, richtig zu finden, wenn sie es bei sich erwägen, als wenn sie gezwungen sind, einen anderen davon zu überzeugen, wo sie, um unparteiisch zu erscheinen, Gründen, die dagegen sprechen, einen viel breiteren Raum einräumen müssen, als sie ihnen sonst vergönnen würden.

Als David mit dem, was er sagen wollte, fertig war, hielt er sich für verpflichtet, auf den eigentlichen Anlaß seiner Rede einzugehen und zu erklären, daß es sich um keine bloße Annahme, sondern – dank seinem Einfluß und dem des Herzogs von Argyle – um eine Tatsache handle, über die Reuben Butler sich bald zu entscheiden haben werde.

Deshalb hörte David Deans nicht ohne Unruhe Butler antworten, daß er die Nacht damit zubringen wolle, über das, was man ihm mit so gütigen Absichten mitgeteilt habe, nachzudenken, und ihm am nächsten Morgen Antwort geben werde. Die Gefühle des Vaters überwältigten ihn. Er drang in Butler, den Abend mit ihm zu verbringen. Er rückte – obwohl er zu den Mahlzeiten dergleichen sonst nie zu trinken pflegte – eine, sogar zwei Flaschen altes Starkbier heraus. Er sprach von seiner Tochter, ihren guten Eigenschaften, ihren hausmütterlichen und hauswirtschaftlichen Fähigkeiten – ihrer töchterlichen Liebe. Er nötigte Butler schließlich fast zum Geständnis seiner Neigung für Jeanie, so daß noch vor Anbruch der Nacht die Heirat mit Butler eine ausgemachte und beschlossene Sache war; und wenn es beide auch für unschicklich hielten, die Bedenkzeit, die sich Reuben erbeten hatte, abzukürzen, so war es doch nichtsdestoweniger beiden ebenso selbstverständlich, daß er Pfarrer in Knocktarlitie werden würde, vorausgesetzt, daß die Gemeinde ebenso willens wäre, ihn zu nehmen, wie der Herzog, ihn vorzuschlagen. Die Angelegenheit des Eides zu erörtern, kamen sie überein, wäre es Zeit genug, wenn er dazu aufgefordert werden sollte.

An jenem Abend wurden noch viele Angelegenheiten besprochen, die später mit des Herzogs Geschäftsträger zum Abschluß gebracht wurden. Der Geschäftsträger machte Deans und Butler auch mit dem Wunsch seines Herrn bekannt, daß sie sich alle mit Jeanie bei ihrer Rückkehr aus England im Jagdhaus des Herzogs in Roseneath treffen sollten.

Dieser Rückblick auf die Geschichte der stillen Liebe zwischen Jeanie Deans und Reuben Butler erklärt die vorstehend geschilderten Ereignisse bis zu dem schon erwähnten Zusammentreffen auf der Insel.

44. Kapitel

«Ich komme», sagte er, «mein Lieb, mein Leben,
mein Weib – den schönsten Namen dir zu geben.
Mein Haus und Hof, die Sippe, Freunde mein,
sind nun auch – statt der väterlichen – dein.»

Logan

Das Wiedersehen Jeanies und Butlers unter Umständen, die endlich eine so lang geprüfte Neigung zu krönen versprachen, war eher durch die einfache Aufrichtigkeit als die ungewöhnliche Lebhaftigkeit ihrer Empfindungen rührend. David Deans, dessen Handlungsweise sich zuweilen nicht ganz mit seiner Denkweise deckte, schüchterte die Liebenden zuerst dadurch etwas ein, daß er ihnen weitläufig die Ansicht verschiedener verfolgter Geistlicher und Glaubensstreiter seiner jüngeren Tage über den Ehestand entwickelte, der zwar nach der Heiligen Schrift ein ehrenwerter Stand sei, zu dem sich jedoch die Gläubigen – und besonders junge Pfarrer – bisweilen zu vorschnell entschlössen, nur bestrebt, ein Amt, Einkünfte und eine Frau zu haben, was sie häufig allzubereit mache, sich in die allgemeine Verderbnis der Zeit zu schicken. Er bemühte sich, ihnen klarzumachen, daß eine übereilte Heirat das Verderben manch eines Gott wohlgefälligen Gläubigen gewesen sei, daß das unfromme Weib nur allzuoft den frommen Mann aus dem Text gebracht und verdorben habe – daß zum Beispiel, als der berühmte Donald Cargill, der sich zur Zeit der Verfolgung in Lee-Wood in Lanarkshire verbarg, auf dringendes Bitten Robert Marshal von Starry Shaw traute, er sich so ausgedrückt habe: «Was hat Robert dazu bewogen, dieses Weib zu heiraten? Ihre Bosheit wird seine Gutheit überwältigen, er wird nicht lange mehr den rechten Weg wandeln – seine Blütezeit ist vorbei.» Diese Prophezeiung, sagte David, habe sich traurig erfüllt, wie er selbst bezeugen könne, denn Robert Marshal sei dem wahren Glauben untreu geworden, nach Hause gegangen, habe Pfaffen gehört und sei Schritt für Schritt weiter in die Verderbnis geraten, so daß man ihn allgemein verachtet habe. Tatsächlich, bemerkte Deans, hätten die großen Bannerträger des Glaubens – Cargill, Peden, Cameron und Renwick – von all ihren Amtshandlungen am wenigsten gern Eheschließungen vollzogen, und obgleich sie weder vom Heiraten überhaupt abgeraten noch ihre Mitwirkung dabei verweigert hätten, so hätten sie die Aufforderung dazu doch immer als einen Beweis der Gleichgültigkeit seitens der Eheschließenden gegen die mannigfaltigen Plagen der Zeit betrachtet. Obwohl also die Ehe vielen Menschen zur Schlinge wurde, war David doch der Meinung (wie er es auch wirklich durch die Tat bewiesen hatte), daß sie an sich ein ehrenhafter Stand sei, besonders in Zeiten, wo anständige Menschen davor sicher sein konnten, gehängt, erschossen oder verbannt zu werden, und ein hinlängliches Auskommen für sich und ihre Nachkommen hatten. «Und daher», schloß er etwas unvermittelt, indem er sich an Jeanie und Butler wandte, die mit hochroten Köpfen zugehört hatten, wie er lang und breit die Gründe für und wider den heiligen Stand der Ehe erörterte, «mögt ihr die Sache unter euch selbst ausmachen.»

Das nun folgende Gespräch zwischen den beiden Liebenden über ihre gegenwärtigen Gefühle und künftigen Pläne, soviel Reiz es auch für sie selbst haben mochte, hat es wahrscheinlich weniger für den Leser – wir wollen es daher übergehen und nur noch erwähnen, daß Jeanie von Butler näheren Aufschluß über die Flucht ihrer Schwester erhielt, mit

Einzelheiten, die sie nicht imstande gewesen war, aus ihrem Vater herauszubekommen.

Jeanie erfuhr also, daß Effie nach ihrer Begnadigung drei Tage lang im Haus ihres Vaters zu St. Leonard's zugebracht habe; daß, ehe sie aus dem Gefängnis entlassen worden war, zwischen David und seinem verirrten Kind äußerst rührende Unterredungen stattgefunden hätten, daß ihr Vater jedoch, wie Butler nicht umhin konnte zu bemerken, als er von der Furcht befreit gewesen war, sie auf solch schreckliche Weise zu verlieren, die Zügel fester angezogen und so ihren von Natur ungeduldigen Geist und ihre durch das Bewußtsein verdienter Schande doppelt empfindliche Seele erst recht gereizt und verwundet habe.

In der dritten Nacht verschwand Effie aus St. Leonard's, ohne eine Andeutung zu hinterlassen, wohin sie sich gewandt habe. Butler machte sich auf, sie zu suchen, und verfolgte nicht ohne Mühe ihre Spur bis zu einem kleinen Landeplatz, einer Bucht, die von einem Bächlein gebildet wurde, das zwischen Edinburgh und Musselburgh in das Meer mündet. Dieser Platz, der seither zu einem kleinen Hafen umgewandelt und mit vielen Gast- und Landhäusern umbaut ist, wird nun Portobello genannt. Damals war er Ödland, mit Stechginster bedeckt und von niemandem besucht, außer von Fischerbooten und dann und wann einem Schmugglerlogger. Ein derartiges Fahrzeug hatte zur Zeit von Effies Flucht in der Bucht gekreuzt, und wie Butler feststellte, war in der gleichen Nacht, in der die Flüchtige verschwunden war, ein Boot ans Ufer gekommen und hatte eine weibliche Person an Bord gebracht. Da das Schiff, ohne seine Ladung zu löschen, unmittelbar darauf Segel setzte, war es kaum zweifelhaft, daß auf dem Schiff Spießgesellen des berüchtigten Robertson waren, die nur darum die Bucht aufgesucht hatten, um seine Geliebte zu entführen.

Dies wurde durch einen Brief bestätigt, den Butler bald darauf durch die Post erhielt und der mit den Buchstaben E. D. unterzeichnet war, jedoch weder eine Orts- noch eine

Zeitangabe enthielt. Er war äußerst schlecht und unleserlich geschrieben. Die Seekrankheit mochte Effies an sich ungeregelte Ausdrucks- und Schreibweise noch verworrener gemacht haben. An diesem Schreiben war wie an allem, was das unglückliche Mädchen sagte oder tat, ebenso etwas zu loben wie zu tadeln. Sie könne es nicht ertragen, schrieb sie, daß ihr Vater und ihre Schwester ihretwegen in die Verbannung gehen und an ihrer Schande teilhaben sollten; wenn ihre Last schwer sei, so habe sie selbst sie sich aufgeladen und müsse sie darum allein tragen; ihre Angehörigen könnten ihr in Zukunft kein Trost sein und sie nicht ihnen, jeder Blick und jedes Wort ihres Vaters erinnere sie an ihren Fehltritt und bringe sie zum Wahnsinn; in den drei Tagen, die sie in St. Leonard's gewesen sei, habe sie fast den Verstand verloren; ihr Vater meine es zwar gut mit ihr und allen Menschen, aber er wisse nicht, wie er sie martere, wenn er ihr ihre Sünden vorwerfe. Wenn Jeanie zu Hause gewesen wäre, möchte es wohl besser gewesen sein – Jeanie wäre wie die Engel im Himmel, die eher um die Sünder weinten, als ihnen ihre Verfehlungen zurechneten. Aber sie würde Jeanie nie wiedersehen, und dieser Gedanke sei ihr von allen der schmerzlichste. Auf den Knien wolle sie für Jeanie beten, Tag und Nacht, sowohl um dessentwillen, was sie getan, wie wegen dessen, was sie ihretwegen zu tun verschmäht habe, denn wie schrecklich müßte es ihr jetzt sein, wenn diese reine Seele gefehlt hätte, um sie zu retten! Sie bitte ihren Vater, Jeanie alles Eigentum zu geben – ihr eigenes Erbe von ihrer (Effies) Mutter und alles andere. Sie habe sich ihres Rechtes daran schriftlich begeben – das Papier sei bereits in Mr. Novits Händen. Irdisches Gut sei hinfort ihre geringste Sorge – sie werde wohl auch keinen Mangel daran leiden. Sie hoffe, damit etwas zur Aussteuer ihrer Schwester beizutragen – und unmittelbar darauf wünschte sie Butler alles Gute für seine Freundlichkeit zu ihr. Was sie selbst beträfe, schrieb sie, so wisse sie recht gut, daß ihr Los schwer sein würde, aber sie habe es selbst so gewollt und verlange deshalb kein Mitleid. Doch um ihre Freunde zu beruhigen, möchte sie ihnen sagen, daß sie nicht auf schlechten Wegen wandle; daß diejenigen, die ihr das meiste Leid zugefügt hätten, nun willens wären, es nach Kräften wiedergutzumachen und daß es ihr in gewisser – weltlicher – Hinsicht weit besser gehe, als sie es verdient habe. Doch bitte sie ihre Angehörigen, sich mit dieser Versicherung zu begnügen und sich nicht zu bemühen, ihr weiter nachzuforschen.

David Deans und Butler gewährte dieses Schreiben nur wenig Trost; denn was konnten sie von einer Verbindung des unglücklichen Mädchens mit einem so berüchtigten Menschen wie Robertson (von dem, was sie gleich errieten, im letzten Satz die Rede war) anderes erwarten, als daß es die Teilhaberin und das Opfer seiner künftigen Verbrechen werden würde? Jeanie, die George Stauntons wirklichen Stand und Rang kannte, sah die Lage ihrer Schwester mit mehr Hoffnung an. Aus der Eile, womit er erneut seine Anteilnahme an Effie gezeigt hatte, glaubte sie, das Beste entnehmen zu dürfen, und vertraute darauf, daß er sie zu seiner Ehefrau gemacht hatte. Dann aber erschien es bei seinen hohen Beziehungen und dem Vermögen, das er zu erwarten hatte, sehr unwahrscheinlich, daß er sein früheres abenteuerliches und verbrecherisches Leben wieder aufnehmen würde, da ja, wie die Dinge lagen, sein Leben davon abhing, daß er sein Geheimnis bewahrte, was nur durch eine völlige Änderung seiner Lebensweise geschehen konnte, und besonders dadurch, daß er all jene mied, die den Erben von Willingham als den zum Tod verurteilten verwegenen Verbrecher Robertson kannten.

Sie hielt es für sehr wahrscheinlich, daß das Paar einige Jahre außer Landes gehen und nicht eher wieder nach England zurückkehren werde, als bis die Geschichte mit Porteous völlig in Vergessenheit geraten sei. Aber obgleich Jeanie mehr Hoffnung hinsichtlich des Schicksals ihrer Schwester hatte als Butler oder ihr Vater, da sie ja glaubte oder wußte, daß sie vor dem Druck der Armut bewahrt und wenig versucht sein würde, schlimme Wege zu wandeln, so wagte sie dennoch nicht, ihnen dies zum Trost mitzuteilen; sie hätte nicht davon sprechen können, ohne zu verraten, was sie um Effies Wohl willen verhehlen mußte, daß nämlich George Staunton und George Robertson ein und derselbe Mensch seien. Trotzdem war es schrecklich genug, Effie mit einem Mann verbunden zu wissen, der wegen Raubes verurteilt war und wegen Mordes verfolgt wurde, wie hoch auch sein Rang und wie groß seine Reue sein mochten. Außerdem machte sie der Gedanke traurig, daß er höchstwahrscheinlich zur Schonung seiner eigenen Gefühle und aus Sorge um seine Sicherheit der armen Effie niemals erlauben würde, sie, die Mitwisserin des ganzen schrecklichen Geheimnisses, wiederzusehen. Nachdem sie den Abschiedsbrief ihrer Schwester wieder und wieder gelesen hatte, machte sich ihr Kummer in einem Strom von Tränen Luft, dem Einhalt zu tun sich Butler trotz der liebevollsten Beschwichtigungsversuche vergebens bemühte. Sie mußte indessen zuletzt doch aufblicken und ihre Augen trocknen, da ihr Vater, in der Meinung, er habe den Liebenden Zeit genug gelassen, sich auszusprechen, sich vom Haus her ihnen näherte, und zwar in Begleitung des Hauptmanns von Knockdunder oder, wie seine Freunde ihn kurzweg nannten, Duncan Knock, ein Name, der einiger Heldentaten in seiner Jugend halber besonders passend für ihn schien.

Dieser Duncan von Knockdunder war ein äußerst angesehener und wichtiger Mann sowohl auf der Insel Roseneath wie in den Landgemeinden Knocktarlitie, Kilmun und so weiter; ja sein Einfluß reichte bis nach Cowal, wo er indessen von dem eines anderen Statthalters verdunkelt wurde. Der Turm von Knockdunder steht noch heute als Ruine auf einem Felsen oberhalb des Holy Loch. Duncan schwor, es sei ein königliches Schloß gewesen; wenn das zutraf, so war es eines der kleinsten, denn der Innenraum maß nur 16 Fuß im Geviert und stand daher in lächerlichem Mißverhältnis zu der Dicke der Mauern, die mindestens 10 Fuß stark waren. Immerhin führten Duncans Vorfahren den Titel Hauptmann, der gleichbedeutend mit dem des Kastellans ist. Als Anhänger und Vasallen des Hauses Argyle besaßen sie unter ihm die erbliche Gerichtsbarkeit – sie erstreckte sich zwar nur über ein kleines Gebiet, hatte aber in ihren Augen große Bedeutung und wurde gewöhnlich mit einer Strenge geübt, die etwas über das hinausging, was das Gesetz vorschrieb.

Der gegenwärtige Stammhalter dieses alten Geschlechts war ein untersetzter kleiner Mann von etwa 50 Jahren, dem es beliebte, in seinem Anzug die Tracht des Hochlandes und die des Unterlandes zu vereinigen; er trug auf dem Kopf eine schwarze Knotenperücke und darüber einen kühn aufgestutzten, reich mit Goldborte verzierten Dreimaster, während sein übriger Anzug aus dem Schottenmantel und kurzem Schottenrock bestand. Duncan verwaltete ein Gebiet, das teilweise zum Hochland, teilweise zum Unterland gehörte, und wollte durch die Vereinigung der beiden Nationaltrachten in seiner Kleidung vermutlich seine Unparteilichkeit gegenüber den Trojanern und Tyrern zeigen. Diese Zusammenstellung indessen wirkte etwas sonderbar und lächerlich, da es aussah, als ob sein Kopf und sein Körper verschiedenen Personen angehörten, oder es schien, wie jemand bemerkte, der die Hinrichtungen der gefangenen Aufständischen im Jahre 1715 mit angesehen hatte, als habe ein jakobitischer Zauberer, der die Märtyrer ins Leben zurückrufen wollte, in der Eile den Kopf eines Engländers dem Rumpf eines Hochländers aufgesetzt. Um das Bildnis zu vervollständigen, so war das Betragen des gestrengen Duncan derb, schroff und wichtigtuerisch, und seine knollige, kupferfarbene Stupsnase verriet, daß er zum Jähzorn neigte und den Branntwein liebte.

Als sich dieser Würdenträger Butler und Jeanie genähert hatte, sagte er in seiner hochtrabenden Art: «Ich nehme mir die Freiheit, Mr. Deans, Eure Tochter zu begrüßen, welche, wie ich annehme, dieses junge Mädchen ist. – Ich küsse jedes hübsche junge Mädchen, das nach Roseneath kommt – kraft meines Amtes.» Nach dieser galanten Rede nahm er seinen Priem aus dem Mund, begrüßte Jeanie mit einem herzhaften Schmatz und hieß sie in Argyles Gebiet willkommen. Dann wandte er sich an Butler und sagte: «Ihr könnt morgen hingehen und die geistlichen Burschen besuchen; sie wollen das Geschäft mit Euch abschließen und es dann mit Branntwein begießen – denn hierzulande tut man nichts mit trockener Kehle.»

«Der Laird ...» begann David Deans, um Butler weitere Erklärungen zu geben.

«Der Hauptmann, Mann», unterbrach ihn Duncan, «die Leute wissen ja gar nicht, wen Ihr meint, wenn Ihr den Menschen nicht ihren gebührenden Titel gebt.»

«Der Herr Hauptmann also», sagte David, «versichert mir, daß die Gemeinde Euch einstimmig zum Pfarrer gewählt hat – wirklich einstimmig, Reuben.»

«Ich glaube», sagte Duncan, «so einstimmig wie man es nur bei einer Gesellschaft erwarten konnte, die auf gälisch und englisch durcheinanderschnatterte wie Seemöwen und Wildgänse vor einem Sturm. Das Geschwätz konnte kein Mensch verstehen – das Beste daran war, wie sie schließlich schrien: ‹Hoch MacCallummore und Knockdunder!› – Das wäre auch noch schöner, wenn die Kerls etwas anderes wollten, als was dem Herzog und mir beliebt!»

«Gleichwohl», sagte Butler, «wenn jemand von den Gemeindemitgliedern etwa noch Bedenken hegt, wie das bei aufrichtigen Gläubigen zuweilen vorkommt, so würde es mich freuen, wenn ich Gelegenheit hätte, sie zu ...»

«Darüber laßt Euch keine grauen Haare wachsen, Mann», unterbrach ihn Duncan Knock. «Überlaßt das nur mir. – Bedenken! Den möchte ich sehen, der Bedenken hat, wenn ihm etwas geheißen wird. Wenn so was, wovon Ihr redet, wirklich vorkäme, so würde ich einen solchen ‹aufrechten Gläubigen›, wie Ihr dergleichen nennt, so lange im Schlepptau hinter meinem Boot herziehen, bis das Wasser vom Holy Loch ihm seine Bedenken ebenso ersäuft hätte wie seine Flöhe. – Gottverdammich!»

Duncan schloß seine Drohung mit einem grollenden Kehllaut, der etwaigen Widerspenstigen eine wenig sanfte Bekehrung verhieß. David Deans hätte gewiß mannhaft das Recht der christlichen Gemeinde, sich ihren Pastor selbst zu wählen, das nach seiner Meinung eines ihrer heiligsten und unveräußerlichsten Vorrechte war, verteidigt, aber er war gerade in lebhafter Unterhaltung mit Jeanie begriffen, die er mit mehr Anteilnahme, als er sonst bei Angelegenheiten aufzubringen pflegte, die gleicherweise seinem Beruf wie seinen religiösen Überzeugungen fernlagen, über Einzelheiten ihrer Londoner Reise befragte. Das war vielleicht ein Glück für die neugebackene Freundschaft zwischen ihm und dem Hauptmann von Knockdunder, die nach Deans' Meinung auf den Proben beruhte, die er ihm von seinen Kenntnissen in der Viehzucht gegeben hatte, in Wirklichkeit jedoch auf der besonderen Weisung, die Duncan vom Herzog und seinem Geschäftsführer erhalten hatte, Deans und die Seinigen mit äußerster Zuvorkommenheit zu behandeln.

«Und nun, meine Herrschaften», sagte Duncan in gebieterischem Ton, «muß ich Euch bitten, zum Abendessen hereinzukommen, denn Mr. Archibald wartet schon drinnen und ist bald verhungert, und auch eine sächsische Frau, die aussieht, als wenn ihr die Augen aus dem Kopf fallen wollten vor Furcht und Erstaunen, als ob sie noch niemals einen Gentleman in einem Kilt gesehen habe.»

«Und Reuben Butler», sagte David, «wird gewiß wünschen, sich bald zurückzuziehen, um sich auf die morgige Predigt vorzubereiten, damit das Werk dem Tag angemessen und der Duft seiner Worte der Gemeinde süß und wohlgefällig sei.»

«Ach was, Mann, was wißt Ihr von der Gemeinde», unterbrach ihn der Hauptmann. «Der Teufel hol mich, wenn nicht jeder davon alles, was Mr. Butler oder Ihr ihm sagen könnt, um den Duft der Wildbretpastete hingäbe, die ich», er schnupperte mit seiner plumpen Nase in der Luft, «da rieche.»

David seufzte; er bedachte indessen, daß er es mit einem «gleichgültigen Gallion», wie er sagte, zu tun habe, und hielt es darum nicht der Mühe für wert, sich mit ihm herumzustreiten. Sie folgten dem Hauptmann ins Haus und setzten sich mit großer Feierlichkeit an die wohlbestellte Tafel. An diesem Abend ereignete sich nichts weiter, was zu erwähnen sich verlohnte, außer daß Butler das Tischgebet sprach; daß Knockdunder es zu lang fand und David Deans es für zu kurz hielt, woraus der geneigte Leser schließen mag, daß es gerade die richtige Länge hatte.

45. Kapitel

> Nun schlagt die Psalmen Davids auf,
> laßt laut die Stimmen tönen;
> von Doppelversen gebt uns vier
> und laßt die Orgel dröhnen.
>
> *Burns*

Am folgenden Tag sollte Reuben Butler nach den Gebräuchen und Vorschriften der Schottischen Kirche durch die Ältesten von... in sein Amt als Pfarrer von Knocktarlitie eingeführt werden. In Anbetracht dieses wichtigen Ereignisses war die ganze Gesellschaft mit Ausnahme von Miss Dutton, der künftigen Meierin von Inverary, schon früh auf den Beinen.

Ihr Wirt, dessen Appetit ebenso scharf und heftig war wie seine Gemütsart, säumte nicht lange, alle zu einem nahrhaften Frühstück zu rufen – es gab wenigstens ein Dutzend verschiedener Milchspeisen, eine Menge kalten Braten, schockweise gesottene und geröstete Eier, ein ungeheures Faß Butter, ein halbes Tönnchen Heringe, gebraten und gebacken, gesalzen und frisch, und Tee und Kaffee für die Liebhaber dieser Getränke, die, wie ihr Wirt versicherte, ihn wenig mehr kosteten als das Heraufholen, wobei er mit einer Hand- und Kopfbewegung auf einen kleinen Kutter deutete, der im Windschatten der Insel vor Anker lag.

«Darf der Schleichhandel hier so offen getrieben werden?» fragte Butler. «Ich halte ihn für sehr nachteilig für die Sitten der Bevölkerung.»

«Der Herzog, Mr. Butler, hat nichts verfügt, um ihn zu unterbinden», erwiderte der Statthalter und schien zu glauben, er habe damit alles gesagt, was notwendig war, um seine Nachsicht zu rechtfertigen.

Butler war ein verständiger Mann, er wußte, daß Ermahnungen nur dann Gutes bewirken, wenn sie zur rechten Zeit vorgebracht werden; so ließ er vorderhand den Gegenstand fallen.

Als das Frühstück fast vorüber war, platzte Miss Dolly herein, so geputzt, wie es ein blaues Hängerkleid mit kirschroten Schleifen ihr nur ermöglichte.

«Guten Morgen, Madam», sagte der Herr des Hauses. «Hoffentlich schadet das frühe Aufstehen Eurer Gesundheit nicht.»

Die Dame entschuldigte sich bei Hauptmann Knockunter, wie sie beliebte, ihren Wirt zu nennen, «aber, wie wir in Cheshire sagen», fügte sie hinzu, «es ging mit wie dem Bürgermeister von Altringham, der im Bett bleiben muß, wenn seine Beinkleider ausgebessert werden; denn das Mädchen hat mir aus Unverstand das richtige Bündel erst heraufgebracht, als sie alle anderen der Reihe nach geholt hatte. – Nun, wir werden also heute alle in die Kirche gehen, wie ich höre. – Aber darf ich wohl so frei sein, zu fragen, ob es bei den Herren hier im Norden Mode ist, im Unterrock zur Kirche zu gehen, Hauptmann Knockunter?»

«Hauptmann von Knockdunder, Madam, wenn's beliebt, denn mich hat noch kein Mensch untergekriegt; und was meinen Anzug angeht, so werde ich so, wie ich bin, zur Kirche gehen, Madam, denn wenn ich im Bett bleiben sollte, wie Euer Bürgermeister Weißnichtwie, bis meine Beinkleider ausgebessert wären, so müßte ich mein ganzes Leben dort verbringen, da ich, soviel ich mich erinnern kann, nur zweimal im Leben welche getragen habe – das war, als der Herzog seine Herzogin hierherbrachte; da borgte ich mir Ihrer Gnaden zu Gefallen vom Geistlichen eine Hose für die beiden Tage, die es Seiner Gnaden gefiel, hier zu verweilen. Aber ich würde mir einen solchen Zwang nicht wieder auferlegen, wegen keines Mannes oder Weibes auf der ganzen Erde – mit Ausnahme Ihrer Gnaden aus schuldigem Gehorsam.»

Die Herrin der Milcheimer machte große Augen, wagte aber keine Antwort auf diese unumwundene Erklärung, sondern machte sich über das Frühstück her, wobei sich zeigte, daß die Aufregung des vorangegangenen Tages ihrer Eßlust nicht im geringsten geschadet hatte.

Nach beendetem Mahl schlug der Hauptmann der Gesellschaft vor, ein Boot zu besteigen, damit Miss Jeanie ihren neuen Wohnsitz sehen und er selbst sich überzeugen könne, ob dort und im Pfarrhaus alles zur Aufnahme der künftigen Bewohner bereit sei.

Der Morgen war herrlich; die gewaltigen Schatten der Berge schliefen auf dem Wasserspiegel des Meerbusens, der jetzt so glatt und ruhig wie ein Binnensee vor ihnen lag. Selbst Miss Dutton hatte so wenig Angst, sich auf das stille Wasser zu wagen, wie bei einer Lustfahrt auf der Themse. Außerdem hatte Archibald ihr verraten, es würde nach dem Gottesdienst einen leckeren Schmaus geben, und so etwas wollte sie sich nicht gern entgehen lassen.

Die Gesellschaft schiffte sich daher in einem großen Boot ein, das der Hauptmann seinen «Sechsspänner» nannte; es wurde von sechs handfesten Ruderern schnell vorangetrieben. Ein kleineres Beiboot folgte als Gig. Der wackere Duncan steuerte geradewegs auf das Türmchen der alten Kirche von Knocktarlitie zu.

Als sie sich dem Ufer näherten, schienen die Berge vor ihnen zurückzuweichen, und ein schmales Tal, das durch das Bett eines kleinen Gebirgsflusses gebildet wurde, öffnete sich vor ihnen, als warte es auf ihre Ankunft. Die Gegend beiderseits des Flusses hatte einen einfachen, ländlichen Charakter, wie ihn ähnlich ein vergessener schottischer Dichter schildert:

Den Hang herab mit sanftem Rieseln rinnt
ein kleines Bächlein; seine Ufer sind
umsäumt von Bäumen groß und dicht, im Schwang
ist da viel kleiner Vöglein heller Sang.
Und weiterhin, wohl einen Pfeilschuß weit,
erstrecken sich bis an die Berge breit
gar schöne grüne Matten – Busch und Strauch
sind da zu sehen –, und es weiden auch
viel Schafe dort und Ziegen, doch im Grund
viel Herden Kühe, schwarz und weiß und bunt.*

Sie landeten in diesem Hochland-Arkadien an der Mündung des kleinen Flusses, der das anmutige, friedliche Tal bewässerte. Allerlei Einwohner kamen herbei, um die neuen Ansiedler zu sehen und Hauptmann von Knockdunder ihre Ehrfurcht zu bezeigen, eine Huldigung, auf die er streng hielt. Einige dieser Leute waren nach David Deans' Herzen, Aldermänner des Kirchenrats, eifrige Bekenner aus Lennox, Lanarkshire und Ayrshire, denen der vorige Herzog von Argyle in diesem Winkel seines Herrschaftsbereichs eine Zuflucht gewährt hatte, als sie wegen der Teilnahme an der mißlungenen Unternehmung seines Vaters, des unglücklichen Grafen, im Jahre 1686 verfolgt wurden. David fand an diesen Männern Geschmack – sie waren aus dem rechten Sauerteig gemacht – und erlabte sich herzlich an ihnen; wären sie nicht, sagte er, so hätte ihn der Hauptmann von Knockdunder schon in den ersten 24 Stunden wieder aus dem Land herausgegrault, denn der geringste Anlaß versetzte ihn in Wut, und dann fluche er so lästerlich, daß es jedem Christenmenschen ein Greuel sein müsse, dergleichen mitanzuhören.

Außer diesen Gemeindemitgliedern gab es noch welche von etwas wilderem Schlag: Gebirgler und Bewohner der höher gelegenen Bergtäler, die Gälisch sprachen, Hoch-

* Ross, «Glückliche Schäferin», Ausgabe 1778, S. 23.

landstracht trugen und bewaffnet einhergingen. Der Herzog hielt aber so gute Ordnung in seinem Gebiet, daß Gälen und Sachsen im besten nachbarlichen Einvernehmen lebten.

Die Gesellschaft besuchte zuerst das «Manse», wie das Pfarrhaus in Schottland genannt wird. Es war alt, doch gut im Stand. Ein Bergahornwäldchen umgab es; vor dem Haus lag ein wohlbestellter Garten, von dem Flüßchen begrenzt, das von den Fenstern aus teilweise sichtbar war und teilweise von Büschen, Bäumen und einer Hecke verborgen wurde. Innen sah das Haus weniger behaglich aus, als es hätte sein können, denn es war von dem letzten Bewohner sehr vernachlässigt worden; doch waren Handwerker dabei, es nach den Anweisungen des Hauptmanns von Knockdunder und auf Kosten des Herzogs von Argyle in Ordnung zu bringen. Das alte Hausgerät war weggeschafft worden, und neues einfaches, aber sauberes, das der Herzog auf seiner Brigg, der «Caroline» geschickt hatte, sollte nun in den Gemächern aufgestellt werden.

Als der gestrenge Duncan sah, daß die Arbeiter noch nicht fertig waren, wurde er wütend. Er ließ die Sünder antreten und gab den Zuhörern von der Machtfülle, die er besaß, einen Begriff durch die Strafen, womit er den Säumigen drohte. Mindestens, versicherte er ihnen, würde er ihnen den halben Lohn abziehen, und wenn sie weiterhin seinem und des Herzogs Willen nicht pünktlich nachkämen, so wolle er verdammt sein, wenn er ihnen überhaupt Lohn zahle – sie möchten dann sehen, wie sie zu ihrem Recht kämen.

Die zerknirschten Handwerker demütigten sich vor dem erbosten Würdenträger und baten um gut Wetter, und Knockdunder ließ sich schließlich herbei, ihnen zu verzeihen – aus Achtung vor ihrem neuen Geistlichen, wie er sagte, nachdem Butler ihn daran erinnert hatte, daß heute der Tag seiner Einführung sei und die Arbeiter wahrscheinlich zur Kirche gehen wollten.

«Aber wenn ich sie wieder erwische, daß sie ihre Schuldigkeit nicht tun, Mr. Butler, so soll mich der Teufel holen, wenn die Kirche eine Entschuldigung sein soll; denn was haben dergleichen Tagediebe in der Kirche zu suchen – außer sonntags und selbst dann, wenn der Herzog und ich sie anderswo dringend brauchen?»

Man kann sich leicht vorstellen, welche stille Freude und Zufriedenheit Butler bei dem Gedanken empfand, seine künftigen Tage geehrt und in segensreicher Tätigkeit, wie er hoffte, in diesem abgeschiedenen Tal zuzubringen, und wie oft ein Blick des Einverständnisses zwischen ihm und Jeanie gewechselt wurde, deren gutmütig-bescheidenes, von Glück und Zufriedenheit verklärtes Gesicht geradezu hübsch aussah, als sie die Räume besichtigte, in denen sie bald als Herrin schalten und walten sollte. Sie durfte ihre Freude und ihr Entzücken freier äußern, als die Gesellschaft nach Verlassen des Pfarrhauses daranging, die künftige Behausung von David Deans in Augenschein zu nehmen.

Jeanie sah mit Vergnügen, daß diese nicht weiter als einen Büchsenschuß vom Pfarrhaus entfernt lag; denn es wäre ihr in ihrem Glück ein unerträglicher Gedanke gewesen, hätte sie irgendwo wohnen sollen, wo ihr Vater nicht in der Nähe war, wenngleich sie hinwiederum Butlers wegen nicht wünschte, daß er mit ihnen zusammen hause. Daß die beiden Haushaltungen getrennt waren und doch einander so nahe lagen, erschien ihr gerade das Rechte.

Das Gutshaus war eine Art größeres und besseres Bauernhaus, bei dessen Aufführung und Einrichtung man jedoch alle Rücksicht auf Bequemlichkeit genommen hatte. Ein ausgezeichneter kleiner Garten, ein Obstgarten und nach damaligen Begriffen bestens eingerichtete Wirtschaftsräume machten das Anwesen zu einer sehr geeigneten Behausung für einen praktischen Landwirt – es übertraf in jeder Hinsicht den Hof zu Woodend und das kleine Haus bei St. Leonard's Crags. Die Aussicht war von hier oben – denn die Meierei lag beträchtlich höher als das Pfarrhaus und die

Fenster der Front gingen nach Westen – womöglich noch schöner; man sah zunächst das kleine Tal, das gleichsam vom Haus beherrscht wurde, die Windungen des Flusses und die Bucht mit ihren benachbarten Seen und romantischen Inseln. Dahinter, in einer Art von Halbkreis, ragten die Berge von Dumbartonshire auf, wo ehedem der stolze Stamm der MacFarlanes hauste, weiter rechts waren die gewaltigen düsteren Gebirge von Argyleshire zu sehen und nach dem Meer hin die wie von Blitzen zerspaltenen und zertrümmerten Gipfel der Berge von Arran.

Aber Jeanie hatte kein Auge für die malerische Schönheit dieser Landschaft – sei es, daß sie von Natur aus wenig dafür empfänglich oder ihr Sinn hierfür nicht geweckt und gepflegt worden war –, viel mehr rührte sie der Anblick der alten treuen May Hettly, als sie in ihrer sauberen weißen Haube, ihrem braunen Sonntagsrock und ihrer frisch gebügelten blauen Schürze die Tür öffnete, um sie zu empfangen. Die gute Alte teilte Jeanies Freude und nahm sie alsbald beiseite, um ihr zu versichern, daß sie sowohl den Herrn wie das Vieh so gut versorgt, wie sie es verstanden habe. Sie führte ihre junge Gebieterin dann zu den Ställen, um das verdiente Lob für ihre sorgfältige Betreuung der Kühe einzuheimsen. In der Einfalt ihres Herzens hatte unsere Heldin eine rechte Freude daran, ihre Pflegebefohlenen wiederzusehen, und ihre stummen Günstlinge, Gowans, und wie sie sonst hießen, erkannten sie ihrerseits, brüllten und wandten ihr die breiten Köpfe zu, als sie das vertraute «Bsch, meine Gute – bsch, meine Beste» hörten, oder verrieten durch andere Zeichen, die nur der kennt, der sich mit den Gewohnheiten dieser wackeren Milchtiere näher beschäftigt hat, wie sehr sie sich über ihre Gegenwart und die Liebkosungen freuten, die sie ihnen der Reihe nach zuteil werden ließ.

«Sogar das unvernünftige Vieh freut sich, Euch wiederzusehen», sagte May, «aber das ist auch kein Wunder, Jeanie, denn Ihr wart immer gut zu Tieren und Menschen.

Aber ich muß nun wohl anfangen, Miss zu Euch zu sagen, Jeanie, weil Ihr nun in London gewesen seid und den Herzog und den König und all die vornehmen Leute gesehen habt. Aber wer weiß», fügte die Alte mit schlauem Lächeln hinzu, «vielleicht muß ich Euch auch bald anders als Miss nennen, denn Deans werdet Ihr wohl nicht lange mehr heißen.»

«Nenne mich nur deine Jeanie, May, dann kannst du es nie falsch machen.»

In dem Stall, den sie besichtigten, war eine Kuh, auf die Jeanie so lange blickte, bis ihr die Tränen in die Augen tragen. May, die sie mitleidig beobachtet hatte, sagte jetzt leise: «Der Herr versorgt sie immer selbst und hat sie viel lieber als die anderen Tiere; auch als er am zornigsten war und am meisten Ursache dazu hatte, war's ebenso. – Ach, du lieber Gott, ein Vaterherz ist ein wunderlich Ding! – Soviel Kummer ihm auch das unglückliche Kind gemacht hat – ich glaub, er betet mehr für sie als für Euch, Jeanie, denn was braucht er vom lieben Gott für Euch zu erbitten als den Segen, den Ihr verdient? Als wir zuerst hierherkamen, und ich hinter der Bretterwand schlief, da ging's manchmal die ganze Nacht: ‹Effie – armes, verblendetes, verführtes Kind!› und immer wieder: ‹Effie! Effie!› – An seinem Gebet hat's gewiß und wahrhaftig nicht gelegen, wenn das arme, verirrte Schaf nicht in den Pferch zurückkehrt. Ach, wenn sie nur wiederkäme, die arme Verlorene, wie fröhlich würde der Herr ein fettes Kalb schlachten! – Bloß Brockies Kalb ist vor drei Wochen noch nicht zum Schlachten reif.»

Hierauf kam sie mit der Leuten ihrer Art eigenen Redseligkeit auf wirtschaftliche Angelegenheiten zu sprechen, ohne den heiklen und schmerzlichen Gegenstand nochmals zu berühren.

Nachdem Jeanie Ställe und Milchkammer bis ins einzelne besichtigt und ihre Zufriedenheit mit der Art bezeigt hatte, wie alles in ihrer Abwesenheit besorgt worden war, begab sie sich wieder zu der übrigen Gesellschaft, die das Innere des Hauses in Augenschein nahm. Nur David Deans und Butler fehlten – sie waren zur Kirche gegangen, um mit den Ältesten und dem Kirchenrat die letzten Anordnungen für die heutige Feier zu treffen.

Das Häuschen war innen ebenso schön und sauber wie außen. Der Herzog hatte es ursprünglich als Ruhesitz für einen seiner Diener, der bei ihm in Gunst stand und eine höhere Stellung innehatte, erbauen und einrichten lassen; dieser hatte es jedoch nicht lange bewohnt, sondern war schon nach einigen Monaten gestorben. Die ganze Einrichtung zeugte von gediegenem Geschmack und war gut im Stande.

Aber in Jeanies Schlafkammer befand sich eine hübsche Truhe, die Miss Duttons Neugier besonders reizte, denn die Aufschrift «Für Miss Jean Deans in Auchingower, Gemeinde Knocktarlitie» war ganz bestimmt von der Kammerfrau der Herzogin, Miss Semple, geschrieben. Dieselbe Aufschrift trug ein versiegeltes Päckchen, das May Hettly jetzt herbeibrachte; es enthielt den Schlüssel und einen Zettel, der besagte, daß die Truhe und ihr Inhalt «ein Andenken für Jeanie Deans an ihre Freundinnen, die Herzogin von Argyle und die jungen Fräulein» wären.

Die Truhe wurde, wie der Leser sich vorstellen kann, schleunigst geöffnet und war voll der schönsten Kleider, wie sie sich für Jeanies Stand schickten; den meisten war der Name der Geberin hinzugefügt, wie um Jeanie zu zeigen, welchen Anteil jedes einzelne Mitglied des hohen Hauses an ihr nähme. Die verschiedenen Gegenstände bei ihren eigentümlichen Namen zu nennen hieße etwas unternehmen, was bis jetzt weder in Prosa noch in Versen versucht worden ist; auch würden die altmodischen Ausdrücke wie Manteaux, Sacques, Kissing-strings und so weiter den heutigen Putzmacherinnen kaum noch etwas besagen. Ich werde jedoch ein genaues Verzeichnis des Inhalts der Truhe bei meiner liebenswürdigen Freundin, Miss Martha Buskbody, niederlegen, die mir versprochen hat, falls das Publikum daran interessiert ist, die nötigen Erklärungen und Erläuterungen dazu zu liefern. Einstweilen genüge zu sagen, daß die Gabe sowohl den Gebern wie der Lage der Empfängerin gleich angemessen, daß alles gediegen und hübsch und nichts vergessen war, was zur Ausstattung eines jungen Mädchens in Jeanies Stand, der Braut eines achtbaren Geistlichen, gehörte.

Stück für Stück wurde ausgebreitet, besehen und bewundert, am meisten von May, die erklärte, sie glaube nicht, daß die Königin mehr und bessere Kleider hätte. Ein ganz anderes Gefühl – weniger liebenswürdig, wiewohl sehr verständlich – regte sich im Herzen von Miss Dutton beim Anblick dieser Kleiderpracht; ihr Neid äußerte sich anfangs nur durch einigen sehr unbegründeten Tadel einzelner Stücke, nahm aber bald entschiedenere Gestalt an, als sich auf dem Boden der Truhe ein Kleid aus weißer Seide fand, sehr schlicht zwar, aber doch aus weißer Seide und noch dazu französischer Seide, mit einem darangehefteten Zettel, der besagte, es sei ein Geschenk des Herzogs von Argyle an seine Reisegefährtin und sie solle es am Tag ihres Namenswechsels tragen.

Hier konnte sich Miss Dutton nicht länger halten, sondern flüsterte Archibald ins Ohr, es sei doch eine hübsche Sache, eine Schottin zu sein. Sie glaube, alle ihre Schwestern – und es wären ihrer ein halbes Dutzend – hätten gehängt werden können, ohne daß ihr ein Mensch deswegen auch nur ein Taschentuch geschenkt hätte.

«Oder daß Ihr Euch sonderlich bemüht hättet, sie zu retten, Miss Dolly», antwortete Archibald trocken. «Aber ich bin überrascht, daß wir noch keine Glocke hören», sagte er und sah auf seine Uhr.

«Ei zum Teufel, Mr. Archibald», antwortete der Hauptmann von Knockdunder, «denkt Ihr, die Glocke wird geläutet, ehe ich zum Kirchgang fertig bin? – Der Glöckner sollte mir den Glockenstrang fressen, wenn er sich solche Frechheit herausnähme. Aber wenn Ihr die Glocke zu hören wünscht, so werde ich mich auf dem Hügel zeigen, und es wird gleich anfangen zu bimmeln.»

Alsobald sie aus dem Haus traten und der goldbetreßte Hut des Hauptmanns gleich dem Morgenstern über dem tauigen Gras der Anhöhe aufging, konnte man das Scheppern (denn es war eher ein Scheppern als ein Geläut) der Glocke von dem alten, moosbewachsenen Turm her hören, und der Klöppel fuhr fort, ihre geborstenen Wände die ganze Weile über zu bearbeiten, als sie zur Kirche hinschritten, wobei Duncan sie ermahnte, sich Zeit zu lassen, «denn der Spektakel geht weiter, bis ich da bin»*.

Die Glocke endete ihr mißtöniges Geläut mit einem letzten ungeduldigen Anschlag tatsächlich erst, als die ganze Gesellschaft mit Duncan an der Spitze die Schwelle der kleinen Kirche überschritten hatte und in des Herzogs Kirchenstuhl Platz nahm, mit Ausnahme von David Deans, der schon einen Sitz unter den Aldermännern eingenommen hatte.

Die Amtseinführung Butlers, mit deren Schilderung im einzelnen wir dem Leser nicht beschwerlich fallen wollen, vollzog sich in der festgesetzten Art und Weise, und die bei dieser Gelegenheit gehaltene Predigt hatte das Glück, sogar dem kritischen David Deans zu gefallen, obgleich sie nur eineinviertel Stunde dauerte, was, wie David meinte, eine allzu rasche geistige Abspeisung der hungrigen Gemeinde bedeute.

Der Geistliche, der viel auf Davids Meinung gab, entschuldigte sich denn auch bei ihm persönlich wegen dieser Kürze, er habe jedoch bemerkt, sagte er, daß der Hauptmann mächtig gegähnt habe, und wenn er nicht schleunigst aufgehört hätte, würde ihn der Hauptmann wer weiß wie lange zappeln lassen, ehe er ihm das nächste Gefälle an Lebensmitteln zukommen ließe.

David seufzte, daß solch fleischliche Beweggründe Ein-

* s. Anm. XVIII «Glockenläuten in Schottland».

fluß auf den Sinn eines so kraftvollen Predigers haben könnten. Aber er hatte während des Gottesdienstes größeren Anstoß an einem anderen Umstand genommen.

Sobald die Gemeinde sich nach dem Gebet gesetzt und der Geistliche die Schriftstelle verlesen hatte, worüber er heute predigen wollte, kramte der gestrenge Duncan in einer ledernen Tasche herum, die vorn an seinem Rock hing, zog eine kurze eiserne Tabakspfeife hervor und bemerkte dazu ziemlich laut: «Ich hab meinen Tabaksbeutel vergessen. – Lachlan, geh runter ins Dorf und hol mir für einen Penny Feinschnitt!» Sechs Arme, die nächsten in Reichweite, hielten mit pflichtschuldigem Eifer dem Vertreter der Obrigkeit ebenso viele Tabaksbeutel hin. Er suchte sich mit gnädigem Kopfnicken einen davon aus, stopfte seine Pfeife, steckte sie mit Hilfe des Feuersteins seiner Pistole an und schmauchte mit größter Gemütsruhe während der ganzen Zeit der Predigt. Als die Rede beendet war, klopfte er die Asche aus seiner Pfeife, steckte diese wieder in ihre Tasche, gab den Tabaksbeutel seinem Eigentümer zurück und stimmte mit andächtigem Ernst in das Gebet der Gemeinde ein.

Am Ende des Gottesdienstes, als Butler zum Pfarrer der Kirche von Knocktarlitie mit all ihren geistlichen Gerechtsamen und Vorrechten bestellt worden war, sprach sich David, der bei Knockdunders unehrerbietigem Benehmen die Stirn gerunzelt, geseufzt und vor sich hin gemurmelt hatte, unumwunden darüber gegen Isaac Meiklehose aus, einen der Aldermänner, dessen ehrwürdiges Aussehen und riesige graue Perücke ihm besonders vertrauenerweckend erschienen. Es würde keinem wilden Indianer anstehen, sagte David, viel weniger einem Christenmenschen und Gentleman, in der Kirche zu sitzen und Tabak zu schmauchen, als ob er in einem Wirtshaus wäre.

Meiklehose wiegte den Kopf und gab zu, es sei sehr wenig schicklich.

«Aber was will man machen? Der Hauptmann ist ein

Hitzkopf, und sagt Ihr ihm etwas darüber oder sonst was, das ihm nicht paßt, so gießt Ihr nur Öl ins Feuer. Er hat das Land unter seiner Fuchtel, und wir können ohne seinen Schutz mit den Hochländern keinen Handel treiben, denn alle Schlüssel des Landes hängen an seinem Gürtel; auch ist er sonst kein übler Mann, und wer die Macht hat, wißt Ihr, kann sich manches erlauben.»

«Wohl wahr, Nachbar», erwiderte David, «aber Reuben Butler ist nicht der Mann, für den ich ihn halte, wenn er dem Hauptmann nicht binnen eines Vierteljahres beibringt, daß er seine Pfeife woanders als in Gottes Haus pafft.»

«Geht nur gemach vor», sagte Meiklehose, «und wenn ein Tor einem weisen Mann einen Rat geben darf, so würde ich ihm sagen, er solle sich's zweimal überlegen, ehe er mit Knockdunder anbindet. – Man muß einen langen Löffel haben, wenn man mit dem Teufel Suppe essen will. Aber sie sind schon alle zum Essen im Wirtshaus, und wenn wir nicht einen Schritt zulegen, werden wir bei der Mahlzeit zu kurz kommen.»

David begleitete seinen Freund, ohne noch etwas zu sagen. Er begann zu ahnen, daß es Gegenstände des Anstoßes und Ärgernisses auch im Tal von Knocktarlitie gäbe, ebenso wie in der ganzen übrigen Welt. Übrigens dachte er so angestrengt darüber nach, wie man am besten Duncan Knock dazu bringen könnte, sich während des Gottesdienstes anständig und schicklich zu benehmen, daß er ganz danach zu fragen vergaß, ob man von Butler verlangt habe, den Eid auf die Regierung zu leisten.

Einige haben gemeint, Deans habe diesen Hauptpunkt absichtlich vergessen; ich halte diese Erklärung jedoch für unvereinbar mit der schlichten Einfalt meines Freundes David. Leider habe auch ich trotz sorgfältigster Nachforschungen nicht erfahren können, ob die Formalität, gegen die er so große Bedenken gehabt hatte, von Butler erfüllt wurde oder nicht. Das Kirchenbuch hätte einiges Licht auf diese Angelegenheit werfen können; unglücklicherweise jedoch wurde es im Jahre 1746 von einem gewissen Donacha Dhu na Dunaigh vernichtet, auf Geheiß, wie man sagt, oder wenigstens mit Billigung des würdigen Duncan Knock, der die Protokolle über die Schwachheit einer gewissen Kate Finlayson verschwinden zu sehen wünschte.

46. Kapitel

Man drängt jetzt in die Kneipe rein,
Die Streitgespräche schwirrn;
Nach Bier und Keks die Streiter schrein,
Man hört die Krüge klirrn;
Jetzt geht es hitzig hin und her,
Es wogt so laut und lange,
Bis daß zum Schluß im Köpfemeer
Ein Zornausbruch im Gange –
Gar arg den Tag.
Burns

Ein üppiges Mahl auf Kosten des Herzogs von Argyle erfreute die ehrwürdigen Herren, die der Amtseinführung Reuben Butlers beigewohnt hatten, und die angeseheneren Leute fast des ganzen Kirchspiels. Zu dem Schmaus hatte tatsächlich das Land selbst das meiste beigesteuert, denn alles Erforderliche für ein «derbes, tüchtiges» Mahl stand immer zu Duncans Befehl.

Es gab Hammel- und Rinderbraten, den die Herden der Hügelweiden geliefert hatten, Süß- und Salzwasserfisch aus der Bucht, den Bächen und Seen sowie Wildbret jeder Art vom Hirsch und Reh bis zum Hasen, das auf der Heide und in den Sümpfen und Wäldern des Herzogs geschossen worden war; als Getränk hatte man selbstgebrautes Braunbier, das in Strömen floß, und Branntwein, wofür man in jenen glücklichen Zeiten noch keine Steuer zu zahlen brauchte; selbst Rot- und Weißwein kosteten nichts, da der Herzog nach dem Strandrecht ausschließlichen Anspruch auf alle Fässer voller Wein hatte, die bei Schiffbrüchen an der Westküste und den Inseln Schottlands angeschwemmt wurden. Kurzum, wie Duncan prahlte, die Bewirtung riß in MacCallummores Tasche kein Loch, und doch war alles nicht nur reichlich, sondern sogar im Überfluß vorhanden.

Des Herzogs Gesundheit wurde ausgebracht – man leerte darauf einen vollen Humpen –, und selbst David Deans stimmte zum erstenmal in seinem Leben mit einem «Hoch» laut in den Jubel ein, der bei diesem Trinkspruch losbrach. Ja, er war bei dieser denkwürdigen Gelegenheit so recht von Herzen froh und so zur Nachsicht geneigt, daß er keinen Anstoß daran nahm, als drei Dudelsackpfeifer das Lied *Die Campbells kommen* anstimmten. Auch den würdigen Geistlichen von Knocktarlitie ließ man hochleben – und es gab ein gewaltiges Gelächter, als einer seiner Amtsbrüder mit schlauer Miene hinzufügte: «Und dann wünschen wir ihm ein tüchtiges Weib, das ihm die Pfarre in Ordnung hält.» Bei dieser Gelegenheit brachte David seinen ersten Witz zur Welt, dessen Geburt ihm aber sauer zu werden schien, denn er schnitt greuliche Grimassen und stotterte gewaltig, ehe er herausbrachte – da der Bursche sich nur eben erst seiner geistlichen Braut vermählt habe, so sei es doch hart, ihm noch an demselben Tag mit einer weltlichen zu drohen.

Er stieß danach ein kurzes, heiseres Lachen hervor und wurde dann plötzlich ernst und schweigsam, als schäme er sich seiner Lustigkeit.

Nach einigen weiteren Trinksprüchen zogen sich Jeanie, Miss Dolly und die anderen Frauen, die das Fest mit ihrer Gegenwart beehrt hatten, nach Davids neuer Wohnung in Auchingower zurück und ließen die Männer allein weiterzechen.

Das Gelage ging nun erst recht an. Die Gespräche wurden lauter und eigneten sich dort, wo Duncan das Wort führte, nicht immer für geistliche Ohren; aber David Deans kam nicht dazu, Ärgernis zu nehmen, er schwelgte mit einem seiner Nachbarn in wehmütigen Erinnerungen an die Leiden, die Ayrshire und Lanarkshire während des Einfalls der Hochländer erduldet hatten; der vorsichtige Meiklehose ermahnte sie von Zeit zu Zeit, ihre Stimmen zu mäßigen, denn Duncans Vater wäre bei jenem Raubzug dabei gewesen – Duncan selbst auch, soviel er wüßte – und hätte reiche Beute heimgebracht.

Inzwischen nahm die Ausgelassenheit zu, und die ernsteren Festteilnehmer fingen an, sich nach Möglichkeit zurückzuziehen. Auch David Deans brach auf, und Butler wartete nur auf die Gelegenheit, ihm zu folgen. Aber Knockdunder, der, wie er sagte, gern wissen wollte, aus welchem Holz der neue Geistliche geschnitzt sei, dachte nicht daran, ihn so leicht fortzulassen; er hielt ihn auf seinem Sitz neben sich fest, bewachte ihn eifersüchtig und nötigte ihn bei jeder Gelegenheit mit sanftem Zwang, sein Glas bis zur Neige zu leeren. Endlich, als es schon stark auf den Abend zuging, fiel es einem der ehrwürdigen Geistlichen ein, Mr. Archibald zu fragen, wann wohl der Herzog, tam carum caput, wie er wagen möchte, ihn zu nennen, wieder einmal nach Roseneath käme.

Duncan Knock, der, wie man sich wohl denken kann, kein großer Gelehrter und im Kopf nicht mehr sehr klar war, hatte etwas von den Worten oder vielmehr ihrem Klang aufgeschnappt; er meinte, der Sprecher wolle den Herzog mit Sir Donald Gorme von Sleat vergleichen, und da er einen solchen Vergleich schändlich fand, schnaubte er dreimal und begann sich in Zorn zu reden.

Der ehrwürdige Geistliche versuchte, das Mißverständnis aufzuklären, doch der Hauptmann antwortete: «Ich habe das Wort Gorme selbst – mit meinen eigenen Ohren – gehört, Sir! Glaubt Ihr, ich könne Gälisch nicht von Latein unterscheiden?»

«Offenbar nicht, Sir», erwiderte der Geistliche, nun seinerseits beleidigt, und nahm mit großer Kaltblütigkeit eine Prise Schnupftabak.

Die Kupfernase des gestrengen Duncan begann zu glühen wie der Stier des Phalaris, und während Mr. Archibald zwischen den aufgebrachten Parteien zu vermitteln suchte und die Aufmerksamkeit der Gesellschaft von dem Streit in Anspruch genommen war, benutzte Butler die Gelegenheit zum Entwischen.

In Auchingower fand er die weibliche Gesellschaft sehr in Sorge, wann man aufbrechen würde. Es war abgemacht worden, daß David Deans in Auchingower bleiben und Butler die Nacht schon im Pfarrhaus verbringen, Jeanie jedoch, für deren Unterkunft im väterlichen Haus noch nicht alles vorbereitet war, auf einige Tage nach Roseneath zurückkehren sollte. Die Boote lagen in Bereitschaft. Man wartete nur auf Knockdunders Rückkehr. Aber die Dämmerung brach an, und man wartete noch immer vergebens.

Endlich erschien Mr. Archibald. Als ein Mann, der auf Anstand hielt, hatte er sich beim Gelage zurückgehalten. Er schlug den Frauen vor, unter seiner Begleitung auf die Insel zurückzukehren; er bemerkte dazu, der Hauptmann sei in einer Verfassung, die es sehr fraglich mache, ob er diesen Abend überhaupt noch das Haus verlassen könne; auf keinen Fall aber sei er in diesem Zustand eine für Damen geeignete Begleitung. Das Gig stünde zu ihrer Verfügung, sagte er, und es wäre gerade noch hell genug für eine Wasserfahrt.

Jeanie, die zu Archibalds Umsicht großes Zutrauen hegte, willigte sofort in seinen Vorschlag ein; doch Miss Dolly sträubte sich heftig dagegen, in dem kleinen Boot zu fahren. In dem großen, meinte sie, wolle sie wohl mitkommen, sonst würde sie jedoch lieber auf dem Fußboden übernachten. Gegen Dollys Eigensinn war nichts auszurichten, und Archibald hielt die Schwierigkeit für nicht so bedeutend, um Zwang zu gebrauchen. Er bemerkte nur, es sei nicht sehr höflich, den Hauptmann seines Sechsspänners zu berauben, aber den Damen zuliebe, fügte er galant hinzu, würde er sich die Freiheit nehmen – außerdem wäre dem Hauptmann mit dem Gig vielleicht besser gedient, da es nicht auf die Flut angewiesen sei, sondern jederzeit flottkommen könnte; das große Boot solle daher Miss Dolly zu Diensten stehen.

Sie gingen also an den Strand; Butler begleitete sie. Es dauerte einige Zeit, bis die Bootsmannschaft beisammen war; endlich hatte man sich eingeschifft und war zur Abfahrt bereit. Inzwischen war der Mond über den Bergen aufgegangen, und sein bleicher Widerschein zitterte auf den breiten glitzernden Wellen. Doch so sanft und ruhig war die Nacht, daß Butler, als er Jeanie Lebewohl sagte, nichts für ihre Sicherheit besorgte und, was noch erstaunlicher war, Miss Dolly nichts für ihre eigene fürchtete. Ein milder sommerlicher Hauch wehte über die kühle Flut. Die Felsen und Buchten der sie umgebenden Landschaft mit der breiten blauen Gebirgskette dahinter dämmerten im Mondlicht, und bei jedem Ruderschlag entsprühten den Wellen glänzende Funken, welche wunderbare Erscheinung man bekanntlich Meeresleuchten nennt.

Das schöne Schauspiel entzückte Jeanie und belustigte ihre Begleiterin, bis man die kleine Bucht erreichte, deren dunkle, bewaldete Arme sich in die See erstreckten, als wollten sie unsere Reisenden willkommen heißen.

Der gewöhnliche Landungsplatz lag etwa eine Viertelmeile vom Haus entfernt. Da das große Boot der nachlassenden Flut wegen nicht nahe genug an die lockeren Steine, die als Pier dienten, heranfahren konnte, sprang Jeanie, rasch und beherzt wie sie war, hinüber; Miss Dolly indessen weigerte sich entschieden, ein ähnliches Wagstück zu unternehmen.

Der gefällige Mr. Archibald befahl deshalb den Bootsknechten, zu einem ziemlich entfernt liegenden, bequemeren Landungsplatz zu rudern; er selbst machte sich bereit, an Land zu gehen, um inzwischen Jeanie heimzubegleiten. Aber da vom Gestade zum Haus hinauf ein Weg durch den Wald führte, den man unmöglich verfehlen konnte, und im Mondlicht einer der weißen Schornsteine des Hauses über den Baumwipfeln zu sehen war, lehnte Jeanie diese Gefälligkeit Archibalds mit Dank ab und bat ihn, bei Miss Dolly zu bleiben, die in einem fremden Land, wo ihr Weg und Steg unbekannt wären, seinen Schutz nötiger habe.

Das war ein großes Glück für die arme Melkerin und hat ihr höchstwahrscheinlich das Leben gerettet, wenn man nämlich ihren späteren wiederholten Beteuerungen Glauben schenken darf, daß sie einfach vor Furcht gestorben wäre, wenn man sie allein im Boot mit sechs wilden Hochländern in Kilts gelassen hätte.

Die Nacht war so ausnehmend schön, daß Jeanie, anstatt sogleich den Weg nach dem Haus einzuschlagen, noch eine Zeitlang stehenblieb und dem Boot nachsah, als es wieder vom Ufer abstieß und in die kleine Bucht hinausfuhr. Die dunklen Gestalten ihrer Gefährten wurden immer undeutlicher und kleiner, und der schwermütige Gesang der Ruderer klang immer gedämpfter zu ihr herüber, bis das Boot die Landspitze umschifft hatte und nicht mehr zu erblicken war.

Auch jetzt noch blieb Jeanie unbeweglich stehen und sah auf das Meer hinaus. Es würde, wie sie wußte, einige Zeit dauern, bis ihre Gefährten zu Hause sein könnten, da der andere, bequemere Landungsplatz sehr viel weiter davon entfernt war als der, auf dem sie sich befand; sie war indessen keineswegs betrübt darüber, einen Augenblick mit ihren Gedanken allein sein zu können.

Der wunderbaren Wendung sann sie nach, die sich innerhalb weniger Wochen in ihrem Schicksal vollzogen und Schmach, Kummer und Verzweiflung in Ehre, Freude und Aussicht auf künftiges Glück verkehrt hatte, und ihre Augen füllten sich vor innerer Erregung mit Tränen. Doch sie flossen nicht nur deswegen. Da das menschliche Glück nie vollkommen ist und wohlgeartete Gemüter das Leid derer, die sie lieben, gerade dann am schmerzlichsten empfinden, wenn ihre eigene Lage hierzu im Gegensatz steht, so gedachte Jeanie jetzt mit herbem Schmerz des Schicksals ihrer armen Schwester – ihres so viele Jahre zärtlich geliebten

Pflegekindes, von dem sie so vieles erhofft hatte und das nun landflüchtig und – schlimmer noch – den Launen eines Mannes unterworfen war, von dessen Gewohnheiten und Sitten sie allen Grund hatte, das Schlimmste zu denken, und der selbst bei den stärksten Gewissensbissen niemals echte Reue gezeigt hatte.

Während sie sich solchen traurigen Gedanken und Betrachtungen hingab, schien eine schattenhafte Gestalt aus dem Gebüsch zu ihrer Rechten hervorzuschweben. Jeanie erschrak. Alle Geschichten von Erscheinungen und Gespenstern, die einsame Wanderer in solch wilden Gegenden zu solcher Stunde gesehen hatten, kamen ihr plötzlich ins Gedächtnis. Die Gestalt glitt näher, und als sie sich gegen das Mondlicht abhob, gewahrte Jeanie, daß es eine Frau war. Eine sanfte Stimme rief zweimal: «Jeanie – Jeanie!» – War es – konnte es wirklich die Stimme ihrer Schwester sein? Weilte sie noch unter den Lebenden oder war sie dem Grabe entstiegen?

Ehe sich Jeanie noch Rechenschaft darüber geben konnte, hatte Effie, lebend und leibhaftig, sie in ihre Arme geschlossen, drückte sie an ihre Brust und erstickte sie fast mit Küssen.

«Wie ein Geist bin ich hier umhergewandelt, dich zu sehen», sagte sie, «kein Wunder, wenn du mich für einen hältst. – Ich wollte dich nur vorübergehen sehen oder den Ton deiner Stimme hören; aber dich selbst zu sprechen, Jeanie, war mehr, als ich verdiente, und mehr, als ich hoffen durfte.»

«O Effie! Wie kommst du allein hierher, zu dieser Stunde – und an diesen wilden Strand? – Bist du's denn wirklich selbst?»

Etwas von Effies früherem Mutwillen lag darin, wie sie statt einer Antwort ihre Schwester eher mit Elfen- als Geisterfingern in den Arm kniff. Und wieder umarmten sich die Schwestern und lachten und weinten abwechselnd.

«Aber du mußt mit mir ins Haus kommen, Effie», sagte Jeanie, «und mir deine ganze Geschichte erzählen. – Es sind gute Leute dort, die dich um meinetwillen freundlich aufnehmen werden.»

«Nein, nein, Jeanie», erwiderte ihre Schwester betrübt, «du hast vergessen, was ich bin – ein ausgestoßenes, landflüchtiges Geschöpf, das kaum dem Galgen entgangen ist, weil du die beste und mutigste Schwester bist, die jemals gelebt hat. Ich will mich keinem deiner großen Freunde nähern, selbst wenn keine Gefahr für mich dabei wäre.»

«Es ist keine Gefahr – es soll keine Gefahr dabei sein», sagte Jeanie eifrig. «O Effie, sei nicht eigensinnig – folge nur diesmal –, wir könnten alle so glücklich miteinander sein!»

«Ich habe dich wiedergesehen – das ist mehr Glück, als ich im Leben verdient habe», antwortete Effie, «und ob nun Gefahr für mich dabei ist oder nicht – ich will mit meinem Galgengesicht meiner Schwester vor ihren vornehmen Freunden keine Schande machen.»

«Ich habe keine vornehmen Freunde», sagte Jeanie, «keine Freunde, die nicht auch deine Freunde sind – Reuben Butler und unseren Vater. – Komm, sei nicht starrköpfig und kehre deinem Glück nicht wieder den Rücken. – Wir werden uns um keine anderen Menschen kümmern. – Komm heim, zu uns, deinen Angehörigen und besten Freunden – eine alte Hecke gibt besseren Schutz als ein neugepflanzter Wald.»

«Du sprichst vergebliche Worte, Jeanie. – Ich muß auslöffeln, was ich mir eingebrockt habe – ich bin verheiratet und muß meinem Mann in Glück und Unglück folgen.»

«Verheiratet, Effie!» rief Jeanie aus. «Unglückliches Geschöpf – und mit jenem schreckli...»

«Still, still», machte Effie, ihr die Hand auf den Mund legend und mit der anderen nach dem Dickicht deutend, «er ist da.»

Sie sagte das in einem Ton, der bewies, daß ihr Gatte es verstanden hatte, ihr ebensoviel Furcht wie Liebe einzuflößen. In diesem Augenblick trat ein Mann aus dem Wald hervor.

Es war der junge Staunton. Selbst bei dem undeutlichen Licht des Mondes konnte Jeanie bemerken, daß er schön gekleidet war und das Aussehen eines Mannes von Stand hatte.

«Effie», sagte er, «unsere Zeit ist gleich vorüber – das Boot in der Bucht gerät sonst auf Grund. Ich darf nicht länger verweilen. – Deine Schwester wird mir hoffentlich erlauben, sie zu begrüßen?» Aber Jeanie schauderte vor ihm zurück. «Nun», sagte er, «es macht nichts; wenn Ihr auch Eure Abneigung nicht überwinden könnt, so handelt Ihr wenigstens nicht danach, und ich danke Euch, daß Ihr mein Geheimnis bewahrt habt, wo ein Wort – das ich an Eurer Stelle sogleich gesprochen hätte – mich das Leben gekostet hätte. Es heißt, man soll das Geheimnis, das einem den Hals kosten kann, selbst vor seiner liebsten Frau verhehlen; meine Frau und ihre Schwester wissen beide um meins – und doch werde ich deshalb nicht weniger ruhig schlafen.»

«Aber seid Ihr wirklich mit meiner Schwester verheiratet, Sir?» fragte Jeanie ängstlich und zweifelnd, denn sein hochmütiger, nachlässiger Ton ließ sie das Schlimmste befürchten.

«Ich bin gesetzmäßig mit ihr verheiratet – und unter meinem wahren Namen», erwiderte Staunton ernster.

«Und Euer Vater – Eure Verwandten?»

«Mein Vater und meine Verwandten müssen sich mit dem abfinden, was geschehen und nicht mehr zu ändern ist», entgegnete Staunton. «Indessen ist meine Absicht – teils, um gefährliche Verbindungen abzubrechen, teils, um meinen Verwandten Zeit zu lassen, sich zu beruhigen –, meine Heirat jetzt noch zu verheimlichen und auf einige Jahre außer Landes zu gehen, so daß Ihr in dieser Zeit nichts von uns hören werdet, wenn Ihr überhaupt je wieder von uns hört! – Ihr müßt einsehen, daß es gefährlich wäre, die Verbindung aufrechtzuerhalten, denn jeder würde vermuten, daß Effies

Mann kein anderer ist als der – wie soll ich mich nennen – der Mörder von Porteous.»

Hartherziger, leichtsinniger Mann! dachte Jeanie. – Welchem Menschen hat sie ihr Glück anvertraut! Sie hat Wind gesät und wird Sturm ernten.

«Denk nicht schlecht von ihm», sagte Effie, indem sie von ihrem Mann wegtrat und Jeanie etwas beiseite führte, «denk nicht allzu schlecht von ihm. Er ist gut zu mir, Jeanie – so gut, wie ich es verdiene. Und er ist entschlossen, ein anderes Leben anzufangen. – Weine deshalb nicht um Effie; es geht ihr besser, als sie's nach ihrem Tun erwarten durfte. – Aber du, oh, du – wie kannst du glücklich genug sein! Niemals, bis du in den Himmel kommst, wo alle so gut sind wie du selbst. – Jeanie, wenn ich lebe und es mir wohl ergeht, sollst du von mir hören – wo nicht, so vergiß, daß je solch ein Geschöpf gelebt hat, das dich kränken konnte. – Lebe wohl – leb – leb wohl!»

Sie entriß sich den Armen ihrer Schwester, eilte zu ihrem Gatten, verschwand mit ihm im Gebüsch und wurde nicht mehr gesehen. Das Ganze war vorübergegangen wie ein Traum, und Jeanie hätte es vielleicht für einen solchen gehalten, hätte sie nicht alsbald, nachdem sie fort waren, Ruderschläge gehört und ein Boot in der Bucht bemerkt, das schnell der am Eingang der Bucht liegenden Schmugglerschaluppe zustrebte. Auf einem solchen Schiff hatte sich Effie in Portobello eingeschifft, und Jeanie zweifelte nicht daran, daß dies nämliche Fahrzeug, wie Staunton angedeutet hatte, sie in ein fernes Land bringen sollte.

Es wäre unmöglich gewesen, genau zu sagen, ob in dem Augenblick, wo Jeanie mit ihrer Schwester sprach, sie mehr Freude oder Schmerz über ein solches Wiedersehen empfand, doch war der letzte Eindruck entschieden günstig: Effie war verheiratet – also wieder, wie die übliche Redensart lautet, «ehrlich» geworden. Das war die Hauptsache; dazu kam, daß auch ihr Mann ernstlich gewillt schien, den Pfad des Lasters und Verbrechens, den er so lange blindlings gewandelt war, zu verlassen – um sich wirklich und endgültig zum Guten zu bekehren, fehlte es ihm nicht an Einsicht, und Gott würde seine Stunde wissen.

Das waren die Gedanken, womit Jeanie ihre Besorgnisse über das zukünftige Glück ihrer Schwester zu beschwichtigen suchte. Als sie das Haus erreichte, fand sie Archibald über ihr langes Ausbleiben beunruhigt und bereit, ihr entgegenzukommen. Sie entschuldigte sich mit Kopfschmerzen und begab sich sogleich zur Ruhe, um ihre sichtliche Gemütsbewegung vor ihren Gefährten zu verbergen.

Dadurch entging sie einem Auftritt ganz anderer Art. Denn als ob Gefahr bei allen Gigs wäre, zu Wasser oder zu Lande, so war das Knockdunders von einem anderen Boot überrannt worden – ein Unfall, der hauptsächlich der Trunkenheit des Kapitäns, seiner Mannschaft und Passagiere zuzuschreiben war. Knockdunder selbst und einige Gäste, die er mit herüberbrachte, um die Lustbarkeit des Tages in seinem Haus zu beschließen, hatten ein tüchtiges Bad nehmen müssen, waren jedoch von der Besatzung des Bootes, das sie in Gefahr gebracht hatte, aufgefischt worden, so daß weiter nichts zu beklagen war als des Hauptmanns Tressenhut, den er zur großen Genugtuung der Hochländer des Gebietes ebenso wie zum Vorteil seiner eigenen persönlichen Erscheinung anderntags durch eine schmucke Hochlandmütze ersetzte. Der gestrenge Duncan erging sich zwar in den derbsten Flüchen und Verwünschungen gegen das Boot, das ihn gerammt hatte, doch da weder dieses noch das kleine Schmugglerschiff, wozu es gehörte, am nächsten Morgen mehr in der Bucht zu sehen waren, mußte er den Schimpf auf sich sitzen lassen. Dies wurmte ihn um so stärker, als, wie er behauptete, die Schurken ihm absichtlich und vorsätzlich diesen Streich gespielt hätten – sie hätten ihm aufgelauert, nachdem sie jeden Tropfen Branntwein und jeden Ballen Tee, den sie an Bord gehabt, gelöscht hätten. Der Steuermann sei – wie er erfahren – an Land gewesen und habe sich genau nach der Zeit erkundigt, wo sein Boot hinüberfahren und wieder zurückkehren würde und so weiter.

«Aber wenn sie mir wieder auf dem Wasser begegnen», setzte Duncan mit hoheitsvoller Würde hinzu, «will ich das verdammte Mondscheingesindel wohl lehren, mir aus dem Weg zu gehen.»

47. Kapitel

> Wer möchte wohl im Hofesdienst sich mühn,
> Der solche stille Gänge kann genießen?
>
> *Shakespeare*

Nachdem Butler einige Zeit in Amt und Würden gesessen und Jeanie bei ihrem Vater in Auchingower gelebt hatte – die Dauer dieser Zeit bitten wir jeden Leser ganz nach seinem eigenen Gutdünken und Schicklichkeitsgefühl zu bemessen –, nachdem das Aufgebot bestellt und alle anderen Formalitäten erledigt waren, wurde das lange Verlöbnis dieses würdigen Paares durch ihre eheliche Verbindung beendet. Bei dieser Gelegenheit widersetzte sich David Deans steif und fest allem sündhaften Geigen, Pfeifen und paarweisen Tanzen – zum großen Ärger des Hauptmanns von Knockdunder, der sagte, wenn er gewußt hätte, daß es solch eine verdammte Quäkergeschichte werden würde, so hätten sie ihm sonstwo begegnen können, er hätte keinen Fuß in das Haus gesetzt.

Der Groll des wackeren Duncan war so groß, daß er seither auf David einen «Pik» hatte, wie dieser es nannte, und es zwischen ihnen über diese und ähnliche Gegenstände oft zu Streitigkeiten kam. Erst ein gelegentlicher Besuch des Herzogs in seinem Haus zu Roseneath machte dem ein Ende. Bei dieser Gelegenheit nämlich behandelte Seine Gnaden Mr. und Mrs. Butler mit solcher Achtung und zeigte sich auch dem alten David so gewogen, daß Knockdunder es für ratsam hielt, sein Betragen gegen diesen zu ändern. Er pflegte sich künftig unter Freunden über den Geistlichen und seine Frau etwa so zu äußern, daß es sehr würdige Leute wären, nur ein bißchen sehr streng in ihren Ansichten, doch das sei für diese schwarzen Leute vielleicht das Beste. Und was David betraf, so gab er zu, daß er ausgezeichnet mit Kühen und Schafen Bescheid wüßte und ein guter Kerl wäre, bis auf seinen verdammten cameronianischen Unsinn, doch sei es für einen Gentleman nicht der Mühe wert, einem alten, einfältigen Dickschädel Vernunft zu predigen. – Indem man so im Gespräch sorgfältig alle Gegenstände vermied, über die es Streit hätte geben können, lebten die Personen unserer Geschichte in gutem Einvernehmen miteinander, nur bekümmerte es Davids Seele, daß Duncan der Gemeinde immer noch ein schlechtes Beispiel gab, indem er bisweilen an einem kalten Wintertag seine Pfeife mit in die Kirche brachte und im Sommer während der Predigt meistens schlief.

Mrs. Butler, die wir nun nicht länger, wenn wir es vermeiden können, mit dem vertrauten Namen Jeanie nennen dürfen, brachte in den Ehestand denselben aufrechten Geist und das liebevolle Gemüt mit, denselben gesunden Menschenverstand und Sinn für nützliche Tätigkeit, mit einem Wort – all die guten häuslichen Eigenschaften und Tugenden, die sie schon während ihrer Mädchenzeit bewährt hatte. Wenn sie auch an Gelehrsamkeit mit Butler weder wetteifern konnte noch wollte, so verehrte keine Frau das umfangreiche Wissen ihres Mannes mehr als sie. Sie erhob keineswegs Anspruch darauf, seine theologischen Auseinandersetzungen zu verstehen; aber keinem Geistlichen des Presbyteriums wurde sein bescheidenes Mahl so gut zubereitet, seine Kleidung und Wäsche so gepflegt, sein Kamin so gut gefegt, seine Stube so sauber gescheuert und seine Bücher so sorgfältig abgestaubt.

Wenn er von Dingen sprach, die sie nicht verstand, und

dann bisweilen etwas allzu gründlich und lehrhaft wurde – denn auch er hatte seine Schwächen und war noch dazu ein Schulmeister gewesen –, so hörte sie ihm mit großer Geduld zu; in Dingen des gewöhnlichen Lebens jedoch, wo es bloß auf gesunden Menschenverstand ankam, sah sie schärfer und urteilte sie richtiger als er. In Gesellschaft, die sie dann und wann besuchten, mochte es ihr ein wenig an äußerem Schliff fehlen. Aber ihr gefälliges und natürliches Wesen, dessen Grundzug Gutmütigkeit und Verständigkeit mit einer beträchtlichen Beimischung von Munterkeit und Schalkhaftigkeit war, machten den Umgang mit ihr allen sehr angenehm, mit denen sie in Berührung kam. Obwohl sie sich um alle hauswirtschaftlichen Angelegenheiten selbst kümmerte, war sie immer gut und sauber gekleidet, wie es einer Hausfrau zukommt, niemals schmutzig wie eine Scheuermagd. Als Duncan Knock ihr einmal deswegen eine Schmeichelei sagte – er glaube, schwor er, die Heinzelmännchen hülfen ihr, da ihr Haus immer sauber wäre und man doch niemals jemand fegen sähe, antwortete sie bescheiden, daß man viel tun könne, wenn man sich seine Zeit einteile; worauf Duncan seinerseits erwiderte, dann wünsche er herzlich, daß sie diese Kunst seine Weibsbilder lehren könnte, denn bei ihm sei das Haus immer dreckig, und man könne meinen, es würde überhaupt nicht aufgewischt, wenn man nicht dann und wann über einen Scheuereimer stolpere und sich das Schienbein bräche – Gott verdamme die ganze Bande!

Von weniger wichtigen Angelegenheiten wäre nur zu berichten, daß des Herzogs Käse, wie man sich wohl denken kann, sorgfältig zubereitet und huldvoll aufgenommen wurde, so daß die Gabe sich jährlich wiederholte. Auch Mrs. Bickerton und Mrs. Glass erhielten als Dank für ihre früheren Gefälligkeiten Geschenke, und durch von Zeit zu Zeit gewechselte Briefe wurde mit diesen beiden achtbaren und wohlmeinenden Personen ein freundschaftlicher Verkehr aufrechterhalten.

Noch ist unbedingt zu erwähnen, daß Mrs. Butler im Laufe von fünf Jahren drei Kinder zur Welt brachte – zwei Knaben und ein Mädchen –, alles gesunde, kräftige und hübsche Kinder, blondhaarig, blauäugig und wohlgebaut. Die Knaben wurden David und Reuben genannt – über diese Reihenfolge bezeigte sich der alte Held des Covenants sehr zufrieden. Das Mädchen wurde auf besonderen Wunsch seiner Mutter Euphemia getauft, womit ihr Vater und Mann weniger einverstanden waren, wenn sie auch Mrs. Butler zu sehr liebten und ihr zuviel Dank schuldeten, um sich ihrem dringenden Wunsch ernstlich zu widersetzen. Aber aus einem gewissen Gefühl heraus – ich weiß nicht, welcher Art – wurde das Kind niemals Effie, sondern Femie gerufen, was in Schottland eine andere gebräuchliche Abkürzung des Vornamens Euphemia ist.

Dieses anspruchslose und friedliche Glück, in dem Mrs. Butler dahinlebte, wurde, außer durch gelegentliche kleine Ärgernisse und Verdrießlichkeiten, die selbst das einförmigste Leben stören, nur durch zweierlei getrübt. Sonst, sagte sie zu unserem Gewährsmann, wäre ihr Leben zu glücklich gewesen, und vielleicht, fügte sie hinzu, hätte sie solches Kreuz in dieser Welt nötig, um sich daran zu erinnern, daß es noch eine andere, bessere jenseits gäbe.

Das erste waren gewisse polemische Gefechte zwischen ihrem Vater und ihrem Mann, die trotz der Achtung und Zuneigung, die sie füreinander hegten, sowie ihrer großen Liebe zu ihr, trotz aller Übereinstimmung in ihrer ernsten und selbst strengen Auslegung der presbyterianischen Grundsätze und Lehren doch oft genug zu Mißhelligkeiten zwischen ihnen führten. David Deans war, wie unseren Lesern zur Genüge bekannt ist, ein bißchen eigensinnig und schwer zu behandeln; seitdem er es gar über sich gewonnen hatte, Mitglied des Kirchenrats der Staatskirche zu werden, fühlte er sich doppelt verpflichtet, zu zeigen, daß er damit seine früheren Anschauungen und Überzeugungen nicht im geringsten geändert habe – weder grundsätzlich noch tatsächlich. Nun war Butler, wenn er auch den Beweggründen seines Schwiegervaters alle Gerechtigkeit widerfahren ließ, nicht selten der Meinung, daß man besser daran täte, die Gläubigen aller Parteien, denen es mit der Religion ernst sei, an sich zu ziehen und zu vereinigen und das, was sie voneinander trenne und unterscheide, lieber zu vergessen. Überdies gefiel es ihm als studiertem Mann nicht, sich von seinem ungelehrten Schwiegervater immer Vorschriften machen zu lassen, und als Geistlicher hielt er es nicht für passend, auch nur dem Schein nach fortwährend unter dem Druck eines Ältesten seines eigenen Kirchenrats zu stehen. Ein gewisser entschuldbarer Stolz ließ ihn dann in seinem Widerspruch schärfer werden, als es sonst wohl geschehen wäre. «Meine Amtsbrüder», sagte er, «könnten denken, ich wolle mich bei dem alten Mann der Erbschaft wegen einschmeicheln und lieb Kind machen, wenn ich ihm bei jeder Gelegenheit nachgebe. Außerdem ist in seinen Ansichten vieles, dem ich mit gutem Gewissen weder zustimmen kann noch will. Ich mag keine alten Frauen als Hexen verfolgen oder den jungen Leuten nachspüren, um Ärgernis an etwas zu nehmen, was besser verborgen bleibt.»

Deans wiederum tadelte seinen Schwiegersohn oft, daß er nicht genügend gegen die Fäulnis und Verderbtheit der Zeit wettere und kleine Schwächen und Verfehlungen seiner Gemeindemitglieder – fama clamosa – nicht laut genug brandmarke, was der Alte eine schlappe Kirchenzucht nannte; oder daß er in spitzfindigen theologischen Streitpunkten – über die freilich die Zeit längst hinweggeschritten war – nicht eindeutig genug Zeugnis für oder wider eine Meinung ablege. Derartige Gespräche arteten bisweilen in heftigen Streit aus. In allen solchen Fällen suchte Mrs. Butler zu vermitteln und durch die basische Milde ihres Wesens die scharfe Säure der theologischen Kontroverse zu neutralisieren. Aufmerksam und unvoreingenommen hörte sie sich die Klagen beider Parteien an und suchte jede eher zu entschuldigen als zu verteidigen.

Ihren Vater erinnerte sie daran, daß Butler nicht die alten schlimmen Zeiten miterlebt habe, wo Gott den Menschen gleichsam als Entschädigung für die Bedrückungen, die sie in der Zeitlichkeit erlitten, die Gabe verliehen habe, einen Blick in die Ewigkeit zu tun. Sie gab bereitwillig zu, daß viele fromme Geistliche und Bekenner der vergangenen Zeiten handgreiflicher Offenbarungen gewürdigt worden waren, wie der begnadete Peden und Lundie und Cameron und Renwick und John Caird, der Kesselflicker, der in das himmlische Geheimnis eingeweiht wurde, und die gelähmte Elizabeth Melvil, Lady Culross, die vielen Gläubigen in einem großen Saal, in den man ihr Bett zu diesem Zweck gebracht hatte, predigte, und das mit wunderbarer Ausdauer unter himmlischem Beistand drei Stunden lang, und Lady Robertland, die sechs untrügliche Gnadenbeweise erhielt, und viele andere in vergangenen Zeiten, insbesondere auch Mr. John Scrimgeour, Pfarrer von Kinghorn, der, als sein geliebtes Kind todkrank an den Skrofeln darniederlag, so gewaltig mit seinem Schöpfer zu hadern wagte und sich so ungebärdig betrug und bitterlich beklagte, daß ihm endlich die Antwort wurde, er solle diesmal erhört werden, aber sich künftig nicht nochmals solcher Kühnheit unterstehen, und daß, als er aus der Kirche zurückkehrte, das Kind, das er todkrank verlassen hatte, gesund und munter mit völlig verheilten Wunden in seinem Bett saß und seine Suppe löffelte. All diese Dinge seien gewißlich wahr, aber sie wären eben in jenen drangvollen Zeiten geschehen, und Geistliche, die solche Offenbarungen und Begnadungen nicht erfahren hätten, müßten ihre Richtschnur eben aus der Überlieferung schöpfen, und darum forsche Reuben sowohl in der Heiligen Schrift wie in Büchern, die gute und weise Männer des Altertums geschrieben hätten, und so könnten zwei Fromme auf ihre besondere Weise selig werden – wie zwei Kühe, die vom selben Heubündel fräßen.

Darauf pflegte David mit einem Seufzer zu erwidern:

«Ach, Kind, davon verstehst du nichts; eben jener John Scrimgeour, der mit seinem Gebet die Pforten des Himmels sprengte wie mit einer sechspfündigen Kanonenkugel, äußerte oft den inbrünstigen Wunsch, alle Bücher mit Ausnahme der Bibel möchten verbrannt werden. Reuben ist ein guter und wackerer Bursche – ich habe das nie bestritten –, aber daß er Margery Kittlesides und Rory MacRand darum nicht zur Rechenschaft ziehen will, weil sie ihre Sünde durch Heirat wiedergutgemacht hätten, das ist wider alle christliche Kirchenzucht. Und dann diese Ailie MacClure aus Deepheugh mit ihren abscheulichen Praktiken, die aus Ahnungen und Träumen, Eierschalen und Hammelknochen den Leuten ihr Schicksal weissagt – 's ist eine Schande für ein christliches Land, daß man solche Hexe leben läßt; das will ich vor jedem geistlichen und bürgerlichen Gericht vertreten.»

«Ihr habt gewiß recht, lieber Vater», war dann gewöhnlich Jeanies Antwort, «aber Ihr kommt doch zum Mittagessen herüber? Die armen Kleinen schreien nach ihrem Opapa, und Reuben und ich können nicht ruhig schlafen, wenn Ihr uns böse seid.»

«Ei, böse nicht, Jeanie. Gott verhüte, daß ich auf dich oder einen, der dir lieb ist, böse werden sollte.» Und damit zog er seinen Sonntagsrock an und kam ins Pfarrhaus.

Mit ihrem Mann hatte Mrs. Butler noch leichteres Spiel. Reuben hatte die größte Achtung vor den Beweggründen des alten Mannes und für die Person seines väterlichen Freundes die liebevollste Zuneigung und dankbarste Verehrung. Wenn er sich bei irgendwelcher Gelegenheit über ihn geärgert hatte, brauchte man ihn daher nur zart an das Alter seines Schwiegervaters, seine geringe Bildung, seine strengen Vorurteile und häuslichen Kümmernisse zu erinnern. Der kleinste derartige Hinweis machte Butler immer zur Versöhnung geneigt, soweit er darin einwilligen konnte, ohne seinen Grundsätzen etwas zu vergeben – und so hatte unsere einfache und schlichte Heldin das Verdienst aller

Friedensstifter, die nach der Verheißung der Schrift das Erdreich besitzen werden.

Mrs. Butlers zweites «Kreuz», in der Sprache ihres Vaters zu reden, war der bekümmernde Umstand, daß sie nie wieder etwas von ihrer Schwester gehört hatte, weder wie es ihr erging noch ob sie überhaupt lebe, obgleich beinahe fünf Jahre verstrichen waren, seit sie sich damals am Strand der Insel Roseneath getrennt hatten. Ein häufiger Austausch von Nachrichten war nicht zu erwarten, vielleicht – in ihren beiderseitigen Verhältnissen – nicht einmal zu wünschen; aber Effie hatte versprochen, von sich hören zu lassen, wenn sie lebe und es ihr gut ginge. So mußte sie denn wohl tot oder in irgendwelche Abgründe des Elends versunken sein, da sie ihre Zusage nicht gehalten hatte. Ihr Stillschweigen jedenfalls war befremdend und beängstigend. Es schien nichts Gutes zu verkünden, und Jeanie, die niemals die früheren Jahre ihres innigen Zusammenlebens vergessen konnte, machte sich die schmerzlichsten Gedanken über ihr Schicksal. Endlich indessen wurde der Schleier gelüftet.

Eines Tages, als Hauptmann von Knockdunder, von einer Amtsreise ins Hochland zurückgekehrt, im Pfarrhaus vorsprach und auf seinen besonderen Wunsch mit einem Gemisch von Milch, Branntwein, Honig und Wasser bewirtet worden war, das, wie er sagte, Mrs. Butler besser als irgendeine Frau in Schottland bereite – denn in allen harmlosen Dingen bequemte sie sich gern jedem Geschmack –, sagte er zu Butler: «Übrigens, Pfarrer, man hat mir da einen Brief für Euch oder Eure Eheliebste mitgegeben, als ich neulich in Glasgow war – das Porto kostet 4 Pence, Ihr könnt sie mir entweder wiedergeben oder wir spielen eine Partie Tricktrack, und Ihr gebt's mir dann doppelt oder wir sind quitt.»

Das Puff- und das Tricktrackspiel war eine häufige Belustigung von Mr. Whackbairn gewesen, Butlers Vorgesetztem, als er noch an der Schule in Libberton war. Reuben tat sich daher auf seine Geschicklichkeit in beiden – auch Geistlichen erlaubten – Spielen etwas zugute und ließ sich gelegentlich zu einer Partie herbei, obgleich David Deans, dessen Ansichten in jeder Hinsicht strenger waren, den Kopf zu schütteln pflegte und schwer seufzte, wenn er das Brett im Wohnzimmer liegen oder die Kinder mit dem Würfelbecher oder den Steinen spielen sah. Aber Mrs. Butler wurde gescholten, wenn sie bisweilen diese Geräte des Zeitvertreibs wegräumte und in einem Schrank oder Winkel versteckte. «Laß sie nur liegen, Jeanie», pflegte Butler bei solchen Gelegenheiten zu sagen, «ich bin mir nicht bewußt, daß diese oder jene andere harmlose Zerstreuung mich je von meinen ernsten Studien und noch ernsteren Pflichten abgelenkt hätte. Man soll nicht glauben, ich fröne gegen mein Gewissen heimlich einer Ergötzung; wenn man so wenig spielt wie ich, kann man das wohl, ohne Ärgernis zu geben oder zu nehmen, offen tun. – Nil conscire sibi, Jeanie, das ist mein Wahlspruch; der bedeutet, meine Liebe, daß ein Mann, der sich keiner bösen Absicht bewußt ist, ehrlich und offen tun soll, was er tut, ohne Scheu.»

Die Aufforderung des Hauptmanns zu einer Partie Tricktrack wurde deshalb von Butler ohne Zögern angenommen; den Brief händigte er seiner Frau aus mit dem Bemerken, er trüge das Postzeichen York; wenn er aber von ihrer Freundin Mrs. Bickerton käme, müsse die gute Frau ihre Handschrift inzwischen sehr vervollkommnet haben, was bei ihren Jahren etwas ungewöhnlich wäre.

Mrs. Butler überließ die Männer ihrem Spiel und ging aus dem Zimmer, um Anordnungen für die Abendmahlzeit zu treffen, denn Hauptmann Duncan hatte huldvollst angekündigt, er werde über Nacht im Pfarrhaus bleiben, dann öffnete sie arglos den Brief. Er war nicht von Mrs. Bickerton, und nachdem Jeanie die ersten Zeilen überflogen hatte, hielt sie es für nötig, sich in ihr Schlafzimmer zurückzuziehen, um das Schriftstück mit Muße zu lesen.

48. Kapitel

Glücklich bist du! Sei denn glücklich
und neide mein Los mir nicht;
wie beneide ich um dein Glück dich
und dein Leben einfach und schlicht.

Lady Charlotte Campbell

Der Brief, den Mrs. Butler in ihrem stillen Kämmerlein mit Herzklopfen durchflog, kam von Effie; daran war nicht zu zweifeln, obwohl er keine andere Unterschrift als den Buchstaben E trug und Handschrift, Stil und Rechtschreibung nicht nur Effies eigene frühere Leistungen in dieser Hinsicht weit übertrafen – denn sie war zwar immer ein aufgewecktes Kind, aber eine äußerst nachlässige Schülerin gewesen –, sondern auch die Fähigkeiten ihrer besinnlicheren Schwester. Die Handschrift war – obgleich etwas ängstlich und steif – eine schöne lateinische Schrift. Ausdruck und Rechtschreibung deuteten darauf hin, daß die Schreiberin gewohnt war, sich in guter Gesellschaft zu bewegen und gute Bücher zu lesen.

Der Brief lautete folgendermaßen:

Liebste Schwester!
Obwohl ich weiß, was ich damit wage, schreibe ich Dir, um Dir mitzuteilen, daß ich noch lebe und es mir in weltlicher Hinsicht weit besser geht, als ich je erwarten durfte oder verdiene. Könnten Ansehen, Reichtum und ein hoher Rang eine Frau glücklich ma-

chen, so habe ich alles; allein Du, Jeanie, die Du in den Augen der Welt mir in dieser Hinsicht weit nachstehst, bist viel glücklicher als ich. Ich hatte Gelegenheit, von Zeit zu Zeit von Deinem Ergehen zu hören, meine teuerste Jeanie – ich glaube, es hätte mir sonst das Herz gebrochen. Mit großem Vergnügen habe ich von dem Zuwachs Deiner Familie vernommen. Wir sind solches Segens nicht für würdig befunden worden; zwei Kinder sind gleich nach der Geburt gestorben, und wir sind jetzt kinderlos – Gottes Wille geschehe! Allein, wenn wir ein Kind hätten, würde es ihn vielleicht von den düsteren Gedanken abbringen, die ihn anderen und sich selbst so schrecklich machen. Aber ängstige Dich nicht, Jeanie, er ist nach wie vor gut zu mir, und es geht mir weit besser, als ich es verdiene. Du wirst Dich über meine Fortschritte im Schreiben wundern; aber als ich im Ausland war, hatte ich die besten Lehrer, und ich gab mir ihm zuliebe viele Mühe. Er ist gut, Jeanie, nur gibt es vieles, was ihn quält, besonders, wenn er in die Vergangenheit zurückblickt. Wenn ich in meine Vergangenheit zurückblicke, so leuchtet mir immer ein tröstlicher Strahl – die edelmütige Handlungsweise einer Schwester, die mich nicht verließ, als alle mich verlassen hatten. Dir wurde Dein Lohn dafür. Du lebst glücklich in der Achtung und Liebe aller, die Dich kennen, während ich das Leben einer elenden Betrügerin führe und mein Ansehen in der Welt einem Gewebe von Täuschungen und Lügen verdanke, das der kleinste Zufall zerreißen kann. Nachdem er sein Erbe angetreten hatte, stellte er mich seinen Bekannten als die Tochter eines schottischen Edelmanns vor, der während der Kriege des Viscounts von Dundee verbannt wurde – Clavers', des alten Freundes unseres V...s, wenn Du Dich erinnerst –, und erklärte, daß ich in einem schottischen Kloster erzogen worden sei. Tatsächlich bin ich lange genug in einem solchen gewesen, um mein Benehmen danach einrichten zu können. Aber wenn ein Landsmann sich mir nähert und, wie es alle tun, von den verschiedenen Familien zu reden beginnt, die in die Geschichte mit Dundee verwickelt waren, und mich nach meinen Verwandten fragt – und wenn ich dann *sein* Auge mit dem Ausdruck der tödlichsten Angst auf mich gerichtet sehe, bringt mich meine Furcht fast dazu, mein Geheimnis zu verraten. Die Gutmütigkeit und Höflichkeit der Leute, die nicht weiter mit Fragen in mich drangen, haben mich bisher gerettet. Aber wie lange – oh, wie lange wird dies der Fall sein? Und wenn ich diese Schande über ihn bringe, wird er mich hassen – wird er mich töten, sosehr er mich liebt; denn er ist jetzt ebenso eifersüchtig um die Ehre seiner Familie besorgt, wie er ehemals unbekümmert darum war. Ich bin nun seit vier Monaten in England und habe oft daran gedacht, Dir zu schreiben, und es doch bisher immer wieder unterlassen – aus Angst, daß der Brief in unrechte Hände geraten könnte. Aber nun muß ich es auf jede Gefahr hin wagen. In der vergangenen Woche sah ich im Theater Deinen vornehmen Freund, den H. v. A. Er kam in meine Loge und setzte sich neben mich. Etwas in dem Stück erinnerte ihn an Dich, und – großer Gott! – er erzählte uns von Deiner Londoner Reise – uns, ich meine damit alle, die in der Loge waren, besonders aber das elende Geschöpf, das die Veranlassung dazu gab. Wenn er gewußt, wenn er geahnt hätte, neben wem er saß und wem er die Geschichte erzählte! – Ich litt standhaft wie ein Indianer am Marterpfahl, der, während man ihm die Augen aussticht und die Glieder zerreißt, jedem wohlausgeklügelten Einfall seiner Peiniger Beifall lächelt. Es wurde endlich zuviel für mich, Jeanie – ich fiel in Ohnmacht. Es wurde teils der Hitze im Theater, teils meiner übergroßen Empfindsamkeit zugeschrieben; und ich abgefeimte Heuchlerin bestärkte noch beide Parteien in ihrer Meinung – alles, alles, nur keine Entdeckung! Glücklicherweise war *er* nicht zugegen. Aber leider war die Angelegenheit mit diesem Vorfall nicht abgetan. Ich treffe in der Gesellschaft oft mit Deinem vornehmen Freund zusammen, und selten verfehlt er dann, mir von E. D. und J. D. und R. B. und D. D. zu erzählen, da ich meine Anteilnahme an diesen Personen auf so liebenswürdig empfindsame Weise bekundet habe. – Meine liebenswürdige Empfindsamkeit!!! – Ach, und dann diese gräßliche Gleichgültigkeit und Leichtfertigkeit, womit die vornehme Welt über die rührendsten Gegenstände redet! Wenn ich anhören muß, wie man über meine Schuld, meine Torheit, meine Todesangst, der Eigenheiten und Schwächen meiner Angehörigen – selbst über Deine heldenmütigen Bemühungen, Jeanie, spöttelt, wie das gegenwärtig vornehmer Ton in diesen Kreisen ist. – Alles, was ich früher durchgemacht habe, war wenig im Vergleich zu dem, was ich jetzt ertragen muß. Damals trafen mich gewaltsame Schläge – jetzt werde ich mit Nadelstichen zu Tode gepeinigt. – Er – ich meine den H. – geht im nächsten Monat nach Schottland, um dort die Jagdzeit zu verbringen; er lüde sich dann gern immer einmal im Pfarrhaus zu Gast, sagte er mir – sei auf Deiner Hut und verrate Dich nicht, wenn er mich erwähnen sollte. – Du selbst, ach! hast ja nichts zu verraten – nichts zu fürchten; Du, die reine, unbescholtene Tugendheldin ohne Fehl und Tadel, was könntest Du von der Welt oder ihren stolzen Günstlingen zu fürchten haben? Es ist E., deren Leben noch einmal in Deiner Hand liegt – es ist E., die Du davor bewahren mußt, ihrer erborgten Federn beraubt, entlarvt, gebrandmarkt und zertreten zu werden, von dem vielleicht zuerst, der sie auf diesen schwindelnden Gipfel erhoben hat! – Inliegendes wirst Du jährlich zweimal erhalten – schlage es nicht aus –, es ist von meinem Nadelgeld und kann verdoppelt werden, wenn Du dessen bedarfst. In Deiner Hand kann es Gutes bewirken – in meiner nie.

Schreibe mir bald, Jeanie, sonst bin ich in der tödlichsten Angst, daß dieser Brief in unrechte Hände gefallen ist. – Die Antwort schicke unter der einfachen Aufschrift L. S. in einem Umschlag an Seine Ehrwürden George Whiterose in der Minster Close zu York. Er glaubt, daß ich mit einigen meiner adligen jakobitischen Verwandten in Schottland in Briefwechsel stehe. Wie würde der Eifer für die Hochkirche und die Stuarts ihm die Zornes- und Schamröte ins Gesicht treiben, wüßte er, daß er nicht der Mittelsmann von Euphemia Setoun aus dem edlen Haus Winton, sondern von E. D., der Tochter eines cameronianischen Viehzüchters ist! Jeanie, zuweilen muß ich doch lachen – aber Gott bewahre Dich vor solcher Heiterkeit. Mein Vater, ich meine Deinen Vater, würde sagen, sie gliche dem eitlen Knistern von Dornbüschen im Feuer; die Dornen verbrennen nur nicht – sie behalten ihre Spitze. – Lebe wohl, meine teuerste Jeanie. – Zeige dies Schreiben niemandem, auch Mr. Butler nicht. – Ich habe die größte Achtung vor ihm, aber seine Grundsätze sind allzustreng und meine Verhältnisse vertragen keine zu scharfe Prüfung. – Ich bleibe stets Deine Dich liebende Schwester E.

In diesem langen Brief war vieles, was Mrs. Butler erstaunte, und ebenso vieles, was sie betrübte. Effie – ihre Schwester Effie – verkehrte in der Gesellschaft vornehmer Leute, mit dem Herzog von Argyle, als wäre sie ihresgleichen – sie traute ihren Augen nicht, als sie dies las. Nicht weniger wunderbar war es, daß ihre Bildung im Zeitraum von vier Jahren solche Fortschritte gemacht haben sollte.

Wenn Jeanie in ihrer Bescheidenheit auch bereitwillig zugab, daß Effie, wenn sie wollte, viel mehr Geschick zum Lernen hatte als sie, so war sie doch immer sehr träge gewesen und in ihrem Wissen weit hinter ihr zurückgeblieben. Allein Liebe, Furcht und Notwendigkeit hatten sich als gute Lehrmeister erwiesen und all ihren Mängeln abgeholfen.

Was Jeanie am wenigsten in diesem Schreiben gefiel war eine gewisse schlechtverhehlte Selbstsucht. Wir hätten schwerlich etwas von ihr gehört, dachte Jeanie, wenn sie nicht gefürchtet hätte, der Herzog könnte erfahren, wer sie ist und was für arme Angehörige sie hat. Aber die arme Effie ging schon immer ihre eigenen Wege, und Menschen, die das tun, denken mehr an sich als an ihre Nächsten. – Ich weiß nicht, ob ich ihr Geld behalten soll, fügte sie hinzu und nahm eine Fünfzig-Pfund-Note auf, die aus dem Brief zu Boden gefallen war. Wir haben genug, und es sieht geradeso aus, als sollte es eine Bestechung, ein Schweigegeld sein, oder wie man das nennt. Ich würde ohnehin um alles Gold in London nichts sagen, was ihr schaden könnte; dessen hätte sie sicher sein sollen. Aber mein Mann muß es wissen. Ich sehe nicht ein, wenn sie solche Furcht vor ihrem sauberen Patron von Mann hat, warum ich den Pfarrer Butler nicht mindestens ebenso achten sollte. Gleich morgen früh, wenn der Trunkenbold von Hauptmann weggefahren ist, sage ich's ihm. – Aber was bin ich doch wunderlich, fügte sie hinzu und kehrte wieder um, nachdem sie einige Schritte zur Tür hin gemacht hatte, um sich zu den Männern zu begeben, ich werde doch nicht eine solche Törin sein, mich zu ärgern, daß Effie eine vornehme Dame ist und ich nur eine Pfarrersfrau bin? – Und doch bin ich so verdrießlich wie ein Kind, wo ich Gott danken sollte, daß er sie vor Schande, Armut und Verbrechen bewahrt hat, worin sie nur allzuleicht hätte versinken können.

Sie ließ sich auf einen Stuhl am Fußende des Bettes nieder, kreuzte die Arme über der Brust und nahm sich vor: Von diesem Platz will ich nicht eher wieder aufstehen, als bis ich in besserer Stimmung bin. – Den Gründen ihrer kleinen Verstimmung gegen ihre Schwester schonungslos nachgehend, schalt sie sich kleinlich; sie hielt sich vor, wie dankbar sie dem Himmel für diese Erhöhung ihrer Schwester sein müsse und daß die daraus entspringenden Verlegenheiten nur die unvermeidlichen Folgen ihrer früheren Verirrungen wären. Es gelang ihr denn schließlich auch, ihren Unmut zu bezwingen, der freilich erklärlich war, denn natürlich mußte es sie verdrießen, zu gewahren, daß ihr bisheriges Sorgen- und Schmerzenskind Effie nun plötzlich eine solch hohe Stellung in der Welt einnahm, daß es ihre Hauptsorge war, ihr Verwandtschaftsverhältnis könnte entdeckt werden.

Als dieser ungewöhnliche Anfall von Eigenliebe vorüber war, ging sie wieder in das kleine Wohnzimmer hinab, wo die Herren eben ihr Spiel beendeten. Hier hörte sie vom Hauptmann die Nachricht bestätigt, die sie in dem Brief erfahren hatte, daß nämlich der Herzog von Argyle in Kürze zu Roseneath erwartet werde.

«Er wird eine Unmasse Birkhähne und Moor-Schneehühner auf der Heide und den Mooren von Auchingower finden und ganz gewiß im Pfarrhaus zu Abend essen und übernachten, wie er's früher getan hat.»

«Das ist sein gutes Recht, Hauptmann», sagte Jeanie.

«Das ist überall sein gutes Recht – dammich!» antwortete der Hauptmann. «Aber Ihr solltet Eurem Vater sagen, daß er seine Viecher gut in Schwung hat und gefälligst ein paar Tage seinen verdammten cameronianischen Unsinn vergißt; denn wenn ich mit ihm über das Viehzeug spreche, kommt er mir mit der Bibel, was sich für einen Gentleman nicht gehört, wenn er kein Geistlicher ist wie Ihr, Mr. Butler.»

Niemand verstand es besser als Jeanie, durch eine freundliche Antwort einen Zornigen zu besänftigen; sie lächelte daher nur und sagte, sie hoffe, Seine Gnaden werde alles unter ihres Vaters Obhut zu seiner vollen Zufriedenheit finden.

Aber der Hauptmann, der das ganze Postgeld des Briefs beim Tricktrack eingebüßt hatte, war, wie das bei Spielverlusten nicht ungewöhnlich ist, übler Laune.

«Und dann, Meister Butler – Ihr wißt, ich mische mich nicht in Dinge, die den Kirchenrat angehen –, aber ich muß doch sagen, ich werde es nicht erlauben, daß Ihr Ailie MacClure von Deepheugh als Hexe bestraft; denn sie sagt den Leuten nur wahr und macht sie nicht lahm oder blind oder krank und macht auch keine Pferde scheu oder treibt sonstigen Schabernack; sondern ganz im Gegenteil tut sie Gutes, indem sie unseren Booten einen guten Fang an Robben und Lachsen voraussagt, und das ist sehr erfreulich.»

«Ich halte das Weib für keine Hexe», erwiderte Butler, «aber für eine Schwindlerin, und nur deswegen hat sie der Kirchenrat vorgeladen – sie soll in Zukunft ihre Gaunereien und betrügerischen Praktiken unterlassen und sich nicht die Unwissenheit der Leute zunutze machen.»

«Ich weiß nicht», antwortete der würdige Duncan, «ob sie eine Schwindlerin ist und was für betrügerische Praktiken sie betreibt, doch das weiß ich, wenn die Burschen sie vornehmen und in den Dorfteich tauchen, so ist das eine sehr betrübliche Praktik – und ich weiß auch, wenn ich mir Euren Kirchenrat vornehme, dann werdet Ihr merken, was Schwindel ist.»

Ohne auf diese Drohung einzugehen, erwiderte Butler, er habe an die Gefahr einer Mißhandlung der Alten durch die rohe Menge nicht gedacht und wolle sie deshalb unter vier Augen ermahnen, anstatt sie vor das versammelte Kirchengericht zu laden.

«Das», sagte Duncan, «war gesprochen wie ein vernünftiger Gentleman.» Und so ging der Abend friedlich vorüber.

Am nächsten Morgen, nachdem der Hauptmann einen ausgiebigen Morgentrunk «Athole brose» eingenommen hatte und in seinem Sechsspänner abgefahren war, ging Mrs. Butler von neuem mit sich zu Rate, ob sie ihrem Mann den Brief ihrer Schwester zeigen sollte. Aber nach reiflicher Überlegung hielt sie es für besser, es nicht zu tun – sie hätte ihm sonst das ganze furchtbare Geheimnis enthüllen müssen, das er in seiner Stellung vielleicht nicht einmal für sich behalten durfte. Butler hatte schon allen Grund zu der Annahme, Effie sei mit demselben Robertson entflohen, der einer der Anführer beim Porteous-Aufruhr gewesen und wegen Raubes in Kirkcaldy zum Tode verurteilt worden war. Aber er wußte nicht, daß dieser mit George Staunton identisch war, einem Mann von vornehmer Geburt und beträchtlichem Vermögen, der nun offenbar die ihm zukommende Stellung in der Gesellschaft wieder eingenommen hatte. Jeanie hatte Stauntons Bekenntnis stets als ein heiliges Geheimnis angesehen und geachtet; sie meinte nun, den Brief ihrer Schwester ebenfalls als solches betrachten zu müssen, und beschloß, den Inhalt niemandem mitzuteilen.

Als sie den Brief nochmals durchlas, konnte sie nicht umhin, sich Gedanken über das traurige und sichere Los der Menschen zu machen, die auf unrechtmäßige Art und Weise zu Ansehen gelangt sind und nun diese zweifelhafte Vorzugsstellung durch allerlei Listen und Schliche, Lug und Trug befestigen und verteidigen müssen. Aber sie wäre nicht dazu berufen, dachte sie, die Vergangenheit ihrer Schwester zu enthüllen – niemand würde Nutzen davon haben, denn niemand war in seinem Recht geschädigt worden –, es würde nur ihr Glück zerstören und sie in der allgemeinen Achtung herabsetzen. Es wäre klüger gewesen, dachte Jeanie, wenn sie ein Leben in Stille und Verborgenheit dem im Glanz und Lärm der Öffentlichkeit vorgezogen hätte, aber vielleicht hatte das nicht in ihrer Macht gestanden. Das Geld, dachte sie, könne sie nicht zurückschicken, ohne hochmütig und unfreundlich zu erscheinen. Sie beschloß daher, nach nochmaligem reiflichem Nachdenken, es entweder als künftiges Erbteil für ihre Kinder anzulegen oder es zu verwenden, um ihnen eine bessere Erziehung zu geben, als ihre eigenen Mittel es erlaubten. Ihre Schwester hatte genug, war aufs tiefste verpflichtet, Jeanie nach besten Kräften zu unterstützen, und wenn sie ihr etwas von ihrem Überfluß zuwandte, so war das nicht mehr als recht und billig, und man durfte es nicht aus übergroßem Zartsinn ablehnen. Jeanie schrieb also ihrer Schwester, daß sie ihren Brief erhalten habe, und bat sie, sooft sie könnte, von sich hören zu lassen. Als sie auf ihre eigenen Angelegenheiten zu sprechen kam, die meist die Hauswirtschaft betrafen, geriet sie in einen wunderlichen Zwiespalt – bisweilen glaubte sie, sich dafür entschuldigen zu müssen, daß sie zu einer vornehmen Dame von so unbedeutenden Dingen spreche, und dann wieder meinte sie, daß alles, was sie betraf, auch für Effie nicht unwichtig sein sollte. Ihren Brief – in einem Umschlag an Mr. Whiterose – gab sie einem aus der Gemeinde mit, der in Glasgow zu tun hatte, damit er ihn auf dem dortigen Postamt aufgäbe.

In der nächsten Woche kam der Herzog nach Roseneath, und bald darauf ließ er die Bewohner des Pfarrhauses wissen, daß er in ihrer Nachbarschaft zu jagen gedenke und gern sein Nachtquartier bei ihnen nehmen würde, eine Ehre, die er den Bewohnern schon früher einige Male erwiesen hatte.

Es zeigte sich bei dieser Gelegenheit, daß Effie mit ihren Ahnungen vollkommen recht gehabt hatte. Der Herzog hatte sich kaum zur Rechten von Mrs. Butler am Tisch niedergelassen und selbst das Geschäft übernommen, die ausgezeichnete fette Pute zu zerlegen, die man auserkoren hatte, das Hauptgericht bei diesem Festmahl abzugeben, als er auch schon auf Lady Staunton von Willingham in Lincolnshire zu sprechen kam, und welches Aufsehen ihre Schönheit und ihr Geist in London erregten. Auf alles war Jeanie vorbereitet. Allein Effies Geist! – Das wäre ihr nie in den Sinn gekommen, da sie nicht wußte, wie sehr der spöttische Witz der höheren Stände der schnippischen Keckheit der unteren ähnlich ist.

«Sie war im vorigen Winter die gefeiertste Schönheit – der glänzendste Stern –, der Gegenstand der allgemeinen Huldigung unserer Feste und Bälle», sagte der Herzog, «und überstrahlte am Geburtstag des Königs alle anderen Damen, die bei Hofe erschienen.»

Am Geburtstag des Königs! Bei Hofe! – Jeanie war wie vernichtet; sie erinnerte sich, wie sie der Königin vorgestellt worden war – unter welch ungewöhnlichen Umständen und aus welcher Ursache.

«Ich erwähne diese Dame vorzüglich deswegen», sagte der Herzog, «weil sie etwas im Ton ihrer Stimme und in ihren Zügen hat, das mich an Euch, Mrs. Butler, erinnert – nein, nicht wenn Ihr so bleich ausseht wie jetzt. – Ihr habt Euch allzusehr bemüht – Ihr müßt mir mit einem Glas Wein Bescheid tun.»

Sie tat es, und Butler bemerkte, es wäre eine gefährliche Schmeichelei für die Frau eines armen Geistlichen, wenn Seine Gnaden sie mit einer am Hof gefeierten Schönheit vergliche.

«Oho, Mr. Butler!» sagte der Herzog. «Ihr werdet eifersüchtig. Das ist ein wenig zu spät, denn Ihr wißt, wie lange ich Eure Frau schon verehre. Aber ernstlich gesprochen, es gibt zuweilen solch unerklärliche Ähnlichkeiten in zwei völlig verschiedenen Gesichtern.»

Das bricht der Schmeichelei die Spitze ab, dachte Butler.

Seine Frau, die es für unschicklich hielt zu schweigen, zwang sich zu sagen, daß die Lady vielleicht eine Landsmännin wäre und die Ähnlichkeit in der Sprache läge.

«Es ist wahr», erwiderte der Herzog, «sie ist eine Schottin und spricht mit schottischem Akzent; dann und wann entschlüpft ihr sogar ein mundartliches Wort – aber das kommt so hübsch heraus, daß es beinahe wie Griechisch klingt, Mr. Butler.»

«Ich sollte denken», sagte der Geistliche, «es müßte eher etwas gewöhnlich klingen in der großen Stadt.»

«Ganz und gar nicht», erwiderte der Herzog, «Ihr müßt

nicht an das breite Schottisch denken, wie es in den Vorstädten von Edinburgh oder Glasgow – Gorbals oder Cowgate – gesprochen wird. Die Dame hat tatsächlich die wenigste Zeit ihres Lebens in Schottland zugebracht. Sie wurde in einem ausländischen Kloster erzogen und spricht jenes gehobene reine Schottisch, das in meinen jüngeren Tagen die allgemeine Umgangssprache war, jetzt freilich so wenig gebraucht wird, daß es fast wie eine andere Sprache klingt – ganz verschieden von unserem modernen Patois.»

Trotz ihrer Ängstlichkeit konnte Jeanie nicht umhin, innerlich zu lächeln, wie sich auch die besten Kenner des Lebens und der Sitten täuschen können, wenn sie voreingenommen sind. Inzwischen fuhr der Herzog fort: «Sie stammt, soviel ich weiß, aus dem unglücklichen Haus Winton, doch da sie im Ausland erzogen worden ist, kennt sie ihren eigenen Stammbaum nicht. Ich mußte ihr erst darüber Auskunft geben, daß sie wahrscheinlich von den Setons von Windygoul abstammt. Ich wünschte, Ihr hättet sehen können, wie anmutig sie über ihre eigene Unwissenheit errötete. Auch ist bei all ihren vornehmen gesellschaftlichen Umgangsformen dann und wann ein kleiner Anflug von Schüchternheit und klösterlicher Linkischkeit, wenn ich es so nennen darf, zu bemerken, der ihr ganz entzückend steht. So blüht eine Rose unberührt in einem Klostergarten, Mr. Butler!»

Mr. Butler verfehlte nicht, die Anspielung sogleich mit dem Vers: «Ut flos in septis secretus nascitur hortis...» und so weiter zu beantworten, während seine Frau kaum glauben konnte, daß es Effie Deans sei, von der all dies berichtet wurde, und zwar durch einen so befugten Beurteiler wie den Herzog von Argyle. Hätte sie Catull gekannt, so hätte sie wohl gedacht, das Schicksal ihrer Schwester stoße den ganzen Satz um.

Um sich für die Angst, die sie ausgestanden hatte, einigermaßen zu entschädigen, wollte sie die Gelegenheit nutzen, soviel wie möglich über ihre Schwester zu erfahren; sie wagte daher, sich vorsichtig nach dem Gemahl der Dame zu erkundigen, die Seine Gnaden so bewunderte.

«Er ist sehr reich», erwiderte der Herzog, «aus einer alten Familie und hat gute Manieren; aber er ist bei weitem nicht so beliebt wie seine Frau. Man sagt, er könne sehr liebenswürdig sein – ich selbst kenne ihn nicht von dieser Seite; ich möchte eher sagen, er sei in sich gekehrt, finster und launenhaft. Er soll in seiner Jugend ein sehr ausschweifendes Leben geführt haben, und seine Gesundheit hat gelitten, doch ist er noch immer ein sehr ansehnlicher, stattlicher Mann – übrigens ein guter Freund des Hochkommissars Eurer Kirche, Mr. Butler.»

«Dann ist er der Freund eines sehr ehrenwerten und würdigen Edelmannes», sagte Butler.

«Bewundert er seine Gemahlin auch so sehr, wie andere es tun?» fragte Jeanie mit leiser Stimme.

«Wer – Sir George? Es heißt, er hat sie sehr gern», sagte der Herzog. «Allein, ich habe bemerkt, daß sie manchmal zittert, wenn er ihr einen Blick zuwirft – und das ist kein gutes Zeichen. – Aber es ist wirklich sonderbar, welche Ähnlichkeit Ihr mit Lady Staunton habt, im Blick und in der Stimme. Man möchte schwören, Ihr wäret Schwestern.»

Jeanie konnte ihre Bewegung nicht länger verhehlen. Der Herzog von Argyle war sehr bestürzt. Er glaubte, er habe ihr weh getan, daß er sie unwillentlich an ihr häusliches Unglück erinnert habe. Er war zu sehr Mann von Welt, um sich zu entschuldigen, doch beeilte er sich, das Gespräch auf einen anderen Gegenstand zu lenken, indem er auf gewisse Streitigkeiten zwischen Duncan von Knock und dem Pfarrer zu sprechen kam, wobei er zugab, daß sein würdiger Stellvertreter bisweilen ein wenig zu eigenwillig und derb in seinen Maßnahmen wäre.

Butler hingegen erkannte im allgemeinen Knocks Verdienste an, fügte jedoch hinzu, er sei bisweilen versucht, auf den würdigen Herrn die Worte des Dichters auf Marrucinus Asinius anzuwenden:

«Manu –
non belle uteris in joco atque vino.»

Das Gespräch kam so auf Pfarrangelegenheiten, und es fiel weiter nichts vor, was den Leser interessieren könnte.

49. Kapitel

> Mein Haupt empfing die unfruchtbare Krone,
> den dürren Zepter reichten sie der Faust,
> daß eine fremde Hand ihn mir entwinde,
> kein Sohn von mir ihn erbe.
>
> *Macbeth*

Von nun an schrieben sich die Schwestern gelegentlich, vielleicht zweimal im Jahr; sie beobachteten bei diesem Briefwechsel die größte Vorsicht. Lady Staunton klagte über die schwankende Gesundheit und den Trübsinn ihres Mannes; auch sie selbst schien zu leiden; der Gegenstand, bei dem sie jedoch am häufigsten verweilte, war ihre Kinderlosigkeit. George Staunton, heftig in allem, hatte eine Abneigung gegen den nächsten Erben gefaßt, den er verdächtigte, während seiner Abwesenheit seine Verwandten gegen ihn aufgehetzt zu haben; und er erklärte, er wolle Willingham und alle dazu gehörenden Ländereien lieber einer Armenanstalt vermachen, als daß dieser Ohrenbläser und Zuträger eine Hufe davon erben solle.

«Hätte er nur ein Kind», schrieb die Unglückliche, «oder wäre nur jenes arme Geschöpf am Leben, so würde er doch wieder einen Antrieb zu Leben und Tätigkeit bekommen. Allein der Himmel hat uns einen Segen versagt, den wir nicht verdient haben.»

Derartige, sich meist um den gleichen Gegenstand drehende und nur verschieden abgewandelte Klagen füllten die Briefe, die von den geräumigen, aber trübseligen Hallen von

Willingham nach dem ruhigen und glücklichen Pfarrhaus von Knocktarlitie gingen. Inzwischen verstrichen Jahre in diesem fruchtlosen Gram. Herzog John von Argyle und Greenwich starb im Jahre 1743, allgemein betrauert, doch von keinem mehr als von den Butlers, denen er ein so ausgezeichnetes Wohlwollen bewiesen hatte. Ihm folgte sein Bruder Herzog Archibald, mit welchem sie in nicht so engen Beziehungen standen, wenn er ihnen auch ebenfalls, wie sein Bruder, seinen Schutz angedeihen ließ. Dies war in der Tat nötiger als je; denn nach dem Ausbruch und der Unterdrückung des Aufstands vom Jahre 1745 wurde die Ruhe des an die Hochlande grenzenden Gebiets beträchtlich gestört. Marodeure oder Menschen, die durch die Zeitumstände aus der Bahn geworfen waren, hatten sich in den Gebirgspässen eingenistet und plünderten von dort aus das Unterland; es gab kaum eine Schlucht in dem romantischen und jetzt so friedlichen Hochland von Perth, Stirling und Dumbartonshire, wo nicht irgendeine Räuberbande hauste.

Die Hauptgeißel des Kirchspiels Knocktarlitie war ein gewisser Donacha Dhu na Dunaigh oder der «Schwarze Duncan» genannt, den wir schon gelegentlich erwähnt haben. Dieser Kerl war ursprünglich ein caird oder Kesselflicker gewesen, wie deren viele in diesen Gebieten umherziehen; als der Bürgerkrieg jedoch alle öffentliche Ordnung zerstörte, gab er sein Gewerbe auf und wurde aus einem halben Dieb ein ganzer Räuber. Da er meist an der Spitze von drei oder vier handfesten jungen Burschen stand, selbst listig und verwegen war und das Gebirge gut kannte, trieb er sein neues Handwerk mit beträchtlichem Vorteil für sich und zur großen Plage des Landes.

Alle waren überzeugt, daß Duncan von Knock seinen Namensvetter jeden Tag hätte niederwerfen können, wenn er gewollt hätte; denn es gab im Kirchspiel eine Anzahl tüchtiger junger Leute, die im Krieg unter Argyles Fahnen gedient und sich bei mehreren Gelegenheiten unter dem Befehl seines alten Freundes sehr tapfer benommen hatten. Da auch niemand an des Hauptmanns Mut zweifelte, so hielt man allgemein dafür, Donacha habe Mittel und Wege gefunden, sich seine Gunst zu erwerben, was zu jener Zeit und in jenem Land nichts Ungewöhnliches war. Diese Annahme erschien um so glaubhafter, als sich die Diebe an David Deans' Herden (die Eigentum des Herzogs waren) nicht vergriffen, während sie die Kühe des Pfarrers wegtrieben. Noch einmal wurde ein solcher Raub versucht. Aber in diesem Augenblick der Not legte Butler Bibel und Gesangbuch beiseite, stellte sich an die Spitze einiger seiner Nachbarn, setzte den Räubern nach und jagte ihnen die Beute wieder ab. An dieser Unternehmung beteiligte sich auch Deans trotz seines hohen Alters, umgürtet mit einem alten Schlachtschwert und auf einem Hochlandpony sitzend – vergleichbar, wie er selbst sagte (denn er verfehlte nicht, den ganzen Erfolg des Zugs sich zuzuschreiben) David, dem Sohn Isais', als er die Plünderung Ziklags durch die Amalekiter rächte. Dieses beherzte Vorgehen bewirkte denn auch, daß Donacha Dhu na Dunaigh sich längere Zeit in dieser Gegend nicht mehr blicken ließ; und obwohl man noch oft genug von seinen Räubereien anderwärts hörte, blieb man in Knocktarlitie selbst davon verschont. Das ging so weiter bis zum Jahre 1751, wo das Schicksal ihn von der Furcht vor dem zweiten David, sofern diese ihn wirklich in Schach gehalten hatte, befreite, denn der ehrwürdige Patriarch von St. Leonard's wurde in jenem Jahr zu seinen Vätern versammelt.

David Deans starb hochbetagt und hochgeehrt. Es heißt – denn die genaue Zeit seiner Geburt ist nicht bekannt –, er sei über neunzig Jahre alt geworden; wenigstens pflegte er oft von Ereignissen zu sprechen, die er miterlebt haben wollte, welche um die Zeit der Schlacht an der Bothwell Bridge stattgefunden hatten. Es hieß sogar, daß er dort selbst mitgekämpft habe; denn einmal, als ein betrunkener jakobitischer Laird äußerte, einem Whig von der Bothwell Bridge möchte er am liebsten «die Augen ausstechen», blickte David ihn fest an und sagte mit nachdrücklicher Betonung, wenn er solche Gelüste habe, so stünde einer unmittelbar vor ihm. Es bedurfte erst des Dazwischentretens und der Vermittlung Butlers, um den Frieden wiederherzustellen.

Er verschied in den Armen seiner geliebten Tochter, dankbar für all den Segen, womit die Vorsehung ihn in diesem Jammertal begnadet habe – dankbar auch für die Prüfungen, womit er heimgesucht worden war; sie seien notwendig gewesen, sagte er, um den Geist des Hochmuts und der Selbstüberhebung in ihm zu ertöten, der seine schwache und dem bösen Feind am meisten zugängliche Seite gewesen wäre. Er betete auf die rührendste Weise für Jeanie, ihren Gatten und ihre Kinder, und daß ihre kindliche Liebe zu dem armen alten Mann durch ein langes Leben hier und die ewige Seligkeit dort belohnt werden möchte; dann flehte er mit einer Inbrunst, die allen, welche seine Geschichte kannten, gar wohl verständlich war, den Hirten der Seelen an, er wolle, wenn er seine Herde sammle, nicht jenes verirrte Schäflein vergessen, das sich vielleicht gerade jetzt in den Klauen des reißenden Wolfes befinde. Er bat für das Gedeihen und den Frieden des Landes und der Kirche – des nationalen Jerusalems, wie er es nannte –, für das Wohlergehen des edlen Hauses Argyle und für die Bekehrung Duncans von Knockdunder. – Dann schwieg er erschöpft und äußerte nichts mehr, was deutlich zu vernehmen gewesen wäre. Er murmelte zwar noch einiges von Irrtümern der Zeit, Übertreibungen links und Verfehlungen rechts. Allein May Hettly meinte, er sei nicht mehr bei Besinnung, und so entschlüpften ihm diese Ausdrücke wohl nur aus allgemeiner Gewohnheit, und er starb vielmehr im vollen Geist der Liebe und der Versöhnung mit allen Menschen. Eine Stunde später war er im Herrn entschlafen.

Ein so hohes Alter er auch erreicht hatte – der Tod ihres Vaters war ein harter Schlag für Mrs. Butler. Viel von ihrer Zeit war der Sorge für seine Gesundheit und der Erfüllung seiner Wünsche gewidmet gewesen, und es kam ihr vor, als sei ein Teil ihrer Geschäfte auf Erden beendet, da der gute alte Mann nun nicht mehr war. Seine Hinterlassenschaft, die sich auf nahezu 1500 Pfund verfügbaren Kapitals belief, vermehrte den Wohlstand der Pfarrerfamilie. Wie diese Summe am besten anzulegen sei, das kostete Butler angestrengte Überlegung.

«Wenn wir es als Hypothek ausleihen, bekommen wir vielleicht keine Zinsen – wie bei jener Hypothek auf Lounsbecks Grundstück, von dem dein Vater weder sein Kapital noch die Zinsen dafür erhalten konnte. – Wenn wir es in Aktien anlegen, verlieren wir vielleicht Stamm und alles, wie so viele bei diesem Südseeschwindel. – Das Gütchen Craigsture steht zum Verkauf – es liegt zwei Meilen vom Pfarrhaus, und Knock sagte, Seine Gnaden selbst will es nicht erwerben. Aber es soll 2500 Pfund kosten, und das ist es auch wert. Selbst wenn ich eine Hypothek aufnehmen wollte, so könnte der Gläubiger sie plötzlich kündigen, und im Fall meines Todes kämt ihr in Bedrängnis.»

«Also – wenn wir mehr Geld hätten, könnten wir das schöne Weideland kaufen, wo das Gras so früh wächst?» fragte Jeanie.

«Gewiß, meine Liebe; und Knockdunder, der sich darauf versteht, rät mir dringend dazu – freilich ist's sein Neffe, der es verkauft.»

«Nun, Reuben», sagte Jeanie, «so schlag doch eine Stelle in der Bibel auf, wie du's früher einmal tatest, als du Geld brauchtest – schlag nur in der Bibel nach.»

«Ach, Jeanie», sagte Butler lachend und drückte ihr dabei die Hand, «auch die Besten können in den jetzigen Zeiten nur einmal Wunder tun.»

«Wir wollen sehen», sagte Jeanie gelassen und ging an den Alkoven, wo sie ihren Honig und Zucker, ihre Töpfe mit Eingemachtem, ihre Gläser und Fläschchen mit Hausarzneien und dergleichen aufbewahrte, der ihr, kurz gesagt, als eine Art Vorratskammer diente; dort rückte sie so lange mit den Gläsern und Töpfen, bis sie aus dem dunkelsten Winkel, wohlverborgen von einer dreifachen Reihe von Flaschen und Krügen, die sie wegräumen mußte, einen geborstenen braunen Topf hervorbrachte, der oben mit einem Stück Leder zugebunden war. In diesem ungewöhnlichen Geheimschrank lag ein Haufen von Schriften in ziemlichem Durcheinander. Aber unter ihnen zog Jeanie jetzt eine alte Bibel mit Schließen hervor, die einst David Deans' Begleiter auf seinen früheren Wanderfahrten gewesen war und die er seiner Tochter geschenkt hatte, als die zunehmende Schwäche seiner Augen ihn nötigte, sich einer mit größerem Druck zu bedienen. Diese Bibel gab sie Butler, der ihrem Treiben einigermaßen verwundert zugesehen hatte, und sagte ihm, er möge einmal versuchen, was das Buch für ihn tun könne. Er öffnete die Schließen, und zu seinem Erstaunen fiel ein Bündel von Fünfzig-Pfund-Noten heraus, die einzeln zwischen den Blättern gelegen hatten und nun zu Boden flatterten.

«Ich wollte dir von meinem Reichtum eigentlich nicht eher etwas entdecken, Reuben», sagte seine Frau, über seine Verblüffung lächelnd, «als auf meinem Totenbett oder wenn wir einmal in einer großen Verlegenheit wären; aber es ist doch besser, man legt das Geld in dem schönen Wiesenland an, als daß es unnütz in diesem alten Hafen liegt.»

«Aber um alles in der Welt, wie kommst du zu soviel Geld, Jeanie? – Das sind ja mehr als tausend Pfund!» sagte Butler, indem er die Banknoten aufhob und zählte.

«Wieviel es ist, weiß ich nicht», sagte Jeanie, «aber es ist alles, was ich je bekommen habe. – Und wie ich dazu gekommen bin? Auf die redlichste Art und Weise, so wahr ich lebe! – Es ist aber nicht nur mein Geheimnis allein, sonst hätte ich's dir lange gesagt; eine andere Antwort kann ich dir nicht geben, und du darfst mich nicht weiter danach fragen.»

«Antworte mir nur auf eins», sagte Butler. «Ist alles dein unanzweifelbares, unbestreitbares Eigentum; kannst du darüber nach deinem eigenen Gutdünken und freien Ermessen verfügen? – Hat kein anderer Anspruch auf eine so große Summe?»

«Es *war* mein Eigentum», antwortete Jeanie, «ich konnte damit machen, was ich wollte, und hab's getan, denn jetzt ist's deins, Reuben. – Du bist jetzt ein Bibel-Butler wie dein Vorfahr, dem mein armer Vater so grollte. Nur einen Wunsch habe ich – daß Femie einen guten Anteil davon bekommt, wenn wir nicht mehr sind.»

«Gewiß, es sei ganz, wie du wünschst. – Aber wer in aller Welt versteckt einen solchen Schatz an einem solchen Ort?»

«Das ist so meine altmodische Art, wie du's nennst, Reuben. Ich dachte, wenn Donacha Dhu einmal bei uns einbrechen sollte, wäre die Bibel das Letzte im Haus, wonach er griffe. – Aber wenn noch etwas mehr Geld eintreffen sollte, was nicht unmöglich ist, will ich's dir geben, und du magst es auf deine Weise aufheben.»

«Und ich darf dich wirklich nicht weiter danach fragen, wie du zu all dem Geld gekommen bist?» fragte der Pfarrer.

«Nein, Reuben, das darfst du nicht; denn wenn du darauf bestündest, würde ich's dir vielleicht sagen, und das wäre sehr unrecht von mir.»

«Aber sag nur», sagte Butler, «ist es etwas, was dir Ungelegenheiten bereiten kann?»

«Irdisches Gut bringt immer Wohl und Weh, Reuben. – Aber du darfst mich nichts mehr fragen. – Dieses Geld verpflichtet mich zu nichts und wird niemals wieder zurückerwartet.»

«Nun in Wahrheit», sagte der Pfarrer, nachdem er das Geld von neuem überzählt hatte, wie um sich zu vergewissern, daß die Banknoten wirklich vorhanden waren, «niemals hatte ein Mann eine Frau wie meine – der Segen folgt ihren Schritten.»

«Nie», sagte Jeanie, «seit der verzauberten Prinzessin im Märchen, der Dukaten auf der einen Seite aus den Locken fielen, wenn sie sich kämmte, und Taler auf der anderen. – Aber nun macht, Herr Pfarrer, und steckt das Geld weg, anstatt damit herumzufuchteln, sonst wünsche ich's wieder in den braunen Topf, aus Furcht, es könnte uns jemand mißgönnen. Wir wohnen hier den Bergen zu nah, und man darf sich in diesen Zeiten nichts davon merken lassen, daß man Geld im Haus hat. Und dann sprich mit Knockdunder, der das Gut verkauft; sei aber klug und laß ihn von der Bescherung nichts merken, sondern biete ihm den niedrigsten Preis, als müßtest du Geld aufnehmen.»

Diese letzte Ermahnung zeigte deutlich, daß Jeanie etwas von der Klugheit ihres Vaters auch in weltlichen Dingen geerbt hatte, selbst wenn sie mit dem Geld nichts Besseres anzufangen gewußt hatte, als es zu sparen und zu verbergen. Und Reuben Butler war ein kluger Mann und ging hin und tat, wie seine Frau ihm geraten hatte.

Die Neuigkeit, daß der Pfarrer das Gut Craigsture gekauft habe, verbreitete sich schnell im Kirchspiel. Einige wünschten ihm Glück, andere beklagten, daß es nun den alten Namen verloren hatte. Da seine Amtsbrüder indessen erfuhren, daß er sich am nächsten Pfingstsonntag nach Edinburgh begeben müsse, um David Deans' Erbschaft zu erheben, damit er das Kaufgeld für seine neue Erwerbung hinterlegen könne, so nahmen sie die Gelegenheit wahr, ihn zu ihrem Abgeordneten für die Generalversammlung oder Synode der Schottischen Kirche zu ernennen, die gewöhnlich in den letzten Tagen des Monats Mai dort stattfindet.

50. Kapitel

Doch wer ist dies? Welch Land-, welch Meergeschöpf –
es scheint von weiblichem Geschlecht zu sein –
kommt so geschmückt, so heiter und so froh
des Wegs dahergesegelt?

Milton

Nicht lange nach der Begebenheit mit der Bibel und den Banknoten zeigte Fortuna, daß sie Mrs. Butler ebenso wie ihren Gatten überraschen konnte. Der Pfarrer hatte sich genötigt gesehen, schon Ende Februar von zu Hause aufzubrechen, um noch verschiedene Angelegenheiten zu erledigen, die sein ungewohnter Besuch in Edinburgh notwendig machte; er hatte sich ausgerechnet, daß die Zeit zwischen seiner Abreise und Pfingsten (24. Mai) gerade hinreichen würde, um Geld von den verschiedenen Schuldnern des alten David einzuziehen, womit er einen beträchtlichen Teil der Kaufsumme für sein neues Besitztum bestreiten wollte.

Das Alleinsein war Jeanie sehr ungewohnt, und sie fühlte sich noch mehr vereinsamt, da auch der gute Alte nicht mehr da war, dem neben ihrem Mann sonst ihre liebevolle Sorge gegolten hatte. Ihre Kinder waren ihr größter Trost, und ihnen widmete sie hauptsächlich ihre Zeit.

Einige Tage nach der Abreise Butlers nun, als sie gerade mit irgendwelchen häuslichen Arbeiten beschäftigt war, erhob sich ein Streit unter dem jungen Volk, der mit Hartnäckigkeit fortgesetzt wurde und ihr Eingreifen zu erfordern schien. Alle kamen mit ihren Klagen zu ihrer natürlichen Schiedsrichterin.

Die noch nicht ganz zehnjährige Femie beschuldigte ihre Brüder, sie hätten ihr mit Gewalt ein Buch wegnehmen wollen; jene verteidigten sich. David, der ältere, sagte, es sei kein Buch für Femie, und Reuben, es handle von einer schlechten Frau.

«Woher hast du das Buch, du kleine Unart?» fragte Mrs. Butler. «Darfst du Papas Bücher anrühren, wenn er nicht da ist?»

Aber das kleine Mädchen erklärte, indem es einen Bogen zerknittertes Papier festhielt, es sei keins von Papas Büchern – May Hettly habe es ihr gegeben. Der große Käse sei darin gewesen, der von Inverary gekommen war. Denn Miss Dolly Dutton, jetzt Mrs. MacCorkindale, war, wie man sich leicht denken kann, mit ihrer früheren Reisegefährtin in freundschaftlichem Verkehr geblieben, und man erwies sich von Zeit zu Zeit kleine Aufmerksamkeiten durch den Austausch wirtschaftlicher Erzeugnisse.

Jeanie nahm der Kleinen den Streitgegenstand aus der Hand, um sich selbst davon zu überzeugen, ob das «Buch» – eher eine Art Flugblatt – sich für ihre Wißbegier eigne. Wie betroffen war sie aber, als sie den Titel las: *Geständnis, Beichte und letzte Worte der Margaret MacCraw oder Murdockson, so am... Anno 1737 auf dem Harabee-Hügel bei Carlisle hingerichtet worden.*

Es war in der Tat eines jener Flugblätter, die Archibald seinerzeit in Longtown dem Hausierer samt und sonders abgekauft und die Dolly aus weiser Sparsamkeit in ihren Koffer gepackt hatte. Einige Exemplare waren dem Anschein nach noch in ihren Schränken in Inverary übriggeblieben und hatten jetzt als Verpackung für einen vorzüglich geratenen Käse dienen müssen, den sie im Verlauf eines friedlichen Wettstreits nach der Meierei von Knocktarlitie geschickt hatte.

Schon der Titel des Flugblatts, das auf eine so seltsame

Weise nun doch noch in die Hände gerade derjenigen gefallen war, der man es in wohlgemeinter Rücksicht auf ihre Empfindungen so lange vorenthalten hatte, mußte die Aufmerksamkeit Jeanies erregen; doch der Inhalt selbst schien so wichtig, daß Jeanie sich von den Kindern losmachte, die Treppe hinauf in ihr eigenes Zimmer eilte und die Tür verriegelte, um das Blatt ungestört zu lesen.

Das Flugblatt schien von dem Geistlichen verfaßt oder wenigstens durchgesehen worden zu sein, der die Unglückliche auf ihrem letzten Gang als Seelsorger begleitet hatte. Als Grund für ihre Hinrichtung wurde darin angegeben, daß sie tätigen Anteil an dem schrecklichen Raubmord genommen hatte, der ungefähr zwei Jahre früher in der Nähe von Haltwhistle begangen worden war und wegen dessen man dem berüchtigten Frank Levitt in Lancaster den Prozeß gemacht habe.

Das Zeugnis seines Spießgesellen Thomas Tuck, gewöhnlich Tyburn-Tom genannt, auf dessen Aussage hin die Frau überführt worden war, schien ihn schwer belastet zu haben, wiewohl manche zu der Annahme neigten, Tuck selbst sei es gewesen, der den tödlichen Streich geführt habe, wie das auch Meg Murdockson vor ihrem Ende behauptete.

Nach einer umständlichen Schilderung des Verbrechens, für welches sie den Tod erlitt, folgte ein kurzer Abriß von Margarets Leben. Es wurde berichtet, daß sie von Geburt eine Schottin und mit einem Soldaten im Cameronianischen Regiment verheiratet gewesen sei; daß sie lange im Troß mitgezogen und zweifellos auf den Schlachtfeldern und ähnlichen Schauplätzen den Hang zum Plündern und die Wildheit erworben habe, die sie späterhin ausgezeichnet hätten; daß ihr Mann, nachdem er seinen Abschied genommen, Diener bei einem begüterten Geistlichen von hoher Stellung und Würde in Lincolnshire geworden sei und daß sie die Achtung und das Vertrauen jener ehrenwerten Familie gewonnen, beides jedoch viele Jahre nach dem Tod ihres

Mannes eingebüßt habe – wie berichtet wurde, weil sie ein Verhältnis ihrer Tochter mit dem Erben des Hauses begünstigte, mehr noch, weil sie nach der Geburt eines Kindes durch ihre Tochter in den Verdacht geraten sei, es umgebracht zu haben, um, wenn möglich, den Ruf des Mädchens zu retten. Danach habe sie ein unstetes Wanderleben in England und Schottland geführt, dem Schein nach als Hökerin oder bisweilen Wahrsagerin, in Wirklichkeit jedoch als Hehlerin von Diebsgut und Schmuggelwaren, wobei sie gelegentlich selbst Diebstähle ausgeführt oder doch daran teilgenommen habe. Mit manchen ihrer Verbrechen habe sie sich nach ihrer Verurteilung gebrüstet – in einem Fall jedoch habe sie eine seltsame Mischung von Freude und zeitweiliger Zerknirschung gezeigt. Als sie nämlich während des vorigen Sommers in einer der Vorstädte Edinburghs gehaust habe, sei ihrer Obhut ein Mädchen anvertraut worden, das von einem ihrer Spießgesellen verführt und in ihrem Haus von einem Kind männlichen Geschlechts entbunden worden sei.

Ihre Tochter, die nach Aussage der Verbrecherin nicht mehr ganz richtig im Kopf gewesen sei, seit sie ihr eigenes Kind verloren hatte, habe das Kind dem armen Mädchen weggenommen und getan, als sei es ihr eigenes, da sie zeitweise nicht davon hätte überzeugt werden können, daß es wirklich tot sei.

Margaret Murdockson gab an, sie habe eine Zeitlang geglaubt, ihre Tochter hätte das Kind in einem Anfall von Geistesgestörtheit umgebracht, das habe sie auch dem Vater gesagt – später habe sie jedoch erfahren, daß eine Landstreicherin es ihr abgenommen habe. Sie zeigte einige Gewissensbisse, daß sie Mutter und Kind getrennt hatte, besonders da die Mutter beinahe deswegen den Tod erlitten hätte, da sie nach dem schottischen Gesetz wegen mutmaßlichen Mordes an ihrem Kind verurteilt worden sei. Als die Murdockson gefragt worden war, welchen Nutzen sie davon gehabt habe, das unglückliche Mädchen der

Strafe für ein Verbrechen auszusetzen, das sie nicht begangen hatte, fragte sie, ob sie denn dächten, sie hätte ihre eigene Tochter in Ungelegenheiten bringen sollen, um eine andere zu retten? Sie habe nicht gewußt, wie das schottische Gesetz solche Kindesentführung bestrafe. Diese Antwort genügte dem Geistlichen keineswegs, und er entdeckte nach eindringlichem Befragen, daß sie einen tiefen und rachsüchtigen Haß gegen die junge Person hegte, der sie so unrecht getan hatte. Alles, was sie darüber gestand, habe sie jedoch, so hieß es im Bericht, dem ehrwürdigen Erzdiakon nur in geheimer Beichte gestanden, der so sehr bemüht war, ihr geistigen Beistand zu geben. Das Flugblatt berichtete dann weiter ausführlich über die Hinrichtung der Alten und schloß damit, daß ihre bereits mehrmals erwähnte irre Tochter, allgemein unter dem Namen Madge Wildfire bekannt, von der Bevölkerung sehr übel behandelt worden sei, da man geglaubt habe, sie sei eine Hexe und die Spießgesellin ihrer Mutter gewesen, und daß sie nur mit Mühe durch das schnelle Eingreifen der Polizei gerettet worden sei.

Das war (wenn wir von moralischen Bemerkungen und allem absehen, was für den Fortgang unserer Geschichte unwesentlich ist) der Inhalt des Flugblatts. Für Mrs. Butler war der Bericht von höchster Wichtigkeit; er enthielt den unanfechtbaren Beweis, daß ihre Schwester an dem Verbrechen, wofür sie beinahe den Tod erlitten hätte, unschuldig war. Zwar hatten weder sie noch ihr Mann, noch selbst ihr Vater jemals geglaubt, daß Effie fähig gewesen wäre, sich mit klarem Bewußtsein an ihrem Kind zu vergreifen; die ganze Angelegenheit war jedoch in Dunkel gehüllt – und konnte nicht in einem Augenblick vorübergehender Geistesverwirrung das Schreckliche dennoch geschehen sein? Außerdem – wie sehr sie auch von ihrer Unschuld überzeugt sein mochten, so hatte es ihnen doch gänzlich an einem Mittel gefehlt, Effie vor der Welt zu rechtfertigen, was nun endlich durch das Flugblatt möglich war, da es das

Geständnis und die Beichte der Person enthielt, der am meisten daran gelegen hatte, den wahren Sachverhalt zu verhehlen.

Nachdem Mrs. Butler in ihrer Freude Gott für den ihr so wertvollen Fund gedankt hatte, überlegte sie, was sie damit anfangen sollte. Ihr erster Gedanke war, die Flugschrift ihrem Mann zu zeigen; aber abgesehen davon, daß er abwesend war und die Sache für eine mittelmäßige Briefschreiberin wie sie zu verwickelt, um sie ihm schriftlich mitzuteilen, erinnerte sich Mrs. Butler, daß ihr Mann von der ganzen Angelegenheit ja zu wenig wisse, um sich ein Urteil über den Fall bilden zu können. Es schien ihr darum am besten, an dem festzuhalten, was ihr bisher am rätlichsten erschienen war, nämlich die Nachricht sofort ihrer Schwester zu übermitteln und es ihr und ihrem Mann zu überlassen, welchen Gebrauch sie davon machen wollten. Sie schickte also das Geständnis der Margaret Murdockson, wie gewöhnlich unter einem besonderen Einschluß, mit einem eigenen Boten nach Glasgow zur Weiterbeförderung an Mr. Whiterose in York.

Ängstlich wartete sie auf Antwort, aber Posttag nach Posttag ging vorüber, ohne ihr eine zu bringen. Ganz ihrer Einbildung überlassen, suchte sie die verschiedensten Gründe hervor, um sich Lady Stauntons Schweigen zu erklären. Halb und halb tat es ihr leid, daß sie das Flugblatt hergegeben hatte; sie fürchtete, daß es in unrechte Hände gefallen sein könnte, und wünschte, es wiederzuhaben, da es ja ein so wichtiger Beweis für die Unschuld ihrer Schwester war. Schon wollte sie die ganze Angelegenheit doch noch ihrem Mann mitteilen und sich seinen Rat erbitten, als neue Ereignisse sie davon abbrachten.

Jeanie – sie ist nun einmal unser Liebling, und sie möge es uns daher verzeihen, daß wir sie noch immer mit dem vertrauten Namen nennen – war eines Morgens nach dem Frühstück mit ihren Kindern an den Strand gegangen, als die Knaben, deren Augen schärfer sahen als die ihren, auf einmal riefen, des Hauptmanns Sechsspänner käme gerade auf die Küste zu und es säßen Damen darin. Jeanie heftete unwillkürlich ihre Augen auf das sich nähernde Fahrzeug und wurde bald gewahr, daß zwei Frauen neben dem gestrengen Duncan, der den Steuermann machte, im Heck saßen. Es war ein Gebot der Höflichkeit, zum Landeplatz hinunterzugehen, um den Besuch zu empfangen, besonders da Jeanie bemerkte, daß der Hauptmann von Knockdunder in höchst feierlichem Aufzug daherkam. Sein Dudelsackpfeifer saß im Bug des Bootes und spielte heitere Weisen, die um so besser klangen, als sie halb und halb vom Wind und Wellenrauschen verschlungen wurden. Auch hatte Knock sich in seine Uniform als Hauptmann des Landsturms geworfen, seine Perücke frisch kräuseln lassen, seine Mütze (er hatte dem Dreispitz entsagt) mit dem roten Sankt-Georgs-Kreuz geziert und des Herzogs Wimpel mit dem Eberkopf gesetzt – alles deutete auf Glanz und Pracht.

Als sich Mrs. Butler dem Landeplatz näherte, sah sie, wie der Hauptmann den Damen mit großer Höflichkeit aus dem Boot half. Die Gesellschaft kam auf sie zu, der Hauptmann ein paar Schritte vor den beiden Damen, von denen die größere und ältere sich auf die Schulter der anderen stützte, die ihre Gesellschafterin oder Zofe zu sein schien.

«Mrs. Butler», begann Duncan, als er nahe genug war, mit ausgesuchter Höflichkeit in seinem besten Hochländisch, «ich habe die Ehre, Euch hier Lady – Lady – eh – eh – ich habe Euer Gnaden Namen vergessen!»

«Es tut nichts, Herr Hauptmann», sagte die Fremde. «Mrs. Butler weiß schon Bescheid. Der Brief des Herzogs...»

Und als sie bemerkte, daß Mrs. Butler sie verwirrt ansah, fuhr sie etwas schärfer, zu Duncan gewandt, fort: «Habt Ihr den Brief gestern abend nicht besorgt, Sir?»

«Nein – wahrhaftig nicht –, ich bitte Euer Gnaden vielmals um Verzeihung. Aber seht, Madam, ich dachte, es wäre auch heute noch früh genug, weil Mrs. Butler doch niemals außer Fassung kommt – niemals – und das Boot zum Fischen draußen war – und das Gig nach Greenock, um Branntwein zu holen – und... Aber hier ist der Brief Seiner Gnaden.»

«Gebt her», sagte die Fremde und nahm ihm das Schreiben aus der Hand, «da Ihr es nicht für nötig befunden habt, ihn gestern abzusenden, wie ich Euch gebeten hatte, so will ich ihn selbst übergeben.»

Mit großer Aufmerksamkeit und einem sonderbaren Gefühl der Spannung betrachtete Mrs. Butler die Fremde, die so gebieterisch zu einem solchen Gebieter wie Knockdunder zu sprechen wagte und deren Befehlen er sich so willig fügte, denn er überreichte ihr den Brief mit den Worten: «Ganz wie es Euer Gnaden beliebt.»

Die Fremde war von etwas mehr als mittlerer Größe, wohlgebaut, wenngleich etwas stark, mit sehr schönen Armen und Händen. Ihr Auftreten war von sicherer, selbstverständlicher Würde und schien auf hohe Geburt und Zugehörigkeit zur großen Gesellschaft zu deuten. Sie trug ein Reisekleid, einen grauen Biberhut und einen Schleier von Brüsseler Spitzen. Zwei Diener in reichen Livreen, die ebenfalls mit der Barke gekommen waren und einen Reisekoffer und Mantelsack trugen, gehörten offenbar zu ihrem Gefolge.

«Da Ihr den Brief nicht erhalten habt, der mich bei Euch einführen sollte, Madam – denn ich nehme an, Ihr seid Mrs. Butler –, so möchte ich Euch das Schreiben später geben, wenn Ihr die Güte haben wollt, mich ohnedies in Eurem Haus aufzunehmen.»

«Ganz gewiß, Madam, wird Mrs. Butler dies gern tun», sagte Knockdunder. «Mrs. Butler, dies ist Lady – Lady –, diese verdammten südländischen Namen mag der Teufel behalten. Aber sie ist eine geborene Schottin – eine hohe Ehre für uns –, ich glaube, aus dem Haus...»

«Der Herzog von Argyle kennt meine Familie, Sir», fiel

die Fremde ein in einem Ton, der Duncan Stillschweigen gebieten sollte oder doch jedenfalls diese Wirkung hatte.

Es war etwas in dem Auftreten, dem Ton und der Haltung der Fremden, was in Jeanie eine Empfindung hervorrief, wie sie zuweilen von Traumgesichten ausgeht, die uns durch ihre täuschende Ähnlichkeit mit der Wirklichkeit äffen. Der Gang und die Haltung der Fremden gemahnten sie an ihre Schwester, ebenso riefen der Ton ihrer Stimme und, als sie den Schleier lüftete, sogar ihre Züge, so verändert sie in Ausdruck und Bildung waren, in ihr vertraute Erinnerungen wach.

Die Fremde mochte die Dreißig überschritten haben; doch bei ihrer Schönheit, die noch durch die Gewähltheit der Kleidung und des Schmucks gehoben wurde, konnte sie wohl für einige Zwanzig gelten. Und ihr Betragen war so gelassen und bestimmt, daß Mrs. Butler, sooft sie eine neue Ähnlichkeit mit ihrer unglücklichen Schwester zu bemerken glaubte, ebensooft durch die ruhige Sicherheit und Selbstbeherrschung der Fremden in ihren Vermutungen irregemacht wurde. Schweigend und verwirrt geleitete sie ihren Gast zum Pfarrhaus; dort, hoffte sie, werde der Brief ihr das Rätsel lösen.

Inzwischen betrug sich die Fremde ganz wie eine Frau von Stand. Sie bewunderte die Gegend wie jemand, der mit den Schönheiten der Natur und den Meisterwerken der bildenden Kunst vertraut ist. Endlich zogen die Kinder ihre Aufmerksamkeit auf sich.

«Zwei hübsche Knaben. – Die Euren, Madam, nicht wahr?»

Jeanie bejahte.

Die Fremde seufzte und seufzte abermals, als ihr die Namen der Knaben genannt wurden.

«Komm her, Femie», sagte Mrs. Butler, «und heb den Kopf hoch.»

«Wie heißt Eure Tochter, Madam?» fragte die Fremde.

«Euphemia, Madam», antwortete Mrs. Butler.

«Ich dachte, die schottische Abkürzung des Namens wäre sonst Effie», erwiderte die Fremde in einem Ton, der Jeanie zu Herzen ging; denn die Art, wie dies einzige Wort gesprochen wurde, erinnerte sie mehr an ihre Schwester – mehr an alte, längst vergangene Zeiten als alles, was das eigene Herz oder die Züge und das Betragen der Fremden ihr bereits verraten hatten.

Als sie im Pfarrhaus angekommen waren, gab ihr die Fremde den Brief, den sie Knockdunder fortgenommen hatte, drückte ihr dabei die Hand und fügte laut hinzu: «Hättet Ihr wohl die Güte, Madam, mir etwas Milch zu geben?»

«Und mir bitte einen Tropfen Branntwein», fügte Duncan hinzu.

Mrs. Butler entfernte sich, gab May Hettly und David den Auftrag, den Besuchern das Gewünschte zu bringen, und eilte sodann in ihr eigenes Zimmer, um den Brief zu lesen. Aufschrift und Einlage waren von der Hand des Herzogs von Argyle; er bat darin Mrs. Butler um günstige Aufnahme einer Dame von Rang, einer besonderen Freundin seines verstorbenen Bruders, Lady Staunton von Willingham, die ihren Aufenthalt einige Zeit in Roseneath nehmen würde, um auf ärztliche Anordnung Ziegenmolken zu trinken, während ihr Gemahl eine kleine Reise durch Schottland mache. Aber in demselben Umschlag, der Lady Staunton unversiegelt übergeben worden war, befand sich noch ein Brief der Lady selbst, worin sie ihre Schwester auf ihr Zusammentreffen vorbereiten wollte, welchen Brief diese ohne des Hauptmanns Nachlässigkeit am Abend zuvor erhalten hätte. Es hieß darin, auf die Nachricht in Jeanies letztem Brief hin habe ihr Mann sich entschlossen, selbst nach Carlisle zu gehen, um dort weitere Erkundigungen über das Geständnis der Murdockson und das Schicksal jenes armen, unschuldigen Wesens einzuziehen; da nun seine Bemühungen nicht ganz ergebnislos gewesen, habe sie durch inständiges Bitten und das Versprechen, strengstes Inkognito zu bewahren, die Erlaubnis von ihm erhalten oder eher erpreßt, einige Wochen bei ihrer Schwester oder in der Nachbarschaft zubringen zu dürfen, während er weitere Nachforschungen anstelle, von denen er (weniger sie selbst) sich einigen Erfolg verspräche.

Es war noch eine Nachschrift hinzugefügt, in der Jeanie gebeten wurde, die Art und Weise ihres Zusammenlebens ganz ihr – Lady Staunton – zu überlassen und allem zuzustimmen, was sie vorschlagen würde.

Als Mrs. Butler den Brief gelesen und wieder gelesen hatte, eilte sie die Treppe hinunter, schwankend zwischen der Furcht, ihr Geheimnis zu verraten, und dem Verlangen, ihrer Schwester um den Hals zu fallen. Effie empfing sie mit einem ebenso liebevollen wie warnenden Blick und begann sogleich zu sprechen.

«Ich habe Herrn – Hauptmann –, diesem Herrn hier eben gesagt, Mrs. Butler, daß ich, wenn Ihr mir ein Zimmer in Eurem Haus einräumen könntet und eine Kammer für Ellis und eine für die beiden Leute, viel lieber hier bleiben würde als in dem Hause zu Roseneath, das Seine Gnaden so freundlich war mir zur Verfügung zu stellen. Man hat mir geraten, dem Ort, wo die Ziegen weiden, so nahe wie möglich zu wohnen.»

«Ich habe der Lady versichert, Mrs. Butler», sagte Duncan, «daß es Euch zwar nicht sehr beschwerlich fallen würde, einen Gast Seiner Gnaden oder von mir aufzunehmen, daß sie aber besser in meinem Haus aufgehoben wäre; und was die Ziegen angeht, so können die Tiere ja herübergeholt werden, denn es schickt sich besser, daß die Ziegen der Lady aufwarten als sie ihnen.»

«Meinetwegen bemüht die Ziegen ja nicht», sagte Lady Staunton, «ich bin überzeugt, die Milch ist hier viel besser.» Sie warf das mit gelangweilter Nachlässigkeit hin, wie jemand, der gewohnt ist, daß vor der geringsten Andeutung seiner Laune jeder Widerspruch verstummt.

Mrs. Butler beeilte sich zu erwidern, daß ihr gesamtes Haus Lady Staunton zur Verfügung stehe. Aber der Hauptmann gab sich noch nicht zufrieden.

«Der Herzog», sagte er, «hat mir geschrieben...»

«Ich werde das alles schon mit Seiner Gnaden abmachen...»

«Und dann sind da die Sachen, die von Glasgow gekommen...»

Das Notwendigste könne ins Pfarrhaus herübergeschickt werden. Sie möchte Mrs. Butler um die Gefälligkeit bitten, ihr das Zimmer zu zeigen, und den Hauptmann, ihre Koffer und so weiter von Roseneath kommen zu lassen.

So fertigte sie kurzerhand den armen Duncan ab. Er ging fort, in innerster Seele beleidigt und heimlich fluchend: «Gott verdamme ihre englische Unverschämtheit! – Nimmt von des Pfarrers Haus Besitz, als wär's ihr eigenes, und spricht zu Edelmännern, als wären sie ihre Sklaven! – Und was tu ich nun mit dem Rehbock, den ich habe schießen lassen? – Ich will ihn ins Pfarrhaus schicken – das ist nicht mehr als billig, wo ich der würdigen Mrs. Butler solch ein launisches Weibsbild aufgehalst habe.» Und mit dieser löblichen Absicht ging er an den Strand, um entsprechende Befehle zu erteilen.

Inzwischen gestaltete sich das ungewöhnliche Zusammensein der beiden Schwestern ebenso rührend wie herzlich. Jede bezeigte ihre Gefühle auf die ihrem Wesen angemessene Weise. Jeanie, von Erstaunen und Verwunderung überwältigt, war still in sich gekehrt und wie betäubt. Effie hingegen weinte, lachte, schluchzte, schrie, klatschte vor Freude in die Hände – alles im Zeitraum von fünf Minuten – und gab sich so einmal rückhaltlos einem Ausbruch ihrer natürlichen Lebhaftigkeit hin, die sonst niemand besser als sie in den Schranken des äußeren Anstands zu halten wußte.

Nachdem ihnen über den Äußerungen ihrer wechselseitigen Zuneigung eine Stunde wie ein Augenblick vergangen war, bemerkte Lady Staunton den Hauptmann, wie er mit ungeduldigen Schritten unter dem Fenster auf und ab ging. «Da ist der lästige Hochlandnarr schon wieder», sagte sie.

«Ich werde ihn bitten, uns mit seiner Abwesenheit zu beglücken.»

«Ach nein, ach nein», rief Mrs. Butler in bittendem Ton, «du mußt den Hauptmann nicht beleidigen!»

«Beleidigen?» sagte Lady Staunton. «Niemand fühlt sich je durch das beleidigt, was ich sage oder tue, meine Liebe. – Aber wenn du meinst, will ich ihn ertragen.»

Demzufolge war Lady Staunton so gnädig, den Hauptmann zum Mittagessen einzuladen. Einen komischen Gegensatz bildete während dieses Besuchs die ungemeine Höflichkeit und Zuvorkommenheit, deren er sich gegenüber der Frau von Stand befleißigte, zu der vornehmen Herablassung und Vertraulichkeit, die er sich gegen die Pfarrersfrau erlaubte.

«Ich habe mit Mrs. Butler gesprochen», sagte Lady Staunton zum Hauptmann, als Jeanie einen Augenblick das Zimmer verlassen hatte, «sie will nichts davon hören, irgendeine Entschädigung dafür anzunehmen, daß ich ihr Haus gestürmt und mich darin so kurzerhand einquartiert habe.»

«Zweifellos, Madam», sagte der Hauptmann, «würde es sich für Mrs. Butler, die eine sehr anständige Person ist, nicht schicken, Geld von einer Dame zu verlangen, die ich bei ihr eingeführt habe oder Seine Gnaden, was dasselbe ist. – Aber da Mylady gerade von Einquartierung sprechen – im Jahre fünfundvierzig war ich einmal mit zwanzig meiner Burschen im Haus von Inver-Garry einquartiert, was mir beinahe schlecht bekommen wäre, denn ...»

«Verzeiht, Sir. Aber ich möchte gern wissen, wie ich die gute Frau am besten entschädigen könnte.»

«Oh, nicht nötig – ganz und gar nicht. Entschädigen – darüber brauchen sich Mylady keine Gedanken zu machen. – Also, ich war in dem Haus von Inver-Garry und das Volk umher in Aufruhr; ich gewärtigte das Schlimmste, und ...»

«Wißt Ihr vielleicht, Sir», begann Lady Staunton wieder,

«ob einer der beiden Knaben, dieser jungen Butler, meine ich, Neigung für den militärischen Stand hat?»

«Kann ich wirklich nicht sagen, Mylady», erwiderte Knockdunder. «Also, ich wußte, daß das Volk unberechenbar und ihm nicht zu trauen war; plötzlich höre ich einen Dudelsack im Wald – ich sage meinen Burschen, sie sollen ihre Gewehre bereithalten, und da...»

«Denn», unterbrach ihn Lady Staunton unbarmherzig mitten in der schönsten Schilderung, «wenn es der Fall sein sollte, so würde es Sir George nur eine Bitte beim Kriegsministerium kosten, einem von ihnen ein Fähnlein zu verleihen, da wir stets zur Regierung gehalten haben und den Ministern niemals beschwerlich gewesen sind.»

«Wenn es Mylady gefällig ist», sagte Duncan, der Geschmack an dem Vorschlag zu finden begann, «da habe ich einen braven, wohlgewachsenen Burschen von Neffen – er heißt Duncan MacGilligan –, der ist so dick wie die beiden Butler-Burschen zusammen, und da könnte Sir George gleich ein Fähnlein für ihn mit erbitten – das wäre ein Aufwaschen.»

Lady Staunton antwortete auf dieses Ansinnen nur mit einem vornehmen, nicht sehr ermutigenden Blick.

Jeanie, die wieder eingetreten war, verlor sich im Anschauen ihrer Schwester. Gar nicht genug konnte sie sich verwundern über den Unterschied zwischen dem hilflosen und verzweifelten Mädchen, das sie einst in Erwartung eines gewaltsamen und schmählichen Todes auf einem Strohlager im Kerker und zuletzt als eine unglückliche Landesverwiesene auf dem mitternächtigen Strand gesehen hatte, und dieser schönen, gebildeten, vornehmen Frau vor ihr. Nun, da ihre Schwester den Schleier abgelegt hatte, zeigten sich ihre Züge viel weniger verändert als die ganze Art ihres Betragens – ihrer Gebärden, Blicke und Sprechweise. Dem Äußeren nach erschien Lady Staunton ein zu gelassenes, heiteres Geschöpf, als daß sie jemals irgendwelchen Kummer gehabt haben konnte; sie schien so sehr daran gewöhnt, daß all ihre Launen von ihrer Umgebung befriedigt wurden, daß es war, als erwarte sie, man solle ihr sogar die Mühe ersparen, sie zu äußern; der Gedanke, daß man ihr widersprechen könne, schien ihr so fern zu liegen, daß sie nicht einmal für nötig hielt, ihrer Stimme Nachdruck zu verleihen, um ihren Willen durchzusetzen, da einen Wunsch nur zu hauchen hinreichte, ihn erfüllt zu sehen. So machte sie keine Umstände, sich Duncans zu entledigen, sobald der Abend herannahte, sondern verabschiedete ihn unter dem Vorgeben, daß sie müde wäre, mit der größten Nonchalance.

Als sie allein waren, konnte ihre Schwester nicht umhin, ihrer Verwunderung über die Selbstbeherrschung Ausdruck zu geben, womit Lady Staunton ihre Rolle spielte.

«Ich glaube wohl, daß du darüber erstaunt bist», sagte Lady Staunton ruhig, «denn du, meine liebe Jeanie, bist von deiner Wiege an die Wahrheit selbst gewesen; aber du mußt bedenken, daß ich seit fünfzehn Jahren eine Lügnerin bin und daher nachgerade an meine Rolle gewöhnt sein muß.»

In der Tat fand Mrs. Butler in dem fieberhaften Aufruhr der Gefühle während der ersten zwei oder drei Tage das Betragen ihrer Schwester völlig dem verzagten Ton widersprechend, der in ihren Briefen vorherrschte. Der Anblick des Grabes ihres Vaters mit dem schlichten Stein, der seine Gottesfurcht und Redlichkeit rühmte, rührte sie freilich zu Tränen, doch weniger ernsten Eindrücken gab sie sich ebensoleicht hin. So vergnügte sie sich damit, die Meierei zu besuchen, in der sie früher so lange geholfen hatte, und war nahe daran, sich May Hettly durch ihre Kenntnis des berühmten Rezepts für Dunlop-Käse zu verraten, so daß sie sich selbst mit Bedreddin Hassan verglich, den der Wesir, sein Schwiegervater, an seiner hervorragenden Kunst erkannte, Kremtorte mit Pfeffer darin zu backen. Als jedoch die Neuheit solcher Zerstreuungen sie nicht länger vergnügte, wurde ihre Schwester nur zu deutlich gewahr, daß der glänzende Flitter, womit sie ihr Unglück umkleidete, ihr ebensowenig wahren Trost gewährte wie dem Soldaten die bunte Uniform, die seine Todeswunde verhüllt. Es gab Augenblicke und Stimmungen, in denen ihre Verzweiflung sogar die in ihren Briefen geschilderte überstieg und die Mrs. Butler nur allzusehr davon überzeugten, daß das Los ihrer Schwester, so glänzend es nach außen hin erschien, in Wirklichkeit wenig zu beneiden war.

Aus einer Quelle jedoch schöpfte Lady Staunton ein reines Vergnügen. In jeder Hinsicht mit einem höheren Grad von Einbildungskraft begabt als ihre Schwester, gewährten die Schönheiten der Natur ihr jenen köstlichen Genuß, der solche, die seiner fähig sind, für viele Leiden schadlos hält. Hier spielte sie nicht mehr ihre Rolle als feine Dame und schrie keineswegs

> «in jedem Tal und jeder Kluft so laut,
> als hätte sie leibhaft den Troll geschaut».

Im Gegenteil unternahm sie mit den beiden Knaben als Führern lange, ermüdende Wanderungen in das benachbarte Gebirge, um Schluchten, Seen, Wasserfälle oder sonstige schöne und wunderbare Schauplätze aufzusuchen, die in seinen Abgeschiedenheiten verborgen lagen. Es ist Wordsworth, glaube ich, der, von einem alten, mühsalbeladenen Mann erzählend, mit großer Menschenkenntnis bemerkt:

> ... ob es die Sorge war, die so ihn spornte,
> weiß Gott allein; indes zu guter Letzt
> war er der schnellste Mann in Ennerdale.

Ebenso ging es Lady Staunton. So gelangweilt, unlustig und unglücklich, ja bis zur Ungezogenheit unzufrieden mit dem bescheidenen Komfort im Haus ihrer Schwester sie sich wohl sonst zeigte (obgleich sie solche Ausbrüche ihrer schlechten Laune sogleich durch tausend Zärtlichkeiten wiedergutzumachen bemüht war), so frisch und munter fühlte sie sich im Freien, wenn sie das Gebirge durchstreifte, begleitet von den beiden Knaben, die sie mit Erzählungen von dem ergötzte, was sie in anderen Ländern gesehen hatte und was sie ihnen im Herrenhaus von Willingham würde zeigen können. Sie ihrerseits bemühten sich, die freundliche Lady mit den schönsten Gegenden von Dumbartonshire bekannt zu machen, und es gab kaum eine Schlucht in den benachbarten Bergen, in die sie ihren Besuch nicht führten.

Auf einem dieser Ausflüge diente David allein Lady Staunton als Führer, da Reuben anderweitig beschäftigt war. Er versprach, ihr im Gebirge einen Wasserfall zu zeigen, der größer und höher sei als alle, die sie bisher besucht hätten. Es war ein Weg von fünf langen Meilen und sehr beschwerlich. Doch verkürzten und erheiterten ihn wechselnde Aus- und Durchblicke bald auf den Meerbusen und seine Inseln, bald auf verschiedene Seen, bald in die Abgründe der Felsen. Der Anblick des Wasserfalls selbst, als sie ihn erreichten, entschädigte sie reichlich für die Mühseligkeit des Weges. In einem einzigen Strahl stürzte ein mächtiger Strom über die Wand eines schwarzen Felsens, gegen dessen Farbe sich der weiße Schaum des Falls kräftig abhob. Ein anderer Felsen in einer Tiefe von etwa zwanzig Fuß hinderte den Blick des Beschauers, bis zum Grund des Falls zu dringen. Das Wasser wälzte sich unten um den Vorsprung herum und stürzte schäumend in die felsige Schlucht hinab. Wer die Natur liebt, wünscht, in ihre innersten Tiefen zu dringen, und Lady Staunton fragte daher David, ob man nicht von irgendeiner anderen Stelle aus den Abgrund selber sehen könne, in den sich das Wasser ergösse. Er sagte, daß er einen Vorsprung an der Wand des unteren Felsens wisse, von dem aus der ganze Wasserfall zu sehen wäre, aber der Weg dahin sei steil, schlüpfrig und nicht ungefährlich. Entschlossen jedoch, ihre Neugier zu befriedigen, forderte sie ihn auf, sie dahin zu führen; so ging er denn über Felsplatten und -trümmer voran, ihr fürsorglich die Stellen zeigend, wo sie sicher auftreten könne, denn bald mußten sie mehr klettern als gehen, um weiterzukommen.

Endlich, sich wie Seevögel an den Felsen klammernd, hatten sie ihn umgangen und standen nun gerade vor dem Wasserfall, der hier einen höchst furchterregenden Anblick bot, wie er in unaufhörlichem Tosen dampfend, brausend und donnernd aus einer Höhe von mindestens 100 Fuß in einen schwarzen Kessel fiel, der dem Krater eines Vulkans ähnelte. Das Getöse, der Sprühregen, der allem ringsum ein schwankendes Aussehen gab, das Zittern des gewaltigen Felsens selber, auf dem sie sich befanden, die Unsicherheit ihres Standorts, da die Felsplatte kaum Raum genug zum Stehen bot, all das wirkte so gewaltig auf die Einbildungskraft und die Sinne Lady Stauntons, daß sie David zurief, sie falle, und wirklich von dem Felsen gestürzt wäre, hätte er sie nicht festgehalten. Der Knabe war für sein Alter kühn und kräftig – aber er war erst vierzehn Jahre alt, sein Beistand flößte Lady Staunton kein Vertrauen ein, und sie fühlte, daß ihre Lage gefährlich werde. Wie leicht konnte er in dieser ungewohnten Umgebung von ihrer Angst angesteckt und selbst schwindlig werden – und dann war es um sie beide geschehen. Sie schrie laut um Hilfe, obgleich sie kaum Hoffnung hatte, daß jemand sie hören und zu ihrem Beistand herbeieilen könne. Zu ihrem Erstaunen jedoch wurde der Schrei durch einen schrillen Pfiff von oben beantwortet, so durchdringend, daß er selbst noch durch den Lärm des Wasserfalls zu vernehmen war.

In diesem Augenblick des Schreckens und der Verblüffung schaute aus einer Felsspalte über ihnen ein menschliches Gesicht auf sie herab – es war dunkel, fast schwarz, und grauschwarzes, struppiges, verfilztes Haar hing ihm über Stirn und Wangen, sich mit einem Bart von derselben Farbe mischend, der ebenso struppig und verfilzt war.

«Das ist der Teufel!» sagte der Knabe zitternd und kaum noch imstande, Lady Staunton zu stützen.

«Nein, nein», rief sie, der Furcht vor übernatürlichen

Schrecknissen weniger zugänglich und ihre Geistesgegenwart, deren sie durch die Gefährlichkeit ihrer Lage vorübergehend beraubt worden war, wiedergewinnend, «es ist ein Mensch! – Um Gottes willen, guter Freund, helft uns!»

Das Gesicht starrte sie an, antwortete aber nicht. Einen Augenblick darauf erschien noch ein anderes, das eines jungen Burschen, neben dem ersten, gleichfalls rußgeschwärzt und mit verfilztem schwarzem Haar, das jedoch in langen Locken herabhing, was ihm ein wildes und grimmiges Ansehen gab. Lady Staunton wiederholte ihre Bitte, indem sie sich fest an den Felsen klammerte, da sie merkte, daß die abergläubische Furcht ihres Führers ihn unfähig machte, sie länger zu stützen. Ihre Worte wurden wahrscheinlich von dem Brausen des Gewässers verschlungen, denn auch von der Antwort, die ihr der Jüngere augenscheinlich gab – sie sah, daß er die Lippen bewegte –, erreichte kein Wort ihr Ohr.

Es schien jedoch, als habe er ihre Bitte verstanden – und tatsächlich konnte sie aus ihren Gebärden und ihrer Lage leicht erraten werden. Er verschwand einen Augenblick und ließ gleich darauf eine etwa acht Fuß lange Leiter von geflochtenen Weidenzweigen herunter; dann machte er David Zeichen, sie festzuhalten, während die Lady hinaufstieg. Verzweiflung verleiht Mut. Lady Staunton zögerte in ihrer gefährlichen Lage nicht, das primitive Hilfsmittel zu ihrer Rettung zu benutzen, und sorgsam unterstützt von dem, den ihr die Vorsehung zum Beistand geschickt zu haben schien, erreichte sie wohlbehalten den Gipfel des Felsens. Sie blickte jedoch nicht eher um sich, als bis sie ihren Neffen leicht und behend ihrem Beispiel folgen sah, obgleich jetzt niemand die Leiter unten festhielt. Als sie ihn in Sicherheit wußte, schaute sie um sich und konnte sich nicht enthalten, über den Ort und die Gesellschaft, in der sie sich befand, zu schaudern.

Eine Art Felsplateau hatte sie aufgenommen, rings von Abgründen oder überhängenden Klippen umgeben und nicht leicht aufzuspüren, da es von allen Seiten her unzugänglich schien. Es war teilweise von einem ungeheuren Felsstück bedeckt, das von den oberen Klippen gefallen und von anderen im Sturz aufgehalten worden war, so daß es ein schräges Dach für den hinteren Teil der breiten Felsplatte bildete, auf der sie standen. Ein Haufen dürrer Blätter und Moos, der unter diesem elenden, rohen Obdach ausgebreitet war, stellte offenbar das Lager – denn ein Bett konnte man es nicht nennen – derjenigen vor, die in diesem Horst, er verdiente ebenfalls keinen besseren Namen, hausten. Zwei Bewohnern dieses Felsennestes sah sich Lady Staunton gegenüber. Einer, derselbe, der ihr so rechtzeitig zur Hilfe gekommen war, stand aufrecht vor ihr, ein hoch aufgeschossener, schlanker junger Wilder. Er trug einen zerlumpten Schottenmantel und den kurzen Schottenrock, keine Schuhe, keine Strümpfe und weder Hut noch Mütze; diese ersetzte sein dichtes, lockiges Haar, das wie der glibbe der alten wilden Iren eine natürliche Kappe bildete, stark genug, einen Schwerthieb abzuhalten. Die Augen des Burschen waren feurig und kühn, seine Haltung frei und edel wie die aller Wilden. Er beachtete David Butler kaum, gaffte vielmehr Lady Staunton verwundert an wie ein Wesen, das wahrscheinlich an Schönheit und Kleiderpracht allem überlegen war, was er bisher gesehen hatte.

Der Alte, dessen Gesicht sie zuerst gewahrt hatten, lag noch in derselben Stellung, wie er auf sie herabgeblickt hatte; nur hatte er jetzt sein Gesicht ihnen zugekehrt und sah mit einem gleichgültigen, schläfrigen Blick, der den sonstigen Ausdruck seiner finsteren und wilden Züge Lügen strafte, zu ihnen auf. Er schien ein ungewöhnlich großer Mann zu sein, war aber kaum besser gekleidet als der jüngere. Er trug einen weiten unterländischen Mantel und eine zerlumpte karierte Hose.

Alles ringsum sah sonderbar wild und unheimlich aus. Unter dem Schirmdach des überhängenden Felsens brannte ein Steinkohlenfeuer, auf dem ein Brennkolben dampfte.

Ein Blasebalg, Zangen, Hämmer, ein tragbarer Amboß und andere Schmiedewerkzeuge lagen oder standen daneben. Drei Flinten, einige Säcke und Fässer waren unter dem Dach des überhängenden Felsens an die Felswand gelehnt. Ein Dolch, zwei Schwerter und eine Lochaber-Axt lagen hier und da verstreut um das Feuer, dessen Glut einen rötlichen Schein auf den nebligen Gischt des Wasserfalls warf.

Als der junge Wilde seine Neugier befriedigt und Lady Staunton lange genug angestarrt hatte, holte er einen Hornbecher und einen irdenen, mit Branntwein gefüllten Krug. Er goß etwas von dem Getränk, das augenscheinlich erst eben in dem Kolben gebrannt worden und noch heiß war, in den Becher und bot ihn erst der Lady und dann dem Knaben an. Beide dankten, worauf der junge Wilde selbst den Becher, der etwa das Fassungsvermögen von drei gewöhnlichen Trinkgläsern besaß, in einem Zug leerte. Er holte dann eine andere Leiter aus einem Winkel der Höhle, wenn man sie so nennen konnte, lehnte sie gegen den überhängenden Felsen, der als Dach diente, und gab, während er sie unten festhielt, der Lady ein Zeichen, hinaufzusteigen. Sie tat es und fand sich auf dem Gipfel eines breiten Felsens, nahe am Rand der Schlucht, in die der Fluß sich hinabstürzte. Sie sah, wie der Gischt gleich der Mähne eines wilden Pferdes den Felsen umflog, doch war die untere Felsplatte, von der sie heraufgestiegen waren, nicht mehr zu erblicken.

David wurde das Heraufsteigen nicht so leicht gemacht; der Bursche rüttelte aus Übermut oder Schadenfreude die Leiter ziemlich heftig, als er hinaufstieg, und schien sich an dem Schreck des jungen Butler zu weiden, so daß sie sich nicht mit sehr freundlichen Augen betrachteten, als sie beide oben waren. Keiner aber sprach ein Wort. Der junge Zigeuner oder Kesselflicker, oder was er sonst sein mochte, half Lady Staunton sehr achtsam noch eine weitere gefährliche Höhe zu ersteigen, und David Butler folgte ihnen, bis sie alle drei jenseits des Wasserfalls auf dem Gipfel eines Berges anlangten, dessen Abhänge mit Heidekraut und Schiefer bedeckt waren. So eng war die Kluft, der sie entstiegen waren, daß nur, wenn man ganz nahe an den Rand trat, der gefährliche Abgrund zu bemerken war; den Wasserfall sah man hier nicht mehr, man hörte nur sein dumpfes Rauschen.

Der Gefahr, die von dem Felsen und dem Fluß drohte, glücklich entgangen, hatte Lady Staunton jetzt einen neuen Grund zur Angst. Ihre beiden Führer standen einander mit zornigen Mienen gegenüber; denn David, obgleich wenigstens zwei Jahre jünger und viel kleiner als der andere Bursche, war ein stämmiger, kräftiger und sehr mutiger Junge.

«Du bist der Sohn des Schwarzrocks von Knocktarlitie», sagte der junge Zigeuner, «wenn du wieder hierherkommst, werfe ich dich dort in den Wasserkessel hinunter wie einen Ball.»

«Ei, Bursche, du bist ja mächtig kurz angebunden für einen so langen Kerl», versetzte der junge Butler unerschrocken und maß den Gegner von oben bis unten mit keckem Blick, «du gehörst gewiß zur Bande des Schwarzen Donacha; wenn ihr wieder aus eurer Höhle herunterkommt, schießen wir euch tot wie wilde Böcke.»

«Sag deinem Vater nur», erwiderte der Bursche, «er hat die Bäume zum letztenmal grün werden sehen – wir wollen Rache nehmen für den Schaden, den er uns getan hat.»

«Ich hoffe, er wird noch viele Sommer erleben und euch noch manchen Schaden tun», antwortete David.

Es wäre vielleicht zu Tätlichkeiten gekommen, wenn Lady Staunton nicht schnell zwischen die beiden getreten wäre. Sie zog ihre Börse, nahm eine Guinee heraus und bot sie dem Zigeunerknaben. Das durchsichtige Netz enthielt auf der einen Seite das Gold, auf der anderen schimmerte Silbergeld hervor.

«Das weiße Geld, Frau – das weiße Geld», rief der junge Wilde, dem der Wert des Goldes wahrscheinlich unbekannt war.

Lady Staunton schüttete ihm alles Silber, das in der Börse war, in die Hand; er griff gierig danach und machte eine Art halber Verbeugung, gleichzeitig zum Abschied wie als Dank.

«Wir müssen uns nun sputen, Lady Staunton», sagte David, «sie werden uns nicht in Frieden lassen, wo sie Eure Börse gesehen haben.»

Sie eilten so schnell wie möglich den Abhang des Berges hinunter, waren aber kaum einige hundert Schritte weit gekommen, als sie ein lautes Hallo hinter sich hörten und den alten und den jungen Zigeuner sie mit großer Hast verfolgen sahen, jenen mit einer Flinte auf der Schulter. Zum Glück erschien in diesem Augenblick ein Jäger, ein Wildhüter des Herzogs, der hinter einem Hirsch her war, auf der Höhe des Berges. Die Banditen standen still, als sie ihn sahen, und Lady Staunton eilte, sich unter seinen Schutz zu stellen. Er geleitete sie bereitwillig heim, und es bedurfte seiner hünenhaften Gestalt und seiner geladenen Flinte, um der Lady ihren gewohnten Gleichmut und ihre Zuversicht wiederzugeben.

Donald lauschte mit würdevollem Ernst dem Bericht ihres Abenteuers und antwortete mit großer Bedächtigkeit auf Davids wiederholte Fragen, ob er Verdacht gehabt habe, daß die Zigeuner dort gelauert hätten: «In der Tat, mein Junge, vielleicht hatte ich einigen Verdacht, daß sie dort oder da herum seien – vielleicht hatte ich auch keinen. Aber ich bin oft im Gebirge, und sie sind wie die Wespen – sie stechen nur die, die sie reizen; darum tue ich für meinen Teil, als sähe ich sie nicht, wenn's mir nicht ausdrücklich von MacCallummore oder Knockdunder geboten wird, Jagd auf sie zu machen – das ist dann was anderes.»

Erst spät erreichten sie das Pfarrhaus; und Lady Staunton, die sowohl von der ausgestandenen Angst wie der Anstrengung erschöpft war, ließ sich von ihrer Liebe zu den romantischen Schönheiten der Natur nie wieder so weit in das Gebirge verlocken, wenn nicht eine stärkere Schutzwache als David sie begleiten konnte, obgleich sie anerkannte, er habe sich unerschrocken wie ein Krieger benommen, sobald er sicher war, daß er es nur mit einem irdischen Widersacher zu tun hatte.

«Ich hätte vielleicht nicht viel gegen die lange Latte ausgerichtet», sagte David, als sie ihn wegen seiner Tapferkeit lobte, «doch wenn man mit solchen Kerlen zu schaffen hat, heißt es: ‹Mut verloren, alles verloren›.»

51. Kapitel

Was seht Ihr dort,
das Euch so schwach macht und das Blut verjagt
aus Eurem Antlitz?

Heinrich V.

Wir müssen nach Edinburgh zurückkehren, wo jetzt die Generalversammlung tagte. Es ist gebräuchlich, daß aus dem schottischen Adel ein sogenannter Hoher Kommissar erwählt wird, der den Sitzungen als Stellvertreter des Königs beiwohnt; als solcher erhält er bestimmte Aufwandsgelder, um durch ein gewisses äußeres Gepränge und eine weitgehende Gastfreiheit Seine Majestät würdig zu vertreten. Alle, die in der Hauptstadt oder der Umgebung durch Amt oder Rang ausgezeichnet sind, ermangeln nicht, dem Hohen Kommissar morgens ihre Aufwartung zu machen und ihn zu begleiten, wenn er sich in feierlichem Zuge zu den Sitzungen begibt.

Der Edelmann, der gegenwärtig dieses Amt innehatte, war zufällig ein guter Bekannter Sir George Stauntons, und in seinem Gefolge wagte dieser zum erstenmal wieder seit der verhängnisvollen Nacht, in der Porteous hingerichtet worden war, die High Street in Edinburgh zu betreten. Die stattliche Gestalt des schönen, obwohl etwas kränklich aussehenden Fremden aus England, der in seinem prächtigen gold- und silbergestickten und mit Spitzen verzierten Gewand und sonstigem von seinem Rang und Reichtum zeugenden Schmuck zur Rechten des Vertreters Seiner Majestät einherschritt, zog aller Augen auf sich. Wer hätte in einer so aristokratischen Gestalt den plebejischen Missetäter wiedererkennen können, der einst, in Madge Wildfires Lumpen gehüllt, einen Pöbelhaufen auf seinem Rachezug angeführt hatte? Es war ganz unmöglich, daß dies hätte geschehen können, selbst wenn einer seiner alten Bekannten – ein kurzlebiger Menschenschlag – die Spanne Zeit überlebt haben sollte, die Übeltätern gewöhnlich vergönnt ist. Außerdem war die ganze Geschichte mitsamt den leidenschaftlichen Antrieben, die sie hervorgebracht hatten, so gut wie vergessen. Es steht unbezweifelbar fest, daß Personen, die an jenem schrecklichen Aufruhr teilgenommen hatten und daraufhin aus Schottland hatten fliehen müssen, im Ausland aber inzwischen reich geworden und in ihr Vaterland zurückgekehrt waren, um ihr Vermögen dort zu verzehren, vom Gesetz unbehelligt hier lebten und starben.* Diese Nachsicht der Obrigkeit war zweifellos klug und richtig; denn was für einen guten Eindruck auf die Öffentlichkeit hätte eine Bestrafung machen können, wenn die Erinnerung an das Verbrechen geschwunden war und die Menge nur eines sah: die gegenwärtig untadlige oder vielleicht sogar musterhafte Aufführung des Verbrechers?

Sir George Staunton durfte daher den Schauplatz seiner früheren verwegenen Taten betreten, ohne eine Verhaftung oder selbst eine Entdeckung oder Verdächtigung fürchten zu müssen. Aber wie in diesem Augenblick sein Herz schlug und was er empfand, das sich vorzustellen muß dem Leser überlassen bleiben. Es war eine Angelegenheit von nicht geringer Bedeutung, die ihn vermocht hatte, sich so vielen peinvollen Erinnerungen zu stellen.

Auf Jeanies Brief an Lady Staunton hin, worin sie ihr das Geständnis der Murdockson übermittelte, hatte er sich nach Carlisle begeben und dort den Erzdekan Fleming, dem sie

* s. Arnots Kriminalprozesse, 4. Ausgabe S. 235.

gebeichtet hatte, noch am Leben gefunden. Diesem in verdienter Achtung stehenden ehrwürdigen Mann hatte er entdeckt, er sei der Vater des unglücklichen Kindes, das von Madge Wildfire beiseite geschafft worden wäre – wobei er den ganzen Handel als eine jugendliche Unbesonnenheit seinerseits hinstellte, die er nun soviel wie möglich wiedergutmachen wolle, indem er dem Verbleib des Kindes nachforsche. Nachdem der Geistliche sich die Angelegenheit wieder ins Gedächtnis zurückgerufen und der verschiedenen Umstände erinnert hatte, besann er sich, daß die Unglückliche einen Brief an Seine Wohlgeboren George Staunton den Jüngeren, im Pfarrhaus Willingham, Post Grantham, geschrieben habe; daß er selbst diesen Brief an seine Adresse befördert, ihn jedoch von Hochwürden Mr. Staunton, Pfarrer von Willingham, mit dem Vermerk zurückerhalten habe, eine Person dieses Namens kenne er nicht. Da dies gerade zu der Zeit geschehen war, als George zum letztenmal das Haus seines Vaters verlassen hatte, um Effie zu entführen, so konnte er sich leicht zusammenreimen, weshalb sein erzürnter Vater ihn verleugnet hatte. Hier zeigte sich erneut, daß seine Unbeherrschtheit sein Unglück verursachte: wäre er nur einige Tage länger in Willingham geblieben, so hätte er Margaret Murdocksons Brief erhalten, worin die Frau Annaple Bailzou, der sie das Kind übergeben hatte, und ihre Schlupfwinkel genau angegeben und beschrieben waren. Es schien, daß Meg Murdockson zu ihrem Geständnis weniger durch ein Gefühl der Reue bewogen worden war als vielmehr durch den Wunsch, von George Staunton oder seinem Vater Schutz und Unterhalt für ihre Tochter Madge zu erlangen. Ihr Brief an George Staunton besagte, daß, solange sie – die Schreiberin – am Leben gewesen sei, ihre Tochter nichts von irgend jemandem hätte annehmen brauchen und daß sie sich in diese Geschichten nur deshalb eingelassen habe, um George das Unheil heimzuzahlen, das er ihr und ihrer Tochter zugefügt habe. Aber sie müsse nun sterben, und ihre Tochter, die sich nicht selbst raten könne, würde dann schutz- und hilflos zurückbleiben. Sie habe lange genug in der Welt gelebt, um zu wissen, daß die Menschen nichts umsonst täten – so hätte sie denn George Staunton alles erzählt, was er über sein Kind zu wissen wünschen könne, in der Hoffnung, er werde nicht zulassen, daß die arme Verrückte, die er zugrunde gerichtet habe, elend umkomme. Was das anlange, daß sie nicht früher gesprochen habe, so hätte sie in der anderen Welt über vieles Rechenschaft abzulegen und würde es auch dafür tun.

Der Geistliche sagte, daß die Alte bis zuletzt in ihrem unbußfertigen Zustand verharrt habe. Gelegentlich habe sie zwar das verlorene Kind bedauert, aber noch mehr beklagt, daß dessen Mutter nicht gehängt worden sei – ihr Gemüt sei ein einziges Gewirr von Schuldbewußtsein und Wut sowie Angst um das künftige Schicksal ihrer Tochter gewesen, jenes instinktive Gefühl mütterlicher Sorge um ihre Brut, das sie mit der Wölfin und Löwin gemein hatte und das der letzte Schatten der Zuneigung und Liebe war, die in einer ebenso wilden Brust lebte.

Das traurige Ende Madge Wildfires war dadurch veranlaßt worden, daß sie die allgemeine Verwirrung bei der Hinrichtung ihrer Mutter benutzt hatte, um aus dem Arbeitshaus, in das der Geistliche sie geschickt hatte, zu entweichen, wobei sie der wütenden Menge in die Hände gefallen und auf die uns schon bekannte Weise umgekommen war.

Als Dr. Fleming den Brief der Missetäterin von Lincolnshire zurückerhalten hatte, schrieb er an einen Freund in Edinburgh und bat ihn, dem Schicksal des unglücklichen Mädchens nachzuforschen, dessen Kind gestohlen worden war; er erhielt von seinem Korrespondenten die Nachricht, daß sie begnadigt worden sei und sich mit ihren Angehörigen in eine entlegene Gegend Schottlands zurückgezogen oder das Königreich ganz verlassen habe. Hier nun war die Angelegenheit zum Stillstand gekommen, bis der Geistliche auf Sir George Stauntons Bitte aus seinen Papieren Margaret Murdocksons zurückgekommenen Brief und weitere von ihm aufgehobene hierauf bezügliche Schriftstücke heraussuchte.

Welches auch Sir George Stauntons Empfindungen sein mochten, als er diese traurige Geschichte und besonders das jammervolle Ende des unglücklichen Mädchens vernahm, das er zugrunde gerichtet hatte, so besaß er doch noch so viel von seinem alten Eigensinn und seiner Selbstsucht, seine Augen vor allem zu verschließen, was ihm nicht die Aussicht eröffnete, seinen Sohn wiederzufinden. Es würde freilich schwierig werden, ihn anzuerkennen, ohne mehr von der Geschichte seiner Geburt und den Schicksalen seiner Eltern bekanntzumachen, als ratsam war. Aber wenn er nur erst einmal gefunden und, sobald dies geschehen, des Schutzes seines Vaters für würdig befunden war, so gab es viele Wege, ein solches Wagnis zu vermeiden. Sir George Staunton stand es frei, ihn als Erben zu adoptieren, wenn es ihm beliebte, ohne daß er das Geheimnis seiner Geburt preiszugeben brauchte, oder er konnte einen Gerichtsbeschluß erwirken, der ihn für legitim erklärte und ihm erlaubte, Namen und Wappen seines Vaters zu führen. Tatsächlich war er nach schottischem Recht schon durch die nachfolgende Heirat seiner Eltern legitimiert. Eigensinnig in allem, was er wollte, war es jetzt Sir Georges einziger Wunsch, diesen Sohn vor sich zu sehen, selbst wenn aus seiner Auffindung neues Unheil entstehen sollte, ebenso schrecklich wie jenes, das seinem Verlust gefolgt war.

Allein wo war der Jüngling, der gegebenenfalls die Güter und Würden dieses alten Geschlechts erben sollte? Auf welcher Heide wanderte er und in welcher Hülle verkleidet? Erwarb er seinen kärglichen Unterhalt in mühsamer Arbeit als Handwerker, kleiner Händler oder durch Diebstahl und Raub? Hierüber konnte Sir George trotz sorgfältigster Nachforschungen kein Licht erhalten. Viele erinnerten sich daran, daß Annaple Bailzou als Bettlerin und Wahrsagerin durch das Land gewandert sei – manche meinten auch, daß man sie in den Jahren 1737 oder 1738 mit einem Kind gesehen habe; allein schon seit zehn Jahren war sie nicht mehr in jener Gegend gewesen, sie sollte gesagt haben, sie ginge in ein entlegenes Gebiet Schottlands, woher sie gebürtig sei. Sir George Staunton kam daher nach Schottland, wo er sich von seiner Frau in Glasgow trennte; und da seine Ankunft in Edinburgh zufällig mit der Sitzung der Generalversammlung der Kirche zusammentraf, zwang ihn seine Bekanntschaft mit dem Edelmann, der das Amt des Hohen Kommissars innehatte, sich mehr in der Öffentlichkeit zu zeigen, als es in seiner Absicht gelegen hatte und ihm lieb war.

Gelegentlich eines Gastmahls bei jenem Edelmann saß Sir George Staunton neben einem Geistlichen von würdigem Aussehen und wohlgesittetem, wenngleich schlichtem Betragen. Er hörte, sein Name sei Butler. Es war niemals Sir Georges Absicht gewesen, seinen Schwager ins Vertrauen zu ziehen, und es hatte ihn immer außerordentlich befriedigt, wenn seine Frau ihm versicherte, Mrs. Butler, die Aufrichtigkeit und Redlichkeit selbst, habe das, was er ihr im Pfarrhaus von Willingham gestanden hatte, niemandem weitererzählt, auch nicht ihrem Mann. Aber es war ihm nicht unangenehm, daß sich ihm hier eine Gelegenheit bot, mit einem so nahen Verwandten zu sprechen, ohne von ihm gekannt zu sein, und sich ein Urteil über seinen Charakter und seinen Verstand zu bilden. Was er sah, und noch mehr, was er hörte, gab ihm die günstigste Meinung von Butler. Er fand ihn allgemein geachtet, sowohl von seinen geistlichen Kollegen wie den Laien, die Sitz und Stimme in der Versammlung hatten. Mehrmals hatte er das Wort ergriffen und sich dabei durch Einsicht, Klarheit und Urteilsfähigkeit ausgezeichnet; auch rühmte man ihm nach, er sei ein ebenso gehalt- wie kraftvoller Kanzelredner.

Dies alles befriedigte Sir George Staunton sehr, dessen Stolz sich bei dem Gedanken verletzt gefühlt hatte, daß die Schwester seiner Frau in so untergeordnetem Stand verheiratet war. Er begann nun im Gegenteil diese Verwandtschaft mit viel günstigeren Augen anzusehen als bisher und dachte, wenn die Auffindung seines Sohnes es notwendig machen sollte, sie anzuerkennen, so würde es gar nicht übel klingen, zu sagen, daß Lady Staunton eine Schwester habe, die durch das unglückliche Geschick ihrer Familie gezwungen worden sei, einen schottischen Geistlichen zu heiraten, der jedoch in großer Achtung bei seinen Landsleuten stehe und eine Säule der Kirche sei.

Als die Gesellschaft aufbrach, lud Sir George Staunton darum Butler unter dem Vorwand, ihn noch einiges über die Verfassung der Schottischen Kirche fragen zu wollen, dazu ein, ihn nach seiner Wohnung auf dem Lawnmarket zu begleiten und eine Tasse Kaffee mit ihm zu trinken. Butler willigte unter der Bedingung ein, daß Sir George ihm erlaube, unterwegs im Haus eines Bekannten vorzusprechen, bei dem er wohne, und sich zu entschuldigen, daß er nicht zum Tee kommen würde. Sie gingen durch die High Street, bogen in die Krames ein und kamen an der Almosenbüchse vorbei, die aufgestellt war, um jene, die so glücklich sind, die Freiheit zu genießen, an die Not der armen Gefangenen zu erinnern. Sir George blieb einen Augenblick hier stehen, und am nächsten Tag fand man eine Zwanzig-Pfund-Note in dem Behältnis für die öffentliche Mildtätigkeit.

Als er Butler wieder einholte, fand er ihn, die Augen auf den Eingang des Tolbooth gerichtet, in tiefes Sinnen versunken.

«Das scheint ein sehr starkes Tor zu sein», sagte Sir George, um irgend etwas zu sagen.

«Jawohl, Sir», sagte Butler, sich abwendend und weitergehend, «doch war es einst mein Mißgeschick, es viel zu schwach zu finden.»

In diesem Augenblick fiel sein Blick zufällig auf seinen Begleiter, und er fragte ihn, ob er sich nicht wohl befinde; Sir George Staunton gab zu, daß er so töricht gewesen sei, Eis zu essen, was ihm manchmal nicht bekomme. Mit freundlicher Dienstwilligkeit, die keinen Widerspruch duldete, nötigte Butler Sir George in das Haus seines Bekannten in der Nähe des Gefängnisses, wo er selbst während seines Aufenthalts in der Stadt wohnte, welches aber kein anderes war als das unseres alten Freundes Bartoline Saddletree, und ehe Sir George Staunton sich noch besinnen konnte, wohin er gehe, sah er sich in dem Haus, wo Lady Staunton kurze Zeit als Ladenmädchen in der Lehre gewesen war. Diese Erinnerung trieb ihrem Gatten die Schamröte ins Gesicht und überwältigte die Empfindung der Furcht, die sein früheres Erblassen bewirkt hatte. Indessen eilte die gute Mrs. Saddletree geschäftig herbei, um den reichen englischen Baronet, den Freund von Mr. Butler, zu empfangen, und bat eine ältliche Frau in einem schwarzen Kleid, nur ja sitzen zu bleiben, doch so, als wünsche sie, jene solle gehen und vornehmeren Leuten Platz machen. Als sie erfuhr, um was es sich handle, rannte sie eilends davon, um Herztropfen zu holen, die zuverlässigen Helfer bei allen Schwächeanwandlungen. Während ihrer Abwesenheit stand ihre Besucherin, die Frau in Schwarz, auf, um fortzugehen, was niemand bemerkt hätte, wäre sie nicht an der Türschwelle gestolpert, und zwar dicht bei Sir George Staunton, so daß er ihr aus Höflichkeit aufhalf und sie zur Tür geleitete.

«Mrs. Porteous ist schon ganz kindisch geworden, die Arme», sagte Mrs. Saddletree, als sie mit dem Fläschchen in der Hand zurückkehrte. «Sie ist noch gar nicht so alt, aber der Mord an ihrem Mann hat sie sehr mitgenommen. – Ihr habt auch Ärger genug deswegen gehabt, Mr. Butler. – Ich glaube, Sir», zu Sir George, «Ihr solltet lieber das ganze Glas austrinken; mich dünkt, Ihr seht jetzt viel schlimmer aus, als da Ihr hereinkamt.»

Und in der Tat, er war totenbleich geworden, als er erfuhr, wer es war, den sein Arm soeben gestützt hatte – die Witwe, die vornehmlich er zu einer solchen gemacht hatte.

«Die Geschichte mit Porteous ist jetzt verjährt», sagte der alte Saddletree, den die Gicht an seinen Lehnstuhl fesselte, «rein verjährt und veraltet.»

«Das scheint mir doch noch nicht so ganz ausgemacht, Nachbar», meinte Plumdamas, «soviel ich gehört habe, müssen zwanzig Jahre darüber vergehen, und jetzt schreiben wir erst einundfünfzig – der Porteous-Aufruhr war siebenunddreißig.»

«Ihr werdet mich doch nicht die Gesetze lehren wollen, Nachbar – mich, der vier Prozesse gewonnen hat und vierzehn hätte führen können, wenn meine Frau nicht gewesen wäre? Ich sage Euch, wenn auch der Anführer der Porteous-Rotte da stände, wo der Herr steht, so könnte ihm der Staatsanwalt doch nichts anhaben – es fällt unter die negative Verjährung.»

«Hört auf mit Eurem Geschwätz, Ihr Kerle», sagte Mrs. Saddletree, «laßt den Herrn sitzen und eine Tasse guten Tee trinken.»

Aber Sir George hatte genug von ihrer Unterhaltung. Auf seine Bitte entschuldigte ihn Butler bei Mrs. Saddletree und begleitete ihn nach seiner Wohnung. Hier wartete bereits ein anderer Gast auf Sir George Stauntons Rückkehr. Es war niemand anders als unser alter Bekannter Ratcliffe.

Er hatte das Amt des Schließers mit so viel Wachsamkeit, Strenge und Treue verwaltet, daß er allmählich zum Posten eines Oberaufsehers oder Vogtes des Gefängnisses aufgerückt war. Die Überlieferung berichtet, daß junge Leute, die lieber unterhaltende als gewählte Gesellschaft bei ihren lustigen Zusammenkünften suchten, bisweilen Ratcliffe einluden, damit er ihnen von seinen Heldentaten als Ein- und Ausbrecher erzähle. Aber er ließ sein ursprüngliches Gewerbe nur so bei einem guten Tropfen wieder aufleben, ohne es je in Wirklichkeit wieder aufzunehmen.*

* Hier scheint ein Anachronismus vorzuliegen. Durch den Porteous-Aufruhr wurde mit anderen Gefangenen auch der zum Tod verurteilte Ratcliffe befreit. Als bei dem Aufstand der Hochländer im Jahre 1745 wiederum das Gefängnis gestürmt und die Gefangenen in Freiheit gesetzt wurden, war Ratcliffe soeben erst erneut wieder

Ein Anwalt in Edinburgh hatte ihn George Staunton als einen Mann empfohlen, der unter den obwaltenden Umständen wahrscheinlich Auskunft über Annaple Bailzou geben könne, die, wie Sir George Staunton als Grund seiner Nachforschung angab, im westlichen England das Kind einer ihm befreundeten Familie gestohlen habe. Der Anwalt hatte Ratcliffes Namen nicht erwähnt, nur seinen amtlichen Titel, so daß Sir George Staunton, als ihm gesagt wurde, der Vogt des Gefängnisses warte auf ihn in seinem Zimmer, nicht im entferntesten vermutete, seinen alten Bekannten Jim Ratcliffe dort anzutreffen.

Er war daher von neuem und höchst unliebsam überrascht, denn es wurde ihm nicht schwer, sich der so ausgeprägten Gesichtszüge dieses Mannes zu erinnern. Die Verwandlung von George Robertson in Sir George Staunton indessen täuschte selbst den scharfsichtigen Ratcliffe; er verbeugte sich tief vor dem Baronet und dessen Gast, wobei er seiner Hoffnung Ausdruck gab, Mr. Butler werde entschuldigen, wenn er ihn daran erinnerte, daß er ein alter Bekannter von ihm wäre.

«... der meiner Frau einst einen großen Dienst erwiesen hat», sagte Mr. Butler, «wofür sie Euch ein kleines Dankeszeichen sandte, das hoffentlich sicher angekommen und freundlich aufgenommen worden ist.»

«Teufel noch mal, das will ich meinen», sagte Ratcliffe mit einem anerkennenden Kopfnicken, «aber Ihr habt Euch gut herausgemacht, Mr. Butler, seit ich Euch zuletzt gesehen habe.»

«So sehr, daß ich mich wundere, daß Ihr mich überhaupt wiedererkennt.»

zum Tod verurteilt worden. Aber er war ein zu aufrichtiger Whig, um die Freiheit aus der Hand der Jakobiten entgegenzunehmen, und zur Belohnung hierfür wurde er zu einem der Schließer des Gefängnisses gemacht. So wenigstens lautet die Überlieferung.

«Na, aber! Das müßte mit dem Teufel zugehen. Ein Gesicht, das ich einmal gesehen hab, vergeß ich nie wieder», sagte Ratcliffe, während George Staunton, der wie auf Kohlen stand und doch das Zimmer nicht verlassen konnte, insgeheim sein gutes Gedächtnis verwünschte. «Und doch», fuhr Ratcliffe fort, «kann sich auch der Scharfsichtigste zuweilen täuschen. Hier im Zimmer ist ein Herr, der – wenn ich so dreist sein darf, es zu sagen – ganz so aussieht wie ein alter Bekannter von mir; ich möchte meinen, er wär's selbst, wüßt ich nicht, wer der ehrenwerte Herr ist.»

«Es wäre nicht gerade schmeichelhaft für mich», antwortete der Baronet schroff und gereizt durch die Gefahr, in der er sich befand, «wenn dieses Kompliment etwa mir gelten sollte.»

«Ganz und gar nicht, Sir», sagte Ratcliffe, sich tief verneigend, «ich bin gekommen, um nach Euer Gnaden Befehlen zu fragen, und nicht, Euer Gnaden mit meinen harmlosen Bemerkungen beschwerlich zu fallen.»

«Gut denn», sagte Sir George, «man hat mir gesagt, Ihr verständet Euch auf Polizeisachen. – Auch ich bin nicht ganz unbekannt damit. – Um Euch davon zu überzeugen, sind hier zehn Guineen als Handgeld – ich mache fünfzig daraus, wenn Ihr mir sichere Auskunft über eine gewisse Person geben könnt, gleichgültig, ob sie lebt oder tot ist, die Ihr in diesem Papier beschrieben findet. – Ich reise noch heute ab. – Ihr könnt Eure Antwort schriftlich an mich zu Händen von Mr...» (hier nannte er seinen angesehenen Anwalt) «oder an Seine Gnaden, den Hohen Kommissar, senden.»

Ratcliffe verneigte sich und ging.

«Es hat den stolzen Kerl verdrossen», sagte er zu sich, «daß er jemand anders ähnlich sehen soll, der... Aber hätte George Robertsons Vater in der Nachbarschaft seiner Mutter gelebt – verdammt, ich wüßte nicht, was ich davon denken sollte, so hochnäsig er auch tut.»

Als Sir George Staunton mit Butler allein war, befahl er

seinem Diener, Tee und Kaffee zu bringen; dann, nachdem er einen Augenblick mit sich zu Rate gegangen war, fragte er seinen Gast, ob er kürzlich etwas von seiner Familie gehört habe. Ein wenig erstaunt über diese Frage, erwiderte Butler, er habe schon geraume Zeit keinen Brief mehr erhalten, seine Frau führe keine sehr gewandte Feder.

«Dann», sagte Sir George Staunton, «bin ich der erste, Euch davon zu benachrichtigen, daß in Eurer Abwesenheit die Ruhe Eures Hauses gestört worden ist. Meine Frau, welcher der Herzog von Argyle gütigst gestattete, während ihres mehrwöchigen Aufenthalts in Eurem Land sein Jagdschloß in Roseneath zu benutzen, ist von dort lieber ins Pfarrhaus übergesiedelt – um den Ziegen näher zu sein, wie sie sagt, deren Milch sie trinken soll, vermutlich aber, weil sie die Gesellschaft Eurer Frau derjenigen des ehrenwerten Herrn vorzieht, der des Herzogs Gebiet als Seneschall verwaltet.»

Mr. Butler sagte, er habe den verstorbenen und den jetzigen Herzog von Argyle oft mit hoher Achtung von Lady Staunton sprechen hören und sei glücklich, wenn sein Haus irgendeinem ihrer Freunde dienen könne – er schulde ihnen weit größeren Dank für die Gunst, die sie ihm erwiesen hätten.

«Dennoch sind Lady Staunton und ich Euch nicht weniger für Eure Gastfreundschaft verbunden, Sir», sagte Sir George. «Darf ich fragen, ob Ihr gedenkt, bald wieder heimzureisen?»

Innerhalb von zwei Tagen, antwortete Butler, sei seine Aufgabe in der Versammlung beendet, und da, was er sonst in der Stadt zu tun gehabt habe, auch bereits erledigt sei, so möchte er so bald wie möglich nach Dumbartonshire zurückkehren; da er aber eine beträchtliche Summe in barem Geld und Papieren mitnehmen müsse, so wolle er auf einige Amtsbrüder warten, um in ihrer Gesellschaft zu reisen.

«Mein Geleit wird sicherer sein», sagte Sir George Staunton, «auch ich gedenke morgen oder übermorgen abzureisen. Wenn Ihr mir das Vergnügen Eurer Begleitung machen wollt, übernehme ich es, Euch samt Eurem Gepäck ungefährdet nach dem Pfarrhaus zu bringen, vorausgesetzt, daß Ihr mir gestattet, dahin mitzukommen.»

Mr. Butler nahm dieses Anerbieten dankbar an; die Abreise wurde festgesetzt und einer der Diener Sir Georges vorausgeschickt, um die Bewohner des Pfarrhauses von Knocktarlitie auf ihre Ankunft vorzubereiten; bald wußte die ganze Nachbarschaft, der Pfarrer käme mit einem vornehmen englischen Herrn und vielem Geld zurück, der Kaufsumme für das Anwesen in Craigsture.

Dieser plötzliche Entschluß Sir George Stauntons, nach Knocktarlitie zu gehen, war durch die Ereignisse des Tages veranlaßt worden. Trotz seines gegenwärtigen Ansehens fühlte er, daß er sich dem Schauplatz seiner früheren frechen Gewalttaten zu nahe gewagt hatte, und kannte aus Erfahrung den Scharfblick eines Mannes wie Ratcliffe zu gut, um ihm wieder begegnen zu wollen. In den nächsten beiden Tagen blieb er unter dem Vorwand der Unpäßlichkeit zu Hause und nahm auch von seinem vornehmen Freund, dem Hohen Kommissar, schriftlich Abschied, wobei er die Gelegenheit von Mr. Butlers Begleitung als Grund dafür angab, daß er Edinburgh früher verlasse, als er sich vorgenommen hatte. Er hatte eine lange Unterredung mit seinem Anwalt, der auch zugleich der Sachwalter des Herzogs war, und beauftragte ihn, alle Nachrichten, die er von Ratcliffe oder anderen über den Verbleib der Annaple Bailzou und des unglücklichen Kindes erhalten könnte, zu sammeln und sobald sie nur im geringsten wichtig erschienen, durch einen Eilboten nach Knocktarlitie zu senden. Er übergab dem Anwalt eine größere Summe und wies ihn an, keine Ausgabe zu scheuen, so daß er irgendwelche Nachlässigkeit seitens der Personen, die er mit der Angelegenheit betraut hatte, nicht zu fürchten brauchte.

Die in Gesellschaft seines Schwagers unternommene Reise machte Sir George Staunton mehr Vergnügen, als er selbst erwartet hatte. Ohne daß er es sich eingestehen wollte, fühlte er sich merklich erleichtert, als Edinburgh seinen Blicken entschwand, und die ruhige, verständige Unterhaltung Butlers war ganz dazu angetan, ihn von peinlichen Betrachtungen abzulenken. Er kam sogar auf den Gedanken, ob er ihm nicht die Pfarre von Willingham übertragen könne; es lag nur an ihm, dem gegenwärtigen Inhaber eine bessere Stelle zu verschaffen, und an Butler, zur anglikanischen Kirche überzutreten, wogegen dieser, wie er annahm, wohl nichts einzuwenden haben würde, und dann konnte er die Verwandten seiner Frau unter seine Fittiche nehmen. Gewiß wäre es peinlich, Mrs. Butler, die seine üble Geschichte so genau kannte, öfter zu sehen. Aber wenn er auch keinen Grund hatte, sich über ihr bisheriges Verhalten zu beklagen, so würde er dann ihrer Verschwiegenheit um so mehr versichert sein können. Auch würde es seine Frau in besserer Laune erhalten und sie fügsamer machen; denn es war ihm manchmal sehr verdrießlich, daß sie darauf bestand, in der Stadt zu bleiben, wenn er sich aufs Land zurückzuziehen wünschte, und dann immer den gänzlichen Mangel an Gesellschaft dort in Willingham vorschützte. «Madam, Eure Schwester ist ja dort», meinte er, würde eine hinlängliche Antwort auf diesen stets bereiten Vorwand sein.

Er forschte Butler über diesen Gegenstand aus, indem er ihn fragte, ob er sich wohl entschließen könne, eine Pfarre in England anzunehmen, mit einem Einkommen von 1200 Pfund jährlich und unter keiner anderen Bedingung, als dann und wann einem etwas kränklichen Nachbarn Gesellschaft zu leisten, um ihn aufzuheitern. – Es könnte auch sein, fügte er hinzu, daß er gelegentlich einem sehr gebildeten und gelehrten Herrn, der katholischer Priester sei, dort begegnen würde, doch hoffe er, daß dies für einen Mann von so großzügiger Gesinnung kein unüberwindlicher Einwand sein könne. Was Mr. Butler also zu einem solchen Angebot sagen würde?

«Einfach dies, daß ich es nicht annehmen kann», antwortete Mr. Butler. «Ich lasse mich nicht gern auf einen Streit zwischen den verschiedenen Kirchen ein; aber ich bin in meiner erzogen, habe von ihr meine Bestallung empfangen, bin von der Wahrheit ihrer Lehre überzeugt und will unter dem Banner sterben, dem ich geschworen habe.»

«Wie hoch beläuft sich Euer Gehalt?» fragte Sir George Staunton. «Wenn ich eine so indiskrete Frage stellen darf.»

«Durchschnittlich 100 Pfund jährlich, ohne den Ertrag von Acker und Wiese.»

«Und Ihr bedenkt Euch, dies gegen 1200 Pfund jährlich einzutauschen, obwohl Ihr selbst zugebt, daß der Unterschied der Lehre zwischen den beiden Kirchen Englands und Schottlands unerheblich ist?»

«Darüber, Sir, möchte ich mir kein Urteil anmaßen; sie mögen beide ihr Gutes haben und viel Segen bewirken – aber jeder muß tun, was ihm sein Gewissen vorschreibt. Ich hoffe, ich habe in meiner Hochlandpfarre meine geistliche Pflicht und Schuldigkeit getan und tue sie noch; es würde mir übel anstehen, schnöden Mammons wegen meine Schafe in der Wüste zu verlassen. Aber gerade auch vom weltlichen Gesichtspunkt aus, von dem Ihr, Sir George, die Sache betrachtet, besteht dazu kein Grund – diese 100 Pfund Besoldung im Jahr waren ausreichend, uns zu ernähren und zu kleiden; die Erbschaft von meinem Schwiegervater und andere Zuschüsse haben dieses Einkommen um etwa das Doppelte vermehrt, so daß ich nicht weiß, wie wir darüber verfügen sollen. – Da ich nun weder die Gelegenheit noch den Wunsch habe, 300 Pfund im Jahr auszugeben, so überlasse ich es Euch, Sir, zu bedenken, ob es weise wäre, nach einem viermal höheren Einkommen zu trachten.»

«Das ist wahre Philosophie», sagte Sir George, «ich habe wohl schon davon gehört, bin ihr aber noch niemals zuvor im Leben begegnet.»

«Es ist nur gesunder Menschenverstand», erwiderte Butler, «der allerdings mit Philosophie und Religion weitaus häufiger übereinstimmt, als Pedanten oder Fanatiker zugeben wollen.»

Sir George wechselte den Gesprächsgegenstand und kam nicht wieder darauf zurück. Obgleich sie in Sir Georges Equipage reisten, schien ihn das Fahren so anzugreifen, daß man bereits auf ihrer ersten Station hinter Edinburgh, einer kleinen Stadt namens Mid-Calder, einen Tag rasten mußte und einen weiteren in Glasgow; man kam also nur langsam vorwärts.

Es ging dann weiter nach Dumbarton, wo sie, wie beschlossen, den Wagen verließen und ein Boot mieteten, das sie über den Gare Loch an das Ufer nahe dem Pfarrhaus bringen sollte, da man sich in dieser Gegend nicht länger der Räderfuhrwerke bedienen kann. Sir Georges Kammerdiener, sein Vertrauter, begleitete sie, ebenso ein Lakai; Kutscher und Stallknecht blieben beim Wagen zurück. Gerade als alles zur Abfahrt bereit war, etwa um vier Uhr nachmittags, kam ein Eilbote von Sir Georges Anwalt in Edinburgh. Er überbrachte ein Briefpaket, das Sir George sogleich erbrach und mit großer Aufmerksamkeit durchlas, wobei der Inhalt ihn sehr zu erregen und bewegen schien. Das Paket war alsbald nach ihrer Abreise aus Edinburgh abgeschickt worden, aber der Bote hatte die Reisenden verfehlt, als er bei Nacht durch Mid-Calder hindurchritt, und kam mit seiner Botschaft früher als sie in Roseneath an. Nachdem er mehr als 24 Stunden auf sie gewartet hatte, war er umgekehrt und jetzt auf der Rückreise. Sir George Staunton schrieb sofort eine Antwort, belohnte den Boten freigebig und ermahnte ihn, nicht zu rasten, bis er sie seinem Anwalt überbracht habe.

Endlich schifften sie sich in dem Boot ein, das solange auf sie gewartet hatte. Die Fahrt ging nur langsam vonstatten, denn es mußte die ganze Zeit gerudert werden, und zwar meist gegen die Strömung. Währenddes erkundigte sich Sir George Staunton hauptsächlich nach den hochländischen

Banditen, die seit dem Jahre 1745 diese Gegenden unsicher machten. Butler sagte ihm, daß viele von ihnen gar keine geborenen Hochländer seien, sondern Zigeuner, Landstreicher und allerlei Gesindel, das sich das Durcheinander, das seit dem Bürgerkrieg herrschte, die allgemeine Unzufriedenheit der Hochlandbewohner und den schlechten Zustand der Polizei zunutze mache, um ihr lichtscheues Gewerbe mit größerer Dreistigkeit zu betreiben. Sir George erkundigte sich dann nach ihren Lebensgewohnheiten und Sitten, besonders, ob sie ihre Gewalttaten nicht bisweilen durch edelmütige Handlungen wettmachten und neben ihren Lastern nicht auch Tugenden besäßen wie die meisten Wilden?

Butler antwortete, daß sie gewiß zuweilen Regungen von Großmut zeigten, deren selbst die schlimmste Klasse von Übeltätern selten ganz ermangle; daß ihr Hang zum Verbrechen sie jedoch in der Regel auch wie Verbrecher handeln ließe und ein gelegentlicher Ausbruch edlerer Gefühle nur eine vorübergehende Anwandlung sei, die vielleicht auf einer seltenen und ungewöhnlichen Verkettung der Umstände beruhe, mit der man daher nicht mit Sicherheit rechnen könne. Im Laufe des Gesprächs, das Sir George merkwürdigerweise sehr zu interessieren schien, erwähnte Butler beiläufig auch den Namen Donacha Dhu na Dunaigh, der dem Leser schon bekannt ist. Sir George horchte auf. Er schien besonderen Anteil gerade an diesem Mann zu nehmen und erkundigte sich genauestens nach der Stärke und selbst nach dem Aussehen der Angehörigen seiner Bande. Hierüber konnte Butler jedoch nur wenig mehr Auskunft geben, als daß der Mann einen gewissen Ruf besonders bei den unteren Klassen habe, das Gerücht seine Taten jedoch beträchtlich übertreibe; daß er immer einige Burschen um sich habe, aber nicht danach strebe, Anführer einer größeren Bande zu sein, kurz, er wisse wenig von ihm, und was er von ihm wisse, verleide ihm die Lust, mehr davon zu erfahren.

«Dennoch möchte ich ihn demnächst einmal sehen.»

«Das würde eine gefährliche Begegnung werden, Sir George; Ihr müßtet denn meinen, wir sollten ihn seinen verdienten Lohn empfangen sehen – und das wäre ein trauriges Schauspiel.»

«Behandelt jeden nach seinem Verdienst, Mr. Butler, und wer entgeht dem Staupbesen? – Doch ich spreche in Rätseln zu Euch. Ich will mich deutlicher erklären, wenn ich darüber mit Lady Staunton gesprochen habe. – Frisch, Burschen», rief er den Ruderern zu, «die Wolken drohen Sturm!»

In der Tat, die drückende Schwüle der regungslosen Luft, die ungeheuren Wolkenmassen, die sich am westlichen Horizont ansammelten und im Schein der untergehenden Sonne wie ein Schmelzofen glühten, die bange Stille, in der die Natur den Ausbruch des Gewitters zu erwarten scheint wie ein verurteilter Soldat die Salve, die ihn niederstrecken soll – alles deutete auf einen herannahenden Sturm. Von Zeit zu Zeit fielen große, schwere Tropfen und bewogen die Herren, sich in ihre Mäntel zu hüllen; doch der Regen hörte wieder auf, und die drückende Hitze, wie sie Ende Mai in Schottland ganz ungewöhnlich ist, nötigte sie, sie wieder abzulegen.

«Es ist etwas Feierliches in dieser Ruhe vor dem Sturm», sagte Sir George, «es scheint, als ob er seinen Ausbruch bis zum Eintritt eines bedeutenden Ereignisses auf der Erde aufschieben wolle.»

«Ach», erwiderte Butler, «was sind wir, daß die Gesetze der Natur in ihrem Verlauf unseren so schnell vergänglichen Taten oder Leiden entsprechen sollten. Die Wolken bersten, wenn sie mit elektrischem Fluidum überladen sind, ob in diesem Augenblick nun eine Geiß von den Klippen von Arran fällt oder ein Held auf dem Schlachtfeld verscheidet, das er siegreich behauptet hat.»

«Das Gefühl liebt es, dies anders zu deuten», sagte Sir George Staunton, «und das Schicksal der Menschheit für den Angelpunkt zu halten, um den sich die ganze Schöpfung dreht. Wir denken nicht gern daran, daß wir vom Strom der Zeit verschlungen werden wie diese schweren dunklen Regentropfen von der Wasserwüste, auf der sie einen unbedeutenden und vorübergehenden Wirbel verursachen, ehe sie für immer vergehen.»

«*Für immer!* Wir sind – wir können nicht für immer vergehen und verloren sein», sagte Butler, zum Himmel aufblickend, «der Tod verwandelt uns, doch er vernichtet uns nicht; er ist nur der Anfang eines neuen Daseins, das den Taten entspricht, die wir bei Lebzeiten getan haben.»

Während sie über solch ernste Gegenstände sprachen, worauf sie das feierliche Schauspiel des herannahenden Sturms unwillkürlich gebracht hatte, schien es, als würden sie noch langsamer vorankommen, als sie erwartet hatten. Heftige Windstöße peitschten mit plötzlichem Ungestüm das Meer auf und vereitelten die Bemühungen der Ruderer. Sie hatten jetzt nur noch ein kleines Vorgebirge zu umschiffen, um zu dem eigentlichen Landeplatz an der Mündung des kleinen Flusses zu gelangen; aber bei der Schwere des Bootes und dem Kampf mit Wind und Wellen kamen sie nur mühsam voran, und inzwischen mußte der Sturm da sein.

«Könnten wir nicht schon diesseits landen», fragte Sir George, «im Schutz des Vorgebirges?»

Butler kannte keinen Landeplatz hier, wenigstens keinen, von dem ein gangbarer Weg die steile Felsküste hinaufführte.

«Besinnt Euch», sagte Sir George Staunton, «der Sturm wird immer heftiger.»

«Ei nun», sagte einer der Bootsleute, «da ist die Zigeunerbucht; von der haben wir dem Herrn Pfarrer nichts gesagt; und dann weiß ich auch nicht, ob ich das Boot dahin steuern kann, die Bucht ist so voller Untiefen und versunkener Felsstücke.»

«Versuch's», sagte Sir George, «und du sollst eine halbe Guinee haben.»

Der alte Schiffer nahm das Steuerruder und bemerkte, wenn sie nur erst in der Bucht wären, so gäbe es einen steilen Pfad zu den Bergen hinauf, und von dort wäre es nur noch eine halbe Stunde bis zum Pfarrhaus.

«Kennt Ihr den Weg auch recht?» fragte Butler den Alten.

«Vor fünfzehn Jahren, als Dandie Wilson mit seinem flinken Kutter in der Bucht lag, kannte ich ihn freilich besser. Dandie hatte damals einen wilden jungen Engländer bei sich, er hieß...»

«Wenn du soviel schwatzt», sagte Sir George Staunton, «stößt das Boot auf den Grindstone – halte gerade auf den weißen Felsen da zu.»

«Gottverdammt!» sagte der Alte, ihn anstarrend. «Ich glaube, Euer Gnaden kennen die Bucht ebensogut wie ich. – Euer Gnaden müssen Eure Nase schon früher einmal in die Gegend gesteckt haben.»

Inzwischen näherten sie sich der kleinen Bucht, die, hinter Klippen verborgen und ringsum von Untiefen und versunkenen Felstrümmern verteidigt, nur von denen entdeckt oder angelaufen werden konnte, die mit der Schiffahrt sehr vertraut waren. Ein alter, morscher Kahn war schon auf den Strand der Bucht gezogen und sorgfältig unter Gebüsch versteckt.

Als Butler dieses Fahrzeug entdeckte, bemerkte er zu seinem Begleiter: «Ihr könnt Euch unmöglich vorstellen, Sir George, wie schwer ich die armen Leute hier von der Gesetzwidrigkeit und der Gefährlichkeit des Schleichhandels überzeugen konnte – und dabei haben sie doch die schädlichen Folgen beständig vor Augen. Ich kenne nichts, was das moralische und religiöse Gefühl mehr abstumpft und vernichtet.»

Sir George zwang sich, etwas von jugendlicher Abenteuerlust zu murmeln und daß gewiß die meisten bei zunehmenden Jahren klüger würden.

«Das ist nur selten der Fall», erwiderte Butler, «besonders bei denen, die durch ihr Gewerbe, wie das oft geschieht, zu gewaltsamen und blutigen Taten verleitet worden sind – sie nehmen meist früher oder später ein schlimmes Ende. Die Heilige Schrift wie die Erfahrung lehren uns, Sir George, daß der Gewalttat die Rache folgt und der Totschläger nicht die Hälfte seiner Tage erlebt. – Doch nehmt meinen Arm, um ans Land zu steigen.»

Sir George bedurfte in der Tat der Unterstützung. Ein Aufruhr widerstreitender Gedanken und Gefühle tobte in ihm, als er jetzt als äußerlich und innerlich gewandelter Mann den Schauplatz wiedersah, den er früher so häufig in anderer Gestalt und mit anderen Empfindungen betreten hatte. Als sie an Land stiegen, wurde in der Ferne ein dumpfes Donnergrollen hörbar.

«Ein schlimmes Vorzeichen, Mr. Butler», sagte Sir George.

«Intonuit laevum – es bedeutet demnach Gutes», antwortete Butler lächelnd.

Die Bootsleute erhielten Weisung, ihr Bestes zu tun, um das Boot mit dem Gepäck um das Vorgebirge nach dem gewöhnlichen Landeplatz zu bringen; die beiden Herren, begleitet von dem Diener, suchten ihren Weg durch das dichte Gebüsch auf einem wildverwachsenen Pfad zum Pfarrhaus von Knocktarlitie, wo man ihrer Ankunft ängstlich harrte.

Die beiden Schwestern hatten die Rückkehr ihrer Männer bereits am vorhergehenden Tag, zu welchem Sir George sich und Butler brieflich angemeldet hatten, vergeblich erwartet. Der Aufenthalt der Reisenden in Calder hatte diese Verzögerung verursacht. Die Bewohner des Pfarrhauses begannen sogar zu zweifeln, ob sie am heutigen Tag eintreffen würden. Lady Staunton empfand diese Wartezeit als eine Gnadenfrist, denn sie fürchtete den Unmut ihres stolzen Mannes beim Zusammentreffen mit einer Schwägerin, der seine ganze unselige und schmachvolle Geschichte so gut bekannt war. Sie wußte, daß seine Gefühle, denen er in Gegenwart anderer so viel Zwang antun mußte, insgeheim mit voller Gewalt in ihm wüteten, seine Gesundheit zerrütteten und ihn zugleich zu einem Gegenstand der Furcht und des Mitleids machten. Wieder und wieder beschwor sie Jeanie, zu tun, als ob sie ihn nicht kenne, und ihn als einen gänzlich Fremden zu empfangen – und wieder und wieder erneuerte Jeanie ihr Versprechen, ihre Wünsche zu erfüllen.

Auch Jeanie selbst konnte sich des Gefühls einer gewissen Bangigkeit nicht erwehren, wenn sie an die bevorstehende Begegnung dachte. Allein sie hatte ein gutes Gewissen – und ihr Verlangen, Butler nach einer so ungewöhnlich langen Abwesenheit wiederzusehen, ließ sie die Ankunft der Reisenden sehnsüchtig herbeiwünschen. Außerdem – warum sollte ich es verschweigen – hatte sie häusliche Sorgen ungewöhnlicher Art. Der Gedanke, das Festmahl zu Ehren der Gäste müsse um zwei Tage verschoben werden, bekümmerte sie, denn sie hatte ihre ganze bescheidene Kochkunst aufgeboten, um es zuzubereiten. Wie viele von den Schüsseln konnte sie mit Ehren und Schicklichkeit noch am dritten auftragen? Und was tat sie mit den übrigen? – Der Grübelei hierüber enthob sie jedoch das plötzliche Erscheinen des Hauptmanns von Knockdunder an der Spitze von einem halben Dutzend stämmiger Burschen, die auf Hochlandart gekleidet und bewaffnet waren.

«Guten Morgen, Lady Staunton. – Ich hoffe, Mylady befinden sich wohl. – Und guten Morgen, Mrs. Butler. – Ich bitte Euch, gebt den Burschen ein bißchen zu essen und zu trinken. – Bier und Branntwein; denn wir sind draußen auf dem Wasser und der Heide gewesen, schon vor der Dämmerung, und bisher ganz umsonst – Gottverdammich!»

Damit setzte er sich, schob seine Perücke zurück und wischte sich mit großer Gelassenheit den Schädel, unbekümmert um die mißbilligenden Blicke Lady Stauntons, womit sie ihm zu verstehen geben wollte, daß er sich eine zu große Freiheit herausnehme.

«Es ist doch wenigstens ein Trost, wenn man ein schweres

Stück Arbeit gehabt hat», fuhr der Hauptmann mit einem Anflug von Galanterie, zu Lady Staunton gewandt, fort, «daß es im Dienst einer schönen Dame geschehen ist oder des Mannes einer schönen Dame, was auf eins herauskommt, denn wer dem Mann dient, dient auch seiner Frau, wie Mrs. Butler gar wohl weiß.»

«Ich bedaure sehr, Sir», sagte Lady Staunton, «da diese Schmeichelei anscheinend mir gelten soll, Euch nicht zu verstehen. Was haben Sir George oder ich mit Euren heutigen Streifereien zu schaffen?»

«Gottverdammich! Das ist doch hart, Mylady! – Als ob ich nicht ausdrücklichen Auftrag von Seiner Gnaden Anwalt und Geschäftsträger in Edinburgh und einen beigefügten gerichtlichen Haftbefehl bekommen hätte, Donacha Dhu na Dunaigh zu suchen und zu ergreifen, um ihn vor mich selbst und Sir George Staunton zu stellen, damit er seine gerechte Strafe erhält, das heißt den Galgen, den er zweifellos verdient hat, da er so dreist war, Mylady zu erschrecken – und auch wegen einiger anderer Dinge von geringerer Wichtigkeit.»

«Mich zu erschrecken?» sagte die Dame. «Ich schrieb Sir George keine Silbe von jener Begegnung am Wasserfall.»

«Dann muß er auf andere Weise davon gehört haben; wie käme er sonst zu dem Verlangen, diesen Schurken zu sehen, daß ich ihm über Stock und Stein nachsetzen muß, als ob dabei was anderes herauskäme als bestenfalls eine Kugel in meinen Brägen?»

«Ist es wirklich an dem, daß Ihr diesem Burschen auf Sir Georges Wunsch nachsetzt?»

«Bei Gott, aus keinem anderen Grund, als um Seiner Gnaden zu gefallen – denn ich selbst hätte mich um den Kerl nicht gekümmert, solange er des Herzogs Eigentum achtet; doch wenn es einem ehrenwerten Herrn, der des Herzogs Freund ist, beliebt, daß er gefangengenommen und überdies gehängt werden soll, so wird er gefangen und gehängt. – Und da der Eilbote gegen Abend kam, war ich vor Tagesanbruch auf den Beinen, trommelte mir ein halb Dutzend Burschen zusammen und ließ sie ihre Kilts und kurzen Mäntel anlegen.»

«Ich wundere mich, daß Ihr das tatet, Herr Hauptmann», sagte Mrs. Butler. «Ihr kennt doch die Parlamentsakte gegen die hochländische Tracht.»

«Ach was, Possen, Mrs. Butler. Das Gesetz ist erst zwei bis drei Jahre alt und viel zu jung, als daß es schon bis hierher gedrungen sein könnte – und außerdem, wie sollten die Burschen denn mit den verdammten Hosen die Berge hinaufklettern? Mir wird schlecht, wenn ich bloß daran denke. Jedenfalls – ich dachte, ich kennte Donachas Schlupfwinkel gut genug, und war auch an der Stelle, wo er gestern gehaust hatte, denn ich sah das dürre Laub, worauf die Spitzbuben gelegen hatten, und die Asche von ihrem Feuer – es war sogar noch Glut darin. Aber es muß ihnen wohl einer auf der Insel was gesteckt haben, was wir vorhatten – ich habe jede Kluft und Schlucht nach ihnen abgesucht, als ob ich auf Wild pirschte, aber nicht einen Zipfel seines Rocks bekam ich zu Gesicht. Gottverdammich!»

«Er wird wohl nach Cowal hinuntergefahren sein», sagte David; und Reuben, der früh am Morgen draußen gewesen war, um Nüsse zu suchen, bemerkte, er habe ein Boot gesehen, das auf die Zigeunerbucht zuhielt. Der Ort war den Knaben wohlbekannt, obgleich ihr weniger abenteuerlustiger Vater bisher von seinem Vorhandensein nichts gewußt hatte.

«Bei Gott», sagte Duncan, «dann will ich mich hier nicht länger aufhalten, als bis ich dies Horn voll Branntwein mit Wasser ausgetrunken habe, denn es ist sehr möglich, daß sie im Wald sind. Donacha ist ein kluger Bursche und denkt gewiß, daß es das beste ist, beim Kamin zu sitzen, wenn der Schornstein raucht. Er glaubte wohl, keiner würde ihn hier so nahe vermuten! Ich bitte Euch, Mylady, meinen schnellen Aufbruch zu entschuldigen, aber ich werde sogleich zurückkehren und entweder Donacha lebend oder wenigstens seinen Kopf bringen, was, wie ich zu behaupten wage, ebensogut ist. Ich hoffe, einen vergnügten Abend mit Mylady zuzubringen, und hoffe, Mr. Butler wird mir im Tricktrack Revanche geben wegen der vier Pennies, die er mir abgewonnen hat, denn er wird sicher bald kommen – sonst wird er naß werden, denn es wird gleich einen tüchtigen Guß geben.»

Mit diesen Worten, vielen Kratzfüßen, Verbeugungen und Entschuldigungen wegen seines schnellen Abschieds, die sehr wohl aufgenommen wurden, sowie wiederholten Versicherungen, daß er bald zurückkommen werde (woran Mrs. Butler nicht zweifelte, solange ihr bester Branntwein auf dem Tisch stand), verließ Duncan das Pfarrhaus, sammelte sein Gefolge und drang in das dichte, verwachsene Gehölz ein, das zwischen dem kleinen Gebirgstal und der Zigeunerbucht lag. David, der wegen seiner Aufgewecktheit und seines Muts ein Liebling des Hauptmanns war, nutzte die Gelegenheit, um zu entwischen und den großen Mann auf seinem Zug zu begleiten.

52. Kapitel

> ... Ich sandte nach dir aus,
> ....
> Daß Talbots Namen leben möcht' in dir,
> Wenn kraftlos Alter, unbeholfne Glieder
> Im Armstuhl deinen Vater hielten fest.
> Doch, – o mißgünst'ge, unglücksschwangre Sterne!
>
> *Heinrich VI., 1. Teil*

Duncan und seine Leute waren noch nicht sehr weit gekommen, als sie einen Schuß hörten, dem schnell einige andere folgten. «Die verdammten Wilddiebe!» sagte Duncan. «Drauf, Burschen!»

Geklirr von Degen war das nächste, was sie vernahmen, und als Duncan und seine Myrmidonen den Kampfplatz erreichten, fanden sie Butler und Sir George Stauntons Diener in den Händen von vier Räubern. Sir George selbst lag am Boden hingestreckt, den gezogenen Degen in der Hand. Duncan, der so tapfer war wie ein Löwe, feuerte sogleich seine Pistole auf den Anführer der Bande ab, zog seinen Degen, rief seinen Leuten laut «Claymore!» zu und rannte die Waffe dem Kerl, den er bereits verwundet hatte, durch den Leib. Es war Donacha Dhu na Dunaigh selbst. Die anderen Banditen waren bald überwältigt, bis auf einen jungen Burschen, der einen für sein Alter erstaunlichen Widerstand leistete und endlich nur mit Mühe gebunden werden konnte.

Sobald sich Butler von seinen Gegnern befreit sah, eilte er, Sir George vom Boden zu erheben, allein das Leben hatte ihn bereits verlassen.

«Ein großes Unglück», sagte Duncan. «Ich denke, am besten gehe ich vor, um es der guten Lady beizubringen. – David, mein Sohn, du hast heute zum erstenmal in deinem Leben Pulver gerochen – nimm meinen Degen und schlag Donacha den Kopf ab, das ist eine gute Übung für dich, bis die Zeit kommt, wo du wünschst, dieselbe Höflichkeit einem lebenden Gentleman zu erweisen – oder halt, dein Vater scheint es nicht zu billigen, so laß es nur. Es wird auch Lady Staunton größere Genugtuung sein, ihn ganz zu sehen. Ich hoffe, sie wird mir die Gerechtigkeit widerfahren lassen, daß ich eines Gentleman Blut gut und schnell zu rächen weiß.»

Dies waren die Äußerungen eines Mannes, der zu sehr an die alten Hochlandsitten gewöhnt war, um sich über den traurigen Ausgang dieses Gefechts weiter aufzuregen.

Wir wollen nicht versuchen, die ganz andere Wirkung zu beschreiben, die das unerwartete Unglück auf Lady Staunton hervorbrachte, als ihr der blutige Leichnam ihres Gatten, den sie gesund und wohl wiederzusehen erwartete, gebracht wurde.

Alles war vergessen, außer, daß er der Geliebte ihrer Jugend gewesen war – und was er auch immer gegen die übrigen Menschen gefehlt haben mochte, gegen sie selbst hatte er sich nichts zuschulden kommen lassen als gelegentliche Ausbrüche des Mißmuts, hervorgerufen durch die unvergleichliche Schwierigkeit seiner Lage. Die ganze Heftigkeit ihres Gemüts offenbarte sich darin, wie sie sich ungehemmt ihrem Schmerz hingab: Schrei folgte auf Schrei, Ohnmacht auf Ohnmacht. Es bedurfte Jeanies ganzer liebevoller Wachsamkeit, um sie daran zu hindern, in diesen Ausbrüchen des Schmerzes das meiste ihres wichtigen Geheimnisses zu verraten.

Endlich verfiel sie in ein erschöpftes Schweigen, und Jeanie stahl sich hinaus, um ihren Mann zu Rate zu ziehen und ihn zu bitten, dem Hauptmann zuvorzukommen und in Lady Stauntons Namen die privaten Papiere ihres verstorbenen Mannes an sich zu nehmen. Zum äußersten Erstaunen Butlers klärte sie ihn jetzt zum erstenmal darüber auf, welche Beziehungen sie mit Lady Staunton verbanden und sie berechtigten, nein, verpflichteten, zu verhindern, daß ein Fremder unnötigerweise mit ihren Familienangelegenheiten bekannt werde. Bei dieser unglücklichen Begebenheit zeigte sich Jeanies umsichtige und unerschrockene Geistesgegenwart in vollem Licht. Während der Hauptmann noch ganz davon in Anspruch genommen war, sich ausgiebig zu stärken und dann die Gefangenen und die anderen Zeugen des verhängnisvollen Vorfalls umständlich zu vernehmen – auf gälisch und englisch –, hatte sie die Leiche ihres Schwagers entkleidet, gewaschen und schicklich aufgebahrt. Ein Kreuz, ein Rosenkranz und ein härenes Hemd, das er auf dem bloßen Körper trug, bezeugten, daß sein Schuldgefühl ihn dazu bewogen hatte, sich einem Glauben zuzuwenden, der durch die Kasteiung des Leibes die Verbrechen der Seele zu sühnen meint. In dem Briefpaket, das der Eilbote aus Edinburgh Sir George Staunton überbracht hatte und das Butler, durch seine Verwandtschaft mit dem Abgeschiedenen dazu berechtigt, keine Bedenken trug durchzusehen, fand er neue und erstaunliche Nachrichten, die ihm Grund gaben, Gott zu danken, daß er es so gefügt hatte.

Es war nämlich dem mit allen Arten von Missetaten und Missetätern vertrauten und durch die verheißene Belohnung angespornten Ratcliffe bald gelungen, dem Kind dieser unseligen Eltern auf die Spur zu kommen. Die Frau, der Meg Murdockson das unglückliche Geschöpf verkauft hatte, hatte es auf ihren Wanderungen und Bettelfahrten mit sich geschleppt, bis es etwa sieben oder acht Jahre alt geworden war, wo sie es dann, wie Ratcliffe von einem ihrer Spießgesellen erfuhr, der damals im Zuchthaus von Edinburgh saß, ihrerseits an Donacha Dhu na Dunaigh verkaufte. Dieser Mann, dem keine Art von Schurkerei fremd war, betätigte sich gelegentlich auch an einem schrecklichen Handel, der zwischen Schottland und Amerika betrieben wurde, um die Pflanzungen mit Arbeitskräften zu versorgen, Männern und Frauen, besonders jedoch minderjährigen Kindern – was Kidnapping genannt wurde. Hier endete die Spur, doch zweifelte Ratcliffe nicht daran, daß Donacha Dhu Aufschluß über den Verbleib des Knaben geben könnte. Der mehrfach erwähnte Anwalt schickte daher einen Eilboten mit einem Brief an Sir George Staunton ab und einen anderen an Hauptmann von Knockdunder mit einem Haftbefehl und der Weisung, seine Kraft aufzubieten, um Donachas habhaft zu werden.

Auf diese Nachricht hin begab sich Butler voll düsterer Ahnung zum Hauptmann und erlangte von ihm nicht ohne Schwierigkeit Einsicht in die Verhöre. Diese sowie ein paar Fragen an den ältesten der Gefangenen bestätigten bald Butlers schlimmste Befürchtung. Wir geben hier die Hauptsache dessen, was er erfuhr, ohne auf genaue Einzelheiten einzugehen.

Donacha Dhu hatte in der Tat Effies unglückliches Kind gekauft, und zwar, um es an die amerikanischen Händler weiterzuverkaufen, die er mit Menschenfleisch zu versorgen pflegte. Aber es fand sich eine Zeitlang keine Gelegenheit dazu; und der Knabe, den man den «Pfeifer» nannte, machte einigen Eindruck auf das Herz selbst dieses rauhen Wilden, vielleicht, weil dieser gewahrte, daß jener einen ebenso grimmigen und rachsüchtigen Geist besaß wie er selber. Wenn Donacha ihn ausschalt und schlug – was sehr oft vorkam –, antwortete er nicht mit Klagen und Bitten wie andere Kinder, sondern mit Flüchen und Racheversuchen; er besaß auch alle wilden Tugenden, durch welche Woggarwolfes bogentragender Knappe das harte Herz seines Meisters gewann, denn

gleich eines Räubers, Mörders wilder Brut
sprach spöttische Worte er, sang freche Lieder
und leerte seinen Humpen beim Gelag
der Alten wie ein Mann trotz seiner Jugend*.

* Ethwald

Kurz, wie Donacha Dhu sagte, der Pfeifer war ein geborenes Satanskind und sollte ihn darum niemals verlassen. So gehörte er denn von seinem elften Jahr an zur Bande und hatte bei vielen Gewalttaten mitgewirkt. Die letzte war unmittelbar durch die Nachforschungen veranlaßt worden, die des Pfeifers wirklicher Vater nach dem anstellte, den der Knabe als solchen anzusehen gelernt hatte. Donacha Dhu fühlte sich infolge der strengen Maßnahmen, die man seit einiger Zeit gegen Leute seines Schlages anwandte, nicht mehr sicher. Er wußte, daß er sich nur durch die zweifelhafte Nachsicht seines Namensvetters Duncan von Knockdunder hielt, der sich damit brüstete, daß er ihn festnehmen oder aufhängen lassen könnte, wenn es ihm beliebe. Er beschloß, das Königreich zu verlassen und sich auf einer jener Schaluppen, die den Handel mit seinen menschenkaufenden Geschäftsfreunden vermittelten, nach Amerika einzuschiffen; zuvor jedoch wollte er noch einen kühnen Streich ausführen.

Die Kunde, ein reicher Engländer würde ins Pfarrhaus kommen, reizte die Habgier des Räubers – auch hatte er weder des Pfeifers Bericht von dem Gold vergessen, das dieser in Lady Stauntons Börse gesehen hatte, noch seinen alten Schwur, sich an dem Pfarrer zu rächen; mit einem Wort, er hoffte, sich des Geldes zu bemächtigen, das nach dem allgemeinen Gerücht der Pfarrer als Kaufsumme für sein neues Besitztum von Edinburgh mitbrachte. Als er noch überlegte, wie er sein Vorhaben am besten durchführen könne, erhielt er von einer Seite die Nachricht, das Schiff, mit dem er segeln wollte, würde unverzüglich in Greenock in See stechen; von einer anderen, der Pfarrer und ein reicher englischer Lord mit vielen tausend englischen Pfund würden am nächsten Abend im Pfarrhaus erwartete; und von einer dritten, er müsse seinen Schlupfwinkel so bald wie möglich verlassen und sich in Sicherheit bringen, da der Hauptmann eine Schar junger Burschen aufgeboten habe, um mit Anbruch des nächsten Tages das Gebirge nach ihm zu durchsuchen. Donachas Entschluß war schnell gefaßt.

Er fuhr mit dem Pfeifer und zwei anderen seiner Bande (die er übrigens an die Sklavenhändler verkaufen wollte) in seinem alten Boot nach der Zigeunerbucht, um bis zur Dunkelheit in dem angrenzenden Wald zu lauern, der, wie er dachte, den Wohnstätten der Menschen zu nahe sei, um Duncan Knocks Argwohn zu erregen, dann in Butlers friedliche Behausung einzubrechen und zugleich seine Raubgier und seinen Rachedurst zu befriedigen. Wenn er seine Schurkerei vollbracht hatte, wollte er mit seinem Boot zu dem Schiff fahren, das nach seiner Abmachung mit dem Kapitän sogleich unter Segel gehen sollte.

Dieser teuflische Anschlag wäre vermutlich auch gelungen, hätten nicht Sir George Staunton und Butler auf ihrem Weg von der Zigeunerbucht nach dem Pfarrhaus die lauernden Räuber entdeckt. Als sich Donacha ertappt sah und zugleich bemerkte, daß der Diener einen Geldkasten trug, begriff er, daß sowohl seine Beute wie seine Opfer in seiner Gewalt waren, und griff die Reisenden unverweilt an. Auf beiden Seiten fielen Schüsse und wurden Degen gezogen; Sir George Staunton leistete den tapfersten Widerstand, bis er zuletzt doch niedergestreckt wurde – allem Anschein nach von der Hand seines eigenen Sohnes, den er so lange gesucht und nun zu seinem Unglück gefunden hatte.

Butler war wie betäubt von dieser Entdeckung, doch seine Bestürzung wurde noch vermehrt, als Knockdunder mit rauher Stimme hinzufügte: «Ich werde so frei sein, die Glockenseile zu nehmen, Mr. Butler. Ich habe befohlen, diese nichtsnutzigen Burschen morgen früh zu hängen, um sie zu lehren, sich künftig besser zu benehmen.»

Butler bat ihn, sich zu erinnern, daß die erbliche Gerichtsbarkeit durch Parlamentsbeschluß abgeschafft worden sei und er die Gefangenen nach Glasgow und Inverary schicken müsse, damit sie dort durch das ordentliche Gericht abgeurteilt würden. Duncan wies dies Ansinnen mit Verachtung zurück.

Der Parlamentsbeschluß, sagte er, habe nur zu tun mit den Rebellen und besonders nichts mit den Ländern, die dem Herzog von Argyle gehörten; er würde alle drei Schurken in einer Reihe vor Lady Stauntons Fenstern aufhängen. Es würde ihr gewiß ein großer Trost sein, am Morgen zu sehen, daß der gute Gentleman, ihr Mann, so schnell gerächt worden wäre.

Das Äußerste, was Butler auf seine ernstlichen Vorstellungen hin erreichen konnte, war, daß er die beiden Kerle für den Richter aufheben wolle, den sogenannten Pfeifer aber würde er an einem pendelnden Strick pfeifen lassen, denn es solle nicht heißen, daß ein Gentleman, ein Freund des Herzogs, in der Gegend ermordet worden sei und seine Leute nicht wenigstens zwei Leben für eins genommen hätten.

Butler beschwor ihn, das Opfer um seines Seelenheils willen zu verschonen. Aber Knockdunder antwortete, daß die Seele von solchem Abschaum schon lange des Teufels und er – Gottverdammt! – entschlossen sei, dem Teufel das Seinige zu geben.

Alle weiteren Überredungsversuche waren vergebens. Duncan erteilte den Befehl zur Hinrichtung am nächsten Morgen. Das Kind der Schuld und des Jammers wurde von seinen Genossen getrennt, stark gefesselt und in einen abgesonderten Raum gebracht, zu welchem der Hauptmann den Schlüssel behielt.

In der Nacht indessen, als alles schlief, stand Mrs. Butler auf, entschlossen, wenn möglich, das Schicksal, das ihrem Neffen drohte, abzuwenden oder wenigstens hinauszuschieben, besonders, wenn sich im Gespräch mit ihm herausstellen sollte, daß noch einige Hoffnung auf Besserung vorhanden sei. Sie hatte einen Hauptschlüssel, der jedes Türschloß im Haus öffnete, und so stand sie in der Stille der Mitternacht vor den Augen des erstaunten jungen Wilden, der, fest mit Stricken gebunden wie ein Lamm, das zum Schlachten bestimmt ist, auf einem Haufen Flachshede lag, die einen Winkel des Zimmers füllte. In seinem sonnenverbrannten, schmutzverkrusteten und von zottigem schwarzem Haar beschatteten Gesicht suchte Jeanie vergebens nach einer Ähnlichkeit mit seinen schönen Eltern. Doch wie hätte sie einem Menschen ihr Mitleid versagen können, der so jung und so elend war – elender noch, als er selbst wußte, da der Mord, den er wahrscheinlich mit eigener Hand begangen, oder an dem er wenigstens teilgenommen hatte, ein Vatermord war.

Sie stellte Essen auf einen Tisch neben den Gefangenen, richtete ihn auf und lockerte die Stricke an seinen Armen, damit er essen könne. Er streckte seine Hand aus, die noch mit Blut besudelt war, vielleicht dem seines Vaters, und aß gierig und schweigend.

«Wie heißt du mit Vornamen?» fragte Jeanie, um das Gespräch zu eröffnen.

«Der Pfeifer.»

«Ich meine deinen Taufnamen.»

«Ich bin niemals getauft worden, soviel ich weiß – ich habe keinen anderen Namen als ‹Pfeifer›.»

«Armer, unglücklicher, verlassener Junge!» sagte Jeanie. «Was würdest du tun, wenn du diesem Ort und dem Tod, den du morgen früh sterben sollst, entfliehen könntest?»

«Mich zu Rob Roy oder Hauptmann More Cameron –» bekannte Freibeuter der Zeit – «schlagen und Donachas Tod an allen Leuten rächen.»

«Ach, du unglücklicher Junge», sagte Jeanie, «weißt du auch, was danach kommt, wenn du stirbst?»

«Dann fühle ich weder Hunger noch Kälte mehr», sagte der Jüngling mürrisch.

Ihn in diesem furchtbaren Wahn hinrichten lassen hieße Leib und Seele verderben – und ihn entfliehen lassen, wage ich nicht. Was ist zu tun? – Aber er ist mein Schwestersohn, mein eigener Neffe, unser Fleisch und Blut – und seine

Hände und Füße sind so fest geschnürt, wie Stricke nur angezogen werden können. – «Pfeifer, tun dir die Stricke weh?»

«Sehr.»

«Aber wenn ich sie dir löse, würdest du mir etwas zuleide tun?»

«Nein – du hast ja mir und den Meinen nichts getan.»

Er ist doch noch nicht ganz verderbt, dachte Jeanie, ich will versuchen, was Güte bei ihm vermag.

Sie zerschnitt seine Bande – er stand aufrecht da, sah mit einem wilden, frohlockenden Lächeln um sich, klatschte in die Hände und sprang in die Höhe, wie außer sich vor Freude, sich in Freiheit zu finden. Er sah so wild aus, daß Jeanie vor dem, was sie getan hatte, zitterte.

«Laß mich hinaus», sagte der junge Wilde.

«Nicht eher, als bis du mir versprichst...»

«Dann sollst du froh sein, wenn wir beide hinauskommen.»

Er ergriff das brennende Licht und schleuderte es in den Flachs, der sogleich in hellen Flammen stand. Jeanie schrie auf und eilte aus dem Raum. Der Gefangene rannte hinter ihr her, riß ein Flurfenster auf, sprang in den Garten, kletterte über den Zaun, schnellte wie ein Hirsch durch den Wald und erreichte die Küste. Inzwischen wurde das Feuer gelöscht, der Gefangene indessen vergebens gesucht. Da Jeanie ihr Geheimnis bei sich behielt, wurde der Anteil, den sie an seiner Flucht hatte, nicht entdeckt; sein Schicksal erfuhren sie einige Zeit später – es war ebenso wild wie sein bisheriges Leben.

Durch eifrige Nachforschungen ermittelte Butler schließlich, daß der Jüngling das Schiff erreicht hatte, worauf sein Herr, Donacha, sich hatte einschiffen wollen. Aber der habsüchtige Schiffseigner, durch sein schlimmes Gewerbe an jede Art von Verräterei gewöhnt und um die reiche Beute betrogen, die Donacha an Bord zu bringen versprochen hatte, bemächtigte sich des Flüchtlings und führte ihn gefangen nach Amerika, wo er ihn als Kontraktsklaven an einen virginischen Pflanzer tief im Innern des Landes verkaufte. Auf diese Nachricht hin schickte Butler eine hinreichende Summe nach Amerika, um den jungen Mann aus der Sklaverei loszukaufen. Auch hatte er Anweisung gegeben, durch entsprechende Maßnahmen das verwilderte Gemüt des jungen Menschen zu bessern, die guten Anlagen, die er vielleicht habe, zu fördern und seine schlimmen Neigungen zu unterdrücken. Allein diese Hilfe kam zu spät. Der junge Mann hatte eine Verschwörung angezettelt, durch die sein unmenschlicher Herr umgebracht wurde, und war dann zum nächsten Stamm wilder Indianer geflohen. Man hörte nie wieder von ihm; es kann daher angenommen werden, daß er unter jenem wilden Volk lebte und starb – wie denn seine früheren Gewohnheiten und Sitten ihn ganz geeignet dazu gemacht hatten, sich ihm zu gesellen.

Alle Hoffnungen auf des jungen Mannes Wandlung mußten demnach aufgegeben werden. Aus diesem Grund hielten Mr. und Mrs. Butler es auch für besser, die ganze schreckliche Geschichte Lady Staunton zu verschweigen. Sie blieb länger als ein Jahr ihr Gast. Ihr Gram war in der ersten Zeit sehr groß; in den letzten Monaten äußerte er sich mehr als Trübsinn und üble Laune. Die Eintönigkeit des friedlichen Lebens bei ihrer Schwester konnte ihre Stimmung nicht verbessern. Effie war von klein auf nicht für ein ruhiges und bescheidenes Dasein geschaffen. Ganz anders als ihre Schwester bedurfte sie zur Erhöhung ihrer Freude wie zum Trost im Leid der gesellschaftlichen Zerstreuung. Sie verließ die Einsamkeit von Knocktarlitie mit Tränen aufrichtiger Zuneigung und überhäufte beim Abschied seine Bewohner mit allem, wovon sie annehmen konnte, daß es in ihren Augen Wert habe. Allein sie verließ sie doch; und als der erste Trennungsschmerz vorüber war, empfanden beide Schwestern ihr Scheiden als eine Wohltat.

Die Familie im Pfarrhaus von Knocktarlitie hörte in ihrer

eigenen stillen Glückseligkeit, die schöne und reiche Witwe des Lord Staunton habe ihren Platz in der vornehmen Welt wieder eingenommen. Sie bekamen davon bald noch greifbarere Beweise, denn David erhielt eine Offiziersstelle, und da der kriegerische Geist Bibel-Butlers in ihm wieder aufgelebt zu sein schien, errang er sich durch seine Tüchtigkeit selbst die Achtung von 500 jungen Hochlandkadetten «aus guten Häusern», die ihm die schnelle Beförderung mißgönnt hatten. Reuben studierte die Rechte und machte langsamer, doch sicher seinen Weg. Euphemia Butler, deren Schönheit und Vermögen, das durch die Großmut ihrer Tante noch vermehrt wurde, sie zu einer guten Partie machten, heiratete einen hochländischen Laird, der nie nach dem Namen ihres Großvaters fragte, und wurde bei dieser Gelegenheit von Lady Staunton mit Geschenken überschüttet, die den Neid aller Schönen von Dumbarton und Argyleshire erregten.

Nachdem Lady Staunton noch etwa zehn Jahre in der vornehmen Welt geglänzt und wie viele ihresgleichen ein blutendes Herz unter einem heiteren Betragen verborgen hatte – nachdem sie wiederholt höchst ehrenvolle Anträge zu einer zweiten Heirat abgelehnt hatte, verriet sie schließlich ihre innere Wunde, indem sie sich auf das Festland zurückzog und ihren Aufenthalt in dem Kloster nahm, wo sie ihre Erziehung empfangen hatte. Sie nahm niemals den Schleier, lebte und starb jedoch in strenger Abgeschiedenheit und in den Gebräuchen des römisch-katholischen Glaubens mit all seinen vorgeschriebenen Fasten-, Buß- und Kasteiungsübungen.

Jeanie hatte so viel von ihres Vaters Geist geerbt, um diese Abtrünnigkeit bitter zu beklagen, und Butler teilte ihr Bedauern. Doch jede Religion, sagte er, so unvollkommen sie auch sein möge, sei besser als der kalte Zweifel oder der betäubende Lärm der Ausschweifung, der die Ohren der Weltmenschen fülle, bis sie für nichts anderes mehr Sinn hätten.

Glücklich in ihrer gegenseitigen Liebe und des Wohlergehens der Ihrigen sich freuend, lebte und starb dies bescheidene Paar, von allen, die es kannten, geachtet und geehrt, geliebt und betrauert.

Leser!
Diese Geschichte wird der Verfasser nicht vergebens erzählt haben, wenn es ihm gelungen ist, die große Wahrheit zu veranschaulichen, daß Schuld, obgleich sie flüchtigen Glanz verleihen mag, niemals wirkliches Glück beschert; daß die schlimmen Folgen verbrecherischer Taten lange die Tat selbst überleben und wie die Geister des Ermordeten für immer den Schritten des Missetäters folgen; und daß die Pfade der Tugend, obwohl selten jene weltlicher Größe, immer diejenigen des Glücks und des Friedens sind.

Zum Beschluss

So endet die Geschichte vom «Herzen von Midlothian», die mehr Seiten gefüllt hat, als ich vermeinte. Das Herz von Midlothian ist nicht mehr vorhanden, oder vielmehr an das Ende der Stadt verlegt worden, geradeso, wie es Sieur Jean-Baptiste Poquelin in seiner hübschen Komödie *Le Médecin malgré lui* getan hat, wo der angebliche Doktor auf eine Beschwerde, daß er das Herz auf der rechten Seite suche, anstatt auf der linken, witzig erwidert: *«Cela étoit autrefois ainsi, mais nous avons changé tout cela.»* – Wenn aber ein Leser fragen sollte, welchen Sinn denn die witzige Rede habe, so kann ich darauf nur antworten, daß ich Französisch ebensowohl wie die klassischen Sprachen lehre, und zwar zu dem mäßigen Preise von 5 Shilling pro Quartal, wie meine Ankündigungen dies von Zeit zu Zeit dem Publiko bekannt machen.

Jedediah Cleishbotham

Anmerkungen des Verfassers

I. Die Verbindung des Autors zum Quäkertum

Es ist ein altes Sprichwort, dass «manch wahres Wort im Scherz gesprochen wird». Die Existenz Walter Scotts, des dritten Sohnes von Sir William Scott von Harden, wird *Domino Willielmo Scott de Harden Militi, et Waltero Scott suo filio legitimo tertio genito, terrarum de Roberton* durch eine mit dem Großsiegel versehene Urkunde bezeugt.* Der großmütige alte Herr hinterließ all seinen vier Söhnen ansehnliche Güter und vermachte diejenigen von Eilrig und Raeburn, zusammen mit wertvollen Besitzungen und Lessudden, seinem dritten Sohn Walter, welcher der Ahne der Scotts von Raeburn und des Verfassers von *Waverley* ist. Es scheint, daß er sich zur Anschauung der Quäker oder Freunde bekehrte und ein großer Verfechter ihrer besonderen Lehren wurde. Dies geschah wahrscheinlich zur Zeit, als George Fox, der berühmte Apostel der Sekte, um 1657 eine Reise in den Süden Schottlands unternahm, bei welcher Gelegenheit er sich rühmte, daß, «als sein Pferd zum erstenmal seinen Fuß auf schottischen Boden setzte, er die Saat der Gnade gleich unzähligen Feuerfunken um sich funkeln sah». Bei derselben Gelegenheit wahrscheinlich ergab sich auch Sir Gideon Scott von Highchester, der

* s. Douglas' Baronage, S. 215.

zweite Sohn Sir Williams, der nächstältere Bruder Walters und Ahnherr des gegenwärtigen Vertreters der Familie Harden, des Freundes und Verwandten des Verfassers, ebenfalls der Lehre der Quäker. Dieser letztere Bekehrte, Gideon, ließ sich in eine Kontroverse mit dem Rev. James Kirkton ein, dem Verfasser der *Geheimen und Wahren Geschichte der Kirche Schottlands*, wie mein geistvoller Freund, Mr. Charles Kirkpatrick Sharpe, in seiner sorgfältigen, wertvollen Ausgabe jenes Werkes, 1817, bemerkt. Sir William Scott, der älteste der Brüder, blieb inmitten des Abfalls seiner beiden jüngeren Brüder ein orthodoxes Mitglied der Presbyterianischen Kirche und bediente sich, um Walter von Raeburn von seiner Ketzerei abzubringen, solcher Mittel, daß sie weit mehr nach Verfolgung als Überredung schmeckten. Hierin wurde er von MacDougal von Makerston unterstützt, dem Bruder von Isabella MacDougal, der Frau des besagten Walter, die sich wie ihr Mann zur Lehre der Quäker bekannt hatte.

Der Einfluß Sir William Scotts und Makerstons war mächtig genug, die beiden folgenden Akte des Privy Council von Schottland zu bewirken, die sich gegen Walter von Raeburn als einen Ketzer und Konvertiten zum Quäkertum richteten und ihn dazu verurteilten, zuerst im Gefängnis von Edinburgh und dann in dem von Jedburgh eingekerkert zu werden; seine Kinder sollten zwangsweise ihren Eltern weggenommen und fern von ihnen erzogen werden, außerdem wurde eine gewisse Summe für ihren Unterhalt festgesetzt, die in jenen Zeiten für einen bescheidenen schottischen Haushalt ziemlich beschwerlich war.

«Apud Edin., vigesimo Junii 1665.
Die Herren von Seiner Majestät Privy Council sind unterrichtet worden, daß Scott von Raeburn und Isobel Mackdougall, sein Eheweib, vom Irrtum der Quäkerei angesteckt sind und sich bemühen, William, Walter und Isobel Scott, ihre Kinder, im selben Bekenntnis zu erziehen; sie geben

daher Anweisung und befehlen Sir William Scott von Harden, dem Bruder des besagten Raeburn, die besagten Kinder aus der Gesellschaft und Obhut der besagten Eltern zu entfernen und wegzunehmen und sie in seinem eigenen Haus oder einem anderen schicklichen Ort zu erziehen, und verordnen auf Ansuchen des besagten Sir William, daß Verfügungen gegen Raeburn zwecks Unterhaltes der besagten Kinder erlassen werden, und daß besagter Sir Wm. ihnen bei passender Gelegenheit über seine Maßnahmen berichte.»

«Edinburgh, 5. Juli 1666.
Betreffend ein Gesuch, vorgelegt durch Sir Wm. Scott von Harden für sich selbst und im Namen und zugunsten der drei Kinder von Walter Scott von Raeburn, seines Bruders, besagend, daß die Lords vom Councill durch einen Akt vom 22. Tag des Juni 1665, dem Gesuchsteller Gewalt und Vollmacht gegeben, Raeburns Kinder aus seiner Familie und Erziehung zu entfernen und fortzunehmen und sie an einem schicklichen Ort zu erziehen, wo sie vor aller Ansteckung durch die Grundsätze der Quäkerei in ihren jüngeren Jahren bewahrt bleiben, und zum Lebensunterhalt der besagten Kinder gegen Raeburn Verfügungen zu erlassen; in Anbetracht nun, daß der Gesuchsteller in Erfüllung jenes Befehls die besagten Kinder – zwei Söhne und eine Tochter – weggenommen und mit einiger Beschwer in seine eigene Familie aufgenommen und sie in die Stadt Glasgow geschickt hat, um sie dort auf den Schulen erziehen und in der Kenntnis der wahren Religion unterweisen zu lassen; und da es nötig ist, daß das Councill bestimmt, was zum Unterhalt der drei Kinder Raeburns ausgeworfen werden soll; wie gleicherweise, daß Raeburn selbst, der jetzt im Tolbooth von Edinburgh ist, wo er täglich mit all den Quäkern verkehrt, die dort Gefangene sind, und anderen, die ihn täglich besuchen, wodurch er in seinen verderblichen Grundsätzen und Meinungen verhärtet wird, ohne alle Hoffnung auf Bekehrung, wenn er nicht von solch verderblicher

Gesellschaft getrennt wird; so ergeht daher die untertänige Bitte, das Councill möge eine Summe Geldes festsetzen, die von Raeburn für die Erziehung seiner Kinder an den Gesuchsteller bezahlt werden soll, der dafür Rechnung legen will, und daß zu seiner Bekehrung der Ort seiner Gefangenschaft verändert werden mag. Da die Lords von Seiner Maj. Privy Councill das vorbesagte Gesuch nunmehr gelesen und erwogen haben, so wird die Summe auf 200 Pfund schottisch festgesetzt, zahlbar jährlich zu Pfingsten durch den besagten Walter Scott von Raeburn aus seinem Vermögen an den Gesuchsteller zum Unterhalt und zur Erziehung besagter Kinder, und sollen die Zahlungen rechnen ab vergangene Pfingsten für das vergangene halbe Jahr und so weiter jährlich zu dem besagten Termin von Pfingsten für die kommende Zeit bis auf weiteres; und wird ferner verordnet, daß besagter Walter Scott von Raeburn vom Tolbooth von Edinburgh ins Gefängnis von Jedburgh überführt werde, wo seine Freunde und andere Gelegenheit haben mögen, ihn zu bekehren. Und damit er von dem Umgang mit anderen Quäkern getrennt werden möge, gebieten die besagten Lords den Stadtvätern von Jedburgh, nicht zu dulden, daß irgendwelche Personen, die dieser Grundsätze verdächtig sind, Zutritt zu ihm haben; und im Fall einer Zuwiderhandlung sollen sie diese Personen in Gewahrsam nehmen, bis sie dafür bestraft sind; und wird verordnet, daß hierüber förmliche Verfügungen ausgefertigt werden.»

Beide Söhne, die so rauh von ihrem Vater getrennt wurden, erwiesen sich als gute Schüler. Der älteste, William, der die Linie von Raeburn fortsetzte, wurde, wie sein Vater, ein gründlicher Orientalist; der jüngere, Walter, ein guter klassischer Gelehrter, ein großer Freund und Korrespondent des berühmten Dr. Pitcairn, und ein so eifriger Jakobit, daß er ein Gelübde ablegte, bis zur Restauration des verbannten Geschlechts nie seinen Bart zu scheren. Dieser letztere Walter Scott war des Verfassers Urgroßvater.

Es gibt noch ein anderes Glied zwischen dem Verfasser und der ausgezeichneten schlichten Gesellschaft der Freunde durch einen Proselyten von größerer Bedeutung als Walter Scott von Raeburn. Der berühmte John Swinton von Swinton, der neunzehnte Baron in gerader Folge jenes alten und einst mächtigen Geschlechts, war, mit Sir William Lockhart von Lee, derjenige, den Cromwell während seiner Usurpation hauptsächlich mit der Behandlung der schottischen Angelegenheiten betraute. Nach der Restauration fiel Swinton der neuen Ordnung der Dinge zum Opfer und wurde mit demselben Schiff, das den Marquis von Argyle trug, nach Edinburgh gebracht, wo jener Edelmann vor Gericht gestellt, verurteilt und hingerichtet wurde. Das gleiche Geschick drohte Swinton. Er war der Gesellschaft der Quäker beigetreten, hatte ihre Gebräuche angenommen und erschien als einer der ihren vor dem Gericht von Schottland. Er verzichtete auf alle ihm nach dem Gesetz zustehende Verteidigung, obwohl mehrere Wege dazu offenstanden, und antwortete in Übereinstimmung mit den Grundsätzen seiner Sekte, daß er zur Zeit der ihm zur Last gelegten Verbrechen in der Galle der Bitternis und Sünde befangen gewesen sei, daß Gott der Allmächtige ihn jedoch seither erleuchtet habe, daß er seine Irrtümer einsähe und bekenne und sich nicht weigere, die Schuld dafür zu bezahlen, selbst wenn das Gericht ihn zum Tode verurteilen sollte.

Die Achtung vor der gefallenen Größe und der Geduld und ruhigen Ergebung, womit sich ein Mann, der einst große Macht besessen hatte, bei einem solchen Schicksalsschlag betrug, verschaffte Swinton Freunde; Familienbeziehungen und gewisse Rücksichten seitens des Regierungsbevollmächtigten Middleton wirkten zusammen, um ihn zu retten, und er wurde freigelassen, doch erst nach langer Gefangenschaft und Einbuße eines erheblichen Teils seines Vermögens. Es heißt, daß Swintons Ermahnungen, während er auf der Burg von Edinburgh gefangen saß, beträchtlich dazu beitrugen, den Obersten David Barclay, der damals dort in Garnison lag, zu den Lehren der Freunde zu bekehren. Dies war der Vater von Robert Barclay, dem Verfasser der berühmten Apologie der Quäker. Es mag unter den Ungereimtheiten der menschlichen Natur bemerkt werden, daß Kirkton, Wodrow und andere presbyterianischen Autoren, welche die Leiden ihrer eigenen Sekte wegen Nichtübereinstimmung mit der Staatskirche im einzelnen aufgezeichnet haben, die Regierung der Zeit tadeln, daß sie nicht mit Gewalt gegen die friedlichen Schwärmer, von denen wir gehandelt haben, vorgegangen sei, und einige drückten ihren besonderen Ärger über das Freikommen Swintons aus. Was immer seine Gründe dafür sein mochten, daß er die Lehre der Freunde annahm, der alte Mann hielt bis zum Schluß seines Lebens getreulich daran fest. Jean Swinton, Enkelin von Sir John Swinton, Sohn des Richters Swinton, wie der Quäker gewöhnlich genannt wird, war die Mutter von Anne Rutherford, der Mutter des Verfassers.

Allein wie in dem Spiel vom Anti-Jakobiner der Geist der Großmutter des Verfassers auferstanden ist, um den Epilog zu sprechen, ist es hohe Zeit zu schließen, sonst möchte der Leser daran erinnern, daß es sein Wunsch war, den Verfasser von *Waverley* kennenzulernen, nicht aber, mit seinen sämtlichen Vorfahren bekannt gemacht zu werden.

II. Das Tolbooth von Edinburgh

Das alte Tolbooth von Edinburgh, wie es im letzten Kapitel nach Lage und Beschaffenheit geschildert worden ist, wurde von den Bürgern im Jahre 1561 erbaut und war zur Aufnahme des Parlaments ebenso wie des Hohen Gerichtshofs bestimmt, sollte aber zugleich auch als Gefängnis für Straf- und Schuldgefangene dienen. Seit dem Jahre 1640, als man das gegenwärtige Parlamentsgebäude errichtete, wurde das Tolbooth nur noch als Gefängnis benutzt. Trotz seines unheimlichen, finsteren Aussehens erwies es sich durch seine Lage im Mittelpunkt der High Street als so gut belüftet, daß, als die Pest im Jahre 1645 die Stadt heimsuchte, keiner in seinem traurigen Bezirk davon angesteckt wurde. Die gesamten Gebäude des Tolbooth wurden im Herbst des Jahres 1817 abgerissen. Die Güte seines alten Freundes und Schulkameraden, Robert Johnstone, der damals Dekan der Gilden der Stadt war, verschaffte seinerzeit mit der großzügigen Zustimmung der Personen, denen diese Arbeit übertragen worden war, dem Verfasser von *Waverley* die Steine, die das Eingangstor gebildet hatten, samt der Tür und ihren gewichtigen Angeln, die er dazu verwandte, den Eingang des Küchenhofs in Abbotsford zu schmücken.

«Zu solchem Amt sind wir herabgesunken.» Die Verwendung dieser Überbleibsel des Herzens von Midlothian als Eingangstor zum Hinterhof eines modernen Nutzbaus mag gewiß absonderlich und komisch erscheinen; immerhin entbehrt es nicht eines bestimmten Reizes, daß jenes Tor, wodurch so viele Opfer der stürmischen Politik eines rauhen Zeitalters und des Lasters und Elends in späterer Zeit ihren Durchgang gefunden hatten, nun im Dienste einer ländlichen Wirtschaft steht.

Um den Wechsel vollständig zu machen, gefiel es im vergangenen Jahr einer Kohlmeise, ihr Nest im Schloß des Tolbooth zu bauen, wodurch der Verfasser – gleich Tony Lumpkin – stark in Versuchung geriet, darüber ein Sonett zu schreiben.

Es mag noch erwähnt werden, daß ein Akt des Wohlwollens den Abbruch des Herzens von Midlothian feierte. Eine Geldsammlung, die von dem oben erwähnten würdigen Beamten veranstaltet wurde, verschaffte den meisten der unglücklichen Schuldner, die in dem alten Gefängnis eingekerkert waren, die Freiheit, so daß wenige oder keine in das neue Gefängnis zu überführen waren.

III. Denkschrift betreffend die Ermordung des Hauptmanns Porteous

Der folgende interessante authentische Bericht über die Untersuchungen durch den Kronanwalt in der Angelegenheit des Porteous-Aufruhrs scheint von dem Untersuchungsrichter aufgezeichnet worden zu sein. Das Amt hatte im Jahre 1737 Charles Erskine inne.

Ich verdanke dieses merkwürdige Dokument der Güte eines Berufsgenossen. Es wirft zwar wenig Licht auf den Ursprung des Tumults, zeigt aber, wie tief das Dunkel gewesen sein muß, das soviel Nachforschung nicht zu erhellen vermochte.

«Am 7. September des letzten Jahres, als der unselige verruchte Mord am Hauptmann Porteous begangen wurde, waren Seiner Majestät Anwalt und Solicitor außerhalb der Stadt; der erste jenseits von Inverness und der andere in Annandale, nicht weit von Carlyle; keiner von ihnen wußte irgend etwas von dem Aufschub der Exekution oder argwöhnte im geringsten, daß es irgendwelche Unruhen geben könnte.

Als der Aufruhr stattfand, waren die Stadtbeamten und andere Personen, die mit der Verwaltung der Stadt zu tun hatten, allesamt wie vor den Kopf geschlagen; und sei es nun, daß die dachten, bei dem großen Schrecken, der alle

Einwohner ergriffen hatte, würde eine sofortige Untersuchung zwecklos sein, oder da es sich um eine unmittelbare Verletzung des Vorrechts der Krone handelte, hatten sie es nicht eilig, sich einzumischen – jedenfalls leiteten sie kein Verfahren ein. Nur ein Eilbote wurde alsbald an Seiner Majestät Solicitor geschickt, der zur Stadt kam, sobald es ihm möglich war; inzwischen jedoch waren die Personen, die am meisten schuldig gewesen waren, entwichen oder hielten sich doch auf dem Sprung, bis sie sehen würden, welche Schritte die Regierung unternähme.

Als der Solicitor ankam, fand er die ganze Einwohnerschaft in Bestürzung. Er hatte keine Unterlagen, worauf er fußen konnte; die Einwohner fürchteten vielmehr so sehr, für Angeber gehalten zu werden, daß wenig Leute den Mut aufbrachten, mit ihm auf der Straße zu sprechen. Nachdem er indessen durch einen Brief des Herzogs von Newcastle Ihrer Majestät Befehle erhalten hatte, beschloß er, ernstlich der Sache nachzugehen, und begann mit der Untersuchung. Er tappte dabei völlig im dunkeln und hatte von den Stadtbeamten keinen nennenswerten Beistand; er verhörte Zeugen auf Zeugen in der geheimsten Art und Weise bei sich in seinem eigenen Haus und setzte die Untersuchung sechs Wochen lang von morgens bis abends fort, ohne sich die geringste Zerstreuung zu gönnen oder seine Gedanken auf ein anderes Geschäft zu richten.

Er versuchte zuerst, was er durch Aussagen ausrichten könnte, die er vertraulich behandelte, so daß diejenigen, welche die Wahrheit sagten, niemals entdeckt werden könnten; er gebrauchte keinen Schreiber, sondern schrieb alle Aussagen mit eigener Hand nieder, um die Zeugen zur Offenheit zu ermutigen. Trotzdem konnte er lange Zeit nichts erfahren, außer Stücken von Berichten, die abbrachen, wenn man ihnen nachging; und diejenigen Personen, die erschienen und etwas von der Sache wußten, waren in der äußersten Furcht, es könne zuletzt ruchbar werden, daß sie irgend jemanden beschuldigt hätten.

Während des Untersuchungsverlaufs begann sich die Aufregung in der Stadt etwas zu legen und die Stimmung, die zuerst stark für die schurkischen Täter war, ein wenig zu ändern; als die Leute sahen, daß die Diener des Königs ihr Bestes taten, wurden sie, die vorher sehr warme Worte zur Verteidigung der Untat gefunden hatten, schweigsam, und zu jener Zeit begannen mehr Verbrecher zu entweichen.

Endlich schienen sich gewisse Anhaltspunkte zu ergeben, und der Solicitor war nun einigermaßen in Schwierigkeiten, wie er weiter verfahren solle. Er sah sehr wohl ein, daß der erste Haftbefehl, den er ausgehen ließe, die ganze Bande verscheuchen würde; und da er einigen der bekanntesten Verbrecher nicht hatte beikommen können, wollte er auf die dürftigen Beweise hin, die er besaß, nichts unternehmen. Auf einen Hinweis indessen, den ihm General Moyle gab, daß ein gewisser King, ein Schlachter in Canongate, sich in Gegenwart von Bridget Knell, einer Soldatenfrau, am Morgen, nachdem Hauptmann Porteous gehängt worden war, gerühmt hatte, er habe tätigen Anteil an dem Aufruhr genommen, wurde endlich ein Haftbefehl erlassen; King wurde ergriffen und im Tolbooth von Canongate eingesperrt.

Der Solicitor mußte nun unmittelbar darangehen, diejenigen festnehmen zu lassen, gegen die irgend etwas vorlag. Durch eine unterzeichnete Aussage wurde William Stirling, Lehrling bei James Stirling, einem Kaufmann in Edinburgh, beschuldigt, mit einer Hellebarde oder Lochaber-Axt in der Hand beim Nether Bow gewesen zu sein, nachdem die Tore geschlossen waren, dort ein Hussa-Rufen begonnen zu haben und an der Spitze des Pöbels gegen das Wachhaus marschiert zu sein.

James Braidwood, Sohn eines Lichtziehers in der Stadt, wurde durch eine unterzeichnete Aussage beschuldigt, am Gefängnistor gewesen zu sein, wo er dem Pöbel Anweisungen gegeben habe, Feuer an die Tür zu legen, und daß der Pöbel ihn bei Namen nannte und um Rat fragte.

Durch eine andere Aussage wurde ein gewisser Stoddart, ein Schmiedegeselle, beschuldigt, sich öffentlich in einer Schmiedewerkstatt zu Leith gerühmt zu haben, daß er geholfen hätte, die Gefängnistür zu erbrechen.

Peter Traill, ein Handwerksgeselle, wurde auch durch eine Aussage beschuldigt, das Nether-Bow-Tor zugesperrt zu haben, als es vom Pöbel geschlossen wurde.

Als Seiner Majestät Solicitor diese Anzeigen hatte, bediente er sich insgeheim solcher Personen, auf die er sich am meisten verlassen konnte, und in Wahrheit gab es wenige, zu denen er Vertrauen haben konnte. Getreulich bedient wurde er indessen von einem gewissen Webster, einem Soldaten der Waliser Füsiliere, der ihm von Leutnant Alshton empfohlen worden war, der sich mit sehr großer Geschicklichkeit unterrichtete und wirklich etwas wagte, um die Orte auszukundschaften, wo die beschuldigten Personen sich aufzuhalten pflegten, und zu ermitteln, wie sie ergriffen werden könnten. Infolgedessen wurde einem Teil der Wache von Canongate geheißen, zu einer bestimmten Stunde, wenn eine Botschaft gesandt worden wäre, heraufzumarschieren. Der Solicitor schrieb eine Vollmacht und gab sie einem der Stadtbeamten, die beordert waren, Hauptmann Maitland zu begleiten, einen der Stadthauptleute, der seit dem unglücklichen Ereignis zu jenem Kommando befördert worden war und sich in der Tat während des Ganzen außerordentlich eifrig und tätig zeigte; und nachdem Stirling und Braidwood ergriffen worden waren, wurde der Beamte mit der Vollmacht zum Militär in Canongate abgeschickt, das unmittelbar seinen Marsch begann, und während der Solicitor die beiden besagten Personen noch in der Vogtei verhörte, wobei die Stadtbeamten anwesend waren, marschierte ein Trupp von 50 Mann trommelschlagend in die Parliament Close und zog dort auf, was die erste Handlung war, die Schrecken verbreitete, und von der Zeit an trat Furcht an die Stelle von Unverschämtheit.

Stirling und Braidwood wurden sofort zur Burg gebracht

und eingesperrt. In derselben Nacht wurde Stoddart, der Schmied, ergriffen und ebenfalls in der Burg festgesetzt; gleicherweise Traill, der Handwerksgeselle, die alle getrennt verhört wurden und jede Beteiligung leugneten.

Inzwischen ging die Untersuchung weiter, und da in einer Aussage vorgebracht worden war, eine der Wachen für Porteous, die mit ihm den Lawnmarket heraufmarschierten, sei ein Buckliger mit einer Flinte gwesen, wurde derjenige, der diese Aussage gemacht hatte, abgeschickt, durch die Straßen zu gehen und zu sehen, ob er ihn ausfindig machen könnte; endlich kam er zum Solicitor und sagte ihm, er hätte ihn gefunden und er wäre in einem gewissen Haus. Woraufhin ein Haftbefehl gegen ihn ausgefertigt und er ergriffen und zur Burg gebracht wurde, und er erwies sich als ein gewisser Birnie, ein Helfer des Kutschers der Gräfin von Wemyss.

Danach wurde eine Anzeige gegen William M'Lauchlan, Läufer der besagten Gräfin, erstattet, er sei bei dem Aufruhr sehr tätig gewesen; einige Zeit hielt er sich verborgen, aber zuletzt wurde er ergriffen und gleicherweise auf der Burg festgesetzt.

Und dies waren alle Gefangene, die an jenem Ort in Verhaft gebracht wurden.

Andere Personen wurden im Tolbooth von Edinburgh gefangengehalten, und mehrere, gegen die Haftbefehle ausgestellt worden waren, konnten nicht ergriffen werden; von ihren Namen und Fällen soll im einzelnen noch später die Rede sein.

Die Freunde von Stirling machten eine Eingabe an den Lord Oberrichter, den Earl of Islay, worin dargetan wurde, daß er von der roten Ruhr befallen war, so daß sein Leben in Gefahr war, und daß Aussagen von Zeugen, deren Namen angegeben wurden, klar erwiesen, daß er nicht den geringsten Anteil an irgendeiner Ausschreitung des ruchlosen Pöbels hatte.

Diese Eingabe wurde von Seiner Lordschaft in die Hände

von Seiner Majestät Solicitor gelegt, der die Zeugen verhörte; und durch ihre Aussagen stellte sich heraus, daß der junge Mann, der noch nicht achtzehn Jahre alt war, jene Nacht in Gesellschaft von ungefähr einem halben Dutzend Gefährten in einem Gasthaus in der Stephan Lew's Close hinter dem Wachhaus gewesen war, wo sie alle blieben, bis das Gerücht zu ihnen drang, der Pöbel habe die Tore geschlossen und das Wachhaus genommen, woraufhin die Gesellschaft aufbrach und er und einer seiner Gefährten nach dem Haus seines Meisters gingen; und im Verlauf eines späteren Verhörs erklärte oder vielmehr schwor ein Zeuge (denn der Solicitor sah es derzeit als notwendig an, diejenigen, die er vernahm, zu verteidigen), daß er ihn – Stirling – getroffen hatte, als er in die Straße eingebogen war, wo sein Meister wohnt, wie er zu dessen Haus ging; und ein anderer Zeuge, ein Mitlehrling Stirlings, erklärte, nachdem der Pöbel das Wachhaus genommen, sei er heimgegangen, wo er Stirling schon vorfand; und daß sein Meister die Tür verschloß und sie beide bis nach zwölf Uhr nachts zu Hause hielt; in Anbetracht dieser Zeugnisse und in Ansehung, daß er nur durch die Aussage einer Person belastet war, die kein sehr gewichtiger Zeuge schien, und daß sein Leben durch die Gefangenschaft in Gefahr war, verfügte der Lord Oberrichter, durch dessen Haftbefehl er verhaftet worden war, daß er gegen Bürgschaft freigelassen werde.

Braidwoods Freunde stellten ein ähnliches Gesuch; aber da er durch mehr als einen Zeugen belastet war, wurde er nicht in Freiheit gesetzt, obgleich die Zeugen für ihn zu seiner Entlastung vorbrachten, daß er anscheinend nicht an dem ursprünglichen Vorhaben beteiligt war, und einer der Zeugen sagte aus, daß er mit ihm an der Tolbooth-Tür gewesen war, und stritt alles ab, was gegen ihn vorgebracht worden und sich darauf bezog, daß er geraten habe, die Tolbooth-Tür zu verbrennen. Aber er blieb noch im Gefängnis.

Was Traill angeht, den Handwerksgesellen, so wird er

durch denselben Zeugen belastet, der gegen Stirling aussagte, und es liegt kein weiteres Zeugnis gegen ihn vor; in Wahrheit schien er der offenherzigste von allen, die der Solicitor verhörte, und auf seine Aussage hin wurde einer der ersten Verbrecher entdeckt, der jedoch entwich, als der Haftbefehl gegen ihn in Ausführung gebracht werden sollte. Traill leugnete auf das bestimmteste, das Tor geschlossen zu haben; und darum hielt man dafür, ihn gegen Bürgschaft zu entlassen.

Was Birnie betrifft, so wird er nur von einem Zeugen beschuldigt, der ihn nie zuvor gesehen hatte und auch seinen Namen nicht kannte; so daß, obgleich an der Aufrichtigkeit des Zeugen nicht zu zweifeln ist, die Möglichkeit besteht, daß ein Mißverständnis vorliegt; denn bei der Vernehmung von mehr als zweihundert Zeugen gab es sonst keinen, der ihn bezichtigte; auch ist er ein unbedeutendes Geschöpf.

Betreffend M'Lauchlan, so wird derselbe stark durch einen Zeugen belastet, einige Zeit als eine Art von Anführer oder Befehlshaber einer Wache fungiert zu haben, die quer zwischen dem oberen Ende der Luckenbooths und der Nordseite der Straße stand, um alle, außer Freunde, davon abzuhalten, nach dem Tolbooth zu gehen; und durch andere Zeugen, er habe mit einer Pechfackel in der Hand an der Tolbooth-Tür gestanden, als das Schlagen und Verbrennen derselben begann; und er sei mit einer Hellebarde in der Hand mit dem Pöbel bis zu dem Galgenstein am Grassmarket marschiert, wo er die Hellebarde in die Höhlung des Galgensteins gesteckt habe; späterhin, als Hauptmann Porteous zu dem Färberpfahl gebracht wurde, sei er mit dem Pöbel dabeigewesen; so daß er sehr schwer belastet scheint.

Hinsichtlich der Gefangenen in der Burg ist zusammenfassend zu bemerken: Man glaubt, daß M'Lauchlan stark belastet ist; ebenso auch Braidwood. Aber da seine Mitwirkung nur in irgendwelchen Reden besteht, die er geführt haben soll, als er an der Tolbooth-Tür war, und da er eine unbedeutende, klägliche Kreatur ist und es Leute gibt, die warm zu seinen Gunsten sprechen, so ist es zum mindesten zweifelhaft, ob Geschworene ihn schuldig finden würden.

Was die Gefangenen im Tolbooth von Edinburgh betrifft, so ist da zunächst ein gewisser John Crawford, der eine Zeitlang das Amt innehatte, die Glocken im Turm der Neuen Kirche in Edinburgh zu läuten; dieser war einmal mit einem Soldaten zusammen, und als das Gespräch auf Hauptmann Porteous und seine Ermordung kam, und er ein leichtsinniger Bursche zu sein scheint, so sagte er, daß er Leute kenne, die schuldiger seien als irgendeiner, der ins Gefängnis gesetzt wäre. Auf diese Aussage hin wurde Crawford ergriffen und verhört; es scheint, daß, als der Aufruhr begann und er vom Turm herunterkam, der Pöbel ihm die Schlüssel abnahm; daß er jene Nacht an mehreren Orten war und in der Tat mehrere Personen, die er dort sah, angab, und es wurden sofort Haftbefehle ausgestellt, doch stellte sich heraus, daß sie geflohen waren. Aber es gab kein Zeugnis irgendwelcher Art gegen ihn. Im Gegenteil, es scheint, daß er mit den Stadtbeamten in der Weinstube von Clerk gewesen war und ihnen berichtete, was er in den Straßen gesehen hatte. Nachdem er daher eine sehr beträchtliche Zeit im Gefängnis gesessen hatte, unterzeichnete Seiner Majestät Anwalt und Solicitor einen Befehl zu seiner Freilassung.

Auch ein gewisser James Wilson war im besagten Tolbooth auf die Aussage eines Zeugen hin eingesperrt worden, der behauptete, ihn auf der Straße mit einem Gewehr gesehen zu haben; und dort blieb er eine Zeitlang, da man sehen wollte, ob ein weiterer Zeuge gefunden werden könnte oder ob er sonst irgendwelchen Anteil an dem Trauerspiel und der Schurkerei gehabt habe. Aber es wurde weiter nichts gegen ihn vorgebracht; und da ihn eine schwere Krankheit befiel, wurde er durch einen von Seiner Majestät Anwalt und Solicitor unterzeichneten Befehl gegen hinreichende Bürgschaft freigelassen.

Was King angeht, so wurde eine Untersuchung eingeleitet

und einwandfrei die Tatsache festgestellt, daß er in dem Wirtshaus zu Nether Bow gewesen war, und zwar mit dem Kellner Lindsay und mehreren anderen Leuten, die ganz und gar nicht an dem Aufruhr beteiligt waren. Aber als die Geschichte vorüber war, ging er hinauf zum Wachhaus, und nachdem er Sandie, den Türken, und seine Frau getroffen hatte, die aus dem Gefängnis entflohen waren, gingen sie nach seinem Haus bei der Abbey, und da mag er es in seiner Trunkenheit wohl für angebracht gehalten haben, sich einer Schandtat zu rühmen, woran er aus jenem Grund unmöglich irgendeinen Anteil genommen haben konnte; er sollte darum Bürgschaft stellen und in Freiheit gesetzt werden. Aber er ist ein Fremder und ein Bursche von sehr zweifelhaftem Ruf, und daher glaubt man, es werde nicht leicht für ihn sein, einen Bürgen zu finden. Weswegen man dafür hält, er müsse ohnedem in Freiheit gesetzt werden. Weil er eine Last für die Regierung ist, solange er sich in Haft befindet, da er nicht imstande ist, sich selbst zu erhalten.

Obiges ist alles, was sich auf Personen in Gewahrsam bezieht. Aber es liegen noch Haftbefehle gegen eine große Anzahl anderer Personen vor, die geflohen sind, besonders gegen einen gewissen William White, einen Bäckergesellen, der nach einer Aussage bei Beginn des Aufruhrs mit einer Trommel vom West Port zum Nether Bow marschiert und einer von denen gewesen sein soll, die das Wachhaus angegriffen, und wahrscheinlich ebenso arg war wie alle anderen dort.

Es wurde angezeigt, daß er sich zu Falkirk verborgen halte, wo er geboren war. Woraufhin Anweisungen an den Sheriff der Grafschaft und ein Befehl Seiner Exzellenz des Generals Wade an die befehlshabenden Offiziere zu Stirling und Linlithgow um Beihilfe gesandt und alle möglichen Anstrengungen gemacht würden, seiner habhaft zu werden; und es heißt, daß er mit knapper Müh und Not entkam, da er sich in einem Nebengebäude versteckt hatte; und das Unglück war, daß diejenigen, die mit der Suche nach ihm betraut waren, ihn nicht persönlich kannten. Auch war es in der Tat nicht leicht, das Geheimnis der Durchführung des Haftbefehls irgendeinem Bekannten eines so üblen Burschen anzuvertrauen.

Auch bestand starker Verdacht gegen Robert Taylor, der bei den Perückenmachern William und Charles Thomsons bedienstet war, daß er als ein Anführer des Pöbels fungiert hatte, denn er war von der Wache zu dem Brunnen am Eingang von Forrester's Wynd gezogen, wo er anhielt und vom Pöbel zum Anführer ausgerufen wurde, und von dort soll er mit seiner Lochaber-Axt vor dem Hauptmann Porteous die Bow Street herab marschiert sein; und nach der Beschreibung, die von dem gemacht war, der den Strick holte, womit Hauptmann Porteous hochgezogen wurde, glaubt man, Taylor sei derjenige gewesen; und es ist weiter wahrscheinlich, daß der Zeuge, der Stirling anzeigte, ihn für Taylor gehalten hat, da sie sich an Gestalt und Alter (soweit den Beschreibungen entnommen werden kann) sehr ähnlich sind.

Es wurden große Anstrengungen gemacht und keine Mühen gescheut, dieses Taylors habhaft zu werden, und Haftbefehle wurden in die Gegend geschickt, wo er geboren war, aber es scheint, er hatte sich nach Holland eingeschifft, wo er, wie gesagt, sich nun aufhält.

Auch besteht starker Verdacht gegen Thomas Burns, Fleischer, daß er von Anfang bis zu Ende des Aufruhrs sehr tätig dabei war. Er hielt sich einige Zeit bei anderen seines Gewerbes verborgen; und ihm wurde sehr geschickt eine Falle gestellt, unter dem Vorwand einer Botschaft, die von seinem Vater aus Irland gekommen sei, so daß er zu einer Winkelschenke auf dem Fleshmarket kam, und als eine Schar bereitstand, wurde er durch Webster, den Soldaten, der auf diesem Zug war, aufgefordert, herunterzukommen. Indessen entfloh Burns durch ein Hinterfenster und verbarg sich in einem der Häuser, die an jenem Platz zusammengeschachtelt sind, so daß es nicht möglich war, ihn zu fangen.

Es heißt jetzt, er sei nach Irland zu seinem Vater gegangen, der dort lebt.

Auch besteht Verdacht gegen einen gewissen Robert Anderson, der bei dem Handwerker Colin Alison beschäftigt ist, und gegen Thomas Linnen und James Maxwell, die ebenfalls bei besagtem Colin Alison beschäftigt sind und alle tief in die Sache verwickelt zu sein scheinen. Anderson ist einer von denen, die Hauptmann Porteous den Strick um den Hals legten. Linnen scheint auch sehr tätig gewesen zu sein; und von Maxwell steht fest (was sehr bemerkenswert ist), daß er am Freitag vorher zu einem Laden kam und den Gesellen und Lehrlingen dort sagte, sie sollten Dienstag nacht in der Parliament Close sein und mithelfen, Hauptmann Porteous zu hängen. Diese drei entwichen frühzeitig, und obgleich Haftbefehle gegen sie erlassen und alle Anstrengungen gemacht wurden, sie zu ergreifen, konnten sie nicht gefunden werden.

Ein gewisser Waldie, der bei dem Handwerker George Campbell beschäftigt war, ist auch entwichen, und viele andere, und es hieß, eine Anzahl von ihnen wolle sich nach den Kolonien einschiffen; und auf eine Anzeige hin, daß ein Schiff von Glasgow abginge, auf dem sich mehrere der Schurken befänden, um über See zu gehen, wurden ordentliche Haftbefehle ausgestellt und Leute abgeschickt, das besagte Schiff ausfindig zu machen und alle zu ergreifen, die gefunden werden konnten.

Gleiche Haftbefehle wurden für Schiffe von Leith ausgegeben. Aber ob sie Wind bekommen hatten oder ob die Anzeige grundlos gewesen war, sie hatten keinen Erfolg.

Dies ist ein Abriß der Untersuchung, aus dem erhellt, daß es keine Aussage gab, auf die man sich verlassen konnte, außer die gegen M'Lauchlan. Es liegt auch ein Zeugnis gegen Braidwood vor, doch ist dies sehr umstritten. Seiner Majestät Anwalt arbeitete, seit er in die Stadt kam, mit dem Solicitor zusammen und tat sein Äußerstes, um der Sache auf den Grund zu kommen, aber bisher steht es wie oben dargestellt. Sie sind entschlossen, ihre Augen und Ohren offenzuhalten und zu tun, was sie können. Aber sie arbeiteten übermäßig gegen den Strom; und es mag wahrhaftig gesagt werden, daß nichts von ihrer Seite versäumt wurde, noch haben sie irgendwelche Mühe gescheut, den Befehlen zu entsprechen, die ihnen erteilt wurden, der Sache auf den Grund zu kommen.»

Der Porteous-Aufruhr

In den vorhergehenden Kapiteln sind die Umstände jener außerordentlichen Zusammenrottung oder Verschwörung, die Porteous-Aufruhr genannt wird, so genau wiedergegeben, wie der Verfasser sie zu sammeln imstande war. Der Ordnung, Zweckmäßigkeit und entschlossenen Festigkeit, womit eine solche Gewalttat geplant und durchgeführt wurde, ist nur das Geheimnis vergleichbar, das hinsichtlich der Rädelsführer bewahrt wurde.

Obgleich die Tat bei Fackellicht in Gegenwart einer großen Menge Menschen begangen wurde, von denen einige wenigstens die einzelnen Täter gekannt haben müssen, wurden die Verüber der Freveltat doch niemals entdeckt.

Zwei Menschen nur wurden wegen eines Verbrechens, das die Regierung so eifrig bemüht war, aufzuklären und zu bestrafen, vor Gericht gestellt. Gegen William M'Lauchlan, Läufer der Gräfin von Wemyss, der im Bericht des Solicitors erwähnt wird und stark belastet war, wurde im März 1737 Anklage erhoben, bei dem Aufruhr mit einer Lochaber-Axt bewaffnet mitgewirkt zu haben. Aber dieser Mann (der von je ein einfältiges Geschöpf war) konnte nachweisen, daß er während der Zeit, wo er bei dem Aufruhr zugegen war, sinnlos betrunken und daher unfähig gewesen war, den Aufrührern weder Rat zu erteilen noch Beistand zu leisten oder überhaupt zu wissen, was er oder sie taten. Er war auch imstande, zu beweisen, daß man ihn gezwungen hatte, an dem Aufruhr teilzunehmen, und daß zwei Bäcker ihn dabei gestützt und ihm eine Lochaber-Axt in die Hand gedrückt hatten. Das Gericht war einsichtig genug, dieses arme Geschöpf, das kein geeigneter Gegenstand der Bestrafung sein konnte, freizusprechen. Der gleiche Wahrspruch wurde im Fall von Thomas Linning abgegeben, der auch in der Denkschrift erwähnt wird und im Jahre 1738 vor Gericht gestellt wurde. Kurz, weder damals noch lange Zeit danach wurde etwas über das Zustandekommen der Porteous-Verschwörung entdeckt.

Die Einbildungskraft der Einwohner Edinburghs und ihre Neugier wurden noch lange durch die geheimnisvollen Umstände dieser außerordentlichen Verschwörung gereizt und wachgehalten. Es wurde allgemein gesagt, verschiedene Einwohner Edinburghs, die in ihrer Jugend die Stadt verlassen hatten und später mit einem Vermögen zurückkehrten, das sie sich in fremden Ländern erworben hatten, wären ursprünglich wegen ihrer Beteiligung am Porteous-Aufruhr geflohen. Aber dem kann wenig Glauben geschenkt werden, da diese Vermutungen in den meisten Fällen durch die Daten widerlegt und in keinem durch irgend etwas außer durch unbestimmte Gerüchte gestützt werden, die auf den gewöhnlichen Hang des Pöbels zurückgehen, den Erfolg von Menschen, die es zu etwas gebracht haben, einer unlauteren Quelle zuzuschreiben. Die geheime Geschichte des Porteous-Aufruhrs ist bis zum heutigen Tag unaufgeklärt geblieben; er ist immer als ein sorgfältig vorbereiteter und verwegen durchgeführter Gewaltakt angesehen worden, wie solche besonders bezeichnend für das schottische Volk sind.

Nichtsdestoweniger hegte der Verfasser eine beträchtliche Zeit lang die Hoffnung, er sei in der Lage, selbst einiges Licht auf diese geheimnisvolle Geschichte zu werfen. Ein alter Mann, der vor ungefähr zwanzig Jahren im vorgerückten Alter von 93 Jahren starb, sollte dem Geistlichen, der ihm an seinem Totenbett beistand, Eröffnungen über die Entstehung des Porteous-Aufruhrs gemacht haben. Dieser Mann übte das Gewerbe eines Zimmermanns aus und war als solcher auf der Besitzung einer Familie von Rang und Reichtum beschäftigt gewesen. Er besaß bei seinen Gewerbegenossen und Nachbarn einen guten Leumund, und sein Lebenswandel unterlag niemals dem geringsten Verdacht. Er soll in seiner Beichte folgendes bekannt haben: daß er einer von zwölf jungen Männern aus dem Dorfe Pathhead gewesen sei, die Porteous wegen seiner Hinrichtung Wilsons so feind waren, daß sie beschlossen, lieber mit eigenen Händen an ihm Rache zu nehmen, als daß er der Strafe entgehen sollte. Mit diesem Entschluß setzten sie auf verschiedenen Fähren über den Forth und trafen sich in der Portsburgh genannten Vorstadt, wo sich bei ihrem geschlossenen Erscheinen bald zahlreiche Gefährten um sie scharten. Die Öffentlichkeit war in solcher Erregung, daß es nur eines einzigen Funkens bedurfte, um eine Explosion hervorzurufen, und eben diesen gelang es der kleinen, entschlossenen Bande der Verschwörer zu entfachen. Der Anschein von Ordnung und Vorbedacht, der den Aufruhr nach dem Bericht auszeichnete, hatte seinen Ursprung nicht in irgendeinem wohlüberlegten Plan oder Komplott, sondern in dem Charakter jener, die an ihm beteiligt waren. Daraus erklärt sich auch, warum über die Entstehung des Aufruhrs niemals etwas entdeckt wurde, da er, obgleich an sich selbst eine große Zusammenrottung, nach diesem Bericht durch einen geringfügigen und unbedeutenden Anlaß verursacht wurde.

Ich habe mir indessen für diese Geschichte keinen Beweis verschaffen können. Der gegenwärtige Besitzer des Gutes, auf dem der alte Mann starb (ein besonderer Freund des Verfassers), unternahm es, den Sohn des Verstorbenen über den Gegenstand zu befragen. Dieser Mensch folgt dem Gewerbe des Vaters und ist bei derselben Familie als Zimmermann beschäftigt. Er gibt zu, daß man allgemein glaubte, sein Vater sei nach dem Porteous-Aufruhr darum ins Ausland gegangen, weil er in die Angelegenheit verwickelt gewesen wäre; er fügt jedoch hinzu, soviel ihm bekannt sei, habe der alte Mann niemals ein Geständnis in diesem Sinne abgelegt, sondern im Gegenteil beharrlich geleugnet, bei dem Aufruhr zugegen gewesen zu sein. Mein liebenswürdiger Freund wandte sich nunmehr an eine Person, von der er diese Geschichte früher gehört hatte; aber diese wollte entweder aus Achtung vor dem Andenken an einen alten Freund oder aus eigener Gedächtnisschwäche nichts mehr von einer solchen Mitteilung wissen. Mein gefälliger Korrespondent (der ein Jäger ist) schrieb mir daher, seine Pirsch sei vollständig vergeblich gewesen; alles, was demnach mit Hinsicht auf die Überlieferung gesagt werden kann, ist, daß es einmal eine solche gab und sie allgemein geglaubt wurde.

IV. Carspharn-John

John Semple, als Geistlicher der Gemeinde Carspharn in Galloway Carspharn-John genannt, war ein besonders eifriger und frommer presbyterianischer Pfarrer, von dem Patrick Walker folgendes berichtet: «Als seine Frau gestorben war, verbrachte er die ganze folgende Nacht in Gebet und Betrachtung in seinem Garten. Am nächsten Morgen kam einer seiner Ältesten ihn besuchen, und da dieser ihn wegen der schlaflosen Nacht bedauerte und seinen großen Verlust beklagte, erwiderte er: ‹Ich sage Euch, ich habe die ganze Nacht nicht mit einem Gedanken an den Tod meines Weibes gedacht, so sehr war ich in die Betrachtung himmlischer Dinge versunken. Ich bin diese

Nacht an den Ufern des Ulai gewesen, hie und da einen Apfel pflückend.›» – *Walkers Merkwürdigkeiten vom Leben und Sterben Mr. John Semples.*

V. Peter Walker

Diese Persönlichkeit, deren nicht kurz zu gedenken eine schlimme Undankbarkeit des Verfassers wäre, war bei weitem der eifrigste und treueste Chronist der Taten und Meinungen der Cameronianer. Er wohnte, solange er seßhaft war, am Bristo Port von Edinburgh, war aber seinem Gewerbe nach ein fliegender Holländer oder Hausierer, welchen Beruf er sowohl in Irland wie in Britannien ausgeübt zu haben scheint. Er verfaßte biographische Aufzeichnungen über Alexander Peden, John Semple, John Welwood und Richard Cameron, sämtlich Geistliche cameronianischer Gesinnung, der das letztgenannte Mitglied den Namen gab.

Aus solchen Schriften wie diesen, die im Geist und Sinne der Sekte selbst geschrieben sind, und nicht aus den verfälschenden Erzählungen späterer Zeiten, kann man sich über das wahre Wesen dieser verfolgten Menschenklasse unterrichten. Walker schreibt mit einer Einfalt, die mitunter ans Komische grenzt, und trifft dabei zuweilen den Ton eines einfachen Pathos, der jedoch immer das dreisteste Vertrauen in die Richtigkeit seiner eigenen Ansichten und Empfindungen ausdrückt; zuweilen aber auch mit abstoßender und engherziger Frömmelei. Sein Hang zum Wunderbaren war der seiner Zeit und Sekte; aber an der Wahrheit dessen, was er aus eigener Kenntnis berichtet, läßt sich nicht zweifeln. Seine kleinen Schriften stehen heute hoch im Preis, besonders die frühen authentischen Ausgaben.

Der Ausfall von David Deans gegen das Tanzen ist, wie im Text angedeutet, teilweise Peter Walker entlehnt. Er erwähnt als eine abscheuliche Verunglimpfung des Namens Richard Camerons, daß sein Gedächtnis von «Pfeifern und Fiedlern besudelt» werde, «die den Cameronianer-Marsch spielen – einen eitlen, weltlichen Tanz, nach dem sehr viele Gläubige tanzen, obwohl es den Bekennern des Christentums nicht geziemt zu tanzen, aber am wenigsten diesen Tanz. Was immer», fährt er fort, «die mancherlei Blößen sind, die von den Frommen in der Heiligen Schrift berichtet werden, so ist doch keiner von ihnen mit diesem regelrechten Anfall von Wahnsinn behaftet. Das Tanzen war bei den Heiden und Bösen im Schwange, wie zum Beispiel bei der Erhöhung des Goldenen Kalbes, und es wäre besser für jenes unglückliche Mädchen gewesen, das Johannes dem Täufer den Kopf abtanzte, es wäre ohne Gliedmaßen als Krüppel geboren worden. Geschichtsschreiber berichten, daß ihr nach ihrer Sünde das Urteil gesprochen wurde, denn als sie einige Zeit danach auf dem Eis tanzte, brach es und schnitt ihr den Kopf ab; ihr Kopf tanzte darüber und ihre Füße darunter. Es gibt Grund, zu denken und zu schließen, daß Tanzen bei den Hochzeiten geübt wurde, als der Welt Bosheit groß war; aber als vom Himmel oben und der Erde unten die Sintflut über die Menschheit kam, zähmte sie ihre Lust; und als der Herr in heiligem Zorn Feuer und Bimsstein vom Himmel auf die böse Stadt Sodom und ihre Bewohner regnen ließ, die in Üppigkeit und Wollust schwelgten, gingen all ihre Fiedelsaiten und Hände in Flammen auf, und alle Leute im Umkreis von dreißig Meilen in der Länge und zehn in der Breite wurden, wie die Geschichtsschreiber berichten, bei lebendigem Leib gebraten; wer also immer hochzeiten und tanzen will, wird, wenn alles in Flammen aufgeht, schnell seine Weise ändern.

Ich habe mich oft in meinem Leben gewundert, wie jemand, der wußte, was es heißt, in ernstem Gebet seine Knie zu beugen, es wagte, ein Gelenk zu krümmen, um nach eines Pfeifers und Fiedlers Tänzen zu hüpfen und zu springen. Ich danke dem Herrn, daß er es in meinen tanzenden Tagen so gefügt, daß die Furcht um Kopf und Kragen, vor Kugeln und Stricken, der Pein von Daumenschrauben, spanischen Stiefeln, Fesseln, Kälte und Hunger, Nässe und Müdigkeit die Leichtfertigkeit meines Kopfs und den Mutwillen meiner Füße zügelte. Wie der unvergeßliche Gottesmann John Knox zur Königin Mary sagte, als er sie getreulich wegen der Gefahr für Kirche und Nation vor ihrer Heirat mit dem Dauphin von Frankreich warnte und sie ihm jene scharfe Antwort gab, die unseren heutigen kleinmütigen, zungenlahmen Geistlichen die Sprache verschlagen würde – wie er sie da stammelnd und weinend zurückließ und in den Außenhof kam, wo ihre Lady Maries tanzten und sprangen, sagte er: ‹Oh, muntere Fräulein, eine muntere Welt – wenn sie nur dauern würde und das Himmelreich danach käme. Aber pfui über den Schelmen Tod, der eure Leiber packen wird; und wo wird dann all euer Fiedeln und Hüpfen sein?› Da Tanzen ein so allgemeines Übel ist, besonders unter jungen Gläubigen, das alle, die den Herrn liebhaben, hassen sollten, so hat mich dies bewogen, länger dabei zu verweilen, und besonders jener alberne Cameronianer-Marsch!» – *Leben und Tod dreier berühmter wackerer Männer etc.* von Peter Walker, S. 59.

Es mag hier bemerkt werden, daß die Gemäßigteren unter den Cameronianern einen Unterschied zwischen dem gemeinsamen und getrennten Tanzen der Geschlechter machten, wobei sie dieses als eine gesunde und nicht unrechte Übung für erlaubt hielten; aber wenn Männer und Frauen miteinander tanzten, nannte man es vermischtes Tanzen und betrachtete es als einen schändlichen Mißbrauch.

VI. Muschats Grabmal

Nicol Muschat, ein ausschweifender und ruchloser Bösewicht, der einen Haß gegen seine Frau gefaßt hatte, verschwor sich mit einem anderen rohen Gauner und Wüstling namens Campbell von Burnbank (der wiederholt in Pennycuicks satirischen Gedichten der Zeit erwähnt wird), infolgedessen es Campbell unternahm, den Ruf der Frau zu zerstören, um so Muschat in den Stand zu setzen, auf falsche Anschuldigungen hin eine Scheidung von ihr zu erlangen. Als die rohen Listen, deren diese würdigen Spießgesellen sich bedienten, fehlschlugen, bemühten sie sich, die Frau durch Eingeben eines gefährlichen Trankes, und zwar in außerordentlicher Menge, umzubringen.

Nachdem auch dies mißlungen war, schleppte Nicol Muschat, oder Muschet, schließlich am 17. Oktober 1720 seine Frau im Dunkel der Nacht in den Königspark und brachte sie dort in der Nähe des sogenannten Herzogswegs beim Holyrood Palace um, indem er ihr die Kehle fast ganz durchschnitt und ihr andere Wunden beibrachte. Er bekannte sich vor Gericht der Tat für schuldig und wurde dafür mit dem Tod bestraft. Sein Kumpan Campbell wurde für seinen Anteil an dem vorhergehenden Mordversuch zur Deportation verurteilt. Siehe *MacLaurins Strafprozesse*, Seite 64 und 738.

Zum Gedächtnis und zugleich als Verfluchung der Tat bezeichnete ein Mal, ein Steinhaufen, lange Zeit die Stätte. Er ist jetzt infolge einer Änderung des Weges an dieser Stelle fast ganz verschwunden.

VII. Henker oder Lockman

Lockman – so genannt nach der kleinen Menge Mehl (schottisch lock), das er berechtigt war, aus jedem Sack zu entnehmen, der auf dem Markt der Stadt feilgehalten wurde. In Edinburgh ist diese Sitte seit langem durch Geld abgelöst worden, aber in Dumfries übt oder übte der Vollstrecker des Gesetzes noch kürzlich sein Vorrecht aus, wobei die entnommene Menge durch eine kleine eiserne Kelle gemessen wird, die er als Maß seiner Sporteln benutzt. Der Ausdruck lock ſür eine kleine Menge einer leicht teilbaren trockenen Substanz wie Getreide, Mehl, Lein oder dergleichen ist nicht nur im Volksmund bewahrt, sondern auch in Gesetzeswendungen wie lock and gowpen oder einer Handvoll, einer Kleinigkeit, die in Mühlzwangfällen zu entrichten ist, wie zum Beispiel beim städtischen Mahlgeld.

VIII. Der Elfenknabe von Leith

Diese Sage, von der in früheren Ausgaben ungenau angegeben wurde, sie sei in Baxters *Geisterwelt* enthalten, steht in Wirklichkeit im *Pandaemonium oder des Teufels Kloster, das ist ein weiterer Schlag gegen Modernen Sadduzäismus* von Richard Barton, 1684. Das Werk ist Dr. Henry More gewidmet. Die Geschichte ist betitelt *Merkwürdige Nachricht über einen sogenannten Elfenknaben von Leith in Schottland, mitgeteilt von meinem würdigen*

Freund Hauptmann George Burton und bezeugt durch seine Hand und lautet wie folgt:

Als ich mich vor ungefähr fünfzehn Jahren in Geschäften einige Zeit in Leith aufhielt, das in der Nähe von Edinburgh im Königreich Schottland liegt, traf ich mich oft mit einigen meiner Bekannten dort in einem gewissen Haus, wo wir ein Glas Wein zu unserer Stärkung zu trinken pflegten. Die Wirtin hatte bei ihren Nachbarn einen guten Ruf, was mich desto mehr auf das aufmerken ließ, was sie mir eines Tages über einen Elfenknaben (wie sie ihn nannte) erzählte, der in der Umgegend jener Stadt lebte. Sie hatte mir so Seltsames von ihm berichtet, daß ich ihr sagte, ich möchte ihn bei der ersten Gelegenheit sehen, welchen Wunsch sie mir zu erfüllen versprach; und als ich nicht lange danach wieder zu ihr kam, sagte sie mir, der Elfenknabe sei kurz vor mir dagewesen, und fügte mit einem Blick auf die Straße hinzu: «Sehen Sie, Sir, da unten spielt er mit anderen Knaben.» Sie zeigte ihn mir, und ich ging hin und erreichte durch Geld und gute Worte, daß er mit mir ins Haus kam, wo ich ihm in Gegenwart verschiedener Leute mehrere astrologische Fragen stellte, die er mit großem Scharfsinn beantwortete; und er verriet in allen seinen Äußerungen eine Schlauheit, die weit über seine Jahre ging, deren er nicht mehr als zehn oder elf zählen mochte. Es schien mir, als ob er mit seinen Fingern auf dem Tisch trommelte, welshalb ich ihn fragte, ob er sich aufs Trommeln verstünde, worauf er erwiderte: «Ja, Sir, so gut wie einer in Schottland, denn jede Donnerstagnacht schlage ich alle Wirbel für Leute, die sich in dem Berg da zu treffen pflegen» (wobei er auf den großen Berg zwischen Edinburgh und Leith deutete). «Wie, Junge», sagte ich, «was für eine Gesellschaft gibt es denn dort?» – «Eine große Gesellschaft von Männern und Frauen, Sir», sagte er, «und sie haben außer meiner Trommel noch mancherlei Musik zu ihrer Unterhaltung; sie haben auch vielerlei Speise und Wein; und bisweilen bringt man uns in einer Nacht nach Frankreich oder Holland und wieder zurück, und während wir dort sind, vergnügen wir uns mit allem, womit das Land uns ergötzen kann.» Ich fragte ihn, wie sie denn in den Berg kämen. Worauf er erwiderte, es wäre ein großes Tor da, das sich ihnen öffne, obgleich es anderen unsichtbar wäre, und innen wären schöne, weite Räume, so gut ausgestattet wie die meisten in Schottland. – Ich fragte ihn dann, woran ich erkennen könnte, daß wahr sei, was er sage. Worauf er entgegnete, er wolle mir wahrsagen, und mir verriet, ich würde zwei Frauen haben, und er sähe ihre Gestalten auf meinen Schultern sitzen, und beide wären hübsch.

Als er so sprach, kam eine Frau aus der Nachbarschaft ins Zimmer und forderte ihn auf, ihr wahrzusagen. Er sagte ihr, sie würde vor ihrer Heirat zwei Bankerte haben, was sie in solche Wut versetzte, daß sie nichts weiter hören wollte. Die Wirtin sagte mir, kein Mensch in Schottland könne ihn Donnerstag nachts von dem Stelldichein zurückhalten; woraufhin ich ihm mehr Geld versprach und dafür von ihm das Versprechen erhielt, daß er mich am Nachmittag des kommenden Donnerstags am selben Ort treffen wolle; und so entließ ich ihn für diesmal. Der Junge kam an den Ort zur bestimmten Zeit wieder, und ich hatte einige Freunde bewogen dazubleiben, um mit mir wenn möglich zu verhindern, daß er jene Nacht entwiche; er wurde zwischen uns gesetzt und antwortete auf viele Fragen, ohne Anstalten zu machen, uns zu verlassen, bis um elf Uhr, wo er unbemerkt aus der Gesellschaft verschwunden war, aber da ich ihn plötzlich vermißte, eilte ich zur Tür, hielt ihn auf und brachte ihn in das Zimmer zurück. Wir alle bewachten ihn, und plötzlich war er wieder zur Tür hinaus verschwunden. Ich folgte ihm auf dem Fuße, und er machte ein Geräusch auf der Straße, als würde er überfallen; und von da an konnte ich ihn nicht mehr sehen.

George Burton

IX. Verkehr der Covenanter mit der unsichtbaren Welt

Das gefahrvolle, trübselige, unstete Leben der verfolgten Sekte der Cameronianer ließ sehr natürlich und leicht den Glauben in ihnen aufkommen, sie seien manchmal nicht nur dem Grimm der Menschen, sondern auch den tückischen Nachstellungen und offenen Angriffen Satans preisgegeben. Tatsächlich konnte sich keine Überschwemmung ereignen, kein Pferd sein Hufeisen verlieren oder irgendein anderer ganz ungewöhnlicher Zwischenfall eintreten, der einem Geistlichen in die Quere kam, wenn er Gottesdienst an einem bestimmten Ort halten wollte, ohne daß der Vorfall dem unmittelbaren Eingreifen des bösen Feindes zugeschrieben wurde. Den Kampf Alexander Pedens mit dem Teufel in der Höhle und den John Semples mit dem Dämon in Firth berichtet Peter Walker fast mit den Worten des Textes.

X. Kindsmord

Das Schottische Gesetzbuch Anno 1690, Kapitel 21, verordnet in Anbetracht der großen Zunahme des Verbrechens des Kindsmordes – und zwar sowohl mit Rücksicht auf die Versuchungen, das Verbrechen zu begehen, wie die Schwierigkeit der Entdeckung –, das Gericht solle eine gewisse Reihe von Annahmen mangels eines unmittelbaren Beweises als Zeugnis dafür gelten lassen, daß das Verbrechen wirklich begangen worden sei. Die dafür ausgewählten Umstände waren die, daß die Frau ihren Zustand während der ganzen Zeit der Schwangerschaft verhehlt habe; daß sie bei der Entbindung keine Hilfe in Anspruch genommen habe; und daß, verbunden mit diesen Verdachtsgründen, das Kind entweder tot oder überhaupt nicht auffindbar sei. Viele Personen erlitten nach diesem strengen Gesetz im letzten Jahrhundert den Tod. Aber zu Lebzeiten des Verfassers wurde es lässiger gehandhabt, und eine nach diesem Gesetz angeklagte Frau, die sich bewußt war, keine zureichende Verteidigung vorbringen zu können, richtete gewöhnlich ein Gesuch an den Gerichtshof, worin sie formhalber die Schuld leugnete, in Anbetracht jedoch, daß ihr guter Ruf durch die Anklage zerstört sei, einwilligte, die Strafe der Verbannung auf sich zu nehmen, womit der Staatsanwalt gewöhnlich einverstanden war. Diese Lässigkeit in der Anwendung des Gesetzes und die vergleichsweise Abnahme des Verbrechens seit der allgemeinen Abschaffung der öffentlichen Kirchenbuße führten zur Aufhebung des Gesetzes Williams und Marys – es ist nun durch ein anderes ersetzt, das in denjenigen Fällen, in welchen das Verbrechen früher Kapitalverbrechen war, die Verbannung vorsieht. Diese Änderung erfolgte im Jahre 1803.

XI. Ein Verleumder des schönen Geschlechts

Das Tagebuch von Graves, einem Bow-Street-Beamten, der nach Holland geschickt worden war, um die Auslieferung des unglücklichen William Brodie zu betreiben, enthält eine Bemerkung über die Frauen, ähnlich jener, die wir dem Polizeiinspektor Sharpitlaw in den Mund gelegt haben. Es war schwierig, den unglücklichen Verbrecher zu identifizieren; und als ein angesehener Schotte geneigt schien, über den fraglichen Punkt sein Zeugnis abzugeben, wurden sein Schwiegersohn, ein Geistlicher in Amsterdam, und seine Tochter von Graves verdächtigt, dem Zeugen Vorstellungen gemacht zu haben, um ihn davon abzubringen, sein Zeugnis zu geben. Worüber das Tagebuch des Bow-Street-Beamten sich so ausläßt:

«Sah dann ein offenkundiges Zaudern bei Mr. ... und zweifelte nicht daran, daß seine Tochter und sein Schwiegersohn sich bemüht hatten, ihn zu überreden, in dieser Angelegenheit sein Zeugnis zu verweigern; hielt aber dafür, daß er nicht davon abgehen könnte, was er zu Mr. Rich gesagt hatte. – Notabene. Kein Urteil – es stecke denn ein Weib oder ein Pfaffe dahinter – hier beides.»

XII. Sir William Dick of Braid

Dieser Gentleman bildete ein überzeugendes Beispiel für die Unbeständigkeit menschlichen Glücks. Als Großkaufmann und Steuerpächter war er einst der reichste Mann Schottlands, so reich, daß er um 1640 sein Vermögen auf 200 000 Pfund Sterling schätzte. Sir William Dick war ein eifriger Covenanter, und in dem denkwürdigen Jahr 1641 lieh er der schottischen Ständeversammlung 100 000 Pfund auf einmal und setzte sie dadurch in den Stand, ihr Heer zu verpflegen und zu besolden, das sich sonst aufgelöst hätte. Später streckte er König Charles während der Usurpation 20 000 Pfund vor; da er sich als Anhänger des

Königs das Mißfallen der herrschenden Partei zugezogen hatte, wurde er um weitere Gelder erleichtert, die sich alles in allem auf 65 000 Pfund beliefen.

Auf diese Art und Weise arm geworden, ging er nach London, um zu versuchen, einen Teil der Summen wiederzuerlangen, die er auf Regierungssicherheit geliehen hatte. Anstatt irgendeine Genugtuung zu erhalten, wurde der schottische Krösus ins Gefängnis geworfen, worin er am 19. Dezember 1655 starb. Es heißt, sein Tod sei durch den Mangel an den notwendigsten Lebensmitteln verursacht worden. Aber diese Behauptung ist etwas übertrieben, wenn es wahr ist, wie gewöhnlich gesagt wird, daß er zwar nicht mit Brot versorgt wurde, doch genug Pastetenkruste bekam, die damals «Sir William Dicks Notdurft» genannt wurde.

An diesen Glückswechsel erinnert ein Folioflugblatt, betitelt *Das jämmerliche Schicksal weiland Sir William Dicks*. Es enthält mehrere Kupferstiche, deren einer Sir William zu Pferd und begleitet von Wachen als Oberbürgermeister von Edinburgh darstellt, wie er das Ausladen eines seiner stolzen Schiffe beaufsichtigt. Ein zweiter stellt ihn als Gefangenen in den Händen der Häscher dar. Ein dritter zeigt ihn tot im Gefängnis. Das Flugblatt steht bei Sammlern sehr hoch im Preis. Das einzige Exemplar, das ich jemals im Handel sah, wurde mit 30 Pfund bewertet.

XIII. Die Zusammenkunft von Talla-Linns

Diese merkwürdige Versammlung fand am 15. Juni 1682 statt; einen Bericht über ihren stürmischen Verlauf findet man in Michael Shields *Getreuer Darstellung der Glaubensstreitigkeiten*, Glasgow 1780, Seite 21. Sie ist ein sonderbares und trauriges Beispiel dafür, was für ein übersinnlicher und streitsüchtiger Geist sich bei diesen unglücklichen Duldern eingeschlichen hatte, da sie bei so vielen wirklichen Drangsalen, die sie zu erleiden hatten, noch geneigt waren, sich über Art und Umfang solcher zu streiten und zu entzweien, die nur in der Einbildung bestanden.

XIV. Doomster oder Dempster des Gerichts

Der Name dieser Amtsperson ist gleichbedeutend mit dem des Verkünders des doom oder Urteilsspruchs. In diesem umfassenden Sinn wurden die Richter der Insel Man Dempster genannt. Aber in Schottland blieb das Wort lange auf die Bezeichnung einer amtlichen Person beschränkt, deren Pflicht es war, den Spruch zu verlesen, nachdem er vom Gericht gefällt und vom Schreiber protokolliert worden war, bei welcher Gelegenheit der Dempster ihn durch die Formel rechtskräftig machte: «Und das von Rechts wegen». Lange Jahre hindurch wurde das Amt, wie im Text erwähnt, vom Henker mitverwaltet; denn wenn dieser anrüchige, aber notwendige Gerichtsbeamte seine Bestallung empfing, bat er den Gerichtshof, als Dempster angenommen zu werden, was als Selbstverständlichkeit gewährt wurde.

Das Auftreten des Henkers vor Gericht und in Gegenwart des elenden Verbrechers hatte etwas Anstößiges und Verletzendes für das feinere Empfinden späterer Zeiten. Aber wenn einer alten Überlieferung des Gerichtshofs von Edinburgh zu glauben ist, war es folgendes Begebnis, das zur Abschaffung des Dempsteramtes führte.

Es geschah nämlich einstmals, daß das Amt des öffentlichen Henkers vakant war. Es mußte aber jemand als Dempster fungieren – in Anbetracht der Person jedoch, die das Amt im allgemeinen innehatte, ist es nicht verwunderlich, daß ein Stellvertreter schwer zu finden war. Endlich erklärte sich ein gewisser Hume, der zur Deportation verurteilt worden war, weil er versucht haben sollte, sein eigenes Haus in Brand zu stecken, bereit, den Spruch bei dieser Gelegenheit zu verlesen. Aber als er amtieren sollte, wandte er sich, anstatt das Urteil dem Verbrecher zu wiederholen, selbst an die Richter mit einer bitteren Klage über die Ungerechtigkeit seines eigenen Urteils. Vergebens unterbrach man ihn und erinnerte ihn an den Zweck, wozu er hergekommen sei. «Ich weiß wohl, was Ihr von mir wünscht», sagte der Kerl, «Ihr wollt, daß ich Euer Dempster sein soll, aber ich bin nicht gekommen, Euer Dempster zu sein, ich bin gekommen, um Euch, Lord T…, und Euch, Lord E…, aufzufordern, Euch vor der Schranke einer anderen Welt für das Unrecht zu verantworten, das Ihr mir in dieser getan habt.» Kurz, Hume hatte sich mit dem Vorschlag nur darum einverstanden erklärt, um eine Gelegenheit zu haben, die Richter ins Gesicht zu schmähen oder ihnen, mit dem Ausdruck seines Landes, «eins zu versetzen». Er wurde unter dem Gelächter der Zuhörerschaft abgeführt; aber die ungebührliche Szene, die sich ereignet hatte, trug zur Abschaffung des Dempsteramtes bei. Der Urteilsspruch wird jetzt vom Gerichtsschreiber verlesen und die Formel «von Rechts wegen» fällt ganz weg.

XV. Herzog John von Argyle und Greenwich

Dieser Edelmann war sehr beliebt bei seinen Landsleuten, die mit Recht auf seine militärischen und politischen Fähigkeiten stolz und ihm dankbar waren wegen des regen Eifers, womit er für die Rechte seines Vaterlandes eintrat. Das zeigte sich am deutlichsten in der Angelegenheit des Porteous-Aufruhrs, als die Minister eine sehr gewalttätige und rachsüchtige Gesetzesvorlage einbrachten, worin der Oberbürgermeister von Edinburgh für unfähig erklärt wurde, künftighin ein öffentliches Amt zu bekleiden, weil er die Unruhen nicht vorhergesehen hatte, die keiner vorhersehen konnte, oder den Aufruhr nicht gehemmt hatte, der zu furchtbar war, als daß ihm Widerstand hätte geleistet werden können. Dasselbe Gesetz sah vor, daß die Stadttore niedergerissen und die Stadtsoldaten abgeschafft werden sollten – eher eine schildbürgerliche Art und Weise, sie zu befähigen, den Stadtfrieden in Zukunft besser zu bewahren.

Der Herzog widersprach dieser Vorlage als einem grausamen, ungerechten und fanatischen Vorgehen und einem Eingriff in die Vorrechte der königlichen Städte Schottlands, die ihnen im Unionsvertrag zugesichert waren. «In allen Angelegenheiten jener Zeit», sagte Seine Gnaden, «verhandelte die Nation Schottlands mit der englischen als ein freies und unabhängiges Volk; und da jener Vertrag, meine Herren, keine anderen Garantien für die Erfüllung seiner Artikel hat als die Treue und Ehre eines britischen Parlaments, so wäre es ebenso ungerecht wie unedelmütig, wenn dieses Haus irgendwelche Schritte unternehmen würde, die darauf ausgehen, ihn zu verletzen.»

Lord Hardwicke schien in seiner Entgegnung dem Herzog von Argyle zu unterstellen, daß Seine Herrlichkeit die Angelegenheit von einem parteiischen Gesichtspunkt aus betrachte, worauf der Edelmann mit der mutigen Rede erwiderte, die wir im Text wiedergegeben haben – Lord Hardwicke entschuldigte sich. Das Gesetz wurde sehr geändert, und die Bestimmungen über die Niederreißung der Stadtmauern und Verabschiedung der Stadtwache wurden gestrichen. Eine Höchstbuße von 2000 Pfund Sterling wurde der Stadt als Schmerzensgeld für Porteous' Witwe auferlegt. Sie war mit einer Abfindung von drei Vierteln der Summe zufrieden, mit deren Bezahlung die Sache endete. Es ist bemerkenswert, daß in unseren Tagen die Stadtväter Edinburghs jene beiden Maßregeln, die von ihren Vorgängern so verabscheut wurden, als notwendige Maßnahmen zum Wohl der Stadt vorgenommen haben.

Es mag hier als Erläuterung eines anderen Umstands, der im Text erwähnt wird, bemerkt werden, daß es in Schottland eine Überlieferung gibt, wonach George II., dessen jähzornige Gemütsart, wie man sagt, ihn beim Ausdrücken seines Mißfallens zuweilen par voie du fait übereilte, dem Herzog von Argyle gegenüber in einer stürmischen Audienz einige Drohungen dieser Art ausgestoßen haben soll, woraufhin dieser den König ohne viel Förmlichkeit in großem Unmut verließ. Sir Robert Walpole, der den Herzog traf, als er sich zurückzog, und von ihm die Ursache seiner Erregung und seines Unwillens erfuhr, bemühte sich, ihn mit dem, was geschehen war, zu versöhnen, indem er ihm sagte, das wäre die Art Seiner Majestät, und er hätte sich ihm gegenüber öfter solche Freiheiten herausgenommen, ohne es böse zu meinen. Das verbesserte die Sache in den Augen

MacCallummores durchaus nicht, der vielmehr stolz erwiderte: «Beliebt, Sir Robert, Euch des gewaltigen Unterschieds zu erinnern, der zwischen Euch und mir besteht.» Auf einen anderen häufigen Ausdruck von Jähzorn desselben Herrschers wird in dem alten jakobitischen Lied angespielt:

> Solang er noch Hut und Perücke hat –
> nur immer ins Feuer damit!

XVI. Madge Wildfire

Indem der Verfasser von der armen Wahnsinnigen Abschied nimmt, möchte er bemerken, daß zu dieser Gestalt im ersten – später sehr veränderten – Entwurf eine Person Modell gestanden hat, die sich selbst «Feckless Fannie» (schwache oder schwachsinnige Fannie) nannte und auch von anderen so genannt wurde und immer mit einer kleinen Herde Schafe umherzog. Der folgende Bericht, den ich der fortdauernden Güte von Mr. Train verdanke, enthält wahrscheinlich alles, was noch von ihrer Geschichte bekannt ist, obgleich viele Menschen, darunter auch der Verfasser, sich erinnern, in den Tagen ihrer Jugend von Feckless Fannie gehört zu haben.

«Meine Mußestunden», sagt Mr. Train, «habe ich seit einiger Zeit zumeist der Suche nach allen möglichen Auskünften über die Schwachsinnige, Feckless Fannie genannt, gewidmet, die während der Jahre 1767 bis 1775 durch ganz Schottland und England wanderte und deren Geschichte insgesamt so romantisch ist, daß ich mir alle erdenkliche

Mühe gab, alles zu sammeln, was von ihr in Galloway oder in Ayrshire berichtet wird.

Als Feckless Fannie zuerst – im Sommer 1769 – in Ayrshire erschien, zog sie die Aufmerksamkeit der Menschen auf sich, da sie von zwölf oder dreizehn Schafen begleitet war, die allesamt mit Fähigkeiten begabt schienen, die denen der gewöhnlichen Tiere dieser Rasse weit überlegen waren, so daß sie allgemeines Erstaunen erregten. Sie hatte für jedes einen eigenen Namen, auf den sie hörten, wenn sie von ihrer Herrin gerufen wurden; sie gehorchten ebenso in der überraschendsten Art und Weise jedem Befehl, den sie für angebracht hielt, ihnen zu erteilen. Wenn sie wanderte, schritt sie immer an der Spitze ihrer Herde, und die Tiere folgten dicht hinter ihr. Wenn sie sich zur Nacht auf den Feldern schlafen legte, denn sie wollte niemals ein Haus betreten, stritten sie sich immer, wer ihr zunächst liegen sollte, wodurch sie warm gehalten wurde, weil sie mitten unter ihnen lag; wenn sie versuchte aufzustehen, beanspruchte stets ein alter Widder, dessen Name Charlie war, das alleinige Recht, ihr zu helfen, indem er jedes Tier, das ihm im Weg stand, wegstieß, bis er gerade vor seiner Herrin stand, dann beugte er seinen Kopf fast bis zum Boden, damit sie ihre Hand auf seine Hörner legen konnte, die sehr groß waren, und lüpfte sie sanft von der Erde, indem er sein Haupt erhob. Wenn sie einmal ihre weidende Herde verließ, begannen alle Tiere, sobald sie entdeckten, daß sie gegangen war, höchst jämmerlich zu blöken und hörten nicht eher auf, bis sie zurückkehrte; dann bezeigten sie ihre Freude, indem sie die Flanken an ihrem Rock rieben und umherhüpften.

Feckless Fannie machte sich nichts aus feinen Kleidern wie die meisten anderen Schwachsinnigen; auf dem Kopf trug sie einen alten Schlapphut, um ihre Schultern ein altes Plaid und in der Hand stets einen Schäferstab; von diesen Gegenständen, erklärte sie unveränderlich, würde sie sich um keinen Preis trennen. Wenn sie gefragt wurde, warum sie so viel Wert auf Dinge lege, die so unbedeutend seien, erzählte sie zuweilen die Geschichte ihres Unglücks, die kurz folgende war.

‹Ich bin die einzige Tochter eines wohlhabenden Gutsbesitzers im Norden Englands; aber ich liebte den Schäfer meines Vaters, und das war mein Verderben; denn mein Vater fürchtete, seine Familie würde durch solch eine Verbindung entehrt werden, und verwundete meinen Liebsten im Zorn tödlich durch einen Pistolenschuß. Ich kam gerade noch rechtzeitig genug, um den letzten Segen des Sterbenden zu empfangen und ihm die Augen zuzudrücken. Er hinterließ mir seine ganze kleine Habe, aber ich nahm nur diese Schafe als meine einzigen Begleiter durchs Leben und diesen Hut, dieses Plaid und diesen Stab, was alles ich tragen will, bis ich ins Grab steige.›

Dies ist der Inhalt einer Ballade, wovon ich kürzlich 84 Zeilen nach dem Vortrag einer alten Frau an diesem Ort niederschrieb, die sagte, sie hätte sie im Druck gesehen mit einem Kupferstich auf der Titelseite, der Fannie mit ihrer Herde hinter sich darstellte. Da diese Ballade von Lowe geschrieben worden sein soll, dem Verfasser von *Marys Traum*, bin ich erstaunt, daß sie nicht von Cromek in seinen *Überbleibseln von Liedern aus Nithsdale und Galloway* erwähnt worden ist; aber er hielt sie vielleicht nicht der Aufnahme in seine Sammlung wert, da die Komposition wenig Verdienst hat; Mangel an Raum verhindert mich, sie hier wiederzugeben. Aber wenn ich wüßte, daß Sie sie nie zu Gesicht bekommen haben, würde ich sie Ihnen bei erster Gelegenheit mitteilen.

Nachdem Fannie im Jahre 1769 Galloway durchwandert hatte und auf ihrem Weg nach Edinburgh in die Gegend von Moffat kam, wo sie, wie ich erfahren habe, gleicherweise wohlbekannt war, geschah es, daß Old Charlie, ihr Lieblingswidder, in einen Gemüsegarten brach, worauf der Eigentümer, als er es bemerkte, eine Bulldogge losließ, die das arme Schaf zu Tode hetzte. Das war ein großes Unglück; es schien den ganzen Schmerz zu erneuern, den Fannie früher bei dem Tod ihres Liebsten gefühlt hatte. Sie wollte mehrere Tage nicht von der Seite ihres alten Freundes weichen und willigte nur unter vielen Schwierigkeiten ein, daß er begraben werde; aber da sie noch etwas zu seinem Gedächtnis zu tun wünschte, bedeckte sie das Grab mit Moos und umhegte es mit Weidengeflecht; auch kehrte sie alljährlich zu dem Ort zurück, rupfte das Unkraut vom Grab und besserte die Umzäunung aus. Das alles klingt wie ein Märchen, aber ich glaube, es ist wirklich wahr, daß sie es tat. Das Grab Charlies wird in jener Gegend noch bis auf den heutigen Tag heiliggehalten, selbst von den Schuljungen. Es ist jetzt vielleicht das einzige Beispiel für die Befolgung des Gesetzes von Kenneth, welches besagt: ‹Das Grab, wo irgendein Erschlagener begraben liegt, lasse sieben Jahre lang ungeackert. Halte jedes Grab, so du wohlberaten bist, heilig, daß du in keiner Weise mit deinen Füßen darauf tretest.›

Während der Stürme des Winters ebenso wie in der milden Zeit des Jahres setzte sie ihre Wanderung fort und konnte daran weder durch Bitten noch Versprechen einer Belohnung gehindert werden. Der verstorbene Dr. Fullarton von Rosemount in der Nähe von Ayr, der, als er in England war, ihren Vater sehr gut gekannt hatte, bemühte sich mit allen Mitteln, die in seiner Macht standen, sie während einer strengen Jahreszeit ein paar Tage in Rosemount zu halten, bis das Wetter milder werden würde; aber als sie sich ein wenig ausgeruht und ihre Schafe gefüttert hatte, erhob sie ihren Stab, was das Zeichen war, das sie den Schafen immer gab, ihr zu folgen, und allzusammen marschierten sie ab.

Aber die Todesstunde der armen Fannie nahte heran, und sie schien es eilig zu haben, an den Ort zu gelangen, wo sie ihre sterbliche Laufbahn beenden sollte. Sie kam nach Glasgow, und als sie durch diese Stadt zog, begann eine Schar müßiger Jungen, angelockt von ihrer seltsamen Erscheinung und dem ungewöhnlichen Anblick so vieler ihr gehorsamer Schafe, sie mit ihren Streichen zu quälen, bis sie so gereizt wurde, daß sie Ziegel und Steine nach ihnen warf, was sie solchermaßen erwiderten, daß sie zwischen Glasgow und Anderston buchstäblich zu Tode gesteinigt wurde.

Die wahre Geschichte dieses seltsamen Wesens hat Aberglauben und Leichtgläubigkeit mit verschiedenen Zutaten verbrämt. Es heißt, der Bauer, der die Ursache von Charlies Tod war, habe sich kurz danach in einem Torfmoor ertränkt, und die Hand, mit der ein Schlächter in Kilmarnock eines der anderen Schafe erschlug, sei gelähmt und bis auf den Knochen verdorrt. Im Sommer 1769, als sie durch New Cumnock kam, plagte sie ein junger Mann namens William Forsyth, der Sohn eines Bauern in derselben Gemeinde, so sehr, daß sie ihm wünschte, er möge den Morgen nimmer sehen; woraufhin er heimging und sich in seines Vaters Scheuer erhängte. Und ich zweifle nicht, daß man sich noch vieler solcher Geschichten auch in anderen Gegenden, wo sie gewesen ist, erinnert.»

Soweit Mr. Train. Der Verfasser kann dieser Erzählung nur hinzufügen, daß Feckless Fannie und ihre kleine Herde in den Weidegebieten wohlbekannt waren.

Bei dem Versuch, eine solche Gestalt in die Dichtung einzuführen, empfand der Verfasser das Wagnis, einen Vergleich mit der Maria von Sterne herauszufordern; außerdem wäre der Gang der Handlung sehr durch Fannies Herde aufgehalten worden, wie der Nachtmarsch Don Quijotes sich durch Sanchos Erzählung von den Schafen, die über den Fluß geflößt wurden, verzögerte.

Der Verfasser hat nur noch hinzuzufügen, daß unbeschadet der Genauigkeit des Berichts von seinem Freund einige Hoffnung besteht, die Gewalttätigkeit gegen Feckless Fannie und ihre kleine Herde sei nicht bis zum Äußersten getrieben worden. Es wird keines Gerichtsverfahrens dieserhalb erwähnt, das gewiß stattgefunden hätte, wenn jene Gewalttat in der geschilderten Weise geschehen wäre; der Verfasser hat überdies erfahren, daß Feckless Fannie zuletzt an der Grenze, am Saum der Cheviot-Berge, gesehen wurde, doch ohne ihre kleine Herde.

XVII. Der Tod von Francis Gordon

Dieser Heldentat scheint sich Patrick Walker nicht wenig gerühmt zu haben; es besteht daher Grund, zu fürchten, daß der ausgezeichnete Mann wenig erbaut von dem Versuch gewesen wäre, ihm einen anderen bei der Umbringung eines königlichen Leibgardisten zu gesellen. In der Tat, er hätte um so mehr recht gehabt, sich über eine derartige Schmälerung seines Ruhms zu erbosen, als die Gegner Gordons ohnehin schon drei gegen einen waren und außerdem den Vorteil von Feuerwaffen hatten. Die Art und Weise, wie er seinen Anspruch an der Tat geltend macht, ohne sich durch eine eindeutige Erklärung bloßzustellen, ist nicht wenig belustigend. Er tut es so:

«Ich werde jetzt einen kurzen und wahren Bericht über den Tod jenes Mannes geben, was ich nicht wollte, solange ich noch unter den Lebenden weilte; auch habe ich vor (wenn es des Herrn Wille ist), einen vollständigen Bericht von diesen und vielen anderen merkwürdigen Fügungen, deren der Herr mich in meinem Leben über mich würdigte, zu hinterlassen. Es wurde damals allgemein gesagt, daß Francis Gordon ein Freiwilliger war, der aus Grundsatz und Bosheit nicht bei der Truppe bleiben mochte, sondern immer umherstreifte und -strolchte, um Dulder, die sich versteckt hielten, aufzuspüren und zu fangen. Als Meldrum und Airlys Truppen am ersten Tag des März 1682 in Lanark lagen, kamen Gordon und ein anderer schlimmer Gefährte von ihm mit ihren beiden Dienern und vier Pferden nach Kilcaigow, zwei Meilen von Lanark, um William Caigow und andere, die sich versteckt hielten, zu suchen.

Gordon streifte durch die Stadt und versuchte Frauen zu schänden. Abends kamen sie eine Meile weiter nach Easter-Seat zu Robert Muirs Haus, der sich auch verborgen hielt. Gordons Gefährte und die beiden Diener gingen zu Bett; er indessen konnte nicht schlafen, sondern brüllte die ganze Nacht nach Frauen. Als es Morgen wurde, nahm er seinen Degen zur Hand und kam allein nach Moss-platt, und einige neue Menschen (die die ganze Nacht in den Feldern gewesen waren) flohen, als sie ihn sahen, und er verfolgte sie. James Wilson, Thomas Young und ich selbst, die wir die ganze Nacht in einer Versammlung gewesen waren, hatten uns am Morgen niedergelegt. Wir wurden aufgescheucht, dachten, es wären mehr als einer; er verfolgte uns hart und holte uns ein. Thomas Young sagte: ‹Sir, warum verfolgt Ihr uns?› Er sagte, er wäre gekommen, uns zur Hölle zu schicken. James Wilson sagte: ‹Das soll nicht sein, denn wir werden uns verteidigen.› Er sagte, daß entweder er oder wir nun dran glauben müßten. Er rannte wütend seinen Degen durch James Wilsons Rock. James feuerte auf ihn, fehlte ihn aber. Die ganze Zeit schrie er: ‹Sei verdammt!› Er erhielt einen Schuß in den Kopf aus einem Terzerol, das eher geeignet scheint, einen Jungen zu ergötzen, als solch einen starken, wilden, wütenden Mann zu töten, ihn aber nichtsdestoweniger tötete. Der vorerwähnte William Caigow und Robert Muir kamen zu uns. Wir durchsuchten ihn nach Papieren und fanden eine lange Liste mit Namen und Duldern, die er entweder töten oder verhaften wollte. Ich zerriß sie in kleine Stücke. Er hatte auch einige papistischer Bücher und Banknoten bei sich, samt einem Taler, den ein armer Mann vom Boden auflas, was alles wir wieder in seine Tasche taten. So suchte er vier Meilen von Lanark und nahezu eine Meile von seinem Gefährten seinen eigenen Tod und fand ihn. Und sosehr wir deswegen verurteilt wurden, so konnte ich doch nie einsehen, wie man uns tadeln konnte, wenn man die Notwehr billigt, die sowohl das Gesetz Gottes wie das der Natur jedem Geschöpf erlauben. Ich jedenfalls habe es mir nie zu Herzen genommen. Als ich sein Blut rinnen sah, wünschte ich, daß alles Blut der geschworenen offenen Feinde des Herrn in Schottland in diesen Adern wäre. Wo eine solche Gelegenheit und der Ruf so klar war, hätte ich mich gefreut, wenn es alles in einem Guß dahingegangen wäre. Ich habe mich manchesmal über die große Anzahl der duldsamen, lauen Geistlichen und Gläubigen jener Zeit gewundert, daß sie mehr Geschrei über einen solchen ‹Mord› machten, wenn einer dieser Feinde sogar in Notwehr von uns getötet wurde, als wenn zwanzig von uns durch sie getötet wurden. Keiner der anwesenden Männer wurde deswegen angeklagt außer mir. Thomas Young wurde später in Mauchline hingerichtet, aber nicht hierfür. Robert Muir wurde verbannt; James Wilson überlebte die Verfolgung; William Caigow starb im Gefängnis von Canongate zu Beginn des Jahres 1685. Mr. Wodrow ist falsch unterrichtet, wenn cr sagt, daß er hingerichtet wurde.»

XVIII. Glockenläuten in Schottland

In den alten Tagen Schottlands, als Grundeigentümer (es sei denn, sie waren Eidverweigerer) ebenso regelmäßig wie ihre Untergebenen den Gemeindegottesdienst besuchten, gab es eine Art von Etikette, die vorschrieb, daß man wartete, bis der Patron oder der anerkannt angesehenste Mann der Gemeinde erschien. Dieses Zeremoniell war in den Augen eines Gemeindedieners der Insel Bute so geheiligt, daß, als einst die Kirchenglocke entzwei war, er, wie behauptet wird, jeden Sonntag auf den Kirchturm stieg und mit seiner Stimme die verschiedenen Töne nachahmte, die sie mit ihrem metallenen Mund aussandte. Der erste Teil dieses nachahmenden Geläuts bestand einfach in der mehrmaligen Wiederholung der Worte bim bim, bim bim, so gut eine menschliche Kehle eine erzene nachahmen konnte.

Bam bam! erklang es dann drängender; doch den dritten oder Schlußteil, dessen verschiedene Töne in Schottland das Einläuten genannt werden, ließ er niemals eher erschallen, als bis die beiden größten Grundeigentümer der Gemeinde sich nahten, wo dann das Geläute so klang:

Bim bam, bim baum,
Bernera und Knockdow kommen!
Bim bam, bim baum,
Bernera und Knockdow kommen!

Wodurch er zu verstehen gab, daß der Gottesdienst nun gleich anfangen würde.

Anmerkungen des Verlages

9 *Chronik von Canongate* – Eine Sammlung kleinerer Erzählungen, die Walter Scott im Jahre 1827 herausgab.

10 *Tartan-Plaid* – Buntgewürfeltes schottisches Wolltuch.

11 *naïveté* – (franz.) Natürlichkeit.

12 *Herzog von Argyle* – John Campbell, Duke of Argyle (oder Argyll) and Greenwich (1678–1743); wurde 1711 zum Oberbefehlshaber der britischen Truppen in Spanien und 1712 vorübergehend zum Gouverneur von Schottland ernannt. 1715 errang er einen entscheidenden Sieg über die Anhänger des Thronprätendenten James' III. Darauf wurde er zum Generalfeldzeugmeister und 1718 zum Mitglied des Kabinetts ernannt.

13 *ehe sich der Verfasser namentlich zu diesen Bänden bekannte* – Scotts erste Romane erschienen anonym, da Scott, der sich als Versdichter bereits einen Namen gemacht hatte, unsicher war, wie das Publikum seine historischen Romane aufnehmen würde.

15 *John M'Diarmid* – (1790–1852), schottischer Journalist und Freund Scotts. Das von ihm geführte Provinzblatt hieß *Kurier von Dumfries und Galloway*.

19 *Erzählungen meines Wirtes* – Mit diesem Namen bezeichnet Scott eine Reihe seiner Romane, zu der *Der schwarze Zwerg*, *Old Mortality*, *Rob Roy*, *Das Herz von Midlothian*, *Die Braut von Lammermoor* und *Die Legende von Montrose* gehören.

21 *Prälatisten* – Anhänger der von hohen Geistlichen (Prälaten) regierten anglikanischen Kirche.

Nonkonformisten – Auch Dissenter (Andersgläubige), in England und Schottland alle nicht zur Staatskirche Gehörigen (einschließlich der Römisch-Katholischen), im engeren Sinne die protestantischen Sekten, die sich von der Staatskirche getrennt haben. Die Toleranzakte von 1689 gewährte ihnen bedingte Duldung. Erst im 19. Jahrhundert sind durch die Aufhebung der Testakte und der Korporationsakte von 1673 ihre kirchlichen Rechte erweitert und sie den Angehörigen der Staatskirche bürgerlich gleichgestellt worden. – Die Vorwürfe, gegen die sich Scott hier verteidigt, richteten sich besonders gegen seine Schilderung der Cameronianer in seinem Roman *Old Mortality*.

Cameronianer – Anhänger einer schottischen Kirchensekte, die sich nach ihrem Begründer Richard Cameron (um 1648–80) nannten. Die Cameronianer verfochten die presbyterianische Form des öffentlichen Gottesdienstes, lehnten den Staatsdienst ab und wollten nur einen Herrscher anerkennen, der auf den Covenant geschworen hatte. Sie bildeten die radikale Gruppe im Aufstand des Jahres 1679 und wurden deshalb verfolgt. Viele der Cameronianer waren in ihrem Fanatismus von unerbittlichem Haß gegen ihre Gegner erfüllt und rächten sich nicht weniger grausam als diese. Als Reformierte Presbyterianer besteht diese Sekte heute noch.

22 *ex jure sanguinis* – (lat.) nach dem Recht des Blutes.

Presbyterianer – Anhänger der reformierten Kirche in England und Schottland, die im Gegensatz zu der Episkopalverfassung der anglikanischen Kirche die Leitung ihres Kirchenwesens gewählten Ältesten (Presbytern) übertrugen. Schon bei Beginn der reformatorischen Bewegung in England waren viele wegen der gegen sie angeordneten Verfolgungen nach Genf, Zürich und Straßburg geflüchtet, wo sie mit den Grundsätzen der presbyterianischen Kirchenverfassung Calvins vertraut wurden. Sie erklärten alle Diener der Kirche für einander völlig gleich und wollten die Kirche aus ihrer engen Verbindung mit dem Staat lösen. Unter James I. und Charles I. wurden die Presbyterianer aufs neue hart verfolgt, besonders in Schottland, wo ihnen jetzt anglikanische Bischöfe und Kultusformen aufgezwungen werden sollten. Dagegen erneuerten die Schotten am 28. Februar 1638 ihren großen Covenant. Die ausbrechenden Unruhen führten zum Bürgerkrieg. Bis ins 17. Jahrhundert hinein leitete die Kirche in starkem Maße das gesellschaftliche Leben. Die Kirchengemeinde stellte einen wichtigen Teil der Ortsbehörde dar. Der Presbyterianismus vertrat eine Ideologie, die der Großbourgeoisie genehm war, und erstrebte eine Kirche, die die ganze Gesellschaft mit politischen und wirtschaftlichen Ideen durchdringen konnte, die für die Kaufherrenschicht von Nutzen waren. Somit war der Kampf um die Beherrschung der Kirche von grundlegender politischer Bedeutung. Unter Cromwell hatten die Independenten, die radikalen Presbyterianer, das Übergewicht. Nach seinem Tod und der Wiederherstellung des Stuart-Königtums wurde die Episkopalverfassung in England und Schottland wieder eingeführt. Das Toleranzedikt von 1672 hatte wenig Erfolg, zumal durch die Testakte von 1673 jeder, der den König nicht als obersten Herrn auch über die Kirche anerkannte und das Abendmahl nicht nach anglikanischem Ritus empfing, von den öffentlichen Ämtern ausgeschlossen wurde. Tausende von Presbyterianern und anderen Dissentern wanderten unter der Regierung Charles' II. in die Gefängnisse oder entflohen und gründeten presbyterianische Gemeinden in Nordamerika. Erst die Toleranzakte von 1689 gestattete allen Dissentern freie Religionsausübung; sie verpflichtete sie zur weiteren Entrichtung des Zehnten an die Staatskirche.

Quäker – Angehörige einer von George Fox (1624–91) gegründeten religiösen Sekte; sie glauben, daß über jeden Menschen eine Erleuchtung als Quelle der Gotteserkenntnis und des wahrhaft christlichen Lebens komme. – Ihr politischer Gegensatz zu Cromwell setzte sie ab 1654 starken Verfolgungen aus, die auch unter der Restauration fortdauerten und erst nach der Toleranzakte 1689 aufhörten.

25 *Frere* – John Hookham Frere (1769–1846), englischer Dichter. *Aufzeichnungen Peter Pattiesons* – Der angebliche Autor der *Erzählungen meines Wirtes*.

per diem – (lat.) am Tage, täglich.

Fielding – Henry Fielding (1707–54), englischer Schriftsteller; sein Roman *Tom Jones oder Die Geschichte eines Findlings* erschien 1749.

Farquhar – George Farquhar (1678–1707), irischer Lustspieldichter; *Die Postkutsche* erschien 1704.

26 *Erfindung des berühmten Tyrannen* – Der Tyrann ist der weiter unten im Text erwähnte Salmoneus, in der griechischen Mythologie König von Elis; um den Göttervater Zeus als Donnerer nachzuahmen, ließ er sich eine erzene Brücke bauen, über die er dann in voller Fahrt mit seinem Wagen jagte; in die Luft geworfene Fackeln sollten Blitze vortäuschen. Von dem erzürnten Zeus wurde er samt seiner Brücke

mit einem Blitzstrahl zerschmettert. (Vergil *Aeneis* VI/585 f)

Demens, qui nimbos... – (lat.) Tor! der das Wettergewölk und den unnachahmlichen Blitzstrahl/Äffte durch Erzklang nach und den Trab harthufiger Rosse. (Vergil *Aeneis* VI/590–591)

verglichen mit Mr. Palmers Fuhrwerken – John Palmer (1742–1818); nach der Erfahrung, daß ein Brief drei Tage für eine Strecke brauchte, für die Palmer selbst nur einen Tag benötigte, reichte er einen Plan zur Reform des Postwesens und der Beförderungsmittel ein. Nach anfänglicher Ablehnung fuhr 1784 die erste Postkutsche von London nach Bristol.

Mr. Pennant – Thomas Pennant (1726–98), englischer Naturforscher; bereiste England, Irland und Schottland (1769). In seinem Buch *Tour in Schottland* veröffentlichte er im Jahre 1771 seine Reiseeindrücke.

27 *Penman-Maur* – Ort in Carnarvonshire, Wales.

Cader-Edris – Berg in Merionethshire, Wales.

Ben-Nevis – Höchster Berg Großbritanniens im Grampian-Gebirge, Schottland.

Cowper – William Cowper (1731–1800), englischer Dichter.

Somerset – Grafschaft in Südwestengland; somerset bedeutet auch «Purzelbaum».

29 *Aeneas* – Held des epischen Gedichts *Aeneis* des römischen Dichters Publius Vergilius Maro (70–19 v. u. Z.).

rari apparent nantes in gurgite vasto – (lat.) Wenige Schwimmer nur gewahrt man im verödeten Schlund. (Vergil *Aeneis* I/118).

31 *nautae, caupones, stabularii* – (lat.) Schiffer, Wirte, Fuhrleute.

pavé – (franz.) Straße, Pflaster.

32 *Cowley* – Abraham Cowley (1618–67), englischer Dichter.

Gideons Vlies – Nach der biblischen Überlieferung wurde Gideon von Gott auserwählt, das Volk Israel von den Midianitern zu befreien. Zum Zeichen, daß er siegen würde, wurde Gideon von Gott ein Wunder gewährt, daß erst ein über Nacht auf dem Felsen liegendes Fell vom Tau naß und die ganze Erde umher trocken war und am nächsten Tag umgekehrt (Richter 6).

33 *Templer* – Hier: junge Advokaten; Angehörige der im ehemaligen Haus der Tempelritter untergebrachten Schule für Rechtsgelehrte.

Steele – Richard Steele (1672–1729), englischer Staatsmann und Lustspieldichter; gab gemeinsam mit seinem Freund Joseph Addison die unterhaltende Wochenzeitschrift *Tatler* (Plauderer) und später den täglich erscheinenden *Spectator* (Zuschauer) heraus. – Steele soll in seiner Jugend ein ausschweifendes Leben geführt haben.

Addison – Joseph Addison (1672–1719), englischer Staatsmann und Essayist.

35 *das Zeichen des Roten Mannes* – Ursprünglich ein alchimistisches Geheimzeichen; gemeint ist hier wohl das Zeichen der Gerichtsbarkeit, da die Richter rote Roben tragen.

37 *enlèvement* – (franz.) Entführung.

Crabbe – George Crabbe (1754–1832), englischer Geistlicher und Dichter von Verserzählungen.

38 *Stairs «Institutionen»* – Sir James Dalrymple, Viscount Stair (1619–95), schottischer Anwalt und Staatsmann. Sein Werk *Institutionen des Schottischen Rechtes* war die erste und vollständigste Abhandlung dieser Art.

diese Delilas – Vergleich mit Delila, der Geliebten Samsons, die nach der biblischen Überlieferung Samsons Liebe dazu ausnutzte, ihm das Geheimnis seiner Stärke zu entlocken und seinen Feinden zu verraten (Richter 16).

der alte Pistol – Gestalt aus Shakespeares Drama *Heinrich V.*, der ehemalige Bediente Falstaffs, Fähnrich in Heinrichs Armee. Nachdem er zwei walisische Offiziere wegen ihres Nationalgerichts, des Lauchs, verspottete, wird er von ihnen unter Prügel gezwungen, selbst Lauch zu essen: «Bei diesem Lauch! Ich will mich gräßlich rächen! Ich ess' und ess' und schwöre!» (V/1)

39 *James' Zufluchtsort* – Als James I. die bischöfliche Kirche in Schottland einführte, verursachte die Predigt des Geistlichen Walter Balcanquai am 17. Dezember 1596 einen solchen Aufruhr, daß sich James hinter die sicheren Mauern des Tolbooth flüchten mußte.

Hie Schwert des Herrn und Gideons – Nach der biblischen Überlieferung die Angriffsparole des Volkes Israel, als es sich unter Führung des Richters Gideon von den Midianitern und Amalekitern befreite (Richter 7,20).

Haman – Nach der biblischen Überlieferung der Minister des Perserkönigs Ahasverus (Xerxes), der vom König den Befehl zur Vernichtung der Juden erwirkte, aber an dem Galgen, den er für den Juden Mardochai errichten ließ, selbst gehängt wurde (Esther 3 bis 9).

Causes Célèbres – (franz.) berühmte Rechtsfälle.

Kaledonien – Häufig für Schottland gebrauchter Name, nach dem schottischen Volksstamm der Kaledonier.

Magna est veritas, et praevalebit – (lat.) Groß ist die Wahrheit, und sie wird siegen.

40 *Bow Street, Hatton Garden oder Old Bailey* – Sitze der Polizei- und Gerichtsbehörden in London.

41 *perfervidum ingenium Scotorum* – (lat.) schottische Hitzköpfigkeit.

königlichen Burgflecken – Die königlichen Burgflecken hatten eine städtische Verwaltung, die das Vorrecht besaß, Abgeordnete ins Parlament zu entsenden.

42 *pauvre honteux* – (franz.) verschämter Armer.

remedium miserabile – (lat.) Hilfs- und Rettungsmittel für Arme.

cessio bonorum – (lat.) Abtretung der Habe. Sie befreit den Schuldner nur aus der Haft, erläßt ihm aber nicht seine Schulden.

45 *pessimi exempli* – (lat.) von sehr schlechtem Beispiel.

Madeira-Negus – Aus Madeirawein bereiteter kalter Punsch.

47 *Grève-Platz* – Die Place de la Grève war früher die Richtstätte von Paris.

Prior – Matthew Prior (1664–1721), englischer Dichter; schrieb Liebeslyrik und satirische Verserzählungen.

Tyburn – Hier war bis 1783 der öffentliche Richtplatz Londons.

49 *Während der Regierung Georges I. und Georges II.* – George I. (1660–1727), König von Großbritannien von 1714 bis 1727. Durch die Sukzessionsakte von 1701 war die Thronfolge in Großbritannien und Irland für den Fall, daß Königin Anne ohne Leibeserben sterben sollte, der Kurfürstin Sophie von Hannover und ihren protestantischen Nachkommen zugesichert worden. Da Sophie 1714 starb, wurde ihr Sohn George zum König ausgerufen. – George II. (1683–1760), König von Großbritannien von 1727 bis 1760. Während der Regierung beider Könige hatten die Whigs die Mehrheit im Parlament.

51 *wie der Levit im Gleichnis* – Im Gleichnis vom barmherzigen Samariter kümmert sich ein Levit nicht um einen von Mördern halbtot geschlagenen Mann (Lukas 10,32).

56 *Fergusons «Tolle Tage»* – Robert Ferguson, auch Fergusson (1750–74), schottischer Dichter. Die «tollen Tage» entsprechen dem deutschen Silvester.

in dem unruhigen Jahr 1715 – fand ein Aufstand der Schotten zugunsten des Thronprätendenten James III. statt und wurde vom Herzog von Argyle bei Dumblane niedergeschlagen.

57 *poet laureate* – (engl.) Hofdichter, mit Lorbeer gekrönter Dichter.

58 *Goneril und Regan* – In Shakespeares Drama *König Lear* muß Lear auf Verlangen seiner Töchter Goneril und Regan sein Gefolge mehr und mehr vermindern (II/4).

59 *Denkmal Charles' II.* – Charles II. (1630–85), König von Schottland ab 1650, König von England und Irland ab 1660. Er führte in England und Schottland die Restauration durch.

Kays Karikaturen – John Kay (1742–1826), schottischer Karikaturist, ursprünglich Barbier; hielt in seinen Zerrbildern alle zeitgenössischen Berühmtheiten Edinburghs fest.

Jakobiten – Anhänger der Dynastie der Stuarts; zunächst benannt nach James II., dem letzten König aus dem Hause Stuart, später nach seinem Sohn, James III., der mit Hilfe der Schotten die Herrschaft der Stuarts wiederherstellen wollte und 1715 geschlagen wurde.

63 *Covenant* – Name des Bundes, den die schottischen Presbyterianer 1580 zum Schutz ihres Glaubens gegen Katholiken und Bischöfe mit James VI. und 1638 miteinander zum Kampf gegen Charles I. schlossen. Der Aufstand der Covenanter gab den Anstoß zur englischen Revolution 1642. Ihre Erhebung 1679 wurde von der englischen Regierung grausam unterdrückt.

67 *Kelpie* – Name für einen Wassergeist in der schottischen Sage, der in verschiedenen Gestalten auftritt, meist als Pferd; lockt Vorübergehende ins Wasser.

Tempel- und Johanniterritter – Ritterorden, die in England früher große Macht und Reichtum besaßen.

70 *Kabinett von St. James* – Die englische Regierung; so genannt nach dem St. James's Palace, dem ältesten Regierungsgebäude in London.

71 *Herzog von Newcastle* – Thomas Pelham Holles, Duke of

Newcastle-under-Lyne (1693–1768), englischer Staatsmann. Unter George I. und George II. gehörte er zum Regentschaftsrat, der während der Abwesenheit der Monarchen die Regierungsgeschäfte führte. 1737 brachte er anläßlich der Porteous-Affäre einen Gesetzentwurf über Strafen für Edinburgh ein, den Königin Caroline aber nicht ratifizieren ließ. Von 1744 bis 1757 und 1762 war er Premierminister, verlor aber durch die Einfluß gewinnenden Tories alle Ämter.

Königin Caroline – Wilhelmina Caroline (1683–1737), Gemahlin Georges II., Königin von Großbritannien und Irland, Tochter Johann Friedrichs, Markgraf von Brandenburg-Ansbach. George II. dankte ihr die Versöhnung mit seinem Vater George I., der ihn vom Hof verbannt hatte. 1727 wurde sie mit George II. gekrönt und nutzte ihren Einfluß, Walpole an der Macht zu halten. Sie regierte während Georges Abwesenheit von England 1729, 1732, 1735 und 1736/37.

75 *uns unser Parlament genommen* – Seit der Vereinigung der beiden Königreiche England und Schottland zum Königreich Großbritannien durch die Unionsakte vom 27. März 1707 besitzt Schottland kein eigenes Parlament mehr.

Ankerfäßchen – Flüssigkeitsmaß für Wein und Branntwein, etwa 38 Liter.

Leith – Seehafen von Edinburgh.

76 *graue Stute* – Sprichwörtlich für eine Frau, die Herr im Haus ist.

gleich dem milden König James – James VI. (1566–1625), König von Schottland; wurde nach der erzwungenen Abdankung seiner Mutter Mary Stuart 1567 gekrönt. Nach dem Tod Elizabeths I. bestieg er 1603 als James I., König von England und Irland, den englischen Thron. – Seine Gutmütigkeit gründete sich auf Eitelkeit und auf eine übertriebene Vorstellung von königlicher Würde.

77 *versans in licito* – (lat.) im Erlaubten sich bewegend.

propter excessum – (lat.) wegen Amtsüberschreitung.

poena ordinaria – (lat.) gewöhnliche Strafe.

cuivis ex populo – richtig: *quivis...* = (lat.) jeder beliebige aus dem Volk. – Saddletree gebraucht anstatt des Nominativs «quivis» den Dativ «cuivis».

78 *poena extra ordinem* – (lat.) außergewöhnliche Strafe.

80 *meridian* – Altes Trinkglas von hoher zylindrischer Form

mit niedrigem Fuß, durch waagerechte Ringe in verschiedene Zonen eingeteilt.

82 *Davie Lindsay* – Sir David Lindsay, auch Lyndsay (1490–1555), schottischer Dichter.

Laird – (schott.) Grundherr.

83 *non omnia possumus* – (lat.) wir können nicht alles (zugleich) tun. – Saddletree fügt aus Unsicherheit über die richtige Form noch ähnlich klingende Wörter hinzu.

Duncan Forbes – Duncan Forbes of Culloden (1685–1747), schottischer Kronanwalt; trat 1737 gegen die Strafmaßnahmen auf, die Edinburgh wegen des Porteous-Aufruhrs auferlegt wurden, geriet deswegen in Opposition zur Regierung und wurde dennoch wegen seines Rufs als guter Jurist zum Gerichtspräsidenten ernannt.

Arniston – Robert Dundas of Arniston (1685–1753), schottischer Rechtsgelehrter; wurde 1747 nach Duncan Forbes Gerichtspräsident.

in den Tagen des mächtigen Wallace – Sir William Wallace (1276–1305) entfachte einen Aufstand des schottischen Volkes gegen die englische Gewaltherrschaft, besiegte 1297 ein vom englischen König Edward I. nach Schottland gesandtes Heer und ließ sich vom schottischen Parlament als Statthalter anerkennen. 1298 wurde er in einer neuen Schlacht besiegt, floh nach dem Kontinent und kehrte 1303 nach Schottland zurück. Der schottische Adel verließ ihn und verriet ihn 1305 an die Engländer, von denen er hingerichtet wurde. Sein Name ist dem schottischen Volk bis in die Gegenwart Symbol für die Freiheit.

84 *Leyden und Utrecht* – Damals berühmte holländische Universitätsstädte.

Substitutionen und Pandexten – Saddletree meint die Institutionen und Pandekten des römischen Kaisers Justinian (483–565), eine Sammlung von Gesetzen und Urkunden römischer Rechtsprechung, die Justinian um 530 zusammenstellen ließ.

Balfours «Praktische Rechtskunde» – Sir James Balfour (gest. 1583), schottischer Richter und Rechtsgelehrter; veröffentlichte 1563 sein Werk *Praktische Rechtskunde*.

Dallas von St. Martin's «Rechtsordnung» – George Dallas (1630 bis um 1702), Anwalt von St. Martin's. Sein 1697 veröffentlichtes Werk *Zusammenstellung von Verordnungen, wie sie jetzt im Königreich Schottland angewandt werden* galt lange Zeit als unentbehrlich für die schottischen Anwälte.

korinthischem Erz – Korinthisches Erz war eine im Altertum besonders geschätzte, angeblich aus Gold, Silber und Kupfer bestehende Bronze.

85 *non cuivis contigit adire Corinthum* – vollständig: non cuivis homini contingit adire Corinthum = (lat.) nicht ist jeglichem Menschen vergönnt, nach Korinth zu gelangen. So übersetzte Horaz ein griechisches Sprichwort (*Episteln* I/17,36).

Ad avisandum – Saddletree meint: ad avisamentum = (lat.) bis zum richterlichen; oder: ad avisationem de perjurio vitando = bis zur richterlichen Eidesbelehrung; Warnung vor Meineid.

tutor dative – (lat.) Vormund.

86 *Optat ephippia bos piger* – (lat.) Reitzeug wünscht der lässige Stier = Keiner ist mit seinem Los zufrieden. (Horaz *Episteln* I/14,43).

87 *De die in diem* – (lat.) von Tag zu Tag.

89 *Quos diligit castigat* – (lat.) Wen er (Gott) lieb hat, den züchtigt er.

Seneca – Lucius Annaeus Seneca (um 4 v. u. Z. bis 65 u. Z.), römischer Dichter und Philosoph.

90 *in loco parentis* – (lat.) an Stelle der Eltern.

loco tutoris – (lat.) an Stelle des Vormunds.

in rem versam – (lat.) zweckdienlich, vorteilhaft.

91 *murdrum oder murdragium* – Saddletree versieht das englische Wort murder (Mord) mit lateinischen Endungen, um sich den Anschein von Gelehrsamkeit zu geben; ebenso bei murthrum.

populariter et vulgariter – (lat.) volkstümlich und gewöhnlich.

murthrum per vigilias et insidias – vorsätzlicher Meuchelmord.

indicia – (lat.) Merkmale.

93 *Johnnie Armstrang* – schottische Schreibweise für John Armstrong (1709–79), schottischer Dichter.

94 *Schwalbe in Macbeths Schloß* – Vgl. Shakespeares Drama *Macbeth* (I/6).

95 *Porta adversa, ingens...* – (lat.) Vorn ein riesiges Tier; von gediegenem Stahle die Pfosten, / Daß nicht Menschengewalt, ja selbst kein Himmelsgeborner / Sie mit Eisen zerstört.

Hoch ragt ein eiserner Turm auf... (Vergil *Aeneis* VI/552–554)

97 *ordiniert, aber noch nicht bestallt* – als Prediger zugelassen, aber noch nicht angestellt.

99 *Temple Bar* – Um 1672 erbautes Tor, das den Eingang zur City von London bildete.

103 *Kardinal Beaton* – David Beaton (1494–1546), Primas von Schottland und Hauptgegner der Reformation; wurde von verschworenen Presbyterianern am 29. Mai 1546 in seinem Palast erhängt, wobei einer der Verschwörer, James Melvin, die Worte sprach: «Wir sind von Gott gesandt zu rächen!»

104 *Aufruhrakte* – George I. erließ 1714 die Aufruhrakte, derzufolge bei jeder ungesetzlichen aufrührerischen Versammlung von zwölf und mehreren Personen jeder Richter, Sheriff, Bürgermeister oder Ratsherr verpflichtet war, folgende Aufforderung zu verlesen: «Unser Allerhöchster Herr und König ermahnt und befiehlt allen versammelten Personen, sich unverzüglich zu zerstreuen und friedlich zu ihren Wohnungen oder ihren gesetzlichen Geschäften zu begeben, andersfalls sie gemäß der im ersten Jahre König Georges erlassenen Aufruhrakte zur Verhinderung tumultuarischer und aufrührerischer Versammlungen bestraft werden. Gott schütze den König!»

107 *Der Kaufmann von Venedig* – Drama von Shakespeare, Zitat aus III/1.

123 *in Monks Heer* – George Monk, Duke of Albemarle (1608–70); focht im englischen Bürgerkrieg anfangs auf der Seite Charles' I. Nach seiner Gefangennahme 1644 trat er 1646 zum Parlamentsheer über, nahm an Cromwells Zug nach Schottland teil und eroberte 1651 Dundee. Nach Cromwells Tod wurde er 1659 Oberbefehlshaber. Am 2. Januar 1669 überschritt Monk die englische Grenze und rückte am 3. Februar ohne Kampf in London ein. Er löste das Parlament auf und berief ein neues, das für die Thronbesteigung Charles' II. stimmte. Die Wiedereinsetzung der Monarchie nach zwölfjährigem Bestehen der Republik wird Restauration genannt.

Independent – Anhänger einer Kirchenverfassung, nach der jede Einzelgemeinde von den oberen Kreisen der Presbyterianer, vom Parlament und vom Staat unabhängig sein sollte. Die Bibel galt für ihn als einzige Glaubensgrundlage. – Cromwells Heer bestand hauptsächlich aus Independenten, die sich als «auserwählte Werkzeuge Gottes» und darum als eine Art militärischer Heiliger betrachteten.

Commonwealth – Bezeichnung der unter dem Protektorat Cromwells von 1649 bis 1659 bestehenden Republik England.

124 *Middleton* – John, Earl of Middleton (um 1619–74), kämpfte gegen Charles I., schloß sich aber 1650 Charles II. an und ging mit ihm ins Exil. Nach der Restauration war er 1661 bis 1663 Hochkommissar für Schottland.

Zona – (lat.) Geldkatze.

Horaz – Quintus Horatius Flaccus (65 v. u. Z.–8 u. Z.), römischer Dichter.

sein Gesinnungsgenosse Milton – John Milton (1608–74), englischer Dichter und, wie Butler, Puritaner; nach der Restauration war er Verfolgungen ausgesetzt.

127 *Whig* – (schott.) Pferdedieb; 1679 wurde die Bezeichnung «Whig» als Schmähung auf die revolutionären schottischen Presbyterianer angewandt, die sich aus dem Mittelstand, aus Großkaufleuten und einem Teil des Adels zusammensetzten und die Thronfolge James' II. verhindern wollten. Im 17. Jahrhundert ist dieser Ausdruck immer mit dem Presbyterianismus und der Revolution im Gegensatz zu den «Tories» verbunden. In der ersten Hälfte des 18. Jahrhunderts bildeten die Whigs die stärkste Partei im Parlament.

Tories – (irisch) Geächtete; dieser Name wurde im 17. Jahrhundert von den Presbyterianern als Schmähung auf die Teile der englischen Bevölkerung angewandt, die das Erbrecht James' II. befürworteten, obwohl James römisch-katholischen Glaubens war. Zu den königstreuen Tories gehörten besonders der hohe Adel und die anglikanische Geistlichkeit, denen an der Unterdrückung der nach Freiheit strebenden Whigs lag.

Pentland, Bothwell Bridge oder Airsmoss – Drei Schlachten zwischen den Truppen des englischen Königs und den aufständischen Covenantern, die jedesmal eine Niederlage für die Covenanter brachten. Das Treffen auf dem Feld «Rullion Green» in den Pentlands fand am 27. November 1666 statt. Die Schlacht an der Bothwell Bridge am 22. Juni 1679 beendete den großen Aufstand der Covenanter (vgl. die Schilderung der Schlacht in Scotts Roman *Old Mortality*). Im Gefecht von Airsmoss am 21. Juli 1680 fiel Richard Cameron.

Douce – (schott.) der Sanfte, Ehrbare.

128 *Solicitors* – (engl.) Anwälte mit überwiegend beratender Funktion, die nur vor bestimmten niederen Gerichten plädieren dürfen.

Anno neunundachtzig – Nach der Thronbesteigung Williams von Oranien (1688) erhoben sich die Anhänger des Hauses Stuart noch mehrmals. Das Haupt der jakobitischen Partei in Schottland war John Graham, Lord Claverhouse, Viscount of Dundee (um 1649–89), der 1689 Williams Truppe bei Killiecrankie besiegte. Nach seinem Tod in dieser Schlacht brach der Aufstand jedoch zusammen.

129 *Aqua mirabilis* – (lat.) Wunderwasser.

131 *restitutio in integrum* – (lat.) Wiedereinsetzung (eines Menschen) in seinen Besitz und seine Rechte.

132 *des alten biblischen Fluchs* – «Im Schweiße deines Angesichts sollst du dein Brot essen, bis du wieder zu Erde werdest, davon du genommen bist.» (1. Mose 3,19)

133 *Malignanten* – Übelgesinnte; so wurden die Anhänger der königlichen Partei seit der Zeit Cromwells von ihren Gegnern genannt.

135 *«Kirchenbuch»* – Verserzählung des englischen Dichters George Crabbe (1754–1832).

137 *pons asinorum* – (lat.) Eselsbrücke; Hilfsbuch zum leichteren Verständnis eines Schriftstellers oder Wissenschaftlers.

Euklid – griechischer Mathematiker (um 300 v. u. Z.).

Vergils «Georgica» – Die *Georgica* (Gedichte von der Landwirtschaft) des römischen Dichters Publius Vergilius Maro behandeln in vier Büchern Ackerbau, Baum-, Vieh- und Bienenzucht.

nach der Vorschrift Columellas – L. Junius Moderatus Columella (um 50 u. Z.), der bedeutendste Ackerbauschriftsteller des Altertums.

des Censors Cato – Marcus Porsius Censorius (234–149 v. u. Z.), römischer Staatsmann und Schriftsteller; sein Werk *De agricultura* (Über die Landwirtschaft) galt lange Zeit als maßgebliches Buch über den Ackerbau.

142 *dem weisen Ausspruch des Totengräbers* – In Shakespeares Drama *Hamlet* (V / 1).

144 *Alexander Peden* – (um 1626–86), schottischer Geistlicher, einer der führenden Männer der Covenant-Bewegung; verbrachte die letzten Jahre seines Lebens im Kerker von Sorn.

145 *Wiedertaufe* – Eine revolutionäre Richtung der Reformation, deren Anhänger die Taufe nur bei Erwachsenen anerkannten und an ein «Tausendjähriges Reich Christi» auf Erden glaubten, unter dem sie sich in unklarer Form eine der bestehenden Klassenordnung entgegengesetzte Ordnung vorstellten.

148 *Ulai* – Fluß im Lande Elam bei Susa.

154 *artes perditae* – (lat.) verlorene Künste.

156 *Verfasserin von «Glenburnie»* – Elizabeth Hamilton (1758–1816), englische Schriftstellerin schottischer Abstammung. *Die Kätner von Glenburnie* erschien 1808 und beschreibt das Landleben in Schottland.

160 *das Goldene Kalb zu Bethel* – 2. Mose 32.

das unselige Mädchen, das Johannes dem Täufer… – Nach der biblischen Überlieferung tanzte Salome vor König Herodes und forderte als Lohn das Haupt des von ihm gefangengehaltenen Johannes des Täufers (Matthäus 14,6f).

161 *Peter Walker* – (geb. 1631), schottischer Covenanter.

163 *Baal* – Gott der Kanaanäer; von den Juden des Alten Testaments wurde die Anbetung Baals als Gotteslästerung und Unglauben verflucht.

Toleranz – Duldsamkeit, insbesondere religiöse. Die Toleranz- und Indulgenzverordnungen Charles' II. und James' II. bezweckten vor allem die Wiederherstellung des Katholizismus in England und Schottland. Die Toleranzakte Williams III. gab nicht nur den Presbyterianern, sondern auch allen übrigen Nonkonformisten Gewissensfreiheit.

Patronage – Das Recht der Gutsherrschaft, Pfarre (und Schule) nach eigenem Ermessen zu besetzen. Die Presbyterianer bekämpften die Patronage wie jede Einmischung der weltlichen Obrigkeit in kirchliche Angelegenheiten überhaupt und erreichten 1690 die Abschaffung des Patronatsrechts; dem Gutsherrn wurde nur das Präsentationsrecht (Vorschlagsrecht) zugestanden. Unter Königin Anne wurde 1711 das Patronatsrecht wieder eingeführt, blieb aber ständig umkämpft und wurde erst 1929 abgeschafft.

erastianischer Eide – Der Erastianismus ist eine kirchliche Richtung in England, die dem Staat Obergewalt über die Kirche einräumt, dadurch also im Gegensatz zum Presbyterianismus steht. Der Erastianismus fußt auf einer Schrift von Thomas Erastus (1524–83) – sein eigentlicher Name war

Liebler oder Lieber –, Philosoph und Professor der Medizin in Heidelberg.

164 *Königin Anne* – (1665–1714), Königin von Großbritannien und Irland von 1702 bis 1714. Sie folgte William III. von Oranien auf dem Thron. Nach ihrem Tod fiel die Thronfolge unter Ausschluß ihres Stiefbruders James III. an das Haus Hannover.

Abschwöreid – Unter William III. eingeführter Treueid für Beamte, mit dem sie den Ansprüchen des Hauses Stuart abschworen.

166 *Holyrood* – Schloß von Edinburgh.

fatuus, furiosus und naturaliter idiota – Von Saddletree falsch männlich gebrauchte Form von: fatua, furiosa et naturaliter idiota = (lat.) albern, rasend und von Natur blödsinnig.

170 *Zippora* – Die Frau des Moses, die nach der biblischen Überlieferung ihren erstgeborenen Sohn mit den Worten beschnitt: «Du bist mir ein Blutbräutigam.» (2. Mose 4,25) Hierauf basiert der jüdische Brauch, die Knaben zu beschneiden.

Latitudinarianer – Anhänger einer gemäßigten Partei der englischen Hochkirche, die in den Streitigkeiten zwischen dieser und den Presbyterianern seit der Mitte des 17. Jahrhunderts den Mittelweg zu halten suchte.

172 *Sommernachtstraum* – Drama von Shakespeare, Zitat aus III/2.

173 *die Beredsamkeit eines Cicero* – Marcus Tullius Cicero (106–43 v. u. Z.), römischer Staatsmann und berühmtester Redner des Altertums.

177 *Apollyon, Abaddon* – Griechische und hebräische Form für Engel des Verderbens, Teufel.

179 *der brüllende Löwe ...* – «Seid nüchtern und wacht; denn euer Widersacher, der Teufel, geht umher wie ein brüllender Löwe und sucht, welchen er verschlinge.» (1. Brief des Petrus 5,8)

183 *Southey* – Robert Southey (1774–1843), englischer Dichter.

184 *Graf Percy sieht meinen Fall* – In Thomas Percys Sammlung *Überreste alter englischer Dichtung* befinden sich verschiedene Versionen der *Ballade von der Jagd bei Chevy*, die erzählt, wie Percy, Graf von Northumberland, ohne Erlaubnis im Forst des schottischen Grafen Douglas jagte, von diesem zur Rechenschaft gezogen und zum Zweikampf gefordert wurde. Percy verwundete Douglas tödlich, der sterbend die Worte sprach: «Lord Percy sieht meinen Fall!»

185 *der heilige Hieronymus* – (um 340–420), lateinischer Kirchenlehrer, dessen größtes Verdienst die sogenannte *Vulgata* ist, die Übersetzung der Bibel aus dem Hebräischen ins Lateinische.

per infamiam et bonam ... – (lat.) durch üblen und guten Ruf zur Unsterblichkeit wandern.

Wächter, welche Stunde der Nacht ist es? – «Hüter, ist die Nacht schier hin?» (Jesaia 21,11)

186 *Belials* – (hebr.) des Teufels.

auf dem Kurulischen Stuhl – Der Kurulische Stuhl war der Ehrensessel der hohen Staats- und Stadtbeamten im alten Rom.

La Rochefoucauld – François VI., Duc de La Rochefoucauld, Prince de Marcillac (1613–80), französischer Staatsmann und Schriftsteller; kritisierte in seinen *Maximen* die vornehme Gesellschaft seiner Zeit. – Die angedeutete Stelle lautet wörtlich: «Wir trösten uns leicht über das Mißgeschick unserer Freunde, wenn es dazu dient, unsere Liebe für sie bemerkbar zu machen.»

187 *l'embarras des richesses* – (franz.) Verlegenheit aus Überfluß.

inter rusticos – (lat.) unter Bauern.

195 *sui generis* – (lat.) eigener Art.

Antichrist – Der überirdische satanische Gegenspieler Christi, der alle Macht des Bösen in der Welt zum Kampf gegen die christliche Kirche zusammenfaßt, aber durch Christus überwunden wird.

196 *non constat* – (lat.) nicht feststeht.

in hoc statu – (lat.) in dieser Sache, in diesem Stand.

197 *nihil interest de possessione* – (lat.) es kommt nicht auf den (wirklichen) Besitz an.

formaliter et specialiter – (lat.) im formalen und besonderen.

generaliter – (lat.) im allgemeinen.

in rerum natura – (lat.) in der Natur, in Wirklichkeit.

198 *Arminianer* – Anhänger einer nach dem holländischen Prediger Jakob Arminius (1560–1609) genannten Religionspartei, die sich von der reformierten Kirche der Niederlande abgetrennt hatte. Im Gegensatz zu Calvins Lehre von der Prädestination hatten bei den Arminianern die menschliche Willensfreiheit und die Bibel den Vorrang vor den kirchlichen Bekenntnissen.

199 *Titus* – Titus Flavius Vespasianus (39–81), römischer Kaiser;

verbrannte bei der Eroberung Jerusalems im Jahre 70 den Tempel der Juden.

200 *Cocceianer* – Anhänger der nach dem holländischen Theologen Johannes Coccejus (1603–69) genannten Lehre von der Bundestheologie, die in dem Gnadenbund zwischen Gott und Mensch gipfelt.

der «Blutige Mackenzie» – Sir George Mackenzie of Rosehaugh, gen. «der Blutige Mackenzie» (1636–91), schottischer Rechtsanwalt; wurde 1677 Staatsanwalt und zog sich in dieser Eigenschaft durch seine rücksichtslose Verfolgung der Covenanter deren Haß zu.

202 *singuli in solidum* – (lat.) ein einzelner die ganze Summe.

206 *Der Sturm* – Drama von Shakespeare, Zitat aus I/1.

207 *Bucephalus* – Das Leibpferd Alexanders des Großen.

Tempus nemini – (lat.) Die Zeit (wartet) auf niemanden.

210 *Fugit irrevocabile tempus* – (lat.) Es flieht unwiderruflich die Zeit.

222 *Coleridge* – Samuel Taylor Coleridge (1772–1834), englischer Dichter.

Catos Tochter – Porcia, Tochter des römischen Staatsmannes Marcus Porcius Cato Uticensis (95–46 v. u. Z.), vermählt mit Brutus, einem der Mörder Caesars. Sie wird als Beispiel für Seelenstärke, Sittenreinheit und Freiheitsliebe gerühmt.

226 *das bittere Wasser von Mara* – Nach der biblischen Überlieferung schlugen die Israeliten ihr erstes Lager nach dem Auszug aus Ägypten bei Mara auf. Das Wasser von Mara war bitter und wurde erst trinkbar, nachdem Moses auf Geheiß Gottes einen Baum hineingetan hatte. (2. Mose 15,23 f)

wusch und salbte sich … – Anspielung auf Davids Verhalten nach dem Tod seines Kindes (2. Samuel 12,20 f)

232 *Hamlet* – Drama von Shakespeare, Zitat aus II/2.

233 *Ansaris* – (auch Anssari; arab.: Helfer) hießen die ersten Anhänger Mohammeds in Medina.

234 *wie der Stier von Basan* – Anspielung auf die in Psalm 22,13–14 erwähnten brüllenden Stiere.

235 *«Pilgerreise»* – Allegorische Erzählung *The Pilgrim's Progress from this world to that which ist to come* von John Bunyan (1628–88), dem englischen Volksprediger und Schriftsteller. In diesem Buch, das in kürzester Zeit zum Lieblingsbuch aller Bevölkerungsschichten wurde, erzählt Bunyan in Form einer Allegorie, wie der Mensch (Christian)

durch die Welt, durch das Tal der Todesschatten und durch viele Gefahren geht, um seine Seele vor der ewigen Verdammnis zu retten. Im zweiten Teil des Buchs schildert Bunyan die Pilgerschaft der Frau des Christen (Christina). Er verwendet dabei viele sprechende Namen.

245 *Hamlet* – Zitat aus IV / 5.

Ariost – Ludovico Ariosto (1474–1533), italienischer Dichter. Sein Hauptwerk *Der rasende Roland* zeichnet sich durch kunstvolle Verflechtung vieler Einzelheiten aus.

247 *Habeas-Corpus-Akte* – Grundgesetz des englisches Staates, wonach kein Engländer ohne richterlichen Haftbefehl verhaftet werden darf und jeder Verhaftete innerhalb 24 Stunden den Grund seiner Verhaftung erfahren und dem Richter vorgeführt werden muß. Die Habeas-Corpus-Akte wurde König Charles II. im Jahre 1679 vom Parlament abgetrotzt, um seine Willkürherrschaft einzuschränken.

248 *Hütten Kedars* – Vgl. Psalm 120,5.

253 *Probstein, Käthchen* – Gestalten aus Shakespeares Komödie *Wie es euch gefällt.*

255 *Westminster-Konfession* – Glaubensbekenntnis, das von englischen und schottischen Geistlichen auf der Westminster-Synode 1643–49) festgesetzt wurde.

259 *Ballade vom Kleinen Musgrave* – *Der Kleine Musgrave und Lady Barnard* ist eine alte Ballade in Thomas Percys Sammlung *Überreste alter englischer Dichtung.*

268 *Bedlam oder Bridewell* – Irrenanstalt und Arbeitshaus von London.

273 *Maß für Maß* – Komödie von Shakespeare, Zitat aus III / 2.

280 *Jeder wackren Hand...* – Zitat aus Shakespeares Drama *Othello* (IV / 2).

282 *Abschwöreid* – s. Anm. zu S. 164.

285 *am Geburtstag des Kurfürsten von Hannover* – George II. (1683–1760), König von Großbritannien und Irland, stammte aus dem Haus Hannover und wird von Magdalen Murdockson, die offenbar eine Jakobitin ist, nicht als König anerkannt. Sein Geburtstag war der 30. Oktober.

289 *quodammodo* – (lat.) gleichsam.

jus divinum – (lat.) das göttliche Recht.

292 *Bundeslade* – Das religiöse Heiligtum der Israeliten.

Patriarchen – Jakob, vgl. 1. Mose 32,3 und 31.

arminianische Fliegen – s. Anm. zu Arminianer.

sozinianischen Flöhe – Diese Beschimpfung gilt den Sozinianern, den Anhängern der Lehre des Laelius Socinus (1525–62) und seines Neffen Faustus Socinus (1539–1604). Sie lehrten statt der Dreieinigkeit die Einheit Gottes und wurden daher auch Unitarier genannt. Sie erkannten zwar die Notwendigkeit einer übernatürlichen Offenbarung an, die in der Heiligen Schrift enthalten ist, aber sie räumten der Vernunft eine wesentliche Stelle ein.

deistischen Mücken – Diese Beschimpfung gilt den Deisten, die zwar an Gott als Schöpfer der Welt glauben, jedoch der Ansicht sind, daß er von ihr ge- oder verschieden ist und sie sich selbst überläßt (Gottesglaube der französischen und englischen Aufklärung).

Chambers' «Edinburgher Überlieferungen» – Robert Chambers (1802–71), schottischer Verleger und Schriftsteller, beschrieb in den *Edinburgher Überlieferungen* die Geschichte der Stadt und gewann durch dieses Buch Scotts Freundschaft.

293 *Tropen der Rhetorik* – Bilder der Redekunst.

294 *Testakte* – Im Jahre 1673 wurde die Testakte erlassen, nach der jeder Geistliche und Staatsbeamte den Testeid ablegen, das heißt bestimmte Glaubensartikel der katholischen Kirche abschwören mußte. Die Testakte rief auch bei den Presbyterianern als weltliche Einmischung in kirchliche Angelegenheiten heftige Empörung hervor.

296 *MacMillaniten* – Anhänger von John MacMillan (1670–1753), dem Begründer der Reformierten Presbyterianischen Kirche in Schottland.

299 *einer der Mörder des Erzbischofs ...* – 1679 ermordeten einige von Charles II. verfolgte Covenanter den Primas von Schottland, James Sharp (1618–79), Erzbischof von St. Andrews, und lösten dadurch den Aufstand der Covenanter aus, der mit ihrer Vernichtung endete. (Vgl. *Old Mortality*)

300 *Regierungen Charles' II. und James' II.* – Charles II. (1630–85), König von England, Schottland und Irland von 1660 bis 1685; James II. (1633–1701), König von England, Schottland und Irland von 1685 bis 1688. Beide führten eine katholikenfreundliche Politik und verfolgten alle anderen religiösen Tendenzen.

Episkopalkirche – Form der Kirchenregierung durch die dreifache Hierarchie der Bischöfe, Priester und Diakone bei allen vor-protestantischen und einigen nach-protestantischen Kirchen, wie bei den Anglikanern.

Schlacht von Dunbar – Niederlage der Schotten durch Cromwells Heer 1650.

303 *Watts' Hymnen* – Isaac Watts (1674–1748), englischer Theologe und Hymnendichter.

304 *subpoena* – (lat.) unter Androhung einer Strafe (nämlich im Fall des Nichterscheinens vor Gericht).

310 *Maß für Maß* – Zitat aus III/1.

313 *Er hat meine Ehre mir ausgezogen...* – Hiob 19,9f.

318 *Ysops Fabeln* – Ratcliffe meint die Fabeln des griechischen Dichters Äsop (um 600 v. u. Z.).

322 *Jemmy Dawson* – Ballade des englischen Dichters William Shenstone (1714–63); befindet sich in Percys Sammlung *Überreste alter englischer Dichtung*.

325 *Sed transeat cum...* – (lat.) Aber es möge mit anderen Irrtümern vergehen.

326 *Killiecrankie* – Bei Killiecrankie wurden 1689 die Truppen Williams III. von den aufständischen Jakobiten unter Führung des Lord Claverhouse, Viscount von Dundee, besiegt. Doch Claverhouse fiel, und danach brach der Aufstand zusammen.

327 *Esel des Propheten* – Nach der biblischen Überlieferung beklagte sich die Eselin des Propheten Bileam, als dieser sie dreimal geschlagen hatte (4. Mose 22,28).

inter apices juris – (lat.) unter den Spitzen des Gesetzes.

328 *instanter* – (lat.) sogleich, unmittelbar.

331 *Maß für Maß* – Zitat aus I/4.

332 *Ikabod! Meine Herrlichkeit ist dahin* – Vgl. 1. Samuel 4,21.

336 *felo de se* – (lat.) Selbstmörder.

339 *dulcis Amaryllidis irae* – (lat.) der Zorn der süßen Amaryllis.

340 *das Weh, wozu unsere Urmutter verflucht wurde* – Nach der biblischen Überlieferung wurde Eva nach dem Sündenfall dazu verflucht, mit Schmerzen Kinder zu gebären (vgl. 1. Mose 3,16).

341 *Rahel weint um ihre Kinder* – Vgl. Jeremia 31,15.

342 *Der Kaufmann von Venedig* – Drama von Shakespeare, Zitat aus IV/1.

348 *Strecker* – Galgen.

349 *debito tempore* – (lat.) zu gebührender Zeit, rechtzeitig.

352 *die Witwe von Thekoa* – Nach der biblischen Überliefe-

rung erzählte die Witwe von Thekoa auf Anstiften Joabs dem König David eine frei erfundene Geschichte, um ihn zu bewegen, seinem Sohn Absalom zu verzeihen (2. Samuel 14).

353 *valeat quantum* – (lat.) es gelte gleichviel.

358 *in confitentem nullae ...* – (lat.) gegen ein Geständnis gibt es keine Einwände.

confessio extra-judicialis ... – (lat.) Ein nicht vor Gericht abgelegtes Geständnis ist an sich nichtig; und da es nichtig ist, kann es auch nicht als Beweis dienen.

363 *Mandrin* – Louis Mandrin (1724–55), ein berühmter französischer Räuber. Scott berichtet in einem Brief vom 3. Februar 1826: «Ich erinnere mich, gelesen zu haben, daß Mandrin einige Angst bezeugte, als man ihn lebend aufs Rad geflochten hatte und er den Henker mit einer Eisenstange auf sich zukommen sah, um ihm die Glieder zu brechen. Nach dem zweiten und dritten Schlag begann er zu lachen, und als ihn sein Beichtvater nach dem Grund fragte, sagte er, er lache über seine eigene Torheit, daß er angenommen habe, der Schmerz würde bei jedem Schlag zunehmen, wo es doch klar sei, daß der *erste* das Nervensystem bereits so zerrüttet und zerstört haben müsse, daß die folgenden Schläge nur noch wenig ausmachen.»

368 *omnes et singulos* – (lat.) samt und sonders.

Sir Robert Walpole – Robert Walpole, 1. Earl of Oxford (1676–1745), englischer Staatsmann. Als einer der führenden Politiker der Whigs wurde er nach der Thronbesteigung Georges I. wegen seiner Unterstützung der hannoverschen Thronfolge 1715 erster Schatzkanzler und Finanzminister. Er leitete eine fast 50 Jahre dauernde Herrschaft der Whigs in England ein. Von George I. vorgezogene deutsche Ratgeber vermochten ihn vorübergehend zu stürzen, aber als 1721 durch den Zusammenbruch der Südsee-Gesellschaft der Staatshaushalt vor dem Ruin stand, wurde erneut Walpole an die Spitze der Regierung berufen. Seine lange Amtszeit war gekennzeichnet von erfolgreicher Wirtschaftspolitik, der Vermeidung von Verwicklungen in Kriege auf dem Kontinent und einer weiter um sich greifenden Korruption. Er konnte sich auf den Einfluß der Königin Caroline stützen, aber nach ihrem Tod 1737 gewannen seine Gegner an Macht. Er wurde 1739 trotz heftigen Widerstrebens zum Krieg gegen Spanien gezwungen. Seine Gegner nutzten den Mangel an Erfolgen in diesem Krieg und sein schlechtes Ansehen wegen Begünstigung von Korruption und erreichten 1742 seine Entlassung.

369 *MacCallummores Blut* – MacCalum More war der gaelische Titel der Earls, Marquis und Herzöge von Argyle.

Andro Ferrara – In Schottland gebräuchliche Bezeichnung für Schwert, nach dem berühmten venezianischen Schwertschmied Andrea Ferrara, der angeblich im Auftrag James' IV. oder James' V. den Schotten die Anfertigung von Schwertblättern beibrachte.

inter parietes – richtig: intra parietes = (lat.) innerhalb der vier Wände.

372 *Maß für Maß* – Zitat aus I,5.

380 *Sancho* – Sancho Pansa, Schildknappe des Titelhelden in dem parodistischen Ritterroman *Don Quijote* des spanischen Dichters Miguel de Cervantes Saavedra (1547–1616). Sancho Pansa vertritt derben Mutterwitz und realistischen Sinn im Gegensatz zu seinem Herrn, der nach verstiegenen Vorstellungen der veralteten Ritterideale lebt.

mit mohammedanischer Gewissenhaftigkeit – Die Mohammedaner sind täglich zu fünf Gebeten verpflichtet, wobei dem Gebet jedesmal eine Waschung des Gesichts und der Hände vorhergehen muß.

386 *Calender* – Gestalt aus den Märchen aus Tausendundeiner Nacht. – Scotts Gedächtnis trügt hier: Der als Derwisch verkleidete Prinz Agib kommt in ein Schloß, das zwar hundert Türen, aber nur vierzig schöne Mädchen beherbergt (62. Nacht).

388 *inimicitiam contra omnes mortales* – (lat.) eine feindliche Gesinnung gegen alle Sterblichen.

398 *Wordsworth* – William Wordsworth (1770–1850), englischer Dichter.

Nabal – Nach der biblischen Überlieferung war Nabal ein habgieriger, reicher Mann, der Davids Bitte um Unterstützung ablehnte (1. Samuel 25).

399 *Sünde Israels zu Meriba* – Vgl. 2. Mose 17.

401 *Horaz* – Quintus Horatius Flaccus (65–8 v. u. Z.), römischer Dichter.

Juvenal – Decimus Junius Juvenalis (60–140), römischer Dichter von Satiren.

402 *Imogen* – Gestalt aus Shakespeares Drama *Cymbeline*, Zitat aus II/3.
403 *Vivat Rex, currat Lex* – (lat.) Es lebe der König, das Gesetz nehme seinen Lauf.
clarissimus ictus – (lat.) höchst berühmter Gesetzeskundiger.
404 *Servitut* – Nutzungsrecht.
stillicidium – (lat.) Dachtraufe.
407 *in initialibus* – richtig: in initium = (lat.) zum Anfang.
408 *König Ahasver...* – Der hebräische Name des Perserkönigs Xerxes. Nach der biblischen Überlieferung gab Ahasver seinen Fürsten und Knechten ein großes Fest, bei dem er die Reichtümer seines Königreichs zeigte (Esther 1, 1–9).
413 *anglice* – (lat.) auf englisch.
414 *Lord Byron* – George Gordon Noël, Lord Byron (1788–1824), englischer Dichter. Zitat aus *Junker Harolds Pilgerfahrt* (I,13).
416 *das Gelübde der Tochter sei nicht bindend...* – Vgl. 4. Mose 30,5 f.
419 *selbst auf dieser Seite des Jordan* – Der Jordan ist im übertragenen Sinne die Grenze zwischen Diesseits und Jenseits.
424 *Fleischtöpfe Ägyptens* – Nach der biblischen Überlieferung erging es den von Joseph nach Ägypten gerufenen und im fruchtbaren Gosen angesiedelten Israeliten während ihrer Knechtschaft in bezug auf Nahrung so gut, daß sie sich in der Wüste noch oft nach den Fleischtöpfen Ägyptens zurücksehnten (2. Mose 16,3).
summum bonum – (lat.) das Allerbeste.
425 *Robin Hood* – Ein legendärer Geächteter, der im 13. Jahrhundert mit seinen Gefolgsleuten in den Wäldern hauste, Reiche beraubte, nur in der Not tötete, alle Armen verschonte und bedrängten Frauen half. Dem Volk galt Robin Hood als Verteidiger der persönlichen Unabhängigkeit gegen die ausbeutenden Adeligen.
Emery – John Emery (1777–1822), englischer Komiker.
426 *Maritornes* – Eine Magd aus Cervantes' *Don Quijote*.
428 *Cajus* – Im Altertum sehr gebräuchlicher Wirtsname.
430 *Comus* – Maskenspiel des englischen Dichters John Milton, das gegen die Unsittlichkeit der Zeit gerichtet war, wie sie sich im öffentlichen und privaten Leben und besonders auf der Bühne zeigte. Das Ungetüm Comus, der Gott der Ausschweifung und Unsittlichkeit, bemächtigt sich der tugend-

haften Lady Alice, die aber durch ihre Brüder wieder befreit wird. – Scott vergleicht weiter unten Jeanie mit Lady Alice.

436 *Hekate* – Die Gespenster- und Zaubergöttin der griechischen Mythologie.

438 *Cu'rosser Hammersleute* – Die Stadt Culross in der schottischen Grafschaft Fifeshire hatte früher eine ausgedehnte Eisenindustrie.

441 *Fletcher* – John Fletcher (1579–1625), englischer Dramatiker.

442 *James Renwick* – (1662–88), einer der Führer der schottischen Covenanter. Noch nach der Indulgenz-Akte von 1687 hielt er mit seinen Anhängern illegale Versammlungen ab, wurde gefangengenommen und als letzter Märtyrer des Covenant gehängt.

im 42. und 43. Psalm – Psalm 42,12 und Psalm 43,5.

443 *Tom von Lincoln* – Eine große Glocke in einem der Türme des Münsters von Lincoln.

Holborn-Hügel – unweit der Richtstätte Tyburn in London.

451 *Dichter von Grasmere* – Der englische Dichter William Wordsworth (1770–1850) lebte seit 1799 in Grasmere, Yorkshire.

452 *ich hab Ziegel in Ägypten gebrannt und...* – Nach der biblischen Überlieferung mußten die Israeliten in der ägyptischen Knechtschaft in Ziegeleien arbeiten (2. Mose 1,13 f). Nach ihrem Auszug aus Ägypten wanderten sie jahrelang durch die Wüste.

458 *Christabel* – Unvollendetes balladenhaftes Gedicht von Samuel Taylor Coleridge (1772–1834).

461 *Calvinist* – Anhänger der von Johannes Calvin (1509–64) begründeten Richtung des Protestantismus. Nach Calvins Lehre sind die «Erwählten» und «Verworfenen» von Gott vorherbestimmt und schon auf dieser Welt durch wirtschaftliche Erfolge oder materielle Not gekennzeichnet. Diese Erfolgstheorie war die religiöse Verkleidung der Interessen des aufsteigenden Bürgertums. In den fortgeschrittensten bürgerlichen Ländern, vor allem in England und Holland, fand der Calvinismus weitere Verbreitung. – John Bunyan (1628–88), der durch seine Verheiratung mit einer frommen Frau religiös gesinnt wurde und nach verschiedenen Visionen als Volksprediger große Wirkungen hatte, schloß sich 1655 den Baptisten an.

469 *Chorhemd* – Die anglikanische Kirche hat viele Gebräuche

der katholischen Kirche beibehalten; so trägt der Geistliche während des Gottesdienstes ein mit Spitzen besetztes weißes Übergewand, das Chorhemd.

Naeman, dem Syrer... – Nach der biblischen Überlieferung trat der syrische Feldhauptmann Naeman zum Glauben des Volkes Israels über, nachdem er vom Propheten Elias vom Aussatz geheilt worden war. «Nur darin wolle der Herr deinem Knecht gnädig sein: wo ich anbete im Haus Rimmons, wenn mein Herr ins Haus Rimmons geht, daselbst anzubeten, und er sich an meine Hand lehnt.» (2. Könige 5,17f)

471 *Crabbe* – George Crabbe (1754–1832), englischer Dichter.

475 *Price* – Sir Uvedale Price (1747–1829), schottischer Gelehrter, dessen Hauptwerk *Ein Versuch über das Pittoreske im Vergleich mit dem Erhabenen und Schönen* 1794 erschien.

476 *Sir William Monson* – (1569–1643), englischer Admiral.

James York, den Hufschmied von Lincoln – James Yorke (um 1640), ein kunstfertiger Hufschmied aus Lincoln, wurde berühmt durch sein Buch über die Wappen und Geschlechtsregister des englischen Adels seit 1066, das 1640 erschien.

477 *Lord Willoughby* – Peregrine Bertie Lord Willoughby of Eresby (gest. 1601), englischer General. Die Ballade *Der tapfere Lord Willoughby*, von der hier die dritte Strophe wiedergegeben ist, handelt von einer Schlacht gegen die Spanier in Flandern und befindet sich in Percys Sammlung *Überreste alter englischer Dichtung*.

489 *wie der mexikanische Herrscher* – Guatimozin (gest. 1525), der letzte König von Mexiko. Nach einer tapferen Verteidigung seines Landes gegen Cortez wurde er überwältigt und auf Cortez' Veranlassung vergeblich auf einem Rost gebraten, um das Versteck angeblich verborgener Schätze zu verraten.

496 *Gleichmut des verurteilten Macheath* – Hauptmann Macheath, der Held des satirischen Singspiels *Die Bettleroper* von John Gay (1685–1732).

498 *Die Rache ist mein...* – 5. Mose 32,35.

508 *wie Charles I. auf dem Schafott* – «Denkt daran!» waren die letzten, etwas mysteriösen Worte Charles' I. auf dem Schafott, die er seinem Hofkaplan William Juxon (1582–1663) zumurmelte.

511 *Der syrische Aussätzige Naeman...* – Nach der biblischen

Überlieferung wurde Naeman, ein Feldhauptmann des Königs von Syrien, vom Aussatz befreit, nachdem er sich auf die Weisung des Propheten Elias siebenmal im Jordan gewaschen hatte (2. Könige 5,12–14).

516 *falschen Monteath* – John Lord Kilpont, Earl of Menteith (gest. 1644); er verriet 1644 die Covenanter, in deren Auftrag er die königlichen Truppen aufhalten sollte, an ihre Feinde und nahm an der Vernichtung der Covenanter bei Tippermuir teil. Wenige Tage darauf wurde er in seinem Lager ermordet.

519 *unseres britischen Juvenal* – Anspielung auf den englischen Dichter und Kritiker Dr. Samuel Johnson (1709–84), dessen Satire *London* eine Nachahmung der dritten Satire Juvenals und die Satire *Torheit menschlicher Wünsche* eine Nachahmung der zehnten Satire Juvenals ist.

520 *Pope* – Alexander Pope (1688–1744), englischer Dichter.

522 *Lord Hardwicke* – Philip Yorke, Earl of Hardwicke (1690–1764), englischer Staatsmann, ab 1737 Lordkanzler.

527 *Ormond* – James Butler, Duke of Ormonde (1665–1745), Tory-Minister unter Königin Anne. Als 1715 nach der Thronbesteigung Georges I. die Whigs wieder ans Ruder kamen, wurde er wegen Hochverrats angeklagt, floh nach Frankreich und starb in der Verbannung.

528 *Praise-God Barebones Parlament* – Das nach Auflösung des Langen Parlaments 1653 von Cromwell berufene Parlament von 155 Puritanern, das nach einem seiner eifrigsten Mitglieder, dem Lederhändler Praise-God Barebone (Preisegott Totenknochen) den Spottnamen Barebone-Parlament erhielt. – Mit der Namensliste ahmt Scott spöttisch die Vorliebe der Puritaner für sprechende Namen nach. So heißt Bangtext: Kernspruch; Sin-Despise Double-Knock: Verschmäh-die-Sünde Doppelschlag; Stand-fast-in-faith: Steh-fest-im-Glauben; Turn-to-the-right Thwack-away: Wende-dich-zum-Rechten Schlagentzwei.

des alten Nolls – Noll ist der volkstümliche Name für Oliver Cromwell.

533 *Thomson* – James Thomson (1700–48), englischer Dichter.

Nemo me impune – Nemo me impune lacessit = (lat.) «Niemand greift mich ungestraft an» ist die Devise des schottischen Andreas- oder Distelordens. (Die Distel ist die schottische Nationalblume.)

Rapee – Starker Schnupftabak.

541 *Der blutige Bruder* – Drama von John Fletcher (1579–1625).

542 *Margarete von Anjou* – (1429–82), Tochter des Königs Renatus von Anjou, Gemahlin Henrys VI. (1421–71), Königs von England von 1421 bis 1461. Sie beherrschte an Stelle des schwachen Königs die Politik und das Heer. Im Kampf zwischen den Parteien der Roten und Weißen Rose war sie anfangs siegreich, unterlag aber später Edward IV.

Chevalier de St. George – James III. (1688–1766), war durch das Gesetz über die protestantische Erbfolge 1701 vom Thron ausgeschlossen worden und lebte seit der Absetzung seines Vaters James II. in St. Germain. Als nach dem Tod seiner Schwester Anne George I. von Hannover den Thron bestieg, wurde James von Frankreich, Spanien und dem Papst als König von Großbritannien und Irland anerkannt und versuchte, sein Thronrecht mit Waffengewalt geltend zu machen. Doch seine Anhänger wurden 1715 bei Dumblane von den Truppen Georges I. unter der Führung des Herzogs von Argyle entscheidend geschlagen.

544 *Pulteney* – William Pulteney, Earl of Bath (1684–1764), englischer Politiker. Als Walpole 1721 Premierminister wurde, schloß sich Pulteney einer Vereinigung von Whigs an, die sich «Patrioten» nannte und gegen Walpoles Korruption Empörung schürte. An Walpoles Sturz war er maßgeblich beteiligt.

Hof von St. Germain – 1689 hatte Ludwig XIV. den früheren Aufenthaltsort der französischen Könige dem vertriebenen englischen König James II. abgetreten, der 1701 hier starb. Der Thronprätendent James III. residierte ebenfalls in Saint-Germain-en-Laye.

545 *Lady Suffolk* – Henrietta Hobart (um 1681–1767), heiratete Charles Howard, den späteren Earl of Suffolk. Beide gehörten zum Hofstaat des Prinzen von Wales, des späteren George II., dessen Geliebte sie wurde. Sie wurde vor ihrem Mann zur Gräfin Suffolk erhoben, zog sich 1733 nach dem Tode ihres Mannes vom Hof zurück und heiratete ein zweites Mal.

546 *Äskulap* – griech. Gott der Heilkunde, bedeutet allgemein Arzt.

Jenner – Edward Jenner (1749–1823), englischer Landarzt; wandte 1796 die erste Pockenschutzimpfung an.

547 *Lever* – Morgenempfang des Königs.

549 *Pair* – In England und Frankreich mit besonderen politischen Vorrechten ausgestattetes Mitglied des hohen Adels.
551 *air d'une grande dame* – (franz.) Aussehen einer großen Dame.
553 *dem Prinzen von Wales* – Frederick (1707–51), Prinz von Wales. Bei seiner Eheschließung mit Augusta von Sachsen kam es zum offenen Bruch mit seinen Eltern, George II. und Caroline, woraufhin ihn der König vom Hof verbannte.
559 *Cymbeline* – Drama von Shakespeare, Zitat aus I/2.
566 *Rosa Solis* – Rosolis, feiner abgezogener Branntwein.
577 *von den Hörnern des Altars* – Der Opferaltar der Alten hatte Hörner, an die das Opfertier gebunden wurde.
Gehenna – (hebr.) Hölle.
Gosen in Ägypten – Nach der biblischen Überlieferung verweigerte Pharao dem Volk Israel den Auszug aus dem Land Gosen in Ägypten, worauf Gott Ungezieferplagen, Pest, Blattern, Hagel, Heuschreckenschwärme und Finsternis über Ägypten schickte und nur Gosen ungeschoren ließ (2. Mose 10,21–23).
gleich Abraham, dem Gerechten der Vorzeit, Haran... – Nach der biblischen Überlieferung verließ Abraham auf Geheiß Gottes mit seiner Familie und seiner ganzen Habe Haran und zog ins Land Kanaan (1. Mose 12,1–5).
578 *seit jenem schrecklichen Morgen* – Durch die Verkündigung der von Charles II. erlassenen neuen Uniformitätsakte am 19. Mai 1662 verloren 2000 nonkonformistische Prediger an einem Tag ihre Ämter.
579 *James VI.* – (1566–1625), König von Schottland, wurde nach der erzwungenen Abdankung seiner Mutter Mary Stuart im Jahre 1567 gekrönt. Nach dem Tod Elizabeths I. im Jahre 1603 bestieg er als James I. den englischen Thron. Er und besonders sein Sohn Charles I. versuchten, die bischöfliche Kirche in Schottland einzuführen, was den auch in kirchlichen Dingen Unabhängigkeit liebenden Schotten Anlaß zum Covenant gab und später zum Bürgerkrieg, zur Hinrichtung Charles' I. und zur Vertreibung der Stuarts führte.
Prophezeiungen Hoseas – «Mein Gott wird sie verwerfen, darum daß sie ihn nicht hören wollen; und sie müssen unter den Heiden in der Irre gehen.» (Hosea 9,17) – «Denn der König zu Samaria ist dahin wie ein Schaum auf dem Wasser.» (Hosea 10,7).

Kommt, wir wollen wieder zum Herrn... – Hosea 6,1.

580 *ähnelt der Bohne im Märchen* – Wahrscheinlich eine andere Version des englischen Volksmärchens *Jack und die Bohnenstange*, in dem Jack die letzte Kuh seiner Mutter gegen Wunderbohnen tauscht, die über Nacht bis in den Himmel wachsen. Jack klettert an ihnen hoch, kommt in das Land eines menschenfressenden Riesen und entwendet diesem drei wundertätige Dinge. Als der Riese bei Jacks Verfolgung auch an der Bohnenstange abwärts klettert, schlägt sie Jack mit der Axt durch, wobei der Riese sich zu Tode stürzt.

583 *Jonadab, der Sohn Rechabs* – Vgl. Jeremia 35,6.

Auld Reekie – «Die alte Raucherin», Scherzname für Edinburgh, das bei ungünstiger Witterung vom dichten Rauch der vielen Schornsteine eingehüllt ist.

586 *Asa foetida* – (lat.) Teufelsdreck; Gummiharz von Umbelliferen, das mit seinem unangenehmen Knoblauchgeruch als Mittel gegen Ohnmachten genutzt wurde.

596 *Thalaba* – *Thalaba der Zerstörer*, Gedicht des englischen Dichters Robert Southey (1774–1843).

600 *St. Mungo* – Ein Heiliger, der im 6. Jh. die Briten von Glasgow bekehrt haben soll und dort besonders verehrt wurde.

601 *unser lorbeergekrönter Dichter* – Robert Southey wurde 1813 zum poet laureate erklärt, nachdem Walter Scott diese Würde abgelehnt und Southey vorgeschlagen hatte.

609 *meine Freunde Allan oder Wilkie* – William Allan (1782–1850) und David Wilkie (1785–1841), englische Maler.

611 *wie der Bach vertrocknet...* – Vgl. Hiob 6,15–17.

612 *wie beim Sohne Isais, als er aus der Schlacht zurückkam* – Nach der biblischen Überlieferung rächte David die Plünderung der Stadt Ziklag durch die Amalekiter und jagte diesen die Beute wieder ab, woraufhin ihm das erbeutete Vieh zugesprochen wurde (1. Samuel 30,20).

613 *black-mail* – (engl.) Räubersold; eine im Mittelalter freiwillig an Wegelagerer gezahlte Abgabe.

615 *Manna* – Himmelsbrot, das Gott nach der biblischen Überlieferung vom Himmel regnen ließ, als das Volk Israel nach seinem Auszug aus Ägypten dem Verhungern nahe war (2. Mose 16).

616 *Elegie auf Mrs. Anne Killigrew* – Ode des englischen Dichters John Dryden (1631–1700) auf eine dichtende und malende

Ehrendame der Herzogin von York. Die Ode war als Vorwort für eine postume Ausgabe ihrer Gedichte bestimmt, als Anne Killigrew 1685 im Alter von 25 Jahren an den Windpocken gestorben war.

625 *Doeg, den Edomiter* – Nach der biblischen Überlieferung tötete der Hirt Doeg auf Geheiß König Sauls 85 Priester (1. Samuel 21 und 22 und Psalm 52, der die Klage Davids über Doeg enthält).

627 *Sitz des Scharlachenen Tieres* – Das päpstliche Rom wurde von nicht-katholischen Christen oft mit dem Sitz des Scharlachenen Tieres, dem lasterhaften Babylon, verglichen, wobei sie sich auf die Offenbarung des Johannes 17,3–5 stützten.

Griechen – Vgl. 1. Korinther 1,23.

den Culdeern – (von alt-irisch céle dé – Diener Gottes); die Culdeer waren Angehörige eines alten schottisch-irischen religiösen Ordens, der im 8. Jahrhundert gegründet wurde.

John Knox – (1505–72), Begründer der Reformation in Schottland; seit 1547 wirkte er als Prediger und Verfasser von Streitschriften für die Einführung der Reformation in Schottland.

628 *Bruce* – Robert Bruce (1554–1631), schottischer Geistlicher, wegen seines Widerstands gegen die Episkopalordnung 1596 von James I. verbannt.

Blair – Robert Blair (1593–1666), schottischer Geistlicher, verlor unter Charles I. aus dem gleichen Grund seine Ämter.

Livingstone – John Livingstone (1603–72), schottischer Geistlicher, führender Presbyterianer etwa 1640 bis 1650, nach der Restauration verbannt.

632 *Logan* – John Logan (1748–88), schottischer Dichter.

Donald Cargill – (um 1610–81), schottischer Covenanter; Freund und Mitstreiter Richard Camerons; wurde 1681 hingerichtet.

641 *gleichgültigen Gallion* – Nach der biblischen Überlieferung war Gallion ein Landvogt, der sich nicht in den Streit um die wahre Lehre mischen wollte, der zwischen Apostel Paulus und den Juden entbrannt war (Apostelgeschichte 18,12f).

642 *Burns* – Robert Burns (1759–96), schottischer Dichter. Die Strophe stammt aus dem Gedicht *Die Ordination*.

644 *ein vergessener schottischer Dichter* – Alexander Ross (1699–1784), schottischer Dichter; Autor der Erzählung *Helenore oder Die glückliche Schäferin*.

645 *mißlungenen Unternehmung seines Vaters* – Archibald Campbell, Earl of Argyle (1629–85), wurde 1681 als überzeugter Protestant ohne hinreichenden Grund des Hochverrats angeklagt und zum Tode verurteilt, konnte aber nach Holland fliehen. Hier unterstützte er eine Verschwörung, die den Herzog von Monmouth an Stelle James' II. auf den Thron bringen sollte. Bei einer erfolglosen Invasion 1685 in Schottland wurde er gefangengenommen und auf Befehl James' II. enthauptet.

650 *Manteaux* – (franz.) Mantelkleider.

Sacques – (franz.) Gürtellose Frauenkleider.

Kissing-strings – (engl.) Unter dem Kinn gebundene Hutbänder.

656 *Burns* – Die Strophe stammt aus dem Gedicht *Die heilige Messe*.

658 *tam carum caput* – (lat.) ein so teures Haupt.

Stier des Phalaris – Eherner Stier, in dem der Tyrann Phalaris von Akragas (571–555 v. u. Z.) seine Widersacher verbrennen ließ.

664 *Sie hat Wind gesät...* – Vgl. Hosea 8,7.

668 *Shakespeare* – Zitat aus *Heinrich VI.*, 2. Teil IV / 10.

672 *fama clamosa* – (lat.) Anstößigkeiten.

673 *Lundie* – John Lundie (gest. um 1652), schottischer Dichter, der mit Gedichten über die Erzväter die schottischen Covenanter unterstützte.

Elizabeth Melvil, Lady Culross – Elizabeth, Lady Colville of Culross (um 1603), schottische Dichterin. Ihr schreibt man das 1603 erschienene Gedicht *Ein gottseliger Traum, in schottischem Metrum gefügt von M. M., Edelfrau in Culross, auf das Gesuch ihrer Freunde* zu, in dem die Autorin ihre Rettung durch Christus aus den Flammen der Hölle darstellt.

675 *nach der Verheißung der Schrift...* – Vgl. Matthäus 5,5.

676 *Nil conscire sibi* – (lat.) sich nichts (Böses) bewußt sein.

677 *Lady Charlotte Campbell* – (1775–1861), schottische Dichterin und Romanschriftstellerin, auch unter ihrem zweiten Ehenamen Bury bekannt. Sie veröffentlichte ihren ersten Gedichtband 1797 anonym.

678 *Clavers'* – John Graham Lord of Claverhouse, Viscount of Dundee (um 1649–89), engl. General, der die Covenanter grausam verfolgte (vgl. *Old Mortality*) und bei einem vergeblichen Aufstand zugunsten der vertriebenen Stuarts fiel.

684 *Athole brose* – Whisky mit Honig.

688 *Ut flos in septis secretus…* – (lat.) Wie die Blume erblüht, versteckt im umschlossenen Garten (Catull).

Catull – Gajus Valerius Catullus (um 84–54 v. u. Z.), römischer Dichter.

689 *die Worte des Dichters auf Marrucinus Asinius* – Der römische Dichter Catull erwähnt in einem Gedicht Marrucinus Asinius, den Bruder des römischen Staatsmannes Gajus A. Pollio (75 v. u. Z. bis 5 u. Z.), als unangenehmen Gast und «Langfinger». *Manu – non belle uteris in joco atque vino* = (lat.) Schön ist's nicht, wie deine langen Finger du beim fröhlichen Becher brauchst. – Butler versteht den Satz offenbar im Sinne der älteren Übersetzer: Bei Scherz und Wein bist mit der Faust du allzurasch.

691 *Macbeth* – Drama von Shakespeare, Zitat aus III/1.

692 *des Aufstands vom Jahre 1745* – Zugunsten Charles Edwards, Sohn des Prätendenten James III., versuchten die Jakobiten einen Aufstand, der 1746 bei Culloden von Truppen Georges II. niedergeschlagen wurde.

695 *Südseeschwindel* – Bankrott der Südsee-Gesellschaft 1720.

705 *Sankt-Georgs-Kreuz* – Englischer Orden; St. George ist der Schutzheilige Englands.

713 *Bedreddin Hassan* – Gestalt aus *Tausendundeine Nacht* (97. Nacht).

718 *glibbe* – Das gewundene lange Haarbüschel der Iren.

723 *Heinrich V.* – Drama von Shakespeare, Zitat aus II/2.

740 *Behandelt jeden nach seinem Verdienst…* – Zitat aus *Hamlet*, II/2.

743 *Intonuit laevum* – (lat.) Es donnerte zur Linken. – Nach Anschauung der Alten kam es bei allen Anzeichen darauf an, von welcher Seite sie kamen – ob von Osten oder Westen. Die römischen Auguren wandten ihr Gesicht bei solcher Orakelbefragung nach Süden, Anzeichen zur Linken bedeuteten demnach bei den Römern Glück.

746 *Parlamentsakte gegen die hochländische Tracht* – Nach dem Aufstand von 1745 wurde den Hochländern das Tragen ihrer Nationaltracht verboten (bis 1782).

748 *Heinrich VI., 1. Teil* – Drama von Shakespeare, Zitat aus IV/5.

Myrmidonen – Alte achäische Völkerschaft in Thessalien; die Myrmidonen kämpften mit Achill vor Troja.

Claymore – Schlachtschwert und Schlachtruf der Schotten.

755 *Rob Roy* – Robert Macgregor Campbell of Glengylle (gest. um 1740), Gutsbesitzer; wurde Anführer einer Räuberbande, die lange Jahre ungestraft ihre Raubzüge unternehmen konnte. Scott schrieb 1817 den Roman *Rob Roy* über ihn.

760 *Sieur Jean-Baptiste Poquelin* – Der bürgerliche Name des französischen Lustspieldichters Molière (1622–73).

Le Médecin malgré lui – *Der Arzt wider Willen.*

Cela étoit autrefois ainsi... – Das war früher so, aber wir haben all das geändert (II/6).

763 *Domino Willielmo Scott...* – Herrn William Scott von Harden, Ritter, und Walter Scott, seinem rechtmäßigen dritten Sohne, in Roberton.

George Fox – (1624–91), Gründer der «Gesellschaft der Freunde» oder Quäker.

764 *James Kirkton* – (um 1620–99), schottischer Geistlicher und Historiker. Er hinterließ in seinem Nachlaß ein Manuskript, *Die geheime und wahre Geschichte der Kirche von Schottland von der Restauration bis zum Jahre 1678*, das Charles Kirkpatrick Sharpe 1817 mit Erläuterungen herausgab.

Charles Kirkpatrick Sharpe – (um 1781–1851), schottischer Altertumsforscher und Maler.

Privy Council – (engl.) Geheimer Staatsrat, Oberstes Gericht.

Apud Edin... – Edinburgh, den 20. Juni 1665.

766 *Dr. Pitcairn* – Dr. Archibald Pitcairne (1652–1713), schottischer Arzt und Gelehrter.

767 *John Swinton von Swinton* – (um 1621–79), schottischer Politiker; bekannte sich zu Cromwell und wurde mit Sir William Lockhart von Lee Bevollmächtigter für das Rechtswesen in Schottland. Nach der Restauration wurde er wegen Hochverrats zu Festungshaft verurteilt und schloß sich eng den Quäkern an, zu denen er sich 1657 bekehrt hatte.

Sir William Lockhart von Lee – (1621–76), kämpfte im Bürgerkrieg anfangs auf seiten des Königs, ging dann zum Parlamentsheer über, heiratete Cromwells Nichte, wurde Bevollmächtigter für das Rechtswesen in Schottland und später Gesandter in Frankreich, auch unter Charles II.

David Barclay – (1610–86), kämpfte als Oberst unter Gustav Adolf auf dem Kontinent.

768 *Robert Barclay* – (1648–90), der bedeutendste Dogmatiker

der Quäker. Sein Werk *Apologie der wahren christlichen Theologie bei den Quäkern* erschien 1678.

Wodrow – Robert Wodrow (1679–1734), schottischer Kirchengeschichtler, der 1722 sein Hauptwerk *Die Geschichte der Leiden der Kirche von Schottland von der Restauration bis zur Revolution* veröffentlichte.

Anti-Jakobiner – Vermutlich das Gedicht (1794) von Alexander Watson.

769 *Tony Lumpkin* – Ein verzogener Tunichtgut aus der Komödie *Sie läßt sich herab, um zu siegen, oder Die Irrtümer einer Nacht* von Oliver Goldsmith (1728–74); Tony singt in der Schenke *Die drei Tauben* ein von ihm auf das Wirtshaus verfaßtes Sonett, in dem er Tauben, Rebhühner, Trappen und Enten anführt, allerdings keine Kohlmeisen.

787 *John Knox zur Königin Mary* – Als Mary Stuart (1542–87), Königin von Schottland, nach dem Tod ihres ersten Mannes, Franz II., König von Frankreich, 1561 in Schottland den katholischen Gottesdienst einführte, wurde sie in einer berühmt gewordenen Audienz von John Knox verwarnt, der bei dieser Gelegenheit der Königin ähnliche Worte entgegengeschleudert haben soll wie der Prophet Elia der Baal anbetenden Isebel: «Die Hunde sollen Isebel fressen an der Mauer Jesreels.» (1. Könige 21,23) Ein daraufhin gegen ihn angestrengter Prozeß wegen Hochverrats und Majestätsbeleidigung endete 1563 mit seiner Freisprechung.

Lady Maries – Die vier Lieblingshofdamen der Königin hießen alle gleichfalls Mary.

789 *Baxters «Geisterwelt»* – Richard Baxter (1615–91), presbyterianischer Geistlicher; dieses Werk erschien 1691.

Pandaemonium – Gesamtheit aller (bösen) Geister.

Sadduzäismus – Geistesrichtung in der altjüdischen Religion, deren Anhänger sich auf Anerkennung und Haltung der mosaischen Gebote beschränkten und die Auferstehungs- und Engelslehre verwarfen.

Richard Barton – Robert oder Richard Barton oder Burton, Pseudonym von Nathaniel Crouch (um 1632 bis um 1725), schottischer Schriftsteller, der seine Aufsätze und Bücher mit R. B. zeichnete.

799 *par voie de fait* – (franz.) gewalttätig, handgreiflich.

800 *Mr. Train* – Joseph Train (1779–1852), schottischer Altertumsforscher und Korrespondent Scotts, aus dessen Informa-

tionen über die Vergangenheit Schottlands Scott die Anregung und den Stoff für mehrere seiner Romane erhielt.

802 *Lowe* – John Lowe (1750–98), schottischer Dichter.

Cromek – Robert Hartley Cromek (1770–1812), englischer Kupferstecher, der schottische Balladen und Lieder sammelte und herausgab.

803 *Kenneth* – Kenneth I. MacAlpin (gest. um 860) und Kenneth II. (gest. 995), Könige von Schottland.

804 *Vergleich mit der Maria von Sterne* – Die Gestalt der Maria, eines jungen Mädchens, das aus unglücklicher Liebe den Verstand verlor und mit einer Ziege bzw. später einem Hund im Land umherzieht, kommt episodisch in Laurence Sternes (1713–68) Romanen *Das Leben und die Ansichten Tristram Shandys* und *Empfindsame Reise durch Frankreich und Italien* vor. – Da der letzte Band von *Tristram Shandy* mit dieser Episode 1767 und die *Empfindsame Reise* 1768 erschienen, war es zweifellos *Feckless Fanny*, die für Sterne das Vorbild zu seiner Maria wie für Scott zu seiner Madge Wildfire abgegeben hat.

wie der Nachtmarsch Don Quijotes... – Sancho Pansa, der Schildknappe Don Quijotes, erzählt seinem Herrn eine verwickelte Geschichte über die Übersetzung von 300 Ziegen (Scott schreibt irrtümlich Schafe) über einen Fluß, um Don Quijote an der Fortsetzung seines unheimlichen Nachtritts zu hindern (*Don Quijote*, 20. Kapitel).

Rowohlt Jahrhundert

Herausgegeben von Bernd Jentzsch

Band 1 und 2
Robert Musil, Der Mann ohne Eigenschaften

Band 3
Anatole France, Die Götter dürsten

Band 4
Samuel Beckett, Murphy

Band 5
Aldo Palazzeschi, Die Schwestern Materassi

Band 6
Ludwig Tieck, Der Aufruhr in den Cevennen

Band 7
Jerzy Andrzejewski, Die Karwoche

Band 8
Romain Rolland, Meister Breugnon

Band 9
Johannes Tralow, Roxelane

Band 10
Charles Dickens, Harte Zeiten

Band 11
Arthur Miller, Brennpunkt

Rowohlt
Taschenbuch Verlag

Rowohlt Jahrhundert

Herausgegeben von Bernd Jentzsch

Band 12
Aleksej Tolstoi, Peter der Erste

Band 13
Christoph Martin Wieland,
Geschichte der Abderiten

Band 14
Shichiro Fukazawa,
Schwierigkeiten beim Verständnis
der Narayama-Lieder

Band 15
László Németh, Abscheu

Band 16
Frank Norris, Der Octopus

Band 17
Heinrich Mann,
Die Jugend des Königs Henri Quatre

Band 18
Heinrich Mann,
Die Vollendung des Königs Henri Quatre

Band 19
Walter Scott, Das Herz von Midlothian

Band 20
Erskine Caldwell, Gottes kleiner Acker

Rowohlt
Taschenbuch Verlag